Vermeer

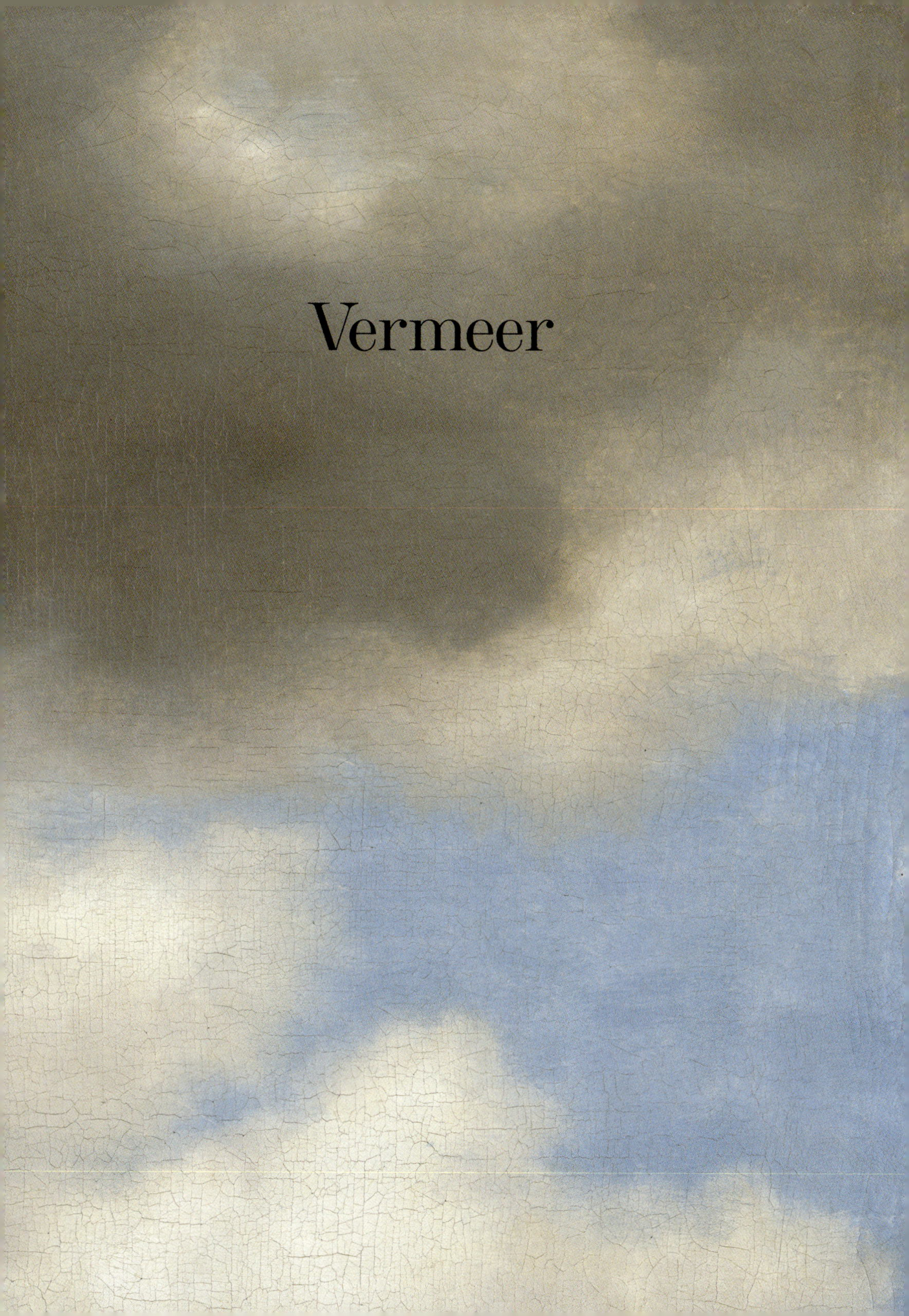

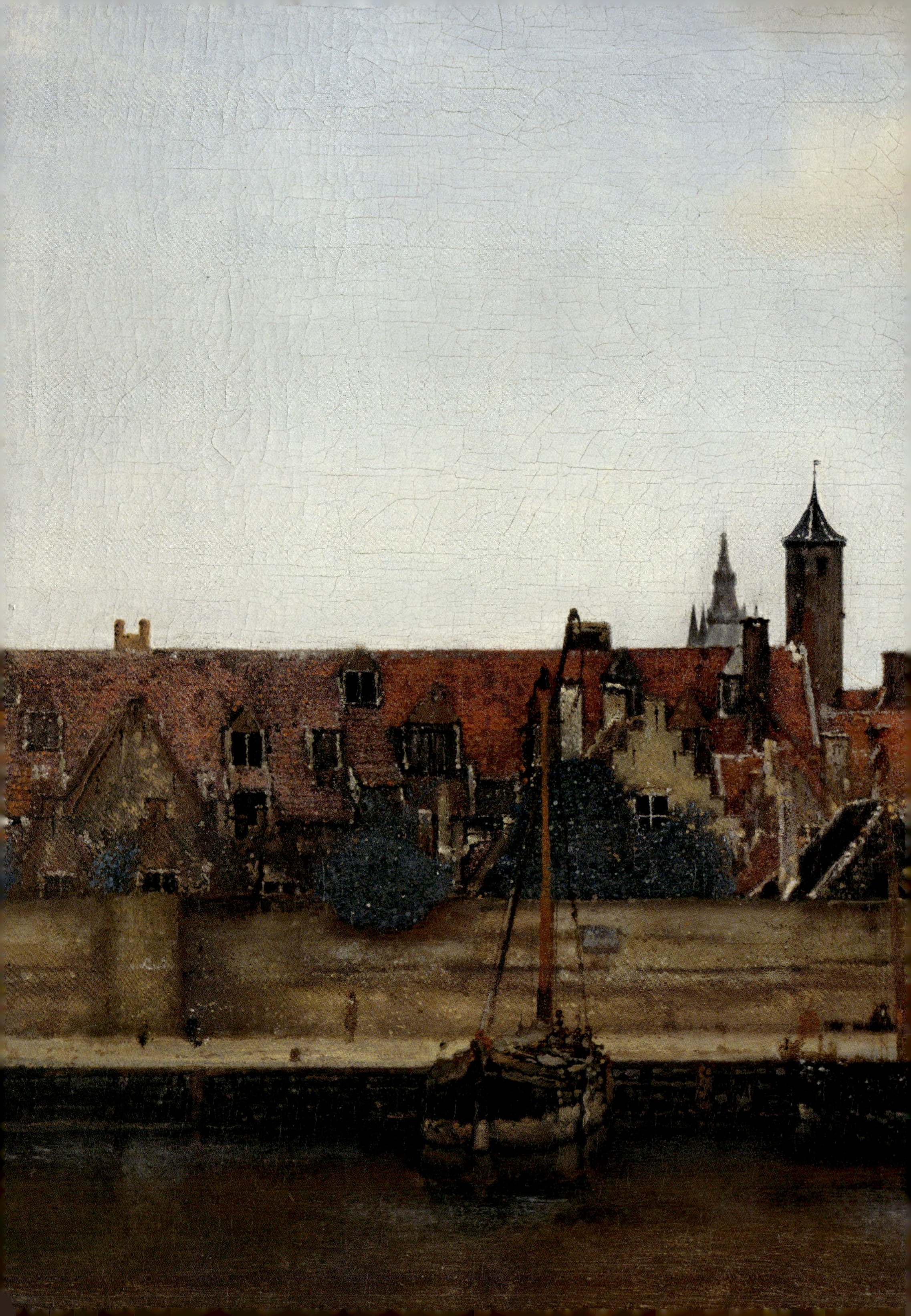

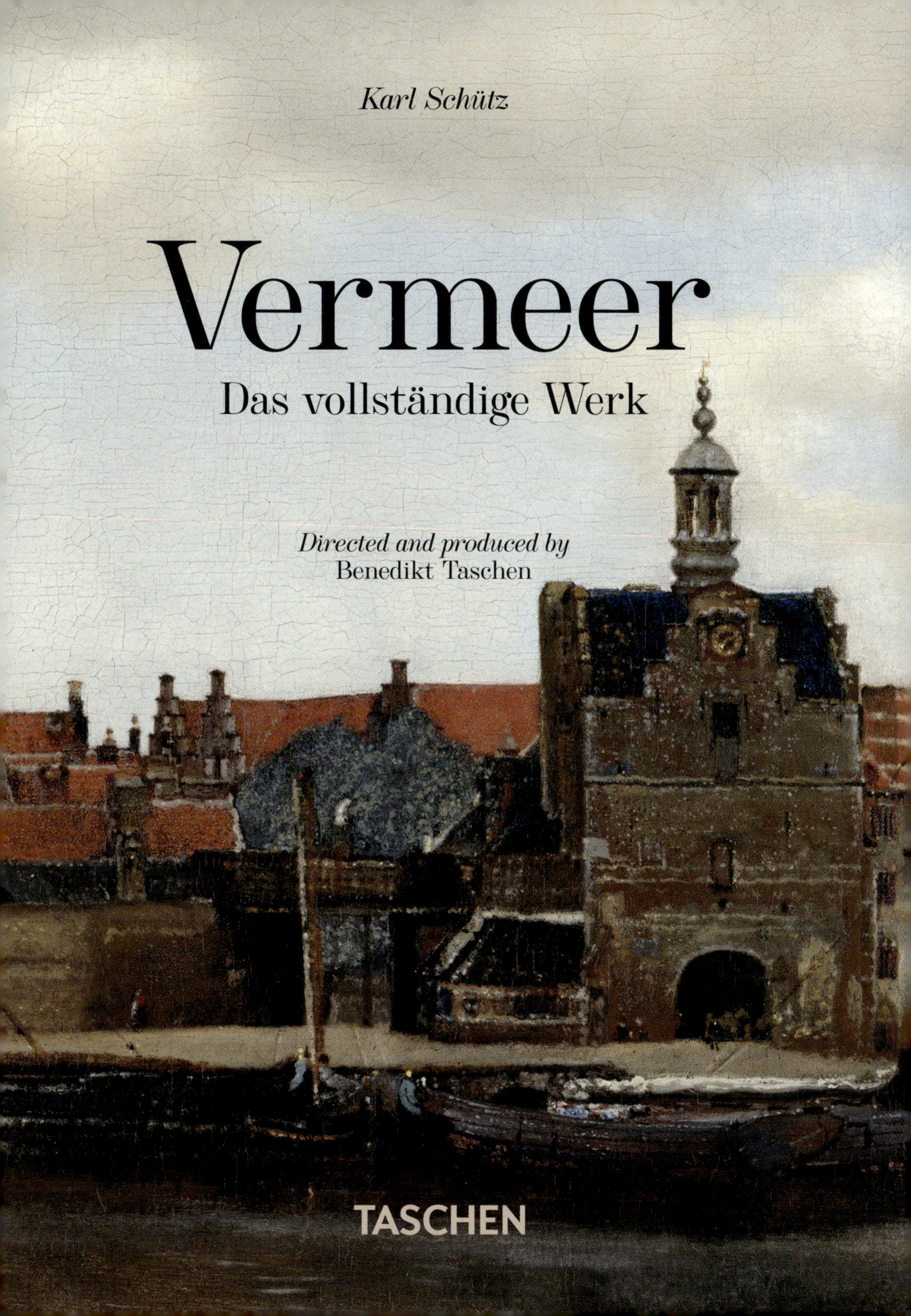

Karl Schütz

Vermeer

Das vollständige Werk

Directed and produced by
Benedikt Taschen

TASCHEN

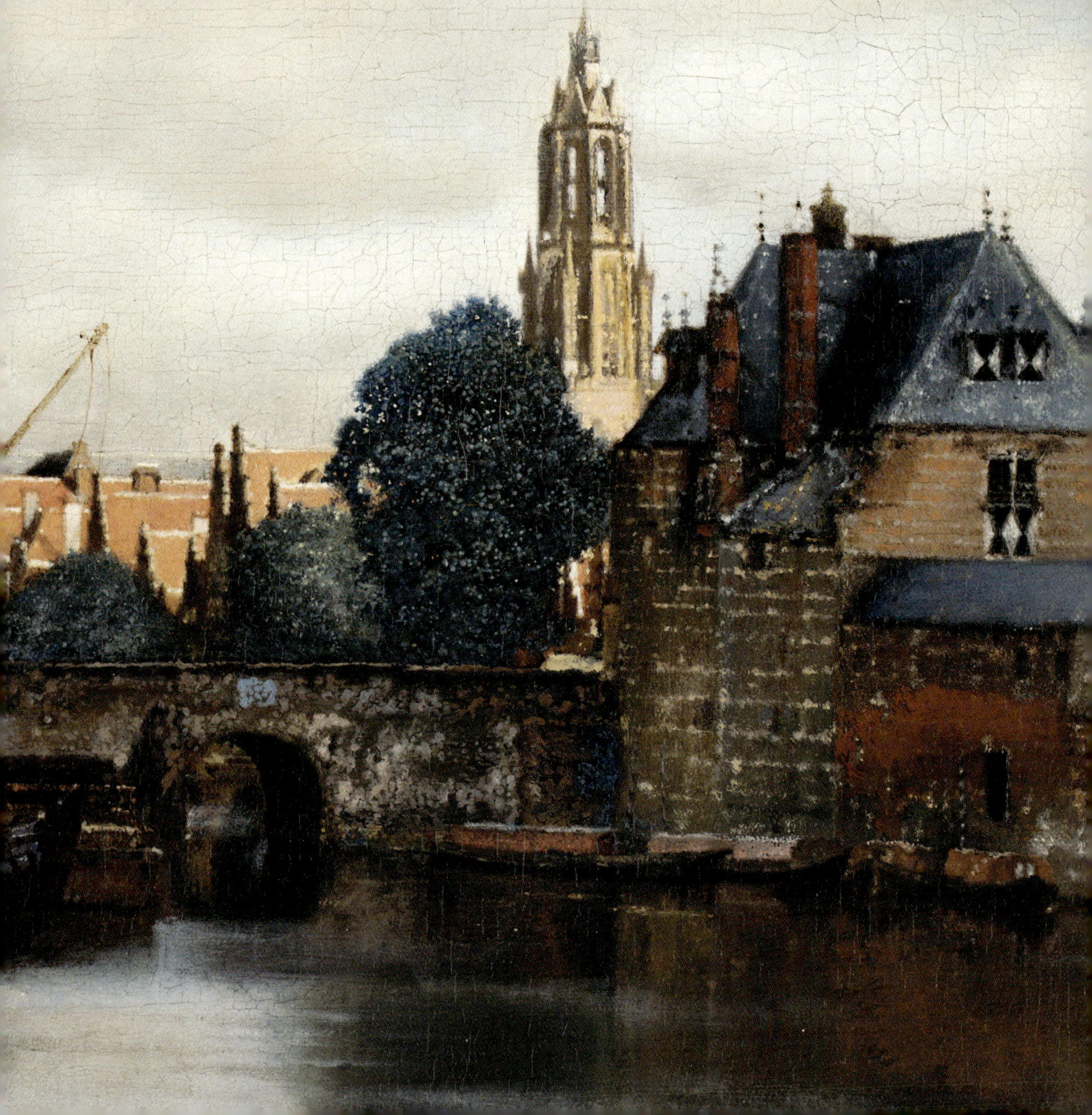

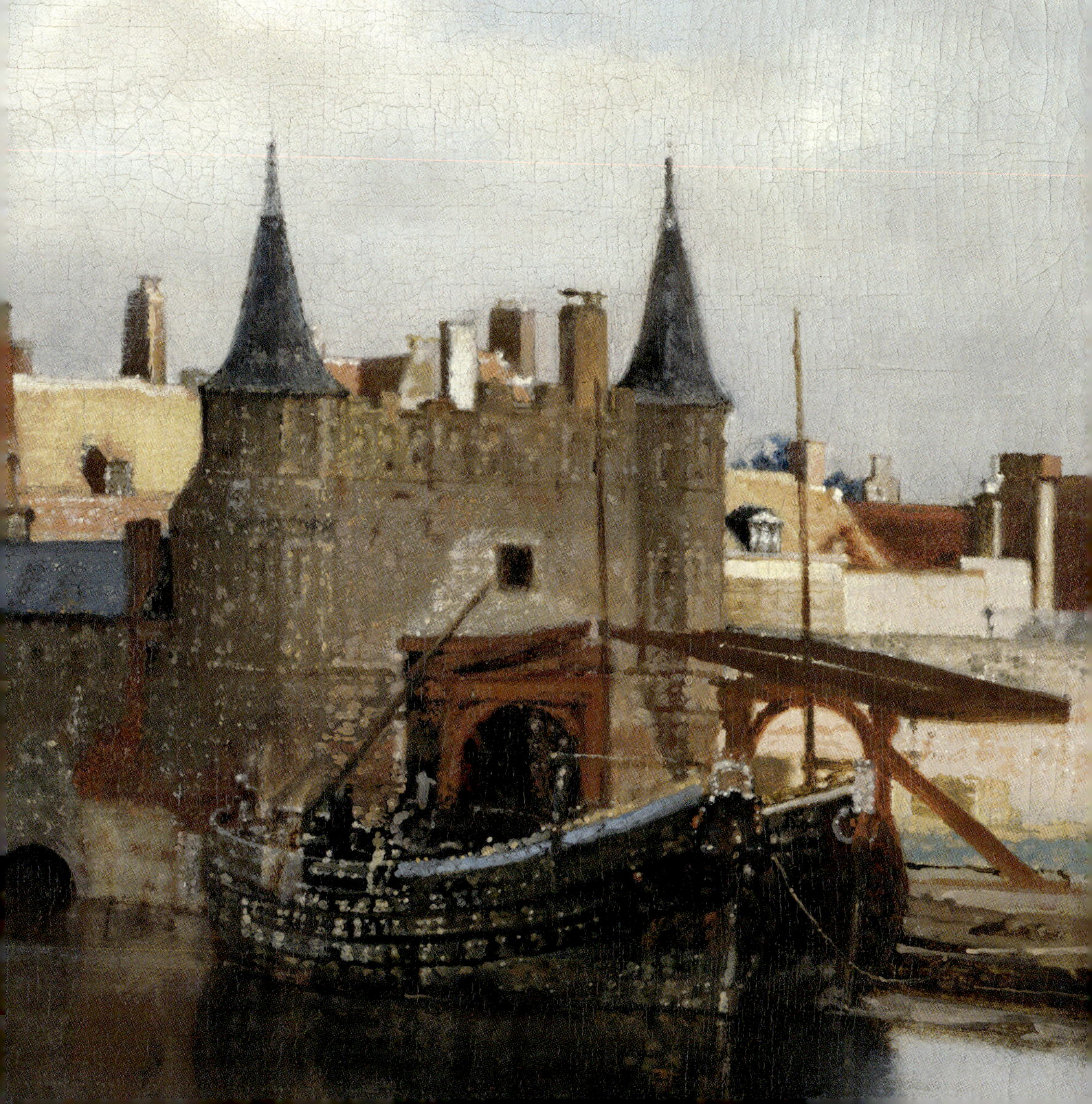

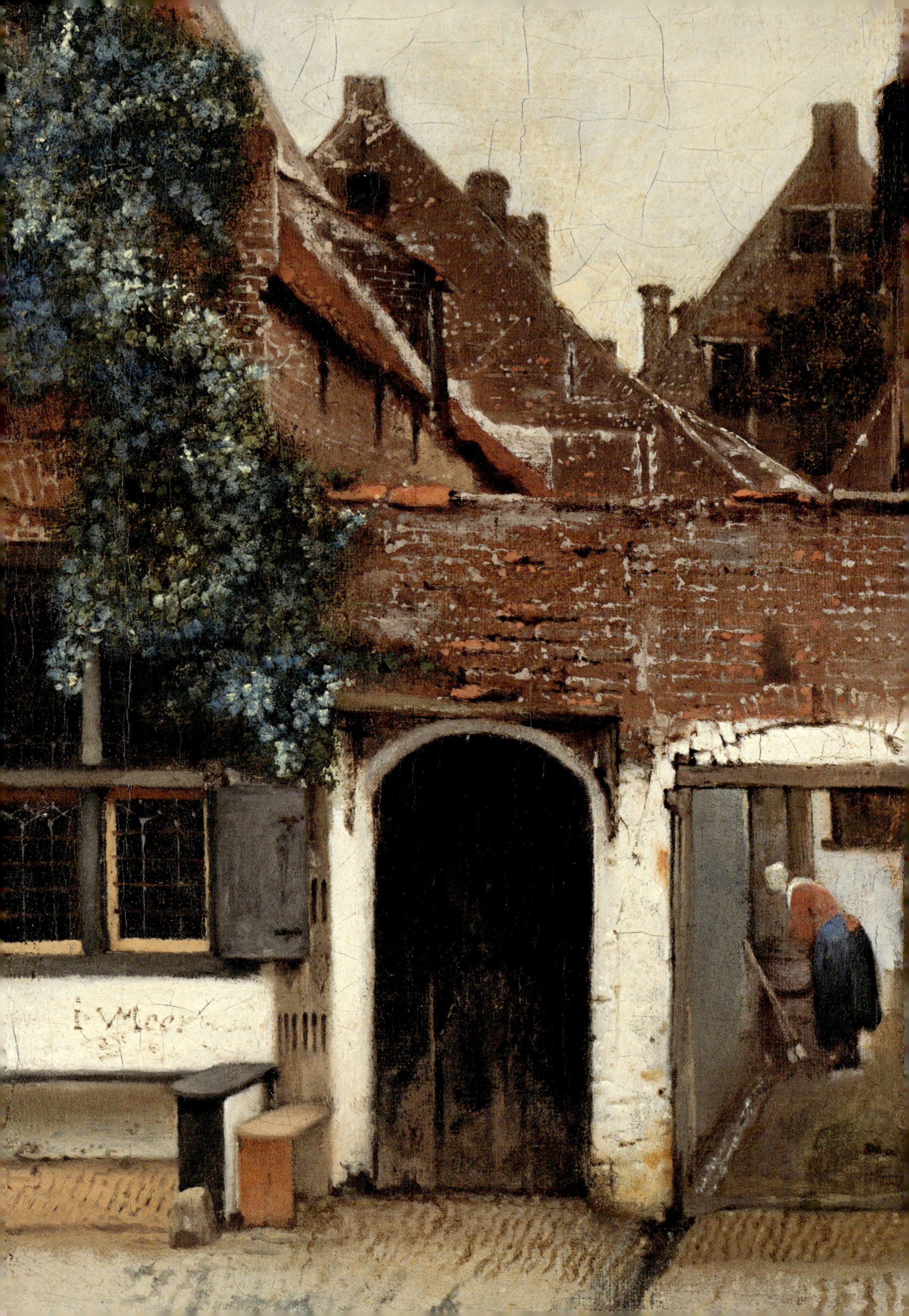
i V Meer

Vermeer-Perspektiven

Das Goldene Zeitalter der Niederlande, die unvergleichliche künstlerische Blüte des 17. Jahrhunderts, wird heute vor allem mit zwei Malern assoziiert, die als seine berühmtesten und bedeutendsten Vertreter gelten: Rembrandt (1606–1669) und Johannes Vermeer (1632–1675). Sie verkörpern ihre Epoche in beispielhafter Weise, ihr Werk vereint alles, was wir als charakteristisch und herausragend an der holländischen Kunst ihrer Zeit empfinden: Realitätssinn, genaue Beobachtung und Abkehr von jeglicher Idealisierung. Darüber hinaus verbindet sie ein Illusionismus in der Darstellung, der auf überragender Beherrschung der malerischen Mittel beruht und sie über ihre Zeitgenossen weit hinaushebt.

Und doch könnte der Unterschied zwischen den beiden Künstlern größer kaum sein. Rembrandt galt schon zu Lebzeiten als bedeutendster Maler seiner Zeit und wurde auch in den folgenden Jahrhunderten von Kunstliebhabern stets geschätzt und von anderen Malern ehrfürchtig bewundert. Er betrieb eine große und erfolgreiche Werkstatt und hinterließ nach vierzigjähriger Schaffenszeit ein ebenso vielgestaltiges wie umfangreiches Œuvre an Bildern, Zeichnungen und Radierungen. Vermeers Bekanntheit hingegen ging zu seinen Lebzeiten über seine Heimatstadt Delft und einen engen Kreis von Auftraggebern kaum hinaus, sein Name geriet nach seinem Tod fast in Vergessenheit und war nur wenigen holländischen Kunstsammlern und Händlern bekannt. Außerhalb seiner Heimat liefen seine Bilder unter dem Namen anderer Künstler. Erst 1860 wurde er wiederentdeckt, erlebte dann allerdings binnen weniger Jahrzehnte einen spektakulären Nachruhm. Vermeer starb bereits mit 43 Jahren, aus 22 Jahren künstlerischen Schaffens blieben nicht mehr als 35 überwiegend klein- und mittelformatige Bilder erhalten – ein schmales künstlerisches Werk, das sich zudem auf wenige, aus dem Leben des holländischen Bürgertums gegriffene Themen beschränkt.

Nach drei kurz hintereinander gemalten Jugendwerken, einer mythologischen Darstellung, einem großen religiösen Bild und einer moralisierenden Genreszene (S. 80/81, 83, 85, Kat. 1–3), entstanden nahezu ausschließlich Interieurs. In immer wieder variierten, aber ähnlichen Räumen stellte Vermeer seine stillen Szenen mit meist einer oder zwei, manchmal auch mehr Figuren dar. Die Motive sind beschränkt: Am häufigsten finden sich musizierende junge Frauen, Damen beim Empfangen oder

Schreiben von Briefen und Paare, die gemeinsam Musik machen oder sich beim Wein unterhalten. Trotz oder vielleicht gerade wegen dieser Beschränkung gilt Vermeer als wichtigster Zeuge holländischen Lebens im Goldenen Zeitalter. Mit Bildern wie dem *Milchmädchen* (S. 173, Kat. 8), der *Ansicht von Delft* (S. 176/177, Kat. 12) oder dem *Mädchen mit dem Perlenohrring* (S. 217, Kat. 21) gelang es Vermeer nicht nur, in das Pantheon der archetypischen Bildschöpfungen aufzusteigen, die das visuelle Gedächtnis unserer gesamten Kultur prägen, er schuf damit auch ein Bild der holländischen Nation, in dem diese sich selbst erkennt und von der Welt erkannt wird. Das *Milchmädchen* steht wie kaum ein anderes Werk für den Inbegriff holländischen Wesens, und die überwältigende Illusion der Realität, die aus reiner Malerei entsteht, sichert die Wahrhaftigkeit der Darstellung und schützt davor, ins Klischee abzugleiten. Das *Mädchen mit dem Perlenohrring* ist nicht erst seit dem gleichnamigen Film aus dem Jahr 2003 Vermeers bekanntestes Bild: Schon bald nach seiner Entdeckung Ende des 19. Jahrhunderts wurde es als Meisterwerk des Künstlers und „holländische Mona Lisa“ gepriesen.

Die *Ansicht von Delft,* Vermeers einzige Landschaft, zeigt seine Heimatstadt und zugleich eine holländischen Stadt schlechthin, am Wasser gelegen, von Kanälen durchzogen und von einem Himmel mit rasch ziehenden Wolken überspannt, der ein Muster aus dunklen Schatten und hellem Licht auf die Dächer der Häuser legt. Ein Werk, das den Eindruck von Bestand und Dauer vermittelt und gleichzeitig in impressionistischer Weise einen momentanen Zustand, der sich im nächsten Augenblick ändern wird, festhält. In dichterischer Aneignung nannte Marcel Proust (1871–1922) diese Stadtansicht in einem Brief an seinen Freund Jean-Louis Vaudoyer (1883–1963) das „schönste Bild der Welt“.[1] In seinem Roman *Auf der Suche nach der verlorenen Zeit* besucht der Dichter Bergotte eine Ausstellung, um dort die *Ansicht von Delft* zu sehen. Kurz bevor er angesichts des Bildes zusammenbricht und stirbt, kommt er zu der Erkenntnis „So hätte ich schreiben sollen.“[2]

Das *Milchmädchen* und die *Ansicht von Delft* befanden sich immer in niederländischen Sammlungen und galten stets als Werke Vermeers. Als einer der größten holländischen Künstler wurde Vermeer aber erst von dem französischen Kunstschriftsteller und Kritiker Étienne-Joseph Théophile Thoré (1807–1869), der unter dem Pseudonym William Bürger publizierte, bekannt gemacht. Ausgehend von etwa sieben eigenhändigen Gemälden des Künstlers erkannte er um 1860 in Johannes Vermeer ein Genie und stilisierte ihn als „Sphinx von Delft“ zum großen Unbekannten, der aus dem Nichts auftauchte und außer seinen wenigen Bildern keine Spuren hinterließ. Damit war ein Mythos geboren, der dem Geniekult des 19. Jahrhunderts eine neue Facette hinzufügte. Bis in die Gegenwart blieb die Faszination dieses Mythos erhalten, noch immer gilt, mittlerweile völlig zu Unrecht, Vermeer als Maler, über dessen Leben wir wenig wissen und der uns

Werke von rätselhafter Bedeutung hinterlassen hat. Tatsächlich sind von Vermeer außer seinen Bildern keinerlei Selbstzeugnisse überliefert, wir verfügen weder über schriftliche Aufzeichnungen noch über Briefe aus seiner Hand. Die wenigen Dokumente aus seinem Umfeld zeichnen das Bild eines Malers, der unter Kollegen Ansehen genoss und zweimal zum Vorstand der Lukasgilde, der Berufsgenossenschaft der Delfter Maler, gewählt wurde. Er handelte zudem mit Bildern und galt als sachverständiger Kenner. Zumindest einmal gab er ein dezidiertes Urteil über Bilder ab, das von professioneller Kenntnis und zugleich großem Selbstbewusstsein zeugt.

Bald nach den Publikationen von Thoré-Bürger machten sich holländische Forscher, die mehr über einen ihrer größten Maler herausfinden wollten, auf die Suche nach Dokumenten. Vor allem Abraham Bredius (1855–1946), der führende niederländische Kunstkenner, Sammler und Museumsdirektor seiner Zeit, durchkämmte zwischen 1880 und 1920 systematisch die holländischen Archive. Die größten Fortschritte in der Erforschung vor allem von Vermeers Familie und Umfeld erzielte aber zwischen 1975 und 1989 der US-amerikanische Wirtschafts- und Sozialhistoriker John Michael Montias (1928–2005). Als er die wirtschaftliche Situation holländischer Künstler des 17. Jahrhunderts anhand der Delfter Lukasgilde untersuchte, entdeckte er zahlreiche neue Dokumente, und er konnte etliche bereits bekannte Informationen in ihren Kontext einordnen und erstmals angemessen deuten. Damit gewannen nicht nur Leben und Wirken Vermeers selbst plastische Gestalt, auch sein familiäres Umfeld, ja die gesamten Lebensumstände in einer holländischen Stadt des Goldenen Zeitalters wurden auf diese Weise greifbar. Seither wissen wir, dass Vermeers Vater nicht nur als Seidenweber, sondern auch als Gastwirt und Kunsthändler tätig war, und wir lernten seine selbstbewusste und durchsetzungsstarke Schwiegermutter Maria Thins genauer kennen. Die wichtigste Entdeckung war, dass Vermeer vor allem für Pieter Claesz. van Ruijven (1624–1674) als Hauptabnehmer und wichtigsten Sammler seiner Bilder arbeitete. Montias hat die Ergebnisse seiner bahnbrechenden Forschungen unter dem Titel *Vermeer and his Milieu, A Web of Social History*[3] publiziert. Alle seither erschienenen Publikationen zu Vermeer, auch die vorliegende, beruhen in ihrem biografischen Teil auf den grundlegenden Forschungsergebnissen von John Michael Montias.

Während das Milieu, in dem Vermeer sich bewegte, damit erst in den letzten Jahren deutliche Gestalt annahm, steht der Umfang seines Werks seit mehreren Jahrzehnten fest. Thoré-Bürger hatte den ihm bekannten eigenhändigen Bildern noch eine Reihe falsch zugeschriebener Werke hinzugefügt, die das künstlerische Profil Vermeers unklar erscheinen ließen. In den folgenden Jahrzehnten bis zur Wende zum 20. Jahrhundert wurden in Privatsammlungen und im Kunsthandel nach und nach weitere Bilder Vermeers bekannt, die bis dahin als Werke anderer Künstler wie Pieter de Hooch (1629–1684), Gabriel Metsu

(1629–1667) oder Eglon van der Neer (1635/36–1703) galten. Mit der Zuschreibung dieser Bilder wuchs Vermeers Ruhm stetig an, bis er nicht nur als einer der größten holländischen Maler, sondern als eines der ganz großen Genies der Kunstgeschichte insgesamt galt. Eine Sensation stellte um 1900 die Entdeckung der Frühwerke (Kat. 1 und 2) dar, die formal und inhaltlich von den späteren, für den Künstler charakteristischen Genrebildern abweichen. Vierzig Jahre später bildete das Auftauchen von Bildern religiöser Thematik eine vermeintliche Sensation, bis diese Werke als Fälschungen Han van Meegerens (1889–1947) entlarvt wurden. Vermeers malerisches Werk bleibt auf 35 Werke beschränkt, von denen einige wenige von manchen Kunsthistorikern nicht für eigenhändig gehalten werden; weitere jüngere Zuschreibungen konnten keine allgemeine Anerkennung finden. Alle Bilder Vermeers gelangten in öffentliche Museen, von den allgemein als eigenhändig anerkannten Bildern befindet sich heute kein einziges in Privatbesitz.

Seit der Wiederentdeckung vor 150 Jahren ist die Literatur, die sich mit Vermeer und seinen Vorbildern, mit dem Stil, vor allem aber der Bedeutung seiner Bilder beschäftigt, auf eine unübersehbare Menge angewachsen. Die Interpretationen bewegen sich in großer Bandbreite: Auf der einen Seite steht die Annahme, dass die alltäglichen Szenen über die illusionistisch perfekte Wiedergabe des Gesehenen hinaus keine Bedeutung haben, auf der anderen Seite die Vermutung, dass sie einen tiefen philosophisch oder religiös grundierten Sinngehalt tragen. Die ältere Theorie von der Bedeutungslosigkeit der Bilder, wie sie etwa noch Pieter Swillens vertreten hatte, verlor mehr und mehr an Boden. Als es im Gefolge der Forschungen Eddy de Jonghs zu einer generellen Neubewertung der Bedeutungsgehalte holländischer Genremalerei kam, gewann die These vom verborgenen Sinn der Vermeerbilder in den letzten Jahrzehnten allgemeine Anerkennung.

Zur enormen Breitenwirkung des Künstlers trugen große Ausstellungen entscheidend bei. Die monografische Schau, die 1995 in der National Gallery of Art in Washington, DC, und im Mauritshuis in Den Haag stattfand, zählte Hunderttausende Besucher, und die im Katalog präsentierten Forschungsergebnisse der Kuratoren Arthur Wheelock und Ben Broos gaben der kunsthistorischen Forschung neuen Impetus. Eine ähnliche Wirkung erzielte 2001 die von Walter Liedtke kuratierte Ausstellung im New Yorker Metropolitan Museum of Art und in der Londoner National Gallery, die über die Präsentation der Werke Vermeers hinaus das künstlerische und kulturhistorische Umfeld in Delft zeigte.

Neuere Publikationen und Ausstellungen behandeln vorrangig einzelne Werke Vermeers unter bestimmten Aspekten, setzen sie in Beziehung zu gesellschaftlichen Entwicklungen, zur Philosophie seiner Zeitgenossen Descartes (1596–1650) oder Spinoza (1632–1677), zur Religion oder Naturwissenschaft, oder sie widmen sich bildimmanenten Phänomenen wie der Darstellung von Zeit. Zwei Themen haben in den letzten Jahren die

Forschung besonders beschäftigt, einmal die kontrovers diskutierte Frage, ob Vermeer bei der Anlage seiner Bilder optische Geräte wie die Camera obscura als Hilfsmittel benutzte, zum anderen die im Kontext der gegenwärtigen Genderforschung geführte Diskussion über die zentrale Rolle der Frauen in seinen Bildern und die Aussagekraft seiner Werke bezüglich der gesellschaftlichen Stellung der Frau in der holländischen Gesellschaft des 17. Jahrhunderts. Anders als diese jüngeren Spezialstudien ist das vorliegende Buch als umfassende monografische Darstellung angelegt.

Seite 2–5
Ansicht von Delft (Details), um 1660–1663
(siehe Abb. S. 176/177)

Seite 6
Die kleine Straße („Het Straatje")
(Detail), um 1658–1661
(siehe Abb. S. 175)

Die kleine Straße („Het Straatje")
(Detail), um 1658–1661
(siehe Abb. S. 175)

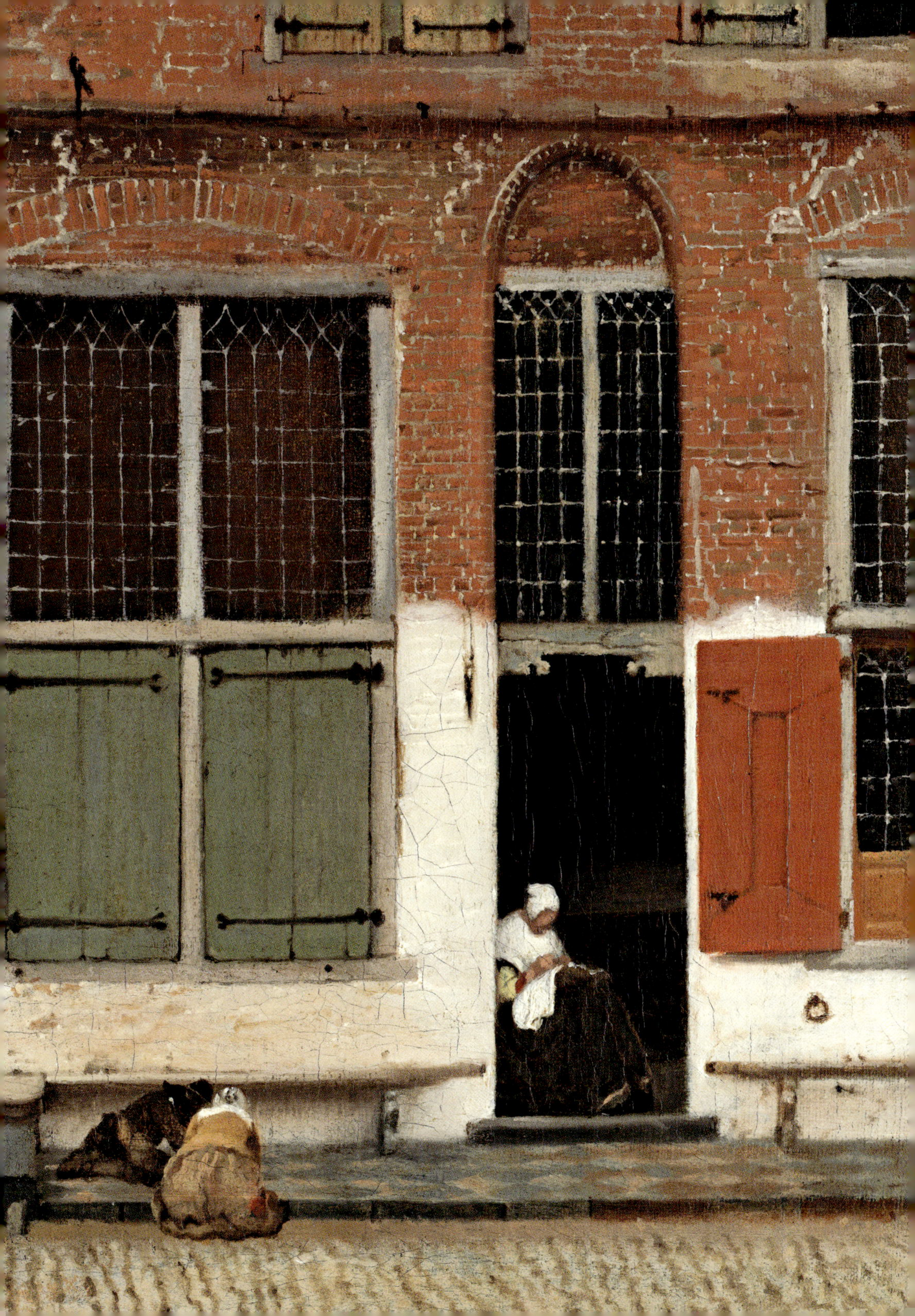

I.

Delft und Vermeers Herkunft

„Zum ersten Mal in der Kunstgeschichte wird das Subjekt des Bildes bei Vermeer zum Objekt der Anschauung."

ANDRÉ MALRAUX, 1951

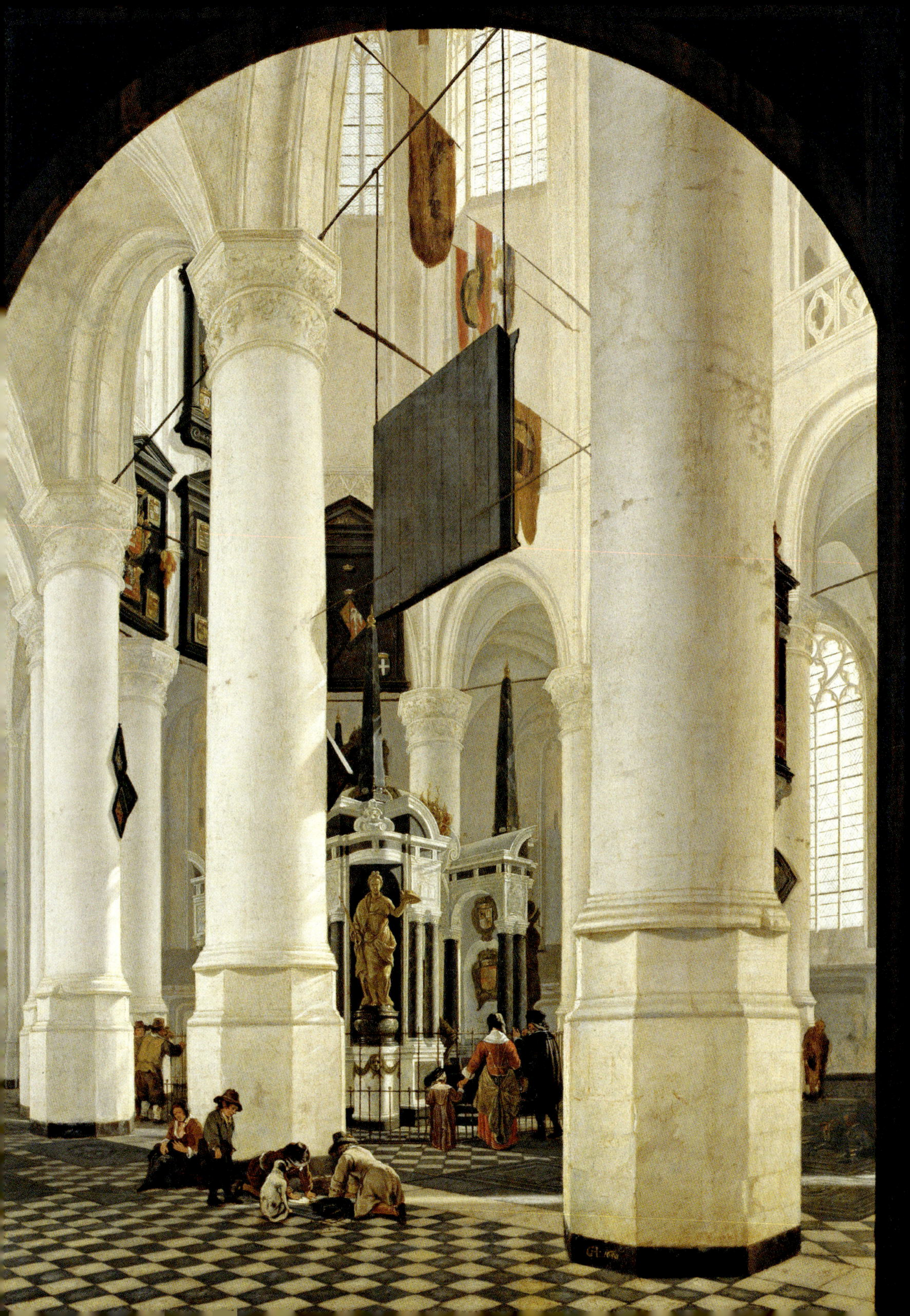

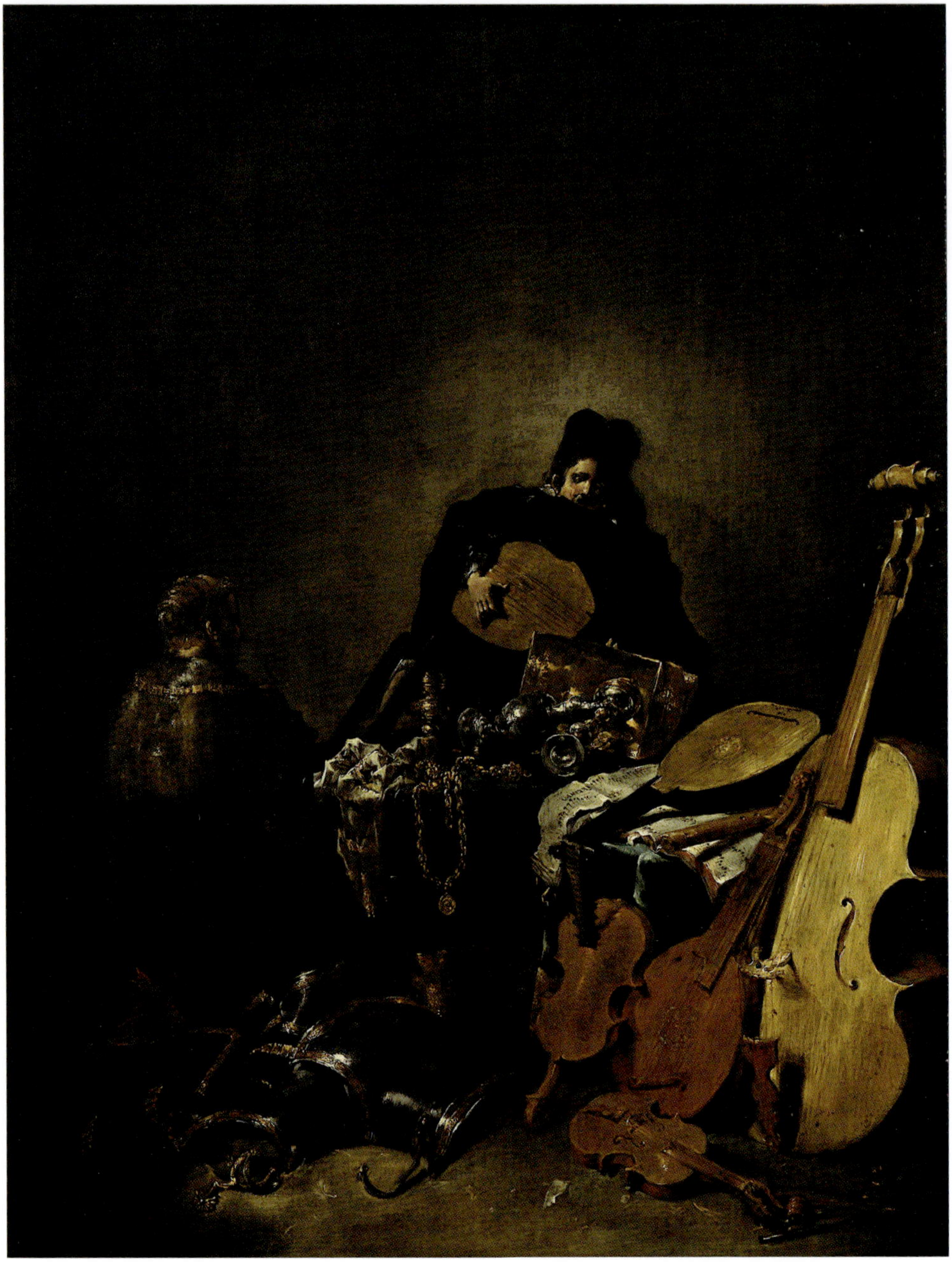

Johannes Vermeers Herkunft und Familie

Johannes Vermeer wurde am 31. Oktober 1632 in der Nieuwe Kerk in Delft als zweites Kind und einziger Sohn des Reynier Jansz. Vos alias Vermeer (um 1591–1652) und seiner Ehefrau Digna Baltens (um 1595–1670) auf den Namen „Joannis" getauft.[4] Das genaue Geburtsdatum ist nicht bekannt, aber üblicherweise erfolgte in den Gemeinden der Reformierten, der Vermeers Eltern angehörten, die Taufe von Neugeborenen ein bis zwei Wochen nach der Geburt. Als er zur Welt kam, waren seine Eltern bereits seit siebzehn Jahren verheiratet, seine Schwester mit dem Namen Gertruy war bereits zwölf Jahre alt. Johannes Vermeer erhielt, wie es bei erstgeborenen Söhnen häufig der Fall war, seinen Taufnamen in Erinnerung an den Großvater väterlicherseits, Jan Reyersz., einen Schneider, der in Delft am Beesten Marckt ein Haus bewohnte und bereits 1597 verstorben war. Der Täufling wurde allerdings nicht Jan, sondern Johannes (eigentlich Joannis) genannt. Der Name galt als vornehmer und wurde vor allem von Katholiken und Angehörigen der protestantischen Oberschicht gewählt. So und nicht anders nannte sich der Künstler selbst zeit seines Lebens. In der kunsthistorischen Literatur hat sich diese Namensform heute allgemein durchgesetzt, auch wenn der Maler immer noch fälschlich, sogar in Buchtiteln, als Jan Vermeer bezeichnet wird.

Vermeer entstammte dem kleinbürgerlichen Milieu von Handwerkern. Die meisten von ihnen konnten weder lesen noch schreiben, die überlieferten schriftlichen Dokumente zu ihrem Leben sind Eintragungen in den Tauf-, Heirats- und Begräbnisregistern der zuständigen Pfarrkirchen, daneben Notariatsakte, wenn sie Häuser und Grundstücke verkauften oder vererbten, Geld ausliehen oder zahlungsunfähig wurden, sowie Gerichtsprotokolle in Streitfällen. Wir erfahren dadurch mehr über die Krisen und schwierigen Situationen dieser Menschen als über ihr geregeltes Dasein, ihre berufliche Tätigkeit und ihre Erfolge.

Die Auswertung der dokumentarischen Nachrichten wird dadurch erschwert, dass es noch um die Wende zum 17. Jahrhundert unter den einfachen Leuten in den Niederlanden nicht allgemein üblich war, Familiennamen zu führen. Zur Unterscheidung fügte man einfach dem eigenen Vornamen den Vornamen des Vaters hinzu. Vermeers Großvater Jan, der Sohn eines Reyer (oder Reynier), hieß also Jan Reyerszoon oder abgekürzt Jan Reyersz. Die Großmutter Vermeers hieß eigentlich Cornelia, daraus wurde in der Koseform Neeltge, und nach ihrem Vater Gregory Gregorisdochter oder kurz Goris:

Seite 15
Gerard Houckgeest, **Chor der Nieuwe Kerk in Delft mit dem Grabmal Wilhelms von Oranien**, 1650
Öl auf Holz, 125,7 x 89 cm. Hamburger Kunsthalle

Leonaert Bramer, **Allegorie der Eitelkeit**, um 1640
Öl auf Holz, 80,3 x 61,3 cm. Wien, Kunsthistorisches Museum, Gemäldegalerie

Das ergab den Namen Neeltge Goris. Vermeers Vater erhielt seinen Vornamen Reynier nach seinem Großvater und hieß Reynier Jansz. Fallweise führten manche, wie z. B. Vermeer, noch einen oder mehrere Beinamen, die mehr oder weniger frei wählbar schienen, die aber vererbt werden konnten und aus denen später Familiennamen wurden.

Johannes Vermeers Großvater Jan Reyersz. hinterließ bei seinem Tod 1597 drei kleine Kinder, Reynier, Anthony und ein Mädchen namens Maertge, von denen der um 1591 geborene Reynier wohl der Älteste war.[5] Seine Witwe Neeltge Goris (um 1567–1627) heiratete noch im selben Jahr wieder, einen Gastwirt und Musiker namens Claes Corstiaensz. (um 1548–1618), der einen halbwüchsigen Sohn namens Dirck aus seiner ersten Ehe mitbrachte. Um 1599 wurde ein fünftes, gemeinsames Kind, Adriaentge, geboren. Claes Corstiaensz. betrieb am Kleinen Viehmarkt (Beesten Marckt) in Delft im Haus De Drie Hamertgens (Zu den drei Hämmern) ein Wirtshaus und war wie bereits sein aus Flandern nach Delft eingewanderter Vater *speelman*, ein Musiker, der in Wirtshäusern und bei Hochzeiten aufspielte. Im Unterschied zu ihrem Vater bzw. Stiefvater Claes Corstiaensz., der als Zeuge eines Testaments im Jahr 1610 nur mit einem Kreuz unterzeichnen konnte, hatten die drei Brüder Dirck, Reynier und Anthony die Schule besucht, wie ihre flüssig geschriebenen Unterschriften auf demselben Dokument beweisen. Die Unterschriften der beiden Töchter, Maertge Jansdr. und Adriaentge Claes van der Minne, sind hingegen ungelenk, was auf einen nur kurzen Schulbesuch schließen lässt.

Reynier Jansz. wurde 1611 von seinen Eltern nach Amsterdam geschickt, um das Handwerk eines *caffawerckers* oder Seidenwebers zu erlernen. Er war damals bereits zwanzig Jahre alt und damit weit über das Alter eines Lehrlings hinaus, der üblicherweise mit zwölf bis vierzehn Jahren seine Ausbildung begann. Der Grund dafür ist unbekannt, entweder konnte oder wollte der junge Mann nicht den Beruf seines Stiefvaters als Musiker ergreifen, oder er hatte schon in Delft seine Ausbildung zum Seidenweber begonnen. Als *caffa* wurden im 17. und 18. Jahrhundert eine Reihe verschiedener, zumeist einfarbig gemusterter Stoffe aus Seide, Wolle, Leinen und Baumwolle bezeichnet. Ihre Herstellung wurde in den Niederlanden von Handwerkern aus Antwerpen eingeführt, Zentrum war Amsterdam, aber auch in Delft gab es einige Weber. Die Bezeichnung *caffa* wird von der gleichnamigen, damals türkischen Hafenstadt auf der Krim (heute Feodosiya nach ihrer ursprünglichen griechischen Bezeichnung) hergeleitet, die als genuesische Niederlassung von 1266 bis 1475 Caffa und später türkisch Kefe hieß. Der Name deutet jedenfalls, ebenso wie beim Damast, auf die orientalische Herkunft der Webtechnik, die sich in Europa von Italien ausgehend verbreitete. Qualifizierte Weber mussten zeichnen können, um Muster zu entwerfen. Von einem Delfter Caffaweber wird berichtet, dass er vor 1600 von einem „Meister Jacob“ (mit dem vermutlich der Delfter Maler Jacob Willemsz. Delff [um 1550–1601] gemeint war) im Zeichnen unterrichtet wurde.

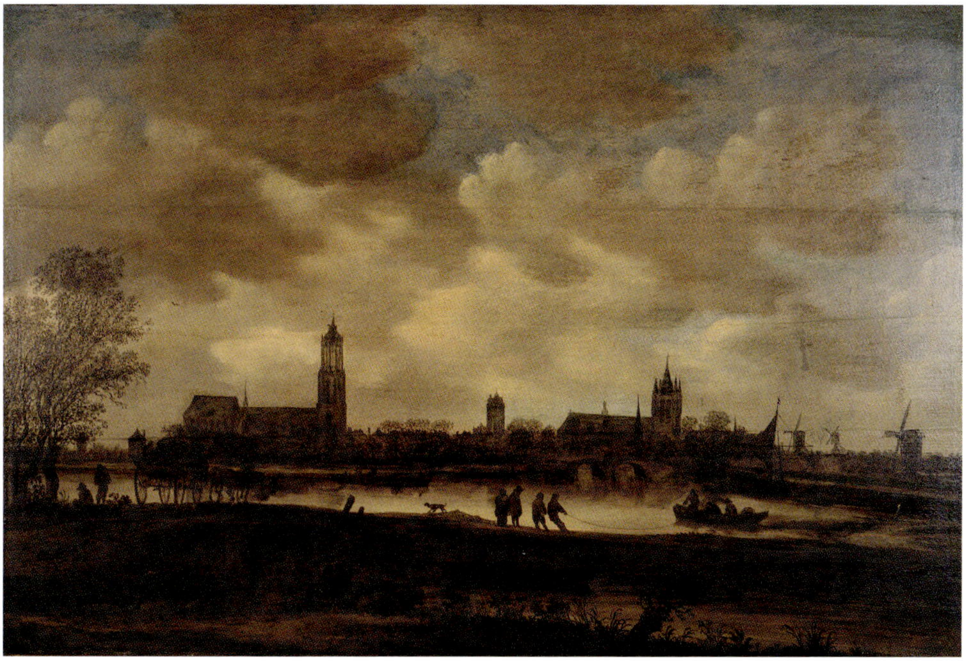

Jan van Goyen, **Blick auf Delft von Norden**, 1654
Öl auf Holz, 68 x 99 cm. Delft, Museum Prinsenhof

Nach Beendigung seiner Lehrzeit heiratete der mittlerweile vierundzwanzigjährige Reynier Jansz. die in Antwerpen geborene zwanzigjährige Digna Balthasars oder kurz Digna Baltens. Die Trauung am 19. Juli 1615 wurde von dem bekannten calvinistischen Prediger Jacobus Triglandius (1583–1654) vorgenommen, einer der führenden Figuren der strenggläubigen Richtung der Gomaristen, der Anhänger von Franciscus Gomarus (1563–1641). Ihren Rückhalt fanden sie vor allem in der einfachen Bevölkerung, während das wohlhabende Bürgertum eher der liberalen Fraktion des Calvinismus angehörte, die schließlich als Remonstranten aus der calvinistischen Kirche ausgeschlossen wurde.

Der Vater von Digna Baltens, Balthasar Claesz. Gerrits (um 1573–um 1630), stammte aus Antwerpen und wanderte mit seiner Frau und Tochter bald nach 1596 nach Amsterdam aus.[6] Er war ursprünglich als Metallhandwerker, vielleicht Uhrmacher oder Goldschmied, ausgebildet und in mehreren Berufen tätig, wobei er sich auch mit unsauberen Mitteln bemühte, rasch zu Vermögen zu gelangen. Noch während er als *lichterman* arbeitete und Schiffe entlud, profitierte er als Hausmakler von Spekulationen mit Grundstücken vor den Toren Amsterdams. Die rasch wachsende Stadt litt unter Raumnot und stand kurz vor einer

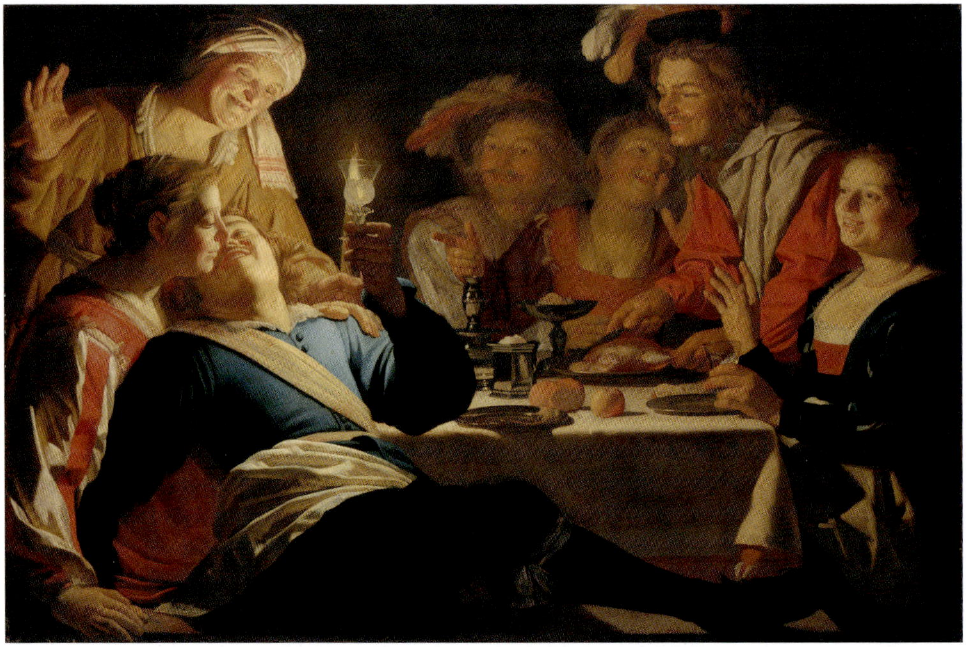

Gerard van Honthorst, **Fröhliche Gesellschaft**, 1622
Öl auf Leinwand, 130 x 195,6 cm. München, Bayerische Staatsgemäldesammlungen, Alte Pinakothek

Erweiterung. Balthasar Claesz. Gerrits beteiligte sich als untergeordnete Hilfskraft zusammen mit einer Gruppe von Kaufleuten aus Antwerpen an der Groot Compagnie, die durch Blankoverkäufe (die später verboten wurden) versuchte, den Aktienkurs der 1602 gegründeten Ostindischen Handelskompanie (VOC) zu manipulieren. Vor 1620 schließlich war er zusammen mit seinem Sohn Reynier Baltens in einen Münzfälscherskandal verwickelt, der auch eine politische Dimension hatte, weil er in Zusammenhang mit dem Erwerb des Herzogtums Kleve durch den Kurfürsten von Brandenburg stand; dieser hatte dafür von den niederländischen Generalstaaten ein hohes Darlehen erhalten, das er nicht zurückzahlen konnte. Während Balthasar Claesz. Gerrits, der offenbar die Falschmünzen produziert hatte, sich unbehelligt aus der Affäre ziehen konnte, wurden die beiden Anstifter, darunter der diplomatische Vertreter des Kurfürsten von Brandenburg in Den Haag, zum Tode verurteilt und enthauptet. Reynier Baltens saß mehrere Monate im Gefängnis und wurde von der Familie freigekauft, wobei Neeltge Goris, die Schwiegermutter seiner Schwester Digna, durch ihre Überzeugungskraft offenbar die führende Rolle spielte. Reynier Jansz., der Vater Vermeers, beschwerte sich noch später darüber, dass er sein Bett verkaufen musste, um seinen Beitrag zur Befreiung seines Schwagers bezahlen zu können.

Reynier Jansz. und Digna Baltens hatten sich bald nach ihrer Heirat 1615 in Delft niedergelassen und wohnten im Haus des Stiefvaters Claes Corstiaensz. Am 15. März 1620 wurde das erste Kind des Paares, Gertruy, getauft. Im Zusammenhang mit einer nicht ganz durchsichtigen finanziellen Transaktion zwischen Reynier Jansz. und seinem Schwiegervater Balthasar Claesz., der in der Zwischenzeit in Gorinchem lebte, wurde 1623 in einem Inventar der Hausrat des Paares im Wert von 693 fl. aufgelistet, darunter verschiedene Gemälde mit 53 fl.[7] Unter den Bildern sind Bildnisse des Statthalters Moritz von Oranien, Graf von Nassau-Dillenburg (1567–1625), und seines Bruders, Prinz Frederik Hendrik (1584–1647), sowie zwei alttestamentarische Szenen aufgeführt, was darauf hinzudeuten scheint, dass die Besitzer loyale Reformierte waren. Unter den übrigen Bildern sind ein italienischer Pfeifer, eine Nachtszene und ein *bordeeltje* genannt, wahrscheinlich Werke von Utrechter Caravaggisten.[8]

In den 1620er Jahren suchte Reynier Jansz. neben seiner Seidenweberei nach einer weiteren Einnahmequelle und pachtete den Gasthof „De Vliegende Vos" (Der fliegende Fuchs) in der Voldersgracht in Delft. Vielleicht nahm er sich damit seinen 1618 verstorbenen Stiefvater, den Gastwirt und Musiker Claes Corstiaensz., zum Vorbild. 1627 starb seine Mutter Neeltge, und ihr Haus am Viehmarkt, in dem er seine Jugend verbracht hatte, wurde zwangsversteigert, um die hinterlassenen Schulden zu begleichen.[9] Die Voldersgracht nahe beim Großen Markt, dem Zentrum von Delft, war jedenfalls die bessere Gegend als das Viertel der kleinen Leute um den Viehmarkt. In einem Dokument von 1629[10] wird Reynier Jansz. zum ersten Mal als Gastwirt (*herbergier*) bezeichnet, in einem älteren Dokument aus dem Jahr 1628[11] wird er zum ersten Mal Reynier Jansz. Vos genannt. Die zufällige Entdeckung, dass dieser Reynier Vos, der ein Wirtshaus betrieb und später einen Kunsthandel führte, niemand anderer als Johannes Vermeers Vater war, gelang 1925 dem niederländischen Historiker L. G. N. Bouricius und bedeutete einen großen Fortschritt in der Erforschung der Vermeer'schen Familiengeschichte.

Die Übereinstimmung des Namens des Gasthofs mit dem neuen Beinamen seines Besitzers ist auffallend. Es ist aber ungewiss, ob Reynier Jansz. den Beinamen Vos nach dem Namen seines Wirtshauses „De Vliegende Vos" annahm oder ob er umgekehrt das Wirtshaus nach seinem Beinamen benannte. Wahrscheinlicher ist, dass der Gasthof bereits vorher so hieß. Ob mit oder ohne Wirtshaus, für jemanden, der Rainer heißt, ist es naheliegend, sich Fuchs zu nennen, dem Vorbild der Fabeln des mittelalterlichen französischen *Roman de Renard* folgend, die als *Reynaerd de Vos* seit dem Spätmittelalter auch im Niederländischen weit verbreitet waren (entsprechend *Reineke Fuchs* im Deutschen).

Die Namensverwirrung ist noch größer, da sich Reynier Jansz. Vos auch fallweise Reynier van der Minne und später Reynier Jansz. Vermeer nannte. Der Name van der Minne geht auf die Vorfahren seines Stiefvaters Claes Corstiaensz. zurück, dessen beide

Kinder Dirck und Adriaentge – die Stief- bzw. Halbgeschwister von Reynier Jansz. – sich auch so nannten, während Reyniers Bruder Anthony ebenfalls den Beinamen Vermeer führte. Wir wissen aber nicht, ob bereits ihr Vater Jan Reyersz. diesen Namen benutzte.

Der Beiname Vermeer ist die verkürzte Form von „van der Meer", „vom See" (mit „meer" wird im Niederländischen allgemein ein Binnengewässer bezeichnet, im Unterschied zum Meer, das im Niederländischen „zee", analog zum deutschen „die See", heißt), und kommt in den Niederlanden sehr häufig vor. Zwei gleichzeitig lebende, mit Johannes Vermeer aus Delft nicht verwandte Künstler, der Landschaftsmaler Johannes Jansz. Vermeer van Haarlem (1628–1691) und der Utrechter Porträt- und Genremaler Johan van der Meer (1630–1695/97), wurden früher, in der Entdeckungszeit des Delfter Vermeer, mehrfach miteinander und mit ihm verwechselt. In Delft selbst lebte der Apotheker und Sammler von Naturalien Jan van der Meer (1616–1683), der mit Johannes Vermeer ebenfalls nicht verwandt ist.[12] In den Jahren ab etwa 1630 benutzte Reynier Jansz. die Beinamen nebeneinander, am häufigsten nannte er sich Vos. 1631, bei seinem Eintritt in die Delfter Lukasgilde, wird er „Reijnier Vos oder Reijnier van der Minne" genannt.[13] In einem Dokument vom 6. September 1640, in dem er als Zeuge für den Stilllebenmaler Jan Batista van Fornenburgh (um 1590–1649) testierte, nannte er sich „Reijnier Jansz. Vermeer",[14] am folgenden Tag erhielt Fornenburgh eine Zahlung, die von dem Stillebenmaler Pieter Steenwijck und „Reynier Jansz. Vermeer alias Vos" bezeugt wurde.[15]

Zwischen 1629 und 1631 haben wir von Reynier Jansz. vor allem Kenntnis aus Dokumenten des mit ihm befreundeten Notars Willem de Langue (1599–1656), eines Dichters und Amateur-Kalligrafen, der auch Bilder sammelte, für den Reynier Jansz. häufig testierte und dabei meist als Gastwirt und nicht als Seidenweber bezeichnet wird. Es ist eine Ausnahme, wenn Reynier Jansz. noch 1645 als *kaffawercker* auftaucht. Ab 1631 wurde Reynier Jansz. in einem weiteren Beruf tätig: Er trat am 13. Oktober in die Delfter Malergilde als „Mr. Constvercoper" (Kunsthändlermeister) ein. Das war insofern nicht außergewöhnlich, als im holländischen 17. Jahrhundert Gastwirte häufig als Kunsthändler fungierten. Künstler hatten damals wenig Gelegenheit, ihre Werke öffentlich auszustellen, die meisten Bilder wurden direkt aus den Ateliers der Maler verkauft. Sie in einem Gasthaus anzubieten, bot jedenfalls eine gute Möglichkeit, sie zu veräußern. Vielleicht wurde Reynier Jansz. durch seine Bekanntschaft mit Willem de Langue, der Bilder sammelte und enge Beziehungen zu den Delfter Künstlern unterhielt, auf diese Einkommensmöglichkeit hingewiesen.

Genau ein Jahr später, im Oktober 1632, wurde Johannes Vermeer, der spätere Künstler, als das zweite Kind von Reynier Jansz. und Digna Baltens geboren. Reynier Jansz. war damals 41, Digna Baltens 37 Jahre alt. Aufgrund der ungewöhnlichen Namensform Joannis wurde spekuliert, Vermeer könnte nicht erst nach seiner Heirat zum Katholizismus gewechselt, sondern bereits katholisch getauft worden sein. Die Taufe fand aber in der reformierten Hauptkirche von Delft, der Nieuwe Kerk, statt, und alle Anzeichen deuten darauf hin, dass die Eltern, ebenso wie die ganze Familie, Angehörige der reformierten, calvinistischen Kirche waren. Der Pastor Taurinus, der vermutlich den Neugeborenen taufte, hatte ebenfalls den Namen Joannis.

1640 wurde das Haus, in dem Reynier Jansz. sein Wirtshaus „De Vliegende Vos" führte, verkauft. Der Mietvertrag wurde nicht verlängert, und Reynier Jansz. kaufte am 23. April 1641 das Wirtshaus „Mechelen" an der Nordseite des Großen Marktes in unmittelbarer Nachbarschaft der Nieuwe Kerk für den hohen Betrag von 2700 Gulden.[16] Mit seinen sieben Kaminen war das aus dem 16. Jahrhundert stammende Gasthaus ein stattliches Anwesen in bester Lage. Reynier Jansz. konnte von dem Kaufpreis allerdings nur 200 Gulden aus eigenem Vermögen bezahlen, für den großen Rest musste er zwei Hypotheken aufnehmen. Ein Haarlemer Brauer gab ein Darlehen von 2100 Gulden, Arent van Pijnacker, der Schwager von Willem de Langue, lieh ihm 400 Gulden. Es scheint, dass sich Reynier Jansz. mit dem Kauf des Gasthauses wirtschaftlich übernommen hatte, er befand sich von da an in finanziellen Schwierigkeiten. 1652 schuldete er etwa einem einzigen Weinhändler 250 Gulden, erst fünf Jahre später konnten seine Erben die letzte Rate bezahlen.[17]

Im Herbst 1652 starb Reynier Jansz. und wurde am 12. Oktober in Delft in der Nieuwe Kerk begraben, „Reinier Jansz. Vermeer am Marktplatz" lautet der Eintrag im Sterberegister.[18] An die öffentliche Armenfürsorge (Camer van Charitate) wurde bei dieser Gelegenheit nicht, wie allgemein üblich, eine Kleiderspende geleistet, was die Armut der Hinterbliebenen bezeugt. Johannes, der Sohn des Verstorbenen, war damals zwanzig Jahre alt und hatte seine Ausbildung als Maler fast abgeschlossen. Das Gasthaus wurde nach dem Tod von Reynier Jansz. von seiner Witwe Digna Baltens, wahrscheinlich mithilfe ihrer Tochter, weitergeführt bzw. verpachtet. Noch 1669, als Digna Baltens vergeblich versuchte, das Gasthaus versteigern zu lassen, waren die beiden Hypotheken, mit denen das Haus seit dem Kauf 1641 belastet war, offen.[19] Ganz katastrophal kann die finanzielle Lage der Familie Vermeers aber nicht gewesen sein, denn es gelang ihr, das Gasthaus über all die Jahre zu behalten, es kam weder zu einem Konkurs noch zu einer Zwangsversteigerung. 1670 starb Digna Baltens, die Mutter Johannes Vermeers, mit etwa 75 Jahren und wurde am 13. Februar in der Nieuwe Kerk begraben.[20] Wenige Monate später starb auch Gertruy, die ältere Schwester des Malers. Sie wurde am 2. Mai ebenfalls in der Nieuwe Kerk begraben.[21] Diesmal wurde eine Spende von sechs Gulden und sechs Stübern an die Armenfürsorge gegeben.[22] Vermeer erhielt von Gertruys Witwer 148 Gulden als Abschlagszahlung auf das Erbteil seiner Schwester und wurde mit allen Belastungen alleiniger Eigentümer des Gasthauses „Mechelen",[23] das er 1672 vermietete.[24]

Delft und seine Maler: die künstlerische Umgebung Vermeers

Mit der politischen Konsolidierung der sieben nordniederländischen, vorwiegend calvinistischen Provinzen, die sich 1579 in der Utrechter Union zusammengeschlossen hatten, begann in den wirtschaftlichen und kulturellen Zentren auch die Ausbildung einer eigenen, neuen holländischen Kunst- und Maltradition. Die führenden Städte des Landes, die infolge der politischen Verhältnisse und der Emigration der Protestanten aus den spanisch gebliebenen katholischen Provinzen der südlichen Niederlande, vor allem aus Antwerpen, rasch an Bevölkerung zunahmen und wirtschaftlich prosperierten, entwickelten lokale Besonderheiten in ihrer künstlerischen Produktion, allen voran der Malerei.

Haarlem ging allen anderen Städten voraus, denn hier bestand eine große Tradition des Spätmanierismus, die über die Druckgrafik weite Verbreitung fand. Karel van Mander (1548–1606), der in seinem 1604 erschienenen *Schilder-boeck* (Malerbuch) Künstlerbiografien verfasste und den Malern seiner Zeit eine theoretische Grundlage vermitteln wollte, stammte von hier. In Haarlem entstanden in den ersten Jahrzehnten des 17. Jahrhunderts die Porträts von Frans Hals (1580/85–1666), Szenen aus dem täglichen Leben von Adriaen Brouwer (um 1605/06–1638) und Adriaen van Ostade (1610–1685) sowie Landschaften von Salomon van Ruysdael (um 1600/03–1670), die unsere Vorstellung von holländischer Malerei entscheidend geprägt haben.

Die stärkste Eigenart als lokales Zentrum entwickelte die alte Bischofsstadt Utrecht: Sie war das Einfallstor für italienisch geprägte Kunst in den nördlichen Niederlanden. Michelangelo Merisi da Caravaggio (1571–1610) fand dort sehr schnell Nachfolger, nachdem bereits Karel van Mander auf ihn aufmerksam geworden war. In seinem *Schilder-boeck* heißt es: „Da ist auch ein Michael Agnolo aus Caravaggio, der in Rom wundersame Dinge tut …, er hat durch seine Werke großen Ruhm, Ehre und Namen erworben" (Daer is oock eenen Michael Agnolo van Caravaggio, die te Room wonderlijcke dinghen doet … Desen heeft alree met zijn wercken groot gherucht, eere en naem gecreghen).[25] Van Mander hebt als Wichtigstes den Naturalismus des Künstlers hervor und betont, dass Caravaggio keinen einzigen Pinselstrich mache, der nicht unmittelbar nach dem Leben erfolge. Da auch die Niederländer sich immer am Vorbild der Natur orientierten, verwundert die schnelle Rezeption des Künstlers nicht.

Die wichtigsten holländischen Nachfolger Caravaggios, Hendrick ter Brugghen (1588–1629), Dirck van Baburen (um 1595–1624) und Gerard van Honthorst (1592–1656), gingen nach ihrer Ausbildung in Utrecht für einige Jahre nach Italien, kehrten unter dem

Hendrick ter Brugghen, **Der heilige Sebastian wird von den Frauen gepflegt**, 1625
Öl auf Leinwand, 150,2 x 120 cm. Oberlin College, Ohio,
Allen Memorial Art Museum, R.T. Miller, Jr. Fund, 1953

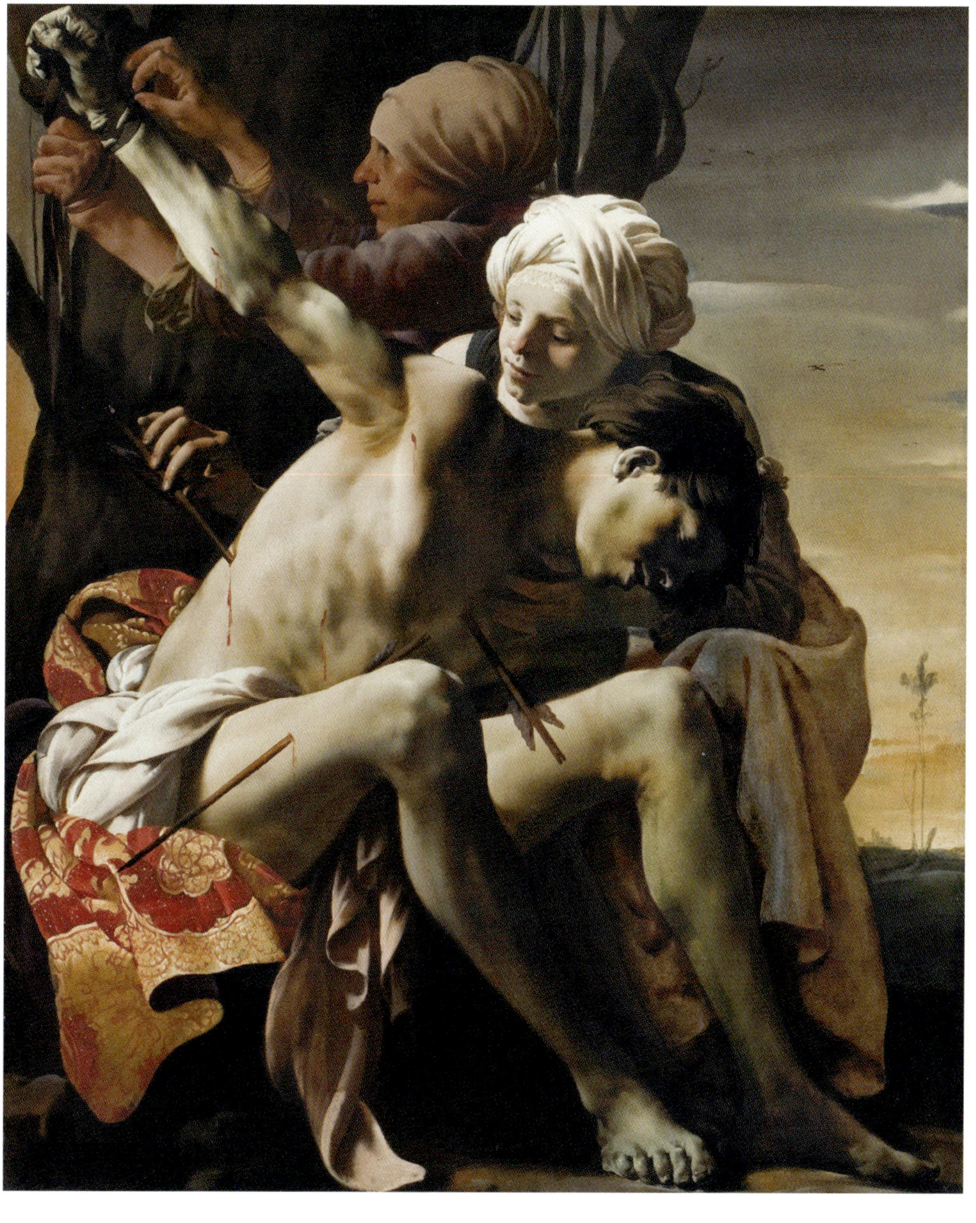

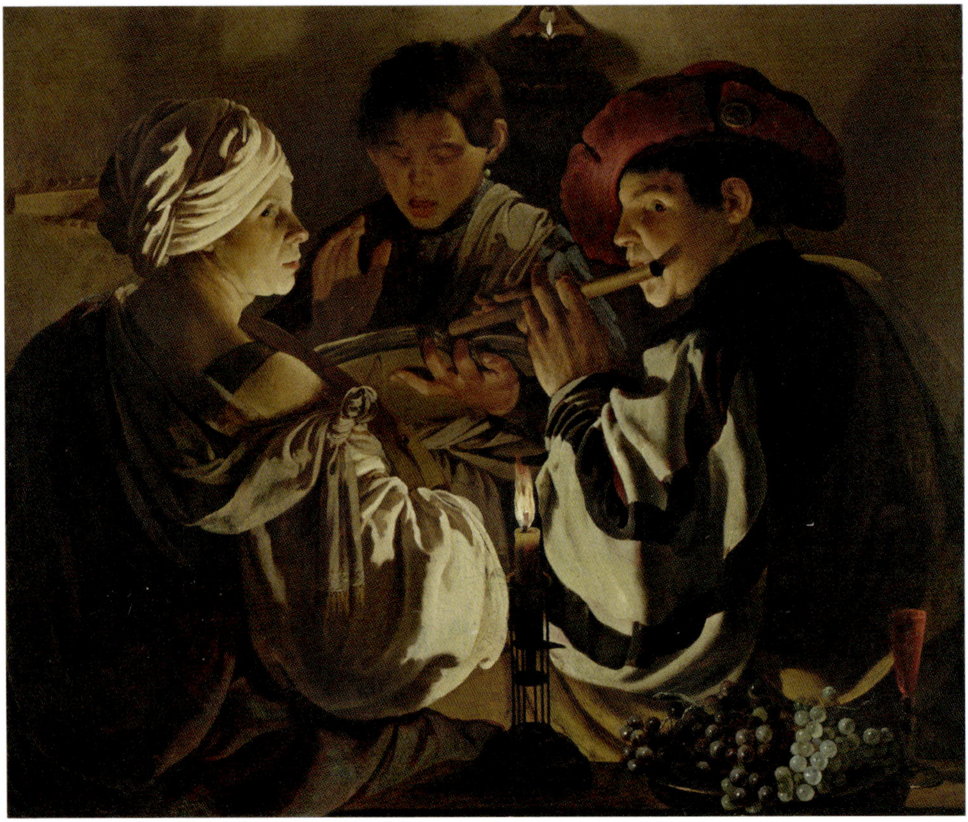

starken Eindruck der neuen Strömungen der italienischen Malerei von 1600 bis 1610 in ihre Heimatstadt zurück und schufen in Utrecht ihre Bilder mit biblischen Motiven und Wirtshausszenen in kräftiger Hell-Dunkel-Malerei. Der älteste von ihnen, ter Brugghen, zog schon als Fünfzehnjähriger nach Rom und könnte Caravaggio noch persönlich getroffen haben. Nach zehnjährigem Aufenthalt in Italien kehrte er 1614 nach Utrecht zurück, doch erst aus den Jahren 1619/20 sind Bilder erhalten. Sie sind von ganz unterschiedlichen Vorbildern beeinflusst, neben Caravaggio sind viel ältere Künstler wie Albrecht Dürer (1471–1528) maßgeblich. Das verbindende Element war wohl die Genauigkeit der Naturnachahmung. Das wiederum weist auf die Vorbildhaftigkeit ter Brugghens (S. 25, 26) und der anderen Caravaggisten auf Johannes Vermeer hin, sowohl hinsichtlich der Entwicklung seines persönlichen Stils als auch der Motivwahl (S. 26). Dirck van Baburen, der sich von 1612 bis 1620 in Italien aufhielt und wenige Jahre nach seiner Rückkehr starb, malte neben Wirtshaus- und Bordellszenen wie der *Lockeren Gesellschaft* (S. 59) oder der *Kupplerin* (S. 182) weitere Bilder, die für das Werk des jungen Johannes Vermeer von Bedeutung waren, vor allem Musizierende als Halbfiguren, die als Genrebilder wie als Charakterstudien zu verstehen sind und damit eine wenn auch stilistisch völlig andersartige Parallele zu Bilderfindungen Vermeers darstellen.

Die aufstrebende Metropole Hollands war allerdings Amsterdam, die am stärksten wachsende Stadt der Niederlande und ihr größtes Handelszentrum. Ihre Einwohnerzahl hatte sich zwischen 1600 und 1625 von etwa 50 000 auf 120 000 mehr als verdoppelt. Hierher kamen alle Künstler, die sich mehr Erfolg als in ihrer Heimat versprachen, wie etwa Rembrandt, der nach wenigen Jahren Tätigkeit in seiner Heimatstadt Leiden 1631 nach Amsterdam übersiedelte und dort eine große Werkstatt einrichtete. Sein erster Schüler Gerard Dou (1613–1675) blieb in Leiden zurück und begründete dort die Schule der „Feinmalerei“, die in der Folge als Leidener Spezialfach galt. Die Genrebilder mit Szenen aus dem Leben der Angehörigen des begüterten Bürgertums von Gabriel Metsu und Frans van Mieris d. Ä. (1635–1681) bieten in ihren Motiven auffallende Parallelen zu Johannes Vermeer und bildeten wichtige Anregungen für seine eigenen Bilder (S. 120, 154, 210, 252).

Im Gegensatz dazu befriedigte die Kunst in Den Haag, der traditionellen Residenzstadt der Grafen von Holland, mehr als in anderen Städten die Bedürfnisse der Statthalter aus dem Haus Oranien, vor allem nachdem Moritz von Oranien den Hof wieder hierhin verlegt hatte. Dazu gehörten die Ausstattung der Schlösser mit Historienbildern und dekorativen Malereien, aber auch die Bildnisse. Das bis heute erhaltene wichtigste Denkmal dieser höfischen Malerei ist der sog. Oranjezaal im Palast Huis ten Bosch in Den Haag,

Hendrick ter Brugghen, **Das Konzert**, um 1626
Öl auf Leinwand, 99,1 x 116,8 cm. London, The National Gallery

nach dem Tod des Statthalters Frederik Hendrik im Jahr 1647 von seiner Witwe Amalia zu Solms-Braunfels (1602–1675) zu einem Gedenkraum bestimmt und mit Historienbildern flämischer und holländischer Maler ausgestattet (siehe dazu S. 50 f.). Der Stil der hier beteiligten holländischen Maler, der sich so sehr von der gewohnten Eigenart der holländischen Malerei entfernt, wird gerne als „holländischer Klassizismus" bezeichnet.[26] Für Johannes Vermeer waren diese Künstler für seine ersten Werke (S. 80/81, 83, Kat. 1 und 2), als er noch auf der Suche nach seinem persönlichen Weg war, besonders wichtig.

Das nur wenige Kilometer entfernte Delft hatte für kurze Zeit versucht, Den Haag den Rang streitig zu machen: Wilhelm I. von Oranien (1533–1584), genannt der Schweiger, der den Kampf der Niederländer gegen die spanische Herrschaft organisierte, schlug ab 1572 seine Residenz in der stark befestigten Stadt auf, die sich besser verteidigen ließ als das unbefestigte Den Haag, das unter den Angriffen der spanischen Truppen stark zu leiden hatte. Der Prinsenhof in Delft, ein ehemaliges Kloster, in dem der Statthalter residierte und die Generalstaaten, die Ständeversammlung aller Provinzen, tagten, wurde damit für einige Jahre zum Zentrum des neuen Staatswesens. Wilhelm von Oranien wurde 1584 in Delft von einem katholischen Fanatiker ermordet. Das von den Generalstaaten zwischen 1614 und 1622 von dem Bildhauer Hendrick de Keyser (1565–1621) in der Nieuwe Kerk in Delft errichtete prunkvolle Grabmal Wilhelms wurde zu einem wichtigen Anziehungspunkt für die Besucher Delfts und zu einem zentralen Erinnerungsort für die Anhänger der Dynastie der Oranier.

Die Stadt Delft war im 17. Jahrhundert vor allem für ihr Kunstgewerbe berühmt. François Spiering (um 1549/51–1631), der aus den südlichen Niederlanden, dem alten Zentrum der Tapisseriekunst, emigriert war, hatte 1592 begonnen, in Delft Bildteppiche zu weben. Seine Nachfolger führten den Betrieb bis zur Mitte des 17. Jahrhunderts weiter, die Erzeugnisse waren allerdings so teuer, dass nur die reichsten Bürger des Landes und die Statthalter sich die Tapisserien leisten konnten. Sehr viel weitere Verbreitung fand die Delfter Keramik, die ab den 1620er Jahren produziert wurde. Innerhalb weniger Jahrzehnte wurde nicht nur ganz Holland mit bemalten Gefäßen und Wandkacheln beliefert, ein erheblicher Anteil war auch für den Export bestimmt.

Heute überstrahlt der künstlerische Ruhm von Johannes Vermeer alle anderen aus Delft stammenden oder hier tätigen Künstler. Doch wenige Jahrzehnte vor und gleichzeitig mit Vermeer war eine Reihe von Malern in Delft tätig, die herausragende künstlerische Leistungen vollbrachten, sodass mit Fug und Recht von einer eigenen „Delfter Schule"[27] gesprochen werden kann, auch wenn ihre Vertreter nicht durch gemeinsame schulbildende Eigenschaften miteinander verbunden sind und sich die meisten nur vorübergehend in Delft aufhielten.

Zwei Historienmaler waren im zweiten Jahrhundertviertel, also in den Jahren von Vermeers Kindheit und Jugend, in Delft tätig, Leonaert Bramer (1596–1674) und Christiaen van Couwenbergh (1604–1667). Dazu kommen der Genre- und Porträtmaler Anthonie Palamedesz. (1601–1673), der Landschaftsmaler Pieter van Asch (1602–1678) und der Stilllebenmaler Balthasar van der Ast (1593/94–1657). Bramer und Couwenbergh orientierten sich an italienischen Vorbildern, Bramer verbrachte in seiner Jugend vierzehn Jahre auf Wanderschaft in Italien, wo er sich vor allem in Rom, Venedig und Mantua aufhielt und in näheren Kontakt zu Domenico Fetti (1589–1624) trat. Er kehrte 1628 nach Delft zurück und schuf – als einziger holländischer Künstler – großformatige, leider nicht erhaltene Wandmalereien in Freskotechnik, vor allem im Auftrag des Hauses Oranien für die Schlösser Honselaarsdijk und Rijswijk, aber auch kleine Historienbilder, die an die um 1630 entstandenen Jugendwerke Rembrandts erinnern. Bramer stellte häufig nächtliche Szenen dar und liebte dramatische Lichteffekte (S. 16). Der später vergessene und bis heute wenig bekannte Couwenbergh wurde in Delft als Sohn eines flämischen Silberschmieds, Kupferstechers und Kunsthändlers geboren. Ob er, wie früher angenommen, wie Bramer einen längeren Studienaufenthalt in Italien absolvierte, ist ungewiss. In seinen Genrebildern mit Wirtshausszenen zeigt er sich von den Utrechter Caravaggisten beeinflusst, die ihrerseits entscheidend auf den jungen Vermeer (vgl. Kat. 3) wirkten. Durch seine Heirat mit einer Tochter des Bürgermeisters von Delft verbesserte Couwenbergh seine soziale Position. Offenbar gelang es ihm dadurch, viele Aufträge für den Statthalter Frederik Hendrik zu erhalten. Er wirkte an der Ausstattung von Schloss Honselaarsdijk und anderer Paläste mit sowie schließlich ab 1651 am Bilderschmuck des Oranjezaals in Huis ten Bosch in Den Haag. Im Umkreis dieser Schlossausstattungen ist Vermeers erstes erhaltenes Bild, *Diana und ihre Nymphen* (S. 80/81, Kat. 1), entstanden.

Couwenbergh und Bramer gaben als Maler, die etwa dreißig Jahre älter waren als Johannes Vermeer, eher inhaltliche als formale Anregungen für sein Jugendwerk. Für Vermeers Kunstauffassung, seinen Illusionismus, seine Raumdarstellung und sein Interesse an Perspektive waren andere, etwas jüngere Delfter Künstler wichtig, nämlich Carel Fabritius (1622–1654) und die Gruppe der Delfter Architekturmaler, zu denen Gerard Houckgeest (um 1600–1661), Hendrick Cornelisz. van Vliet (um 1611/12–1675) und Emanuel de Witte (um 1610–1691/92) zählten. Ab etwa 1650 begannen diese Architekturmaler vorwiegend die beiden Delfter Hauptkirchen, die Oude Kerk und die Nieuwe Kerk, in komplizierten perspektivischen Konstruktionen von frappanter Überzeugungskraft darzustellen (S. 15, 40, 94). Fabritius, die Architekturmaler mit ihren Delfter Kirchenansichten, Pieter de Hooch und Johannes Vermeer bilden die Delfter Malerschule im engeren Sinn, die sich vor allem durch ihren Illusionismus von der übrigen holländischen Malerei abhebt.

Carel Fabritius war neben Vermeer der wohl Genialste dieser Gruppe. Obwohl er nur 32 Jahre alt wurde und ein entsprechend kleines Œuvre hinterließ, wird in diesen ganz unterschiedlichen Bildern seine überragende malerische Begabung deutlich. Fabritius stammte aus dem kleinen Ort Middenbeemster nördlich von Amsterdam. Von 1641 bis 1643 war er Schüler von Rembrandt in Amsterdam, kehrte dann in seine Heimatstadt zurück und kam erst 1650, als er seine zweite Ehe schloss, in die Stadt Delft, aus der seine Frau stammte. Erst 1652 wurde er Mitglied der Delfter Malergilde, am 12. Oktober 1654 kam er bei der verheerenden Katastrophe der Delfter Pulverexplosion ums Leben. Bei diesem Unglück, bei dem das zentrale Pulver- und Munitionsmagazin der Staaten von Holland in die Luft flog, wurde fast die halbe Stadt zerstört, und zahlreiche Menschen kamen ums Leben. In mehreren Bildern ist das Ausmaß der Zerstörungen festgehalten, z. B. von Egbert van der Poel (1621–1664; S. 44).

Fabritius' besondere Stärke lag in der Wiedergabe des Lichts und dem naturalistischen Festhalten von Beleuchtungseffekten. In seinen letzten Jahren in Delft entfernte er sich mehr und mehr von Rembrandt, seine Bilder werden heller, Räumlichkeit wird durch zarte Abstufungen von Grau-, hellen Grün- und Ockertönen suggeriert. Das stimmungsvolle Bild mit einer *Torwache* (S. 35) ist ein schönes Beispiel für seine intensive Beobachtungsgabe und die Umsetzung in Malerei. Die idyllische Szene in einer altertümlichen Architektur erinnert eher an romantische Bilder des 19. Jahrhunderts als an die holländische Malerei seiner Zeit. Charakteristisch für seine Naturbeobachtung ist das bekannte kleine Bild mit einem *Distelfinken* (S. 31), eine auf ein Holzbrett aufgebrachte Trompe l'Œil-Malerei, die eine Wandnische oder Ähnliches verschließen und dem Betrachter den als zahmes Haustier gehaltenen Vogel vortäuschen sollte.

Schon Fabritius' Zeitgenossen lobten seine virtuosen Fähigkeiten in der Gestaltung perspektivischer Konstruktionen, die einen besonderen Illusionismus hervorrufen. Unter den wenigen erhaltenen perspektivischen Arbeiten ist das kleine Bild mit dem *Blick auf die Nieuwe Kerk in Delft* (S. 43) bemerkenswert, das wahrscheinlich für die Betrachtung in einem Guckkasten gemalt wurde. Das Bild war ursprünglich auf einer gekrümmten Unterlage in einem kleinen Behälter montiert und konnte durch eine kleine Öffnung betrachtet werden, wobei sich die frappierende Illusion einstellte, durch die Öffnung einen real existierenden Platz zu sehen. Während der Platz mit der Ansicht der Kirche der Realität entspricht, ist der Tisch mit den Musikinstrumenten links imaginär. Streichinstrumente mit ihren gebauchten Formen waren besonders beliebte Objekte für die perspektivische Darstellung, weil sich hier die Virtuosität des Künstlers in der Verkürzung sehr gut demonstrieren ließ. Auch Vermeer hat in seinen Bildern immer wieder am Boden liegende Streichinstrumente perspektivisch verkürzt dargestellt (vgl. S. 285).

Carel Fabritius, **Der Distelfink**, 1654
Öl auf Holz, 33,5 x 22,8 cm
Den Haag, Koninklijk Kabinet van Schilderijen Mauritshuis

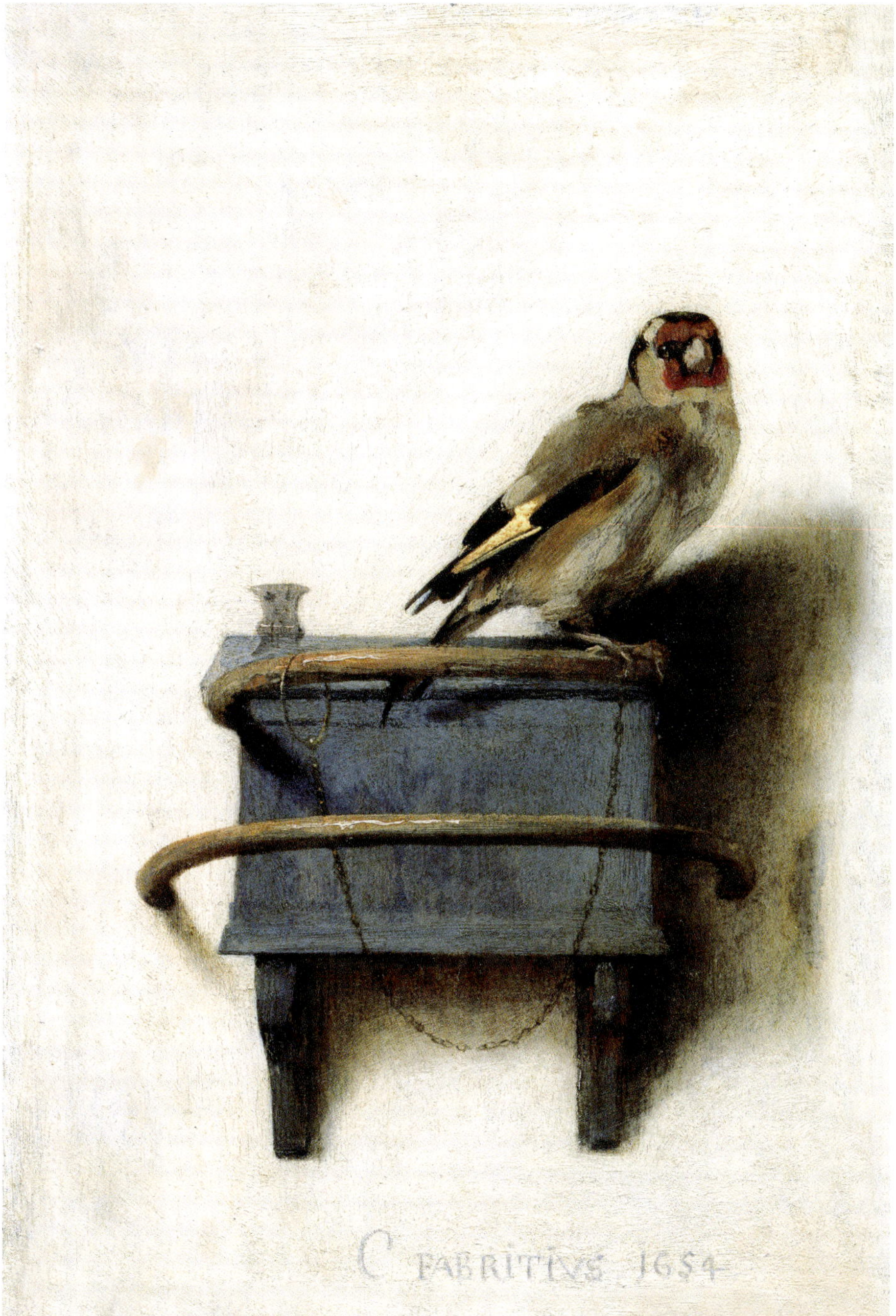
C FABRITIVS 1654

Dieses perspektivische Kunststück verbindet Fabritius mit den gleichzeitig in Delft tätigen Malern von Kircheninterieurs. Gerard Houckgeest, der älteste unter ihnen, hatte Jahrzehnte hindurch Architekturfantasien gemalt, imaginierte monumentale Paläste, Säulenhallen und Renaissancekirchen. Ab 1650 änderte sich plötzlich das Thema seiner Bilder, und er malte einige getreue Innenansichten der Delfter Kirchen. Das spricht für einen von außen kommenden Anstoß, wahrscheinlich in Form eines Auftrags. Houckgeests neuartige Leistung war dabei die Einführung von Schrägansichten mit zumindest zwei, oft aber mehreren Fluchtpunkten. Er wählt dabei einen seitlichen Standpunkt, durch geringfügige Veränderung ergeben sich von Bild zu Bild vielfältige und neue Perspektiven. So entstehen überraschende Einblicke und lebendige Kontraste durch wechselnde Beleuchtung, zugleich aber wird der Raum verunklart, und seine Ausdehnung ist nicht leicht zu erkennen. In einer seiner eindrucksvollsten Kompositionen stellt Houckgeest 1650 den *Chor der Nieuwe Kerk in Delft mit dem Grabmal Wilhelms von Oranien* dar (S. 15). Der Blick geht aus dem linken Seitenschiff schräg in den Chor, in dem das Grabmal relativ eng steht. Die Sicht auf das Grabmal ist daher aus jedem Blickwinkel von Pfeilern verstellt, der architektonische Aufbau des Sarkophags ist nur zum Teil zu sehen. Die Komposition wird von der fluchtenden Reihe monumentaler Rundpfeiler mit hohem polygonalem Sockel dominiert, die Chorumgang und Chor voneinander trennen. Es ergeben sich damit Blicke nach links weiter in den Chorumgang, geradeaus in den Chor und zum Grabmal und nach rechts in den gegenüberliegenden Umgang.

Noch nie zuvor wurde ein Kircheninneres so überzeugend wirklichkeitsgetreu und in den leichtesten Abstufungen der Schatten in einem lichtdurchfluteten Raum hinsichtlich Licht und Farbe so illusionistisch dargestellt. Houckgeest hat als Zeichenhilfe für die Perspektive der Architektur wahrscheinlich einen Zeichenrahmen benutzt, wie ihn Albrecht Dürer bereits 1525 in einem Holzschnitt wiedergab. Es wurde vermutet, dass die Architekturmaler auch andere optische Hilfsmittel verwendet hätten, etwa eine Camera obscura, deren wunderbare Bilder Constantijn Huygens pries. Das ist aber nicht wahrscheinlich, ebenso wenig wie sie Vermeer für seine Kompositionen gebraucht hat (siehe Text S. 106-112).

Die Delfter Architekturmaler haben in den Jahren kurz nach der Jahrhundertmitte die Nieuwe Kerk mit dem im Chor freistehenden Grabmal Wilhelms I. von Oranien sehr oft wiedergegeben, und das ist wohl einer der Gründe für die besondere Blüte der Architekturmalerei in Delft. Für die Beliebtheit des Themas lässt sich ein politischer Hintergrund ausmachen: 1650 kam es zu einer Auseinandersetzung zwischen dem jungen Statthalter Wilhelm II. von Oranien (1626–1650) und den Staaten von Holland (dem Landtag), die nach dem Ende des Achtzigjährigen Kriegs im Westfälischen Frieden von 1648 die Militärausgaben stark kürzen wollten – ein Ansinnen, dem sich der

Statthalter vehement widersetzte. Nach seinem plötzlichen Tod im November 1650 weigerten sich die Generalstaaten trotz der Bemühungen der Witwe Wilhelms, ihren acht Tage nach dem Tod des Vaters geborenen, also noch unmündigen Sohn Wilhelm III. (1650–1702) als Statthalter zu bestellen. Während der folgenden ersten statthalterlosen Zeit versuchten sie damit das Haus Oranien aus seiner führenden Rolle zu verdrängen. In diesem Streit, der die holländische Gesellschaft in zwei Parteien spaltete, legten die Besteller der Bilder mit der Darstellung des Grabmals Wilhelms des Schweigers, des Helden des holländischen Freiheitskampfes und Staatsgründers, ein politisches Bekenntnis zum Haus Oranien ab.

Houckgeest verließ 1651 Delft und zog nach Steenbergen in Nordbrabant. Nur ein einziges später entstandenes Delfter Kircheninterieur blieb erhalten. Dafür nahm sich der jüngere Emanuel de Witte, der seit etwa 1640 in Delft lebte und 1642 Mitglied der Delfter Malergilde wurde, Houckgeest zum Vorbild. Ab etwa 1651 begann er Innenansichten sowohl der Oude Kerk wie der Nieuwe Kerk in Delft zu malen, die im Kompositionsschema den Werken von Houckgeest folgen, sich von ihnen aber durch stärkere Hell-Dunkel-Kontraste und dramatisch wirkende Beleuchtungssituationen unterscheiden (siehe S. 40).

Mit den kurz nach 1650 in Delft entstandenen Bildern von Fabritius und Houckgeest, die besondere Realitätsnähe mit ungeahnter, auf der virtuosen Beherrschung der perspektivischen Mittel beruhender illusionistischer Wirkung verbinden, wird eine besondere künstlerische Situation in einem eng begrenzten Zeitraum und an einem bestimmten Ort markiert. Johannes Vermeer war damals zwischen achtzehn und zwanzig Jahren alt und dabei, seine Ausbildung abzuschließen.

Johannes Vermeers Ausbildung

Aus der Kindheit und Jugend Johannes Vermeers liegen weder Berichte noch Dokumente vor, aus denen wir Schlüsse auf seine Berufswahl ziehen könnten. Trotz jahrzehntelanger intensiver Suche in den Archiven, die unmittelbar nach der Wiederentdeckung des Künstlers durch Étienne-Joseph Théophile Thoré (Thoré-Bürger), 1860 begann und mit der Publikation der für die Vermeer-Forschung sensationellen Funde von John Michael Montias 1989 einen Höhepunkt erreichte, fand sich kein einziges Dokument, das zwischen der Eintragung seiner Taufe im Oktober 1632 und seiner Heirat im April 1653 liegt. Fast mit Sicherheit können wir vermuten, dass er im Haus seiner Eltern aufwuchs, zuerst im Wirtshaus „De Vliegende Vos“ in der Voldersgracht, ab 1641 im Gasthaus „Mechelen“ am Großen Markt in Delft. Die Gründe des Halbwüchsigen, sich für die Malerei als Beruf zu entscheiden, bleiben im Unklaren. Wir wissen lediglich, dass Johannes Vermeer in einem der Kunst zugeneigten Umfeld aufwuchs (siehe dazu S. 17–22).

Über Vermeers Ausbildung zum Maler, die in den Jahren zwischen etwa 1645 und 1653 erfolgt sein muss, haben sich keinerlei Dokumente erhalten, weder aus Delft noch aus einer anderen niederländischen Stadt. Vermeer ließ sich mit einundzwanzig Jahren am 29. Dezember 1653 als *meester Schilder*, das heißt als selbstständiger Meister in die St. Lukasgilde in Delft einschreiben. Das entsprechende Dokument, die Eintragung im Register der neu aufgenommenen Meister und Ladeninhaber (Register van alle de nieuwe meesters en winckelhouders), wurde 1877 erstmals publiziert.[28] Der Gilde konnten Maler und andere Künstler, ferner Kunsthandwerker wie Glasmacher, Fayencehersteller, Sticker und bis 1620 Teppichweber, aber auch Kunsthändler und Glasverkäufer angehören. Den Regeln der Delfter Malergilde entsprechend, hatte ein Maler eine Lehrzeit von mindestens sechs Jahren nachzuweisen, bevor er als selbstständiger Meister aufgenommen werden konnte. Erst dann durfte er seine eigenen Arbeiten signieren und verkaufen. Außerdem hatte er eine Aufnahmegebühr von sechs Gulden zu bezahlen. Für Söhne von Gildenmitgliedern reduzierte sich der Betrag um die Hälfte, vorausgesetzt, dass sie ihre Ausbildung mindestens zwei Jahre lang bei einem in der Delfter Gilde eingetragenen Meister absolviert hatten. Vermeer wurde als Delfter Bürger registriert und hatte die volle Aufnahmegebühr zu entrichten, von der er eineinhalb Gulden bezahlte und viereinhalb Gulden schuldig blieb. Diese Schuld konnte er erst drei Jahre später, am 24. Juli 1656, begleichen.[29]

Falls Vermeer unmittelbar nach Abschluss seiner Ausbildung der Malergilde beitrat, muss er diese Ende 1647 begonnen haben. Vielleicht liegen auch ein oder zwei Jahre zwischen dem Abschluss der Ausbildung und dem Eintritt in die Gilde. Von anderen, bereits ausgebildeten Malern aus der Zeit wissen wir, dass sie sich nach ihrem Umzug nach Delft Zeit mit der Eintragung ließen. Emanuel de Witte z. B. ist seit 1640 in Delft nachweisbar, trat aber erst 1642 in die Gilde ein, Carel Fabritius kam 1650 nach Delft und wurde 1652 Gildenmitglied. Vielleicht hielt sich Vermeer auch einige Zeit außerhalb seiner Heimatstadt auf. Von Wheelock wurde ein mangels jeglicher Dokumente völlig hypothetischer Aufenthalt in Italien in Erwägung gezogen.[30] Dafür spricht die offensichtlich gute Kenntnis italienischer Malerei des jungen Künstlers, die sich in seinen Jugendwerken zeigt.

Die Aufnahmegebühr wirft Fragen auf. Es wäre zu klären, ob die Ausnahmeregelung der ermäßigten Gebühr nur für die Söhne von Malern oder aber für die Söhne aller Gildenmitglieder galt. Dafür wären weitere Archivrecherchen und Vergleiche mit anderen, ähnlichen Fällen nötig. Vermeers Vater war zwar Gildenmitglied, aber als Kunsthändler und nicht als Maler eingetragen. Falls die Ermäßigung die Söhne aller Gildenmitglieder

Carel Fabritius, **Torwache**, 1654
Öl auf Leinwand, 68 x 58 cm. Schwerin, Staatliches Museum

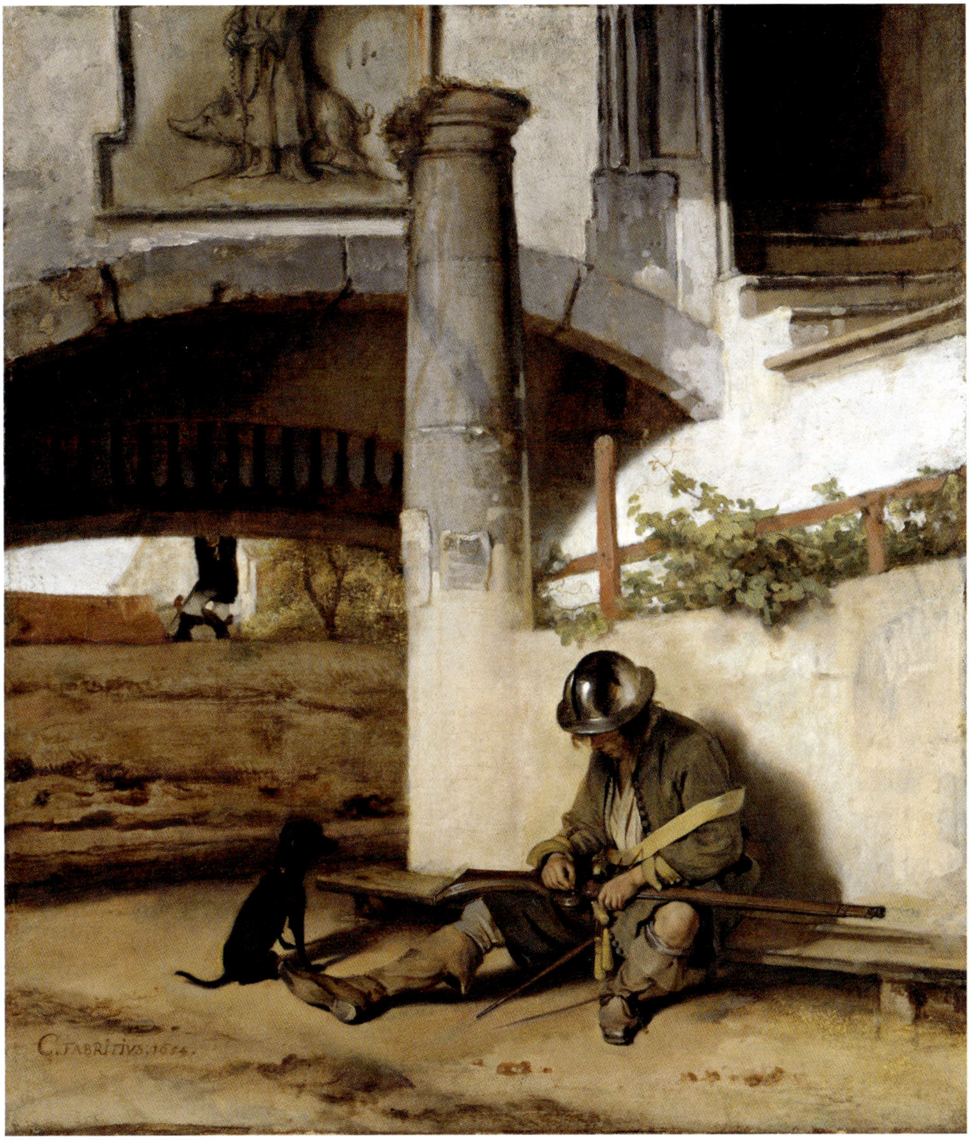
C. FABRITIUS. 1654.

betraf, ergibt sich daraus, dass Vermeer seine Ausbildung nicht in Delft, sondern in einer anderen Stadt oder aber – auch das wird ernsthaft in Erwägung gezogen – dass er gar keine reguläre Ausbildung als Maler erhielt.

In den letzten 150 Jahren, seit sich die kunsthistorische Forschung mit Johannes Vermeer auseinandersetzt, wurden die unterschiedlichsten Vermutungen über seinen Lehrer geäußert und sämtliche in den Niederlanden um die Mitte des 17. Jahrhunderts vertretenen Stilrichtungen dafür in Anspruch genommen, ohne dass eine wirklich überzeugende Lösung gefunden werden konnte. Thoré-Bürger vermutete zunächst, dass Johannes Vermeer zusammen mit Nicolaes Maes (1634–1693) seine Lehrzeit in Amsterdam bei Rembrandt verbrachte,[31] eine Hypothese, die bereits vor mehr als hundert Jahren von MacColl in seiner Untersuchung des damals neu entdeckten Bilds mit *Christus bei Maria und Martha* (S. 83, Kat. 2) widerlegt werden konnte.[32]

Noch ohne die heutige Kenntnis vieler die Familie Vermeers betreffender Dokumente, die Montias 1989 publizierte, erschien es naheliegend, die Ausbildung Vermeers in Delft selbst zu vermuten, der Stadt, in der er geboren wurde, aufwuchs und schließlich sein weiteres Künstlerleben verbrachte. Als Lehrer bot sich in erster Linie Carel Fabritius an, dessen Werke aus den 1650er Jahren Übereinstimmungen mit den späteren Bildern Vermeers aufweisen. Arnold Bon bezeichnete in einem Gedicht auf den Tod von Carel Fabritius Vermeer als dessen wiedergeborenen Nachfolger, der sich wie ein Phönix aus dessen Asche erhoben habe. Das Werk des Arnold Bon wurde von Dirck van Bleyswijck (1639–1681) 1667, also noch zu Lebzeiten Vermeers, in seiner *Beschryvinge der stadt Delft*, einem umfangreichen lokalpatriotischen Werk, veröffentlicht. Die achte und letzte Strophe lautet: „Soo doov' dan desen Phenix t'onser schade / In 't midden, en in 't beste van zyn swier, / Maar weer gelukkig rees' er uyt zyn vier / VERMEER, die meesterlyck betrad zyn pade" (So verlöschte dann dieser Phönix zu unserem Schaden / in der Mitte und der Blüte seiner Kraft / Aber zum Glück erhob sich aus seinem Feuer / Vermeer, der meisterhaft seinen Pfad betrat).[33] Ein etwas späterer Nachdruck variiert die erste und die letzte Zeile, die nun so lauten: „Dus bleev' dien Phenix op zyn dertig jaren" und „VERMEER, die 't meesterlyck hem na kost klaren",[34] zu übersetzen etwa mit: „So starb dieser Phönix mit dreißig Jahren" und „Vermeer, der ihm meisterhaft folgen konnte".

Arnold Houbraken (1660–1719) hat in seiner zwischen 1718 und 1721 veröffentlichten Geschichte der niederländischen Maler und Malerinnen (!) (*De groote schouburgh der Nederlantsche konstschilders en schilderessen …*) ausführlich aus dem Lobgedicht Bons

Gerard ter Borch, **Eine Frau (Wiesken Matthys) spinnend**, um 1652/53
Öl auf Holz, 33,6 x 28,6 cm
Rotterdam, Museum Boijmans Van Beuningen, Stichting Willem van der Vorm

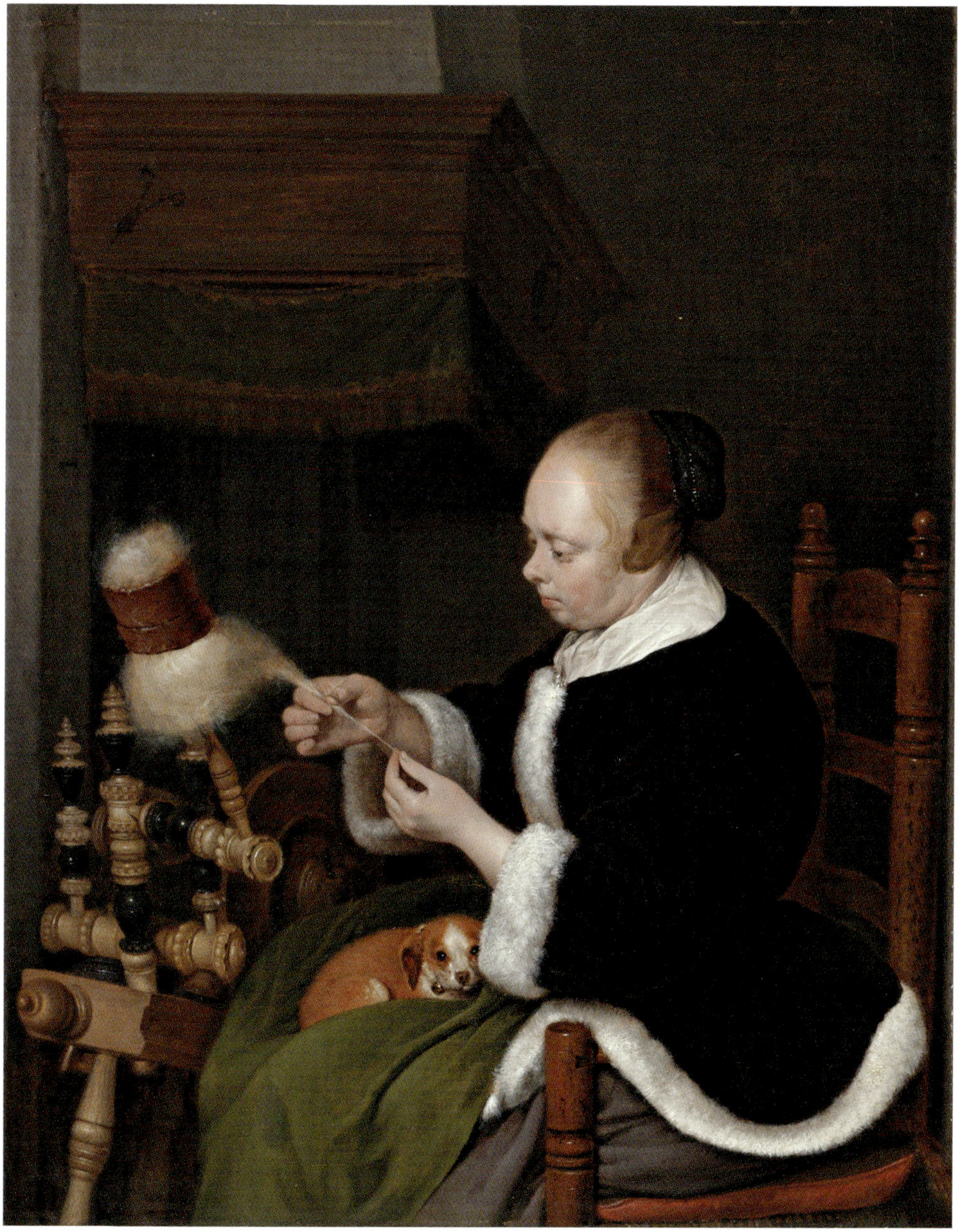

zitiert, allerdings dabei den erst am Ende des Textes genannten Johannes Vermeer nicht erwähnt, offenbar weil er in dem Bleyswijck-Buch versäumte umzublättern und den auf der nächsten Seite stehenden Passus über Vermeer übersah.[35] Man hat in dieser Tatsache einen Grund dafür gesehen, dass Vermeer im 18. und 19. Jahrhundert in Vergessenheit geriet, schließlich bildete das Werk von Houbraken über Jahrzehnte die Hauptquelle des Wissens über holländische Maler.

Die stilistische Nähe von Vermeers Bildern zu den Werken Fabritius' setzt nicht unbedingt ein Schüler-Lehrer-Verhältnis voraus, was auch zeitlich schwierig wäre, weil Fabritius erst Schüler ausbilden konnte, nachdem er 1652 Meister geworden war. Für eine Lehrzeit hätte also nicht mehr als ein Jahr zur Verfügung gestanden. Fabritius war aber zweifellos durch seine außergewöhnliche künstlerische Begabung von entscheidendem Einfluss auf die späteren Werke Vermeers. Dass sich im Nachlass Vermeers drei Bilder von Fabritius finden, bestätigt, wie sehr er dessen Malerei schätzte.[36]

Der zweite Delfter Maler, in dem der Lehrer Vermeers vermutet wurde, ist Leonaert Bramer. Ganz abgesehen davon, dass auch in diesem Fall für den jungen Maler keine Veranlassung bestanden hätte, die volle Aufnahmegebühr in die Delfter Malergilde zu bezahlen, finden sich zwischen Bramers Historienbildern mit pittoresken Lichteffekten und den Werken Vermeers weder stilistische noch inhaltliche Gemeinsamkeiten. Allerdings bestand offenbar eine enge persönliche Beziehung zwischen Vermeer und Bramer, denn Letzterer trat im Zusammenhang mit Vermeers Eheschließung als Zeuge auf.[37]

Außer mit Leonaert Bramer verband Vermeer offenbar ein persönliches Verhältnis mit Gerard ter Borch (um 1617–1681), das vielleicht durch den väterlichen Kunsthandel vermittelt wurde. Johannes Vermeer bezeugte am 22. April 1653, zwei Tage nach seiner Hochzeit, gemeinsam mit Gerard ter Borch vor dem Delfter Notar Willem de Langue eine von einem Offizier im Dienst der Generalstaaten abgegebene Sicherstellung.[38] Darüber hinaus ist allerdings kein weiterer Kontakt zu ter Borch nachweisbar, der damals abwechselnd in seiner Heimatstadt Zwolle sowie in Amsterdam, Den Haag und vielleicht in Kampen tätig war, sich jedenfalls nur vorübergehend in Delft aufhielt. Es wurde vermutet, dass die Anwesenheit ter Borchs in Delft zu diesem Zeitpunkt kein Zufall war, sondern dass er eigens aus seiner mehr als hundert Kilometer entfernten Heimatstadt anreiste, um an der Hochzeit Vermeers teilzunehmen. Das würde eine engere Beziehung zwischen Vermeer und dem fünfzehn Jahre älteren Künstler voraussetzen. Im Allgemeinen wird ter Borch eher nicht als Lehrmeister angesehen, wenngleich seine Genrebilder in ihrer verhaltenen Stille der Stimmung Vermeers späteren Werken nahekommen (S. 110) und der jüngere Künstler von ihm vielfältige thematische Anregungen bezog.

Neben Bramer wurden auch andere Delfter Künstler wie Egbert van der Poel, der vor allem *brandjes*, nächtliche Feuersbrünste, malte, als Lehrmeister Vermeers in Betracht gezogen, ebenso Maler, die derselben Generation wie Vermeer angehören und in den 1650er Jahren vorübergehend in Delft tätig waren, wie Jan Steen (1626–1679), der von 1654 bis 1656 in Delft eine Brauerei betrieb, oder Pieter de Hooch, der von 1653 bis 1658 in Delft nachweisbar ist, 1655 Mitglied der Delfter Malergilde wurde und wahrscheinlich bis nach 1660 in Delft tätig war.

Da Vermeer bei seiner Aufnahme in die Delfter Malergilde die volle Gebühr zu bezahlen hatte, wird vermutet, dass er zumindest Teile seiner Ausbildung nicht bei einem Delfter Maler, sondern in einer anderen Stadt erhielt. Aufgrund des caravaggesken Charakters der Frühwerke hielt man einen der in Utrecht tätigen niederländischen Caravaggio-Nachfolger für den wahrscheinlichsten Lehrmeister, aber auch Amsterdam wurde als Ort seiner Ausbildung in Erwägung gezogen. Montias vermutet, sich dabei auf einige biografische Fakten und zusätzliche Anhaltspunkte berufend, dass Vermeer seinen allerersten zeichnerischen und mathematischen Unterricht noch als Knabe bei Cornelis Daemen Rietwijck (um 1590–1660) bekam, der in der Voldersgracht in Delft wohnte, als Bildnismaler Mitglied der Lukasgilde war und eine Art private Kunstschule für Jugendliche betrieb.[39]

Den ersten Teil seiner eigentlichen Lehrzeit als Maler könnte Vermeer dann bei dem Stilllebenmaler Evert van Aelst (1602–1657) verbracht haben, der in geschäftlichen Beziehungen zu seinem Vater und dessen Kunsthandel stand. Für den Rest der Lehrzeit denkt Montias an einen Aufenthalt in Amsterdam oder Utrecht. Für Amsterdam spricht, dass bereits Vermeers Vater dort seine Lehrzeit verbracht hatte. In Utrecht hätte Vermeer bei Abraham Bloemaert (1566–1651), dem führenden Utrechter Maler der älteren Generation, in die Lehre gehen können. Um die Mitte des 17. Jahrhunderts war dieser bereits hochbetagt, betrieb aber immer noch seine Werkstatt, in der er junge Maler ausbildete. Er starb, zwei Jahre bevor Vermeer Meister wurde. Montias argumentiert mit biografischen Fakten und hält die verwandtschaftliche Beziehung Bloemaerts zur Familie von Vermeers zukünftiger Ehefrau für ausschlaggebend: Bloemaert war ein entfernter Verwandter von Vermeers späterer Schwiegermutter Maria Thins (um 1593–1680). Ihr älterer Vetter Jan Geensz. Thins, dem nicht nur das Haus gehörte, das sie in Delft bewohnte, sondern zu dem sie ein enges Verhältnis hatte, war mit Bloemaert verschwägert und stand ihm freundschaftlich nahe.[40] Montias vermutet, dass Johannes Vermeer in der Werkstatt des katholischen Bloemaert nicht nur zum ersten Mal mit dem alten Glauben in Berührung gekommen sein, sondern auch über Bloemaert seine Frau kennengelernt haben könnte.

Der Vollständigkeit halber sei noch die von Begheyn aufgestellte völlig spekulative These erwähnt, dass Vermeer von dem Jesuiten Isaac van der Mije (1602–1656) zum Maler ausgebildet worden sein könnte, der von 1650 bis 1656 im Delfter Jesuitenkolleg wirkte

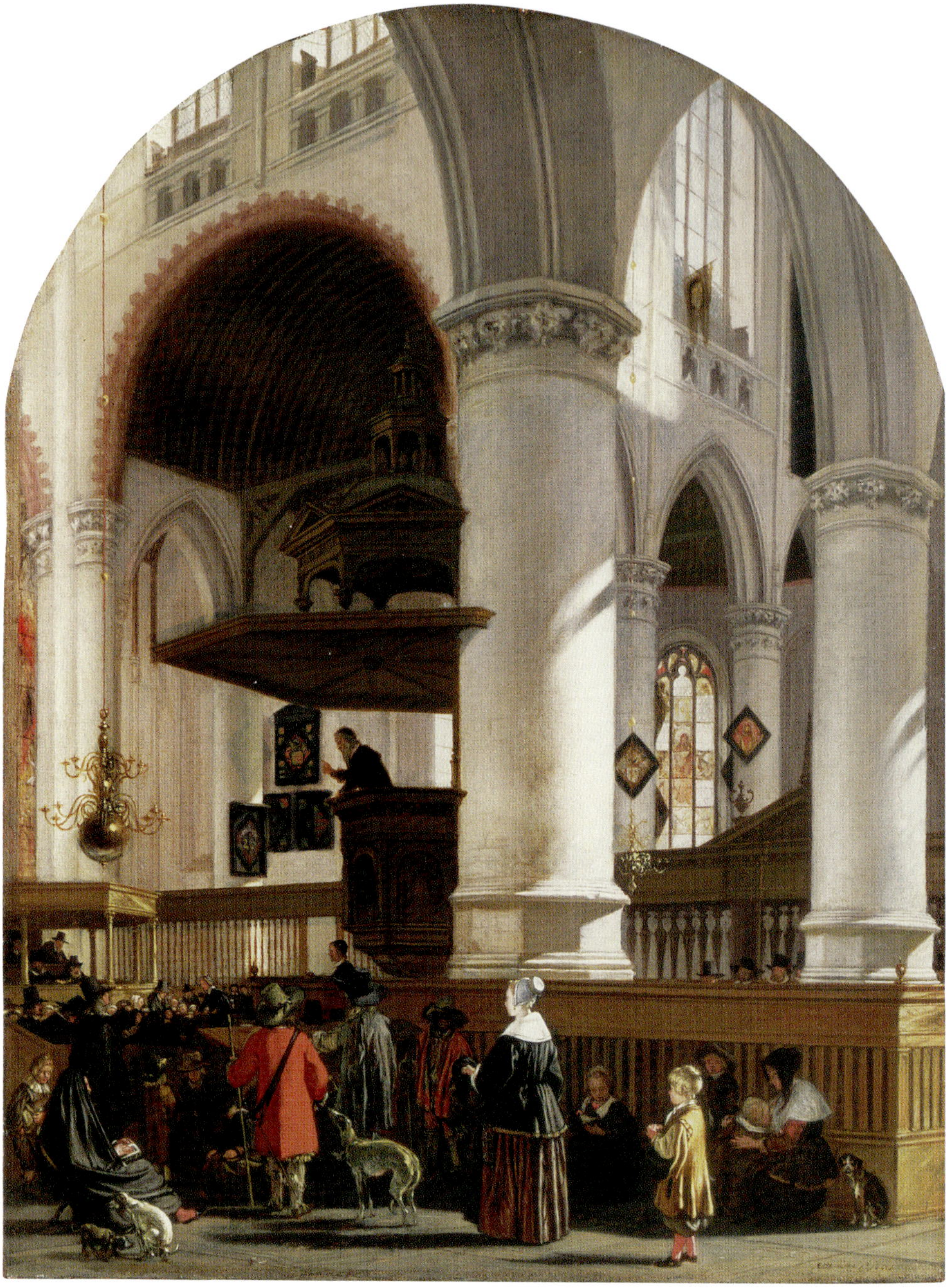

und als Maler tätig war.[41] Dafür gibt es keinerlei Anhaltspunkte außer der Konversion Vermeers zum Katholizismus und dem engen Kontakt seiner Schwiegermutter Maria Thins zu den Delfter Jesuiten. Für ihn selbst ist diese Verbindung aber erst seit seiner Heirat mit Catharina Bolnes im April 1653 bezeugt, als er seine Ausbildung bereits weitgehend abgeschlossen hatte.

Montias nimmt an, dass die zusätzlichen Kosten für eine Ausbildung außerhalb Delfts die wirtschaftlichen Schwierigkeiten von Vermeers Vaters verursachten. Dagegen argumentiert Liedtke sehr einleuchtend, dass die finanziellen Probleme der Familie bereits 1641 mit dem Kauf des „Mechelen“ und den damit verbundenen hohen Belastungen entstanden und gerade deshalb eine Ausbildung Vermeers außerhalb Delfts unwahrscheinlich erscheint.[42]

Liedtke vertritt die These, dass Vermeer gar keine reguläre Ausbildung als Lehrling in der Werkstatt eines Meisters erhalten, sondern zu Hause gewohnt habe und von einem der Malerfreunde seines Vaters gegen freie Kost und Logis im „Mechelen“ in der Malerei unterrichtet worden sei. Für ein solches Vorgehen gibt es andere Beispiele, so verpflichtete sich Emanuel de Witte, den fünfzehnjährigen Neffen des Bierbrauers Rocus van der Vin ein Jahr lang als Maler auszubilden. Er erhielt dafür ein Zimmer als Wohnung und zwei Dachkammern als Atelier im Haus van der Vins.

Vermeer muss sich auch vieles im Selbststudium beigebracht haben. Von Anfang an ist kein deutlicher Einfluss eines einzigen Lehrmeisters in seinen Bildern erkennbar. Das lässt den Schluss zu, dass Vermeer keinen Lehrer hatte oder, wenn doch, dieser in einem anderen Genre tätig war und z. B. nur Landschaften malte. Die enge Bindung an nur einen Lehrer ist mit dem für Vermeer charakteristischen offenen Zugang zu verschiedenen Strömungen und Vorbildern nicht so leicht zusammenzubringen. Als weiteres, aber nicht unbedingt schlagendes Argument, dass Vermeer keine ordnungsgemäße Lehre absolvierte, führt Liedtke vier Dokumente aus dem April 1653 an.[43] In keinem dieser Dokumente wird Johannes Vermeer als Maler bezeichnet. Zwar war er damals noch nicht in die Lukasgilde als Meister eingetreten, aber in ähnlichen Fällen führten Maler bereits vor Beendigung ihrer Ausbildung die Berufsbezeichnung.

Eine Reihe der erhaltenen Dokumente und bekannten Fakten aus der Jugend Vermeers können also so interpretiert werden, dass er keine ordentliche Lehrzeit bei einem Meister absolvierte, sondern eine irreguläre Ausbildung erhielt, unterstützt durch intensives Selbststudium: einmal die prekäre wirtschaftliche Situation des Vaters nach

Emanuel de Witte, **Predigt in der Oude Kerk in Delft**, 1651
Öl auf Holz, 59 x 43 cm
London, The Wallace Collection

dem Kauf des eigenen Gasthauses am Marktplatz, die eine Ausbildung, gar auswärts, finanziell nicht erlaubte, zweitens das Fehlen eines erkennbaren Stils eines Lehrers in den Frühwerken, drittens das Fehlen entsprechender Dokumente, in denen der junge Maler als solcher erwähnt wird, und schließlich die volle Aufnahmegebühr, die Vermeer beim Eintritt in die Gilde bezahlte (die allerdings nur eine Ausbildung in Delft selbst ausschließt).

Ebenso vieles lässt aber diese Interpretation der Fakten höchst fraglich erscheinen. Wer auch immer Johannes Vermeer ausbildete und wo dieser die Ausbildung erhielt, sie muss, nach seinem späteren Werk zu urteilen – wenn man es nicht allein durch künstlerisches Genie erklären möchte –, hervorragend gewesen sein, ohne den jungen Künstler dabei auf eine bestimmte Richtung festzulegen. Ist es denkbar, dass die so standesbewusste Delfter Malergilde einen erst 21-Jährigen als Meister aufnahm und ihm zugleich einen großen Teil der Aufnahmegebühr auf zwei Jahre stundete, ohne dass dieser eine reguläre Ausbildung nachweisen konnte? Zumindest müsste er in einem solchen Fall in der Gilde mächtige Fürsprecher besessen haben. Johannes Vermeers eigener Vater kann es nicht gewesen sein, denn er war bei dessen Aufnahme bereits über ein Jahr tot. Es sei denn, er hatte vorgesorgt. Vielleicht waren ihm als Kunsthändler einige Gildenmitglieder verpflichtet und unterstützten die Ambitionen des Sohnes. Dass Vermeer von den anderen Malern der Gilde jedenfalls als einer der ihren betrachtet wurde, zeigt sich daran, dass er 1662, neun Jahre nach seiner Aufnahme, zum ersten Mal für zwei Jahre zum Oberhaupt der Gilde gewählt wurde. 1670 übernahm er ein zweites Mal, wieder für zwei Jahre, den Vorsitz.

Wie auch immer die Ausbildung Johannes Vermeers ausgesehen haben mag, bereits die frühen Werke zeigen eine erstaunliche innere Unabhängigkeit des Künstlers, eine eindrucksvolle Kenntnis der zeitgenössischen Malerei und ihrer Strömungen – die er sich möglicherweise durch den Kunsthandel seines Vaters angeeignet hatte – und einen souveränen Umgang mit verschiedenen Vorbildern. Diese Unabhängigkeit erweist sich auch in der Beherrschung der handwerklichen Methoden und Materialien der Malerei, die große Individualität verraten. Vermeer verfügte über Techniken des Farbauftrags, des Einsatzes von Lasuren und Firnissen, die sich von den üblichen und allgemein gebräuchlichen unterscheiden und die andere Maler ganz offenbar nicht beherrschten. Der alles überragende Illusionismus der Oberflächenwirkung beruht auf dem besonderen Schmelz der in winzigen Tupfen aufgetragenen Farbe, eine Technik, die schon Thoré-Bürger als „pointillé" bezeichnete und als charakteristisches Erkennungszeichen des Künstlers hervorhob. Die besondere Ausstrahlung seiner Bilder und ihre starke Wirkung auf den Betrachter, die sie unverwechselbar macht, beruht nicht zuletzt auf dieser für den Künstler typischen Technik (siehe dazu S. 107–110).

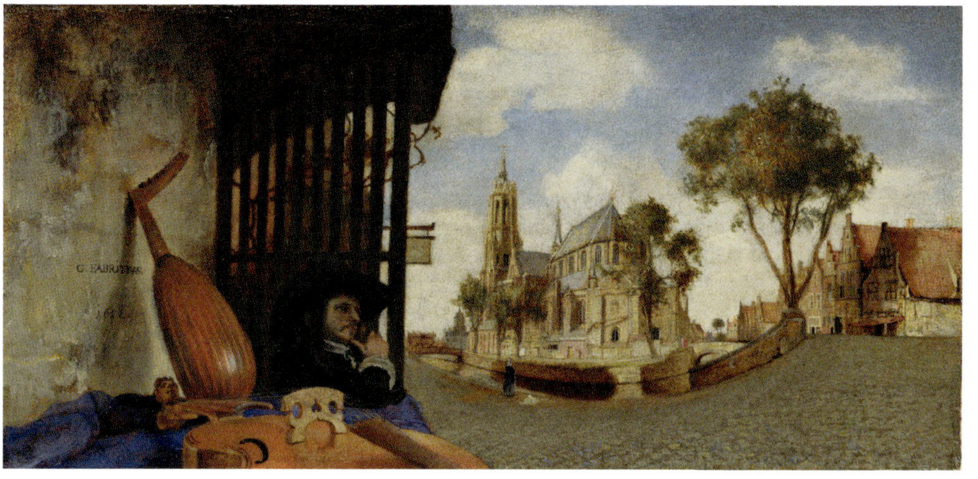

Carel Fabritius, **Blick auf die Nieuwe Kerk in Delft**, 1652
Öl auf Leinwand, 15,4 x 31,6 cm
London, The National Gallery, presented by the National Art Collections Fund, 1922

Johannes Vermeers Heirat mit Catharina Bolnes

1653 war nicht nur wegen seiner Aufnahme in die Delfter Malergilde, sondern auch wegen seiner Heirat ein entscheidendes Jahr im Leben des einundzwanzigjährigen Johannes Vermeer. Seine Braut Catharina Bolnes (um 1631–1688) gehörte einer begüterten katholischen Familie an. Die Hochzeit nach katholischem Ritus fand am 20. April 1653 in Schipluy, dem heutigen Schipluiden, statt, einem kleinen Ort, in dem viele Katholiken lebten. Diese wurden von Jesuiten betreut, die in enger Verbindung zur Delfter Niederlassung des Ordens standen.

Maria Thins, die Mutter der Catharina Bolnes, bewohnte ein großes Haus im katholischen Teil von Delft, dem sog. Papistenviertel um den Oude Langendijck. Sie stammte aus einer wohlhabenden katholischen Familie in der Stadt Gouda, etwas mehr als zwanzig Kilometer von Delft entfernt. Der Vater von Maria Thins, Willem Thins, starb 1601 und hinterließ fünf Kinder, seine Witwe Catharina von Hensbeeck (gest. 1633) vermählte sich ein zweites Mal, mit dem Delfter Bürger Gerrit Camerling. Während ihre vier Geschwister ehelos und ohne Nachkommen blieben, heiratete Maria Thins 1622 Reynier Bolnes, einen Delfter Ziegelfabrikanten. Der Ehe entstammten drei Kinder, von denen Catharina, die spätere Ehefrau von Johannes Vermeer, die jüngste war. Die Ehe der Maria Thins war nicht glücklich, ihr Ehemann Reynier Bolnes war gewalttätig und verprügelte seine Frau und seine beiden Töchter. Nach zwanzig Ehejahren und zwei vergeblichen Versuchen

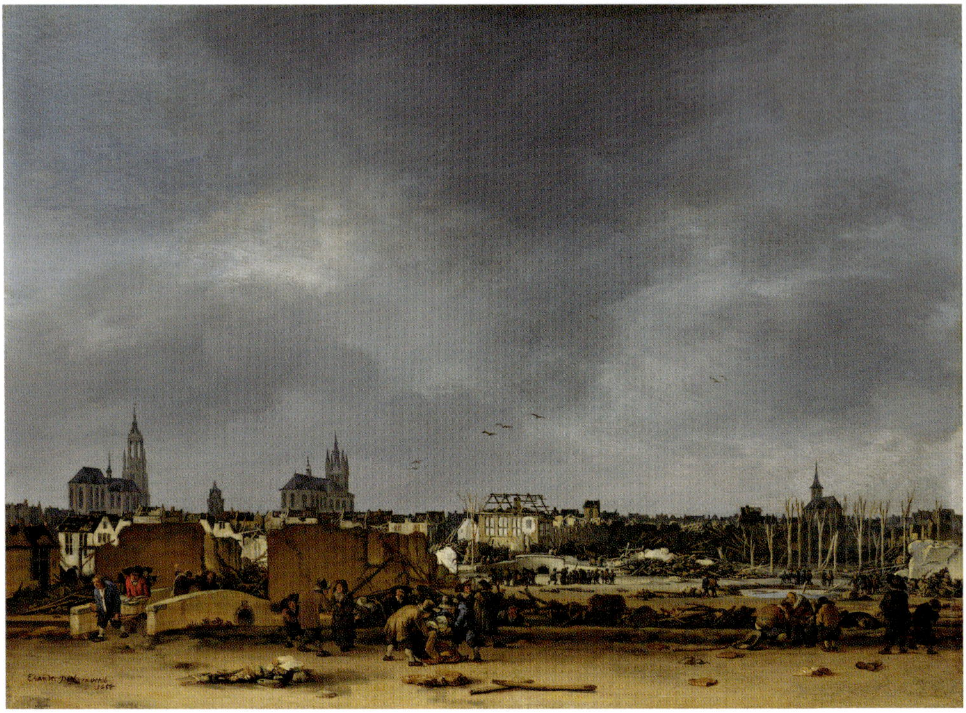

Egbert van der Poel, **Ansicht von Delft nach der Pulverexplosion von 1654**, 1654
Öl auf Holz, 36,2 x 49,5 cm. London, The National Gallery

erreichte Maria Thins 1641 die Trennung von ihrem Ehemann und verließ ihn mit ihren Töchtern. Der gemeinsame Sohn Willem blieb hingegen beim Vater.[44] Zwanzig Jahre später, nach 1660, führten verschiedene Vergehen und hohe Schulden Willems zu seiner Einweisung in ein Arbeitshaus. Die jährlichen Kosten von 310 fl. übernahm seine Mutter.[45] Maria Thins verfügte über ein großes Privatvermögen, das sich 1649 auf einen Wert von 15 606 fl. belief, sowie über beträchtliche laufende Einnahmen aus der Verpachtung von Immobilien und aus Wertanlagen. Nach dem Tod ihres Bruders Jan Willemsz. Thins 1651 und ihrer Schwester Cornelia 1661 verfügte sie als einzige Überlebende der Familie über das gesamte Vermögen, das pro Jahr Einkünfte von etwa 1500 fl. abwarf. Hingegen konnte ihr Schwiegersohn bei der Aufnahme in die Malergilde nur ein Viertel der Aufnahmegebühr von 6 fl. bar entrichten und bezahlte den Rest drei Jahre später.

Maria Thins, die Mutter der Braut, weigerte sich, eine formelle Zustimmung zur Hochzeit zu unterschreiben, wie die beiden anwesenden Zeugen, der Maler Leonaert Bramer und Hauptmann Bartholomäus Melling, vor dem Notar Johannes Ranck am

Tag nach dem Ehegelöbnis beschworen. Sie erklärte allerdings, dem Aufgebot keine Widerstände entgegenzusetzen.[46] Aus der Verweigerung einer formellen Zustimmung hat man fälschlicherweise den Schluss gezogen, die Hochzeit habe gegen den Willen und ohne Einverständnis von Maria Thins stattgefunden. Die Gründe dafür liegen wohl eher in dem großen sozialen Unterschied der beiden Familien, die in den prekären finanziellen Verhältnissen des Bräutigams offensichtlich werden, sowie im konfessionellen Unterschied. Die Familie Vermeers war, wie die Mehrheit der Holländer, calvinistisch, die Familie der Braut hingegen katholisch.

Die religiöse Situation in den nördlichen Niederlanden war im Vergleich zum übrigen Europa einzigartig, und es spricht für die fortschrittliche Toleranz der bürgerlichen Gesellschaft in der niederländischen Republik, dass die calvinistische Mehrheit sowie Katholiken, Remonstranten und andere religiöse Minderheiten miteinander leben konnten. Dennoch bestanden starke Spannungen zwischen der calvinistischen Mehrheit und einer auch während der jahrzehntelangen Befreiungskriege katholisch gebliebenen Minderheit, die in Delft beispielsweise ein Viertel der Einwohner ausmachte und in anderen Städten noch größer war. Die Rechte der niederländischen Katholiken waren sowohl im Hinblick auf die Ausübung ihres Glaubens als auch im bürgerlichen Leben stark eingeschränkt, sie konnten keine öffentlichen Ämter bekleiden und durften ihre offiziell verbotenen Gottesdienste nur in verborgenen Kirchen, die in Wohnhäusern begüterter Katholiken eingerichtet wurden (sog. *schuilkerken*), abhalten. Die städtischen Behörden wurden regelmäßig bestochen, um katholische Messen in diesen Geheimkirchen zu dulden. Diese Schutzgeldzahlungen entwickelten sich zu einer regelrechten inoffiziellen Abgabe.[47]

Diesem Zustand geduldeter Glaubensfreiheit waren lange Auseinandersetzungen zwischen den liberalen und den streng religiösen Calvinisten darüber vorausgegangen, ob der Krieg gegen die spanische Herrschaft in erster Linie um der politischen Freiheit oder des Glaubens willen zu führen sei (*libertatis sive religionis ergo*). Neben der politischen Unabhängigkeit wollten die Liberalen den Zwang zu einer bestimmten Religion und vor allem die Inquisition beseitigen, während die Strenggläubigen vor allem die Durchsetzung des reformierten Glaubens anstrebten. Auf der Synode von Dordrecht 1618 setzten sich die Strenggläubigen, also die unbedingten Anhänger der Prädestinationslehre, mit Unterstützung von Moritz von Oranien gegen die Remonstranten durch, die unter der politischen Führung des Ratspensionärs Johan van Oldenbarnevelt (1547–1619) und des Rechtsgelehrten Hugo Grotius (1583–1645) ihre Anhänger vor allem im gebildeten und wohlhabenden städtischen Bürgertum fanden. Oldenbarnevelt wurde gefangen genommen und hingerichtet. Erst etwa zwanzig Jahre später wurde die Unterdrückung der Remonstranten gelockert, sie durften ihre Gottesdienste ausüben, blieben aber weiterhin von städtischen Ämtern ausgeschlossen.

In Delft gab es nur zwei katholische *schuilkerken*, eine am Oude Langendijck, in unmittelbarer Nähe zu dem Haus, das Maria Thins mit ihren beiden Töchtern Cornelia und Catharina bewohnte. Sie wurde von Jesuiten geführt, obwohl Ordensangehörigen der Gottesdienst verboten war. Die zweite Geheimkirche befand sich am Oude Delft in einem ehemaligen Beginenhof, also einer Art klösterlichen Gemeinschaft für Frauen. Sie wurde von Weltpriestern geführt, die dem Jansenismus nahestanden, sodass ein Konflikt mit den Jesuiten vorgezeichnet war. Nicht zuletzt dieser Streit brachte die Katholiken in Delft bei der calvinistischen Mehrheit in Misskredit.[48]

Dass Johannes Vermeer zum katholischen Glauben konvertierte, um damit die Zustimmung zur Hochzeit zu erlangen, ist durch kein Dokument belegt, allerdings deuten eine Reihe von Indizien darauf hin, etwa das zunehmend gute Verhältnis Vermeers zu seiner Schwiegermutter, in deren Haus das Paar ab den späteren fünfziger Jahren lebte und von der es finanziell unterstützt wurde, sowie die offensichtliche Distanz zu seiner eigenen Familie. Diese äußert sich z. B. in der Wahl der Vornamen seiner Söhne Johannes (nach dem Vater) sowie Ignatius und Franciscus (nach den beiden Hauptheiligen des Jesuitenordens). Keiner der Söhne erhielt, wie allgemein und auch in der Familie Vermeers üblich, den Namen des Großvaters Reynier. Zuletzt sei noch auf Vermeers Spätwerk, die eindeutig katholisch geprägte *Allegorie des Glaubens*, verwiesen (S. 297, Kat. 34).

Pieter de Hooch
Trinkende Frau mit zwei Männern und einer Dienerin, um 1658
Öl auf Leinwand, 73,7 x 64,6 cm
London, The National Gallery

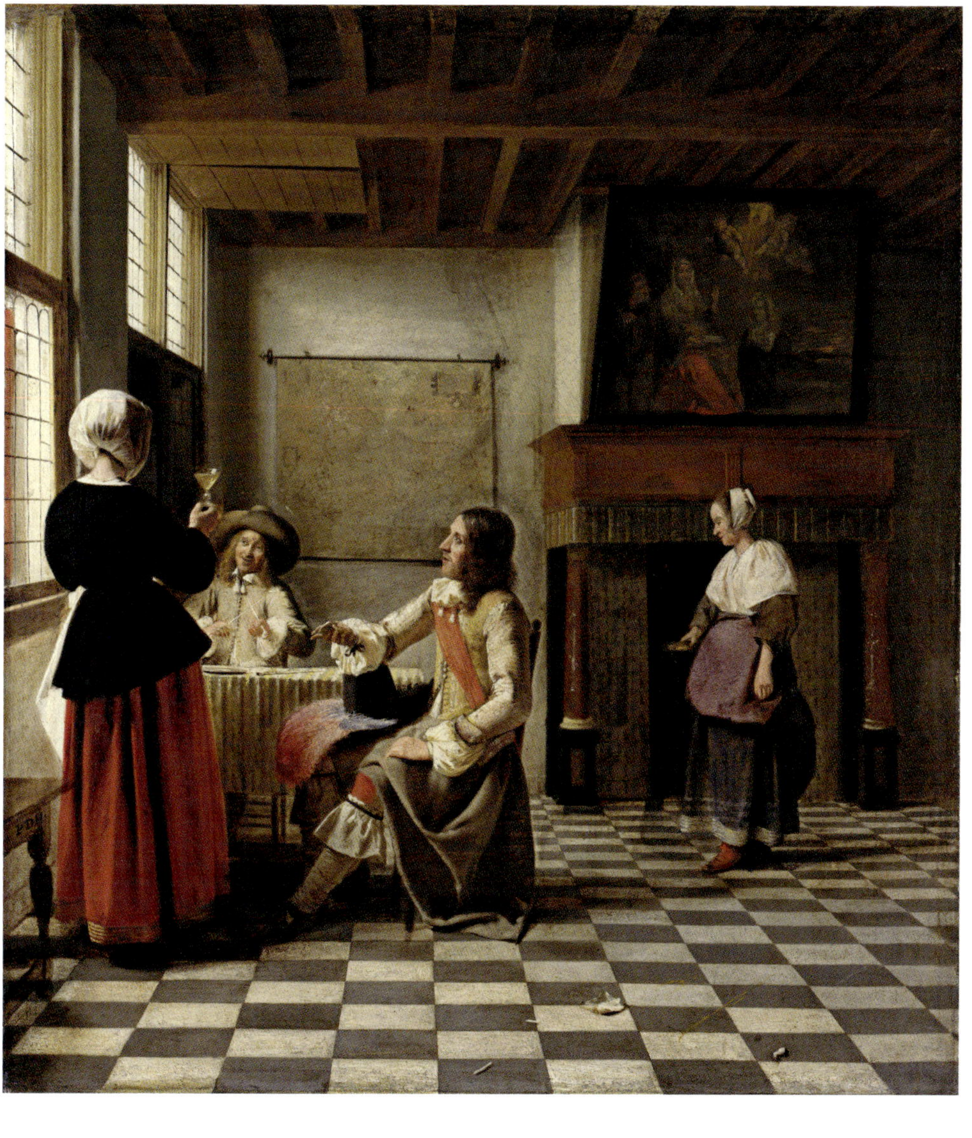

II.

Der junge Vermeer

1654–1659

„Jedes Gemälde, jede Frau, die er malt, birgt so viele Geheimnisse, so viele angedeutete, aber nicht erzählte Geschichten.“

TRACY CHEVALIER, 2014

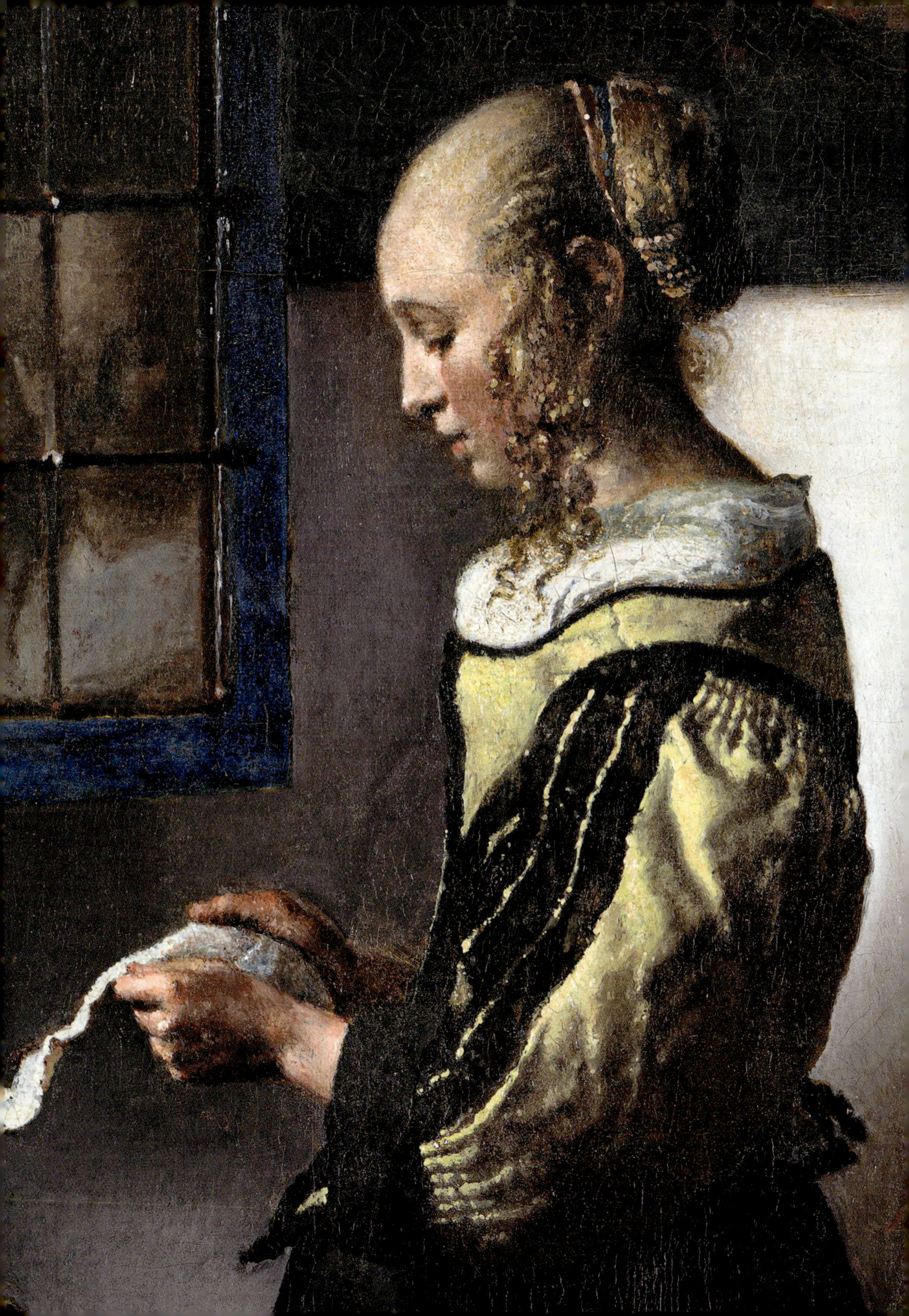

Die drei Jugendwerke

Johannes Vermeer beginnt seine künstlerische Tätigkeit mit drei Bildern, die sich von seinen späteren Werken völlig unterscheiden, die aber auch untereinander ganz verschieden sind. Jedes dieser drei Bilder steht isoliert für sich, jedes bedeutet einen Neubeginn, ohne dass sich eine verbindende Entwicklungslinie erkennen ließe. Zugleich befindet sich jedes dieser Bilder stilistisch auf der Höhe der Zeit, gehört aber einer anderen künstlerischen Richtung an, als hätte der junge Künstler sich auf verschiedenen Gebieten versucht und zugleich sein künstlerisches Potenzial, das die Fähigkeit zur Entwicklung in entgegengesetzte Richtungen in sich trug, angedeutet. Dementsprechend wurde dieser künstlerische Anfang als vorsichtiges Abtasten eigener Möglichkeiten und Chancen auf dem Kunstmarkt, aber auch als Beweis umfassender Kenntnis zeitgenössischer Strömungen und frühreif genialer Souveränität in der Beherrschung unterschiedlicher Bildgattungen und der ihnen adäquaten Gestaltungsmöglichkeiten angesehen.

Das Schlüsselwerk unter den drei frühen Bildern ist die *Kupplerin* (S. 85, Kat. 3). Als einziges der drei Bilder ist es datiert – zugleich ist es eines von nur drei datierten Werken im gesamten erhaltenen Œuvre des Künstlers. Es entstand 1656, drei Jahre nach der Aufnahme Vermeers in die Delfter Malergilde, und bildet einen zeitlichen Fixpunkt in der Chronologie der Werke. Von den beiden anderen Bildern wird allgemein angenommen, sie seien früher, zwischen 1653 und 1656, entstanden. Sicherheit für diese Annahme gibt es nicht, beide Bilder sind, jedes in seiner Art, weit davon entfernt, anfängerhafte Schwächen zu zeigen, auch wenn man sich bemüht hat, Ungeschicklichkeiten und Fehler, wie sie einem jungen Maler unterlaufen, zu finden.

Das eine ist eine mythologische Szene in mittelgroßem Format, *Diana und ihre Nymphen* (S. 80/81, Kat. 1), das andere eine viel größere Darstellung aus dem Evangelium nach Lukas, *Christus bei Maria und Martha* (S. 83, Kat. 2). Beide Werke sind Historienbilder und gehören damit einer Bildgattung an, die von der klassischen Kunsttheorie höher bewertet wurde als Genrebilder, die Szenen aus dem alltäglichen Leben abbilden, wie sie Vermeer später vor allem malte. Historien stellten komplexere Themen dar, als sie der Alltag bot, zugleich stellten sie höhere Anforderungen an die Erfindungsgabe der Künstler, und sie setzten die vollkommene Beherrschung der Wiedergabe der menschlichen Figur voraus, zumal der unbekleideten Figur. Über die Gründe, die dazu führten, dass Vermeer anfangs Historienbilder schuf und diese zugleich seine einzigen blieben, lässt sich nur spekulieren. Vielleicht war es Zufall, weil er Aufträge ausführte, die sich so ergaben. Eher steht aber die Ambition des jungen Künstlers dahinter, sich als Maler solcher komplexen Bilder zu profilieren, wie es auch andere Holländer taten, die später vor allem als Bildnis-, Landschafts- und Stilllebenmaler erfolgreich waren. Als Beispiele dafür führte Buijsen etwa die Landschaftsmaler Aelbert Cuyp (1620–1691),

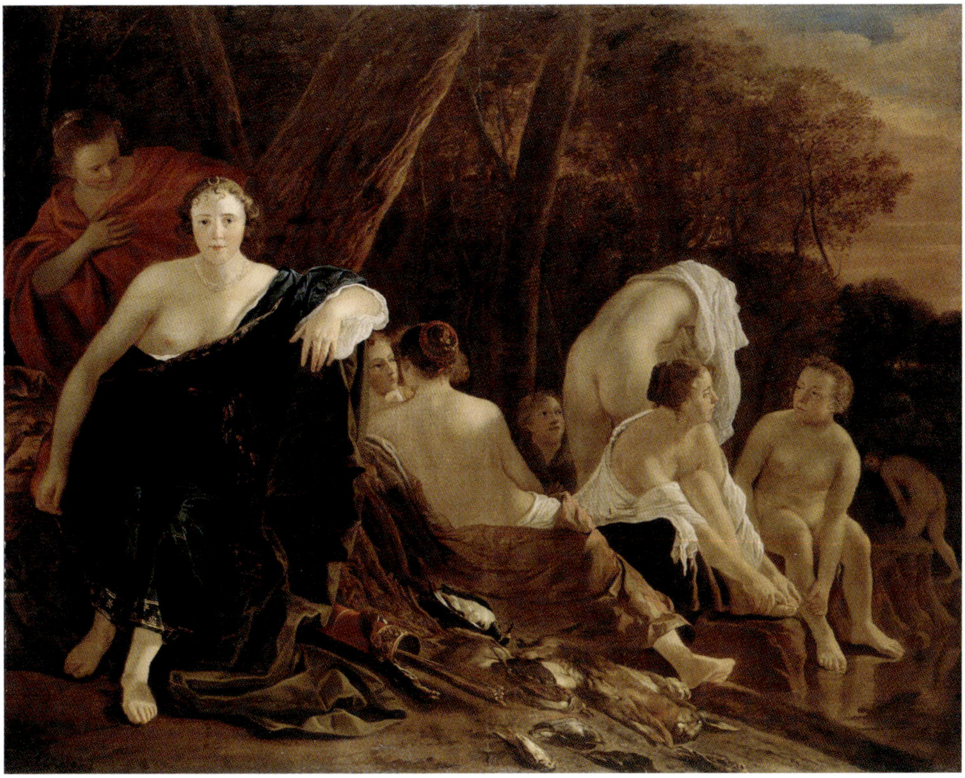

Jacob van Loo, **Diana mit ihren Nymphen**, um 1650–1655
Öl auf Leinwand, 162 x 199 cm. Braunschweig, Herzog Anton Ulrich-Museum

Seite 49
Brieflesendes Mädchen am offenen Fenster (Detail), um 1657
(siehe Abb. S. 95)

Nicolaes Berchem (1620–1683) und Paulus Potter (1625–1654), den Architekturmaler Emanuel de Witte und den Genremaler Gabriel Metsu an.[49] Vermeer gestaltete beide Kompositionen so, dass sie jeweils mehrere Personen in ganzer Figur zeigen, um damit seine Fähigkeiten als Historienmaler zu erproben.

Möglicherweise hat Vermeer noch weitere, heute verlorene Historienbilder gemalt, wie mehrere Inventareintragungen alter Sammlungen vermuten lassen.[50] Im 1657 verfassten Inventar der Sammlung des Amsterdamer Kunsthändlers Johannes de Renialme (um 1600–1657) wird ein Bild „Een graft besoeckende van der Meer" erwähnt[51] (Besucher bei einem Grab von van der Meer, vielleicht sind die drei Marien am Grab Christi gemeint), und 1761 wurde aus dem Besitz der angesehenen Delfter Familie Van Berckel ein mythologisches Gemälde mit „Jupiter, Venus en Mercurius door J. ver Meer" versteigert.[52] Vielleicht ist neben den Historienbildern auch eine ganze größere Gruppe weiterer Werke, inklusive Landschaften oder andere Genrebilder, verloren gegangen.[53]

Nachdem Thoré-Bürger zwischen 1860 und 1866 Vermeer als Maler wiederentdeckt und aufgrund der Signatur und Datierung in der *Kupplerin* in Dresden (Kat. 3) das früheste Bild des Künstlers gesehen hatte, dauerte es noch einige Zeit, bis die von den späteren Genrebildern so abweichenden beiden anderen Frühwerke erkannt wurden. Zu groß waren anfangs die Zweifel und Bedenken, die drei heute allgemein anerkannten frühen Bilder in das Werk des Künstlers aufzunehmen.

Die Darstellung von *Diana und ihre Nymphen* steht im größeren Zusammenhang des „holländischen Klassizismus", einer künstlerischen Strömung, die unserer Vorstellung von holländischer Malerei des 17. Jahrhunderts mit nach der Natur gemalten Landschaften, Porträts, Stillleben und Genreszenen so gar nicht entspricht. Sie umfasst Historienbilder, die zuerst, um 1610, als künstlerische Antwort auf den Manierismus und später, um 1630, als Antwort auf den Caravaggismus entstanden, der sich seinerseits als Gegenbewegung zum Manierismus gebildet hatte. Das Etikett „holländischer Klassizismus"[54] ist insofern etwas irreführend, als damit nicht im üblichen Sinn ein Stil mit strengen Formen in enger Anlehnung an die Antike gemeint ist. Es geht vielmehr um eine Gegenreaktion auf extreme und exzentrische Gestaltung, die in Richtung einer „Normalisierung" zielt, um das Bemühen um klare und deutlich beleuchtete Formen, helle Farben und um edle statt derber und gemeiner Inhalte. Eine bis in die Details genaue Ausführung wurde freier malerischer Form vorgezogen.

Die fürstliche Hofhaltung des Statthalters Frederik Hendrik von Oranien in Den Haag wurde durch ihre Aufträge zum Brennpunkt dieses monumentalen und repräsentativen Stils, sie entwickelte sich durch das künstlerische Interesse ihres gelehrten Sekretärs Constantijn Huygens (1596–1687) zu einem Zentrum von Kunst und Architektur. Unter seiner Führung und Aufsicht entstanden Schlösser und Landsitze mit entsprechender malerischer Ausstattung in der Umgebung von Den Haag und Delft. Der bis heute erhaltene Oranjezaal in Huis ten Bosch mit seiner Ausstattung aus dreißig großen, zwischen 1648 und 1652 gemalten Bildern stellt das wichtigste Denkmal dar. Huis ten Bosch in Den Haag wurde 1645 als kleines Landhaus für Amalia zu Solms-Braunfels, die Gemahlin Prinz Frederik Hendriks, geplant. Die „sieben oder acht besten Maler des Landes"[55] sollten unter der Führung von Jacob van Campen (1596–1657) Themen zum Gedächtnis an den 1647 verstorbenen Prinzen darstellen. Neben Antwerpener Künstlern wie Jacob Jordaens (1593–1678), von dem die meisten Bilder stammen, Theodor van Thulden (1606–1669), Thomas Willeboirts Bosschaert (um 1613/14–1654) und Gonzales Coques (1614–1684), die einen barocken Stil in der Nachfolge von Peter Paul Rubens (1577–1640) und Anton van Dyck (1599–1641) pflegten, sind die führenden holländischen Historienmaler als die eigentlichen Träger des „holländischen Klassizismus“ mit Werken vertreten, nämlich Pieter Soutman (um 1580–1657), Caesar van Everdingen (um 1616–1678), Pieter Fransz. de Grebber (um 1600–1652/53) und Salomon de Bray (1597–1664) aus Haarlem, Jan Lievens (1607–1674), der enge Weggefährte des jungen Rembrandt, aus Leiden, der Delfter Christiaen van Couwenbergh, der eine Inspirationsquelle für Johannes Vermeer bildete, und Gerard van Honthorst aus Utrecht, der als Caravaggio-Nachfolger begann und sich später von der Hell-Dunkel-Malerei entfernte.

Nicht mehr erhalten ist hingegen das Huis Honselaarsdijk in der Umgebung von Den Haag, westlich von Delft, das von Prinz Frederik Hendrik 1612 erworben worden war und mit seiner malerischen Ausstattung als Jagdschloss mit Motiven aus der Diana-Mythologie unmittelbares thematisches Vorbild für Johannes Vermeer gewesen sein könnte. Im Festsaal befanden sich große Szenen mit Jagddarstellungen der Göttin Diana, das Mittelbild über dem Kamin mit einer *Krönung der Diana* stammte von Rubens, unter Mitarbeit seiner Werkstatt, und von Frans Snyders (1579–1657). Es gelangte 1740 durch Erbschaft in den Besitz des preußischen Königs und befindet sich bis heute in der großen Bildergalerie in Potsdam-Sanssouci. Couwenbergh malte eine große Jagd der Diana mit ihren Nymphen, das Gegenstück mit einer Falkenjagd der Diana stammte entweder von Jacob van Campen oder von Paulus Bor (1601–1669); diese Bilder sind nicht erhalten. Werke mit Diana und ihren Nymphen wurden im 17. Jahrhundert im Bereich des Hofes von Den Haag auch sonst mehrfach ausgeführt. Couwenbergh malte 1644 im Auftrag von Prinz Frederik Hendrik für das Schloss Huis ter Nieuburch in Rijswijk, auf halber Strecke zwischen Delft und Den Haag gelegen, ein Bild mit Diana, für das er 600 Gulden erhielt.

Das Diana-Thema war für einen jungen Delfter Künstler auf der Suche nach Aufträgen somit naheliegend, darüber hinaus fand Vermeer Vorbilder in seiner unmittelbaren Umgebung. Als nächste Parallele zur Komposition im Ganzen und zu einzelnen Motiven seien zwei Werke des in Amsterdam tätigen „Klassizisten“ Jacob van Loo (1614–1670) genannt, dem das Thema Gelegenheit bot, weibliche Aktfiguren zu malen, wofür er ein Spezialist war. Ein Werk, auf das das Motiv der fußwaschenden Nymphe bei Vermeer zurückgehen könnte, entstand um 1648 (S. 80). Ein zweites, um 1650–1655 (und damit unmittelbar gleichzeitig oder vielleicht sogar nach dem Bild von Vermeer) entstandenes zeigt Diana und ihre Nymphen teilweise oder gänzlich unbekleidet (S. 51). Vor allem zwischen dem früheren Bild van Loos und der Komposition Vermeers gibt es große Ähnlichkeiten. In beiden Bildern ist nicht eine der oft gemalten handlungsreichen Szenen aus der Mythologie der Diana geschildert, wie die Entdeckung der Callisto oder die Verwandlung des Aktäon, sondern Diana ist in völliger Ruhe inmitten ihrer

Nymphen dargestellt. Bei van Loo besteht ein leichter Kontrast zwischen der ruhig dasitzenden Diana und der Aktivität der Nymphen.

Bei Vermeer hingegen herrscht durchgängig eine gedämpfte, feierliche Stimmung. Eine Nymphe kniet vor Diana, die durch ihr Halbmonddiadem ausgezeichnet ist, und wäscht ihr die Füße mit einem Schwamm, während sich daneben eine zweite Nymphe selbst den Fuß wäscht. Das Motiv des Wassers verweist allerdings sowohl auf die Erzählung von Aktäon wie von Callisto. Bei dem späteren Bild von van Loo könnte die Vorgeschichte der Entdeckung von Callistos Schwangerschaft dargestellt sein, als sich die Nymphen zum Bad entkleiden.[56] Es gibt keinen deutlichen Hinweis, dass es sich bei Vermeer bei der rechts vor dem dunklen Hintergrund stehenden Nymphe um Callisto handelt, die ihre Schwangerschaft verbirgt, wie zum ersten Mal von Liedtke vermutet wurde.[57] Allerdings hat durch die jüngste Restaurierung mit der Wiederherstellung des dunklen Hintergrunds die Komposition einen neuen Charakter erhalten, der durch Haltung und Beleuchtungssituation der Nymphe eine Identifizierung mit Callisto durchaus möglich erscheinen lässt (siehe Text zu Kat. 1).

Zur feierlichen Stimmung des Bildes trägt das ebenso christliche wie mythologische Motiv der Reinigung bei, das an das ikonografische Schema der christlichen Fußwaschung beim letzten Abendmahl bzw. an die Salbung Jesu durch Maria Magdalena erinnert – in beiden Fällen nicht nur ein Motiv der Reinigung, sondern vor allem eine Geste der Demut. Wasserbecken und Tuch im Vordergrund sind als Accessoires der Beweinung Christi mit der christlichen Heilsgeschichte verbunden, ebenso wie die Distel, die an den Fluch Gottvaters über Adam (Gen. 3,18) erinnert. Ebenso wurde die Figur der Batseba in der gleichzeitig entstandenen Gestaltung von Rembrandt (Paris, Musée du Louvre) zum Motivvergleich herangezogen. In seiner gedämpften Atmosphäre und Handlungsarmut wie in seiner stilllebenhaften Gestaltung und Beleuchtung erinnert das Bild an die späteren Interieurs Vermeers.[58] Ebenso findet sich dort eine vergleichbar unbestimmte, schwebende Mehrdeutigkeit der Figuren und ihrer Beschäftigung.

Das zweite Historienbild mit *Christus bei Maria und Martha* (S. 83, Kat. 2) gehört als religiöses Werk ganz offenkundig dem Bereich der katholischen, gegenreformatorischen Malerei an. Das große Format – größer als alle anderen Werke des Künstlers – und die Art der Darstellung sprechen für ein kirchliches Gemälde im Auftrag einer niederländischen katholischen Gemeinschaft,[59] und wir wissen, dass Johannes Vermeer seit seiner Heirat mit Catharina Bolnes im April 1653 dem katholischen Glauben zumindest nahestand, wenn nicht sogar angehörte. Das Bild könnte für eine der geheimen, in Privathäusern eingerichteten und oft reich geschmückten katholischen *schuilkerken*, vielleicht sogar als Altarbild, Verwendung gefunden haben. Sowohl die Wahl des Themas wie seine Gestaltung lassen dies sogar wahrscheinlich erscheinen. Es erfüllt alle Forderungen, die

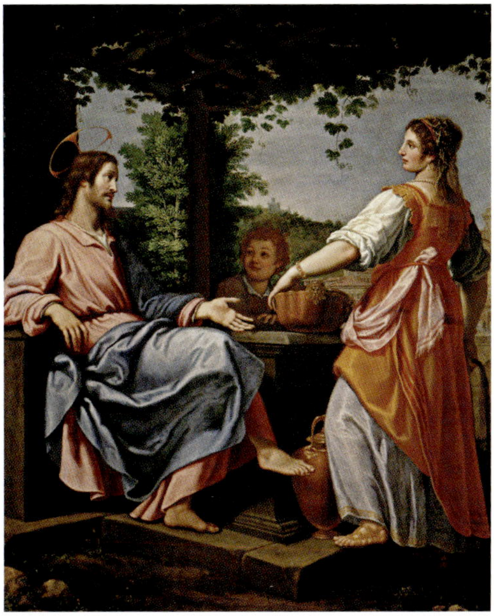

die Gegenreformation an ein religiöses Bild stellte. Die drei Hauptfiguren sind in ihrer Rolle eindeutig charakterisiert und durch die Beleuchtungssituation vom Hintergrund klar abgehoben und leicht erkennbar. Auf Beiwerk, das die Aufmerksamkeit vom Kern des Geschehens ablenken könnte, ist verzichtet, auch der Innenraum ist einfach gestaltet, und die schmucklosen Gewänder aller drei Figuren zeigen keine Anklänge an die zeitgenössische Mode.

Der in verschieden dunklen Brauntönen gehaltene Hintergrund gibt den Blick in einen Korridor oder Nebenraum frei, der durch ein seitliches Fenster ein wenig Licht erhält. Vermeer folgt in diesem in seiner Beleuchtungssituation offenbar nach der Natur studierten Raum Vorbildern der Malerei im nahen Rotterdam, vor allem Ludolf de Jongh (1616–1679) und in dessen Nachfolge dem jungen Pieter de Hooch: Beide hatten damals ihre jäh in die Bildtiefe führenden räumlichen Strukturen schon weiterentwickelt.[60] Die Gestaltung in Flächen, die durch Horizontale und Vertikale begrenzt und gegliedert werden, weist auf die Komposition von Vermeers späteren Interieurs voraus, und der Tischteppich, von dem ein schmaler Streifen sichtbar wird, ist in späteren Bildern ein häufiges Motiv.

Das Bildthema Christus im Haus von Maria und Martha (Lk 10,38-42) hat in der niederländischen Malerei seit dem 16. Jahrhundert eine große Tradition. Von ihm ausgehend entwickelte sich das niederländische Markt- und Küchenstück, wobei die religiöse Szene immer mehr an den Rand oder in den Hintergrund rückte und die Schilderung der Vorbereitung des Mahls den größten Raum einnahm. Eine der bekanntesten, 1552 datierten Versionen des Themas (S. 60) stammt von Pieter Aertsen (um 1508–1575) und stellt auf den ersten Blick ein Vanitas-Stillleben dar, erst dann erkennt man eine religiöse Szene. Innerhalb der damals noch jungen Bildgattung des Stilllebens zählt dieses Bild zu einem der wichtigsten frühen Vertreter. Christus mit den beiden Frauen ist klein als Nebenszene in fahlen Farben im Hintergrund des Bildes dargestellt. Ein Stillleben mit

Matteo Rosselli, **Christus und die Samariterin**, um 1620
Öl auf Leinwand, 241 x 194 cm. Wien, Kunsthistorisches Museum, Gemäldegalerie

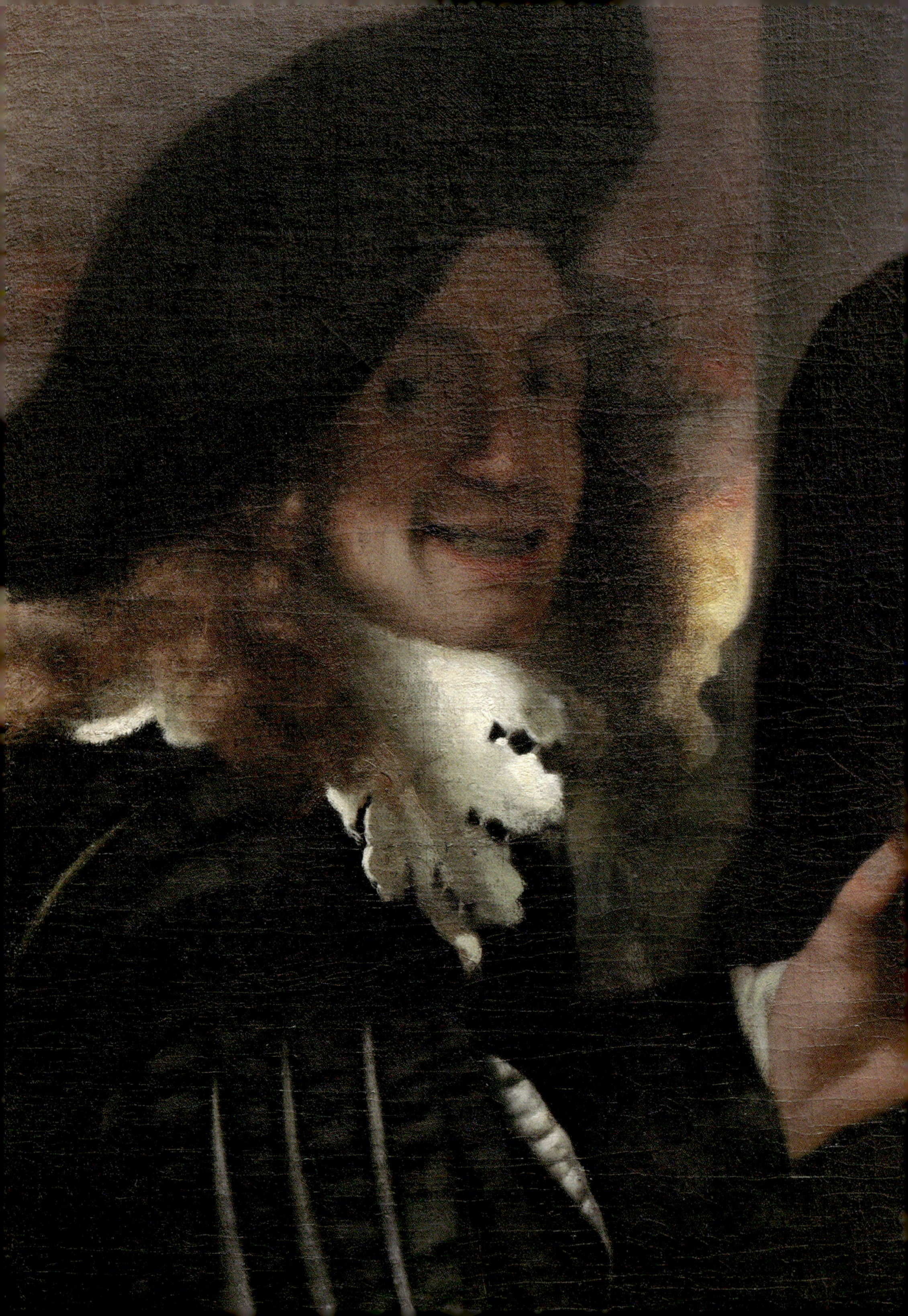

Hammelkeule, Brot und Butter, gefalteten Tischtüchern, Blumenstrauß und einem geöffneten Schränkchen mit Geldbeutel nimmt den größten Teil der Komposition ein. Die für ein Festmahl vorbereiteten Speisen werden in Kombination mit den übrigen Dingen zu Symbolen der Vergänglichkeit und bestärken damit die Aussage Christi im biblischen Gleichnis: „Marta, Marta, du machst dir viele Sorgen und Mühen. Aber nur eines ist notwendig. Maria hat das Bessere gewählt, das soll ihr nicht genommen werden."

Diese flämische Tradition eines großen Küchenstilllebens in Verbindung mit dem Thema von Christus bei Maria und Martha wirkte noch bis in die Mitte des 17. Jahrhunderts, bis zu den Bildern des Antwerpener Malers Erasmus Quellinus II. (1607–1678) nach. Ein früheres Werk, um 1640–1645 entstanden, wird immer wieder als Motivvorbild für die Haltung Christi in Vermeers Bild angeführt (S. 82). Es zeigt am linken Bildrand die Rückenfigur Marthas inmitten eines Küchenstilllebens mit Gemüse am Boden, einem großen Fleischstück und Geflügel. Der Komposition Vermeers näher steht aber ein später entstandenes Bild von Quellinus (S. 63). Die Gruppe mit Christus und den beiden Frauen entspricht weitgehend der Anordnung der drei Figuren bei Vermeer, das beherrschende Element des Bildes ist aber immer noch das große Stillleben mit erlegtem Wild, Geflügel und Gemüse.

Im Vergleich dazu fällt auf, wie sehr Vermeer den in diesen Darstellungen üblichen Kontrast zwischen der am Boden sitzenden und den Lehren Christi lauschenden Maria und der geschäftig in der Küche hantierenden Martha mildert. Martha ist im Bild Vermeers eine ebenso stille und nachdenkliche Person wie Maria. Ihre praktische Tätigkeit beschränkt sich darauf, einen Korb mit einem Brot, hier zugleich ein Symbol der Eucharistie, auf den Tisch zu stellen. Martha bildet zwar das Zentrum der klassischen Dreieckskomposition, eigentliche Hauptfigur ist aber Christus, der Martha anblickt und zu ihr spricht und zugleich auf die zu seinen Füßen sitzende Maria deutet und damit wörtlich den oben zitierten Bibelvers (Lk 10,41-42) illustriert. Damit wird der spirituelle Gehalt der Szene stärker betont und die Darstellung, die lange Zeit Vorwand für prachtvolle und üppige Küchenstillleben lieferte, auf ihre ursprüngliche Bedeutung zurückgeführt – aus einer profanen Genreszene wird wieder ein Sakralbild.

Christus bei Maria und Martha wirkt nicht nur im Vergleich mit den späteren Bildern Vermeers stilistisch isoliert, es erweist sich auch als schwierig, das Bild in den größeren Kontext der gleichzeitig entstandenen holländischen Malerei einzuordnen oder stilistische Vorbilder zu benennen. Im Allgemeinen wird das Bild mit dem niederländischen Caravaggismus in Verbindung gebracht, der speziell in der alten Bischofsstadt Utrecht

Bei der Kupplerin (Detail), 1656
(siehe Abb. S. 85)

ein Zentrum gefunden hatte. Als konkrete Vorbilder werden Abraham Bloemaert und vor allem Hendrick ter Brugghen genannt. Mit ter Brugghens Bildern bestehen sowohl formale wie auch motivische Übereinstimmungen; das gilt z. B. für das gegen den hellen Grund des Tischtuchs gesetzte Profil Marias oder die halb beschattete Physiognomie Marthas. Zum Vergleich wurde etwa ter Brugghens Meisterwerk *Der heilige Sebastian wird von den Frauen gepflegt* (S. 25) herangezogen. Anders als ter Brugghens kompakte Komposition aus ineinandergeschobenen Körpern ist die Szene bei Vermeer übersichtlich und leicht lesbar. Ebenso ist bei Vermeer die plastische Modellierung der Körper durch starke Licht- und Schattenkontraste abgemildert. Neben ter Brugghen ist der Einfluss Dirck van Baburens, von dem sich ein Bild im Besitz von Maria Thins befand, hervorzuheben. Liedtke weist darüber hinaus auf den Einfluss van Dycks hin und erklärt den spezifischen Stil dieses Jugendwerks Vermeers als Mischung aus van Dycks gefühlsbetonter Figurenhaltung und Bewegung auf der einen und der starken Beleuchtung und Modellierung ter Brugghens auf der anderen Seite.[61]

Blankert zieht zum Vergleich für die offene und pastose Malweise Jan Liss (um 1597–1630) heran, in dem er die einzige Parallele zu Vermeer sieht.[62] Er weist insbesondere auf eine Darstellung der *Versuchung des Paulus* (Berlin, Staatliche Museen) hin, ein Bild, das sich im 17. Jahrhundert in der Sammlung der Brüder Reynst in Amsterdam befunden hat und das Vermeer nach Blankerts Vermutung gesehen haben könnte. Die stilistischen und maltechnischen Entsprechungen zwischen Vermeer und Liss sind eher gering, Liss' Malerei ist bewegter und offener. Die Parallelen zwischen den beiden Künstlern liegen eher in einer starken Hinwendung zu italienischen Vorbildern und in ihrer sehr eigenständigen individuellen Aneignung, etwa im Lehrgestus von Christus (S. 55). Wir wissen allerdings, dass Liss den größten Teil seines künstlerisch aktiven Lebens in Italien verbrachte, ein Italienaufenthalt Vermeers ist hingegen höchst hypothetisch.

Es besteht allgemeine Übereinstimmung, dass die beiden nicht datierten Bilder *Diana mit ihren Nymphen* und *Christus bei Maria und Martha* vor der 1656 datierten *Kupplerin* entstanden sind. Die Frage der zeitlichen Abfolge der beiden Bilder wurde hingegen ausführlich diskutiert und mit unterschiedlichen Argumenten begründet. Blankert hielt *Christus bei Maria und Martha* für früher, weil es das oberflächlichere der beiden Bilder sei, wie sich bei genauer Betrachtung zeige. Die schweren Falten verunklarten die Körperformen der Figuren, die dadurch weniger leibliche Präsenz erhielten. Die Ausführung sei zum Teil undeutlich, die Hände von Christus etwa seien kaum strukturiert, im Vergleich etwa zu den Händen der Nymphen. Bei dem Bild der Diana ist nach Blankert eine Zunahme der künstlerischen Fähigkeiten Vermeers zu erkennen. Wheelock folgt im Wesentlichen dieser Meinung, er denkt, dass noch früher als *Christus bei Maria und Martha* die von ihm für eigenhändig gehaltene *Heilige Praxedis*

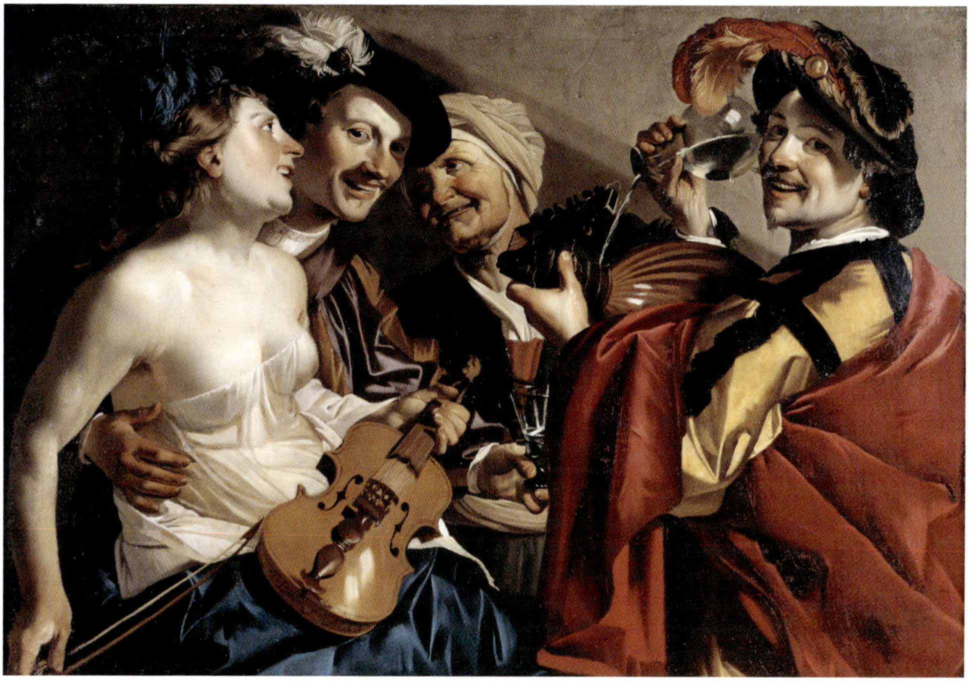

Dirck van Baburen, **Lockere Gesellschaft**, 1623
Öl auf Leinwand, 110 x 154 cm. Mainz, Landesmuseum

(S. 393, Kat. 36) entstanden sei. Im Gegensatz dazu sieht Liedtke die zeitliche Abfolge der beiden Bilder genau umgekehrt. Obwohl das Diana-Bild von der Gestaltung und der ruhigen Stimmung an die späteren Genrebilder erinnere, lasse das Nebeneinander der beiden Originale keinen Zweifel aufkommen, dass *Christus bei Maria und Martha* später entstanden sei, die Gestaltung sei großartiger, das Bild sei anspruchsvoller in Entwurf und Ausführung.

Die Frage der zeitlichen Abfolge wirkt im Grunde sekundär, weil der zeitliche Abstand zwischen den beiden Bildern relativ gering ist, vor allem aber, weil die beiden Werke nicht zu vergleichen sind. Beide zeigen Ansätze, die in völlig unterschiedliche Richtungen weisen. Bezieht man das nächste Bild mit der *Kupplerin* in die Überlegung ein, ergibt sich möglicherweise eine Abfolge, die von *Diana* ausgehend über *Maria und Martha* zu der *Kupplerin* führt.

Das dritte, 1656 datierte und sehr wahrscheinlich später als die beiden anderen Frühwerke entstandene Bild *Bei der Kupplerin* (S. 85, Kat. 3) stellt in thematischer Hinsicht die Überleitung zu Vermeers späteren Werken her, während es durch seine Größe

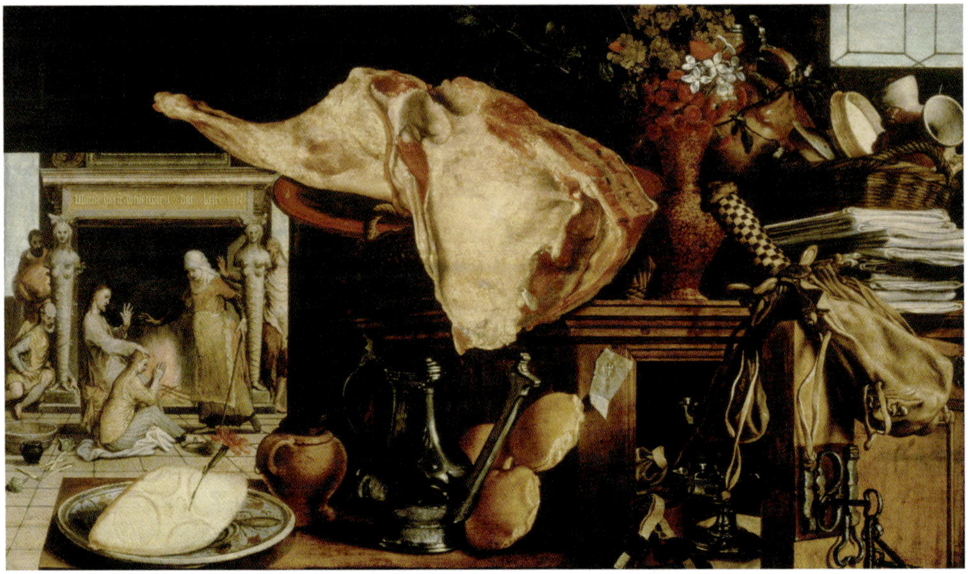

Pieter Aertsen, **Christus bei Maria und Martha**, 1552
Öl auf Holz, 83 x 121 cm. Wien, Kunsthistorisches Museum, Gemäldegalerie

und die monumentale Form der Figuren den Anspruch eines Historienbildes erhebt und damit *Christus bei Maria und Martha* formal, aber vielleicht auch zeitlich nähersteht als *Diana mit ihren Nymphen*. Vermeer gestaltet hier zum ersten Mal ein Genrebild, er gibt wie in den meisten seiner späteren Bilder eine Szene aus dem zeitgenössischen Alltagsleben wieder, gleichwohl ist *Bei der Kupplerin* inhaltlich nicht mit diesen zu vergleichen. Das Bild zeigt eine Bordellszene und steht formal wie inhaltlich in enger Abhängigkeit zu ähnlichen, weitaus früher, um 1620 bis 1630, entstandenen Kompositionen der niederländischen Nachfolger Caravaggios. Die führenden niederländischen Caravaggisten Hendrick ter Brugghen, Dirck van Baburen und Gerard van Honthorst hielten sich mit ihren aus nächster Nähe gesehenen, oft halbfigurigen Szenen vor dunklem Hintergrund und Figuren in scharfer seitlicher Beleuchtung mit kräftiger Modellierung und starken Helligkeitskontrasten, die dramatische Wirkungen erzielen, in formaler Hinsicht an das Vorbild Caravaggios, ebenso jedoch im Gegenständlichen, indem sie bevorzugt Themen der niederen Genremalerei aus den Wirtshäusern mit Musikanten, Falschspielern, Dirnen, Kupplerinnen und Wahrsagerinnen gestalteten (S. 20). Diese Themenwahl traf sich mit einer heimischen, bis in die Mitte des 16. Jahrhunderts zurückreichenden niederländischen Tradition „lockerer Gesellschaften", die ursprünglich auf das biblische Gleichnis vom verlorenen Sohn, der sein väterliches Erbe verschleudert, zurückgehen,[63] sich allerdings unter dem Einfluss des Calvinismus mehr und mehr von der Illustration der Bibelpassage entfernen und zu einer zeitgenössischen moralisierenden Genreszene werden.

Vermeer muss sich nicht unbedingt in Utrecht aufgehalten haben, um diese Art der Malerei kennenzulernen. Die Wirtshausszenen der Caravaggisten waren überall in den Niederlanden verbreitet; auch in der kleinen Bildersammlung, die Maria Thins besaß, befand sich eine Genreszene von Dirck van Baburen mit einer Kupplerin, die mit ihrer Geste energisch ihren finanziellen Anteil einfordert („Een schilderije daer een coppelerste die in de hand wijst").[64] Vermeer kannte dieses Bild sehr gut und bildete es mehrfach im Hintergrund seiner späteren Genrebilder ab, einmal im *Konzert* aus den sechziger Jahren (S. 183, Kat. 19), ein zweites Mal in der spät entstandenen *Sitzenden Virginalspielerin* (S. 285, Kat. 35). Das Bild Baburens existierte offenbar in mehreren Fassungen, eine Version befindet sich heute im Museum of Fine Arts, Boston (S. 182). Ein zweites, im Eigentum der Maria Thins erwähntes caravaggeskes Werk, das Vermeer mehrfach als „Bild im Bild" in seinen eigenen Gemälden darstellte, war eine Fassung des Motivs von Cimon und Pero, der sog. Caritas Romana („Een schilderije van een die de borst suyght"; ein Bild von einem, der die Brust saugt). Es gab in Delft wohl mehrere Sammler, die unter anderem Bilder der Utrechter Caravaggisten besaßen, dokumentiert ist etwa die Sammlung von Boudewijn de Man.[65]

Uta Neidhardt hat auf Ähnlichkeiten mit einer um 1617/18 entstandenen *Lockeren Gesellschaft* (Braunschweig, Herzog Anton Ulrich-Museum) von Louis Finson (vor 1560–1617), einem frühen flämischen Nachfolger Caravaggios, hingewiesen und die Rhythmisierung der dicht gedrängten Figurengruppe sowie die Übereinstimmung der Alten mit Kopftuch im Hintergrund betont.[66] Die wichtigsten Anregungen für Komposition und einzelne Motive der Kupplerin kamen jedoch von Dirck van Baburen und von dem in Delft selbst tätigen Caravaggisten Christiaen van Couwenbergh. Als ein Grund für die Nachahmung gerade Baburens wurde vermutet, dass er ein besonders gesuchter Maler am holländischen Kunstmarkt war, dessen Bilder hohe Preise erzielten.[67] Die größte motivische Ähnlichkeit weist Vermeers *Kupplerin* mit Bildern Baburens aus den zwanziger Jahren auf, insbesondere mit einer *Lockeren Gesellschaft* aus dem Jahr 1623 (S. 59). Dort sind in seitenverkehrter Abfolge ebenfalls vier Halbfiguren zu sehen, eine halbnackte Kurtisane mit einer Geige in der Hand und ihr Freier, dahinter eine Kupplerin und rechts ein Musikant als Beobachter, der lachend auf den Betrachter blickt. Er hält in der Linken eine Cister und gießt mit der Rechten dem Freier Wein ein. Die Gesichter sind, wie so oft bei Baburen, von vulgärer Derbheit, die Stimmung ist ausgelassener als bei Vermeer, dessen Szene im Vergleich dazu von vornehmer Zurückhaltung erfüllt scheint, wozu auch die weniger starken Hell-Dunkel-Kontraste beitragen. Übereinstimmend ist aber bei allen Bildern die dichte Anordnung der Halbfiguren in teilweiser Überschneidung und der damit verbundene Wechsel von hellen Farben gegen dunklen Grund und umgekehrt sowie das beziehungsreiche Spiel der Hände im Bildzentrum.

Ein wesentlicher Unterschied zwischen den Kompositionen Baburens und Vermeers betrifft die aktive, fordernde Rolle der Kupplerin bei Baburen gegenüber der in ihrer Haltung passiven Beobachterin bei Vermeer. Auch Vermeer hatte das Bild ursprünglich anders angelegt. Anlässlich der Restaurierung von 2004 wurden Röntgenaufnahmen durchgeführt, die zeigen, wie er die Komposition während der Entstehung veränderte. In einem früheren Zustand war die rechte Hand der Alten neben der zum Empfang der glänzenden Münze aufgehaltenen Rechten der jungen Frau zu sehen. Sie beobachtete nicht nur, sondern griff selbst in das Geschehen ein. Der Gesichtstypus der Kupplerin entspricht aber nicht den caravaggesken Vorbildern, sondern eher dem Typus der freundlichen Alten, wie er bei Gerard ter Borch oder Gerard Dou zu finden ist.

Den Musikanten, der als vermittelnde „fiktive Erzählfigur“[68] auf den Betrachter blickt, konnte Vermeer nicht nur bei Baburen, sondern auch bei Couwenbergh, etwa in einer Bordellszene, finden. Er taucht auch sonst immer wieder in Bildern der niederländischen Caravaggisten auf. Beobachtend, trinkend oder musizierend nimmt er die Kommunikation mit dem Betrachter auf, kommentiert durch Gestik oder Mimik das anrüchige Geschehen. Vermeer hat diese Figur und ihre Kleidung im Lauf der Entstehung des Bildes verändert, wie die Röntgenbilder zeigen. Dabei hat sie sich von einem Musiker in der Art der niederländischen Caravaggisten eigenständig weiterentwickelt. So hat er das ursprünglich wesentlich kleinere federgeschmückte Barett, wie es die Lautenspieler bei Gerard van Honthorst tragen, stark vergrößert und den anfangs gar nicht vorgesehenen Spitzenkragen hinzugefügt (S. 56). Der Musikant erinnert in seiner Kleidung entfernt an die spätere Rückenfigur des Malers in der *Malkunst* (S. 265, Kat. 26). Seit Langem hat man deswegen in ihm ein Selbstbildnis des Künstlers sehen wollen. Er trägt ein sog. Doublet, eine schwarze Jacke mit geschlitzten Ärmeln und geschlitztem Rücken, dazu einen breiten Kragen mit Besatz aus flämischer Klöppelspitze und ein großes schwarzes Barett.[69] Seine Kleidung folgt der Mode der zwanziger und dreißiger Jahre des 17. Jahrhunderts, während die kurze und stark geschlitzte Jacke des Malers in der *Malkunst* – ein „Innocent“ – der aktuellen Mode der Entstehungszeit in den sechziger Jahren entspricht. Für die Bestimmung der Figur als Selbstbildnis des Malers ist ihre Platzierung am Bildrand und der Blick aus dem Bild auf den Betrachter von größerer Bedeutung. Eine motivische Parallele findet sich etwa beim Selbstbildnis des jungen Jacob Jordaens, der in ähnlicher Weise im Gruppenbild der Familie Van Noort (um 1615/16) aus dem Bild heraus auf den Betrachter blickt (Kassel, Gemäldegalerie Alte Meister).

Auf ein Vorbild aus der unmittelbaren Delfter Umgebung des Malers könnte auch die Kompositionsidee der Balustrade im Vordergrund zurückgehen, die hier von einem

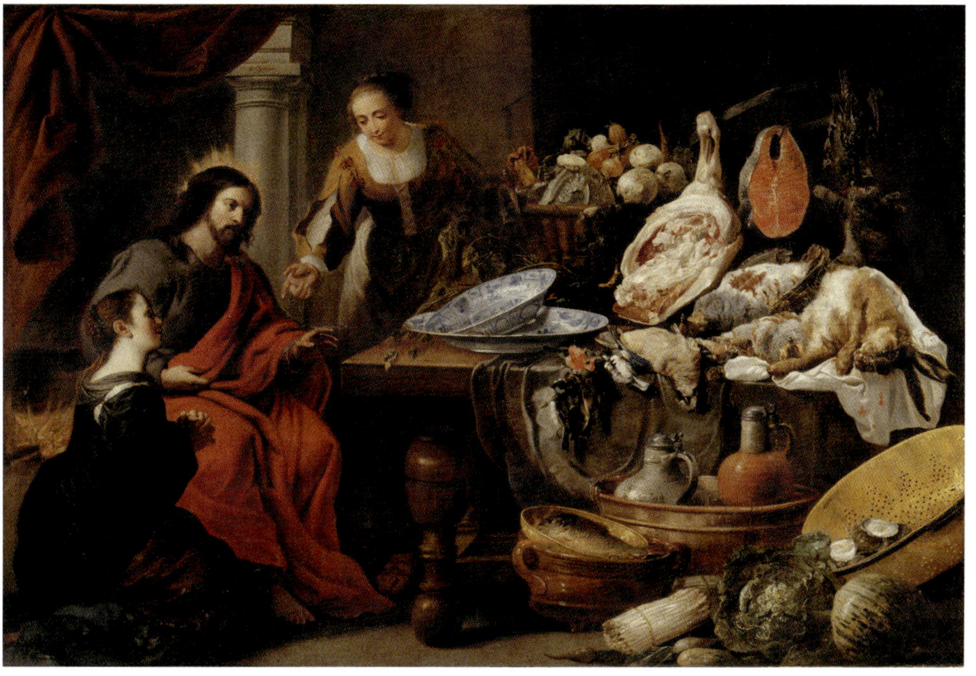

Erasmus Quellinus II. und Jan Fyt, **Christus im Haus von Maria und Martha**, um 1650–1660
Öl auf Leinwand, 112,5 x 163,5 cm. Lille, Palais des Beaux-Arts

Medaillon-Ushak-Teppich (S. 84; siehe dazu Kat. 3) und dem darüber geworfenen schwarzen Mantel des Kavaliers links verdeckt wird und den Betrachter von den Figuren dahinter trennt. Liedtke wies darauf hin, dass in der nicht erhaltenen und wahrscheinlich von Pieter de Grebber und Paulus Bor 1638 gemalten umlaufenden Galerie im Bankettsaal des Schlosses Honselaarsdijk (an dessen Ausstattung auch Couwenbergh mitgewirkt hatte) Figuren in Untersicht hinter einer Balustrade dargestellt waren, über die Teppiche geworfen sind.[70] Erhalten sind Zeichnungsentwürfe aus der Zeit um 1637 von Pieter de Grebber im Rijksprentenkabinett Amsterdam.[71] Ähnliche illusionistische Effekte finden sich in den Bildern musikalischer Gesellschaften mit einem über eine Balustrade hängenden Teppich von Jan van Bijlert (um 1603–1671) und Jan Gerritsz. van Bronckhorst (um 1600–1661; S. 64).

Die vier Personen, drei als geschlossene aufeinander bezogene Gruppe, die vierte etwas abgerückt und durch ihren Bezug auf den Betrachter von den anderen isoliert, sitzen und stehen als Halbfiguren hinter einer Brüstung an einem kleinen Tisch in einer räumlich eng gedrängten Position. Die Tiefenentwicklung wird durch den plötzlichen Wechsel von leichter Untersicht in die Aufsicht in der Mittelzone des Bildes gebrochen.

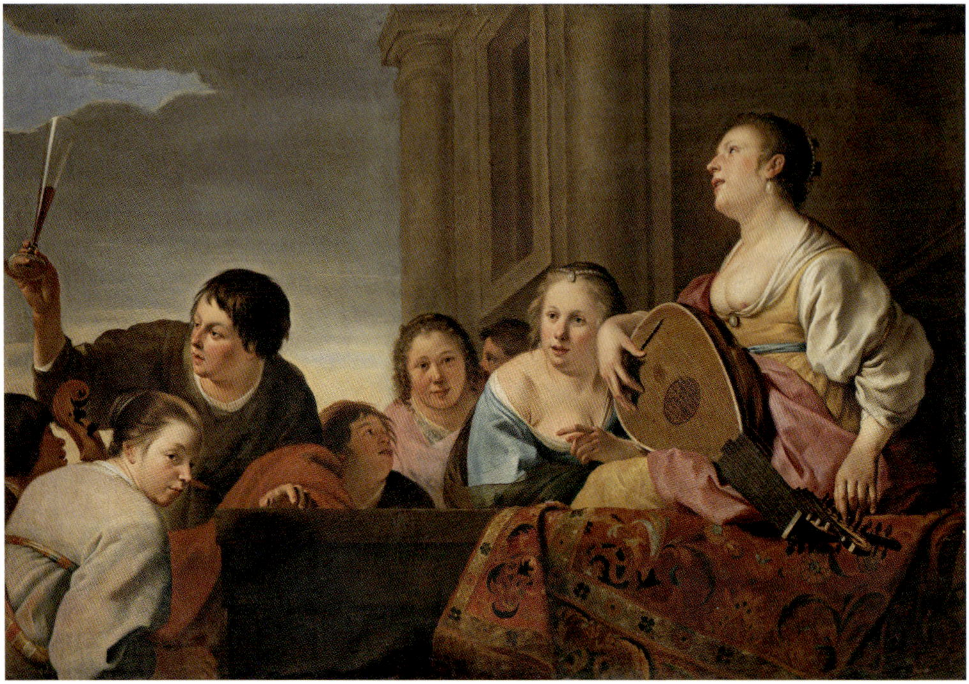

Jan Gerritsz. van Bronckhorst, **Fröhliche Gesellschaft**, um 1645
Öl auf Leinwand, 141 x 205,7 cm. Braunschweig, Herzog Anton Ulrich-Museum

Auf die vorderste Raumzone der Tischkante oder Balustrade, die von dem die ganze untere Bildhälfte dominierenden Teppich verdeckt wird, folgt eine schmale Tischfläche, auf der ein Weinkrug steht und auf den die junge Frau ihre Linke mit dem Weinglas abstützt. Das über den Tisch geworfene weiße Tuch ist vermutlich die Schürze der jungen Frau, die eben am Tisch Platz genommen hat. Durch den unvermittelten Wechsel in die Aufsicht ist die räumliche Disposition nur unklar erfassbar. Vor allem der mit großem malerischem Aufwand in illusionistischer Detailtreue wiedergegebene westfälische Steinzeugkrug scheint dadurch beinahe zu schweben. Vermeer löst die Wiedergabe des Raums hier mit anderen und wohl weniger vollkommenen Mitteln als in seinen späteren Bildern, die mit exakter perspektivischer Konstruktion den Raum genau definieren.

Die Komposition ist zum einen in eine untere und obere Bildhälfte geteilt, die untere wird ausschließlich vom Teppich, der sich am rechten Bildrand in schweren Falten aufstaut, und dem darüber geworfenen schwarzen Mantel ausgefüllt, die obere stellt die Figuren und die eigentliche Handlung dar. Zum anderen wird die Komposition in eine linke und eine rechte Bildhälfte geteilt, rechts in kräftigen und leuchtenden Farben die beiden Protagonisten, links die dunkel gekleideten Begleitfiguren, die alte, zum Großteil verdeckte, von hinten herankommende Kupplerin und der aus dem Bild blickende Beobachter, dessen Gesicht im Dunkeln bleibt und nur mit einem Schlaglicht über der Wange erhellt wird. Es besteht aber auch ein Unterschied zwischen den beiden Frauen mit ihren deutlich erkennbaren Gesichtszügen und den Männern, deren Gesichter weitgehend im Schatten verschwinden. Damit ergibt sich eine Rhythmisierung der Abfolge, wobei die Kopfbedeckungen der beiden Männer hoch bis an den Bildrand ragen. In der ursprünglichen Anlage des Bildes sollten alle vier Köpfe gleichmäßig beleuchtet sein, erst später rückte der Kopf des Freiers in den Schatten, und damit besteht auch kein unmittelbarer Blickkontakt zu dem Mädchen.

Bei der *Kupplerin* ist eine Ahnung der späteren Lichtmalerei Vermeers spürbar, wie das Verschwimmen leicht verwischter Konturen in Lichtsäumen und sein charakteristischer Oberflächenillusionismus etwa bei der Gestaltung des Weinkrugs aus blau und weiß glasiertem Steinzeug im Gegensatz zur textilen Weichheit der Teppichfalten oder beim blauen Band und der Feder am Hut des Freiers. Vor allem aber ist es die trotz des lauten Themas getragen ruhige Stimmung der gesamten Szene, die auf seine späteren Bilder vorausweist und sich grundlegend von den früheren Szenen der niederländischen Caravaggisten unterscheidet.

Das wichtige Neue an diesem Bild ist also nicht das Thema, die Hinwendung zur Genremalerei, sondern der völlig neue Zugang zur malerischen Aneignung der Wirklichkeit: Vermeer erprobt hier zum ersten Mal einen malerischen Illusionismus und – insbesondere am Beobachter – die Wirkung von Licht und Schatten. Die einzelnen Figuren sind individualisiert und scheinen nach Modellen gemalt zu sein, und die junge Frau wirkt in ihrer Physiognomie, ihrem einfachen, aber leuchtenden Kleid wie eine Vorahnung des späteren *Milchmädchens* (S. 173, Kat. 8). Die Veränderungen, die Vermeer im Lauf der Entstehung des Bildes vornahm, machen dies deutlich. In der endgültigen Fassung der *Kupplerin* ist die weiße Haube der jungen Frau weit aus der Stirn geschoben, beim *Milchmädchen* sogar so weit, dass der Haaransatz zu sehen ist (S. 129), umgekehrt war in einem früheren Stadium der *Kupplerin* das gelbe Mieder bis oben geschlossen wie beim *Milchmädchen*. Beide senken den Blick, das Gesicht des Milchmädchens wird vom Licht nur seitlich gestreift, bei der Gestalt in der *Kupplerin* sind die geröteten Wangen voll beleuchtet.

Neidhardt weist darauf hin, dass Vermeer die Komposition von einer konventionellen Bordellszene in der Tradition der niederländischen Caravaggisten im Lauf der Arbeit an dem Bild in sehr persönlicher Weise veränderte, indem er durch Licht und Farbe die junge Frau als Hauptfigur stärker hervorhob, das Bildthema stärker verhüllte, die Darstellung verfeinerte und an die Mode seiner Zeit anglich, indem er etwa den eleganten Hut des Freiers hinzufügte und Barett und Kragen des trinkenden und musizierenden „Erzählers“ am linken

Bildrand veränderte.[72] Diese Änderungen gehen in die Richtung der eleganten und dezenten Szenen seiner späteren Tätigkeit und verbinden damit das Bild mit diesen Werken. Die *Kupplerin* fungiert damit in der Entwicklung des 24-jährigen Malers als „Scharnier“[73] zwischen den frühen Historienbildern und den späteren Genrebildern, in denen sich die holländische bessere Gesellschaft seiner Zeit – modisch gekleidete, schöne junge Menschen – in eleganten Interieurs mit Gesprächen, Musik und beim Wein unterhält.

Frühe Genrebilder

Die *Kupplerin* ist Vermeers erstes Genrebild, in dem er allerdings Figuren in einer eher komponierten als tatsächlich gesehenen Umgebung abbildet. Mit dem wenig später entstandenen *Schlafenden Mädchen* (S. 87, Kat. 4) begibt er sich dann zum ersten Mal in den Themenkreis jener Genrebilder im engeren Sinne, die Szenen aus dem wahren, alltäglichen Leben der Holländer seiner eigenen Zeit schildern und ihn in Zukunft beinahe ausschließlich beschäftigen werden. Sie gehören einer Bildgattung an, die erst seit dem 18. Jahrhundert als Genremalerei bezeichnet wird. Wie bei den meisten anderen Bildgattungen ist auch hier die Bezeichnung viel später entstanden als die Gattung selbst.[74] Der französische Begriff *genre*, der ursprünglich Gattung, Art und Weise, aber auch Mode bedeutet, wurde von Denis Diderot (1713–1784) zum ersten Mal in seinen *Essais sur la Peinture* (1766) benutzt, um die *peinture d'histoire* von der *peinture de genre* zu unterscheiden. Nach dem Verständnis des französischen 18. Jahrhunderts war damit die Malerei außerhalb bereits etablierter Kategorien wie Porträt, Landschaft und Stillleben gemeint, vor allem Szenen des Alltags, *le genre familier*, wie sie etwa Jean-Baptiste Greuze (1725–1805) in seinen viel bewunderten Bildern darstellte. Da in der Genremalerei der Invention eine vergleichbar zentrale Rolle zukommt wie in der Historienmalerei, wurde ihr in der Hierarchie der Gattungen der zweite Platz zugewiesen. Damals wurde zum ersten Mal die Gemeinsamkeit zwischen der zeitgenössischen französischen Genremalerei, wie sie Antoine Watteau (1684–1721) oder Greuze vertreten, und der Kunst der Niederländer des 17. Jahrhunderts gesehen.

Genrebilder gab es vereinzelt schon in der Malerei des 15. Jahrhunderts, sowohl südlich wie nördlich der Alpen. Als allgemein verbreitetes Phänomen finden sie sich in der niederländischen Malerei seit dem zweiten Viertel des 16. Jahrhunderts, etwa in den Markt- und Küchenbildern. Die Genremalerei ist damit eine zutiefst bürgerliche Kunstform, die in der holländischen Malerei des „Goldenen Zeitalters“ des 17. Jahrhunderts eine wahre Hochblüte erlebte und zu einer fest etablierten Kunstgattung wurde. Spezifisch niederländisch ist dabei der Realismus der Darstellung, eine für die gesamte niederländische Malerei charakteristische Eigenschaft. Wenn die Holländer selbst ein Bild mit einer Szene aus dem täglichen Leben benannten, so beschrieben sie das Dargestellte, ohne dafür einen übergeordneten Sammelbegriff zu haben. So hieß es entweder *moderne beelden* oder *geselschapje*, wenn eine fröhliche Gesellschaft gezeigt war, *buitenpartij*, wenn sich die Gruppe im Freien vergnügte, oder *bordeeltje*, wenn eine Szene im Bordell zu sehen war. Ausgehend von diesen Bezeichnungen wurde später die Bedeutungslosigkeit der von der Genremalerei gewählten Szenen betont, und ein Künstler wie Vermeer wurde dafür bedauert, dass er sein überragendes Talent an leichtgewichtigen Themen verschwenden musste und nicht die Chance bekam, Aufträge für Historienbilder zu erhalten, in denen sich seine künstlerischen Fähigkeiten besser hätten entfalten können.

Tatsächlich aber verliehen die holländischen Maler des 17. Jahrhunderts ihren Bildern des alltäglichen Lebens häufig eine tiefere symbolische oder moralische Bedeutung. Mit Vorliebe wurden typische Situationen wie eine fleißige Hausfrau oder eine um ihre Kinder besorgte Mutter geschildert, oder es wurden komische Szenen wie ein Streit unter Bauern im Wirtshaus oder ein verliebter Alter, der sich um ein junges Mädchen bemüht, dargestellt. Was wie zufällig beobachtet wirkt, ist genau überlegt und sorgfältig komponiert. Manchmal liegt die tiefere Bedeutung völlig offen, öfters ist sie verborgen und schwierig zu entschlüsseln, meist bezieht sie sich auf Redensarten, auf die Erbauungsliteratur oder Emblematik, Bezüge, die den zeitgenössischen Betrachtern vertraut waren, heute aber manchmal schwer zugänglich sind und oft unverständlich bleiben.

Gérard de Lairesse (1640–1711), einige Jahre jünger als Vermeer, zuerst als Maler und nach seiner Erblindung als Kunstschriftsteller tätig, machte als Vertreter des Klassizismus in seinem *Groot Schilderboek* (*Großes Maler-Buch*) von 1707 anstelle der späteren Unterscheidung zwischen Historien- und Genremalerei eine Trennung zwischen antiker und moderner Art.[75] Während die Malerei antiker Art (die er selbst bevorzugte) in ihren Gegenständen und der Art ihrer Gestaltung immer gleich bleibe, sei die moderne Art dem ununterbrochenen Wechsel der Mode unterworfen und müsse daher im Lauf der Zeit mehr und mehr an Wert verlieren: „Die Moderne hierentgegen ist nicht frey, sondern über dieses sehr eingeschräncket und von überaus geringem Vermögen. Denn sie kan und vermag nicht mehr als das Gegenwärtige vorzustellen: und dieses noch darzu auf eine unbeständige Art welche stets verändert und fremder wird. Das Vergangene und Zukünfftige, als die Historien, Fabeln und Sinn-Bilder so wohl poetische, philosophische als moralische stehen ausser ihrem Vermögen“.[76] Es müsse daher Ziel der Maler sein, auch die moderne Art zu verbessern und näher an die antike heranzuführen, wie Lairesse im zweiten Kapitel, „Anweisung wie das bürgerliche oder zierliche Moderne wohl auszubilden“ („Aanwyzinge om het burgerlyke of cierlyke Moderne wel uit te beelden“), ausführt.[77] In einer späteren Ausgabe des *Maler-Buchs* von 1740 werden „Mieris, Metzu, van der Meer“ als Vertreter dieser „zierlichen Moderne“ aufgezählt.[78]

Andere zeitgenössische Quellen, die sich über Maler der bürgerlichen Moderne äußern – in diesem Fall sind neben Vermeer Maler wie Metsu, ter Borch, Caspar

Netscher (um 1636–1684) und Eglon van der Neer angesprochen –, beschreiben ihre Bilder als „zaletjes vol jonkertjes en joffertjes“, Zimmerchen voll Jüngelchen und Mädchen.[79] An anderer Stelle wird über Christoffel van der Laemen (1606–1652) gesagt, „pinxit malle jonkertjes“, er malte närrische Jüngelchen. Die Verkleinerungsform von „jonkers“ und „juffers“ wie sie auch Vermeer in seinen Bildern darstellte, soll wohl nicht allein das kleine Format der Figuren im Bild, sondern auch ihre leichtgewichtige und leichtsinnige Jugend charakterisieren.[80]

Bilder, auf die diese Beschreibungen ebenso zutreffen könnten, hatte in Delft bereits um 1630 Anthonie Palamedesz gemalt. In verhältnismäßig kahlen Interieurs vergnügen sich bei ihm Gruppen ausgelassener junger Menschen bei Wein und Musik. Andere holländische Maler, die sich ab der Jahrhundertmitte vermehrt dem modernen Genre zuwandten und damit großen Einfluss auf Vermeer ausübten, waren vor allem Gerard ter Borch und Nicolaes Maes. Beide stellten auf ganz unterschiedliche Weise immer wieder zwei oder drei Personen in ruhiger Handlung dar, beschäftigten sich daneben aber auch mit anderen Motiven, wie etwa dem Porträt. Zumindest eine persönliche Begegnung zwischen dem älteren Gerard ter Borch und Vermeer ist durch Dokumente bezeugt (siehe dazu S. 38). Ter Borch hielt sich damals nur vorübergehend in Delft auf, während Nicolaes Maes seit 1653 im benachbarten Dordrecht tätig war. Seine häuslichen Interieurs entstanden vor allem in den Jahren zwischen 1654 und 1659.

Das *Schlafende Mädchen* (S. 87, Kat. 4) wird allgemein um 1656/57 datiert, es dürfte kurz nach der *Kupplerin* (S. 85, Kat. 3) und vor dem um 1657 entstandenen *Brieflesenden Mädchen am offenen Fenster* (S. 95, Kat. 5) gemalt worden sein. Es schließt in seiner Komposition mit einer Halbfigur unmittelbar an die *Kupplerin* an, auch dort nimmt ein türkischer Teppich eine große Fläche der unteren Bildhälfte ein. Der Teppich ist hier vorne sehr nah gesehen, er türmt sich mit einer großen Falte empor und verdeckt damit die vordere Tischkante. Die Tischfläche dahinter wird in unvermittelt starker Aufsicht gezeigt, wodurch die Entwicklung des Raums in die Tiefe wie bei der *Kupplerin* unklar wirkt. Andere Motive weisen auf spätere Bilder Vermeers voraus, wo sie uns in ähnlicher Form immer wieder begegnen werden, wie die nach vorn gerückten Elemente des Stilllebens, darunter ein weißer Weinkrug aus Steingut und eine chinesische Porzellanschüssel mit Früchten. Zwei Weingläser sind zu sehen, ein umgestürzter Römer neben dem Weinkrug hat durch frühere Reinigungen des Bildes seine Gestalt verloren und ist nur mehr schemenhaft zu erkennen, ein zweites fast leeres Glas steht neben der Obstschüssel (S. 76). Es wurde offenbar später hinzugefügt, nachdem eine hier ursprünglich gemalte Weinranke

Christus bei Maria und Martha (Detail), um 1655
(siehe Abb. S. 83)

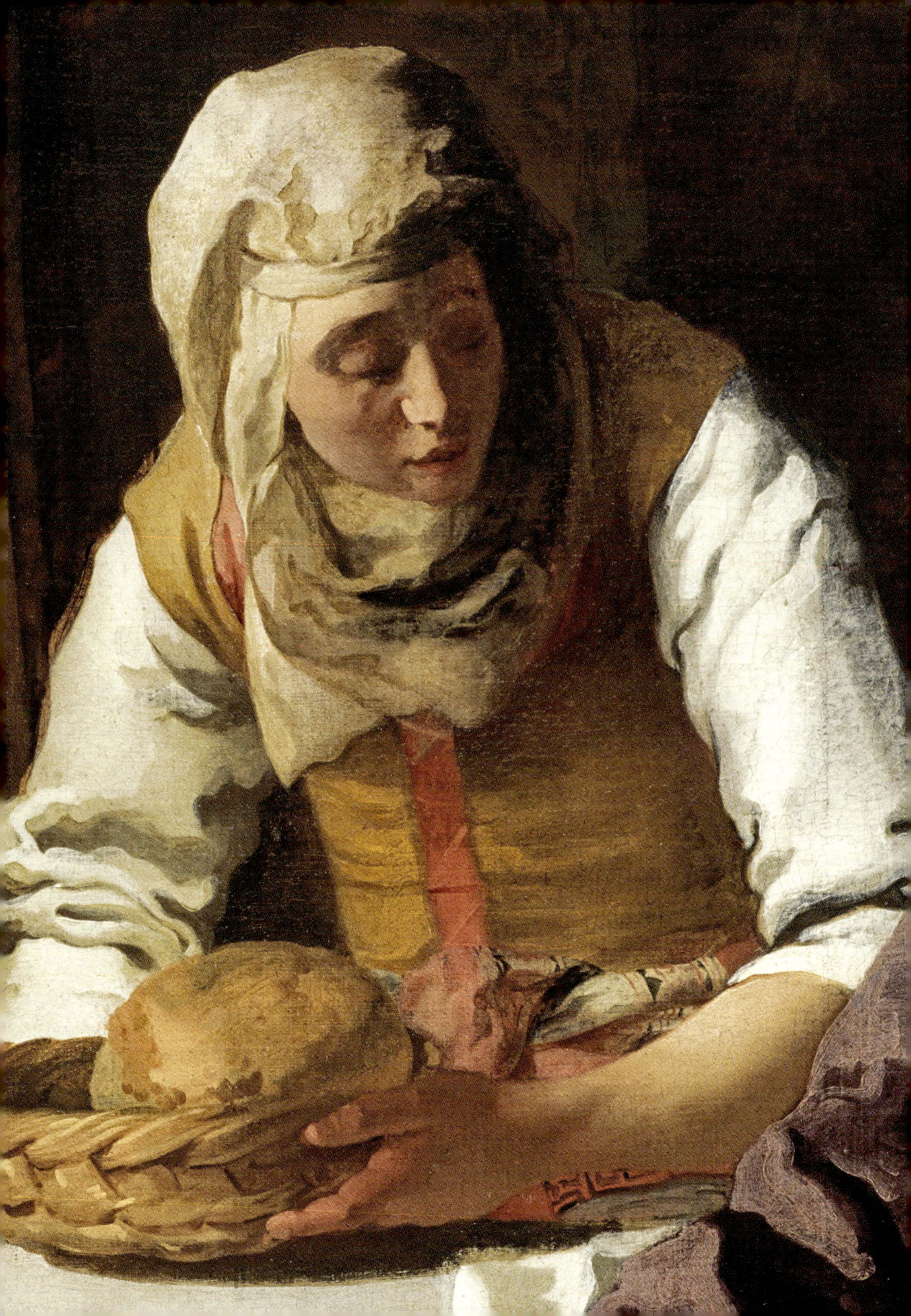

(sie ist noch in der Autoradiografie zu erkennen) im Lauf des Entstehungsprozesses des Bildes von Vermeer selbst übermalt wurde. Ein ebenso später immer wiederkehrendes Detail ist der als Repoussoirmotiv groß in den Vordergrund gerückte Stuhl.

Bemerkenswert ist die räumliche Disposition des gesamten Bildes. Tisch und Stuhl befinden sich nahe zum Betrachter, die Schlafende sitzt eng zwischen Tisch und Rückwand, sodass der Raum gedrängt wirkt. Umso wichtiger ist der Blick durch die halb geöffnete Tür, der in einen schmalen Flur und durch eine zweite offene Tür, von der lediglich die Schwelle und ein schmaler Streifen des Rahmens zu sehen sind, in einen angrenzenden größeren Raum führt. Der Hintergrund des Bildes ist durch mehrere Senkrechte und Waagrechte und eine geometrischen Abfolge von deutlich begrenzten hellen und dunklen rechteckigen Flächen gegliedert. Der aus monochrom braunen Flächen in verschiedenen Helligkeitsabstufungen gebildete Raum im Hintergrund von *Christus bei Maria und Martha* (S. 83, Kat. 2) deutete zum ersten Mal diese Möglichkeit einer Flächenkomposition an, die räumliche Illusion erzeugt. Die aus einigen Brettern gefügte, halb offen stehende Tür, der Türstock mit den schmalen Glanzlichtern entlang der polierten Kanten, die Türschwellen und Möbelstücke bilden eine fest gefügte Organisation von Flächen, die zugleich die raffinierte Illusion von Raum erzeugen. Damit ist eines der wesentlichen Gestaltungsprinzipien in Vermeers Bildern benannt, eine fast abstrakt anmutende geometrische Flächenorganisation des Bildes, die hier zum ersten Mal auftaucht. Diese für Vermeer charakteristische Bildstruktur hat ihr Vorbild oder ihre Parallele in einer Reihe kurz zuvor und gleichzeitig entstandener Interieurs von Nicolaes Maes, der Räume in ähnlicher Weise mit bildparallelen, rechtwinkligen Elementen organisiert. Darüber hinaus bestehen Übereinstimmungen mit Maes in der Themenwahl betender, arbeitender oder nachdenklicher Frauen, auch wenn bei dem Dordrechter Maler die reformatorische Didaktik als vordergründige moralische Belehrung des Betrachters stärker betont ist.

Zahlreiche Veränderungen, die Vermeer im Lauf des Entstehungsvorgangs des Bildes vornahm, werden im Röntgenbild sichtbar. Schrittweise veränderte der Künstler damit auch die ursprüngliche Aussage des Bildes, das in seiner ersten Anlage der immer wieder zum Vergleich herangezogenen *Faulen Magd* von Nicolaes Maes viel ähnlicher war (S. 79). Dort ist eine Magd vor einem Berg von Geschirr eingeschlafen, neben ihr steht eine zweite Magd mit einem Weinkrug in der Hand und weist lachend auf die Schlafende. Durch eine Tür im Hintergrund blicken wir in einen Nebenraum, wo eine Gesellschaft am Tisch sitzt. Auch Vermeer hatte ursprünglich eine zweite Figur vorgesehen, einen Mann mit Hut im Nebenraum, der später teilweise von dem Spiegel an der Rückwand verdeckt wurde, wie auch einen Hund im Flur, der auf den Mann blickte und hinter der Lehne des später hinzugefügten Stuhls verschwand. Damit war offenbar eine spannungsvolle Beziehung zwischen

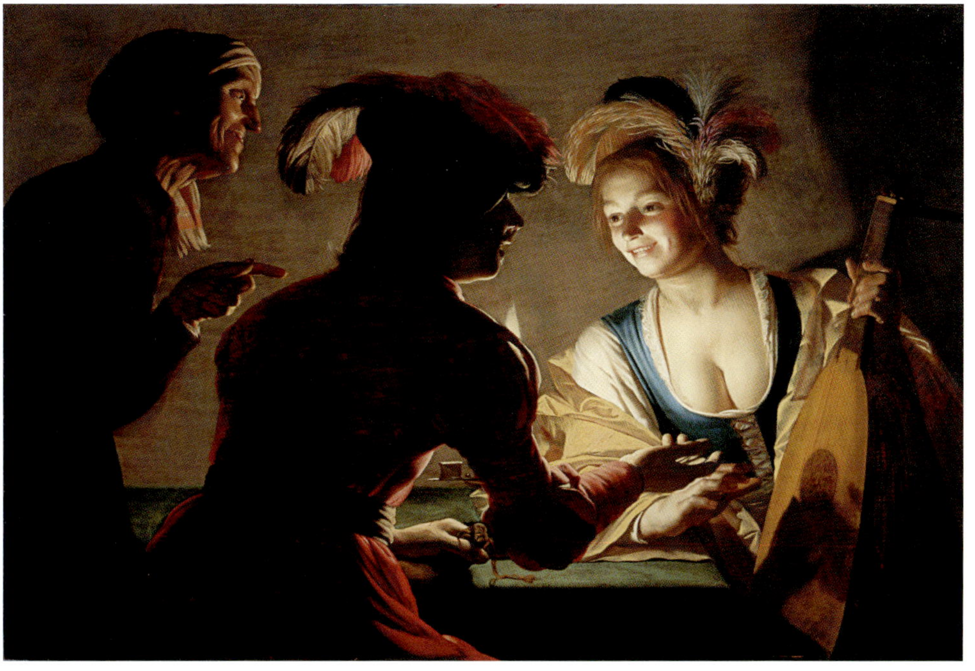

Gerard van Honthorst, **Kupplerin**, 1625
Öl auf Holz, 71 x 104 cm. Utrecht, Centraal Museum

der Schlafenden und einer männlichen Figur vorgesehen, die wir uns als Besucher, aber etwa auch als Hausherrn, der die Schlafende überrascht, vorstellen können.

Das Bild an der Wand über der Schlafenden war ursprünglich kleiner, es stellt einen nackten Amorknaben dar, ein Motiv, das in mehreren anderen Bildern Vermeers, vor allem der etwa fünfzehn Jahre später entstandenen *Stehenden Virginalspielerin* (S. 283, Kat. 33), zu finden ist (siehe dazu S. 120). Allerdings ist nur hier neben dem angeschnittenen Fuß Amors eine Theatermaske sichtbar. Als Bedeutung wäre die Entdeckung oder Demaskierung der Liebe denkbar.

Über die Bedeutung der zentralen Figur, der schlafenden oder vielleicht nur in schwere Gedanken versunkenen jungen Frau, herrscht jedenfalls Uneinigkeit. In der frühesten Erwähnung des Bildes in der Versteigerung der Sammlung von Jacob Abrahamsz. Dissius aus Delft 1696 wird das Bildthema als „betrunkenes schlafendes Mädchen an einem Tisch“ bezeichnet.[81] Der Weinkrug und die beiden Weingläser deuten auf ihren Alkoholgenuss und die daraus resultierende Trunkenheit. Sie stützt ihren Kopf auf die rechte Hand, ein Motiv sowohl der Melancholie wie der Trägheit. Die Todsünde der

Trägheit (Acedia) wurde oft zur Folge der Trunkenheit erklärt und entsprechend dargestellt. Ob es sich bei der jungen Frau um eine Magd oder um die Hausfrau handelt, darüber gehen die Meinungen auseinander. Die erste Erwähnung als „een dronke slapende Meyd", die Parallele mit der *Faulen Magd* von Nicolaes Maes (S. 79)und allgemein die niederländische literarische und bildliche Tradition des nachlässigen und faulen Hauspersonals sprechen für eine Magd.[82] Ihre Aufmachung, die vornehme Kleidung und die Perlenohrringe, scheinen allerdings darauf hinzudeuten, dass die Hausfrau, die schlafend ihren Haushalt vernachlässigt, gemeint ist, wie Wheelock und Schneider[83] hervorheben. Liedtke weist allerdings darauf hin, dass in zeitgenössischen niederländischen Quellen der Kleiderputz der Mägde angeprangert wird, und plädiert auch aus diesem Grund für eine Magd; eine Amsterdamer Kleiderordnung von 1681 untersagte den Hausmädchen, Seidenkleider und Schmuck zu tragen.[84]

Das in der ursprünglichen Fassung stärker betonte mögliche Liebesverhältnis der jungen Frau könnte auf eine Hausfrau wie auf ein Hausmädchen zutreffen, sie scheint davon zu träumen oder über dessen Ende zu trauern. Das Charakteristische von Vermeers Kunst zeigt sich bereits in diesem frühen Bild: Der Künstler vermeidet Festlegungen, das Geheimnis der Eleganz seiner Kompositionen liegt darin, dass vieles an den Beziehungen der Personen unbestimmt und mehrdeutig bleibt. Die Kunst der stillen Andeutung konnte er an den Bildern Gerard ter Borchs lernen, der es verstand, Stimmungen wiederzugeben und Emotionen zum Ausdruck zu bringen, die sich nicht durch äußerliche Aktivität manifestieren. Der Betrachter dieser Bilder wird zum heimlichen Voyeur, der sich ungesehen in ein Haus schleicht, ihre Bewohnerinnen beobachtet und ihre Gefühle zu deuten versucht.

Das *Brieflesende Mädchen am offenen Fenster* in der Dresdner Galerie (S. 95, Kat. 5) ist wahrscheinlich ein wenig später als das *Schlafende Mädchen* entstanden und wird um 1657 datiert. Wieder bildet, wie in der *Kupplerin* und dem *Schlafenden Mädchen*, ein teppichbedeckter Tisch bzw. eine Balustrade das beherrschende Vordergrundmotiv, das uns von der nur als Halbfigur sichtbaren Person trennt und auf dem die räumliche Tiefenentwicklung der Komposition aufbaut. Die schweren Falten, in denen der Tischteppich aufgeworfen ist, und die schräg liegende Obstschüssel fügen ein körperhaftes Gebilde hinzu (S. 92/93), wie es schon im *Schlafenden Mädchen* mit dem Stillleben aus Teppich, Weinkrug, Schüssel, Gläsern und einem Tuch der Fall war. Bei dem genau wiedergegebenen orientalischen Teppich handelt es sich wie in den beiden anderen Bildern (Kat. 3 und 4) um einen rotgrundigen Medaillon-Ushak aus Westanatolien aus der Zeit um 1600.

Das *Brieflesende Mädchen* ist das erste Bild, in dem der junge Künstler ganz zu seinem eigentlichen Thema, der Darstellung junger Frauen in eleganten zeitgenössischen Interieurs, findet. Er setzt die für ihn typischen künstlerischen Mittel ein, sowohl die genaue Konstruktion des Raums wie eine sehr differenzierte Technik des Farbauftrags, die er jetzt vollkommen beherrscht und die ihm eine hohe Illusion der räumlichen Gegebenheiten, der Lichtführung und der Erscheinung der Oberflächen der Gegenstände erlaubt. Zugleich wendet Vermeer hier zum ersten Mal eine Bildkomposition an, die sich in vielen späteren Bildern in immer neuen Variationen wiederholt: Wir blicken in die Ecke eines Raums, links befindet sich ein Fenster, das zugleich die Lichtquelle bildet, die bildparallele meist helle Rückwand hinterfängt als Folie die davor an einem Tisch stehende oder sitzende Figur, die in stiller Beschäftigung wiedergegeben ist. Hier fällt helles Sonnenlicht durch ein geöffnetes Fenster in einen hohen Raum, in dem eine junge Frau im Profil hinter einem Tisch steht und einen Brief liest. Das Thema des Brieflesens bzw. -schreibens wählte Vermeer noch für fünf weitere Bilder (vgl. Kat. 16, 20, 24, 30, 31). Unmittelbare Anregung dafür fand er in den Bildern Gerard ter Borchs.

Besonders auffallend gegenüber den früheren Werken ist eine Steigerung des Illusionismus der Darstellung. Dieser äußert sich in einzelnen Motiven wie dem gemalten grünen Vorhang als Trompe-l'Œil-Effekt, der den rechten Teil des Bildes einnimmt und nicht zur Komposition selbst gehört, sondern eine innere Rahmung bildet. Der Vorhang gibt, gleichsam für einen Augenblick beiseitegeschoben, den Blick auf das eigentliche Motiv frei. Solche Draperien waren in der Delfter Malerei der Jahrhundertmitte, vor allem bei Architekturmalern wie Gerard Houckgeest (S. 94), verbreitet. Während dort der Blick auf ein Kircheninterieur mit kleinen Staffagefiguren fällt und damit die unterschiedlichen Realitätsebenen von Bild und Vorhang sofort deutlich werden, haben bei Vermeer der Vorhang und die dahinter liegende Szene dieselbe Größe. Dadurch entsteht der die Illusion steigernde ambivalente Eindruck, der Vorhang könnte vor dem Rahmen und damit außerhalb des Bildes, er könnte aber auch als Teil der Szene unmittelbar vor der Tischkante hängen und damit ganz unmittelbar eine heimliche Annäherung des Betrachters an die stille Szene ermöglichen.

Die kunstverständigen Zeitgenossen Vermeers konnten im gemalten Vorhang eine Anspielung auf die von Plinius d. Ä. (23/24–79 n. Chr) überlieferte Künstleranekdote vom Wettbewerb zwischen Zeuxis und Parrhasios erkennen.[85] Zeuxis, der berühmteste griechische Maler seiner Zeit (tätig um 425 v. Chr., also beinahe 500 Jahre bevor Plinius darüber schrieb), hatte Trauben so naturähnlich gemalt, dass Vögel herbeiflogen, um daran zu picken. Sein Konkurrent Parrhasios aber hatte einen naturgetreu gemalten leinenen Vorhang aufgestellt. Zeuxis, der sich mit seinen Trauben schon als Sieger sah, verlangte nun, Parrhasios solle endlich den Vorhang wegnehmen und sein Bild zeigen. Als Zeuxis seinen Irrtum einsah, musste er beschämt seinem Konkurrenten den Sieg zuerkennen, weil er zwar die Vögel, Parrhasios aber sogar ihn selbst als Künstler hatte täuschen können.

Der gesteigerte Illusionismus der Darstellung, wie er auch in zeitgleich entstandenen Werken der Leidener Feinmaler Gerard Dou und Frans van Mieris d. Ä. beobachtet werden kann, zeigt sich auch in der sehr differenzierten Lichtführung, die den Raum unterschiedlich stark ausleuchtet und sich in vielen kleinen, Textur und Oberflächenwirkung steigernden Details wie Lichtkanten, Glanzlichtern und Reflexionen äußert. Sowohl die Körperlichkeit wie auch die Oberflächenwirkung der Gegenstände wird vor allem durch Licht modelliert und zeigt die außergewöhnliche Fähigkeit Vermeers, geradezu greifbare Illusion durch Lichtwirkung herzustellen. Der Künstler bediente sich hier zum ersten Mal einer sehr individuellen Maltechnik, die auf kleinen, hellen und leuchtenden, in pastoser Malweise aufgesetzten Farbpunkten beruht und die er in wenig später entstandenen Werken wie dem *Milchmädchen* (S. 173, Kat. 8) weiter perfektionierte (siehe dazu S. 107–110).

Vermeer hat das Bild in einem mehrstufigen Entstehungsprozess geschaffen, in dem er mehrere Korrekturen vornahm.[86] Es wurde mehrfach beobachtet, dass weder die Haltung noch die Frisur und die Form des weißen Kragens der jungen Frau mit der Spiegelung im Fenster, einem brillanten Beispiel für Vermeers malerische Illusionskunst, übereinstimmt. Wie das Röntgenbild zeigt, hat Vermeer die Figur ursprünglich kleiner und mit verlorenem Profil in die Rückenansicht gedreht dargestellt, bei der späteren Korrektur die Spiegelung im Fenster jedoch nicht verändert. Auch der Vorhang rechts wurde später hinzugefügt. Weitere Änderungen nahm er im Vordergrund vor. Zu den ursprünglich drei großen Früchten verteilte er weiteres Obst auf dem Tisch und übermalte ein großes Römerglas und einen Stuhl im Vordergrund.

Das Bild im Hintergrund stellt einen Amorknaben mit Bogen, Pfeilen und zwei Masken dar. Bis vor kurzem war dieses Bild übermalt, es wurde von 2017 bis 2021 anlässlich einer Restaurierung freigelegt. Unter der Farbschicht der Übermalung waren die Umrisse des Bildes immer sichtbar, auch im Röntgenbild zeichnete es sich unter der großen Fläche der leeren Wand deutlich ab. Man war immer davon ausgegangen, Vermeer selbst hätte im Lauf der Entstehung seines Gemäldes das Bild im Hintergrund übermalt und damit dessen Komposition bedeutend verändert. Der kürzlich durchgeführten Restaurierung vorangehende technische Untersuchungen haben aber ergeben, dass die großflächige Übermalung des Hintergrunds einige Zeit nach dem Tod Vermeers von anderer Hand durchgeführt wurde.[87] Die Komposition ist mit dieser stärkeren Betonung von vertikalen und horizontalen Elementen dem *Schlafenden Mädchen* (Kat. 4) bzw. den als Anregung zugrunde liegenden Bildern von Nicolaes Maes ähnlicher.

Vermeer hat das Bild des Amorknaben viermal wiedergegeben: zum ersten Mal, allerdings nur in einem kleinen Ausschnitt mit dem linken Fuß Amors, im Hintergrund des *Schlafenden Mädchens*, ein zweites Mal hier, ein drittes Mal in Gänze, allerdings sehr dunkel und nicht deutlich erkennbar, in der *Unterbrochenen Musikstunde* (Kat. 11), ein viertes Mal viel später in der *Stehenden Virginalspielerin* (Kat. 33). Der Amorknabe geht

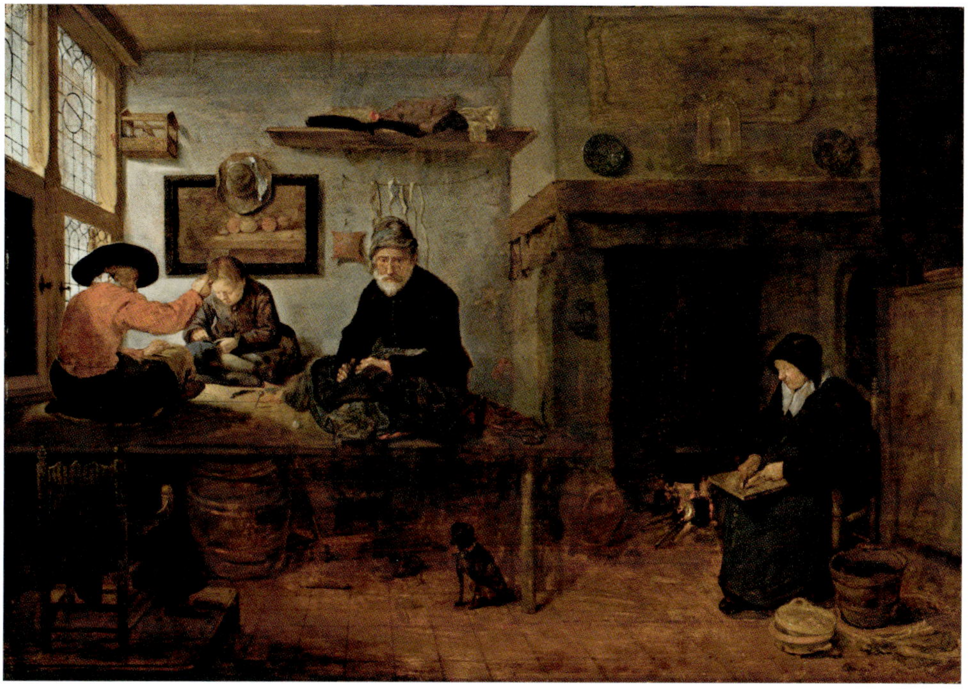

Quiringh van Brekelenkam, **Schneiderwerkstatt**, 1653
Öl auf Holz, 60 x 85 cm. Massachusetts, Worcester Art Museum

auf ein Emblem Otto van Veens zurück (S. 194): „Perfectus amor non est nisi ad unum" (die Liebe ist nur vollkommen, wenn sie auf eines gerichtet ist). Es stammt aus seinem *Amorum Emblemata*, das von der aufrichtigen Liebe und der Überwindung des Betrugs spricht und damit einen inhaltlichen Bezug zur Briefleserin und dem möglichen Inhalt des Briefes herstellt.[88]

Ungefähr gleichzeitig oder ein wenig später als das *Brieflesende Mädchen* entstand mit *Kavalier und junges Mädchen* (S. 91, Kat. 6) ein weiteres Bild mit einer Szene aus dem täglichen Leben der holländischen Gesellschaft des 17. Jahrhunderts. In den ersten beiden Bildern, die Vermeer mit dieser Thematik malte, sind Frauen allein in Gedanken versunken dargestellt. In *Kavalier und junges Mädchen* sehen wir ein Paar, den Mann im Vordergrund als große dunkle Silhouette mit dem Rücken zum Betrachter, ihm gegenüber eine junge fröhliche Frau. Der starke Gegensatz zwischen diesen beiden Figuren in der Größe, im Kontrast zwischen Hell und Dunkel, in der Farbigkeit und zwischen männlichem und weiblichem Habitus springt als Erstes ins Auge und dominiert den Eindruck des gesamten Bildes.

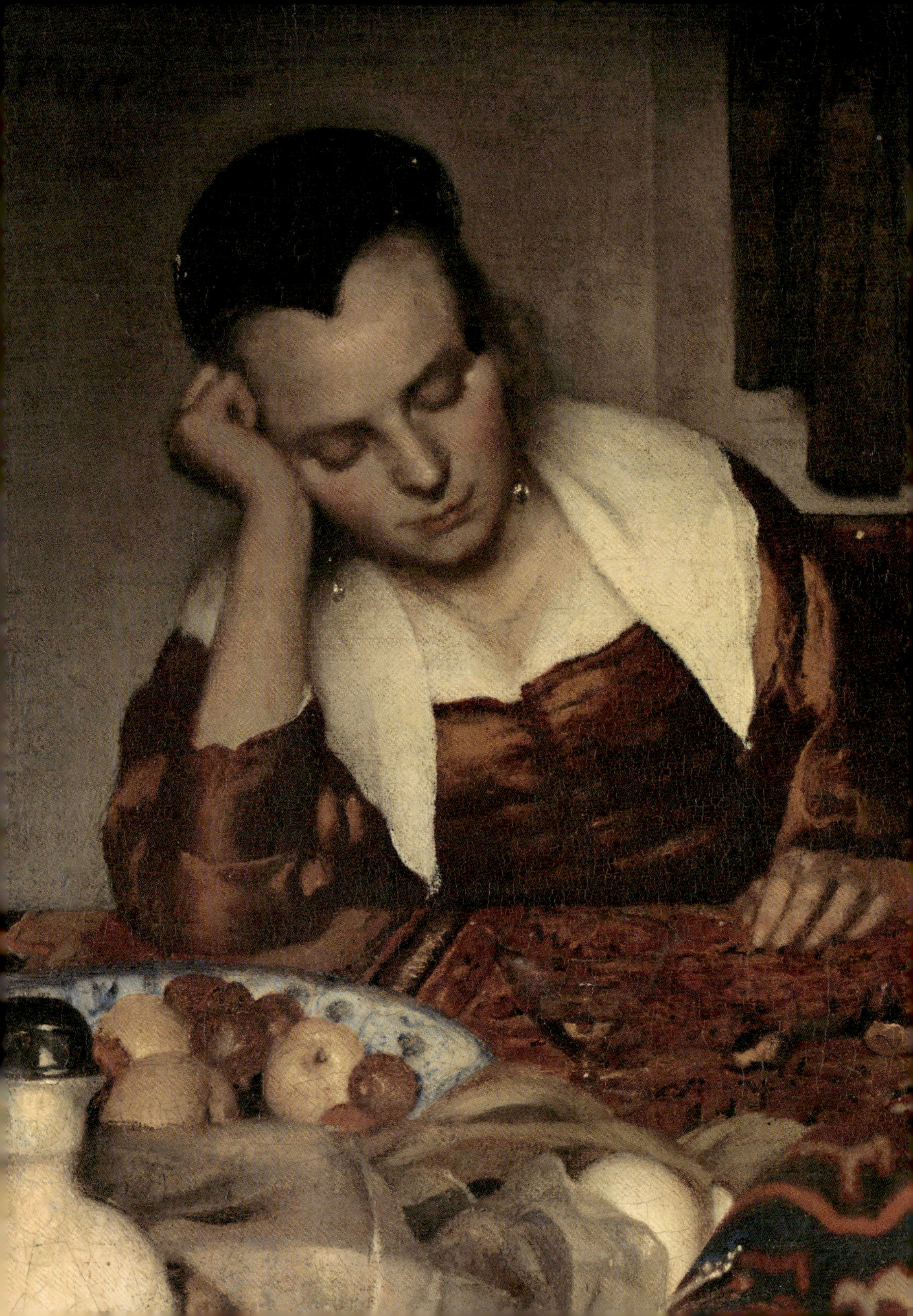

Vermeer benutzt hier das gleiche einfache räumliche Schema wie im *Brieflesenden Mädchen*, das im weiteren Verlauf seiner malerischen Tätigkeit zur Standardkomposition seiner Bilder werden sollte: Der Blick fällt in eine Raumecke, die mit einer Rückwand bildparallel schließt und links von einer seitlichen Fensterwand begrenzt wird. Diese Kompositionsform taucht ab der Jahrhundertmitte erstmals in holländischen Interieurdarstellungen auf, vor allem bei Malern, die im Süden Hollands, etwa in Leiden, Den Haag, Rotterdam und Dordrecht, tätig waren.[89] Quiringh van Brekelenkam (um 1620–1667/68) aus Leiden (S. 75), aber auch weniger bedeutende Maler wie Hendrik Sorgh (1610/11–1670) und Ludolf de Jongh aus Rotterdam hatten das ältere Schema der niederländischen Interieurmalerei, bei dem meist drei Wände eines Innenraums zu sehen waren, zu einer nahsichtigeren Darstellung reduziert, die nur noch zwei Wände bzw. eine Raumecke wiedergeben. Vor allem Pieter de Hooch wandte auf seinen besten, zwischen 1655 und 1660 in Delft entstandenen Bildern mit großem Erfolg dieses Kompositionsschema an (S. 90).

Wie weit sich die beiden gleichzeitig in Delft tätigen Maler Vermeer und de Hooch gegenseitig beeinflussten, ist schwer festzustellen. Die Einschätzung der Bedeutung des Einflusses von de Hooch auf Vermeer bestimmt jedenfalls die Datierung des Bildes. Liedtke, der den Einfluss de Hoochs auf Vermeer für eher gering hält, datiert es um 1657,[90] Wheelock datiert etwas später, um 1658–1660 und damit etwa gleichzeitig mit dem *Milchmädchen* (Kat. 8), offenbar weil er eine stärkere Beeinflussung Vermeers durch Pieter de Hooch für denkbar hält.[91]

Als Repoussoirmotiv, das vom Vordergrund in die Tiefe führt, dient die große Rückenfigur des Kavaliers, deren räumlicher Effekt durch die forcierte, den Größenunterschied zum Mädchen betonende Verkürzung sowie ihre Silhouettenwirkung bedeutend gesteigert wird. Die starke Verkürzung ergibt sich durch den geringen Abstand von Flucht- und Distanzpunkten, die Vermeer für die perspektivische Konstruktion gewählt hat.[92] Der große Hut erscheint als dunkelster Teil der Silhouette, da er vom Tageslicht direkt beleuchtet wird. Die Erfindung des Motivs der im Schatten liegenden großen Vordergrundfigur geht auf die niederländischen Caravaggisten zurück, es findet sich bei van Honthorst (S. 71) und wurde von Couwenbergh aufgegriffen.[93] Das Motiv der an den Tischecken einander gegenüber sitzenden Figuren kommt aus der Haarlemer Malerei der dreißiger Jahre[94] und findet sich auch bei ter Borch und de Hooch. Bei Vermeer haben die beiden Stühle denselben Fluchtpunkt und stehen einander parallel gegenüber. Dabei handelt es sich um identische Versatzstücke mit geschnitzten Löwenköpfen als Abschluss

Schlafendes Mädchen (Detail), um 1656/57
(siehe Abb. S. 87)

der Lehnen und einer Bespannung mit schwarzem, teilweise vergoldetem Leder, die in zahlreichen Bildern Vermeers vorkommen (vgl. Kat. 4, 5, 7, 15, 20, 23, 25).

Vermeer variiert in seinen frühen Genreszenen den Themenkreis seiner eigenen Bilder unter Verwendung immer wiederkehrender Motive und Gegenstände. Dabei verarbeitet er mit großer Leichtigkeit Anregungen vieler zeitgenössischer holländischer Maler, die in ihren Bildern ähnliche Themen darstellten. Vermeer war keineswegs isoliert, wie der relativ eng umschriebene inhaltliche Bereich seiner Werke suggerieren könnte, sondern nahm das künstlerische Umfeld seiner Zeit intensiv wahr und setzte sich damit aktiv auseinander. Einzelne Motive aus unterschiedlichen Quellen verbindet er zu etwas völlig Neuem und überragt seine Vorbilder an künstlerischer Wirkung bei weitem.

Vermeer orientiert sich im Illusionismus der Oberflächenwirkung an der Leidener Feinmalerei, an den Werken von Gerard Dou, Frans Mieris und Quiringh van Brekelenkam, an die seine Bilder sowohl durch das kleine Format wie auch die Malweise erinnern. Er übertrifft aber alle anderen Maler durch die starke Illusion der Wirklichkeit. Das führte seit längerem zu der Vermutung, Vermeer habe als Hilfsmittel für seine Bilder eine Camera obscura verwendet. Bei vielen Bildern, so auch hier, ist jedoch bis heute ein kleines Loch in der Bildfläche an der Stelle des zentralen Fluchtpunkts sichtbar, was auf die traditionelle Methode der Festlegung der wichtigen Fluchtlinien mit einer dünnen, mit Kalkstaub oder Farbpulver eingefärbten Schlagschnur verweist, die im Fluchtpunkt mit einer Nadel befestigt wurde (siehe dazu ausführlicher S. 110 f.).

Wichtigstes Element der überzeugenden Illusion von Wirklichkeit ist neben der räumlichen Wirkung die Darstellung des Lichts. Wie schon im *Brieflesenden Mädchen* zu sehen, perfektionierte Vermeer fortschreitend von Bild zu Bild seine Fähigkeit, die Wirkung von Licht, ja Licht selbst mit malerischen Mitteln wiederzugeben. Durch das Gegeneinander von hellen und dunklen Flächen gliedert er den Raum durch Licht, er kontrastiert den Kavalier mit der Helligkeit des Fensters und setzt die in helles Weiß und Gelb gekleidete junge Frau vor die ein wenig dunklere weiße Wand. Um die Wirkung zu steigern, nahm Vermeer während des Malvorgangs eine Änderung vor und übermalte den ursprünglich vorgesehenen weißen Schal der Dame, ein sog. *nachthalsdoek*, das als Negligé von holländischen Frauen auch tagsüber zu Hause getragen wurde. Daneben erfüllte er mit blitzenden Glanzlichtern und aufleuchtenden Lichtpunkten, wie an den geschnitzten Löwenköpfen der Stühle oder in den Reflexen des Weinglases, das Bild mit Leben und steigerte damit die Illusion der Realität. Die Landkarte an der Wand hat nicht nur eine inhaltliche Bedeutung, sondern auch eine wichtige formale Rolle: Sie dämpft die Helligkeit der Rückwand im oberen Bereich und löst die große Fläche in ein kleinteiliges Muster auf. Die Oberfläche der Landkarte lebt durch die Falten und Knicke und ist ein weiteres grandioses Beispiel für Vermeers Illusionismus. Es handelt sich um eine Karte

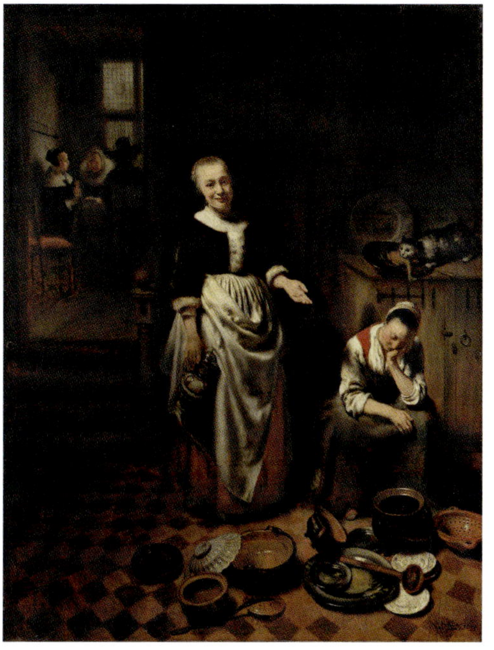

von Holland und Friesland von Balthasar Florisz. van Berckenrode (um 1591–1645) aus dem Jahr 1620, die von Willem Jansz. Blaeu (1571–1638) publiziert wurde und nur in einem einzigen Exemplar überliefert blieb. Vermeer malt ein koloriertes Exemplar, auf dem in ganz ungewöhnlicher Weise das Land hellblau gefärbt ist. Es wurde vermutet, dass dies nicht einer tatsächlich existierenden Karte entsprach, sondern Vermeer die Färbung ausschließlich aus formalen Gründen vornahm.

Die erotische Spannung zwischen den beiden Figuren ist unverkennbar, auch wenn Vermeer die Beziehung zwischen ihnen offenlässt. Ihre Haltung, Gestik und Mimik war daher Gegenstand umfangreicher Spekulationen. Slatkes z. B. hält die junge Frau aufgrund des Weinglases und der fordernd geöffneten Hand für ein Freudenmädchen,[95] die Landkarte symbolisiere ihre „weltliche" Einstellung, indem sie mit der Allegorie der „Frau Welt" in Verbindung gebracht werde.[96] Allerdings handelt es sich nicht um eine Weltkarte, und weder die Kleidung noch die Haltung noch die im Sprechen geöffnete Hand des Mädchens deuten auf käufliche Liebe hin. Wheelock sieht in der jungen Frau in Kombination mit der Landkarte einen fernen Reflex der *Nederlandse Maagd,* der Personifikation der Niederlande, die in der Gestalt des Offiziers starke militärische Unterstützung erhalte und zusätzlich von einem Löwenkopf im Rücken gestärkt werde.[97]

Liedtke betrachtet alle weitergehenden Deutungen skeptisch: Wie andere holländische Genremaler der Zeit ebenfalls unverfängliche Szenen mit Paaren festhielten, habe Vermeer hier einen Offizier und eine junge Dame dargestellt, die unter der Karte der Niederlande auf den wenige Jahre zuvor neu gewonnenen Frieden hinweisen, so wie in der antiken Mythologie Venus Mars besänftigt.[98]

Nicolaes Maes, **Die faule Magd**, 1655
Öl auf Holz, 70 x 53,3 cm. London, The National Gallery

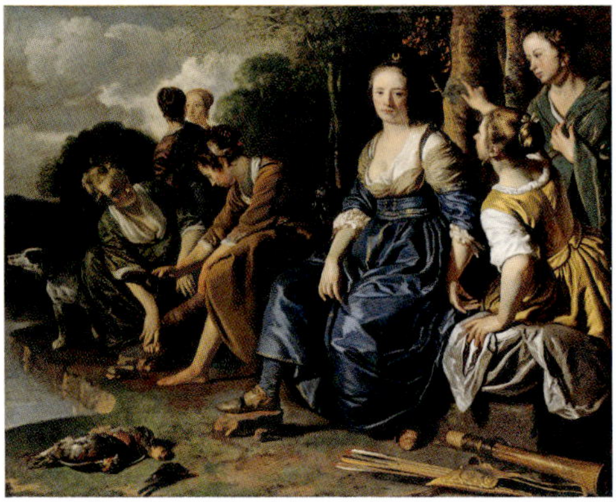

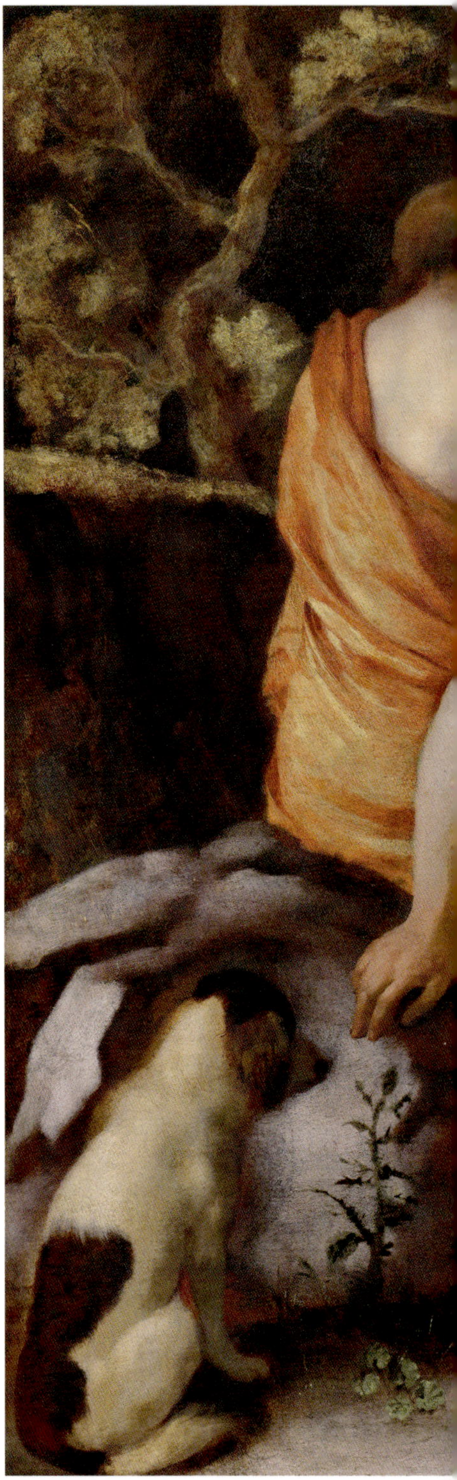

Jacob van Loo, **Diana und ihre Nymphen**, 1648
Öl auf Leinwand, 136,8 x 170,6 cm
Staatliche Museen zu Berlin,
Gemäldegalerie

Diana und ihre Nymphen, um 1654
Öl auf Leinwand, 97,8 x 104,6 cm
Den Haag, Koninklijk Kabinet van
Schilderijen Mauritshuis

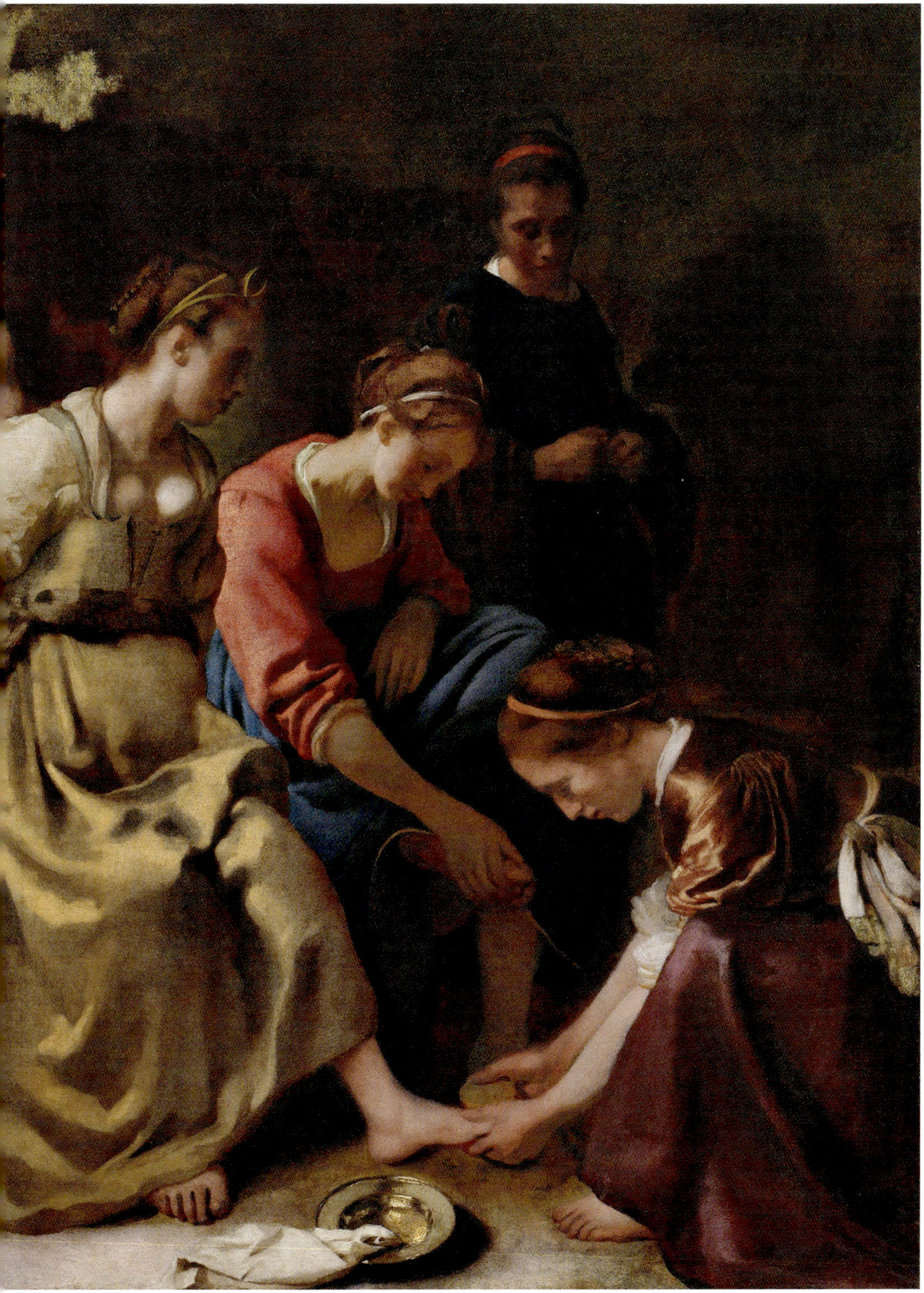

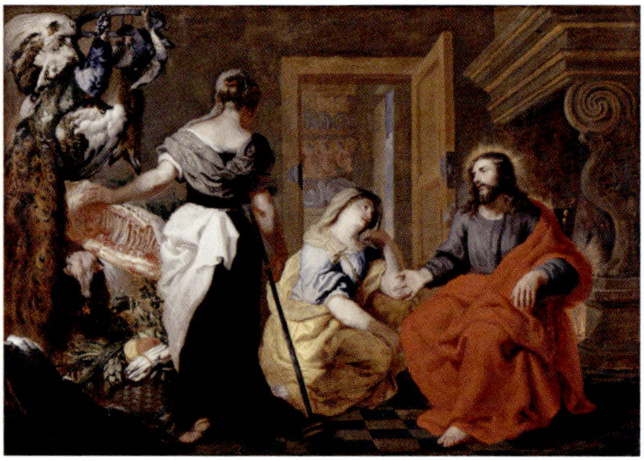

Erasmus Quellinus II.
Christus im Haus von Maria und Martha, um 1640–1645
Öl auf Leinwand, 172 x 243 cm. Valenciennes, Musée des Beaux-Arts

Christus bei Maria und Martha, um 1655
Öl auf Leinwand, 160 x 142 cm
Edinburgh, National Galleries of Scotland

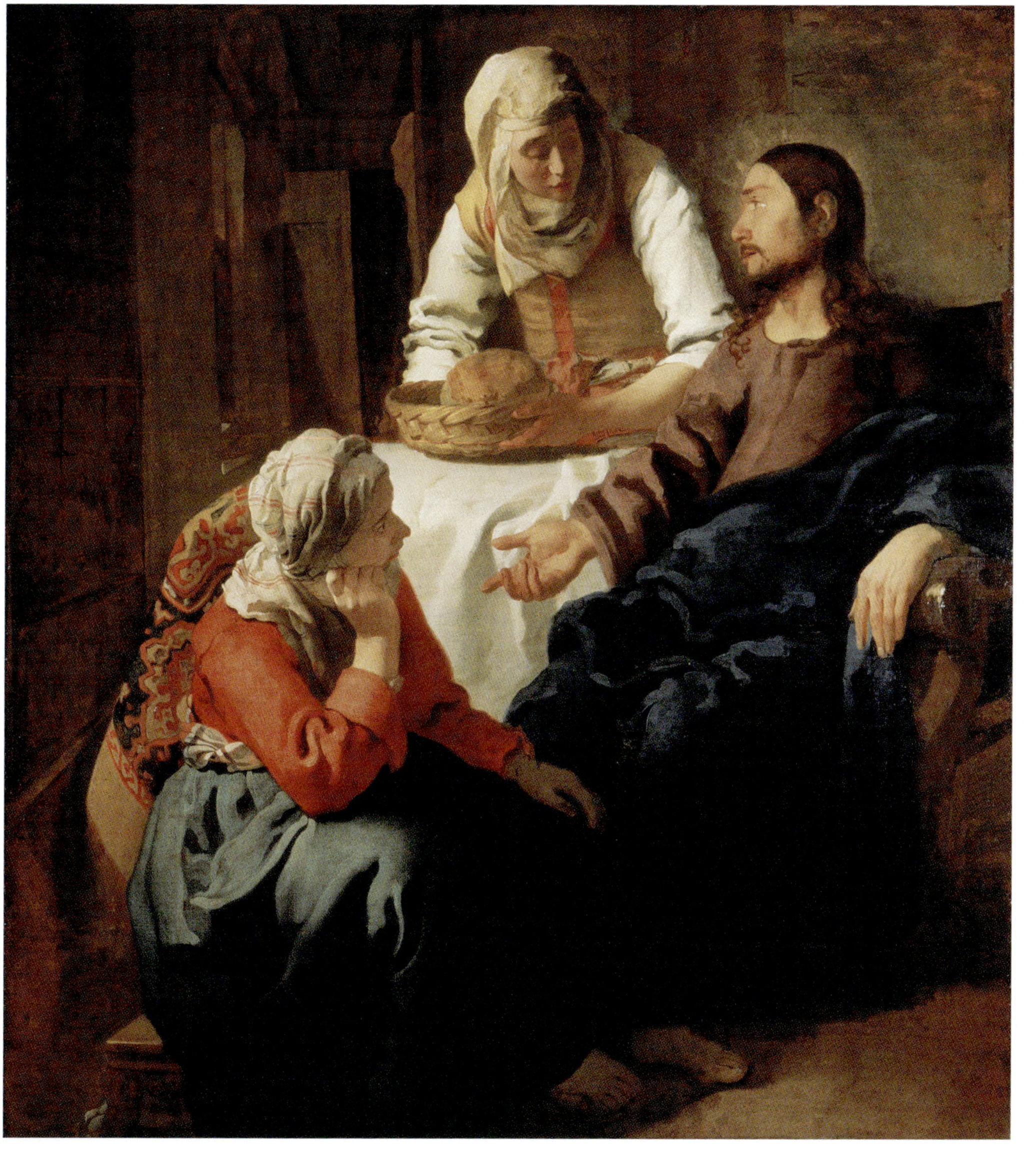

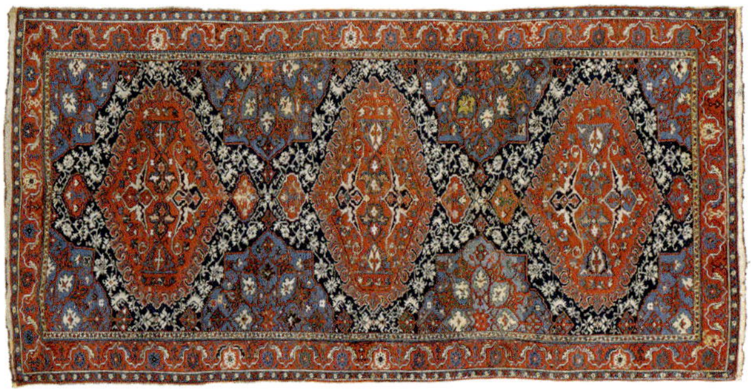

Medaillon-Ushak-Teppich, um 1600
Wolle, 208 x 410 cm
Wien, Österreichisches Museum für angewandte Kunst

Bei der Kupplerin, 1656
Öl auf Leinwand, 143 x 130 cm
Dresden, Staatliche Kunstsammlungen, Gemäldegalerie Alte Meister

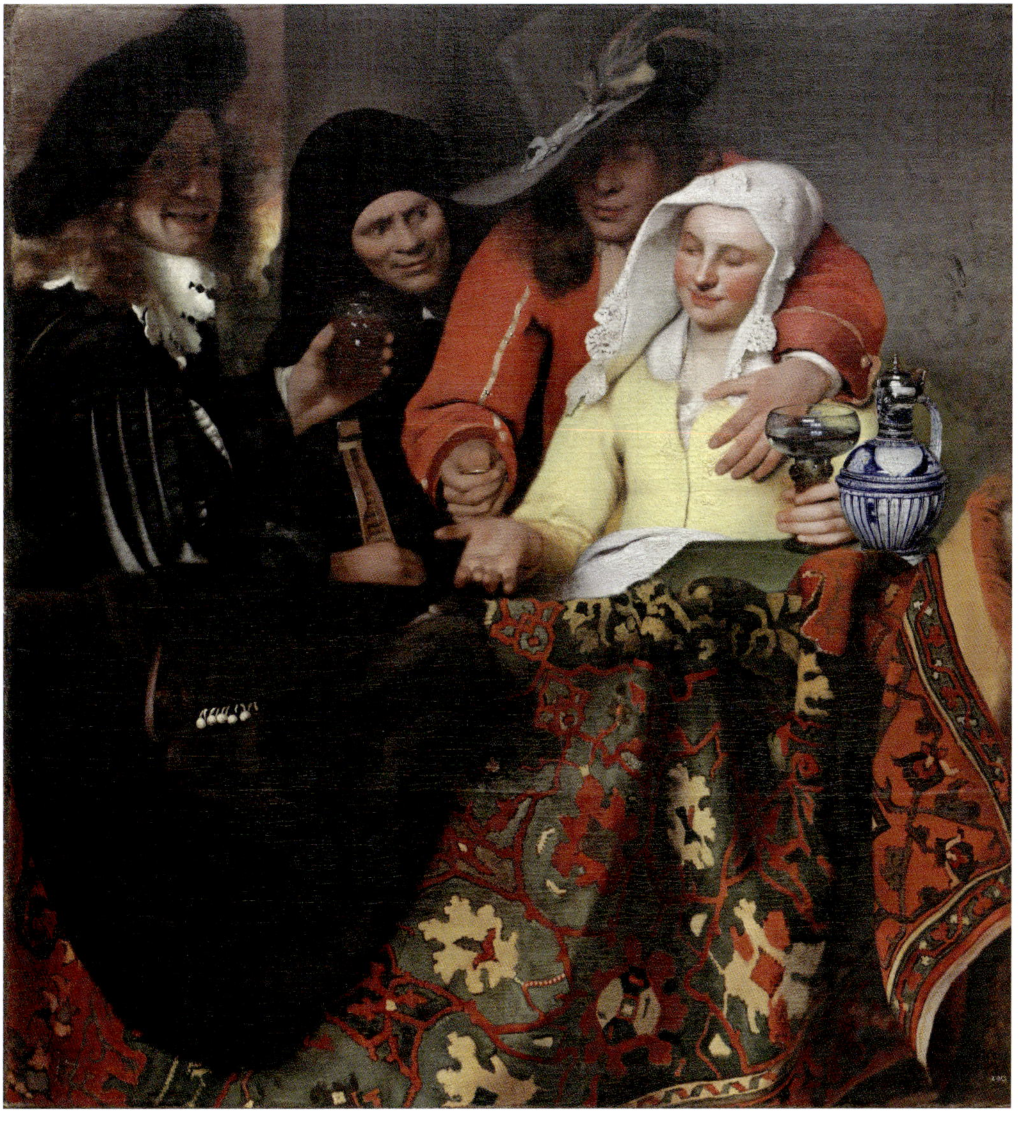

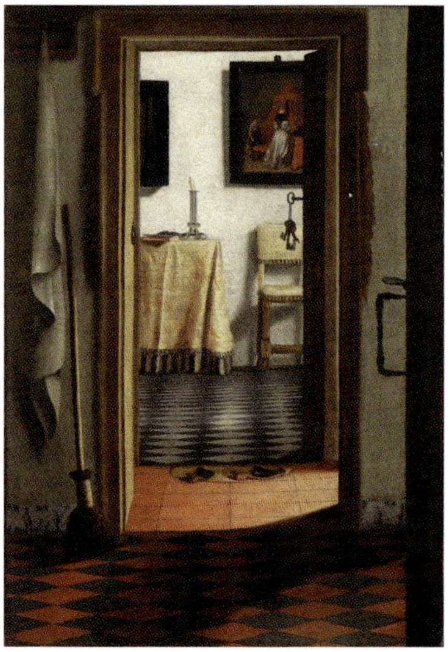

Samuel van Hoogstraten zugeschrieben
Die Pantoffel (Les Pantoufles), 1660–1665
Öl auf Leinwand, 103 x 70 cm. Paris, Musée du Louvre

Schlafendes Mädchen, um 1656/57
Öl auf Leinwand, 87,6 x 76,5 cm
New York, The Metropolitan Museum of Art,
Bequest of Benjamin Altman, 1913

Seite 88/89
Kavalier und junges Mädchen (Detail), um 1657–1659
(siehe Abb. S. 91)

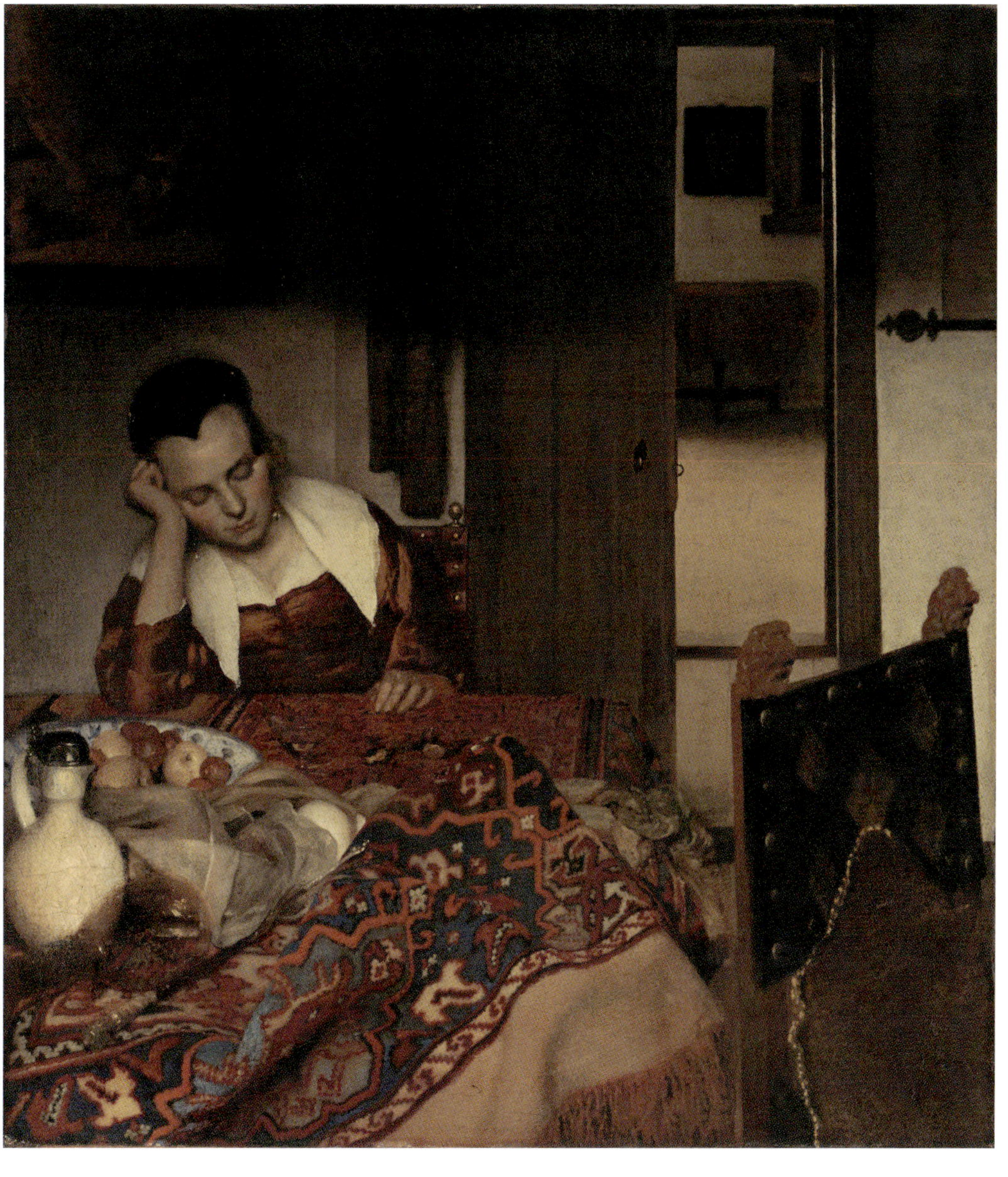

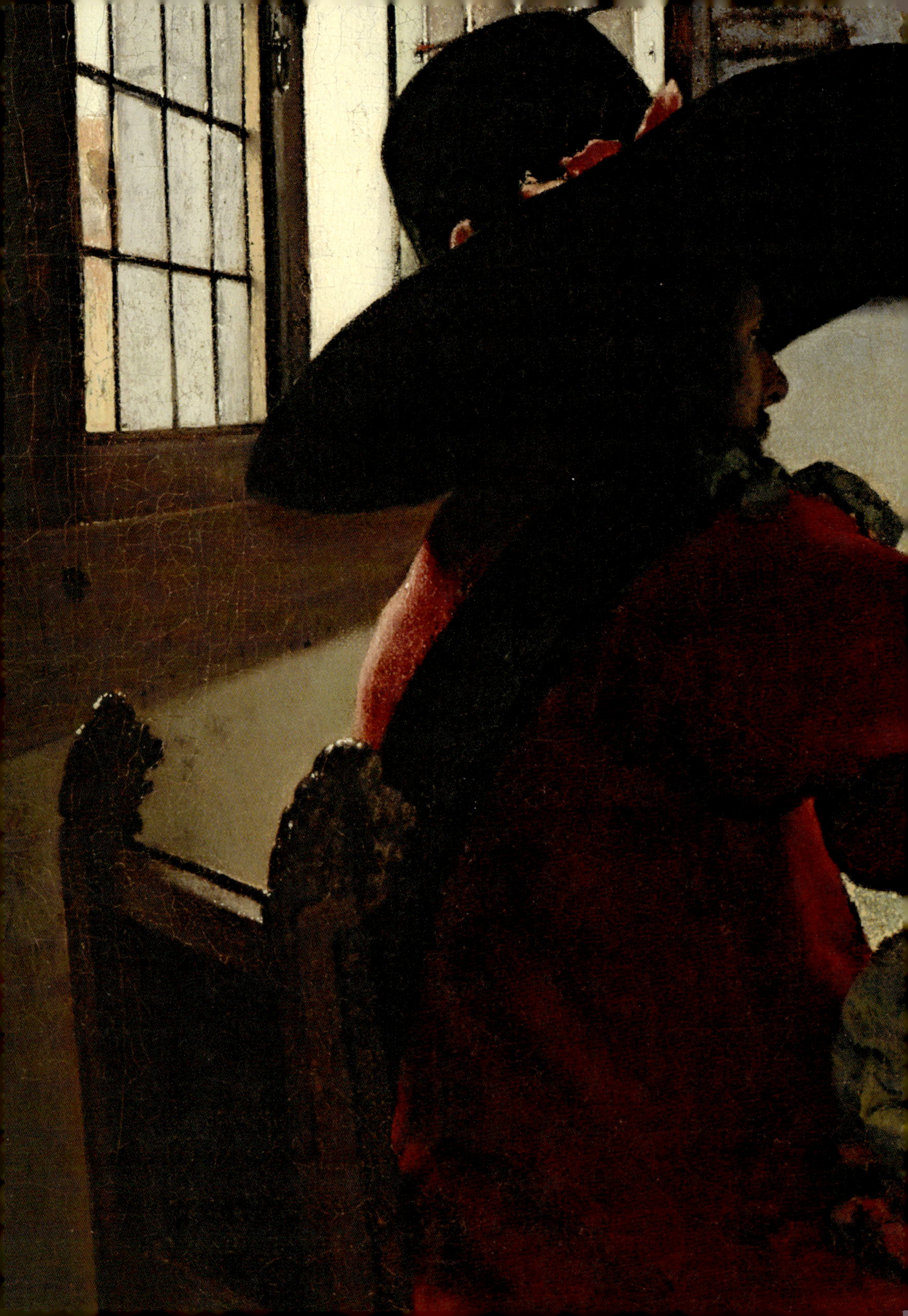

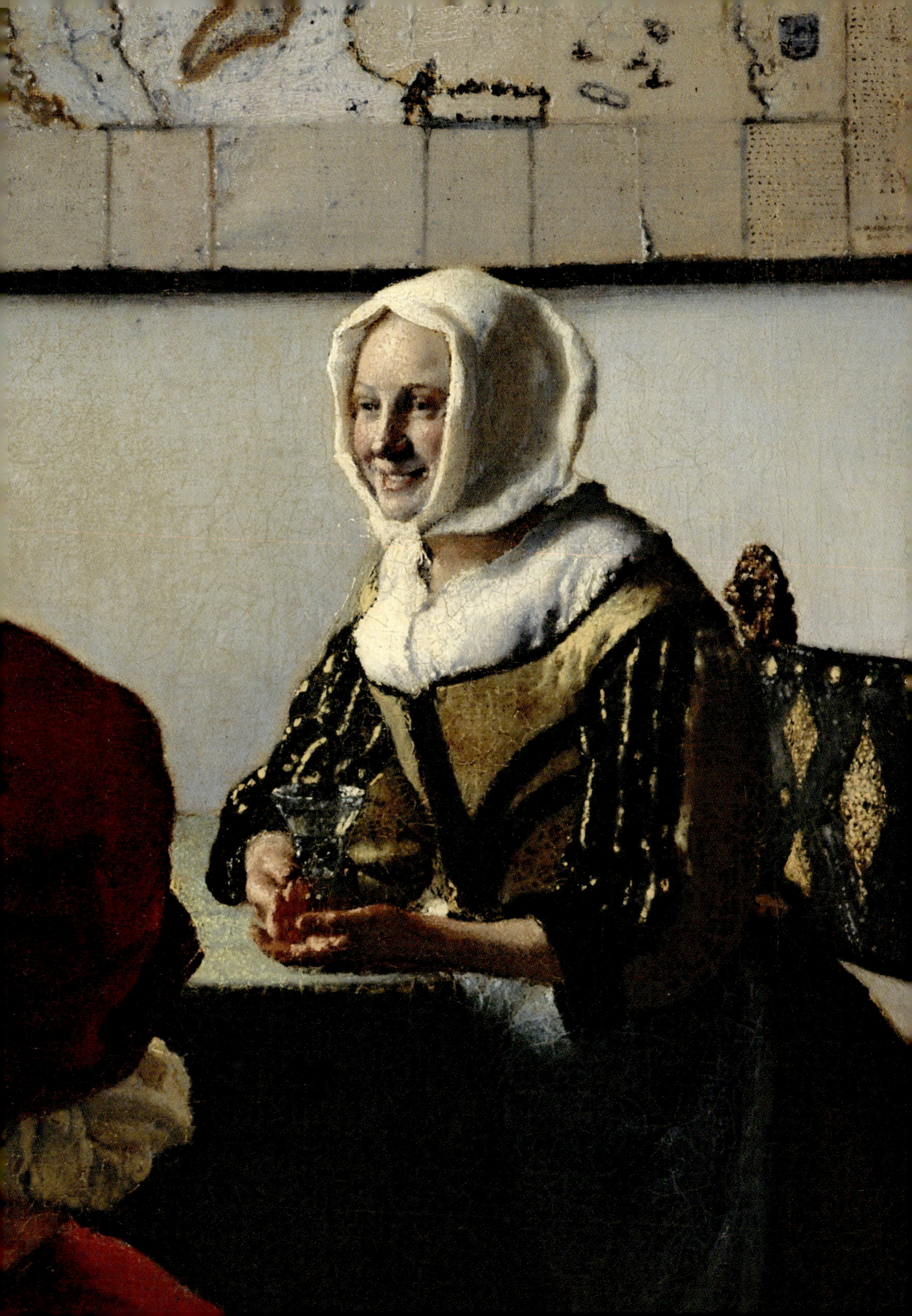

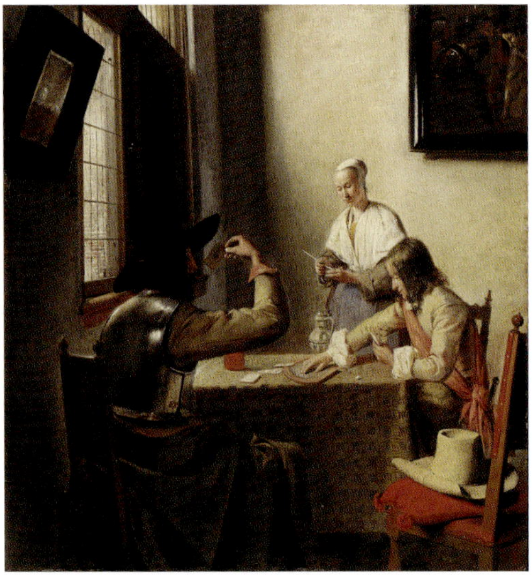

Pieter de Hooch
Kartenspielende Soldaten, um 1657/58
Öl auf Holz, 50,5 x 45,7 cm
Privatsammlung

Kavalier und junges Mädchen, um 1657–1659
Öl auf Leinwand, 50,5 x 46 cm
New York, The Frick Collection

Seite 92/93
Brieflesendes Mädchen am offenen Fenster (Detail),
um 1657 (siehe Abb. S. 95)

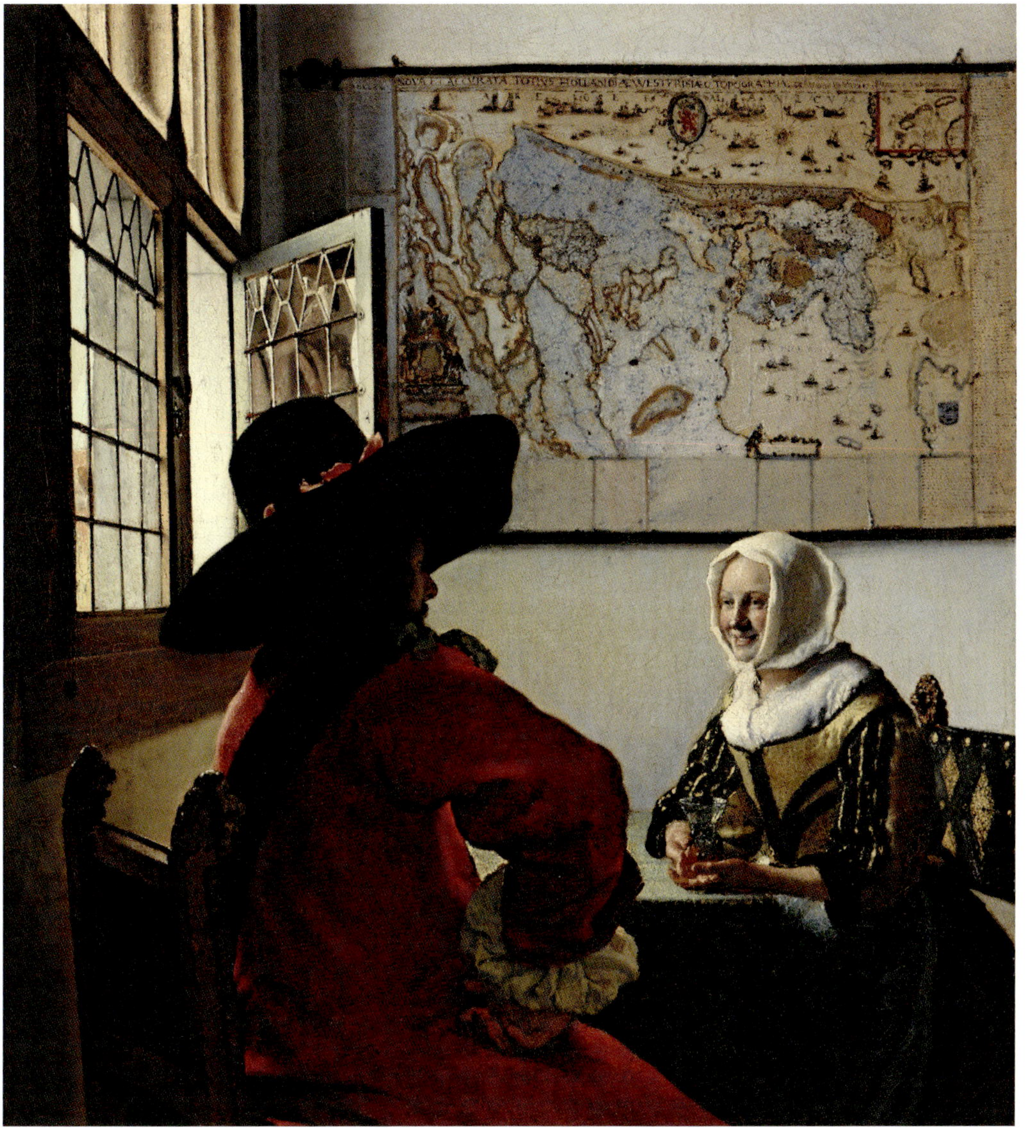

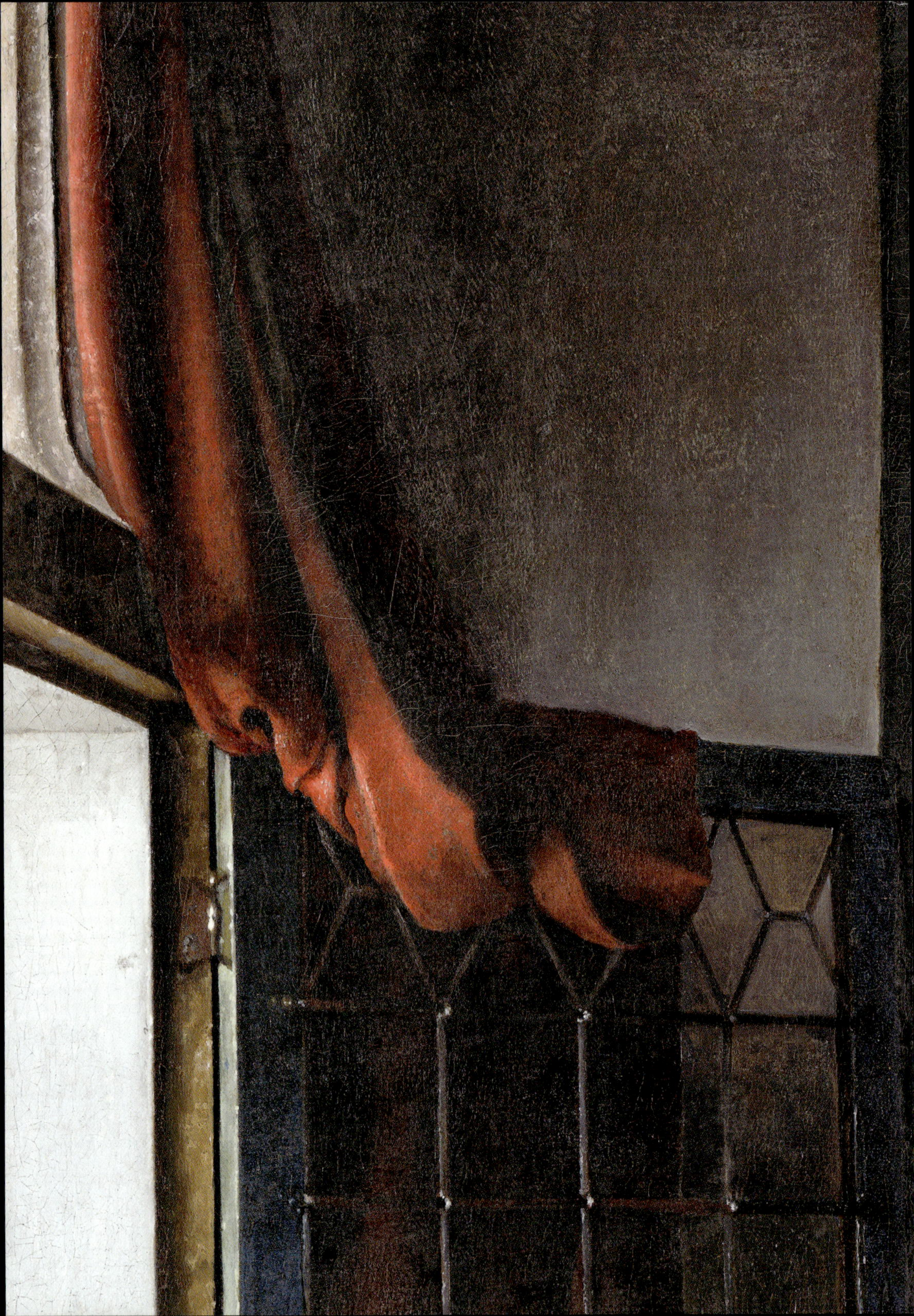

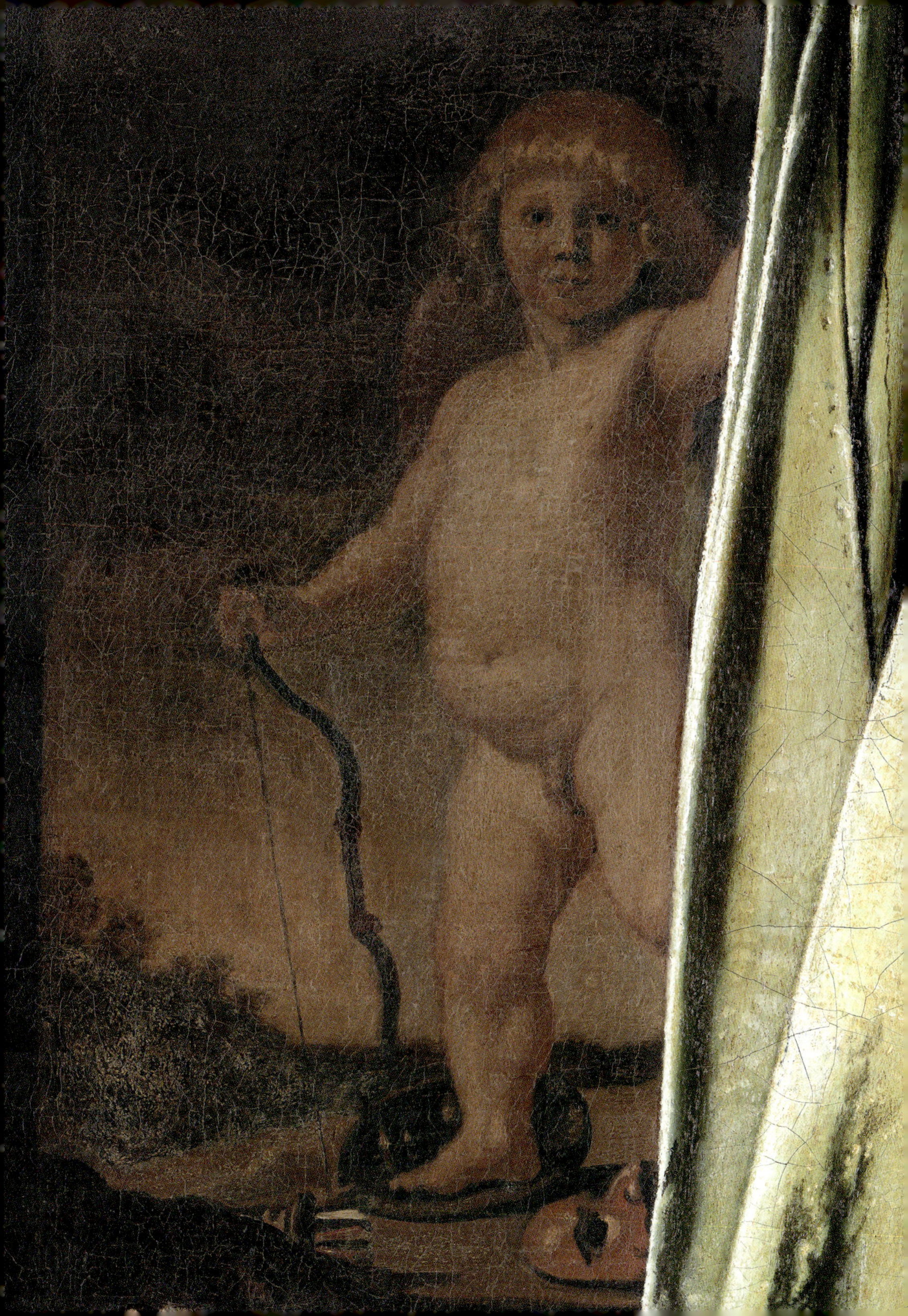

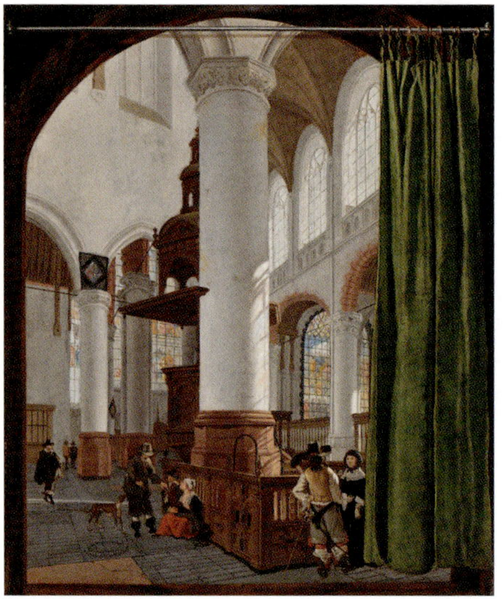

Gerard Houckgeest
Inneres der Oude Kerk in Delft, um 1654 (?)
Öl auf Holz, 49 x 41 cm. Amsterdam, Rijksmuseum

Brieflesendes Mädchen am offenen Fenster, um 1657
Öl auf Leinwand, 83 x 64,5 cm
Dresden, Staatliche Kunstsammlungen,
Gemäldegalerie Alte Meister

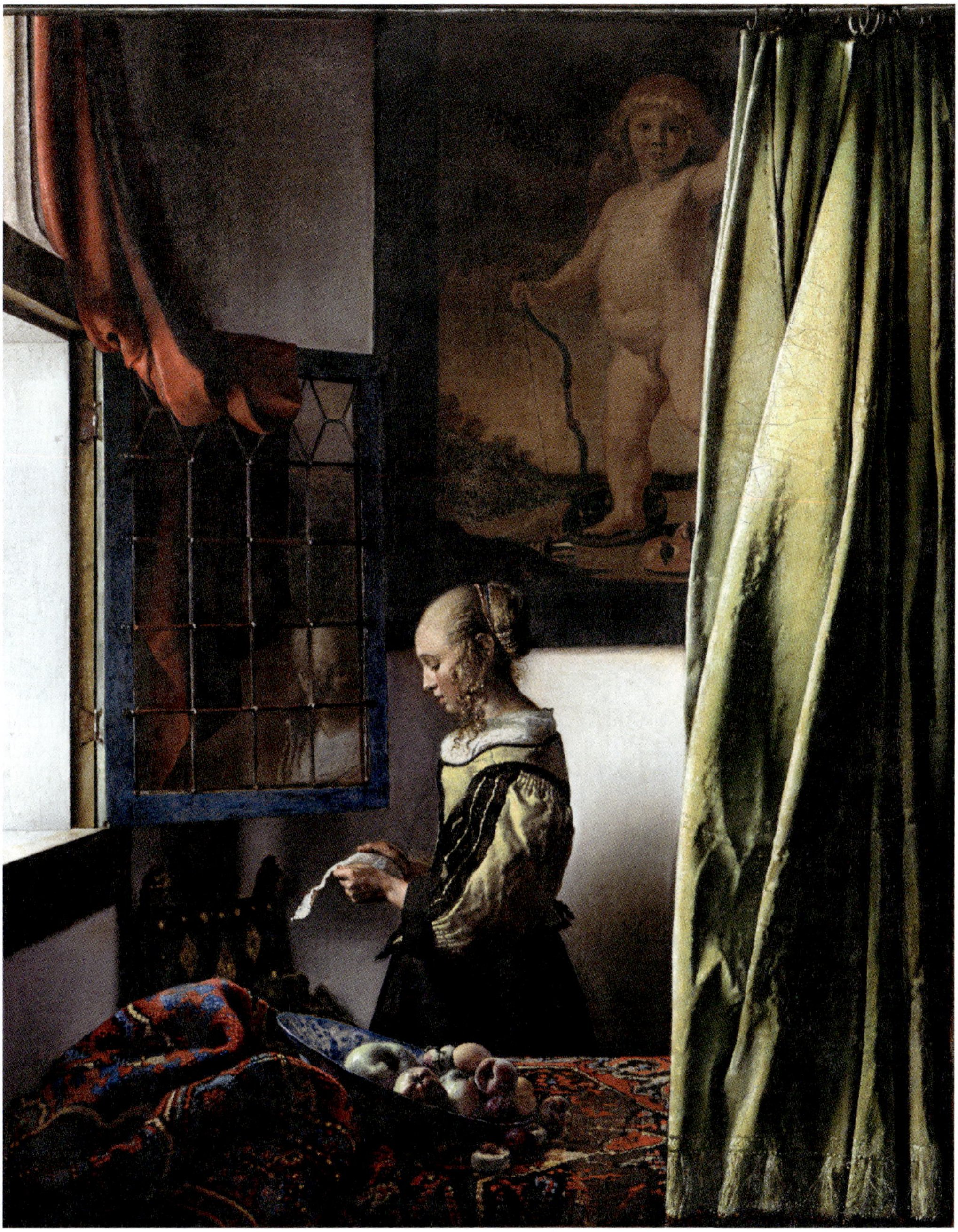

III.

Vermeers reife Jahre

1660–1665

„Die Palette dieses eigenartigen Künstlers umschließt Blau, Zitronengelb, Perlgrau, Schwarz und Weiß ... Es zu vereinen, ist bei ihm so kennzeichnend wie bei Velázquez die Harmonisierung von Schwarz, Weiß, Grau und Rosa.“

VINCENT VAN GOGH, 1888

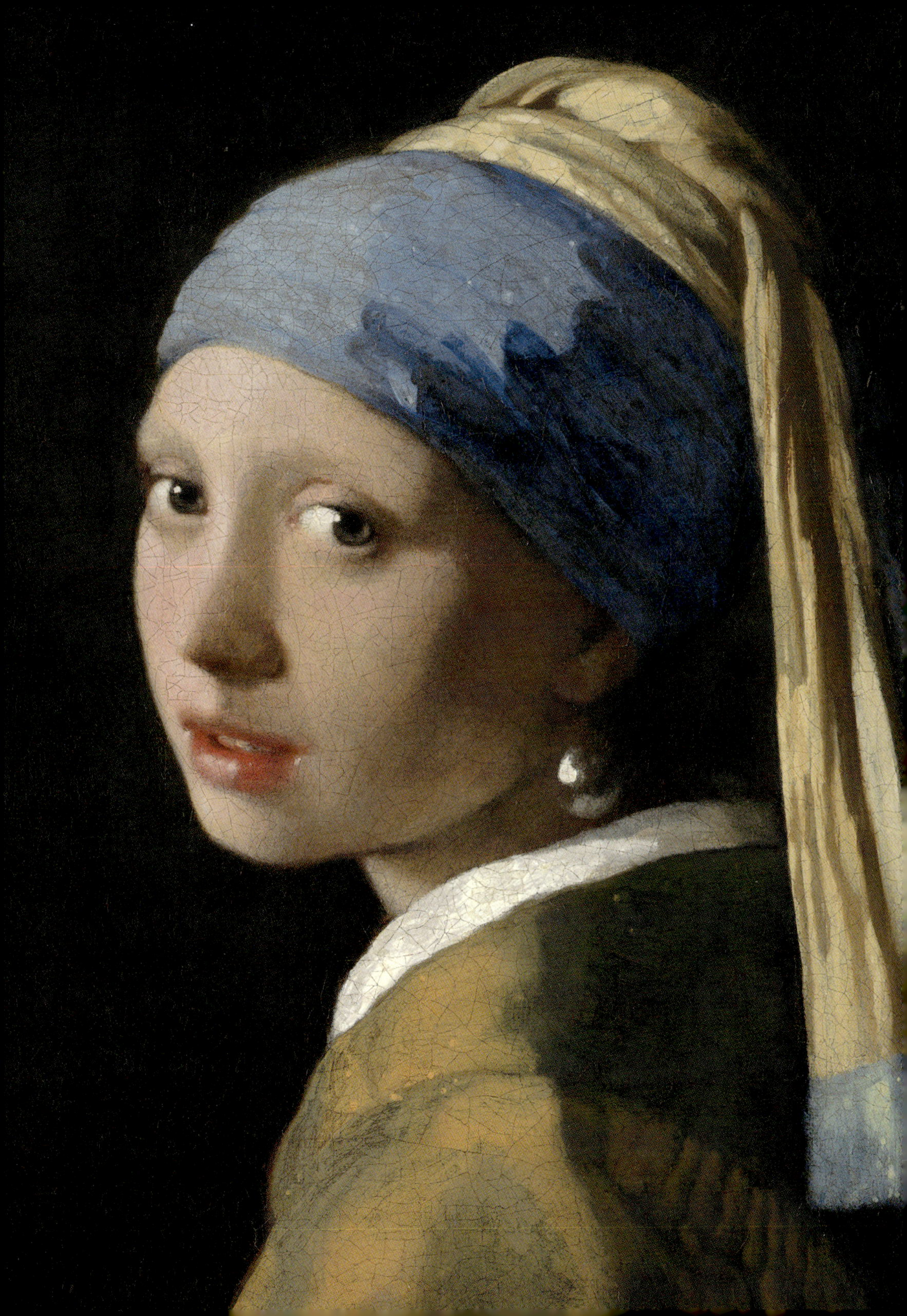

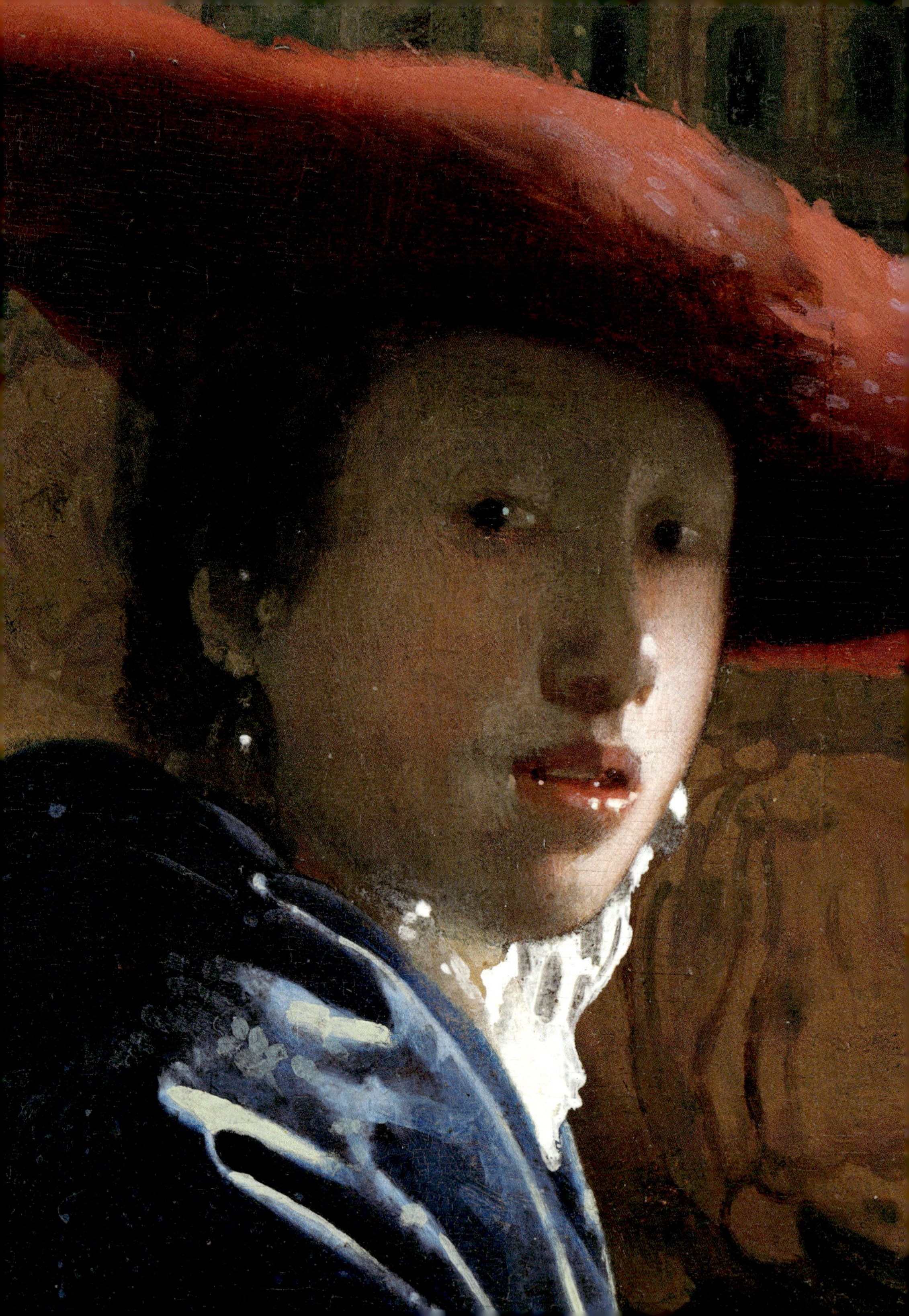

Leben und arbeiten in Delft

Über das Leben von Johannes Vermeer nach seiner Heirat und seinem Eintritt in die Delfter Malergilde als Meister sind wir nur durch wenige Dokumente unterrichtet. Wo und unter welchen Umständen das junge Paar wohnte und wo Johannes Vermeer seine Werkstatt hatte, ist nicht bekannt. Es wurde angenommen, Vermeer habe für seine um 1660 entstandene *Kleine Straße* (S. 175, Kat. 9) einen Blick aus dem zweiten Stockwerk des „Mechelen" am Großen Markt gewählt, wo man sein Atelier vermutete. Daneben kommt auch das Haus seiner Schwiegermutter Maria Thins am Oude Langendijck nahe dem Großen Markt in einer vorwiegend von Katholiken bewohnten Gegend, dem sog. Papenhoek, infrage. Hier wohnte die Familie Vermeers zumindest seit Dezember 1660, als „een kint van Johannes Vermeer aen den O. Langedijck" in der Oude Kerk von Delft begraben wurde.[99]

Die finanziellen Mittel des Malers scheinen in den ersten Jahren seiner Tätigkeit knapp gewesen zu sein. Offenbar hatte er von seiner Schwiegermutter ein Darlehen von 300 fl. erhalten, wie wir dem ersten, 1657 verfassten Testament von Maria Thins entnehmen.[100] Darin wird ihr Vermögen zwischen ihrer Tochter Catharina Bolnes, der Ehefrau Vermeers, deren ältester Tochter Maria Vermeer, die zugleich ihr Patenkind war, und ihrem Sohn Willem Bolnes aufgeteilt, der nach der Trennung der Ehe bei seinem Vater in Gouda geblieben war und 1660 in einer privat geführten Verwahranstalt festgesetzt wurde.[101] Willem Bolnes starb 1676, er befand sich damals offenbar noch immer in Haft.

Insgesamt bezeugen nur vier Dokumente aus der Zeit von 1653, der Heirat Vermeers, bis 1660, als ein Kind begraben wurde, seinen Aufenthalt und seine Tätigkeit in Delft.[102] Wenige Monate nach seiner Hochzeit, im Januar 1654, sagte er vor einem Notar zusammen mit einem Hauptmann aus Cleve aus. Dort wird er als *meester Schilder* (Meistermaler) bezeichnet.[103] Montias vermutet, dass Vermeer über den Bruder seiner Mutter, den Militäringenieur und -lieferanten Reynier Baltens, Kontakt zu Offizieren hatte, die als Vorlage für die Kavaliere seiner Genrebilder dienten.[104] Ein zweiter Notariatsakt aus dem April 1654 nennt ihn ebenfalls als Zeugen, und im Dezember 1655 trat er erneut in einem Rechtsgeschäft als Zeuge auf und wird als „Sr. (*seigneur*) Johannes Vermeer" bezeichnet, eine ehrenvolle, auf gesellschaftliches Ansehen hinweisende Anrede, wie sie etwa seinem Vater nie zuteil wurde.[105] Seine gefestigte Position innerhalb der Delfter

Seite 97
Das Mädchen mit dem Perlenohrring (Detail), um 1665–1667
(siehe Abb. S. 217)

Mädchen mit rotem Hut (Detail), um 1665–1667
(siehe Abb. S. 221)

Künstlerschaft zeigte sich in der Ernennung zu einem der Vorsteher (*regerende Hooftman*) der St. Lukasgilde. Diese Position übte er ab dem Herbst 1662 für eine zweijährige Amtsperiode aus.[106] Die gesamte Gilde hatte sechs Vorsteher, zwei Maler, zwei Glasmacher und zwei Fayencekünstler. Vermeer war mit dreißig Jahren der jüngste Vorstand seit der Reorganisation der Gilde 1611. Darin hat man nicht so sehr einen Beweis dafür gesehen, dass schon Vermeers Zeitgenossen und Künstlerkollegen seine herausragende Bedeutung erkannten, sondern ein Zeichen des allmählichen kulturellen Niedergangs von Delft, denn die Gilde hatte mehrfach Schwierigkeiten, die Ämter entsprechend zu besetzen.[107]

Das vierte Dokument betrifft ein Darlehen in der Höhe von 200 Gulden, rückzahlbar innerhalb eines Jahres zu einem Jahreszinssatzes von 4½ Prozent, das Johannes Vermeer und seine Frau 1657 von dem wohlhabenden Delfter Patrizier Pieter Claesz. van Ruijven erhielten.[108] Dieses Dokument wurde bereits 1885 von Abraham Bredius gefunden, in seiner weitreichenden Wirkung aber erst von Montias[109] erkannt. Montias stellt die These auf, dass Vermeer ab 1657 fast ausschließlich für einen einzigen Besteller, Pieter Claesz. van Ruijven, gearbeitet habe, das Darlehen den Beginn der Zusammenarbeit markiere und vermutlich eine Vorauszahlung für Bilder gewesen sei, die Vermeer zu liefern hatte.

Beginnend mit der noch ganz im Geist des niederländischen Caravaggismus gemalten *Kupplerin* von 1656 und den frühen Genrebildern aus den darauffolgenden Jahren bis etwa 1658/59 (Kat. 4–6) hat Vermeer mit wenigen Ausnahmen, in denen er sich der Stadtlandschaft widmete, auch weiterhin Genreszenen gemalt. Man hat immer wieder nach den Gründen gefragt, warum sich der Künstler so ausschließlich mit diesem Themenbereich beschäftigt hat. Dass Vermeer nur für einen einzigen Auftraggeber gearbeitet und sich überwiegend nach dessen Wünschen und Vorlieben bzw. Bestellungen gerichtet hat, wäre eine Erklärung. Vermeer war bei weitem nicht der einzige Maler, der diese Themen malte, ganz im Gegenteil entsprach das zeitgenössische Genre mit Szenen aus dem Leben der holländischen *upper class* um die Mitte des 17. Jahrhunderts einer ausgesprochenen Mode.

Zweifellos bestimmte auch für Vermeer das Verhältnis von Angebot und Nachfrage seine künstlerische Produktion. Dokumente, die andere zeitgenössische Künstler betreffen, deuten darauf hin, dass viele Maler ihre Bilder nicht für den freien Markt schufen, sondern im Auftrag und auf Bestellung von Sammlern. Gerard Dou und Frans van Mieris d. Ä., die beiden wichtigsten „Feinmaler“ aus Leiden, fertigten ihre besonders arbeitsaufwendigen und entsprechend kostspieligen kleinen Genrebilder für bestimmte Sammler, bei denen sie unter Vertrag standen. Sie erhielten von ihnen regelmäßige Jahreszahlungen für die Lieferung der gesamten künstlerischen Produktion an Bildern, allerdings mit dem „Recht der ersten Zurückweisung“. Nur diese zurückgewiesenen Bilder konnten die Maler an andere Interessenten verkaufen. Die Situation der Künstler im holländischen

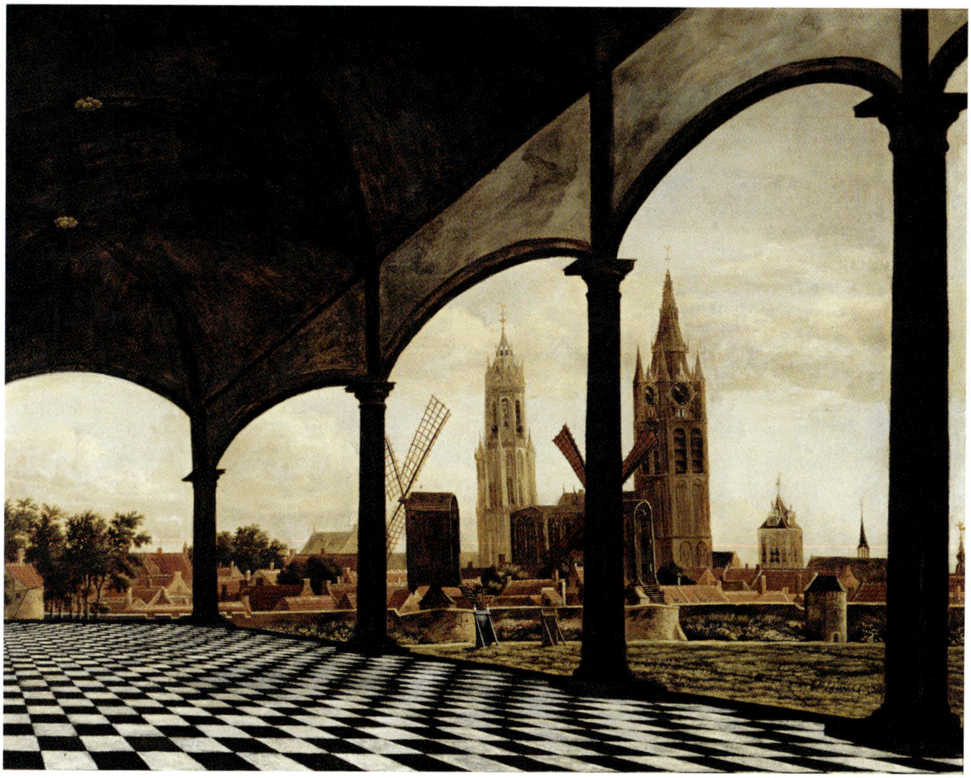

Daniel Vosmaer, **Blick auf Delft von einer imaginären Loggia aus**, 1663
Öl auf Leinwand, 90,5 x 113 cm. Delft, Museum Prinsenhof

17. Jahrhundert unterscheidet sich damit grundlegend von der in anderen europäischen Regionen, etwa der weitgehend von kirchlichen Auftraggebern abhängigen religiösen Kunst in den katholischen Ländern. Wir haben es hier mit dem erstaunlich modernen Phänomen zu tun, dass Künstler ihre Werke als *l'art pour l'art* (ein Begriff, den erst das späte 19. Jahrhundert prägte) schufen, als Kunstwerke ohne Aufgabe und Funktion, außer der, Kunstwerke zu sein, die für Kunstsammler bestimmt waren.

Mit hoher Wahrscheinlichkeit gelangten die meisten Bilder, die Vermeer in den folgenden Jahren malte, in die Sammlung von Pieter van Ruijven (siehe Kat. 4, 6, 8–10, 12). Da wir weder ein Verzeichnis seiner Sammlung noch Berichte darüber kennen, konnte Montias den Beweis dafür nur über den Katalog der Versteigerung führen, in der die Sammlung seines Schwiegersohns Jacob Abrahamsz. Dissius (1653–1695) zum Verkauf gelangte.[110] Pieter Claesz. van Ruijven war so wohlhabend, dass die Ausgaben für Gemälde sein Vermögen nicht wesentlich schmälerten; es war, wie das seiner Frau Maria Simonsdr. de Knuijt, im Wesentlichen ererbt. Es scheint, dass er keinem Beruf nachging, die Brauerei, die noch sein Vater betrieben hatte, wurde um 1650 eingestellt. Als Remonstrant und damit Angehöriger einer religiösen Minderheit konnte er keine öffentlichen Funktionen ausüben. Das einzige Amt, das er, ebenso wie vor ihm sein Vater, von 1668 bis 1672 innehatte, war der Vorstand der Delfter Camer van Charitate, der öffentlichen Wohlfahrtseinrichtung.

Das seit 1653 verheiratete Ehepaar mit einer 1655 geborenen Tochter (zwei weitere Kinder waren bald nach der Geburt gestorben) wohnte am Oude Delft, der vornehmsten Straße der Stadt in einem Haus, dessen Wert auf 10 500 fl. geschätzt wurde. Im Jahr 1665 machten Pieter Claesz. und Maria van Ruijven ihr gemeinsames Testament. Dieses Dokument ist teilweise erhalten, eine Beilage, die eine Auflistung der *schilderkonst*, der Gemäldesammlung, und testamentarische Verfügungen darüber enthielt, ist verloren gegangen.[111] In dem separaten Testament der Maria van Ruijven, das nur dann Gültigkeit erlangen sollte, wenn sie ihren Ehemann überlebte, wird neben den Vermächtnissen für Verwandte, wohltätige Einrichtungen und der Kirche der Remonstranten auch Johannes Vermeer mit 500 fl. genannt.[112] Er ist die einzige Person außerhalb der Verwandtschaft, die mit einem Legat bedacht wird, mit der Einschränkung, dass nur er persönlich es erhalten solle und nicht seine Erben. Montias vermutet, dass Pieter van Ruijven als Remonstrant damit vermeiden wollte, dass über die Ehefrau Vermeers Geld an die Delfter Jesuiten gelangte. Man hat daraus geschlossen, dass Vermeer und sein wichtigster Auftraggeber nicht nur ein geschäftliches, sondern darüber hinaus ein enges persönliches Verhältnis verband.

1669 erwarb Pieter van Ruijven für 16 000 fl. die Domäne von Spalant, die einundzwanzig Morgen Land umfasste. Den damit verbundenen Titel eines Herrn von Spalant führte er beispielsweise, als er 1670 als Zeuge und Rechtsbeistand Vermeers bei der Beurkundung des Testaments von Vermeers Schwester Gertruy und ihres Ehemannes Anthony van der Wiel auftrat, in dem Vermeer 400 fl. zugesprochen wurden.[113] 1674 bestätigte Pieter Claesz. van Ruijven sein früheres Testament und fügte in einem Kodizill die Bestimmung hinzu, dass seine einzige Tochter Magdalena van Ruijven (1655–1682) den Domänentitel von Spalant erben solle. Noch im selben Jahr starb Pieter Claesz. van Ruijven, seine Tochter vermählte sich 1680 mit Jacob Abrahamsz. Dissius, der zwar aus einer angesehenen Familie stammte – sein Großvater Jacobus Dissius war ein prominenter calvinistischer Pastor –, aber mittellos war. Er erhielt bei der Hochzeit von seinem Vater, offenbar um den großen Vermögensunterschied zwischen den Brautleuten auszugleichen, die von diesem bis dahin betriebene Druckoffizin überschrieben.[114] Bereits zwei Jahre später, 1682, starb Magdalena kinderlos mit erst siebenundzwanzig Jahren. Jacob Dissius musste sich von seinem Vater 400 fl. leihen, um die Begräbniskosten bezahlen zu können. Er wurde aber Alleinerbe des gesamten Besitzes der Familie Ruijven, nachdem seine Schwiegermutter Maria de Knuijt 1681 gestorben war, einschließlich der Domäne Spalant, den Einkünften aus dem Delfter Hausbesitz sowie der Gemäldesammlung.

Im April 1683 wurde ein notariell beglaubigtes Inventar von Jacob Abrahamsz. Dissius eigenen und den von Magdalena vererbten Gütern angelegt.[115] Darin werden 39 Gemälde, darunter 20 von Vermeer, aufgezählt. Davon befanden sich 8 und 3 weitere in Kassetten (*kasies*) in der repräsentativen *voorkamer* des Hauses, im Hinterzimmer waren es insgesamt 12 Gemälde, darunter 4 von Vermeer, 2 Kircheninterieurs, 2 *tronien*, also Studienköpfe in der Art des *Mädchens mit dem Perlenohrring* (Kat. 21), und 2 Nachtszenen. In der Küche (die offenbar zugleich ein Wohn- und Schlafraum war) befanden sich 7 Bilder, davon eines von Vermeer und 2 *tronien*, zwei Vermeers waren im Untergeschoss (*op de kelder kamer*), zwei weitere Bilder von Vermeer werden ohne genaue Ortsangabe genannt. Bevor Montias den Zusammenhang mit Pieter Claesz. van Ruijven erkannte, hielt man daher über eine lange Zeit Jacob Dissius für den wichtigsten Sammler, wenn nicht sogar Auftraggeber Vermeers. Dagegen sprach allerdings der große Altersunterschied, denn Jacob Dissius war zweiundzwanzig Jahre alt, als Vermeer starb.

Am 16. Mai 1696 wurden in Amsterdam 134 Gemälde aus verschiedenen Quellen versteigert. Der zugehörige Versteigerungskatalog wurde 1752 von Gerard Hoet in einer Zusammenstellung holländischer Bilderverkäufe und -preise publiziert und ist somit seit Langem bekannt. 21 Gemälde Vermeers sind darin aufgelistet.[116] Die kurzen Bildbeschreibungen sind prägnant und aussagekräftig, sodass wir die meisten, wenn auch nicht alle mit heute noch erhaltenen Werken leicht identifizieren können. 20 Bilder Vermeers sind wohl mit den Bildern, die 13 Jahre zuvor im Inventar Jacob Abrahamsz. Dissius' aufgeführt sind, identisch. 2 Kirchenbilder im Inventar von 1683 sind wahrscheinlich identisch mit den Werken de Wittes im Versteigerungskatalog von 1696, den 4 *tronies* von 1683 entsprechen 3 Kopfstudien von Vermeer und eine von Rembrandt in der Versteigerung, ein Bild mit Häusern, das 1683 genannt wird, entspricht „Een Gesicht van een Huys staende in Delft, door denzelven" (eine Ansicht eines Hauses in Delft, von demselben, nämlich Vermeer).

Mit großer Wahrscheinlichkeit gelangte also in der Amsterdamer Versteigerung von 1696 ein Teil des Werkes von Vermeer auf den Markt, das wohl aus der Sammlung Pieter van Ruijven bzw. Jacob Abrahamsz. Dissius stammte. Von den 21 versteigerten Bildern sind vermutlich 15 heute noch erhalten und 6 verloren, darunter ein Selbstbildnis des Künstlers, ein Interieur mit einem Mann, der sich die Hände wäscht, ein musizierendes Paar, eine Ansicht mit Häusern in Delft und zwei Studienköpfe.

Die in dieser Auktion erzielten Preise sind insbesondere für die Bilder Vermeers sehr aufschlussreich. Das teuerste Bild mit 200 fl. war die *Ansicht von Delft* (Kat. 12), es folgen *Das Milchmädchen* (Kat. 8) mit 175 fl. und die *Frau mit Waage* (Kat. 18) mit 155 fl., ein

Bild, das sich in einer Kassette (*kasje*) befand. Die übrigen Genrebilder erzielten Preise zwischen 30 und 80 fl., die Studienköpfe zwischen 17 und 36 fl. Für ein Interieur der Oude Kerk in Amsterdam von Emanuel de Witte wurden 74 fl., für eine große, als hervorragend bezeichnete Landschaft von Simon de Vlieger (1601–1653) 26 fl., für einen Studienkopf von Rembrandt hingegen nur 7¼ fl. bezahlt. Von 35 insgesamt bis heute erhaltenen Bildern, die als allgemein anerkannte Werke Vermeers gelten, stammen 15 mit großer Wahrscheinlichkeit aus der Sammlung Pieter van Ruijvens. Wir können daraus nicht den Schluss ziehen, dass Vermeer ausschließlich im Auftrag und auf Bestellung Ruijvens gemalt hat, wir können aber mit Sicherheit sagen, dass Ruijven der wichtigste Käufer seiner Bilder war.

Ausgehend von der Zahl der 1696 versteigerten Bilder und der davon bis heute erhaltenen Werke hat Montias versucht, das gesamte Œuvre zu errechnen, und kam dabei auf 43 bis 60 Bilder.[117] Bei den 19 Jahren seiner Tätigkeit zwischen 1656 (Montias beginnt seine Rechnung mit der datierten *Kupplerin* und nicht mit Vermeers Eintritt in die Delfter Malergilde Ende 1653) und seinem Tod 1675 kommt man auf zwei bis drei Bilder pro Jahr. Diese langsame Produktion ohne Mitarbeiter in einer Werkstatt entspräche sehr gut der aufwendigen Malweise seiner Bilder. Montias hat weiter versucht, daraus das Jahreseinkommen Vermeers und damit die Basis der wirtschaftlichen Existenz seiner Familie zu errechnen. Anhaltspunkte liefern dazu die Erlöse, die seine Bilder in der Versteigerung von 1696 erzielten, sowie Angaben aus anderen Quellen und der Preisvergleich mit Werken anderer Maler. So wurde etwa 1657 eine heute verlorene Darstellung der *Frauen am Grab* von Vermeer im Nachlass des Kunsthändlers Johannes de Renialme auf 20 fl. geschätzt.[118] 1661 wurde aus dem Nachlass von Cornelis de Helt, einem Delfter Herbergswirt, ein „Bild in einem schwarzen Rahmen von Jan van der Meer“[119] versteigert, das einen Zuschlag von 20½ fl. erzielte.[120] Ein Studienkopf von Vermeer („een tronie van Vermeer“) wurde aus dem Nachlass des 1664 verstorbenen Bildhauers Johannes Larson aus Den Haag für 10 fl. versteigert.[121]

Im Januar 1676, wenige Wochen nach dem Tod Vermeers, verkaufte seine Witwe an den Bäcker Hendrick van Buyten zwei Werke des Malers, ein Bild mit zwei Figuren, davon eine sitzende Briefschreiberin, das andere mit einer Gitarrespielerin (identifiziert mit Kat. 31 und 32) für 617 fl. und 6 *stuivers*, um damit die seit Jahren nicht bezahlten Brotlieferungen zu begleichen. Im entsprechenden Notariatsakt hat sich Catharina Bolnes ein Rückkaufsrecht ausbedungen, das allerdings nie realisiert wurde, denn noch 25 Jahre später befanden sich die Bilder im Besitz van Buytens.[122] Mehr als 600 Gulden für zwei Bilder war ein außerordentlich hoher Preis. Möglicherweise kam van Buyten, der die Witwe persönlich gut kannte, ihr damit in besonderer Weise entgegen.

In seinen Berechnungen gelangt Montias zu einem geschätzten Jahreseinkommen zwischen 200 und 600 fl., das Vermeer aus dem Erlös seiner Bilder erzielen konnte.[123] Montias geht weiter davon aus, dass Vermeer durch die wachsender Bekanntheit in den sechziger

Jahren höhere Preise für seine Bilder erzielen konnte, bis dann in den siebziger Jahren infolge des Krieges mit Frankreich und der dadurch ausgelösten Wirtschaftskrise der Handel mit Kunstwerken völlig zusammenbrach. Vermeers Verdienst durch den Kunsthandel, den der Künstler vermutlich nur in kleinem Rahmen betrieb, schätzt Montias auf jährlich 100 bis 200 fl. Er legt den Verkauf von 26 Bildern aus dem Besitz Vermeers durch Catharina Bolnes an den Haarlemer Maler und Kunsthändler Jan Cœlenbier (um 1610–1677) für 500 fl. zugrunde.[124] Pro Bild hätte Vermeer demnach einen durchschnittlichen Preis von etwa 19 fl. erhalten. Montias mutmaßt, dass die Witwe den gesamten Bildbestand des Verstorbenen veräußert hat.

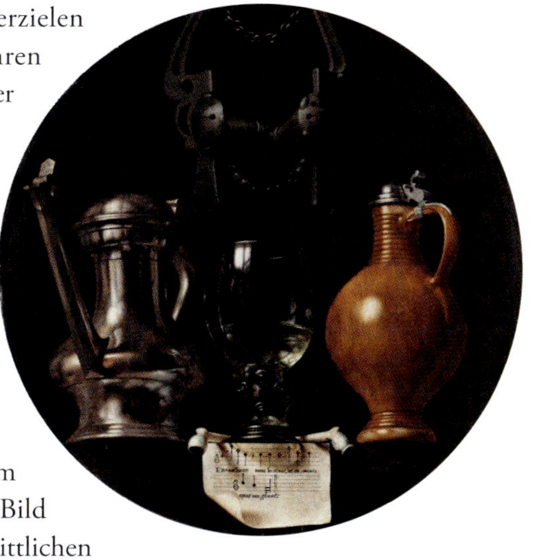

Vermeer hätte somit seine Familie ohne die finanziellen Beiträge seiner Frau und seiner Schwiegermutter Maria Thins nicht ernähren können.[125] Die Einkünfte aus den Vermächtnissen von Jan und Cornelia Thins, den 1651 bzw. 1661 verstorbenen Geschwistern der Maria Thins, betrugen pro Jahr etwa 350 bis 400 fl. Dazu kamen direkte jährliche Zuwendungen von Maria Thins an ihre Tochter, deren Höhe wir nicht kennen; sechs Jahre hindurch lieh sie ihr jeweils 167 fl.[126] Außerdem bezahlten Vermeer und seine Familie im Haus seiner Schwiegermutter vermutlich keine Miete, die etwa zwischen 80 und 100 fl. pro Jahr gelegen hätte. Aufgrund dieser natürlich teilweise hypothetischen Berechnungen gelangt Montias zu einem jährlichen Einkommen des Ehepaars zwischen 850 und 1300 fl. Damit war Vermeer keineswegs arm, verglichen etwa damit, dass seine Mutter Digna Baltens bis 1669, als sie vergeblich versuchte, das Gasthaus „Mechelen" versteigern zu lassen, jährlich 125 fl. an Zinsen für den Kredit abzahlte.

Zwei Kunstkenner und Sammler hielten in ihren Reiseaufzeichnungen Besuche im Atelier von Johannes Vermeer fest. 1663 unternahm der französische Diplomat Balthasar de Monconys (1611–1655) eine Reise durch die Niederlande, nicht zuletzt, um Kontakte zu niederländischen Katholiken zu knüpfen. Monconys, der aus Lyon stammte und von den

Johannes van der Beeck, genannt Torrentius
Stillleben mit Zinnkrug, Glas und Kandare: Allegorie der Temperantia, 1614
Öl auf Holz, 52 x 50,5 cm. Amsterdam, Rijksmuseum

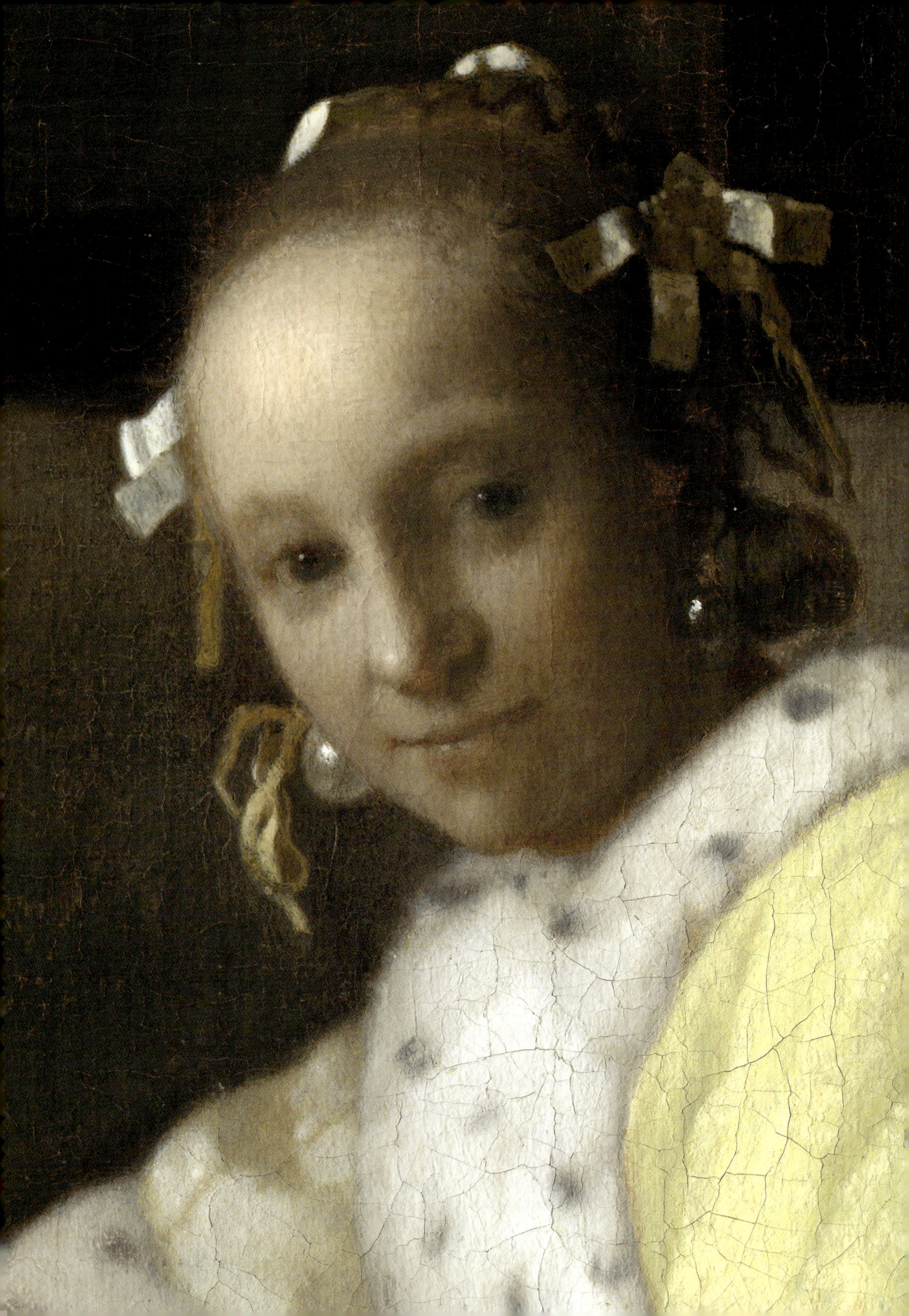

Jesuiten erzogen worden war, hielt sich längere Zeit in Den Haag auf und machte zweimal einen Abstecher nach Delft. Am 11. August 1663 kam er zum zweiten Mal dorthin, diesmal begleitet von Pater Léon, wahrscheinlich einem aus Brüssel stammenden Karmeliter, und einem Offizier namens Gentile. Gentile ist vielleicht identisch mit dem Maler Louis Cousin, alias Luigi Gentile (1606–1667), der lange in Rom tätig war und ab 1661 der Brüsseler Gilde angehörte. Er suchte Vermeer in seinem Atelier auf, der ihm aber weder Werke zeigen noch verkaufen konnte. Vermeer verwies seinen Besucher an einen Bäckermeister, vermutlich an Hendrick van Buyten (siehe dazu S. 104), der vor kurzem ein Genrebild Vermeers angeblich für den enormen Betrag von 600 fl. erworben hatte. Monconys vermerkte in seinen Aufzeichnungen, dass er ein Genrebild mit nur einer einzigen Figur gesehen habe, und fand den Preis, den man ihm angegeben hatte, um mehr als das Zehnfache überhöht: „In Delft sah ich den Maler Vermeer, der keines seiner Werke zur Hand hatte, aber wir sahen eines bei einem Bäcker, für das man sechshundert *livres* bezahlt hatte, auf dem nur eine Figur ist, ich glaube, ich hätte mit sechs *pistoles* dafür genug bezahlt.“[127] Zwei Tage später hatte Monconys Gelegenheit, ein ebenfalls einfiguriges Bild von Gerard Dou zu sehen, dessen Hauptauftraggeber Johan de Bye angeblich denselben Betrag dafür bezahlt hatte.

1669 suchte Pieter Teding van Berckhout (1643–1713), ein anderer Kunstinteressierter, Vermeers Atelier auf. Teding van Berckhout gehörte dem Kreis um den Regenten in Den Haag an und reiste in Begleitung anderer Angehöriger des Hofes, zu denen vielleicht auch Constantijn Huygens gehörte, in die Nachbarstadt Delft. Er hielt in seinem Tagebuch fest, dass er am 14. Mai „einen ausgezeichneten Maler namens Vermeer gesehen habe, „der mir einiges Bemerkenswerte von seiner Hand zeigte“. Mehrere Wochen später, am 21. Juni 1669, besuchte er Vermeer nochmals und berichtete: „Ich sah einen berühmten Maler namens Vermeer, der mir einige Proben seiner Kunst zeigte, unter denen die außergewöhnlichste und sehenswerteste in der Perspektive bestand.“[128]

Vermeers Technik

Seit Thoré-Bürger haben alle Autoren die besondere, von anderen holländischen Malern seiner Zeit abweichende, persönliche Technik Vermeers hervorgehoben. Sein Ziel ist die vollkommene Illusion der Realität. Er stellt Dinge und Räume so dar, wie sie dem Betrachter von einem bestimmten Standpunkt bei einer bestimmten Beleuchtungssituation erscheinen, nicht, wie sie tatsächlich sind. Glänzendes Metall und spiegelndes Glas etwa verliert im Licht seine Form, der optische Eindruck erscheint als Gefüge von hellen und dunklen Farbflecken.

Briefschreiberin (Detail), um 1665–1667
(siehe Abb. S. 199)

Zur Erreichung dieser illusionistischen Wirkung bedient sich Vermeer eines besonderen malerischen Mittels, der als pastoser Auftrag kleiner Farbflecken erscheint und den Thoré-Bürger als *pointillé* bezeichnete. Unter den Vermeer-Spezialisten der jüngeren Zeit hat Wheelock die Maltechnik des Künstlers wie kein anderer studiert und eingehend beschrieben. Er begann seine Untersuchungen 1973 an den Bildern Vermeers in der National Gallery of Art in Washington, DC, und dehnte sie danach auf weitere Museen aus, wobei alle Werke in den Restaurierateliers studiert werden konnten. Die Ergebnisse seiner Studien fanden in den technischen Angaben im Katalog der Vermeer-Ausstellung in Washington, DC, und Den Haag 1995/96 und dem gleichzeitig erschienenen Buch *Vermeer and the Art of Painting* ihren Niederschlag.

Bereits vor einigen Jahrzehnten wurden die optischen Effekte, die Vermeer mit seiner Maltechnik wiedergab, mit den unscharfen Bildern, die eine einfache Camera obscura erzeugt, verglichen. Seymour stellte 1964 Fotos, die mit einer Camera obscura angefertigt wurden, Details aus Bildern Vermeers gegenüber und stellte eine überraschende Ähnlichkeit fest.[129] Allerdings wurden von Seymour und seinen Nachfolgern Schwarz (1966), Fink (1971) bis Steadman (2001) daraus die falschen Schlüsse gezogen. Vermeer hat in keiner Phase seines Schaffensprozesses eine Camera obscura benutzt. Die Nachahmung von optischen Effekten, wie sie im 17. Jahrhundert bekannte optische Geräte erzeugten, bedeutet keinesfalls, dass Vermeer solche Geräte für die Herstellung seiner Bilder benutzte oder gar benötigte.[130] Möglicherweise kannte Vermeer jedoch eine Camera obscura und interessierte sich für die von ihr erzeugten Bilder. Die holländische Gesellschaft des 17. Jahrhunderts mit ihren im Vergleich zum übrigen Europa toleranten Positionen war neuen Erkenntnissen der Naturwissenschaften, die im Gegensatz zu traditionellen Vorstellungen standen, besonders aufgeschlossen.

Das Prinzip der Camera obscura ist seit der Antike bekannt, fand jedoch bis ins 17. Jahrhundert lediglich dem Wortsinn entsprechend in einer „dunklen Kammer“ Verwendung. Durch eine kleine Öffnung in einer der Wände fällt Licht von außen ein und projiziert ein auf dem Kopf stehendes Bild der Außenwelt auf die gegenüberliegende weiße Wand, das von den im abgedunkelten Raum selbst befindlichen Beobachtern gesehen werden kann (S. 109). Für Aufgaben der Kartografie und Landvermessung konnte, wie der Mathematiker, Astronom und Physiker Johannes Kepler (1571–1630) erwähnt, eine transportable Camera obscura in Form eines Zeltes verwendet werden.[131] Johannes Kepler erkannte als Erster, dass die optische Funktion des Auges der Wirkungsweise einer Camera obscura entspricht. Das führte zu einem Paradigmenwechsel in der Optik und im Verstehen des Sehens überhaupt, denn bis dahin hatte man, der Auffassung der Antike folgend, gedacht, dass das Auge aktiv Sehstrahlen aussenden würde, und nicht, dass das Auge Lichtstrahlen empfängt. Es gibt nur spärliche Hinweise darauf, dass eine Camera obscura

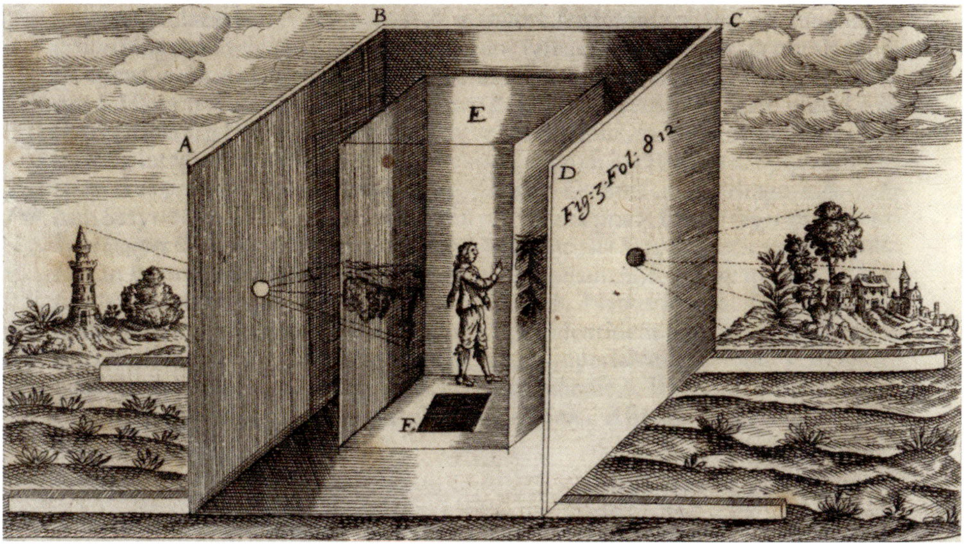

Athanasius Kircher, **Camera obscura**, in: *Ars magna lucis et umbrae*, Rom 1646, Tafel 28

von Malern bei der Produktion ihrer Bilder verwendet wurde. Der Nürnberger Hans Hauer (1586–1660) hat etwa ein Panorama der Stadt mithilfe einer transportablen Camera obscura angefertigt, die mit einer drehbaren Linse ausgestattet war.[132] Im 18. Jahrhundert wurde die Camera obscura als kleines transportables Gerät, bei dem der Betrachter das Bild von außen auf einer speziell präparierten Oberfläche wie mattem Glas oder einem ölgetränkten und damit durchscheinenden Papier beobachten konnte, von venezianischen Vedutenmalern eingesetzt.

Zwei holländische Quellen aus dem 17. Jahrhundert erwähnen die Camera obscura in Bezug auf Malerei. Constantijn Huygens hatte die Camera obscura 1622 in London kennengelernt, und in seinem Tagebuch beschreibt er eine Demonstration im Haus seines Vaters vor 1630, an der die Maler Jacques de Gheyn II. (um 1565–1629) und dessen Sohn Jacques III. (um 1596 – um 1641) sowie Johannes van der Beeck, genannt Torrentius (1589–1644), teilnahmen.[133] Huygens argwöhnte, dass die naiven Fragen von Torrentius nur vorgetäuscht seien und der Maler sehr wohl die Funktion einer Camera obscura verstanden habe, „die heute jedermann kennt", wie Huygens schreibt. Von Torrentius blieb nur ein einziges Werk erhalten, ein Stillleben als *Allegorie der Temperantia* (S. 105), das durch den außerordentlichen Illusionismus in der Wiedergabe der glänzenden und spiegelnden Oberflächen der dargestellten Gefäße besticht. Die andere Erwähnung stammt von Samuel van Hoogstraten (1627–1678), der in seinem Lehrbuch der Malerei den jungen Malern empfiehlt, von einer

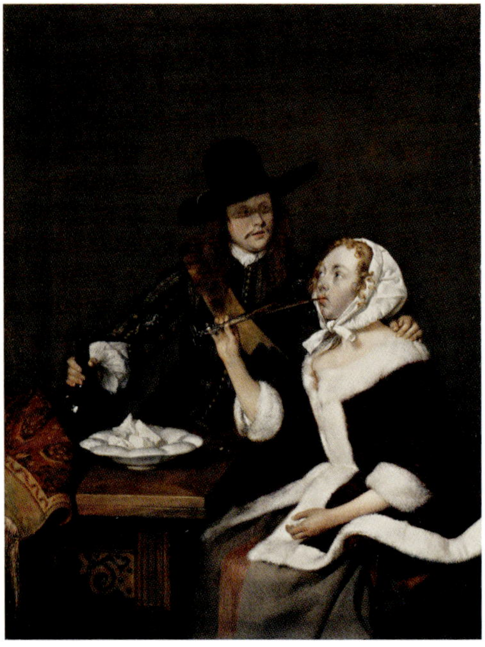

Camera obscura erzeugte Bilder zu beobachten, um damit Kenntnisse der Natur zu erlangen und die flächige Projektion von Umrissen und Farben räumlicher Körper zu studieren.[134] An keiner Stelle wird aber angegeben, dass Maler eine Camera obscura als unmittelbaren Zeichenbehelf verwendeten, indem sie das projizierte Bild nachzeichneten und damit eine exakte Wiedergabe perspektivischer Verkürzung erhielten, ohne diese mühsam konstruieren zu müssen. Versuche zeigten, dass eine Übertragung etwa von Vermeers Interieurs in der Größe der gemalten Bilder von einer Camera obscura mit Linsen, wie sie im 17. Jahrhundert erzeugt werden konnten, nicht möglich ist.[135]

Die bei insgesamt dreizehn Bildern Vermeers vorhandenen Einstichlöcher im zentralen Fluchtpunkt beweisen, dass der Künstler die perspektivische Anlage seiner Bilder weder vom Projektionsbild einer Camera obscura noch einer Vorzeichnung übertragen hat, sondern mit einfachen Hilfsmitteln direkt auf der Leinwand konstruierte.[136] An einer Nadel, die im zentralen Fluchtpunkt steckte, wurde ein Faden befestigt, der mit Kreide eingefärbt war und, über die grundierte Leinwand gespannt, durch Zurückschnellen eine Spur hinterließ, die als Fluchtlinie mit dem Pinsel nachgezogen werden konnte. Die kompositorische Anlage eines Bilds entstand so unmittelbar auf der Malfläche selbst. Dementsprechend wurden die Distanzpunkte auf der Horizontlinie festgelegt, die sich seitlich außerhalb der Bildfläche befanden und den Grad der Verkürzung im Lauf der Tiefenentwicklung festlegten. Bei seinen früheren Bildern hat Vermeer einen geringen Abstand zwischen zentralem Fluchtpunkt und den seitlichen Distanzpunkten gewählt, was zugleich einen größeren Blickwinkel ergibt. Bei dem in den späteren fünfziger Jahren entstandenen Bild *Kavalier und junges Mädchen* (S. 91, Kat. 6) liegen die Distanzpunkte nahe beim Fluchtpunkt, der Blickwinkel beträgt daher 53 Grad, und die Verkürzung erfolgt sehr schnell, wie an der übergroßen

Gerard ter Borch, **Ein Kavalier bietet einer Dame Wein an**, um 1660
Öl auf Holz, 41,3 x 32,1 cm
London, The Royal Collection, Her Majesty Queen Elizabeth II

Rückenfigur des Kavaliers zu sehen ist.[137] Am Fliesenmuster der Fußböden ist in diesen Fällen, wie etwa beim *Glas Wein* (S. 166/167, Kat. 7), vorne links und vorne rechts eine unnatürlich wirkende Verzerrung zu bemerken. Erst mit fortschreitender Tätigkeit löst Vermeer diese unvollkommenen Stellen durch einen weniger hohen Horizont und weiter entfernte Distanzpunkte auf, was automatisch einen engeren Blickwinkel ergibt. Bei dem um die Mitte der sechziger Jahre entstandenen *Konzert* (S. 183, Kat. 19) sind keine Verzerrungen im Fliesenmuster mehr zu sehen.

Befürworter der Camera-obscura-Theorie betonen, dass die perspektivische Anlage von Vermeers Gemälden so kompliziert und zugleich so präzise sei, dass eine herkömmliche Konstruktion unwahrscheinlich sei. Dem ist entgegenzuhalten, dass für einen mit den Regeln und Methoden der perspektivischen Konstruktion vertrauten Maler die Anlage der Bilder keine unüberwindlichen Schwierigkeiten bereitet. Vermeer wählte in allen Interieurs eine einfache Anlage, es gibt immer nur einen zentralen Fluchtpunkt, die gesamte Komposition ist auf ein System von Horizontalen und Vertikalen aufgebaut, die rückwärtige Wand der dargestellten Räume verläuft durchgehend parallel zur Bildebene, die Seitenwände entsprechen den zentralen Fluchtlinien. Der für Vermeer so kennzeichnende überwältigende Eindruck der Illusion von Realität entsteht nicht durch einen zufällig gewählten, schräg zur Bildfläche verlaufenden Raumeinblick, sondern vielmehr durch die illusionistische Wiedergabe von Oberflächen, die absolut überzeugend wirken, wie der Glanz von Metall, die Spiegelung auf Glas, der Schimmer von Stoffen, das Spiel von Licht und Schatten. Gerade durch den ruhigen äußeren Rahmen einer einfachen Raumkomposition wird die Aufmerksamkeit des Betrachters nicht abgelenkt und kann sich ganz auf die dargestellten Objekte konzentrieren. Es ist die illusionistische Darstellung der Gegenstände selbst, die ihnen ihre enorme Präsenz verleiht, und nicht ihre Anordnung im Raum.

Bilder der Werbung und Verführung durch Wein und Musik

In allen Genrebildern ab 1656 bis in die frühen sechziger Jahre wird die Verführung durch Wein in ihren unterschiedlichen Facetten, manchmal begleitet von Musik, thematisiert. Dazu gehören *Schlafendes Mädchen* (S. 87, Kat. 4), *Kavalier und junges Mädchen* (S. 91, Kat. 6) sowie die drei hintereinander entstandenen Bilder der ersten Reifezeit, *Das Glas Wein* (S. 166/167, Kat. 7), *Das Mädchen mit dem Weinglas* (S. 161, Kat. 10) und die sog. *Unterbrochene Musikstunde* (S. 168/169, Kat. 11). Darüber hinaus sind die drei letztgenannten Bilder vergleichbar komponiert, die Protagonisten befinden sich in einem ähnlich angelegten Raum, und ein Kavalier steht jeweils unmittelbar neben einer sitzenden jungen Dame.

Wie schon in seinen beiden ersten Bildern, der mythologischen Szene mit *Diana* (Kat. 1) und der biblischen Darstellung mit *Christus bei Maria und Martha* (Kat. 2), stellt Vermeer im *Glas Wein* die Personen ganzfigurig dar. Im Vergleich zu den Frühwerken bildet *Das Glas Wein* das erste, in seiner formalen Vollendung herausragende Werk in einer Reihe ähnlicher Bilder. Vermeer lässt damit die Phase der Frühwerke hinter sich und erreicht seinen reifen Stil. Neben dem von Bild zu Bild gesteigerten Illusionismus der täuschenden Wiedergabe der Wirklichkeit, der durch eine zunehmende Souveränität in der Beherrschung der malerischen Mittel, der Farbwahl und des differenzierten Farbauftrags ermöglicht wird, gewinnt Vermeer hier eine neue Freiheit der räumlichen perspektivischen Konstruktion. Er benötigt zur Entfaltung des Bildraums nicht mehr die Hilfsmittel der Frühzeit, keine den Blick des Betrachters hemmenden Balustraden oder Tische, die nur schrittweise die Entwicklung der Komposition in die Tiefe leiten. Vermeer verzichtet auf diese nahsichtigen Bildmotive im Vordergrund zugunsten einer größeren Klarheit der Bildanlage. Er stellt einen größeren Ausschnitt des dargestellten Raums dar, die Figuren und die Einrichtung befinden sich in weiterer Entfernung vom Betrachter. Die Personen nehmen den Mittelgrund des tiefer gewordenen Raums ein und werden damit Teil des Interieurs, dem sie untergeordnet sind. Unser Eindruck des Raums entsteht nicht aus der Stellung der Figuren, sondern bildet sich unabhängig davon.

Vermeer befolgte bei der Konstruktion des Raums exakt die Regeln der Linearperspektive und nahm durch den nah angesetzten Augenpunkt in den Ecken im Vordergrund und am rechten Bildrand eine etwas unnatürlich wirkende Verzerrung in Kauf, die vor allem am Muster des Fußbodens sichtbar wird. Der Fußboden bestimmt die Raumwirkung entscheidend: Durch die immateriell wirkende Oberfläche der gleichmäßig hell gestrichenen Wand, vor der das dort aufgehängte Bild wie schwebend erscheint, werden Ausdehnung und Tiefe des Raums für den Betrachter nicht sofort erkennbar, sie sind erst an den Bodenplatten und deren Verkürzung abzulesen. Die vorherrschenden Farben Grün und Rot, die in der Kleidung der beiden Figuren vorgegeben sind, wiederholen sich im Muster der Bodenplatten. Wie die Farbigkeit ist auch die Verteilung von Licht und Schatten genau kalkuliert. Durch das vom Fenster einfallende Licht werden die Bank, die Rücklehne des Stuhls, die Notenblätter, der Weinkrug sowie die junge Frau hervorgehoben. Das zweite Fenster, dessen untere Hälfte von dem Fensterladen verschlossen ist und das nur wenig Licht durch den dichten Vorhang einlässt, erscheint durch die Verkürzung nur als schmaler Streifen.

Die etwa gleichzeitig ab 1658 entstandenen Interieurdarstellungen Pieter de Hoochs, die ganz von der Architektur des Innenraums her gestaltet sind, können zum Vergleich herangezogen werden (S. 47).[138] Während aber de Hooch seine Kompositionsformen in einem über mehrere Jahre dauernden Prozess langsam entwickelt, ist bei Vermeer innerhalb kurzer Zeit ein sprunghafter Fortschritt zu sehen, der mit einem Werk wie *Das Glas Wein* nicht nur in seiner perfekten Vollendung der perspektivischen Konstruktion und Lichtführung, sondern auch in der subtilen psychologischen Erfassung der Szene

Pieter de Hoochs Bilder weit hinter sich lässt. Das Verhältnis zwischen Vermeer und Pieter de Hooch, der 1655 der Delfter Malergilde beitrat, ist keineswegs eine einseitige Beeinflussung des um drei Jahre jüngeren Vermeer durch de Hooch, sondern vielmehr eine fruchtbare Wechselwirkung.

Vermeer bietet in diesem Bild einen Blick in die oberste Gesellschaftsschicht Hollands. Nicht nur die Gestaltung und Ausstattung des Raums mit luxuriösen Einrichtungsgegenständen, Fenstern mit Wappenscheiben, dem Gemälde an der Wand, dem von einem orientalischen Teppich bedeckten Tisch und den Stühlen mit geschnitzten Löwenköpfen, auch die Erscheinung, Haltung und Kleidung der Personen ist von erlesener Eleganz. Dazu passen ihre Umgangsformen, die zwar unbehagliche Spannung zeigen, aber im Rahmen gesetzter und vornehmer Zurückhaltung bleiben.

Schon auf dem Bild *Kavalier und junges Mädchen* (S. 91, Kat. 6) hat Vermeer eine Dame mit einem Glas Wein in Begleitung eines Herrn dargestellt. Der Herr sitzt dort der Dame gegenüber, sie unterhalten sich lachend, hier steht er hinter der sitzenden Dame, in seinen über die Schulter geworfenen Mantel gehüllt, der wie ein abweisender Schild wirkt. Ein leerer Stuhl steht bereit, doch darauf ist eine Cister abgelegt, für den zeitgenössischen Betrachter gleichsam ein Sinnbild der Harmonie, aber auch des liederlichen Lebenswandels und der Ausschweifung, so wie die Musik außerhalb der Kirche im calvinistischen Holland einen bedenklichen Ruf hatte. Während der Kavalier wartet, bis die Dame ihr Glas geleert hat, um sofort nachzuschenken, spricht ihre angespannte Haltung für leichtes Unbehagen. Der Kavalier nimmt die beherrschende Rolle ein, Hut und umgeworfener Mantel wirken, als wäre er eben erst hereingekommen, sein fester Griff zum Weinkrug wird zur dominanten Geste, die Vermeer genau kalkuliert, indem er die weiße Hemdmanschette so anlegt, dass sie den Krug einrahmt. Diese Bestimmtheit des Auftretens steht im Kontrast zum verdeckten Gesicht der Dame, die sich hinter ihrem Weinglas zurückzuziehen scheint. Mit der unbewegten Haltung der Figuren wird jeder Anschein, der auf eine intime Beziehung des Paares hindeuten könnte, vermieden. Instrument und Notenhefte liegen bereit, bleiben aber unbenutzt, die Bewegungslosigkeit und das Schweigen der Figuren erzeugen ein Innehalten, es scheint eine Pause der Verlegenheit eingetreten zu sein, in der die Spannung unerträglich wird, bis sich eine neue Wendung ergibt.

Wein trinkende Paare waren ein häufiges Thema in der holländischen Genremalerei der Zeit, sie wurden mehrfach auch von de Hooch, jedoch ohne die psychologische Durchdringung wie hier, dargestellt. Mit den Genreszenen de Hoochs besteht wohl die engste Parallele in der Darstellung des Raums, die subtile Erfassung und Wiedergabe des Gemütszustands der Figuren hingegen ist eher Gerard ter Borch geschuldet. In seinem Werk *Ein Kavalier bietet einer Dame Wein an* (S. 110) schuf dieser eine Szene, die in ihrer Stimmung dem Bild Vermeers sehr nahekommt. Anders als bei ter Borch bleibt bei

Vermeer der Bildsinn jedoch immer mehrdeutig, er entwirft Bilder, in denen zeitgenössische Ansichten zur Moral thematisiert sind, ohne dass daraus ein bestimmter Schluss gezogen wird. Die Ambivalenz der Bilder ist gewollt, sie lässt ein breites Spektrum von Interpretationen zu. Das Publikum fand Gefallen an diesen vielschichtigen Sinnbildern und der Vielfalt der Deutungsmöglichkeiten. Büttner wies darauf hin, dass in der moralisierenden calvinistischen Poesie der Niederlande die Mehrdeutigkeit gefragt war, etwa in den *Zinne- en Minnebeelden* (1618) von Jacob Cats (1577–1660), einer Sammlung von Emblemen, von denen jedes dreifach gedeutet werden konnte.[139] „Es lehrt die Erfahrung", schreibt Cats in einem anderen Werk, „dass viele Dinge von besserer Art sind, wenn sie nicht vollkommen klar erkennbar sind, sondern uns etwas bemäntelt und verschattet begegnen".[140] Dieselbe Meinung vertraten die niederländischen Kunstschriftsteller wie Karel van Mander und insbesondere Samuel van Hoogstraten, der als Zeitgenosse Vermeers 1678 schrieb, dass Gemälde „mit der einen oder anderen lehrsamen Bedeutung bekleidet"[141] sein sollten.

Dementsprechend sind symbolische Hinweise in weiteren Bilddetails wie etwa der Landschaft an der Wand oder der Wappenscheibe zu suchen. Mit der düsteren, fast schwarz erscheinenden Waldlandschaft in der Art Jacob van Ruisdaels (um 1628/29–1682) werden vielleicht die Gefahren der Wildnis mit den Fährnissen von Liebesbeziehungen verglichen.[142] Die hell durchleuchtete kunstvolle Wappenscheibe des geöffneten Fensters (sie wiederholt sich in Kat. 10) mag im Gegensatz dazu für Geschichte und Zivilisation stehen, für Familienehre und andere traditionelle Werte, die unseren Gefühlen enge Grenzen setzen. Das dargestellte Allianzwappen konnte schon vor längerer Zeit von Neurdenburg identifiziert werden.[143] Es gehört einem Delfter Ehepaar, Jannette Jacobsdr. Vogel und Moses Jansz. van Nederveen, die 1589 geheiratet hatten und zu dem Zeitpunkt, als Vermeer das Bild malte, längst verstorben waren. Sie wohnten am Oude Delft, in einer wohlhabenden Wohngegend, in der auch Vermeers Auftraggeber Pieter Claesz. van Ruijven ansässig war, eine Tatsache, die möglicherweise die Erklärung für die wiederholte Darstellung der Wappenscheibe liefert. Die Bänder der Wappenhalterin wurden als Zügel gedeutet, die Figur damit als Allegorie der Temperantia, der Tugend des Maßhaltens, identifiziert, in Analogie zu einem verbreiteten Emblem der Temperantia von Gabriel Rollenhagen (1583–1619 [?])[144] mit dem Motto „Serva modum" (Wahre das Maß).[145] Die Deutung der Bänder als Zügel wurde allerdings von Weber schlüssig widerlegt.[146]

Das Mädchen mit dem Weinglas (S. 161, Kat. 10), ein Bild, von dem man annimmt, dass es nach dem *Glas Wein* in der Berliner Gemäldegalerie entstanden ist, stimmt mit diesem in vielen Details überein: Die Anordnung der Fußbodenplatten ist identisch, und

Studienkopf einer jungen Frau (Detail),
um 1665–1667 (siehe Abb. S. 219)

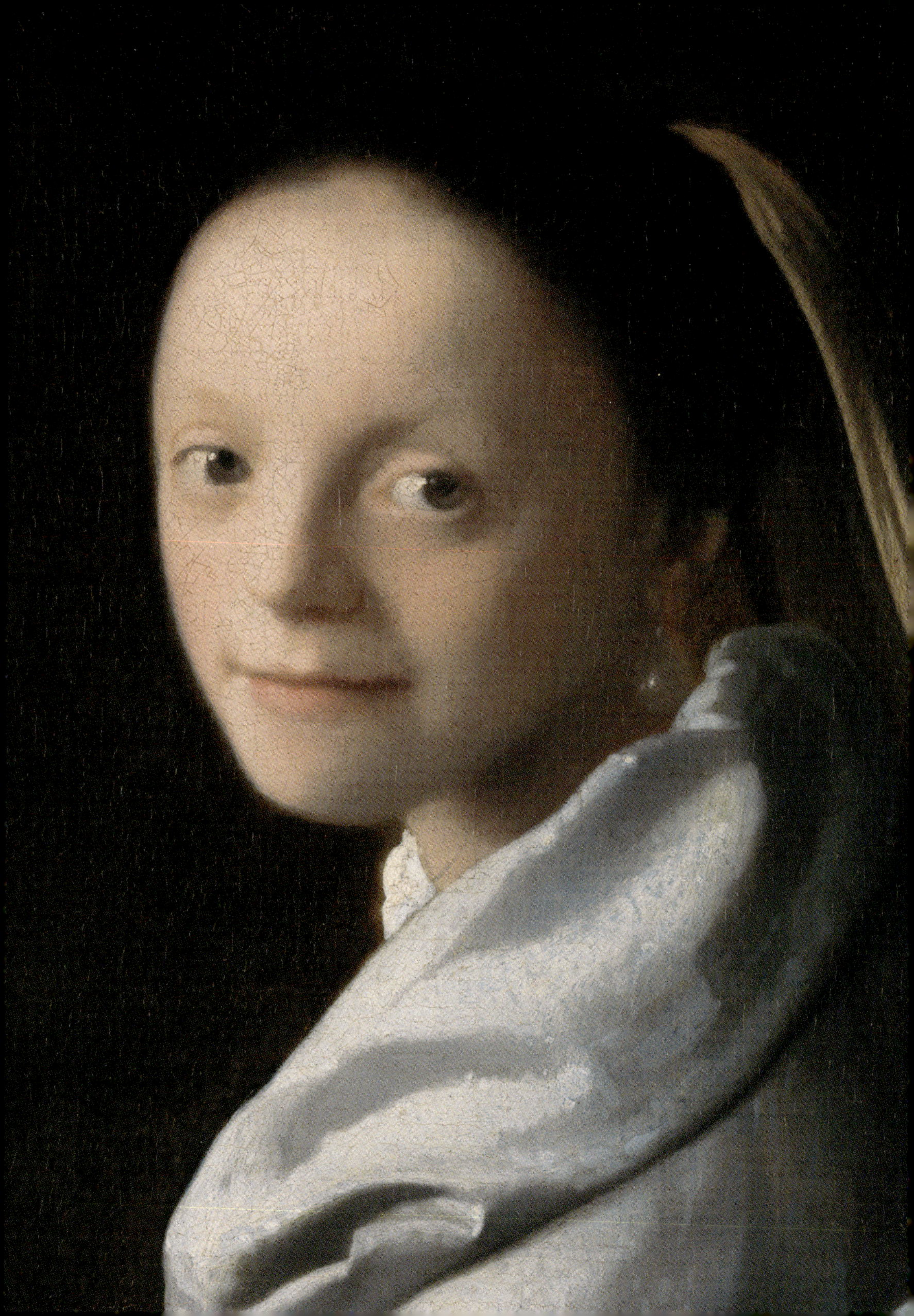

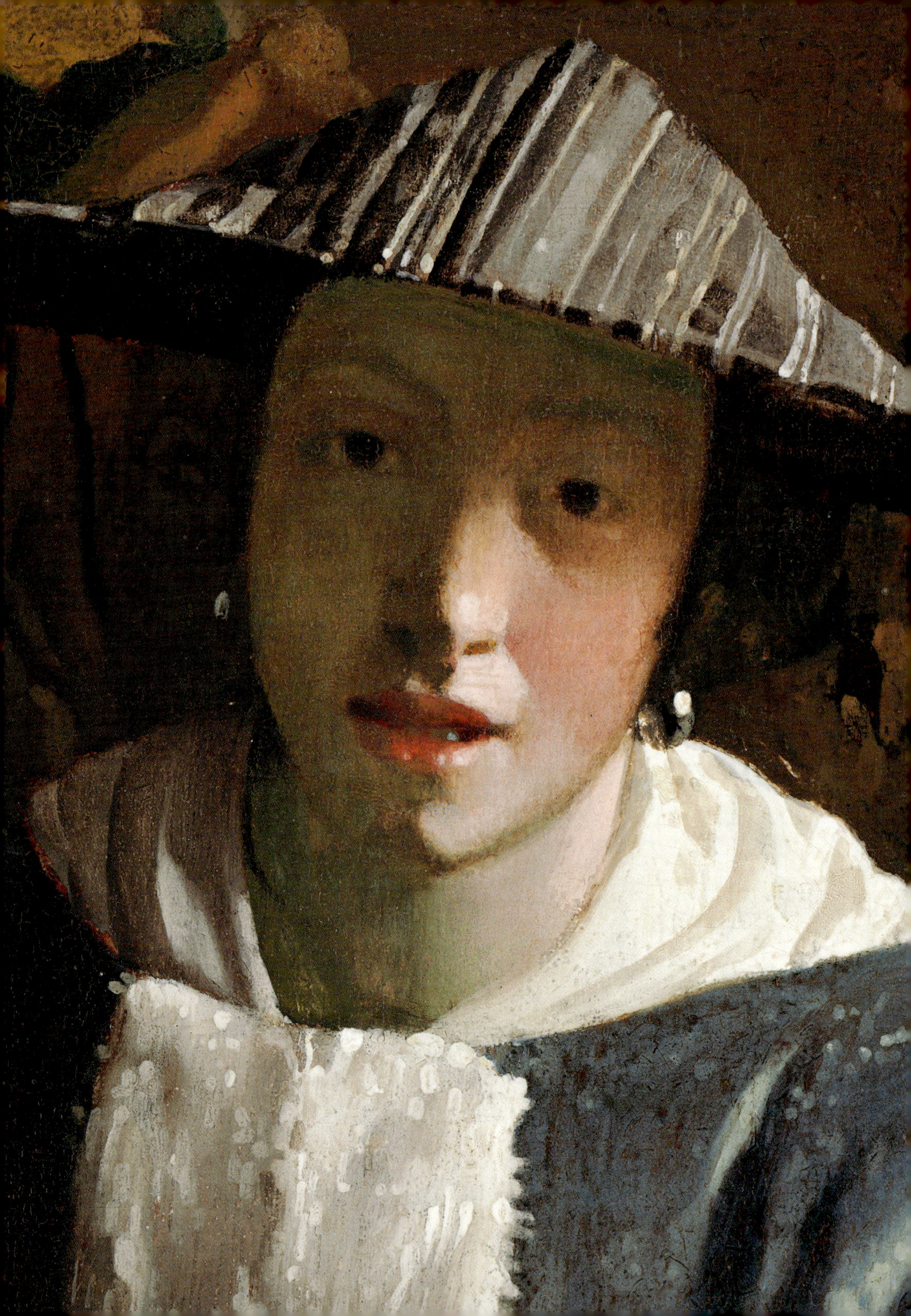

das halb geöffnete, allerdings anders beleuchtete Fenster zeigt dieselbe Wappenscheibe. In anderer Hinsicht weicht es entscheidend von dem Berliner Bild ab: Der Raum verfügt nur über ein Fenster, die Tiefenerstreckung erscheint dadurch geringer, obwohl die Ausdehnung der Bodenplatten das Gegenteil beweist. Die Figurengruppe befindet sich näher am Betrachter, und die Komposition ist als Hochformat angelegt. Der Tisch, hinter dem ein zweiter Kavalier, den Kopf in die Rechte gestützt, anscheinend teilnahmslos döst, steht nahe an der Rückwand. Die räumlichen Verhältnisse sind undeutlicher. So scheint sich der junge Kavalier, der seiner Dame mit galanter Geste ein Weinglas reicht, hinter der von einem weißen Tuch bedeckten vorderen Tischkante zu befinden, obwohl er eigentlich davor stehen müsste.

Ebenso wie beim *Glas Wein* in Berlin besteht auch bei dem *Mädchen mit dem Weinglas* ein kompositioneller Zusammenhang mit gleichzeitig entstandenen Werken Pieter de Hoochs wie dem um 1658 datierten Bild mit einer *Trinkenden Frau mit Soldaten* (S. 119). Dort tritt zur Verdeutlichung der Situation als vierte Person eine Kupplerin auf, die den Kavalier ermuntert, der Dame Wein einzuschenken. Einen weiteren unmissverständlichen Hinweis erhält der Betrachter von dem Bild an der Wand mit der biblischen Szene von Christus mit der Ehebrecherin. Vermeer rückt die Figuren stärker in den Vordergrund als de Hooch und damit ins Zentrum der Aufmerksamkeit, verzichtet aber auf Details mit eindeutig sprechender Bedeutung. Vermeers Darstellung ist im Vergleich zu de Hooch eleganter, die Figuren sind aber im Vergleich zum *Glas Wein* weniger tiefgründig und nicht so subtil und vielschichtig. Dennoch bezeichnete Thoré-Bürger 1868 dieses Bild, das er „La coquette" nannte, als das anziehendste Werk Vermeers. In diesem Zusammenhang ist die frühe Provenienz der beiden Bilder zu berücksichtigen. Das *Glas Wein* ist mit keinem der Bilder zu identifizieren, die im Amsterdamer Versteigerungskatalog von 1696 genannt sind. Es stammt daher wahrscheinlich nicht aus der Sammlung Pieter van Ruijvens und lässt sich nicht weiter als bis ins zweite Viertel des 18. Jahrhunderts zurückverfolgen. Umso erstaunlicher erscheint es, dass *Das Mädchen mit dem Weinglas* aus der Sammlung Pieter van Ruijvens stammen könnte, wenn auch keine Beschreibung im Versteigerungskatalog von 1696 mit völliger Sicherheit auf das Bild zutrifft, sondern damit andere Werke Vermeers gemeint sein könnten.[147] Zugleich ist es jenes Bild Vermeers, das als erstes in einer fürstlichen Sammlung Aufnahme fand, denn es wurde bereits vor 1710 von Herzog Anton Ulrich von Braunschweig-Wolfenbüttel (1633–1714) für seine Galerie gekauft.

Pieter de Hooch ist nicht der einzige zeitgenössische Bezugspunkt für Vermeer. In diesem Bild nähert er sich der Leidener Feinmalerei stärker an und entfernt sich gleichzeitig

Mädchen mit Flöte (Detail), um 1665–1670
(siehe Abb. S. 223)

vom Einfluss Gerard ter Borchs. Die Haltung der Figuren und ihre Art, sich zu bewegen, scheint vor allem von Frans van Mieris beeinflusst, sie ist vergleichbar etwa mit seiner Darstellung eines galanten Paares in der *Austernmahlzeit* (Den Haag, Mauritshuis).

Das prachtvolle rote Seidenkleid der jungen Frau, das etwas zu aufdringlich erscheint, um als wirklich elegant gelten zu können, zieht als Erstes den Blick des Betrachters auf sich und kennzeichnet sie zugleich als leichtes Mädchen. Sie scheint den Verführungskünsten ihres Kavaliers leichter zu erliegen als die spröde Dame des Berliner Bildes. Es ist kein Zufall, dass Damen mit ungebührlichem Betragen im 17. Jahrhundert fast immer entweder in Rot oder Gelb gekleidet sind. Nach Cesare Ripas (1555–1622) *Iconologia* wird die Personifikation der Trunkenheit als rot gekleidete, lachende Frau dargestellt. Das alberne und zugleich verlegene Lachen, mit dem sich die junge Frau hier an den Betrachter wendet, wurde in älteren Beschreibungen als Zeichen von Trunkenheit gedeutet. Ihr moralisch verwerfliches Handeln erschien in Zeiten strikter gesellschaftlicher Verhaltensnormen dadurch vielleicht entschuldbar. Aber auch hier lässt Vermeer mehrere Deutungen offen: Handelt es sich bei der jungen Frau tatsächlich um die Naive, die mithilfe von Wein verführt werden soll und die eben dabei ist, ihre Unschuld zu verlieren? Oder ist ihr Lachen, mit dem sie sich direkt an den Betrachter wendet, ein wissendes, amüsiert sie sich mit uns über die Courtoisie ihres Kavaliers, wo doch alle Beteiligten und erst recht der Betrachter nur zu gut wissen, dass er nicht mit Höflichkeit, sondern nur mit Geld an sein Ziel gelangen wird?

Die melancholische Haltung des Kavaliers im Hintergrund deutet auf Teilnahmslosigkeit, es bleibt offen, ob aufgrund einer Zurückweisung oder aus Trägheit. Mit dem Laster der Acedia wäre ein breiterer Sinnzusammenhang aus der christlichen Tugendlehre hergestellt, ähnlich wie in dem *Schlafenden Mädchen* (S. 87, Kat. 4). Das Bildnis eines Mannes an der Wand in der Art von Frans Hals (S. 160) oder des in Delft tätigen Michiel van Miereveld (1567–1641) kann zusammen mit dem Wappenfenster auf die Bedeutung familiärer Traditionen oder auf den gesellschaftlich gehobenen Stand der versammelten Personen hinweisen. Es bildet dann quasi ein Gegengewicht zu dem liederlichen Betragen. Möglicherweise sollen diese Versatzstücke zusammen mit dem Weinkrug und dem Silbertablett mit kostspieligen Südfrüchten den Luxus versinnbildlichen und vielleicht auch kritisieren. Wie in seinen anderen Genrebildern gibt Vermeer gesellschaftliche Sitten seiner Zeit wieder und kommentiert sie, ob als Moralist kritisch oder als spöttischer Beobachter ironisch, bleibt offen.

Die unterbrochene Musikstunde (S. 168/169, Kat. 11) bildet das dritte Bild in der Gruppe sowohl formal wie inhaltlich eng verwandter, zwischen etwa 1658 und 1661 entstandener Werke (Kat. 7 und 10). Es ist im Format nicht nur deutlich kleiner als die beiden anderen Bilder, auch der Ausschnitt des Interieurs ist enger gefasst. In der

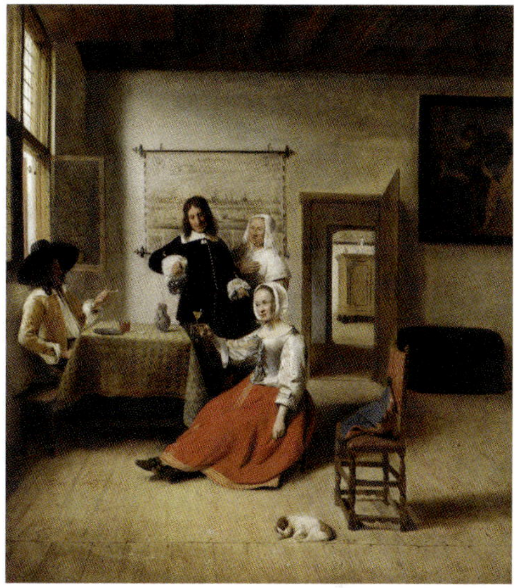

räumlichen Anordnung, der Stellung von Tisch und Stühlen, wirkt das Bild wie eine verkleinerte und zugleich nahsichtige Variante des Berliner Bildes *Das Glas Wein* (Kat. 7). Der Betrachter sieht sich direkt der sitzenden jungen Frau gegenüber, die als Halbfigur erscheint. Auch in der Breitenausdehnung wurde der Bildraum entsprechend reduziert und seitlich zusammengeschoben, sodass der Abstand zwischen Tisch und Fenster kleiner erscheint. Das zweite Fenster ist völlig verdunkelt und nur an dem schwachen Lichtschein in der Fensterleibung erkennbar.

Wie in dem Berliner Bild ist auch hier sowohl galante Unterhaltung wie versuchte Verführung dargestellt. Ein Kavalier mit umgeworfenem Mantel reicht einer sitzenden jungen Frau ein Notenblatt, das sie mit beiden Händen ergreift. Die Dame ist unauffälliger gekleidet. Sie trägt häusliche Kleidung, eine dunkelrote Jacke und ein sog. Nachthalstuch, das Kopf und Schultern bedeckt. Auf dem Blatt kann man Noten und Text erahnen, es könnte sich mit einiger Phantasie um ein der jungen Dame gewidmetes Liebeslied handeln. Der Kavalier sucht die körperliche Nähe der Frau und hat die Linke auf ihre Stuhllehne gelegt. Der traditionelle Titel des Bildes, *Die unterbrochene Musikstunde*, gibt die Szene und ihre Bedeutung nur sehr unvollkommen wieder. Die Unterbrechung der Musik kann nur kurz gewesen sein, eigentliches Thema der Darstellung ist die Annäherung des Mannes unter dem Vorwand, ihr ein Blatt Papier zu überreichen, während sie mit fragendem Blick Kontakt zum Betrachter aufnimmt, ähnlich wie beim *Mädchen mit dem Weinglas.*

Die Bilderfindung Vermeers steht in diesem Fall im großen Zusammenhang einer umfangreichen Gruppe holländischer Genredarstellungen, in denen ein Mann versucht, in mehr oder weniger fordernder Weise mit einer Frau in Beziehung zu treten. *Die unterbrochene Musikstunde* zeigt deutlich die Fähigkeit Vermeers, Motive aus eigenen Bildern und fremde Anregungen zu neuen Kompositionen zu verarbeiten.[148] Zu diesem Kreis gehört etwa Judith Leysters (1609–1660) *Zurückgewiesenes Angebot* von 1631 (Den Haag, Mauritshuis), ein Bild, in dem ein Mann versucht, eine bei Kerzenschein nähende

Pieter de Hooch, **Trinkende Frau mit Soldaten**, um 1658
Öl auf Leinwand, 68,6 x 60 cm. Paris, Musée du Louvre

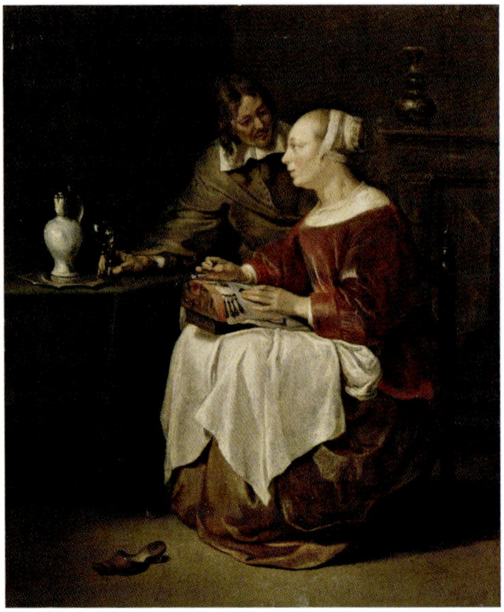

Frau von der Arbeit abzuhalten. Ein ähnliches Motiv hat Gabriel Metsu in seiner *Spitzenklöpplerin* behandelt (als Kopie nach Metsu in der Wiener Gemäldegalerie erhalten, S. 120). Vermeers junge Frau scheint die Intentionen des Kavaliers zu erkennen und sich ihrer Situation bewusst zu sein, im Gegensatz etwa zu der Dame in der *Musikstunde* (1657–1660) von Frans van Mieris[149] und dem gleichnamigen Bild von 1655 (Kopenhagen, Statens Museum for Kunst), das Gerbrand van den Eeckhout (1621–1674) geschaffen hat. Darauf weist auch das Bild Cupidos an der Wand hin, das, durch den schlechten Erhaltungszustand bedingt, nur undeutlich zu erkennen ist. Mit größerer Klarheit hat Vermeer dieses Bild im Hintergrund seiner *Stehenden Virginalspielerin* (S. 95, Kat. 33) dargestellt, es ist im Hintergrund des *Brieflesenden Mädchens* (S. 95, Kat. 5) zu sehen, dort war es bis zur Restaurierung 2021 übermalt, und es ist ein schmaler Streifen des rechten Bildrands im *Schlafenden Mädchen* (S. 87, Kat. 4) abgebildet. Das Motiv des Cupido geht auf das bereits erwähnte Emblem von Otto van Veen (S. 282) zurück. Bei ihm hält der Amorknabe eine Tafel mit einer „1“ empor und zertritt eine Tafel mit den Ziffern „2–9“.[150] Die Bedeutung ist im Motto „die Liebe ist nur vollkommen, wenn sie auf eines gerichtet ist“ ausgesprochen. Hier hält Cupido allerdings eine blanke Karte in der Hand. Vielleicht soll er im Zusammenhang mit der Szene darauf hinweisen, dass Liebe im Spiel ist, oder vielmehr, dass die Liebe ein Glücksspiel darstellt.

Bilder holländischen Lebens

Gleichzeitig mit den formal wie inhaltlich eng verbundenen und wohl innerhalb eines begrenzten Zeitraums zwischen etwa 1658 und 1661 entstandenen Genrebildern mit Szenen der Werbung und versuchten Verführung bei Wein und Musik schuf Vermeer Bilder, die Motive aus der Stadt Delft darstellen. Drei dieser Bilder sind erhalten, die hier zu einer Gruppe zusammengefasst werden – Bilder, die zu den berühmtesten Werken des Künstlers zählen und auf denen sein Ruhm als Maler Hollands gründet. Er hat in

Kopie nach Gabriel Metsu, **Die Spitzenklöpplerin**, 2. Hälfte 17. Jahrhundert
Öl auf Eichenholz, 35,4 x 29 cm. Wien, Kunsthistorisches Museum, Gemäldegalerie

diesen Gemälden der holländischen Landschaft, der holländischen Stadt und den holländischen Menschen archetypischen Ausdruck verliehen, sie haben sich tief in das kollektive Gedächtnis der europäischen Kultur eingeprägt und bilden das Fundament unserer Vorstellung, wie eine holländische Stadt im „Goldenen Zeitalter" aussah und wie sich das Leben der Menschen in dieser Zeit gestaltete.

Dabei bildet jedes dieser drei Bilder innerhalb des gesamten uns bekannten Œuvres des Künstlers eine Ausnahme. Es gibt von Vermeer nur ein einziges Genrebild, in dem er nicht das Leben der oberen Gesellschaftsschicht, sondern die hart arbeitende Bevölkerung darstellte: *Das Milchmädchen* (S. 173, Kat. 8). Es gibt nur eine einzige Straßenszene (aus dem Versteigerungskatalog von 1696 wissen wir, dass es damals mindestens ein weiteres derartiges Bild gegeben hat): die *Kleine Straße* (S. 175, Kat. 9), und es gibt nur ein einziges Landschaftsbild von Vermeer: die *Ansicht von Delft* (S. 176/177, Kat. 12). Alle drei Bilder werden im Katalog der Amsterdamer Versteigerung von 1696 beschrieben und stammen daher mit hoher Wahrscheinlichkeit aus der Sammlung von Pieter van Ruijven. Zwei dieser Bilder, die *Ansicht von Delft* und *Das Milchmädchen*, erzielten bei der Versteigerung von 1696 mit 200 fl. bzw. 175 fl. die höchsten Preise. Das bedeutet, dass schon wenige Jahrzehnte nach ihrer Entstehung diese Bilder nicht nur zu zentralen Stücken im gesamten Œuvre Vermeers zählten, sondern darüber hinaus für bedeutende Werke der holländischen Malerei gehalten wurden.

Als Darstellung einer Frau, die, ganz in ihre Tätigkeit versunken, sich allein in einem fast leeren Raum befindet, gehört *Das Milchmädchen* zu einer großen Gruppe von Genrebildern Vermeers, die sich zeitlich über seine gesamte künstlerische Tätigkeit erstreckt. Diese Bilder zeigen den Variationsreichtum seiner Kompositionsideen und sein zunehmendes formales Geschick bei der Umsetzung. Zeitlich am Anfang steht das *Brieflesende Mädchen am offenen Fenster* (S. 95, Kat. 5), in der die als Profilfigur wiedergegebene junge Frau in der Gesamtkomposition erstaunlich klein und geradezu schmächtig wirkt. Im Vergleich dazu ist das *Milchmädchen* von einer ganz anderen körperlichen Präsenz. Auch sie steht allein in einem Raum, der noch viel leerer wirkt als beim *Brieflesenden Mädchen*, jedoch füllt und dominiert sie ihn durch ihre statuenhafte Erscheinung. Ausgehend vom Stillleben entsteht der Eindruck, dass die Zeit anhält und zur permanenten Gegenwart wird. Vermeer verleiht der Figur etwas Monumentales, indem er den Horizont niedrig ansetzt. Er liegt deutlich unter ihrer Schulterlinie, sodass der Betrachter zu der jungen Frau quasi aufblicken muss, um ihr ins Gesicht zu sehen. Die dreidimensionale Plastizität der Figur entsteht durch eine kräftige Modellierung von Licht und Schatten. Sie zeigt sich deutlich in dem seitlich beleuchteten Gesicht der jungen Frau mit ihrer gerundeten Stirn und der dunklen Wangenpartie, in ihren muskulösen Unterarmen, aber auch in der schweren, aus dicken und groben Materialien hergestellten

Kleidung. Vermeer hat in seinem frühen Werk *Christus bei Maria und Martha* (S. 83, Kat. 2) gezeigt, dass er die plastische Modellierung einer Figur durch Licht und Schatten von Anfang an beherrschte.

Zugleich ist alles dem reduzierten Farbkonzept untergeordnet, das neben den Weiß- und Grautönen des Raums mit dem intensiven Blau der Schürze, des Steingutkrugs und des vorne herabhängenden Tuchs, dem Blaugrün des Tischtuchs sowie verschiedenen Gelb- und rötlichen Ockertönen bis zum tiefen Rot des Kleids auskommt. Alle die Figur umgebenden Gegenstände scheinen nach ihrer Farbe ausgewählt zu sein, vom hellen Gelb des Marktkorbs an der Wand und dem glänzenden Messingeimer bis zum rötlichen Steingut des Milchkrugs und der braunen Schüssel.

Vermeer erreicht hier zudem eine neue Qualität der illusionistischen Wiedergabe. Sie schafft den unmittelbaren Eindruck einer überwältigenden Realität, den kein anderer Maler neben Vermeer so erzielt. Die materielle Existenz der großen weißen Wandfläche wird durch die genaue Wiedergabe von kleinen Beschädigungen, von Flecken, Löchern, Nägeln und ausgebrochenen Stellen, gesichert. So verhindert der Künstler, dass die Wand nur als glatte, gleichsam entmaterialisierte Lichtfläche erscheint, vor der sich die junge Frau abhebt. Die Fläche ist vielmehr subtil in der Helligkeit differenziert: Rechts zeichnet sich die Gestalt als dunkle Silhouette vor dem hellen Grund ab, während links die hellen Flächen von gelbem Wams und weißem Kopftuch gegen die dunklere Wand stehen. Auf die weiter vom Fenster entfernte Wandfläche fällt das meiste Licht, während die Raumecke in Fensternähe verschattet bleibt.

Der Höhepunkt der illusionistischen Wirkung zeigt sich in dem Stillleben mit der blauen, plastisch verzierten Steingutkanne, dem irdenen braun glasierten Topf, dem Brot im Korb sowie den Brotstücken auf dem Tisch (S. 170). Diese Gegenstände sind von elementarer Präsenz, und in der Vollkommenheit ihrer Wiedergabe wird deutlich, das Vermeer zu den größten Stilllebenmalern des holländischen 17. Jahrhunderts zählt, gleichbedeutend etwa mit seinem Zeitgenossen Willem Kalf (1619–1693), der sich im Laufe der Zeit fast ausschließlich auf Stillleben spezialisierte.

Die Erreichung dieser illusionistischen Wirkung durch die besonderen malerischen Mittel beschreibt Wheelock etwa anhand des Aufbaus der Malschichten beim blauen Krug: „Für den dunkelblauen Krug im Hintergrund des Stilllebens … verwendete Vermeer in der ersten Untermalung eine hellgraue Farbe. Dann deutete er mit kleinen hellgrauen Punkten die Platzierung der erhabenen Glanzlichter auf der Wandung des Kruges an. Diese dekorative Struktur umgrenzte und betonte er mit undurchsichtiger schwarzer Farbe, gefolgt von weißen Farbakzenten am Deckel und an den Wülsten des Kruges. Anschließend gab er dem Krug seine bläuliche Tönung, indem er auf seiner Oberfläche, hauptsächlich auf der schwarzen Malschicht, selektiv kleine blaue Farbkleckse verteilte. Zum Schluss fügte er kleinere weiße Farbtupfen hinzu, um die kreisförmigen Glanzlichter des erhabenen Dekors auf der Wandung des Kruges hervorzuheben."[151]

Es gibt dafür keine Parallelen in der holländischen Malerei – außer vielleicht bei Rembrandt, der ebenfalls eine sehr differenzierte persönliche Malweise entwickelte, die in ganz anderer Weise zu besonderen illusionistischen Effekten führte. Die kühne These Liedtkes, Vermeer habe keinen Lehrmeister gehabt, sondern sich das meiste selbst beigebracht, findet zumindest hier ihre Bestätigung, denn keiner seiner Zeitgenossen malte so.

Die Farbfleckentechnik Vermeers wurde immer wieder mit seinem angeblichen Gebrauch einer Camera obscura in Verbindung gebracht (siehe dazu S. 108 f.), doch dagegen spricht auch bei diesem Gemälde der Einstich am Fluchtpunkt. Ihm ist auch die Seitenkante des Tisches untergeordnet, denn dieser ist, wie erst Gerhard Gutruf entdeckt hat, nicht vier-, sondern achteckig: Bei genauer Beobachtung ist die verdeckte seitliche Tischkante entlang der Schürze des Mädchens zwischen den Brotstücken als schmaler Streifen des grünen Tischtuchs zu erkennen.[152]

Die Darstellung von Küchenszenen mit Mägden und Stillleben mit Lebensmitteln und Küchenutensilien hat eine lange, bis ins 16. Jahrhundert zurückreichende Tradition in der niederländischen Malerei.[153] Monumental wirkende Einzelfiguren von Küchenmägden, die unserem *Milchmädchen* vorausgehen, finden sich zum ersten Mal bei Pieter Aertsen und seinem Nachfolger Joachim Bueckelaer (um 1533–1574; S. 172). Die flämischen Küchenstücke erlebten im frühen 17. Jahrhundert, etwa durch Frans Snyders und seine Nachfolger, eine weitere Blüte. Während diese sich vor allem durch Fülle und Vielfalt der ausgebreiteten Küchenstillleben auszeichneten (S. 125), ist Vermeers Darstellung von rustikaler Einfachheit und damit nicht nur eine Ausnahme unter seinen eigenen Genrebildern, sondern in der Reduktion auch einmalig unter den niederländischen Küchenstücken. Die ungeschönte ländliche Erscheinung des Mädchens in ihrem Wams aus derb genähtem Leder und den schweren Kleidern aus grobem Stoff, ihre Konzentration auf das Eingießen der Milch aus einem Steingutkrug in einen Topf sind von elementarer Präsenz. Über die kunsthistorische Ableitung von den niederländischen Küchenstücken des 16. Jahrhunderts hinausgehend, wurde immer wieder die Frage nach der Bedeutung der Darstellung gestellt. Wheelock weist darauf hin, dass es sich weder um ein Genrebild noch um ein Porträt handelt, sondern dass der Charakter der Darstellung am ehesten einer Allegorie gleichkommt.[154] Das Ausgießen von Milch lässt sich aber mit keiner konkreten allegorischen Bedeutung verbinden, der Sinn kann daher nur in übertragener oder weiter gefasster Form in der menschlichen Würde liegen, die sich im Moment ruhiger, unbeobachteter Tätigkeit äußert.

Auch die Frage nach dem Realitätsgrad der Darstellung wurde wiederholt gestellt. Eine ähnliche Küche gab es wohl im Haushalt Vermeers selbst. Im Inventar des Hausstands seiner Witwe, das am 29. Februar 1676, zweieinhalb Monate nach dem Tod des Künstlers, angelegt wurde, werden vier Küchen erwähnt: Eine „innere Küche“, die als Wohnraum ausgestattet war, eine kleine Küche im Hinterhaus, eine Küche, in der gekocht wurde (*koockeucken*), in der aber auch ein Bett stand, und eine Waschküche (*waskeukentgen*).[155] Es wurde vermutet, dass Vermeer im *Milchmädchen* eine vernachlässigte, zu einem ärmlichen Haushalt gehörende Küche dargestellt habe: Nur um einen Auflauf aus Brot und Milch herzustellen, sei sie nicht eigens beheizt, sondern nur durch den kleinen Fußwärmer, der hinter der Magd zu sehen ist, angewärmt worden.[156]

Anstelle des vermeintlichen Fußwärmers hatte Vermeer ursprünglich einen Wäschekorb vorgesehen, wie im Röntgenbild zu sehen ist, und auch den Kachelfries mit kleinen Eroten am unteren Rand der Mauer fügte er nachträglich hinzu. Diese Bildelemente korrespondieren nicht nur in ihrer Größe besser mit dem Weidenkorb und dem Messingeimer an der Wand, sie lenken auch die Bedeutung des Bildes in eine bestimmte Richtung. Der kleine, mit glühenden Kohlen gefüllte Wärmeofen ist ein *Mignon des dames*, ein „Liebling der Damen“, der in der kalten Jahreszeit bei den Damen als Wärmequelle unter ihren Röcken beliebt war. In Bildern und Texten des 17. Jahrhunderts wird diese Wärmequelle gern als Symbol weiblicher Lüsternheit verwendet, so auch in einem moralisierenden Emblem aus den *Sinnepoppen* (S. 126), erschienen 1614 in Amsterdam, von Roemer Visscher (1547–1620). Wenn das Bild nicht nur mit malerischer Illusion das Sichtbare wiedergibt, sondern die gesamte Realität des Lebens abbildet, dann könnten wir in Vermeers Werken Abbilder eines Delfter Bürgerhauses in allen Details vermuten. Während in der *voorkamer* die Hausfrau einen Kavalier empfängt, der sie zu einem *Glas Wein* (Kat. 7) nötigt, ist in der Küche ein *Milchmädchen* mit der Zubereitung einer Speise aus Weißbrot und Milch bzw. Sahne beschäftigt. Der bereitgestellte *Mignon des dames* ist natürlich nicht für die Magd bestimmt – wenn es auch einer alten niederländischen ikonografischen Tradition entspricht, Dienstmägden lose Sitten zuzuschreiben –, sondern für die Dame des Hauses. Zuerst muss von der Magd ein Feuer entfacht werden, wenn es niedergebrannt ist, wird der Wärmer mit glühenden Kohlen gefüllt und der Hausfrau zu ihrer Bequemlichkeit gebracht.

Mit der *Kleinen Straße* (S. 175, Kat. 9), im Niederländischen liebevoll *het Straatje*, „das Sträßchen“, genannt, wählt Vermeer ein für ihn völlig neues Thema, einen Blick in eine Straße einer holländischen Stadt. Es wurde vermutet, für die Themenwahl sei Vermeers Mäzen und wichtigster Auftraggeber Pieter van Ruijven ausschlaggebend gewesen. In der Amsterdamer Auktion von 1696 wird ein zweites ganz ähnliches Bild erwähnt: „32. Eine Ansicht eines Hauses in Delft, von demselben [nämlich Vermeer]“ und „33. Eine Ansicht von einigen Häusern, von demselben“.[157] Vermeer malte also mindestens ein weiteres ähnliches Bild, und Pieter van Ruijven hatte vielleicht eine Vorliebe für diese Stadtansichten, denn er besaß auch die *Ansicht von Delft* (Kat. 12).

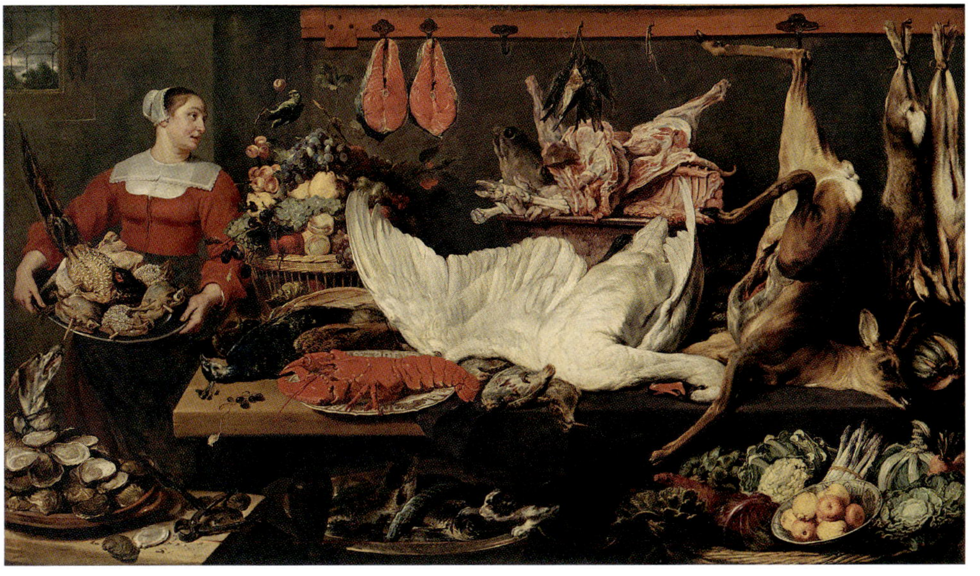

Frans Snyders Nachfolge, **Küchenmädchen**, um 1630
Öl auf Leinwand, 97 x 126 cm. Brüssel, Musées Royaux des Beaux-Arts de Belgique

Vermeer stellt die Fassaden zweier aus dem 16. Jahrhundert stammender Häuser dar, die durch eine Mauer mit zwei in die Hintertrakte führende Türen miteinander verbunden sind. Die beiden Häuser sind an der linken und rechten Seite jeweils vom Bildrand überschnitten, sodass von den bildparallel angeordneten Fassaden nur verschieden große Teile zu sehen sind. Dies betont den zufälligen Charakter des Bildausschnitts: Es ist nicht ein bestimmtes Haus oder eine bestimmte Straße in Delft wiedergegeben, wahrscheinlich sind aus kompositionellen Gründen nicht einmal wirklich nebeneinander gelegene Häuser abgebildet, sondern Vermeer hat sein Bild vermutlich aus verschiedenen Naturstudien zusammengesetzt.

In der älteren Literatur wurde die Frage, ob Vermeer einen Ort in Delft wiedergegeben habe und wenn ja, welchen, ausführlich diskutiert. Es wurde fälschlicherweise vermutet, er habe den Blick aus dem Gasthaus „Mechelen" in die Voldersgracht dargestellt, um damit Häuser zu dokumentieren, die 1661 abgerissen wurden, um für den Neubau der Delfter St. Lukasgilde Platz zu machen.[158] So hatte etwa Pieter Saenredam (1587–1655) ein Bild des alten Amsterdamer Rathauses (Amsterdam, Rijksmuseum) gemalt, bevor es abgerissen wurde. Für die Errichtung des Sitzungsaals der Malergilde wurden aber keine Häuser demoliert, sondern das an dieser Stelle befindliche frühere Altmännerhaus wurde nur innen umgebaut und mit einer neuen Fassade versehen. Wheelock hält es trotzdem für möglich, dass

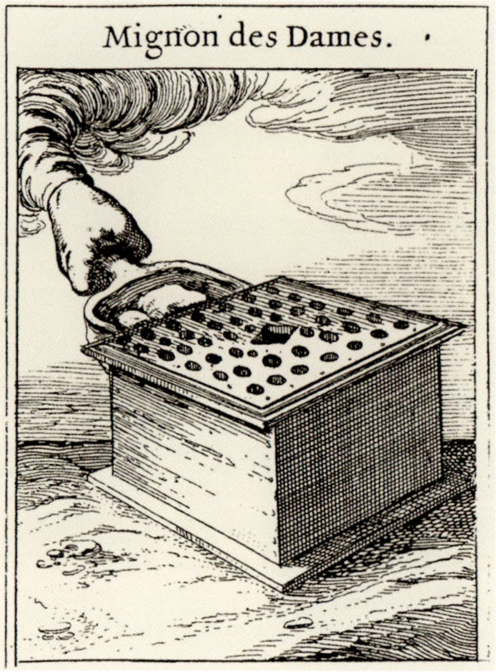

Vermeer einen Blick aus dem Atelier, das er im zweiten Stock des „Mechelen" benutzt hatte, zur Grundlage für den linken Teil des Bildes nahm und mit einem anderen Gebäude ergänzte.[159] Kaldenbach vermutete, Vermeer habe in dem Haus rechts mit dem Stufengiebel ein Gebäude in einer anderen Delfter Straße, am Nieuwen Langendijck, festgehalten, in dessen Nähe sich das Haus von Maria Thins befand.[160]

Vergleichbar mit Vermeers Gemälde sind kurz vor 1660 entstandene Bilder de Hoochs mit Delfter Hinterhöfen und ihren Bewohnern (S. 174), die ebenfalls Architekturelemente aus verschiedenen Quellen miteinander kombinieren. Diese Bilder sind allerdings im Allgemeinen nahsichtiger, während Vermeer seine Häuser aus einer etwas größeren Entfernung abbildet. Zugleich übertrifft Vermeer seinen Zeitgenossen bei weitem durch den außerordentlichen Illusionismus seiner Darstellung, der sich in der Wiedergabe unterschiedlicher Oberflächen äußert, etwa der gealterten Gebäude mit ihren Schäden, ihren unregelmäßigen Ziegelmauern mit ausgebesserten Stellen und ungleichen Mörtelfugen oder der verwitterten Struktur der verschiedenfarbigen, teils offenen, teils geschlossenen Fensterläden (S. 13).

Für den vom Künstler angestrebten ruhigen Eindruck der Komposition ist besonders die einfache, bildparallele Anordnung der Fassaden wichtig. Dieses System von Orthogonalen, wie wir es auch von seinen Innenräumen kennen, zeigt sich in der Gliederung der Fassade vor allem des rechten, größeren Hauses mit seinem hohen Erdgeschoss und den in der Höhe abnehmenden beiden Stockwerken darüber, den Fensterrahmen und -läden bis zum filigranen Gitterwerk der Bleiverglasung der Fenster. Vermeer ordnet diesem System sogar die perspektivische Darstellung der vorspringenden Fassadenteile und der Hausbank unter, sodass mehrere Horizontlinien übereinanderliegen.[161] Die Tiefenerstreckung der Komposition wird durch die im Hintergrund

Roemer Visscher, **Mignon des Dames**, 1614
in: *Sinnepoppen*, Amsterdam 1614, S. 178

erscheinenden Hausgiebel und vor allem durch die offen stehende Tür ermöglicht. Sie gibt den Blick in einen Innenhof frei, in dem sich eine Frau über eine Wassertonne beugt. Eine Abflussrinne führt geradewegs aus dem seitlichen Hausgang bis in den Vordergrund und wird von den unregelmäßigen Rillen des Straßenpflasters begleitet. Genau beobachtete und wiedergegebene Details, wie die weiß getünchten Wände im unteren Bereich der Häuser, erfüllen zugleich wichtige kompositionelle Funktionen; hier dienen sie dazu, den Vordergrund mit dem Kopfsteinpflaster der Straße von den Ziegelmauern optisch zu trennen und eine Folie für die Figuren zu schaffen. Andere, nicht sofort ins Auge fallende Details verändern die Realität aus Gründen des Bildaufbaus: Der Eingang des Hauses mit der geöffneten Tür ist leicht aus der Mittelachse des Gebäudes verschoben, die Wandpfeiler zwischen der mittleren Eingangstür und den beiden großen Fenstern seitlich sind ungleich breit, um genügend Platz für den geöffneten roten Fensterladen als wichtiges Element der Farbkomposition des Bildes zu schaffen.

Für den heutigen Betrachter ist das eigentliche Thema des Bildes die Erfassung der beschaulichen Stimmung einer ruhigen Straße in einer Stadt der Vergangenheit mit den stillen Tätigkeiten ihrer Bewohner, einer mit Handarbeit beschäftigten Frau, die in der geöffneten Eingangstür des Hauses sitzt, einer Magd, die sich im Durchgang zum Hinterhof zu schaffen macht, und zwei Kindern, die am Straßenrand unter der Hausbank spielen. Der nostalgisch verklärte Blick zurück in eine vermeintlich glückliche Vergangenheit schafft einen starken Stimmungswert, die bis heute fortdauernde Existenz alter Häuser in stillen Winkeln holländischer Städte, die den hier wiedergegebenen ähnlich sind, stellt bis zum heutigen Tag eine unmittelbare Verbindung zur Gegenwart her.

Die *Ansicht von Delft* (S. 176/177, Kat. 12) nimmt in Vermeers malerischem Werk in mehrfacher Hinsicht eine Sonderstellung ein. Wir haben Grund anzunehmen, dass es sich nicht nur um die einzige erhaltene Landschaft des Künstlers handelt, sondern wahrscheinlich auch die einzige, die er je gemalt hat. Die meisten holländischen Maler des 17. Jahrhunderts haben sich auf eine oder höchstens zwei Bildgattungen spezialisiert, mit denen sie bekannt und erfolgreich wurden. So gab es neben Landschaftsmalern, wie Jan van Goyen (1596–1656) oder Jacob van Ruisdael, Porträtmaler wie etwa Frans Hals, auf Stillleben spezialisierte Künstler und Maler von Genreszenen, zu denen man auch Johannes Vermeer rechnen kann. Eine Ausnahme bildet Rembrandt, der in erster Linie Historienbilder, aber auch Porträts und Landschaften malte. Die *Ansicht von Delft* ist im Werk Vermeers so außergewöhnlich, dass vermutet wurde, sie könne nur auf speziellen Wunsch eines Auftraggebers gemalt worden sein.[162] Wie eine Reihe von Kopien aus dem 18. Jahrhundert bezeugen, wurde das Werk immer hoch geschätzt, vermutlich weniger als Werk Vermeers, sondern vor allem wegen seines Sujets. 1822 wurde es im Katalog einer Amsterdamer Versteigerung als „das bedeutendste und berühmteste Bild dieses Meisters“

bezeichnet.[163] Und was damals schon als besonders erkannt wurde, macht bis heute die Faszination dieser Stadtansicht aus. Es ist der höchst individuelle Zugang Vermeers, durch den sich das Stadtpanorama von ähnlichen Bildern der spezialisierten Zeitgenossen völlig unterscheidet. Es entstand ein Bild, das den Charakter einer Momentaufnahme trägt und daher bis heute unvermindert zeitlos modern wirkt. Es ist wohl kein Zufall, dass gerade dieses Bild zum Ausgangspunkt der Wiederentdeckung Vermeers durch Thoré-Bürger wurde,[164] in einer Zeit, als man in Europa begann, Landschaften nicht länger im Atelier, sondern im Freien unmittelbar in der Natur zu malen. Mit Marcel Proust fand dieses Bild Eingang in die Literatur. Er nannte es in einem Brief an seinen Freund Jean-Louis Vaudoyer „das schönste Bild der Welt“[165] und ließ den Schriftsteller Bergotte in dem 1923 postum veröffentlichten fünften Band seines monumentalen Romanwerks *À la recherche du temps perdu* angesichts des Bildes in einer Ausstellung mit der Erkenntnis „so hätte ich schreiben sollen“ sterben.[166]

Auch wenn er ihn völlig neu interpretierte, knüpft Vermeer mit diesem Werk doch thematisch an den im 17. Jahrhundert weit verbreiteten Bildtypus des Stadtpanoramas an, dessen Ursprung in der Druckgrafik liegt. Wir begegnen solchen Stadtpanoramen zuerst in den Bordüren von großen Wandkarten, wie sie Vermeer in der *Malkunst* (S. 265, Kat. 26) darstellte. Beispiele aus der Malerei der ersten Jahrzehnte des 17. Jahrhunderts sind etwa die 1618 datierte *Ansicht von Zierikzee* von Esaias van de Velde (1587–1630; Staatliche Museen zu Berlin, Gemäldegalerie) oder die beiden bekannten Veduten von Hendrick Vroom (um 1566–1640), *Blick auf Delft von Südwesten* (S. 133) und als Gegenstück *Blick auf Delft von Nordwesten* (S. 130) von 1615, die ursprünglich als privater Auftrag entstanden waren, dann in den dreißiger Jahren des 17. Jahrhunderts der Stadt geschenkt wurden und sich heute im Museum Het Prinsenhof in Delft befinden.[167] Die Maler von Stadtansichten strebten danach, ein möglichst vollständiges topografisches und zugleich charakteristisches Bild der Stadt zu bieten. Das übliche Motiv bildet ein Panorama mit einer Wasserfläche im Vordergrund, wobei der Wolkenhimmel oft die Hälfte der gesamten Bildfläche einnimmt und die Häuser der Stadt weit entfernt und relativ klein erscheinen, während markant herausragende Bauwerke wie Kirchtürme oder Stadttore das unverwechselbare Aussehen der Stadt einfangen. Wenige Jahre vor Vermeers Bild entstand 1654 der *Blick auf Delft von Norden* von Jan van Goyen (S. 19). Goyen strebt nach topografischer Treue und zugleich nach malerischer Wirkung, ebenso wie Daniel Vosmaer (1622–1669/70) in seiner um 1659/60 datierten Ansicht vom *Hafen von Delft* (Ponce, Museo de Arte de Ponce), der die Stadt von derselben Seite wie Vermeer darstellt.

Das Milchmädchen (Dienstmagd mit Milchkrug) (Detail), um 1658–1661
(siehe Abb. S. 173)

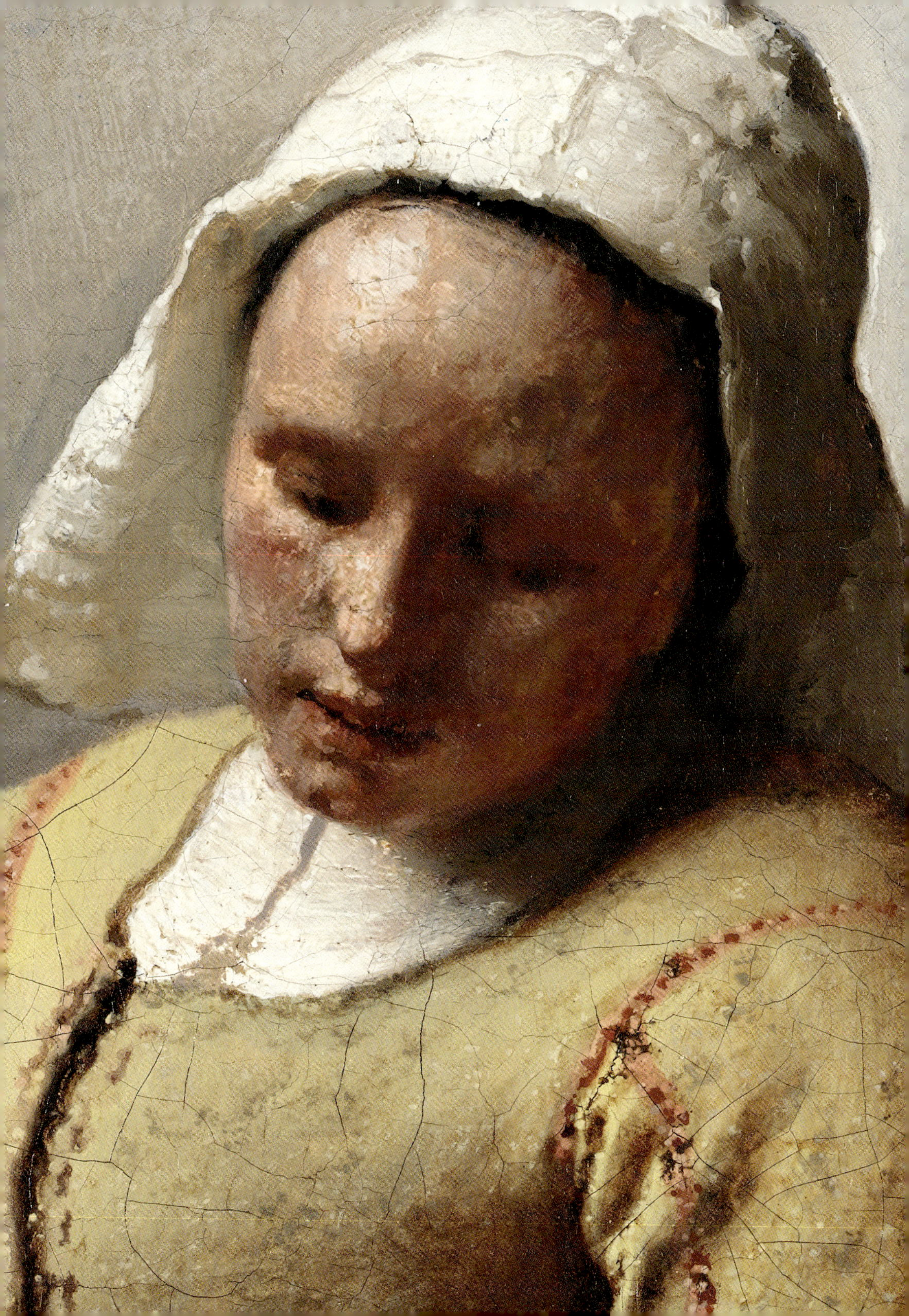

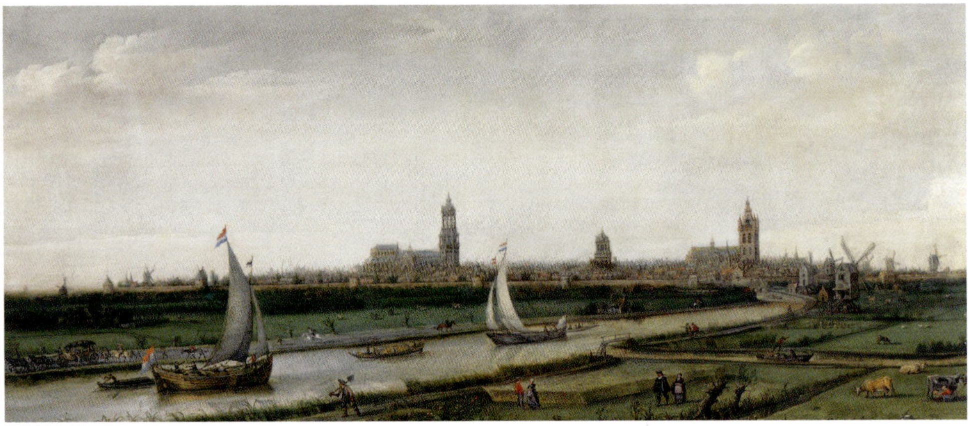

Hendrick Cornelisz. Vroom, **Blick auf Delft von Nordwesten**, 1615–1634
Öl auf Leinwand, 71 x 162 cm . Delft, Museum Prinsenhof

Vermeers Blick auf die Stadt ist jedoch ganz anders aufgefasst. Er ist einerseits ganz naturnah und illusionistisch, zugleich jedoch höchst subjektiv, indem er den momentanen Eindruck einer bestimmten Lichtsituation mit den ihm vertrauten Mitteln eines hoch entwickelten malerischen Illusionismus festhält. Er zeigt eine bestimmte optische Erscheinung der Stadt mit den unregelmäßigen Oberflächen der Ziegelmauern und Dächer, der nur leicht gekräuselten Wasseroberfläche des Hafenbeckens, die von den rasch ziehenden Wolken bestimmt wird und nur einen Augenblick anhält. Er betont dabei die bewegte Konturlinie der Silhouette, die die Häuser vom Himmel trennt, und wiederholt sie als dunkle Spiegelung auf dem Wasser. Während sich die Stadtbefestigung mit den Toren und den unmittelbar dahinter liegenden Häusern im Schatten der dunklen Wolke befinden, liegt der entlegenere Teil der Stadt im hellen Sonnenlicht, wodurch der die Häuser weit überragende Turm der Nieuwe Kerk hervorgehoben wird. Kein einziger Maler der üblichen topografischen Ansichten hat je diesen malerischen Effekt dargestellt. Die dunkle Wolke zeigt die Weite des Himmels, ihr Schatten erzeugt die Abfolge von sonnigen und dunklen Partien der Stadtlandschaft. Der überzeugende Realitätseindruck wird durch einige für Vermeer typische Gestaltungselemente erreicht, neben den kräftigen Hell-Dunkel-Kontrasten sind es vor allem kleine Lichteffekte wie einzelne Glanzlichter aus dicken Klecksen von Bleiweiß, schmale flimmernde Lichtstreifen sowie die überzeugende Wiedergabe der Oberflächen von Dächern und verwitterten Mauern durch einzelne Farbpunkte.

Vermeer stellt Delft von Süden gesehen dar, mit dem Hafen von annähernd dreieckigem Grundriss, der in Delft als *Kolk* (Teich) bezeichnet wurde. Er verband die

Kanäle, die nach Rotterdam, Schiedam und Delfshaven führten, und war damit das belebte Verkehrs- und Kommunikationszentrum der Stadt. Die Stadtmauer dahinter wird von mehreren architektonisch hervorgehobenen Toren unterbrochen. In der Bildmitte erkennt man die große Baumasse des Schiedamer Tors, das von einem kleinen Glockenturm überragt wird, und ganz rechts, durch eine gemauerte Brücke verbunden, das doppeltürmige Rotterdamer Tor. Der sandige Uferstreifen im Vordergrund ist von einem leicht erhöhten Standpunkt aus gesehen, sodass Figuren und Boote in Aufsicht dargestellt sind. Das Motiv des schräg angeschnittenen Uferstreifens suggeriert Tiefenräumlichkeit und wurde von Pieter Bruegel d. Ä. (um 1525/30–1569) in die niederländische Landschaftsmalerei eingeführt.[168] Das Sonnenlicht kommt von Osten, es herrscht also Morgenstimmung. Noch sind wenige Menschen zu sehen, und der Hafen ist bis auf einen Lastkahn im Vordergrund, zwei Heringsschiffen vor dem Rotterdamer Tor und Segelbooten im Hintergrund leer. Zeitgenössische Schilderungen beschreiben den Hafen hingegen als betriebsam und voller Schiffe. Die Kleidung der Personen lässt Rückschlüsse auf ihren Status zu. Die Männer beim Schiff sind offensichtlich wohlhabende Bürger, während die dargestellten Frauen in einfacher, regionaler, ländlicher Tracht gekleidet erscheinen.

Das Bild wirkt in seinem Illusionismus so überzeugend, dass fälschlicherweise vermutet wurde, Vermeer hätte nicht nur den Schauplatz gezeichnet, sondern das Bild selbst an Ort und Stelle gemalt bzw. mit Hilfe einer Camera obscura festgehalten.[169] Jedoch wurde darauf hingewiesen, dass Vermeer die Darstellung aus formalen Gründen zurechtrückte und veränderte.[170] So vereinfachte er die Stadtansicht durch Betonung der horizontalen Strukturen, etwa durch das langgestreckte Dach, das links die Häuser hinter der Stadtmauer überragt. Als Vergleich kann z. B. eine Zeichnung von Abraham Rademaker (um 1676/77–1735) herangezogen werden, in der man erkennt, wie Vermeer die Proportionen in die Breite dehnte und die Horizontalen betonte (S. 139). Auch hier wird seine Vorliebe für eine orthogonale Komposition, die von dominanten Senkrechten und Waagrechten bestimmt wird, deutlich sichtbar. Die Treppengiebel der Häuser in der Ketelstraat, die unmittelbar hinter der Stadtmauer verläuft, überragen diese und bilden eine aneinandergereihte Folge. Die am Ende der Straße befindliche Windmühle, die in Plänen eingezeichnet und auf mehreren Darstellungen als markantes Wahrzeichen zu sehen ist, hat Vermeer nicht dargestellt. Eine aquarellierte Zeichnung von 1667 von Jan de Bisschop (Amsterdam, Historisch Museum), die den Blick entlang der Stadtmauer nach Osten bis zum Schiedamer Tor wiedergibt, lässt die Tiefengliederung der Front gut erkennen. Die horizontale Bänderung des aus abwechselnden Schichten von Stein und Ziegel errichteten Rotterdamer Tors gibt Vermeer nur durch Reihen einzelner Lichtpunkte an. Es wurde darauf hingewiesen, dass das helle Licht, das den Turm der

Nieuwe Kerk prominent hervorhebt, symbolische Bedeutung haben könnte, indem es auf das in der Kirche befindliche Grab von Wilhelm von Oranien hinweist. Vor allem aber hat der Turm in der Komposition eine formale Bedeutung als Gegengewicht zum Glockentürmchen des Schiedamer Tors. Beide Türme rahmen die Brücke über den Kanal, der ins Zentrum der Stadt führt. Von dem in der Ferne liegenden Turm der Oude Kerk ist nur die oberste Spitze sichtbar.

Musikalische Gesellschaft

In den frühen sechziger Jahren greift Vermeer mit zwei Bildern musikalischer Gesellschaften auf das Kompositionsmuster zurück, das er wenige Jahre zuvor für das *Glas Wein* (Kat. 7) entwickelt und mehrfach (Kat. 10 und 11) erfolgreich verwendet hat. Es handelt sich um *Die Musikstunde* (S. 181, Kat. 13) und *Das Konzert* (S. 183, Kat. 19). Beide Bilder stammen wahrscheinlich aus der Sammlung von Pieter Claesz. van Ruijven, sie stimmen formal und inhaltlich weitgehend überein, und das Format ist fast identisch. Aus diesem Grund wurde vermutet, die Bilder könnten als Gegenstücke gedacht gewesen sein. Da sie jedoch in der perspektivischen Konstruktion und der Darstellung des Raums leicht voneinander abweichen und ein Abstand von einem oder mehr Jahren zwischen den beiden Bildern liegen dürfte, waren sie wohl kaum als Pendants vorgesehen (siehe dazu ausführlicher S. 137).

Die Musikstunde stellt einen von zwei Fenstern erhellten weiten Raum dar. Durch das zweite Fenster, das wie immer in holländischen Häusern mit der Rückwand bündig abschließt (vgl. die Außenansicht in der *Kleinen Straße*, S. 175, Kat. 9), fällt mehr Licht ein, sodass vom Raum der hintere Teil, in dem sich die beiden dargestellten Personen befinden, heller beleuchtet ist und die Rückwand den hellsten Teil des gesamten Bildes bildet. Hier, vom Betrachter weit entfernt, sehen wir die Protagonisten der Handlung, eine junge Frau, die uns den Rücken zuwendet, an einem geöffneten Virginal, neben ihr einen Kavalier, der sich mit der Rechten auf den Rand des Instruments lehnt und mit der Linken auf einen Spazierstock stützt.

Auffallend ist die unausgewogene Gewichtung: Sowohl die Handlung wie die kräftigen Farbakzente sind auf der rechten Bildseite konzentriert, während die linke Bildhälfte eher leer wirkt. Der Horizont ist niedrig angesetzt, er verläuft etwas oberhalb der Tastatur des Musikinstruments, so als ob der Betrachter aus einer sitzenden Position das Geschehen beobachten würde. Der zentrale Fluchtpunkt des Bildes liegt im linken Ärmel der Dame. Der untere Teil des Bildes wird von dem auffallend weiß-schwarz gemusterten Boden und dem großen türkischen Tischteppich eingenommen, dessen steife, schwere Falten sich weit ausladend am Boden stauen. Der vorderste Teil des Plattenbodens in der linken unteren Ecke des Bildes wirkt durch die perspektivische

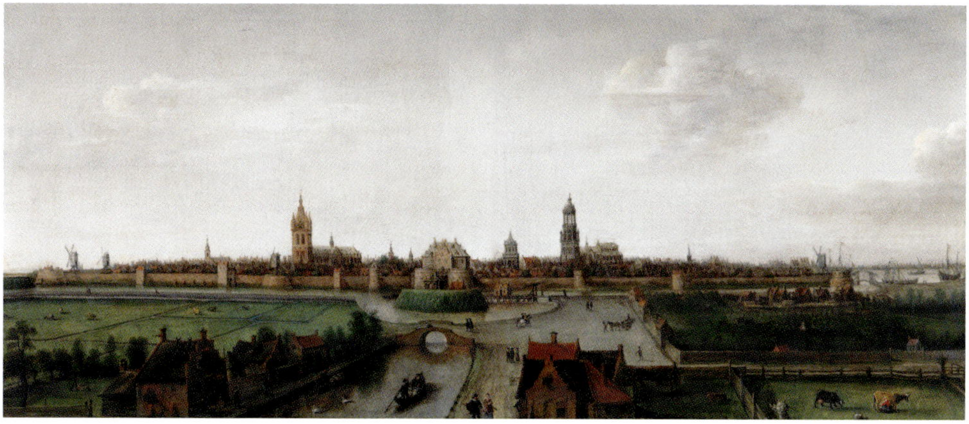

Hendrick Cornelisz. Vroom, **Blick auf Delft von Südwesten**, 1615
Öl auf Leinwand, 71 x 162 cm. Delft, Museum Prinsenhof

Verkürzung unnatürlich verzerrt.[171] Über den Fußboden, den Tischteppich und die Fensterwand wird der Blick schnell in die Tiefe geführt, während auf der rechten Seite der Blick durch den Stuhl gehemmt wird, der zugleich das Paar miteinander verbindet. Diese übertriebene oder „beschleunigte" perspektivische Verkürzung war in diesen Jahren auch bei anderen Malern beliebt.[172] Die *Musikstunde* lässt sich mit Werken von Carel Fabritius wie *Blick auf die Nieuwe Kerk in Delft* (S. 43), den Kircheninterieurs von Hendrick van Vliet, den Architekturbildern von Cornelis de Man (1621–1706) und Johannes Coesermans, den illusionistischen Trompe-l'œil-Wandbildern von Samuel van Hoogstraten (das bekannteste davon in Dyrham Park ist 1662 datiert, siehe auch S. 244) sowie dem 1663 entstandenen *Blick auf Delft von einer imaginären Loggia aus* (S. 101) von Daniel Vosmaer vergleichen.

Vermeer gliedert die Komposition durch beherrschende Waagrechte und Senkrechte, die von der bildparallelen Kastenform des Virginals mit seinem rechteckigen Deckel ausgehen und sich im Spiegel, im Gemälde und im Stuhl fortsetzen, Formen, die rings um die Hauptfigur angeordnet sind. Besonders bemerkenswert ist die illusionistische Darstellung des Spiegelbilds in dem nach vorne geneigten Spiegel. Kompositorisch dienen die Vertikalen des Rahmens dazu, die dominante horizontale Form des Instruments auszugleichen. Vermeer hat darüber hinaus ein selbstreferentielles Motiv in das Spiegelbild aufgenommen, indem er ein kleines Stück seiner eigenen Staffelei sichtbar macht und damit den Effekt wiederholt, den als Erster Jan van Eyck im Spiegelbild des *Arnolfini-Doppelbildnisses* (1434, London, The National Gallery) eingeführt hat.

Wheelock weist auf die symbolische Funktion der Lichtführung im Bild hin.[173] Dem deutlichen Schatten an der Rückwand unterhalb des Fensters entspricht kein vergleichbarer Schatten weiter oben. Die Lichtführung ist nicht wirklich realistisch, sie verbindet etwa Licht und Schatten mit der Form des Virginals. Obwohl nur der hintere Teil des Raums von Licht erfüllt ist, ist der Weinkrug auf dem Tisch hell beleuchtet. Wheelock sieht eine metaphorische Beziehung zwischen der gespielten Musik und der Komposition des Bildes in der Wiederholung von Motiven, die sich zu einem Höhepunkt steigern. Als Reprise zeige das Spiegelbild nicht nur die Musikspielerin aus einer anderen Perspektive, sondern zugleich die Anwesenheit des Malers durch ein Stück der Staffelei.

Der herkömmliche Titel des Bildes, *Die Musikstunde,* bringt die erotische Spannung, die wie immer bei Vermeer unterschwellig vorhanden ist, nicht zum Ausdruck. Zwischen den Musizierenden besteht eine Beziehung, die offenbar über die Musik hinausgeht. Dass überhaupt musiziert wird, erkennen wir an den Personen nicht sofort, nur das Virginal sowie die am Boden liegende Viola da Gamba deuten darauf hin. Die lateinische Inschrift auf der Innenseite des Virginaldeckels in großen klassischen Antiquabuchstaben, MVSICA LETITIAE CO[ME?]S / MEDICINA DOLOR[VM?] (Musik ist eine Begleiterin der Freude, ein Heilmittel der Schmerzen), gibt die Stimmung des Bildes in seiner Komplexität wieder. Mit der prominent gezeigten Inschrift stellt sich das Bild gegen die herrschende Doktrin des strengen Calvinismus, der Musik mit Ausnahme von Psalmengesang generell ablehnt. Dennoch wurde in der liberal gesinnten holländischen Gesellschaft eifrig musiziert, wie nicht nur die häufigen Darstellungen von Musikinstrumenten und Musizierenden in Vermeers Bildern belegen. Auch die Art der Wiedergabe eines wohlhabenden Hauses mit kostbaren Einrichtungsgegenständen wie den wertvollen Musikinstrumenten und dem großen türkischen Teppich ruft eine Atmosphäre diskreter Zurückhaltung hervor, die keinerlei Anzeichen moralischer Kritik vonseiten des Malers andeutet.

Musik ist aber auch ein Symbol der Vanitas, der Vergänglichkeit, und das nicht nur im Sinn einer strengen christlichen Moral, die das mit dem Musikgenuss verbundene sinnliche Vergnügen skeptisch betrachtet, sondern wegen der raschen Vergänglichkeit der Kunstgattung der Musik: Sobald sie erklingt, ist sie schon wieder vorüber. Damit könnte der unmittelbar über dem Spinett hängende Spiegel in Verbindung stehen, der ebenfalls ein Symbol der Vanitas darstellt, weil er ein Trugbild erstellt. Hier allerdings dient er dazu, eine virtuose Illusion zu erzeugen. Eine weitere Interpretation des Spiegels als Emblem der Liebe, die das Geliebte spiegelt, schlug Wheelock mit Hinweis auf ein Emblem in Pieter Cornelisz. Hoofts 1611 erschienener *Emblemata amatoria* vor[174] – eine Deutung, die als zu literarisch und unpassend für Vermeers Werk abgelehnt wurde.

Im Spiegel sieht der Maler wie der Betrachter das Gesicht der Frau, ohne selbst gesehen zu werden.

Der inhaltliche Zusammenhang zwischen dem Gemälde an der Wand und dem musizierenden Paar ist mehrdeutig. Die caravaggeske Szene in der Nachfolge Dirck van Baburens, vielleicht von dem Genter Maler Jan Janssens (1590–nach 1650), zeigt Cimon und Pero, die sog. Caritas Romana. Neben einer unmittelbaren lasziven Referenz, die etwa Gowing anspricht,[175] könnte das Thema als verhaltener Hinweis auf die Nächstenliebe zu verstehen sein und in einem Bezug zu der Inschrift auf dem Virginaldeckel gesehen werden.

Das thematisch der *Musikstunde* ähnliche *Konzert* (S. 183, Kat. 19) wird zumeist später als die *Musikstunde*, um 1663–1666, datiert. Die Anordnung der musizierenden Gruppe im Hintergrund des Bildes um ein großes Musikinstrument, die von Teppichen bedeckten Tische, die einander symmetrisch gegenüberstehen, die auf dem Boden liegenden Violen da Gamba, die Anordnung der Bilder bzw. des Spiegels und die rechteckige Form einer Stuhllehne, die sich vor die Figurengruppe schiebt, sind in beiden Bildern ähnlich, wie auch die Gesamtstimmung vergleichbar ist. Die zugrunde liegende perspektivische Konstruktion ist bei den beiden Bildern allerdings unterschiedlich, wie am Muster und der Verkürzung des aus schwarzen und weißen Steinplatten gebildeten Fußbodens am leichtesten zu erkennen ist. Der Abstand des Distanzpunktes vom zentralen Fluchtpunkt ist beim *Konzert* größer, dadurch ist das Tempo der Verkürzung geringer, die Figuren sind größer und näher am Betrachter. Dadurch ergibt sich ein engerer Ausschnitt, es ist nur die links heller beleuchtete Rückwand zu sehen, die Fensterwand zur Linken, von wo das Licht kommt, ist in diesem Bild nicht dargestellt. Daher geht man heute allgemein nicht mehr davon aus, dass die beiden Werke als Gegenstücke in Auftrag gegeben wurden.

Das harmonische Musizieren der Gesellschaft steht im Kontrast zu den beiden Gemälden an der Wand. Es handelt sich um eine *Kupplerin* von Dirck van Baburen und um eine düstere Waldlandschaft in der Art von Jacob van Ruisdael.[176] Die caravaggeske Szene entspricht einem Bild, das sich im Haus von Maria Thins befand und das Vermeer vor Augen hatte.[177] Der Bezug der *Kupplerin* zur Hausmusik bleibt jedoch offen: Ist sie im positiven Sinn als deren Gegenteil zu verstehen oder vielmehr als notorische Begleiterin lockerer Sitten? Die am Boden liegende Viola da Gamba ist in starker perspektivischer Verkürzung wiedergegeben. Ähnliche Darstellungen finden sich in holländischen Stillleben als Demonstration virtuoser Beherrschung der Regeln der Perspektive. Ähnliches hat Carel Fabritius in seinem merkwürdigen *Blick auf die Nieuwe Kerk in Delft* gewagt (S. 43), einer zeichnerischen Parforcetour, die vielleicht für einen Perspektivkasten gemalt wurde.

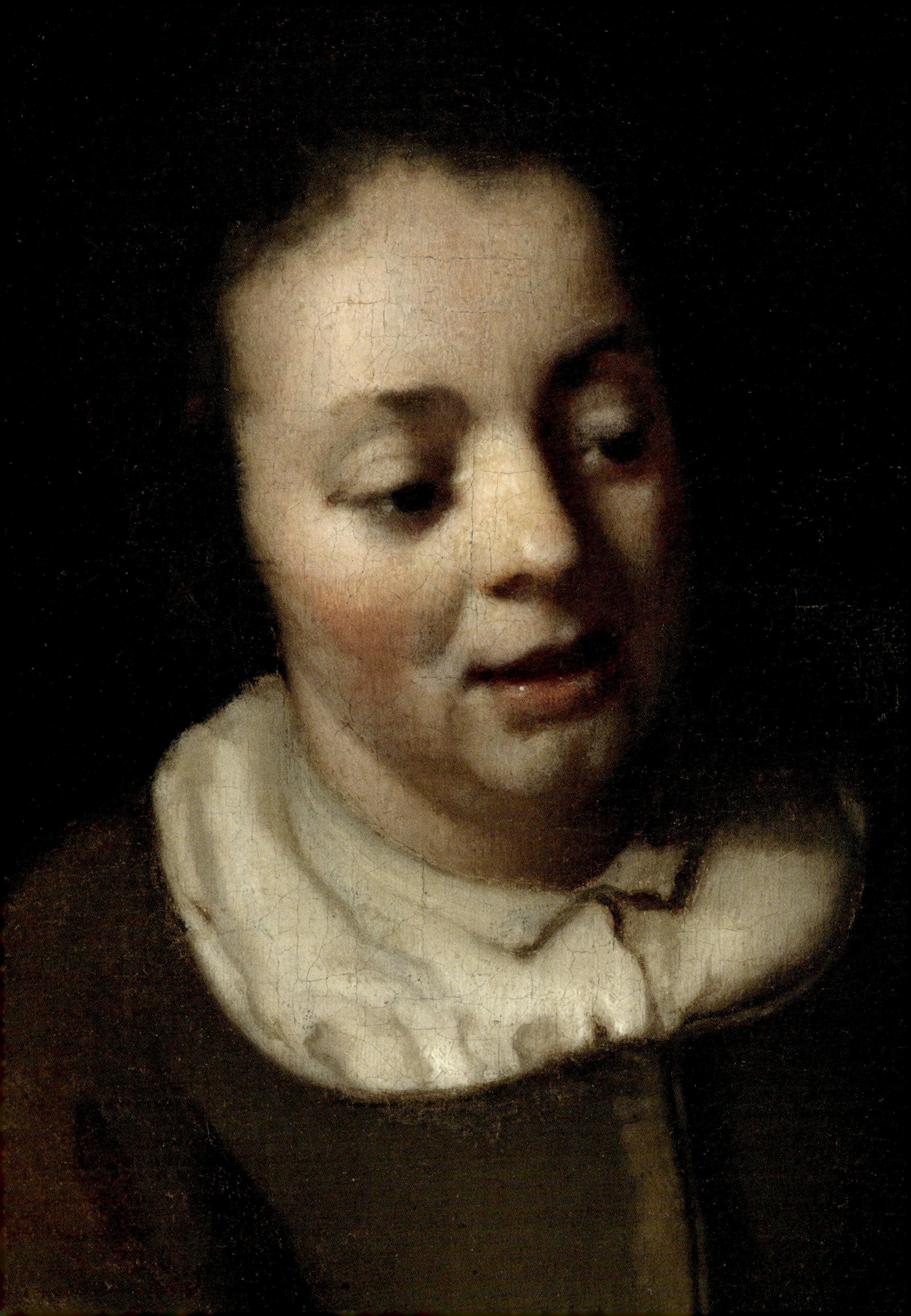

Weibliche Beschäftigungen

Zwischen etwa 1662 und 1666/67 schuf Johannes Vermeer eine Gruppe von Bildern, die Frauen bei ihren häuslichen Beschäftigungen zeigen. Diese Bilder sind formal verwandt und ähnlich komponiert, es ist jeweils eine Frau, zumeist in Dreiviertelansicht, an einem Tisch dargestellt, und der Raumausschnitt ist eng. Die Bilder sind in ihrer räumlichen Struktur einfacher angelegt als die großen Raumeinblicke, die zwei oder mehr Personen in ganzer Figur darstellen und mit dem *Glas Wein* (Kat. 7) beginnen und mit der *Musikstunde* (Kat. 13) und dem *Konzert* (Kat. 19) fortgesetzt werden. Sie schließen vielmehr an ein schon in den frühen Werken Vermeers gefundenes Kompositionsmuster an, das sich zum ersten Mal im *Brieflesenden Mädchen am offenen Fenster* (Kat. 5) und dann wieder im *Milchmädchen* (Kat. 8) zeigte. Während die weiträumigen Bilder Ähnlichkeiten in der Komposition vor allem mit Werken von Pieter de Hooch und anderen in Delft tätigen Malern aufweisen, ähnelt der Bildaufbau dieser Gruppe Arbeiten von Gerard ter Borch und der Leidener Feinmaler wie Frans van Mieris und Gabriel Metsu. So verwundert es nicht, dass die *Junge Frau mit Wasserkrug* (S. 187, Kat. 14) bis ins späte 19. Jahrhundert als Werk Gabriel Metsus galt. Die kleinformatigen Bilder von Mieris und Metsu brillieren vor allem in ihrer Betonung der Oberflächenwirkungen, etwa in der virtuosen Entgegensetzung von glänzendem Metall und weichen Textilien, die den Betrachter in Erstaunen versetzt. Auch die Malerei von Vermeer ist durch illusionistische Wirkungen geprägt, die bei ihm aber nie zum Selbstzweck wie bei den Leidener Feinmalern werden.

Die fünf ersten Bilder der Gruppe entstanden in enger zeitlicher Folge im Zeitraum zwischen 1662 und 1664. Die Abfolge im Einzelnen ist hypothetisch und wird zum Teil kontrovers diskutiert. Auf die *Junge Frau mit Wasserkrug* und die *Frau mit Laute* (S. 191, Kat. 15) folgen vermutlich die *Briefleserin in Blau* (S. 195, Kat. 16), die *Junge Dame mit Perlenhalsband* (S. 2017, Kat. 17) und die *Frau mit Waage* (S. 205, Kat. 18). Vielleicht ist aber auch die *Briefleserin in Blau* vor der *Jungen Frau mit Wasserkrug* entstanden.

Gowing hat diese Bilder als „Perlenbilder" (*pearl pictures*) bezeichnet, denn in allen werden Perlen gezeigt, die von Frauen getragen werden oder auf dem Tisch liegen.[178] Vielleicht ist damit aber auch die im übertragenen Sinn perlengleiche Art der Malerei gemeint, die sich nicht nur im weichen Schmelz der Wiedergabe der Perlen selbst zeigt, sondern in einer unnachahmlich differenzierten Qualität der malerischen Gestaltung unterschiedlicher Oberflächen.

Allen diesen Bildern ist die sorgfältige und überlegte Komposition, die ausgewogene Flächenverteilung mit räumlicher Wirkung verbindet, gemeinsam. Die Lichtführung

Briefschreiberin und Dienstmagd (Detail),
um 1666/67 (siehe Abb. S. 215)

ist ein zentrales Element der Gestaltung. Mehrfach steht ein dunkles, großes Motiv im Vordergrund im Kontrast zur hellen Wand im Hintergrund, wodurch eine gewisse Tiefenräumlichkeit entsteht. Die einfache und klare Anlage dieser Bilder konzentriert ihre inhaltliche Aussage auf das Wesentliche, ihre Realisierung erfolgt mit souveräner Beherrschung und zugleich knapper Verwendung aller malerischen Mittel. In ihrer Vollkommenheit können diese Bilder als klassischer Höhepunkt von Vermeers gesamter künstlerischer Tätigkeit gelten.

Ein Vergleich des um 1657 entstandenen *Brieflesenden Mädchens am offenen Fenster* (S. 95, Kat. 5) mit der etwa sechs Jahre später entstandenen *Briefleserin in Blau* (S. 195, Kat. 16) demonstriert augenfällig die Entwicklung des Künstlers in dieser Zeit. Die Haltung der jungen Frau ist in beiden Bildern übereinstimmend, sie hält ihren Blick auf den Brief gesenkt, den sie mit beiden Händen hält. Illusionistischer Detailreichtum, der das frühe Bild bestimmte, ist strenger, klassischer Reduktion gewichen. Die Angabe des Raumes könnte einfacher nicht sein, eine helle Wand mit Landkarte nimmt die gesamte Bildfläche ein, sie schließt den Raum nach hinten zur Gänze ab und bildet zugleich eine Folie für die Frauengestalt und die unregelmäßige dunkle Silhouette des Tisches mit einer Schmuckkassette links im Vordergrund. Die Figur der lesenden Frau im Profil und die wenigen sie umgebenden Gegenstände sind gegen die Wand gesetzt, die frei bleibenden Flächen der Wand und die Umrisse der Gegenstände bilden ein Flächenmuster, bei dem Hell und Dunkel in Wechselwirkung treten. Große Flächen wechseln mit kleinteilig gestalteten Partien ab, wie den eng vor der Brust gehaltenen Händen mit dem Brief, die sich auf einer Höhe mit der dominanten schwarzen Stange der Landkarte befinden, oder den auf der Tischfläche verstreuten Dingen: eine Perlenkette und ein aufgefaltetes Papier, vielleicht das zweite Blatt des eben geöffneten Briefs. Die junge Frau steht genau in der Bildmitte, einer unsichtbaren Lichtquelle zugewandt, die die Wand intensiv beleuchtet, während ihr vom Licht sanft modelliertes Gesicht sich mitsamt den Haaren völlig in den Farbcharakter der Landkarte einfügt. Vermeer verzichtet hier weitgehend auf Lokalfarbigkeit und beschränkt sich vor allem auf Blau- und Ockertöne. Tiefenwirkung entsteht unter anderem durch die in unterschiedlichen Raumschichten angeordneten Stühle. Der niedrige Standpunkt des Betrachters führt zur Monumentalisierung der Darstellung.

Vermeer gewinnt nicht nur an Einfachheit und Klarheit in der Anlage der Komposition, sondern auch in der malerischen Durchführung, die von außergewöhnlicher Ökonomie im Einsatz der Mittel gekennzeichnet ist. Dies ist umso erstaunlicher, da sich Vermeer schon seit seinen frühen Werken seiner handwerklichen Fähigkeiten und des Gebrauchs von Farben völlig sicher ist und eine Steigerung kaum möglich erscheint. Und doch geht er mit den Bildern der sechziger Jahre, die nach der *Ansicht von Delft*

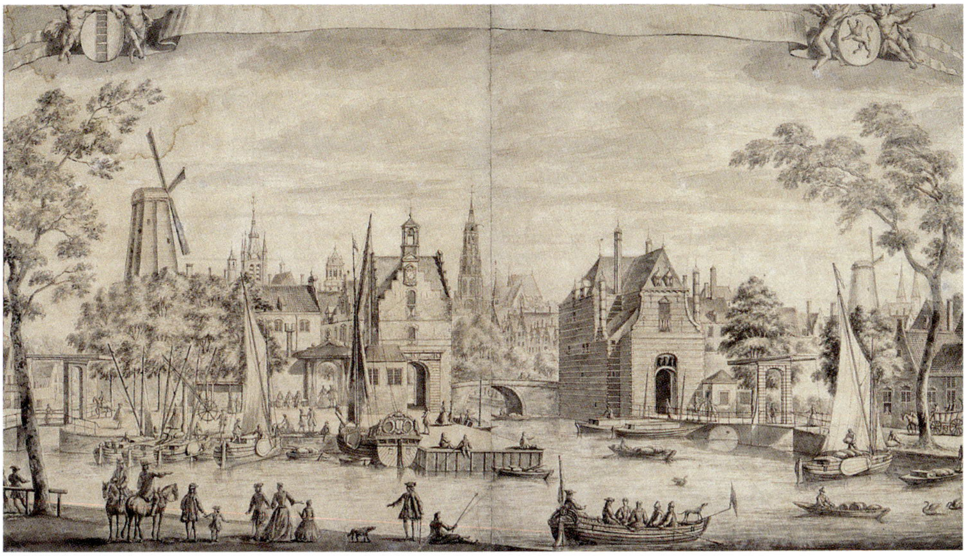

Abraham Rademaker
Blick auf Delft mit den Schiedamer und Rotterdamer Toren, frühes 18. Jahrhundert
Federzeichnung auf Papier, 66 x 108 cm. Delft, Museum Prinsenhof

(Kat. 12) entstanden, einen großen Schritt weiter. Der pointillistisch wirkende Farbauftrag aus kleinen Flecken und Punkten, wie er etwa im *Milchmädchen* (S. 173, Kat. 8) deutlich zu sehen ist, macht hier einer Gestaltung in Farbflächen Platz, die eine flüssigere und schnellere Malweise erlauben. Glanzlichter und Reflexe der silbernen Schüssel und Kanne in der *Jungen Frau mit Wasserkrug* (S. 187, Kat. 14) bestehen aus kleinen Flächen, die bei der Betrachtung aus der Nähe oder mit dem Vergrößerungsglas ein abstrakt anmutendes Muster bilden. Sie vermitteln gleichzeitig jedoch eine perfekte Illusion der Realität, wie sich etwa in den schwach schimmernden Farbreflexen des Teppichs auf der Unterseite der Schüssel zeigt. Die besondere Fähigkeit Vermeers, nicht Gegenstände darzustellen, sondern den optischen Eindruck wiederzugeben, den sie im Auge des Betrachters hervorrufen, ist hier zur Vollendung gebracht. Optische Effekte entstehen in den Bildern gleichsam wie von selbst. Diese Wiedergabe von Lichteindrücken bei der Erfassung der dargestellten Gegenstände lässt Objekte oft leicht verschwommen, wie von einem Lichtkranz umgeben, erscheinen. Man hat dieses neu auftretende Phänomen mit der Erfahrung der beiden zeitlich vorausgehenden Landschaftsbilder (Kat. 9 und 12) zu erklären versucht. Walter Liedtke führt ähnliche Beleuchtungssituationen bei anderen Delfter Malern an, etwa von hinten beleuchtete Säulen gegen hellen Grund in den Architekturbildern von Emanuel de Witte.[179]

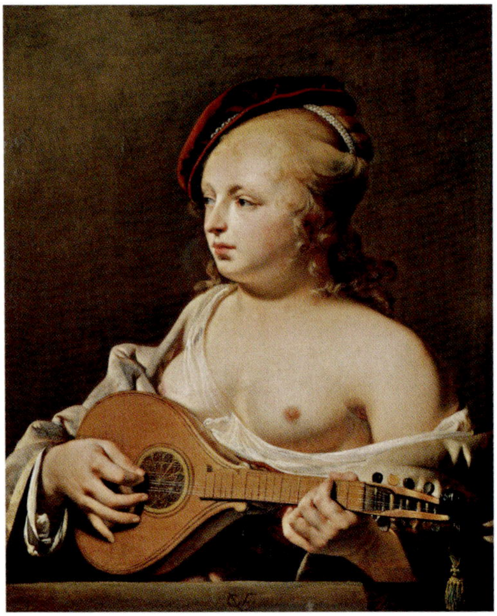

Vermeer geht in seiner Abstrahierung der Formen aber noch weiter. Ein Bild wie die *Junge Frau mit Wasserkrug* ist nicht nur im Kleinen aus Farbflächen zusammengefügt, auch die Figur wirkt wie aus großen Formen bzw. geometrischen Körpern gebildet. Dazu tragen vor allem Gestalt und Farbigkeit der Kleidung der jungen Frau bei, der kegelförmige Rock, das eng anliegende Mieder und der große, zur Toilette über die Schultern gelegte weiße Kragen (S. 184/185). Das aus gelbem und blauem Stoff bestehende Kleid taucht in unterschiedlichem Streifenmuster in mehreren Bildern Vermeers auf. Der Vergleich mit dem einige Jahre früher entstandenen *Brieflesenden Mädchen am offenen Fenster* (S. 95, Kat. 5) zeigt den großen Unterschied in der Wiedergabe der stofflichen Eigenschaften. In dem früheren Bild betont Vermeer die knittrige Oberfläche des voluminösen, glänzenden Seidenstoffes beim Ärmel in allen Details wie den Abnähern an der Schulter und der Manschette (S. 92/93). Im Unterschied dazu erscheint hier etwa der rechte Ärmel als röhrenförmiger Hohlkörper, ebenso wie der Unterarm der Dame als eine glatte zylindrische Form gestaltet ist.

Insgesamt wirkt dieses Bild heller als frühere Genrebilder, die Farbigkeit baut vor allem auf den Primärfarben Gelb, Blau und Rot sowie Weiß auf. Vermeer hat die Farbverteilung von Anfang an festgelegt, wie Untermalungen in unterschiedlichen Braun- und Grautönen zeigen.[180] Trotz der Sorgfalt, mit der Vermeer seine Kompositionen aufbaut, nahm er Veränderungen vor. So stand der Stuhl übereck links im Vordergrund, die Landkarte reichte weiter nach links, sodass der Kopf der Frau ganz von der Karte umgeben war. Die Korrekturen betrafen vor allem die malerische Wirkung durch die Verteilung von hellen und dunklen Farbflächen, von Licht und Schatten. Derartige grundlegende Änderungen während des Malvorgangs zeigen, dass Vermeer die Komposition während des Malens schrittweise entstehen ließ und vermutlich nicht durch Zeichnungen oder Skizzen vorbereitete.

Caesar van Everdingen, **Cisterspielerin**, um 1645–1650
Öl auf Leinwand, 78 x 63,6 cm. Rouen, Musée des Beaux-Arts

Bei der *Jungen Dame mit Perlenhalsband* (S. 211, Kat. 17) entschied sich Vermeer erst im Lauf der Bildentstehung für eine große Wand im Hintergrund, welche sowohl den formalen Charakter als auch den Bedeutungsgehalt des Bildes völlig veränderte (S. 208/209). Ein früherer Zustand der Komposition, wie ihn eine Autoradiografie zeigt, lässt die Anlage einer Landkarte an der Wand erkennen. Das Berliner Bild stand damit in seiner ursprünglichen Anlage der *Briefleserin in Blau*, der *Jungen Frau mit Wasserkrug* und der *Frau mit Laute* näher. Auch die dunkle Zone im Vordergrund ähnelt diesen Bildern. Vermeer verstärkt den Hell-Dunkel-Kontrast, der sich primär aus der Beleuchtungssituation ergibt, durch die düstere Farbigkeit der Gegenstände: ein dunkelblaues Tuch, das sich auf dem Tisch bauscht, und eine schwarze oder dunkelblaue große Chinavase. Das Dunkel setzt sich über den ganzen Vordergrund fort, über das braune Tischtuch, den Rock der jungen Frau und den sehr nah am Betrachter stehenden und vom unteren und seitlichen Bildrand beschnittenen Stuhl.

Vermeer hatte den Mut, eine radikale Komposition zu schaffen, die das Bild in eine fast schwarze untere und eine helle obere Hälfte teilt. Die Schwierigkeit, die helle Figur gegen die große leere helle Wandfläche abzuheben, meistert Vermeer bravourös, indem er subtile Lösungen in der Konturierung der Figur gegen die Wand findet. Die Helligkeit nimmt von links nach rechts ab, sodass das beleuchtete Gesicht der jungen Frau sich gegen den etwas dunkleren Hintergrund der Wand abhebt, während ihr im Schatten liegender Rücken eine dunkle Silhouette gegen die Wand bildet. Einen verstärkenden farbigen Akzent setzt der gelbe Vorhang, der mit der gelben Seidenjacke der jungen Frau korrespondiert. Vermeer hat in mehreren Bildern elegante Damen mit dieser Jacke mit Hermelinbesatz ausgestattet (Kat. 15, 17, 20, 24, 32), und eine ähnliche Jacke wird im Inventar der Besitztümer des Vermeer'schen Haushalts genannt.

Charakteristisch für die reifen Kompositionen Vermeers ist nicht nur die Beruhigung der Komposition, die ein Höchstmaß an stiller Ausgeglichenheit erreicht, sondern zugleich die Reduktion aller erzählerischen Momente auf ein Mindestmaß an Geschehen. Alle Details, die unterschiedliche Interpretationen des Bildinhalts zulassen würden, sind nun weggelassen. Wir sehen in der *Briefleserin in Blau* eine junge Frau, die einen Brief liest und ihre gesamte Aufmerksamkeit auf diese Tätigkeit richtet. Durch nichts wird sie davon abgelenkt. Jede weitergehende Interpretation wäre Spekulation, die durch keine Evidenz im Bild gestützt werden kann. Wir können nicht erkennen, ob es sich um einen Liebesbrief handelt, sondern es nur in Analogie zu ähnlichen Darstellungen vermuten. Wir wissen nicht, ob der Brief unerwartet kam und die junge Dame ihre Toilette wegen der Lektüre unterbrochen hat. Darauf könnte allerdings die auf dem Tisch liegende Perlenkette hinweisen. Ob die Landkarte und die leeren Stühle die Abwesenheit eines geliebten Menschen symbolisieren, muss ebenfalls offen bleiben.

Widerlegt wurde die Vermutung, die junge Frau könnte schwanger sein. Als einer der Ersten hat das offenbar Vincent van Gogh (1853–1890) in einem Brief an seinen Bruder unter Hinweis auf das ausladende Volumen der Kleidung der jungen Frau geäußert. Vor diesem Hintergrund wurde dem Bild später eine moralische Botschaft zugesprochen. Einen Liebesbrief zu empfangen und zu lesen, würde auf eine geheime oder illegale Beziehung deuten, die in offenem Widerspruch zur Ehrbarkeit einer treuen Gattin und im ganz besonderen Maß einer werdenden Mutter stünde. Ganz abgesehen davon, dass in keiner der alten Beschreibungen vor 1800 die Dame als schwanger bezeichnet wird,[181] trägt die Frau tatsächlich ein der damaligen Mode entsprechendes Negligé, eine sog. *beddejak*, also eine Bettjacke, die aber nicht zum Schlafen, sondern im Haus getragen wurde.[182] Als ebenso unzutreffend hat sich die aus einer für die ältere Literatur charakteristischen Verbindung von Künstlerbiografie und Werkdeutung entstandene Vermutung herausgestellt, in der Briefleserin könnte die oftmals schwangere Ehefrau Vermeers dargestellt sein. Die Landkarte an der Wand zeigt Holland und Westfriesland, sie wurde 1620 von Balthasar Florisz. van Berckenrode entworfen und einige Jahre später von Willem Jansz. Blaeu publiziert.[183] Die gleiche Karte ist im Hintergrund von *Kavalier und junges Mädchen* (S. 91, Kat. 6) dargestellt, dort allerdings in anderen Farben und kleinerem Format, ein Beispiel dafür, wie der Künstler Größe und Farbe von Objekten aus kompositorischen Gründen adaptiert.

Während in der *Briefleserin in Blau* keine Bewegung stattfindet und die Handlung ins Innere der Figur, in ihre Gedanken und Emotionen beim Lesen des Briefes verlegt wird, ist bei der *Jungen Frau mit Wasserkrug* (S. 187, Kat. 14) das Innehalten inmitten einer Bewegung in einem ganz bestimmten Moment festgehalten. Die junge Frau greift mit der rechten Hand zum Fenster, wie um es zu öffnen, und gleichzeitig mit der linken Hand zum Wasserkrug, um ihn abzusetzen oder aufzunehmen. Wasserkrug und Schüssel verweisen auf das Thema: Die Frau ist während ihrer Toilette dargestellt, bei der sie einen Schulterkragen und eine Haube aus weißem Leinen trägt, um damit ihre Frisur zu bedecken. Daneben steht eine geöffnete Schmuckschatulle mit einer Perlenkette an einem blauen Band. Symbolische Bedeutungen drängen sich nicht auf, sondern schwingen allenfalls mit. Das Wasserbecken und der Krug könnten als Symbole der Reinheit gedeutet werden, die Schmuckschatulle und die Landkarte als Hinweis auf die Vergänglichkeit des Weltlichen. So erinnert etwa die Schmuckschatulle an die bildlichen Darstellungen der reuigen Magdalena, die ihre Toilettegegenstände und ihren Schmuck im Moment der inneren Umkehr liegen lässt: Sie steht für die Vanitas und die hinfällige irdische Eitelkeit.

Briefschreiberin und Dienstmagd (Detail), um 1666/67
(siehe Abb. S. 215)

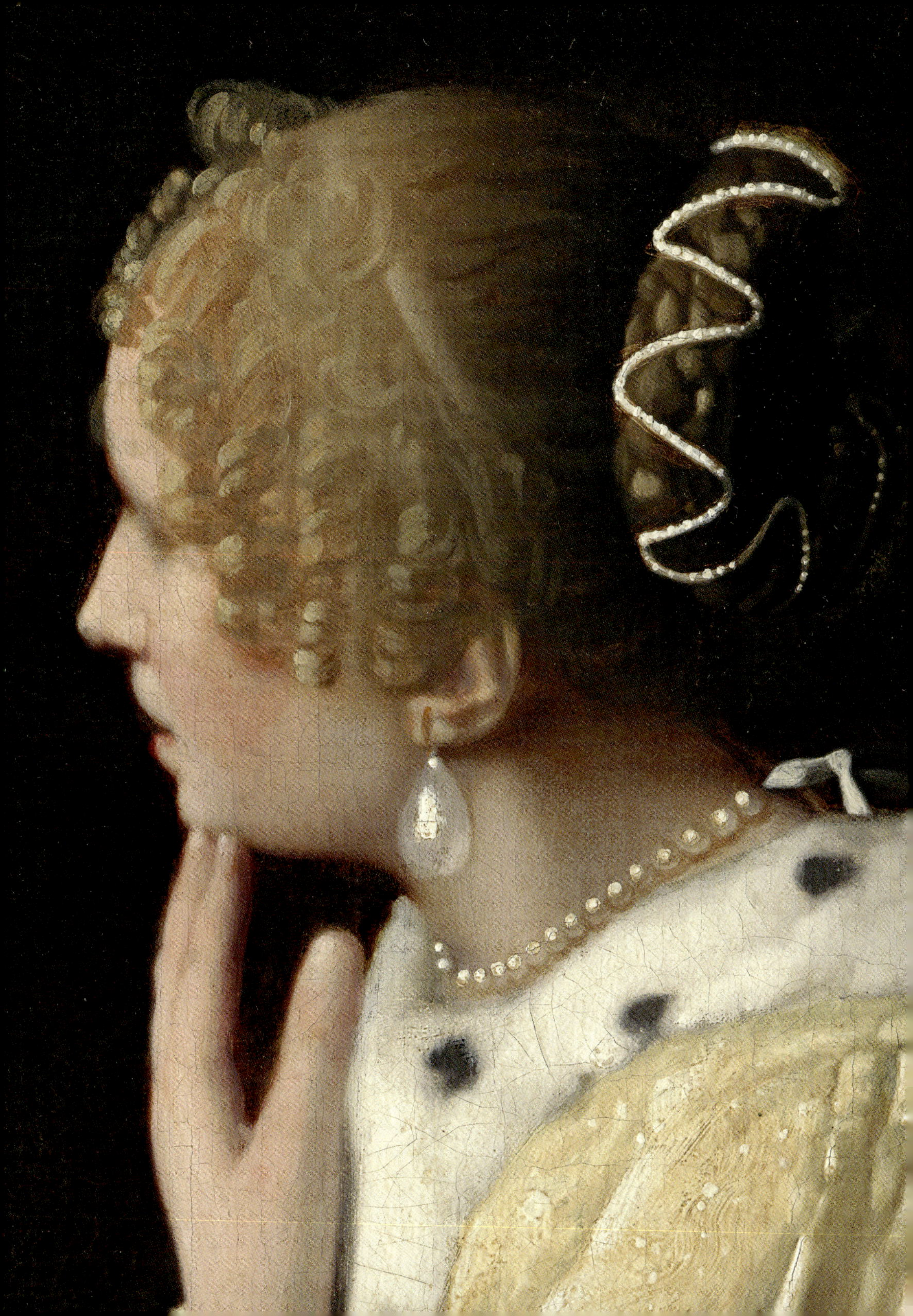

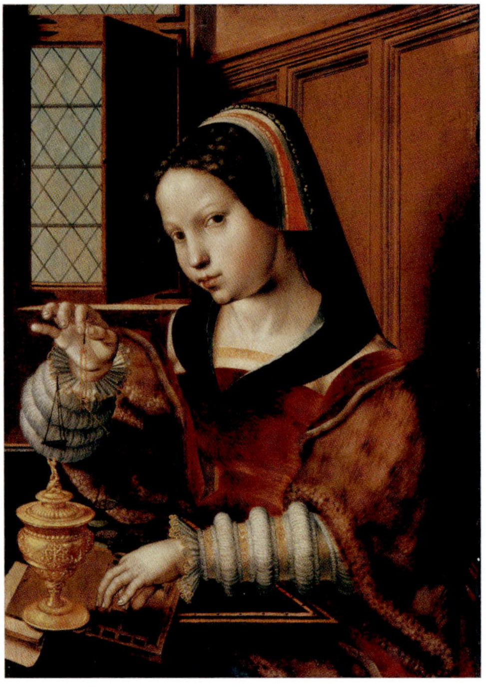

Neben der Toilette, dem Empfangen, Lesen und Schreiben von Briefen ist die Musik das dritte große Thema weiblicher Tätigkeiten, die Vermeer in seinen Bildern der sechziger Jahre gestaltet. Die drei Aspekte hängen inhaltlich zusammen und lassen sich zu einer Narration verbinden: Die Toilette ist abgeschlossen, Perlenkette und Ohrringe sind angelegt, Liebesbriefe wurden empfangen, gelesen und beantwortet, nun erwartet die *Frau mit Laute* (S. 191, Kat. 15) den Besuch ihres Geliebten, indem sie ihr Instrument stimmt und erwartungsvoll aus dem Fenster blickt. Diese Darstellungskonvention entsprach wohl den Wünschen und Erwartungen von Vermeers Zeitgenossen, den Auftraggebern und Käufern seiner Bilder. Man hat gerade bei diesem Bild hervorgehoben, dass es offenbar nicht aus der Sammlung von Pieter van Ruijven stammt, und daraus weitreichende Schlüsse auf Themenwahl und Bildgestaltung gezogen. Es sei eben nicht auf den verfeinerten Geschmack des wichtigsten Mäzens und Hauptabnehmers von Vermeers Bildern abgestimmt gewesen, sondern für die weniger hohen Ansprüche und konventionellen Erwartungen des Kunstmarkts gedacht und daher eher dem üblichen Zeitgeist verpflichtet (wie etwa Caesar van Everdingens *Cisterspielerin*, S. 78) als die für Pieter van Ruijven bestimmten Bilder. Auf Mirimonde geht die Deutung zurück, dass die junge Frau einen Liebhaber erwartet, um mit ihm zu musizieren und zu flirten, wie ihr erwartungsvoller Blick zum Fenster, der leere Stuhl im Vordergrund und das am Boden bereitliegende Instrument nahelegen.[184] Slatkes schlug eine andere, ergänzende Deutung vor, basierend auf einem Emblem von Jacob Cats, das das Mitschwingen eines zweiten Instruments beim Stimmen des ersten zum Thema hat.[185] Das in der holländischen Malerei häufig dargestellte Thema ist inhaltlich ambivalent und reicht von den offenherzig musizierenden Kurtisanen in der Art von Gerard van Honthorst aus der Zeit nach 1620 bis zum Stimmen eines Instruments als Verkörperung der Temperantia,

Jan Sanders van Hemessen, **Die Goldwägerin**, um 1530–1535
Öl auf Holz, 44 x 31 cm. Staatliche Museen zu Berlin, Gemäldegalerie

der Tugend des Maßhaltens, ein Motiv, das auch hier anklingt. Zu vergleichen ist etwa die 1662 datierte *Musikerin* (S. 190) von Bartholomäus van der Helst (um 1613–1670).

Das übliche Attribut der Temperantia ist allerdings ein Wassergefäß, aus dem sie ausgießt. Es liegt daher nahe, in der *Jungen Frau mit Wasserkrug* ebenfalls eine Allegorie der Temperantia zu sehen. Sucht man in den anderen Bildern nach Hinweisen auf Symbole von Tugenden und Lastern, wird man rasch fündig, die *Junge Dame mit Perlenhalsband* (S. 211, Kat. 17) könnte ein Symbol der Superbia, des Hochmuts, sein: Sie legt sich eine Perlenkette um den Hals und prüft ihr Aussehen dabei im Spiegel. Perlenohrringe und ein mit roter Schleife geschmücktes Haarband hat sie bereits angelegt, auf dem Tisch liegen Puderbürste, Kamm und eine Schale bereit.

Holländische Genremaler haben das Motiv einer Dame bei ihrer Toilette häufig dargestellt, neben Bildern von Gerard ter Borch und Gabriel Metsu kommt vor allem ein etwa gleichzeitig entstandenes Gemälde von Frans van Mieris (S. 210) der Komposition Vermeers nahe. Jedoch erzeugen das dunkle Ambiente, die Haltung der jungen Dame und die schwarze Dienerin eine ganz andere Stimmung. Eher vergleichbar sind die Werke von Gerard ter Borch, etwa das Gemälde *Junge Frau bei ihrer Toilette mit einer Dienerin* (S. 148).

Das eigentliche Bildthema der *Jungen Dame mit Perlenhalsband* ist das Schauen an sich. Der Blick der jungen Frau in den Spiegel richtet sich über die gesamte Breite des Bilds hinweg, wobei Vermeer das Motiv durch die große leere Fläche der Wand noch besonders hervorhebt (S. 206/207). Der Spiegel ist ein herkömmliches Vanitas-Motiv, wie auch der Perlenschmuck. Für einen zeitgenössischen calvinistischen wie katholischen Betrachter konnte die junge, mit Perlen geschmückte Frau vor dem Spiegel zweifellos als Sinnbild der Todsünde der Superbia, von Hochmut und Eitelkeit gelten. In der flämischen barocken Bildtradition von Maria und Martha wird die Reue und Umkehr Marias thematisiert, indem sie ihren Schmuck ablegt, wie es z. B. Peter Paul Rubens (1577–1640) gemalt hat (S. 147). Bereits die frühchristlichen Kirchenväter versuchten, Maria von Bethanien, die Schwester Marthas (Lk 10,38-42), mit der Sünderin zu identifizieren, die Christus die Füße salbt und der ihre Sünden vergeben werden (Lk 7,36-50). Darüber hinaus wird sie seit Papst Gregor I., dem Großen (um 540–604), mit der in den Evangelien mehrfach erwähnten Maria Magdalena gleichgesetzt. In der jesuitischen Andachtsliteratur Antwerpens wird die Bekehrung der heiligen Maria Magdalena durch ihre Abwendung von irdischer Eitelkeit, das Wegschieben von Schmuck und Schönheitsmitteln, beschrieben.[186] Darüber hinaus wurde auf Paulus' ersten Brief an Timotheus (2,9-10) hingewiesen, in dem der Apostel Ratschläge an die Frauen erteilt: „Auch sollen die Frauen sich anständig, bescheiden und zurückhaltend kleiden; nicht Haartracht, Gold, Perlen oder kostbare Kleider seien ihr Schmuck, sondern gute Werke.“[187]

Am offenkundigsten ist der allegorische Charakter in dem Werk *Frau mit Waage* (S. 205, Kat. 18). Bereits Thoré-Bürger erkannte den inhaltlichen Zusammenhang zwischen dem Hantieren der jungen Frau mit einer Waage und dem Gemälde an der Wand mit dem Jüngsten Gericht. Die alltägliche Tätigkeit der Frau wird mit dem universalen Thema des Weltgerichts in Verbindung gesetzt. Die Ähnlichkeit mit verwandten Darstellungen führte zu der Vermutung, Vermeer könnte ein Bild des flämischen Malers Jacob de Backer (um 1555–um 1585) aus den letzten Jahrzehnten des 16. Jahrhunderts dargestellt haben. Backer malte das Thema häufig mit einem Weltenrichter, der, so wie hier, beide Arme erhebt. Erstaunlicherweise konnte aber eine genaue Vorlage für die Darstellung des Jüngsten Gerichts bei Vermeer nicht namhaft gemacht werden.

Lange Zeit herrschte Unklarheit über die Tätigkeit der Frau. Auf Thoré-Bürger geht die populäre Benennung des Bildes „Perlenwägerin" zurück, nachdem es in den älteren Inventaren in Anlehnung an eine alte niederländische Darstellungstradition als Goldwägerin bezeichnet worden war (S. 144, 204). Er hielt entweder die metallischen Glanzlichter in den Waagschalen für Perlen, oder er schloss fantasievoll von den Perlenketten auf dem Tisch und in der geöffneten Schatulle auf die Tätigkeit. Mehrfache genaue Untersuchungen haben bewiesen, was schon frühere Beobachtungen ergeben hatten: Die Waagschalen sind leer. Heute wird daher allgemein angenommen, die Frau würde nicht wägen, sondern die leere Waage ausbalancieren oder ihre Genauigkeit überprüfen. Wieder hat Vermeer dabei einen Moment des Innehaltens ausgewählt. Der Eindruck wird verstärkt durch die Haltung der linken Hand, mit der sich die Frau auf dem Tisch abstützt. Die Handlung kommt zum Stillstand, ähnlich wie bei der *Briefleserin in Blau*.

Die zahlreichen Interpretationen erkennen in der Darstellung entweder eine positive oder eine negative Bedeutung. Am naheliegendsten erscheint ein Zusammenhang mit dem Thema der Gerechtigkeit. Die Waage ist seit jeher wichtigstes Attribut der Personifikation der Justitia, der Tugend der Gerechtigkeit, und eine Allegorie der Rechtsprechung. Gerechtigkeit an der gesamten Menschheit wird beim Jüngsten Gericht geübt, das seit dem frühen Mittelalter bildlich als Akt der Rechtsprechung mit Christus im Zentrum als Richter dargestellt wird, der nach dem Abwägen der Seelen durch den Erzengel die Seligen und die Verdammten scheidet. Das Bild kann damit als ein Appell verstanden werden, im Angesicht des Weltgerichts Gerechtigkeit walten zu lassen und Maß zu halten. Dass die übrigen Details, die Schatulle mit den Perlenketten, die Münzen auf dem Tisch und der Spiegel an der Wand, der als schmaler Lichtstreifen sichtbar ist, das Bild als Vanitas-Darstellung ausweisen, erscheint als weniger überzeugend.[188]

In der Versteigerung der Sammlung des Jacob Abrahamsz. Dissius 1696 war dieses Bild nicht nur die Nummer eins des Katalogs, sondern auch deutlich teurer als vergleichbare Gemälde.[189] Das mag am Thema liegen, vielleicht aber auch an dem besonderen

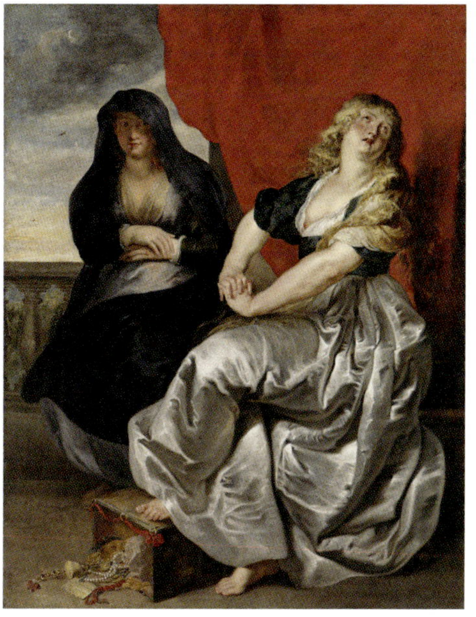

Behälter, in dem sich das Bild befand. Dabei kann es sich entweder um eine Kassette gehandelt haben, wie sie seit dem 16. Jahrhundert für kleinformatige Bilder gebräuchlich war und wie sie etwa Gerard Dou regelmäßig für seine Bilder anfertigte, um die empfindliche Oberfläche seiner hoch bezahlten Feinmalerei entsprechend zu schützen, oder aber um eine Perspektivbox, die eine Betrachtung des Bildes in einem abgeschlossenen Kasten mit spezieller Beleuchtung erlaubte und damit dessen illusionistische Wirkung bedeutend steigerte.

Vermutlich ein wenig später als die Serie der „Perlenbilder“ entstanden zwei weitere Darstellungen junger Frauen, die dem Thema des Briefeschreibens gewidmet sind, die *Briefschreiberin* (S. 199, Kat. 20) und eine *Briefschreiberin und Dienstmagd* (S. 215, Kat. 24). In der *Briefschreiberin* entwickelt Vermeer das Kompositionsschema der einfigurigen Frauenbilder aus den frühen sechziger Jahren weiter. In der halbdunklen Beleuchtungssituation und dem Stillleben in den vorherrschenden Farben Blau und Gold steht es der *Frau mit Waage* am nächsten und könnte daher unmittelbar nach diesem Bild gemalt worden sein. Als Vergleich wurde vor allem Gerard ter Borchs um 1655 entstandene *Briefschreiberin* (S. 153) herangezogen, deren Komposition in vielem mit Vermeers Bild übereinstimmt, etwa der Tischanordnung, dem zurückgeschlagenen Tischteppich und der Haltung der Frau. Es unterscheidet sich aber in einem Punkt ganz wesentlich von Vermeers Werk: Die Frau bei ter Borch blickt nicht auf den Betrachter, sondern ist ganz auf das Schreiben konzentriert. Vermeer adaptiert für den Blick ein Motiv, das vor allem aus niederländischen Gelehrtenporträts geläufig ist und durch Druckgrafik verbreitet wurde. Liedtke führt zum Vergleich Rembrandts 1631 gemaltes *Bildnis eines Gelehrten mit Buch* (S. 198) an.[190] Noch früher findet sich das Motiv in der flämischen Malerei, etwa bei Rubens in dem *Bildnis des Caspar Gervartius* (um 1628; Antwerpen, Koninklijk Museum voor Schone Kunsten) oder bei

Peter Paul Rubens, **Reuige Magdalena und ihre Schwester Martha**, um 1620
Öl auf Leinwand, 205 x 157 cm
Wien, Kunsthistorisches Museum, Gemäldegalerie

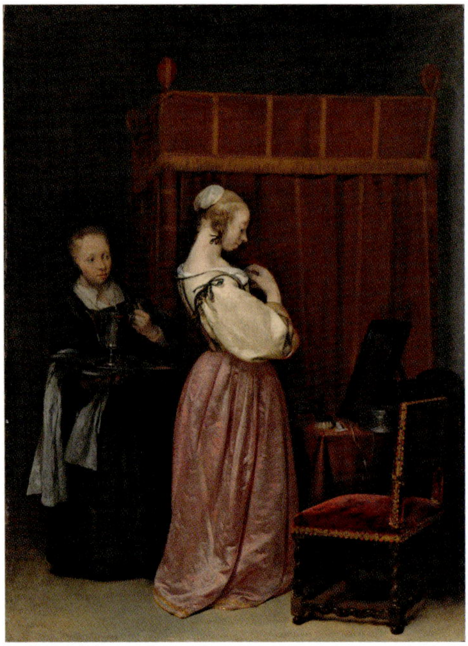

Anton van Dyck in dem *Bildnis des Lucas van Uffel* (1623; New York, Metropolitan Museum of Art). Vermeer benutzt ein Bildmotiv, das ursprünglich eine öffentliche oder zumindest berufliche Tätigkeit eines Mannes darstellte, um einen intimen Einblick in die häusliche, verborgene Sphäre einer Frau zu bieten, und gibt ihm damit eine völlig neue Bedeutung. Durch den Blick der jungen Dame oszilliert die Darstellung zwischen Genre und Porträt, und mehrfach wurde vermutet, Vermeer habe seine eigene Frau wiedergegeben. Dagegen spricht vor allem die informelle Kleidung der Dame: Die gelbe Seidenjacke mit Pelzbesatz wurde nur im häuslichen Bereich getragen. Die junge Frau zeigt zwar sehr individualisierte und damit porträthafte Züge, ihre Aufmachung schließt aber ein Bildnis im eigentlichen Sinn aus.

Auf dem Gemälde im Hintergrund ist ein Stillleben mit Musikinstrumenten zu erkennen, auf dem auch eine Bassgeige dargestellt ist. Boström schrieb dieses Bild Cornelis van der Meulen (1642–1692) zu.[191] Im Nachlass Vermeers wird ohne Angabe eines Künstlers ein Vanitas-Stillleben erwähnt, auf dem ein Kontrabass und ein Totenschädel („een bas met een dootshooft") zu sehen sind und das vielleicht als Vorlage diente.[192]

Das Gemälde *Briefschreiberin und Dienstmagd* (Kat. 24) unterscheidet sich in mehreren Punkten von den anderen Frauenbildern. Es ist beträchtlich größer, die Figuren erreichen drei Viertel der Lebensgröße, deutlich mehr als in den nach 1656 gemalten Genrebildern Vermeers. Außerdem sind zwei Personen dargestellt. Damit kehrt Vermeer zum Typus seiner eher erzählenden Genredarstellungen der Zeit um 1660 wie dem *Glas Wein* (Kat. 7) oder der *Musikstunde* (Kat. 13) zurück. Die Bilderfindung ist vielleicht von Gerard ter Borch angeregt, wenn auch das zum Vergleich herangezogene, zwischen 1655 und 1658 entstandene Werk *Der zurückgewiesene Brief* (München, Alte Pinakothek) wenig kompositorische Übereinstimmung zeigt.

Gerard ter Borch, **Junge Frau bei ihrer Toilette mit einer Dienerin**, um 1650/51
Öl auf Holz, 47,6 x 34,6 cm. New York, The Metropolitan Museum of Art,
Gift of J. Pierpont Morgan, 1917

Es fällt auf, dass der dunkle Hintergrund außer einer Andeutung von Falten eines Vorhangs keinerlei räumliche Bezüge aufweist. Da wir zudem nicht erkennen können, von wo das einfallende Licht kommt, wirkt die Szene wie auf einer Bühne präsentiert. Das führte zu der Vermutung, Vermeer könnte das biblische Thema der Bathseba, die den Einladungsbrief von König David erhält (2 Sam 11,1-5), dargestellt haben. Dagegen sprechen das gläserne Schreibzeug und die Kassette auf dem Tisch, die zeitgenössisches gehobenes Milieu suggerieren, und vor allem die Tatsache, dass die Dame nicht nur einen Brief empfängt, sondern auch selbst einen Brief schreibt.

Kopfstudien

Wir wissen nicht, ob Vermeer neben seinen ein- und mehrfigurigen Genrebildern auch Porträts schuf. In Inventaren und alten Versteigerungskatalogen finden sich jedenfalls keinerlei Hinweise darauf. Allerdings malte Vermeer mehrfach Kopfstudien, die in Bildaufbau und Bildausschnitt Bildnissen gleichen, sich aber in einem ganz wesentlichen Punkt von diesen unterscheiden: Sie geben keine bestimmte Person wieder, sondern halten einen Typus oder einen Charakterkopf fest. Wie Porträts gehen auch Kopfstudien von individuellen, als Modell dienenden Personen aus, heben dann aber die Darstellung ins Allgemeine und Allgemeingültige, und das Modell bleibt anonym.

Kopfstudien haben in der niederländischen Malerei eine bis ins 16. Jahrhundert zurückreichende Bildtradition. Im Werk von Frans Floris (1516–1570), einem bedeutenden Antwerpener Vertreter des Romanismus, kommen sie zum ersten Mal als selbstständige gemalte Kunstwerke vor. Zeitlich noch weiter zurück lässt sich die Geschichte der gezeichneten Kopfstudien verfolgen, die in den meisten Fällen nicht als selbstständige Kunstwerke entstanden, sondern als vorbereitende Arbeiten für einzelne Figuren oder Köpfe in Altar- oder Historienbildern. Albrecht Dürer ist einer der ersten Maler, von dem derartige Studienblätter mit Köpfen, aber auch Händen erhalten blieben, die er nach venezianischem Vorbild auf farbigem Papier zeichnete und mit Weißhöhungen versah. Die 1505/06 entstandenen Studien für das *Rosenkranzfest* (Prag, Nationalgalerie) und den *Zwölfjährigen Jesus unter den Schriftgelehrten* (Madrid, Museo Thyssen-Bornemisza) sowie die 1508 datierten Studien für den nicht erhaltenen Teil des *Heller-Altars* gehören heute als Meisterwerke der Zeichenkunst zu den bekanntesten Werken Dürers. In der flämischen Kunst des 17. Jahrhunderts, etwa bei Peter Paul Rubens oder Anton van Dyck, finden sich gezeichnete und gemalte Kopfstudien. Sie waren vorbereitende Arbeiten für große Kompositionen, während in der holländischen Malerei des 17. Jahrhunderts, etwa bei Rembrandt, sich die Kopfstudie aus ihrer dienenden Rolle löst und zugleich einen großen inhaltlichen Spielraum erhält. Neben Charakterköpfen, die markante Persönlichkeiten der Geschichte, der Literatur, der volkstümlichen Überlieferung verkörpern, für die es keine feste Bildnisüberlieferung gibt und die Spielraum für freie Imagination lassen, finden wir vor allem Kopfstudien aus dem Bereich der Antike und des Orients. Diese Differenzierung spiegelt sich auch in den unterschiedlichen Bezeichnungen der Kopfstudien in zeitgenössischen Verzeichnissen und Inventaren wider. So werden zwei Bilder in Vermeers Nachlassinventar als „Twee tronyen geschildert op sijn Turx" (2 Kopfstudien, gemalt auf türkische Art) genannt, in der Versteigerung der Sammlung Dissius 1696 eine Kopfstudie als „Een Tronie in Antique Klederen, ongemeen konstig" (Eine Kopfstudie mit antiken Kleidern, ungemein kunstvoll).[193]

Tronie war die übliche niederländische Bezeichnung für eine Kopfstudie. Das Wort leitet sich aus dem altfranzösischen *trogne* für Charakterkopf ab. Die Kopfstudie erweitert die Vorstellungswelt über den zeitgenössischen Alltag hinaus sowohl in die Vergangenheit wie auch in ferne und exotische Länder. Die Dargestellten müssen nicht nur Zeitgenossen nachempfunden sein, sondern können auch eine Vorstellung von fiktiven, historischen oder exotischen Personen vermitteln. Trotz genauer Schilderung der physiognomischen Details weichen diese Bilder von den für Porträts gültigen Darstellungskonventionen ab. Bei Kunstsammlern waren neben der charaktervollen Schilderung eines physiognomischen Typs vor allem bestimmte ästhetische Eigenschaften wie die malerische Faktur besonders geschätzt.

Nur vier Kopfstudien junger Frauen blieben von Vermeer erhalten. Im Versteigerungskatalog der Sammlung von Jacob Abrahamsz. Dissius von 1696 werden drei Kopfstudien von Vermeer erwähnt (Nr. 38–40).[194] Es wurde versucht, sie mit erhaltenen Bildern zu identifizieren, da Vermeer aber wahrscheinlich weit mehr Kopfstudien malte, erscheint dies problematisch. Die vier erhaltenen Exemplare entstanden wahrscheinlich zwischen 1665 und 1670, also unmittelbar nach den einfigurigen Frauendarstellungen und Perlenbildern aus den Jahren 1662 bis 1665. Diese Datierung beruht ausschließlich auf Vergleichen der Maltechnik und des Farbauftrags, wobei die engsten Parallelen zu den einfigurigen Frauenbildern aus der Mitte der sechziger Jahre bestehen. Falls Vermeer ausschließlich in dieser Periode seine Kopfstudien malte, ergäbe sich eine Entwicklung, die von weiträumigen Interieurs in der Art des Berliner Bildes *Das Glas Wein* (Kat. 7) über eine Folge einfiguriger Bilder mit engerem Bildausschnitt (Kat. 14–18) bis zu den Kopfstudien führt. Es erscheint reizvoll, dies als schrittweise Konzentration vom Interieur mit mehreren Figuren bis hin zur Physiognomie in Nahsicht zu deuten. Allerdings kehrt Vermeer in späteren Bildern wieder zu den früheren Bildmustern der Einzelfigur wie des Interieurs mit Figuren zurück.

Zwei der Kopfstudien Vermeers stellen junge Frauen vor einheitlich schwarzem Hintergrund ohne jede räumliche Umgebung in mittlerer Größe dar. *Das Mädchen mit dem Perlenohrring* (S. 217, Kat. 21) gehört zu den bekanntesten und populärsten

Werken des Künstlers überhaupt. Dagegen tritt der vergleichbare *Studienkopf einer jungen Frau* (S. 219, Kat. 22) an Attraktivität und Bekanntheit weit zurück. Zwei weitere Kopfstudien, das *Mädchen mit rotem Hut* (S. 221, Kat. 23) und das *Mädchen mit Flöte* (S. 223, Kat. 25), sind im Format wesentlich kleiner und nicht auf Leinwand, sondern auf Holztäfelchen gemalt, was in der flämischen und holländischen Malerei der Zeit für kleinformatige skizzenartige Werke üblich war.

Der Grund für die große Bekanntheit und Popularität des *Mädchens mit dem Perlenohrring* liegt wohl in der besonderen, die Zeiten überdauernden Attraktivität der Dargestellten. Sie drückt sich in ihrer Physiognomie, dem fragenden, auf den Betrachter gerichteten Blick, dem feuchten Glanz der Augen, den halbgeöffneten Lippen und in ihrer Haltung, der Drehung des geneigten Kopfs über die linke Schulter, aus. Das junge Mädchen entspricht einem bis heute aktuellen Schönheitsideal. Die starke Wirkung beruht aber nicht nur auf einem ästhetischen Eindruck, sondern vor allem auf einer tiefen emotionalen Ausstrahlung, die auf die Anmutung jugendlicher Verletzlichkeit zurückgeht. Durch die schmeichelnde Weichheit des Farbauftrags, der klare Linien vermeidet und mit vielen Glanzlichtern in den Augen und dem leicht geöffneten Mund arbeitet, wird dieser Eindruck verstärkt.

Gleichzeitig wurde ihre Aufmachung immer wieder als exotisch empfunden. Da weder ihre Physiognomie noch ihre Kleidung – sichtbar wird lediglich eine einfache hellbraune Jacke – in diese Richtung deuten, beruht dieser Eindruck im Wesentlichen auf dem Kopfschmuck. Er erinnert an einen orientalischen Turban und besteht aus einem gelben und blauen Tuch. Bei dem namensgebenden Perlenohrring handelt es sich wahrscheinlich um eine Glasperle. Die unmittelbare Wirkung des Bildes entsteht auch dadurch, dass der Figur alle über sie hinausweisenden Bezüge fehlen, sie trägt keine Attribute, die auf eine Allegorie oder Ähnliches hindeuten könnten. In der niederländischen Malerei des 17. Jahrhunderts lässt sich bis auf einige Kopfstudien des flämischen Malers Michiel Sweerts (1618–1664), die in ihrer weich verlaufenden Malweise, vor allem aber in ihrem emotionalen Gehalt an das *Mädchen mit dem Perlenohrring* erinnern (S. 216), nichts Vergleichbares finden.

Etwa zur selben Zeit, zwischen 1665 und 1667, könnte der *Studienkopf einer jungen Frau* entstanden sein. Das Modell wirkt zumindest auf den heutigen Betrachter bei weitem nicht so attraktiv wie das *Mädchen mit dem Perlenohrring*. Ihre Erscheinung soll vielleicht die Erinnerung an eine weibliche Gestalt der Antike wecken, vergleichbar mit Jan Gerritsz. van Bronckhorsts *Kopfstudie einer Frau im Profil* (um 1645–1650; Coral Gables, Florida, The Lowe Art Museum, University of Miami), die mit ihrem Profil an antike Cameos erinnert und deren Kleidung antikisch anmutet.[195] Die junge Frau bei Vermeer trägt ein weißes oder hellgraues Kleid, das eine füllige Draperie in knittrigen Falten bildet.

Das lässt auf einen schweren, glänzenden Seidenstoff schließen, ohne dass eine genaue Form des Kleids erkennbar wird, das auch ein weites, um die Schultern geschlagenes Tuch sein könnte. Das von den Haaren herabfallende gelbe Tuch erinnert an das *Mädchen mit dem Perlenohrring*. Das subtile Kolorit beruht auf dem Kontrast zwischen den warmen Brauntönen von Haaren, Augen und Inkarnat auf der einen und dem kühlen bläulichen Weiß des Kleides auf der anderen Seite. Wir sehen also eine junge holländische Frau des 17. Jahrhunderts, die ein Kleid trägt, das nicht der zeitgenössischen Mode entspricht, sondern das ungewöhnlich und fremdartig wirkt und vielleicht an Antikes erinnern soll. Im Gegensatz zu dieser zeitlosen Drapierung stehen einige Züge ihrer Erscheinung, die der Mode in der Entstehungszeit des Werks entsprechen, wie die rasierten Augenbrauen und der hohe Haaransatz.

Mit dem Motiv des am unteren Bildrand aufgestützten linken Unterarms greift Vermeer eine Darstellungskonvention der Porträtmalerei auf, die schon Tizian (um 1488–1576) benutzte und später Rembrandt aufgriff, etwa in seinem *Selbstbildnis* von 1640 (London, The National Gallery). Was dort Selbstbewusstsein durch Distanz zum Betrachter suggeriert, ist hier nur angedeutet und wirkt durch die fast gänzlich verdeckte Hand, von der nur ein Teil des Handrückens unter dem Ärmel sichtbar wird, geradezu rudimentär.

Das *Mädchen mit dem Perlenohrring* und der *Studienkopf einer jungen Frau* sind nicht nur fast gleich groß, sie stimmen auch sonst in vielem überein. In beiden Fällen stehen die Büsten der jungen Frauen vor dunklem Hintergrund, sie kehren dem Betrachter ihre linke Schulter zu und blicken in einer Drehung nach links direkt auf den Betrachter. Das Licht kommt von links und beleuchtet ihre rechte Gesichtshälfte so, dass die dem Betrachter zugewandte Wange im Schatten liegt. Kleidung und physiognomischer Typus sind unterschiedlich, in beiden Fällen bilden die Perlenohrringe durch einen betonten Lichtreflex einen zentralen Punkt der Komposition. Die Bilder sind von Vermeer wahrscheinlich nicht als Gegenstücke gedacht, waren aber vielleicht Teil einer ursprünglich umfangreicheren Serie von *tronien*, die Frauen unterschiedlichen Typs in verschiedener Kleidung, aber ohne inhaltliche Konnotation darstellten.

Ganz anders sind die beiden kleineren Studienköpfe *Mädchen mit rotem Hut* (S. 221, Kat. 23) und das *Mädchen mit Flöte* (S. 223, Kat. 25), die ihrerseits viele Merkmale miteinander teilen. Es handelt sich in beiden Fällen um kleine Bilder, die bemalte Bildfläche beträgt etwa ein Viertel der beiden größeren Studienköpfe. Sie wirken wie enge Ausschnitte aus größeren Kompositionen. Beim *Mädchen mit rotem Hut* wirken der obere Abschluss der Stuhllehne, die junge Frau und die abschließende Tapisserie im Hintergrund in typischen gedämpften Grün- und Ockertönen nah aneinandergerückt, der Blick scheint wie durch ein Fernrohr bzw. Teleobjektiv auf die Szene zu fallen. Der Stuhl mit den bekannten

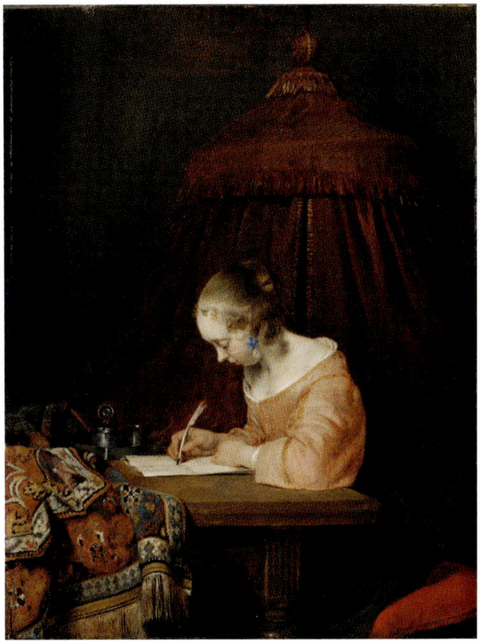

löwengeschmückten Lehnen ist hier ausnahmsweise dem Betrachter zugekehrt, es kann also nicht der Stuhl sein, auf dem die junge Frau Platz genommen hat.

Was an diesem Gemälde und dem *Mädchen mit Flöte* besonders auffällt, ist die genaue Beobachtung von Licht- und Farbeindrücken, die unterschiedliche von Licht getroffene Oberflächen im Auge des Betrachters erzeugen, sowie ihre konsequente malerische Wiedergabe. Im Schatten liegende Hautpartien wie Stirn und Wange der jungen Frau in *Mädchen mit rotem Hut* erhalten einen ins Grüne und Blaue gehenden Schimmer, herrührend von dem Licht, das der glänzende blaue Seidenstoff des Kleids reflektiert. Die glänzende dunkle Holzoberfläche der geschnitzten Löwenköpfe erzeugt unregelmäßige Muster aus hellen Flecken. Bei dem rechten Löwenkopf sind die Kontraste zwischen Licht und Schatten stärker ausgeprägt als bei dem ganz im Schatten liegenden linken. Vermeer hat jedes Detail bewusst gewählt und arrangiert, um die interessantesten Farbwirkungen und Beleuchtungseffekte zu erzielen. Er kontrastiert den leuchtend roten Hut, über dessen Material, ob Federn, Samt oder Pelz, wir rätseln, mit dem glänzenden hell- und dunkelblau gemusterten Seidenstoff der weiten Jacke, der an die *caffa* genannten Gewebe erinnert, die Vermeers Vater Reynier Jansz. Vos erzeugte. Er setzt einen leuchtenden Akzent mit dem weißen, hoch hinaufgezogenen Halstuch, das aus einzelnen, lose verbundenen Pinselstrichen besteht und den hellsten Teil des ganzen Bildes formt, und versieht die Nasenspitze und die Lippen mit einzelnen Glanzlichtern. Bei dem Hut handelt es sich vielleicht um gar keine tatsächlich existierende Kopfbedeckung, sondern um eine Erfindung Vermeers, der damit den Eindruck des Exotischen zu erwecken versuchte. Der unglaubwürdig wirkende Hut und die „verkehrten" Löwenköpfe der Stuhllehne waren entscheidende Argumente für Blankert, die Autorschaft Vermeers zu bezweifeln. Liedtke weist darauf hin, dass Rembrandts *Saskia van Uylenburgh* (1633/34–1642; S. 220) einen ähnlichen flachen Hut trägt.[196] Ein solches

Gerard ter Borch, **Briefschreiberin**, um 1655
Öl auf Holz, 39 x 29,5 cm. Den Haag, Koninklijk Kabinet van Schilderijen Mauritshuis

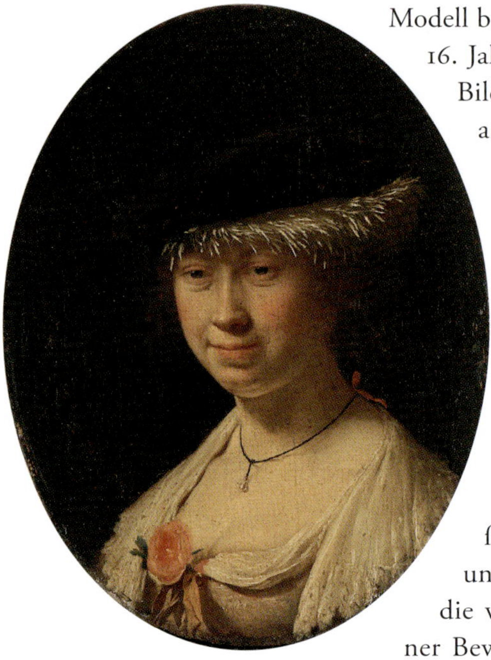

Modell basiert auf dem deutschen „Tellerbarett" des 16. Jahrhunderts, wie es etwa Cranach in seinen Bildern darstellt. Die Vermittlung des Motivs an Rembrandt erfolgte sicherlich über die Druckgrafik.[197] Die im Hintergrund dargestellte Tapisserie stammt wahrscheinlich aus den südlichen Niederlanden. Hinter dem Mädchenkopf erkennt man zwei große Figuren sowie eine Architektur; bei dem ornamentierten Streifen rechts dürfte es sich um die Bordüre handeln.[198]

Der virtuose Umgang mit Farbe, die Vermeer – und nur Vermeer in dieser unverwechselbaren Art – einmal in größeren Flächen, dann in Flecken, Punkten und einzelnen Strichen appliziert, um damit die vollkommene Illusion einer in momentaner Bewegung aus dem Bild blickenden Frau in heller Beleuchtung zu erzeugen, widerlegt die geäußerten Bedenken hinsichtlich der eigenhändigen Ausführung. Die offene und skizzenhafte Malweise entspricht in erster Linie dem Bildtypus der Kopfstudie, die als offenes Medium größere Freiheiten erlaubte als die gebundene Form des Historien- oder Genrebildes. Vermeer gibt nah beim Betrachter befindliche Gegenstände unscharf wieder, wie die verschwommen gemalten Löwenköpfe der Stuhllehne. Er gliedert damit die verschiedenen Tiefenschichten des Bildes in ihrer räumlichen Folge und gestaltet die Oberfläche der Malerei lebendig. Einer langen Forschungstradition folgend,[199] wurde diese Malweise, unserer Meinung nach fälschlicherweise, mit dem Gebrauch einer Camera Obscura erklärt. Das Ergebnis ist jedenfalls ein Meisterwerk an Beobachtung und Wiedergabe unterschiedlicher Oberflächen, von Farben und von Lichtwirkung.

Das *Mädchen mit Flöte* ist in vielen Zügen dem *Mädchen mit rotem Hut* so ähnlich, dass man die beiden Bilder für Gegenstücke halten könnte. So stimmen sie in der Größe, in der Komposition und der Gliederung des Raums mit der groß gemusterten flämischen Tapisserie im Hintergrund und den spanischen Stühlen im Vordergrund überein, und Vermeer scheint auch dasselbe Modell verwendet zu haben. Die jungen Frauen

Frans van Mieris d. Ä., **Bildnisstudie einer jungen Frau mit Federbarett**, 1658
Öl auf Holz, 11,1 x 8,4 cm. Frankfurt am Main, Städel Museum

sind, dem Wesen der Kopfstudie entsprechend, auffallend gekleidet und tragen extravagante Kopfbedeckungen. Das Licht kommt in beiden Studien im Unterschied zu fast allen anderen Bildern Vermeers von rechts. Hell beleuchtete Teile wechseln mit dunklen Schattenzonen, sodass diese Werke nicht zuletzt auch Beleuchtungsstudien sind, in denen Vermeer die aus dem Licht geformte Plastizität eines Profils oder Farbeffekte wie die grünlichen Reflexe in den beschatteten Gesichtspartien zeigen konnte.

Trotz dieser vielen Ähnlichkeiten handelt es sich bei dem *Mädchen mit Flöte* um das problematischste Werk Vermeers, vor allem aufgrund seines Erhaltungszustands und seiner vermutlich komplizierten Entstehungsgeschichte. Einzelne Partien entsprechen ganz der Malweise Vermeers, andere hingegen sind plump gestaltet und können keineswegs von ihm stammen, wie etwa die rechte Hand in der linken unteren Ecke des Bildes und der Zeigefinger der linken Hand, der die Flöte hält. Das Gesicht ist nicht vollendet. Die plausibelste Erklärung für diese Beobachtungen ist, dass Vermeer das Bild nicht nur unvollendet hinterließ, sondern dass es zu einem vermutlich sehr frühen Zeitpunkt stark beschädigt und dann von einem unbekannten Künstler fertiggestellt wurde. Darüber hinaus wurde es später durch starke Reinigung und unsachgemäße Restaurierungen weiter in Mitleidenschaft gezogen. So ist etwa die blaue Lasur, die einst die Rückseite der Stuhllehne bedeckte, verschwunden, es ist nur mehr die rotbraune Untermalung sichtbar. Der komplexe Aufbau des Bildes ist allerdings ein Argument dafür, dass die ursprüngliche Anlage auf Vermeer zurückgeht.

Von Vermeer begonnen und weitgehend vollendet wurden der flache Hut und einige Teile der blauen Jacke. Vermeer selbst hat offenbar Teile während des Malvorgangs verändert. So wurden die beiden Pelzstreifen vorne an der Jacke später hinzugefügt, sodass diese nun eine größere Ähnlichkeit mit dem Kleidungsstück der *Frau mit Waage* (Kat. 18) aufweist. Der Hut mit der fantasievollen Stoffbespannung, vielleicht aus Samt mit Streifen in Grau und Gelb, scheint eine Erfindung des Künstlers zu sein und sollte vermutlich einen besonderen Akzent setzen. Auf den ersten Blick erinnert er an eine chinesische Kopfbedeckung, die müsste dann aber aus Bambus bestehen. Wheelock weist darauf hin, dass ähnliche Hüte als Arbeitskleidung etwa von Schäferinnen in holländischen Bildern und Druckgrafiken auftauchen.[200]

Frau mit Waage (Detail), um 1663/64
(siehe Abb. S. 205)

Seite 158/159
Das Mädchen mit dem Weinglas (Detail), um 1659/60
(siehe Abb. S. 161)

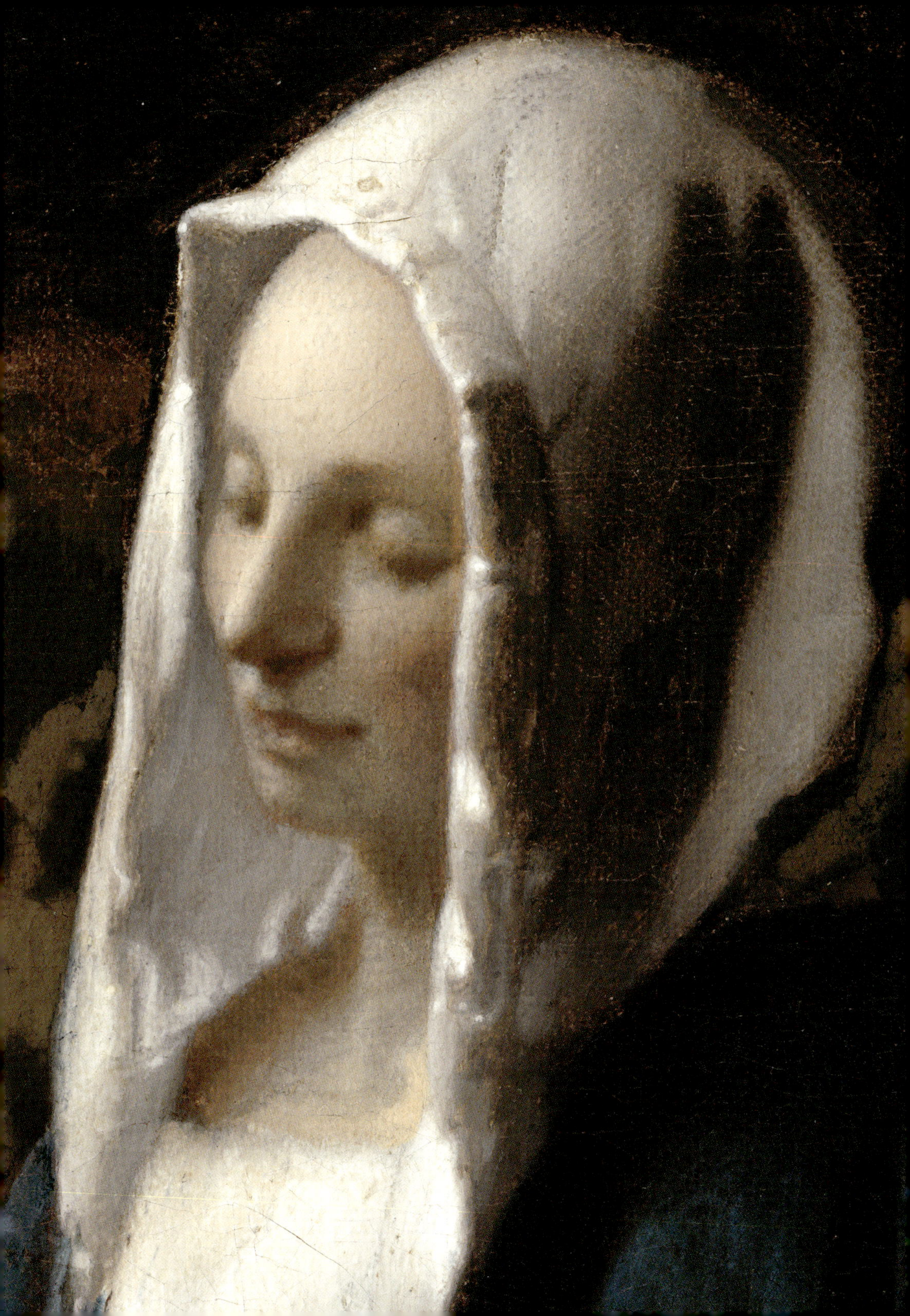

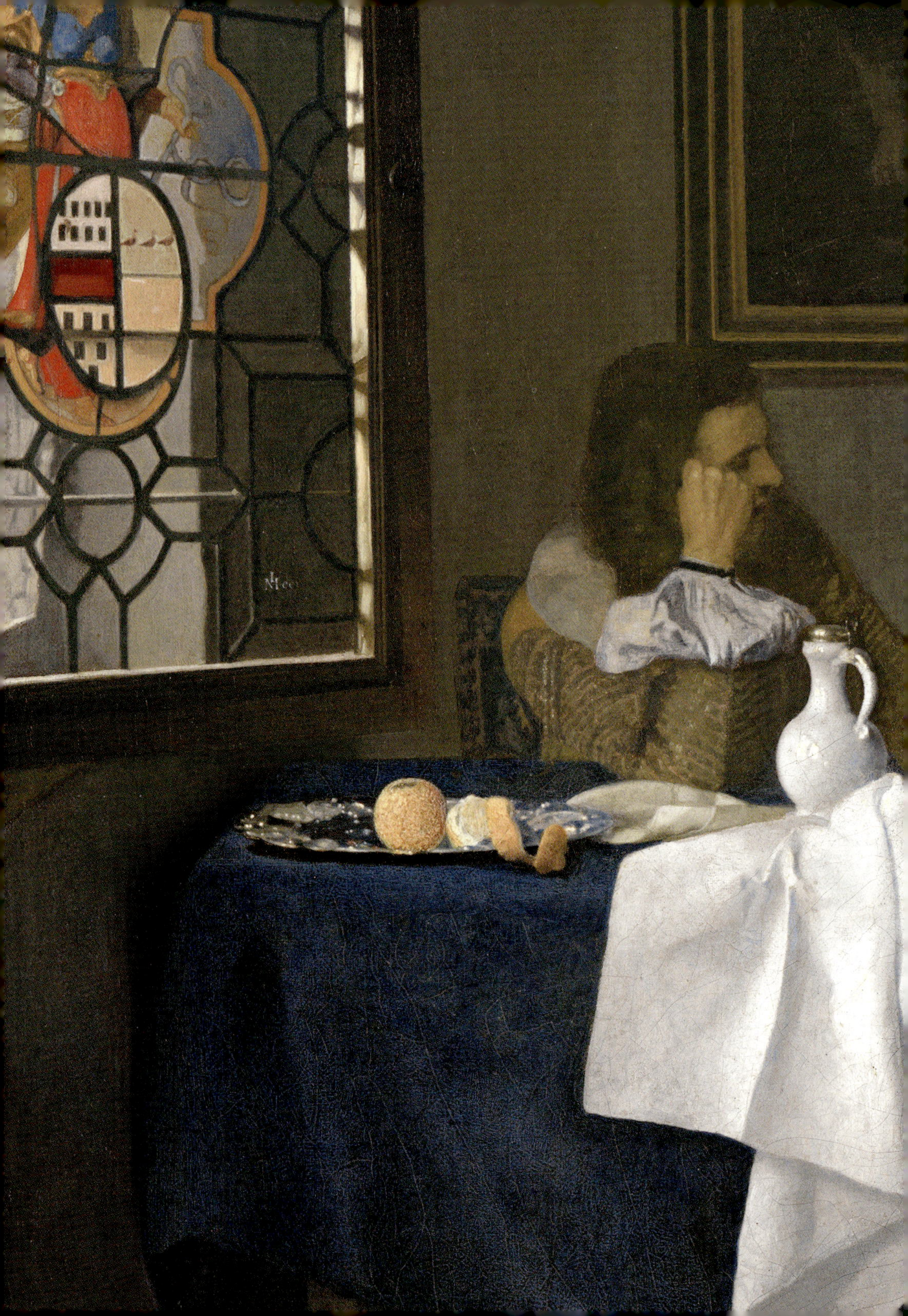

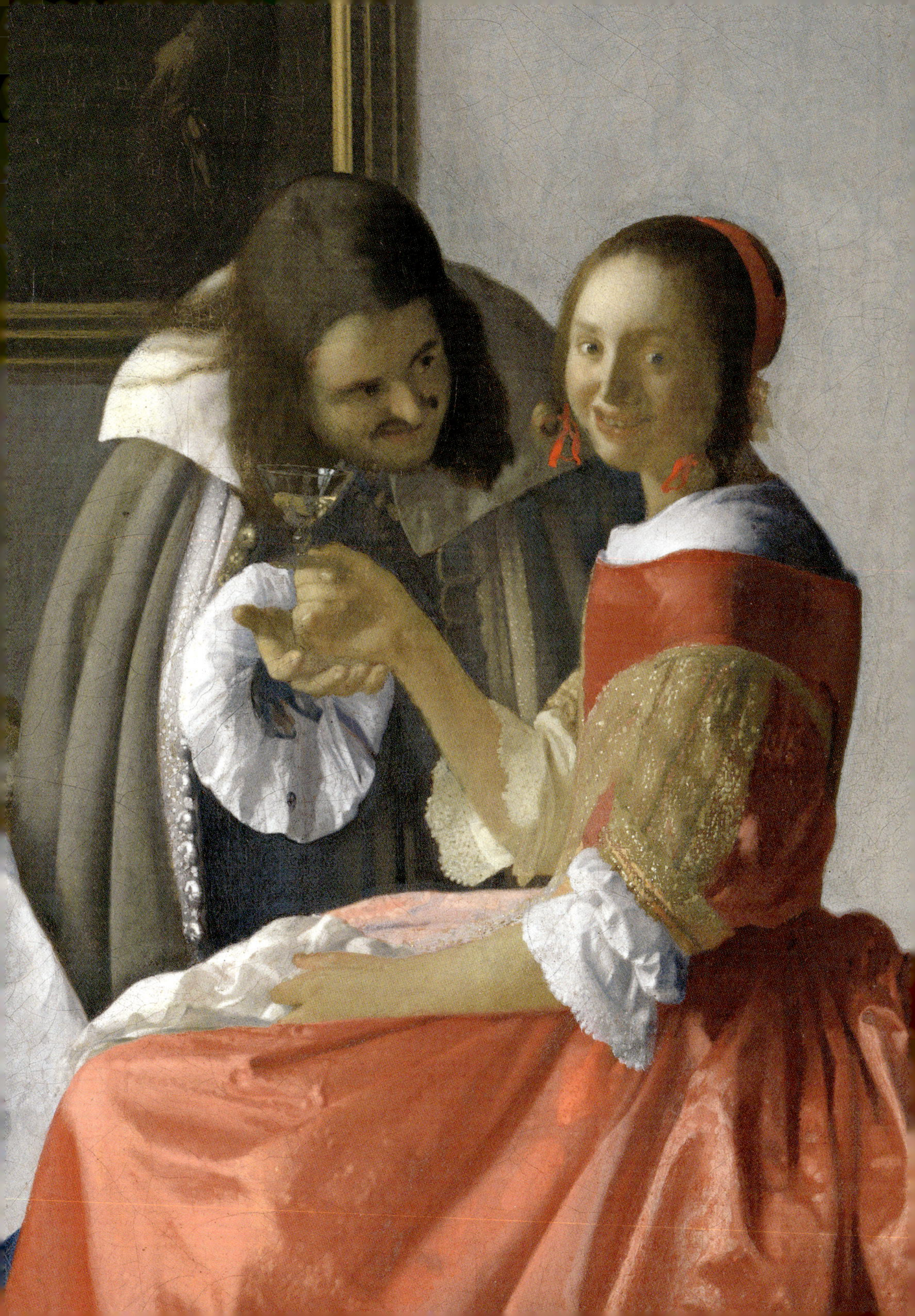

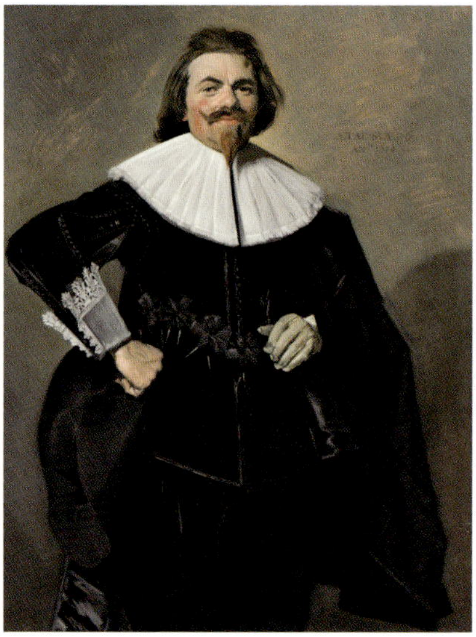

Frans Hals, **Tieleman Roosterman**, 1634
Öl auf Leinwand, 117 x 87 cm
The Cleveland Museum of Art

Das Mädchen mit dem Weinglas, um 1659/60
Öl auf Leinwand, 77,5 x 66,7 cm
Braunschweig, Herzog Anton Ulrich-Museum

Seite 163/164
Das Glas Wein (Detail), um 1658–1660
(siehe Abb. 166/167)

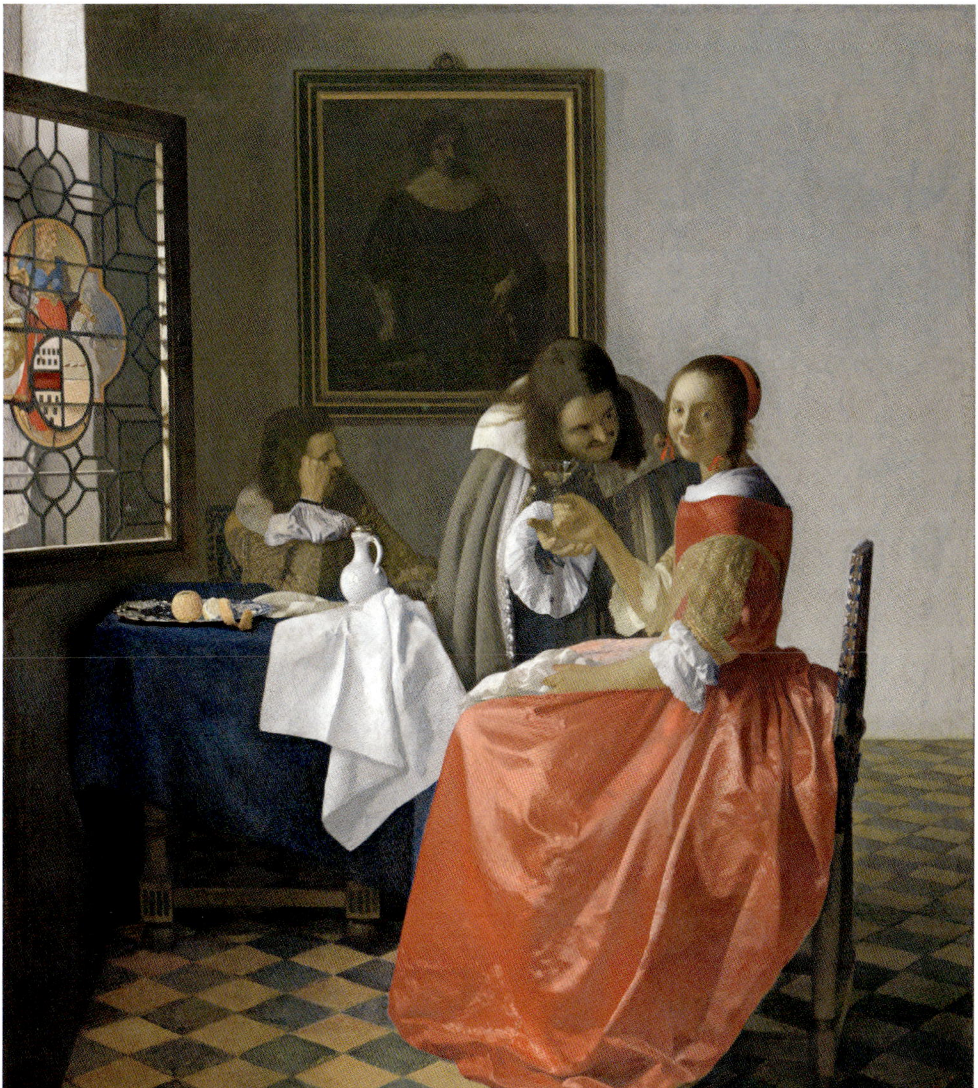

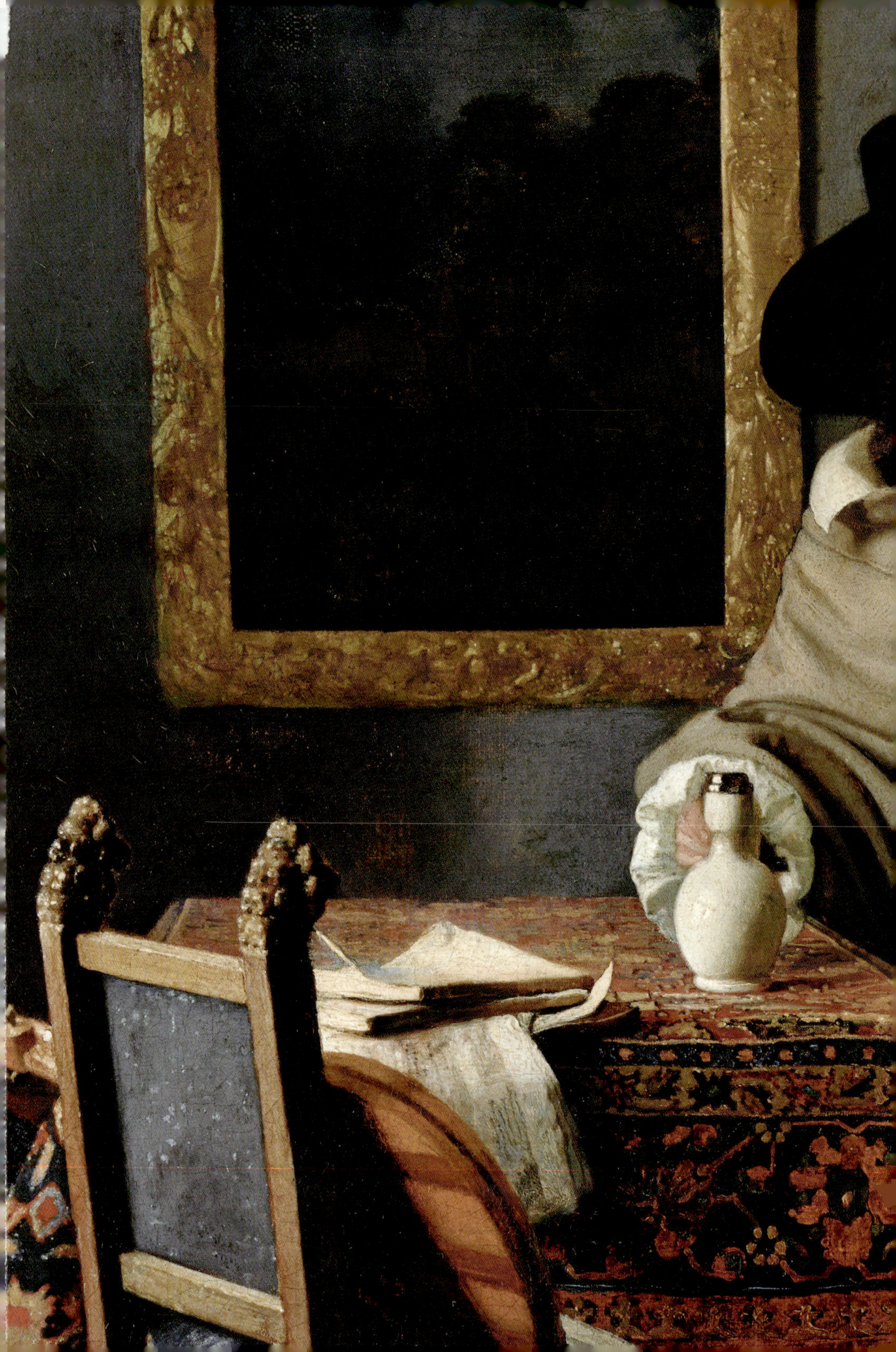

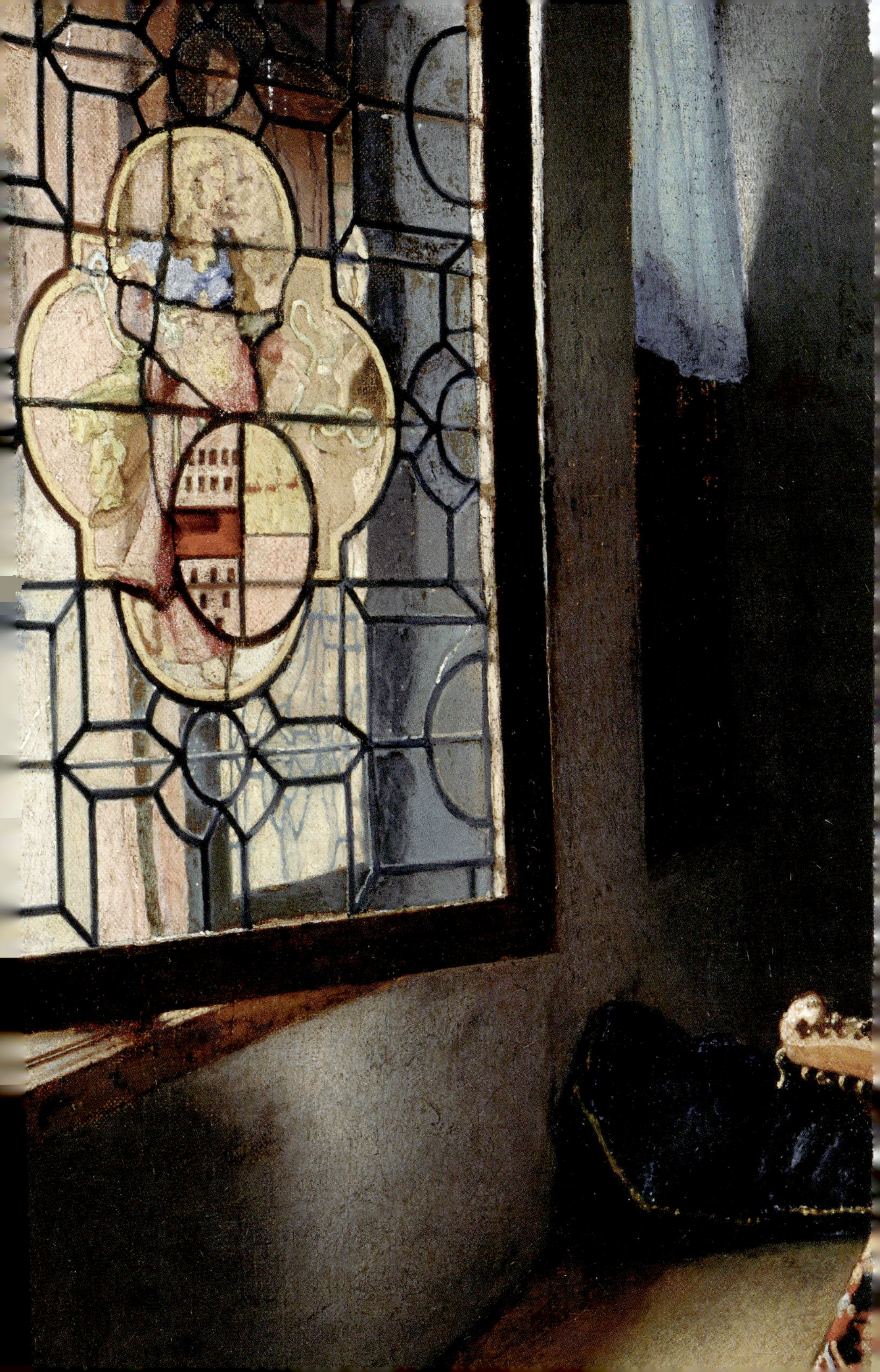

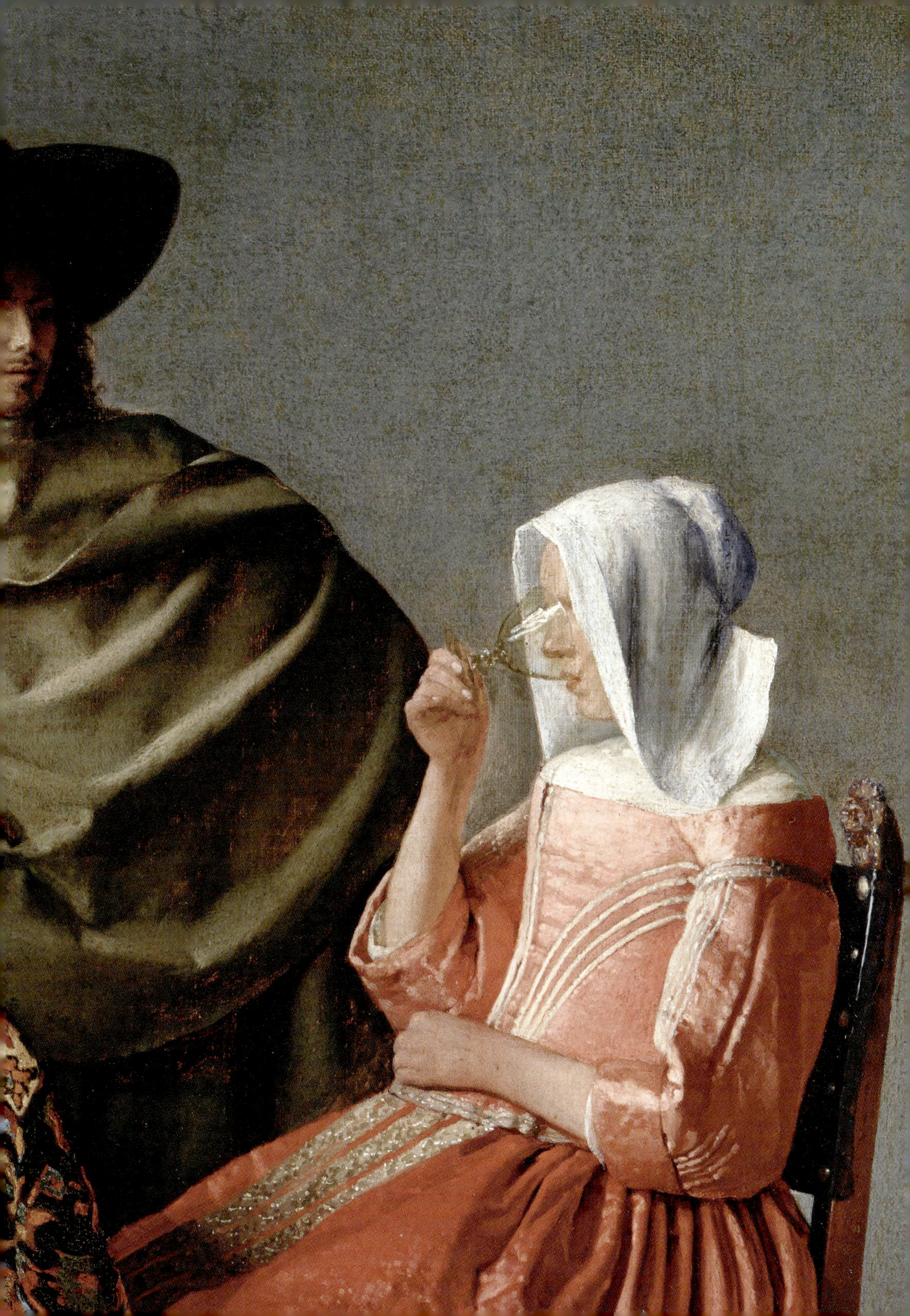

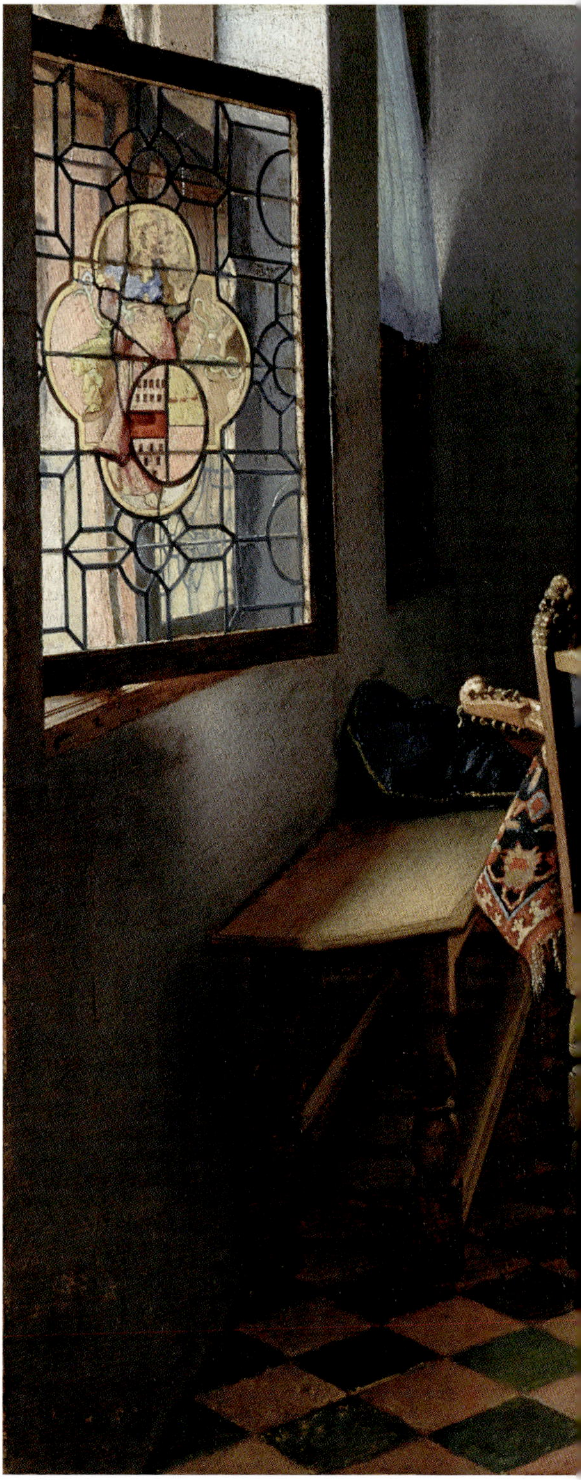

Das Glas Wein, um 1658–1660
Öl auf Leinwand, 65 x 77 cm
Staatliche Museen zu Berlin, Gemäldegalerie

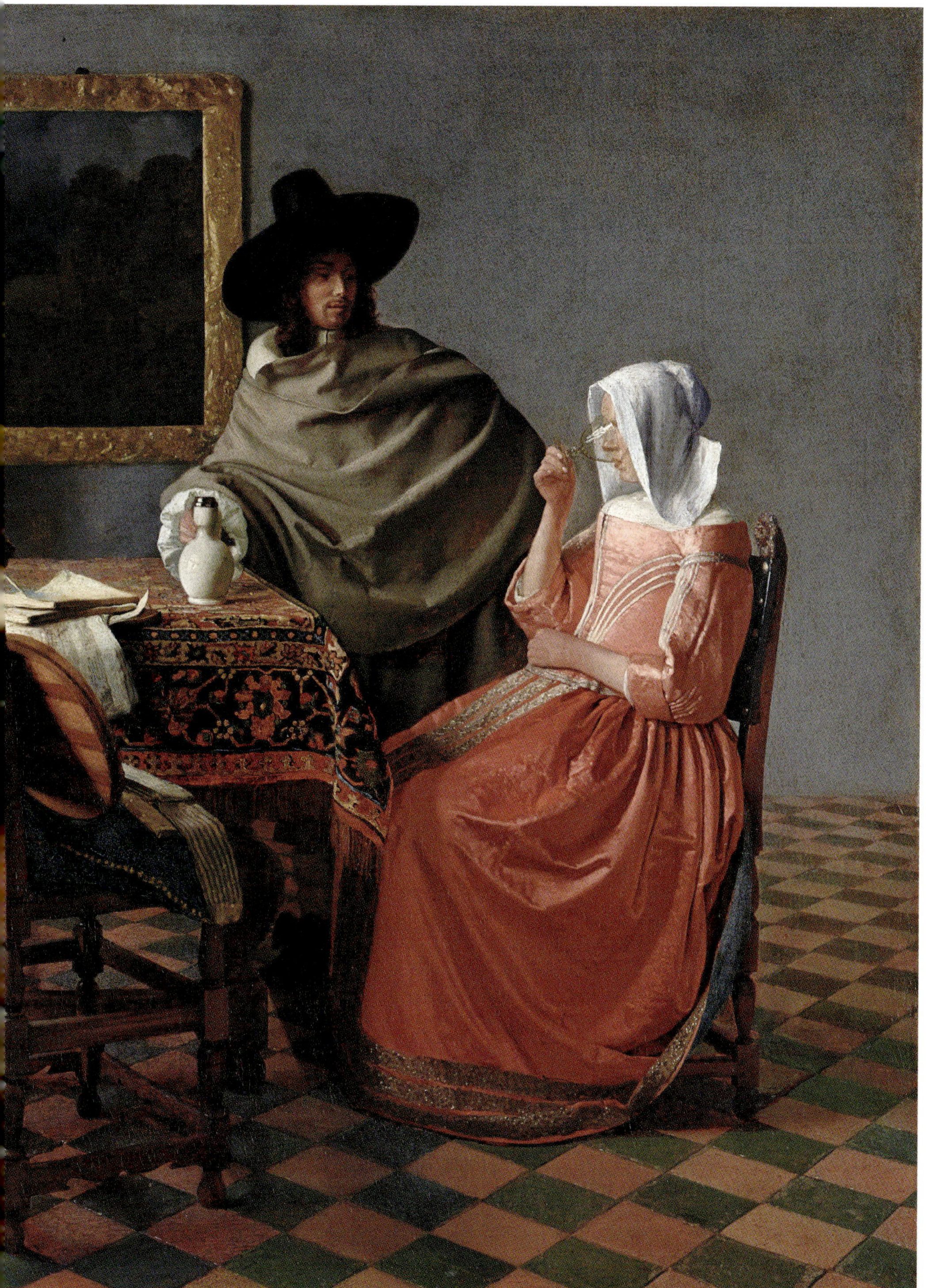

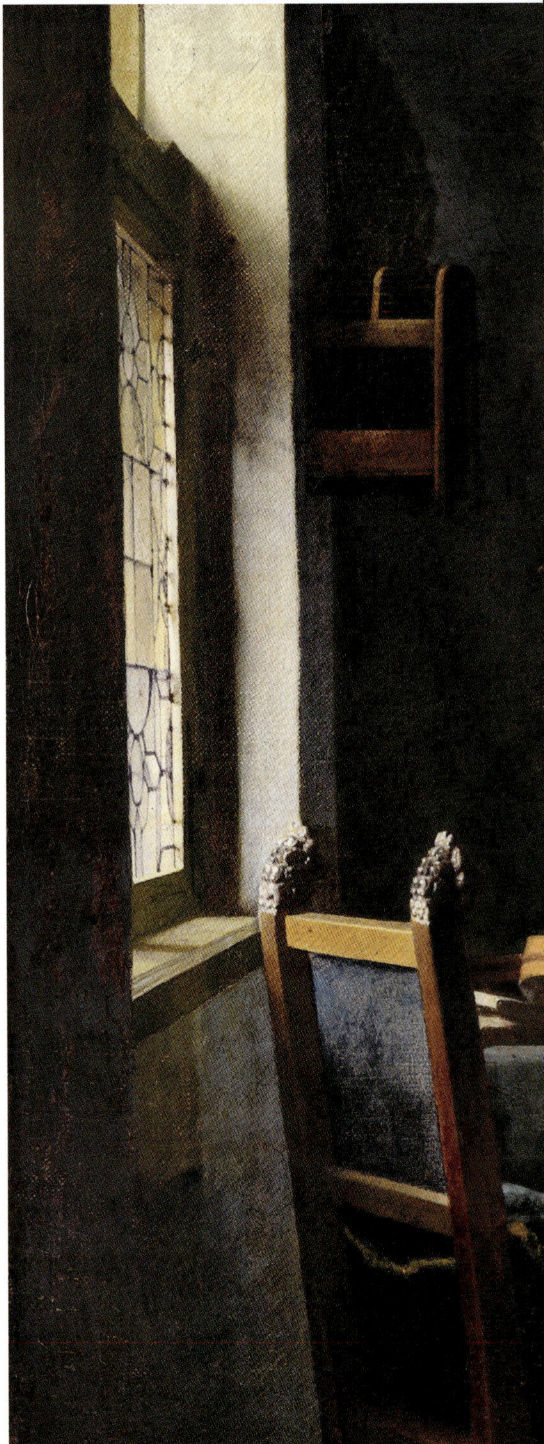

Die unterbrochene Musikstunde,
um 1659–1661
Öl auf Leinwand, 39,3 x 44,4 cm
New York, The Frick Collection

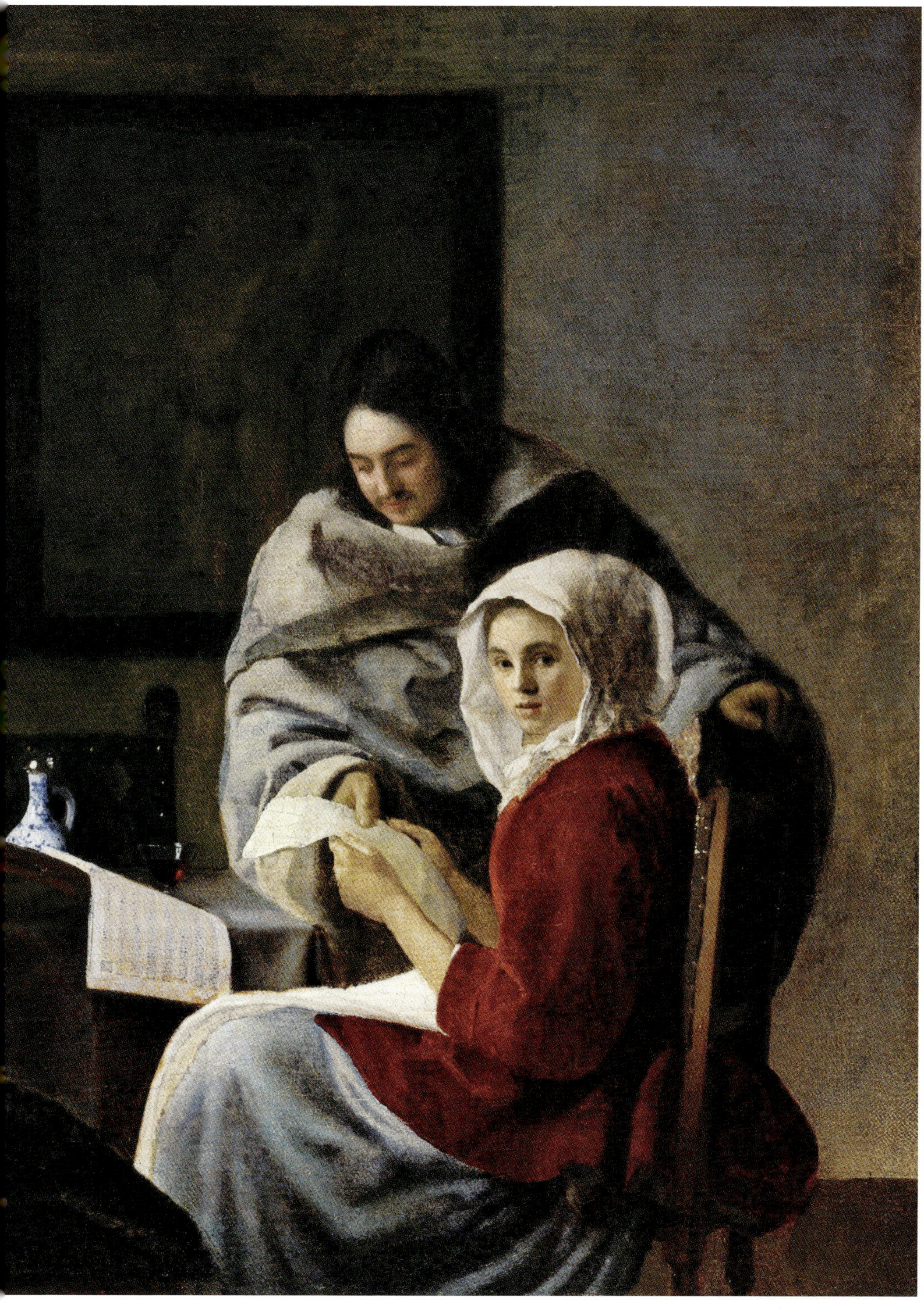

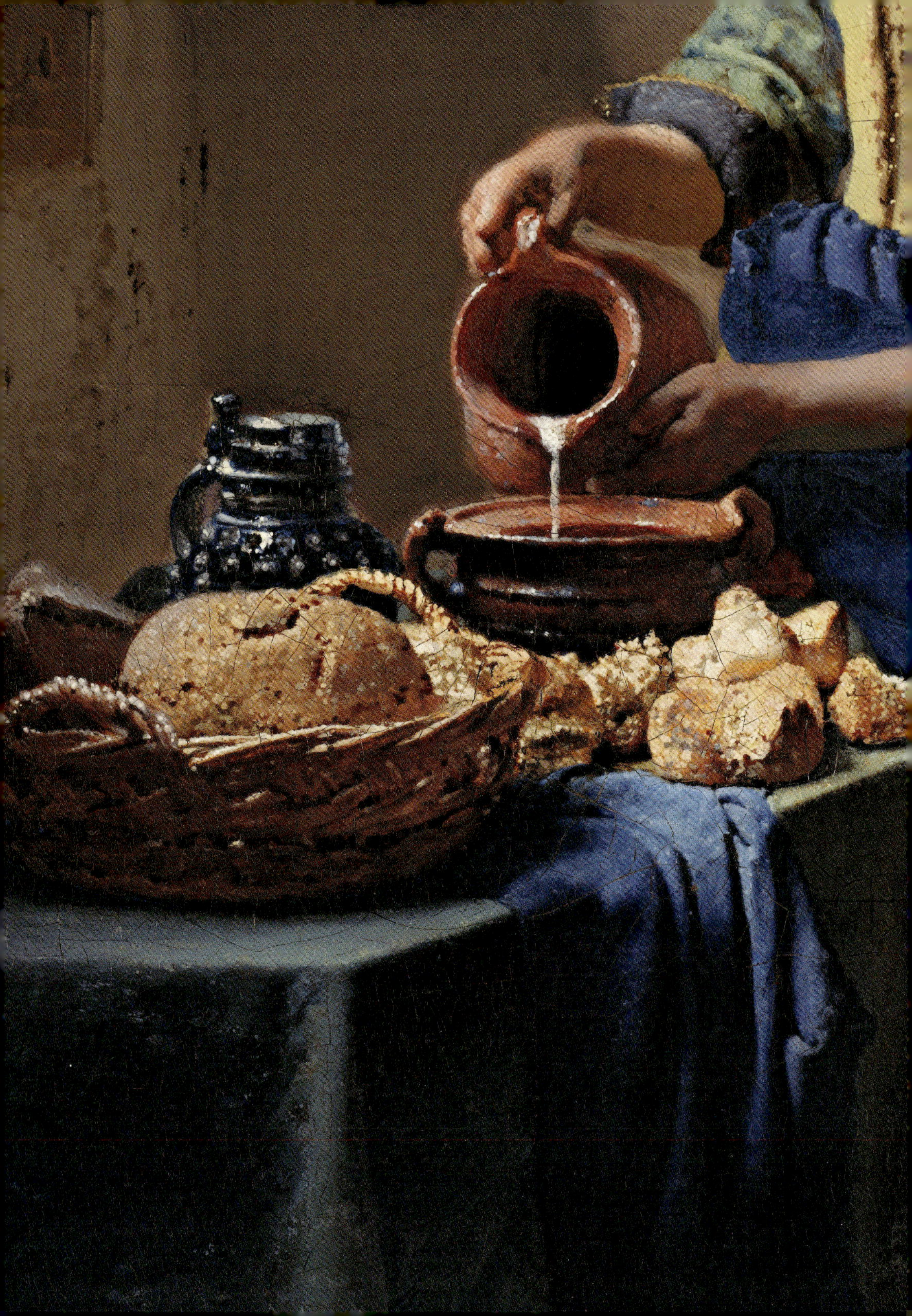

Das Milchmädchen (Dienstmagd mit Milchkrug)
(Detail), um 1658–1661
(siehe Abb. S. 173)

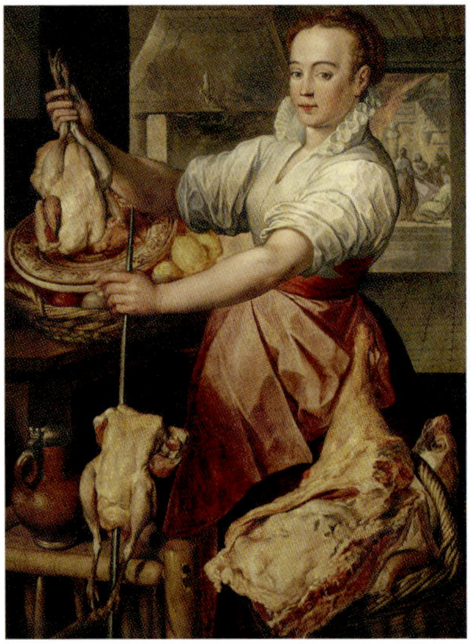

Joachim Bueckelaer, **Köchin**, 1574
Öl auf Holz, 112 x 81 cm
Wien, Kunsthistorisches Museum, Gemäldegalerie

Das Milchmädchen (Dienstmagd mit Milchkrug), um 1658–1661
Öl auf Leinwand, 45,5 x 41 cm
Amsterdam, Rijksmuseum

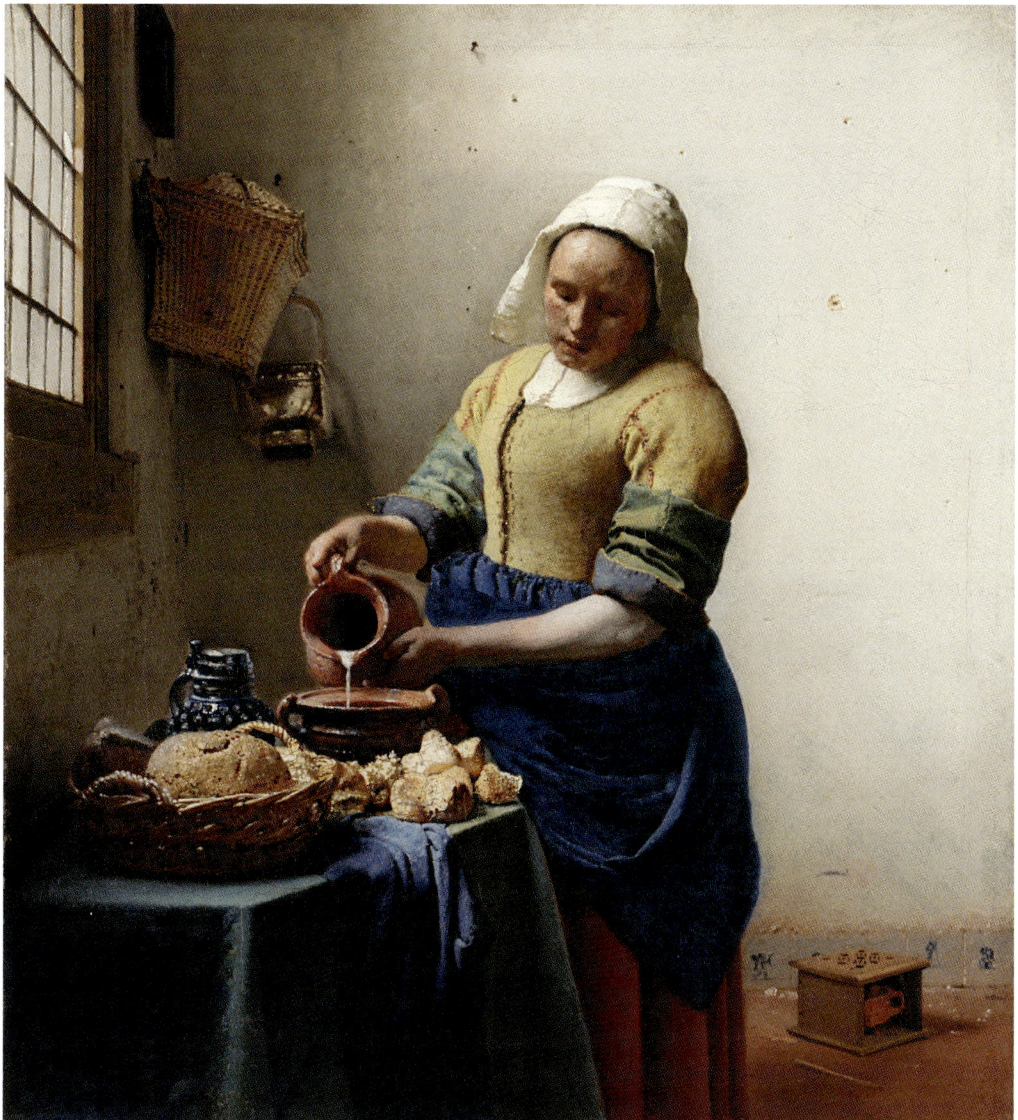

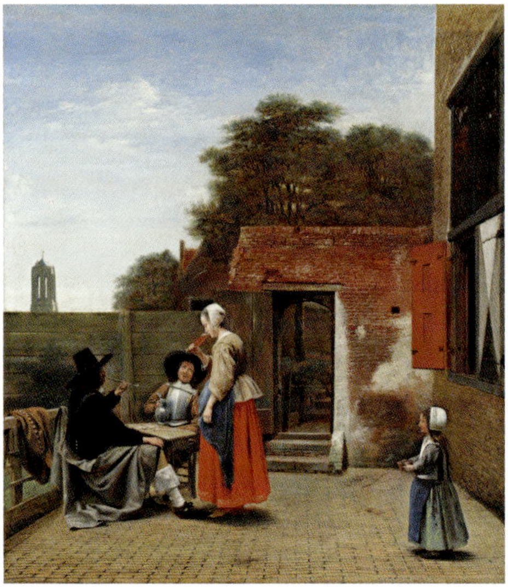

Pieter de Hooch, **Ein Hinterhof in Delft**, um 1658–1660
Öl auf Leinwand, 69,5 x 60 cm
Washington, DC, National Gallery of Art, Andrew Mellon Collection, 1937

Die kleine Straße („Het Straatje“), um 1658–1661
Öl auf Leinwand, 53,5 x 43,5 cm
Amsterdam, Rijksmuseum

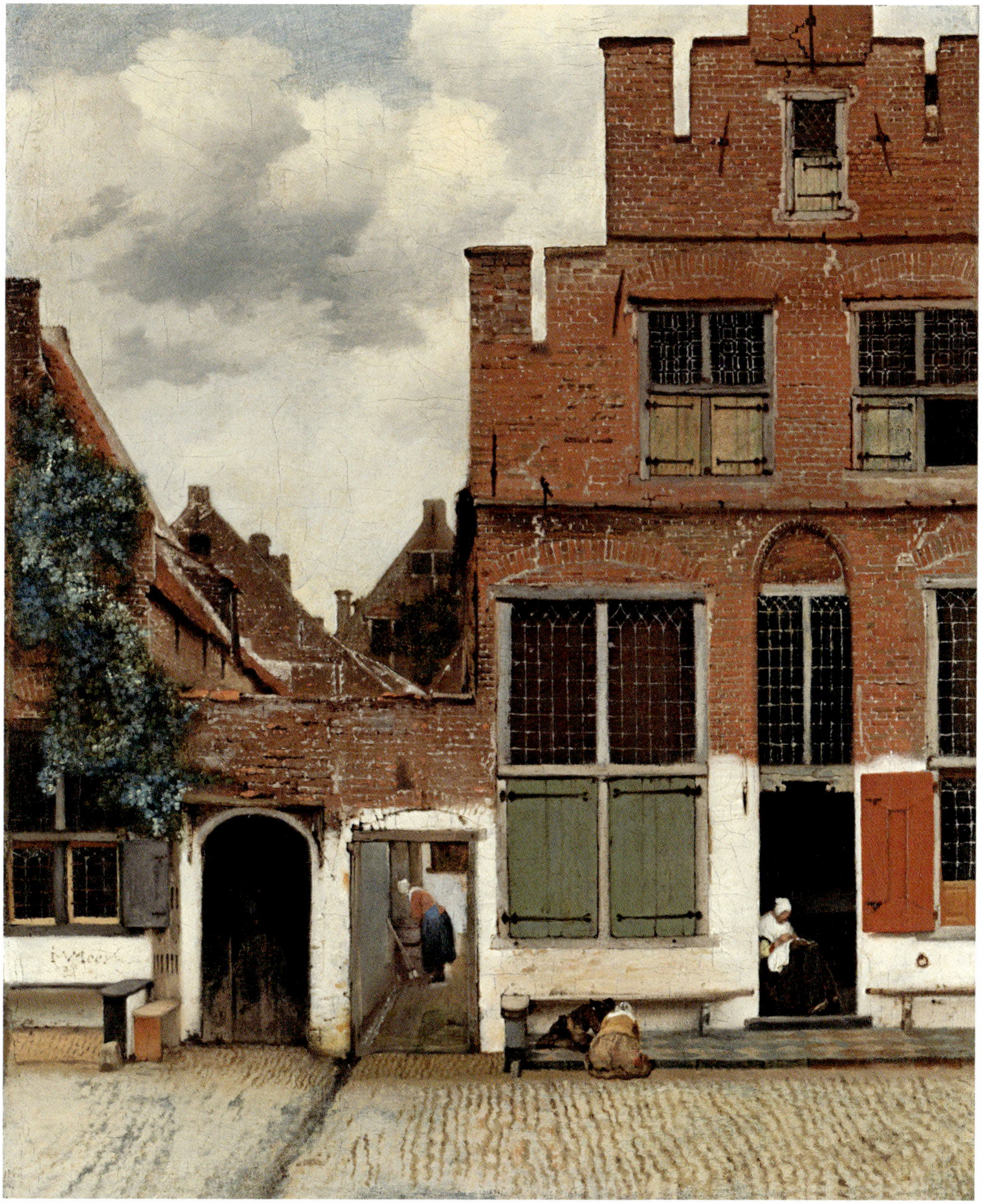

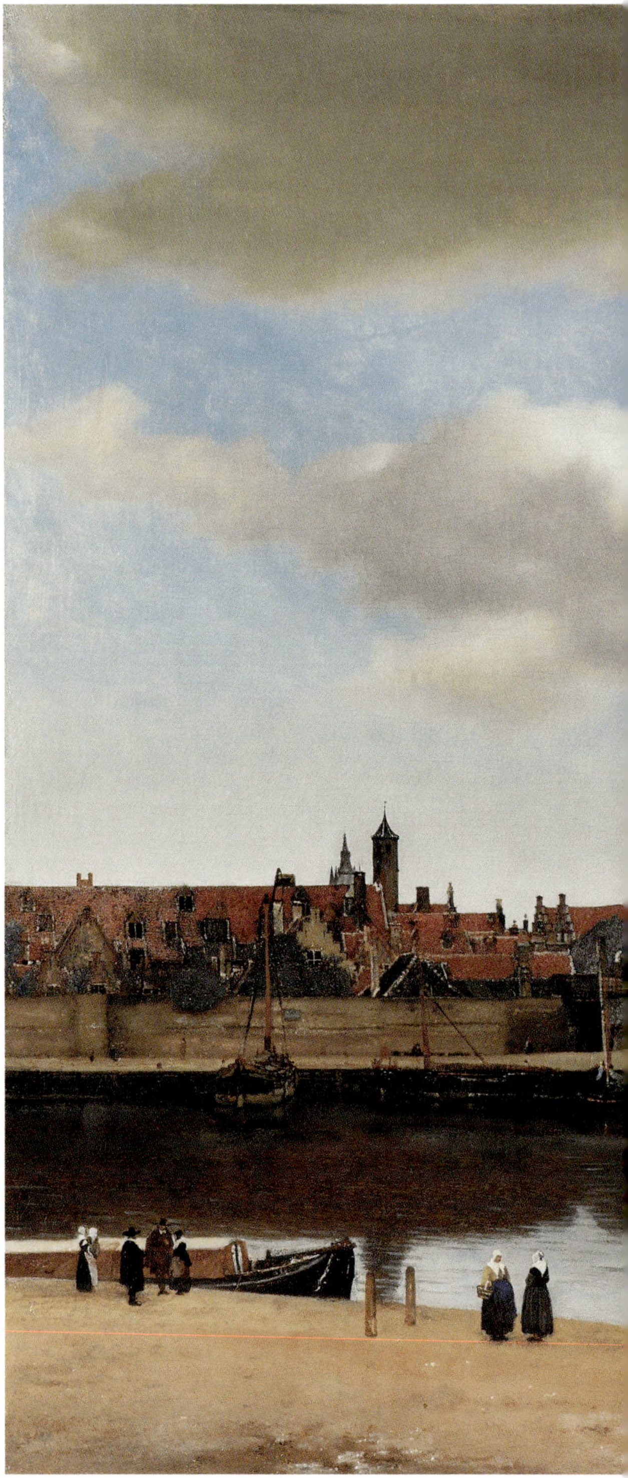

Ansicht von Delft, um 1660–1663
Öl auf Leinwand
96,5 x 115,7 cm
Den Haag, Koninklijk Kabinet van
Schilderijen Mauritshuis

Seite 178/179
Die Musikstunde (Detail), um 1662–1664
(siehe Abb. S. 181)

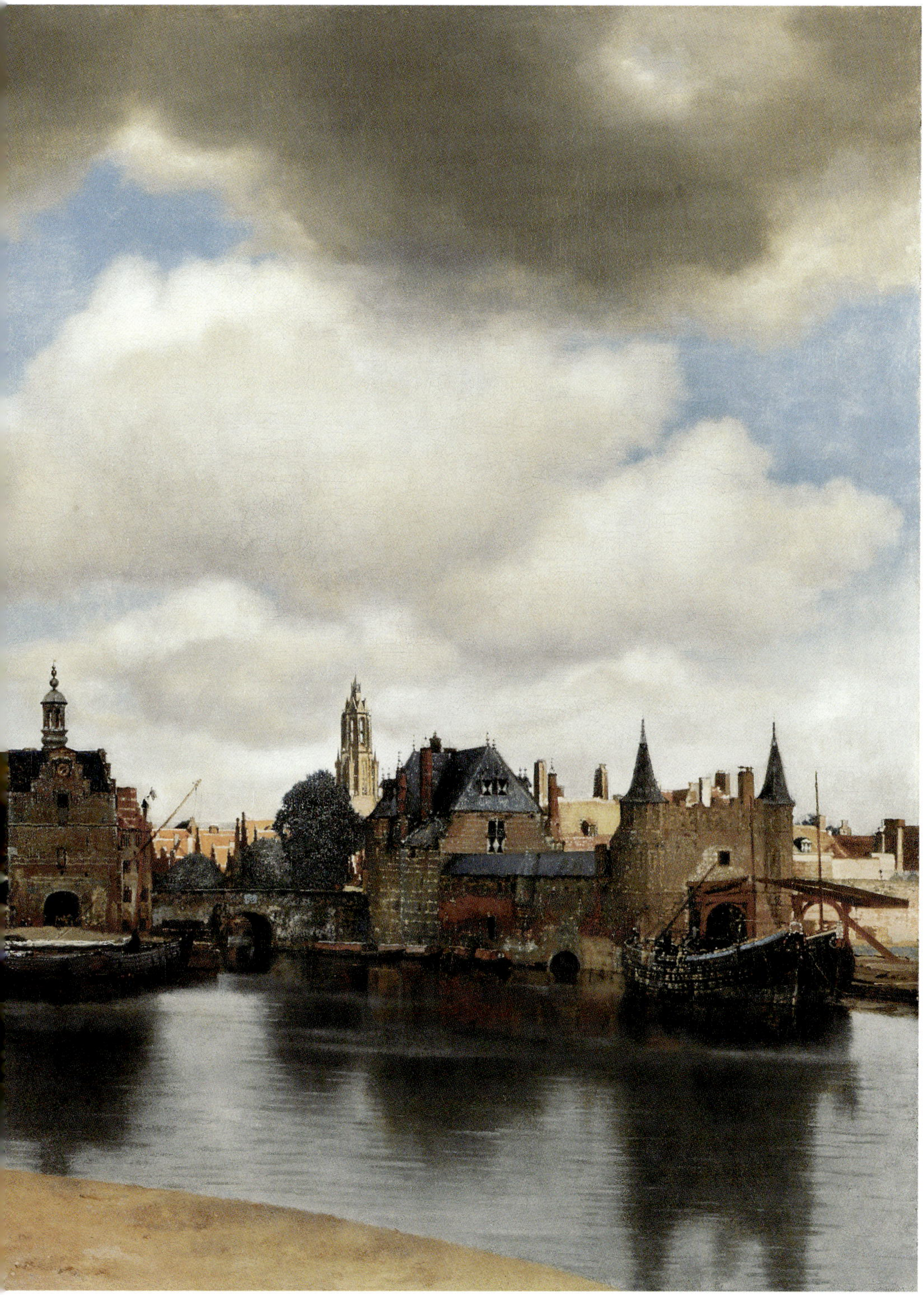

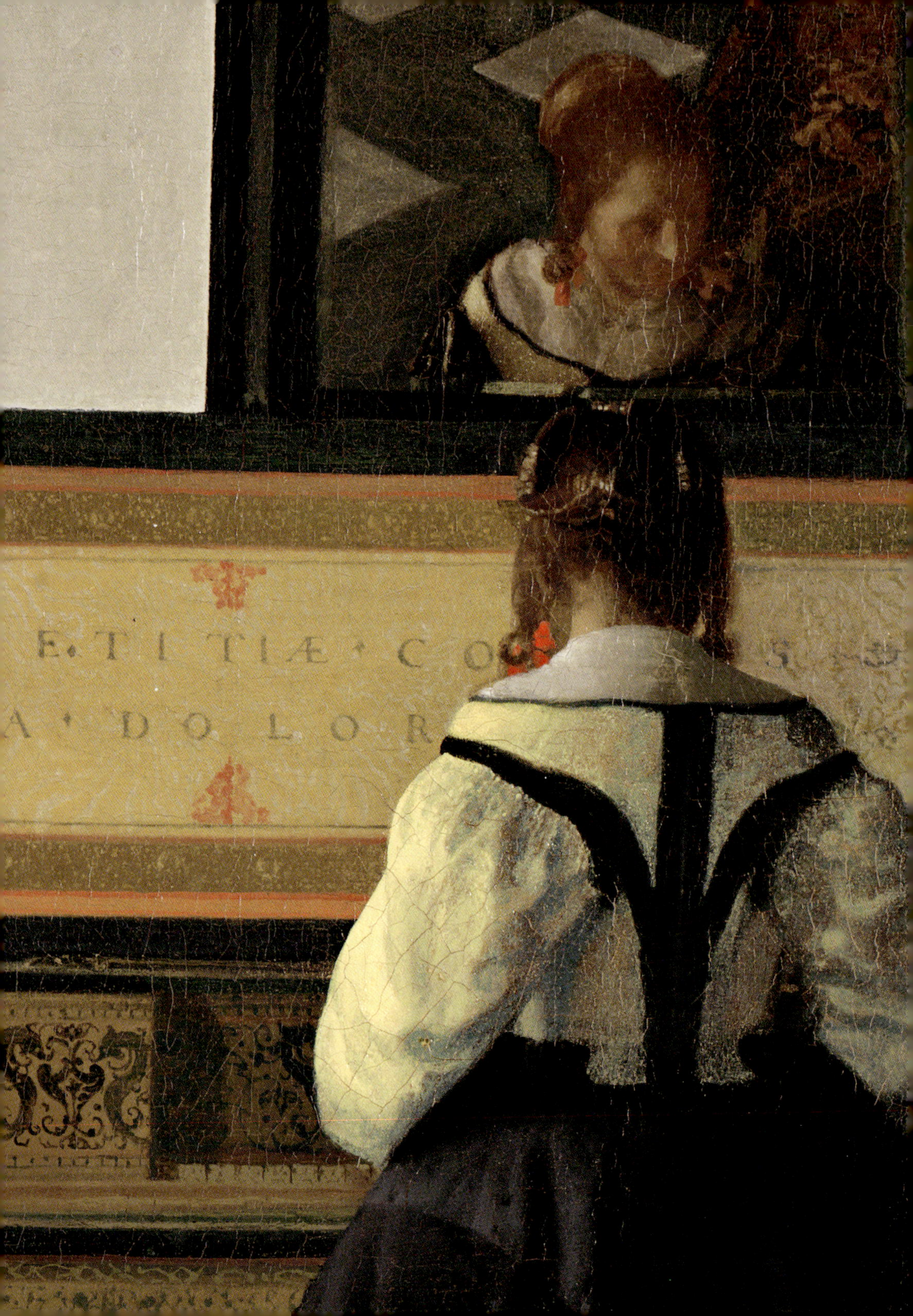
E·TITIÆ·CO
A·DOLOR

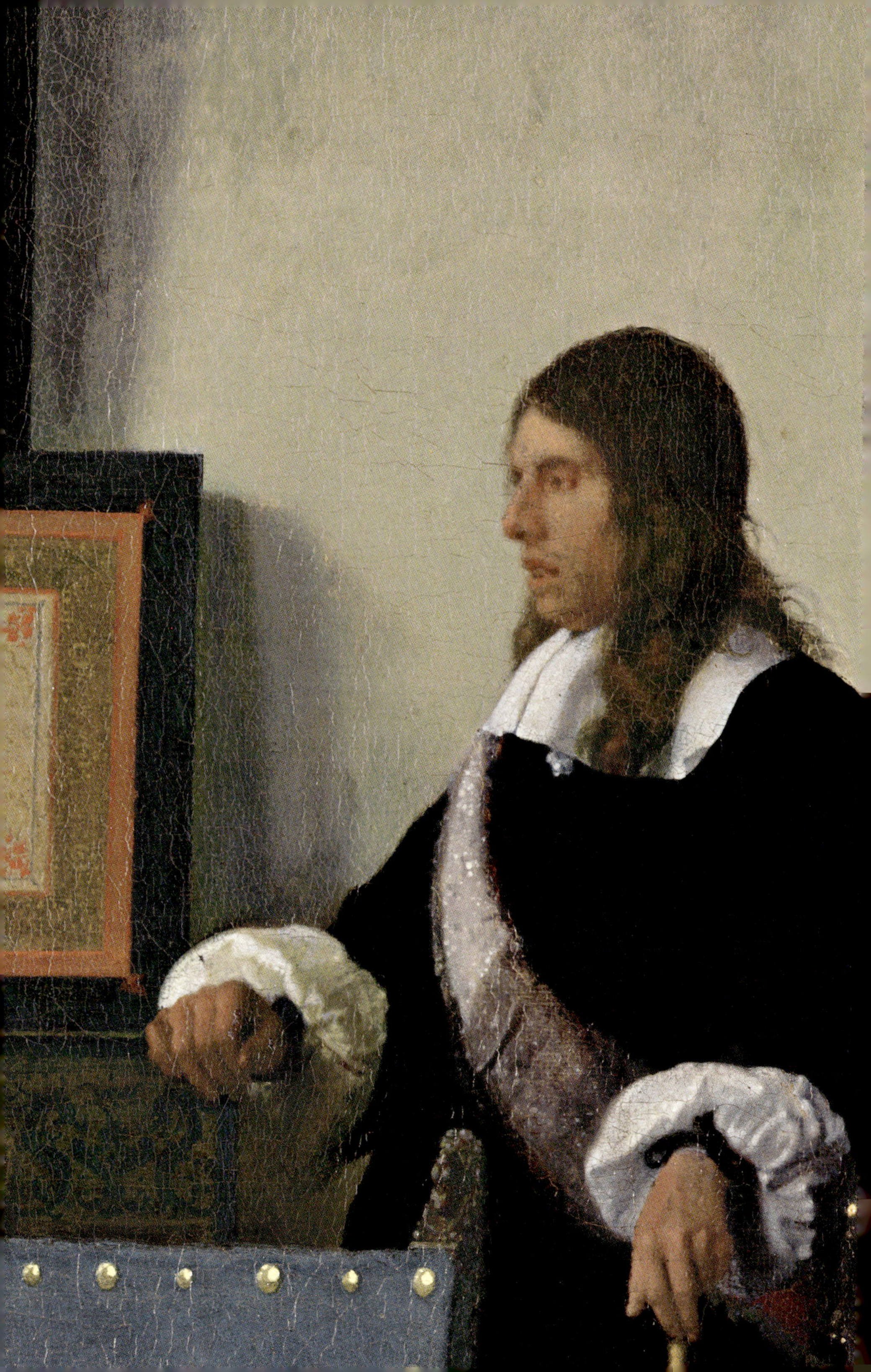

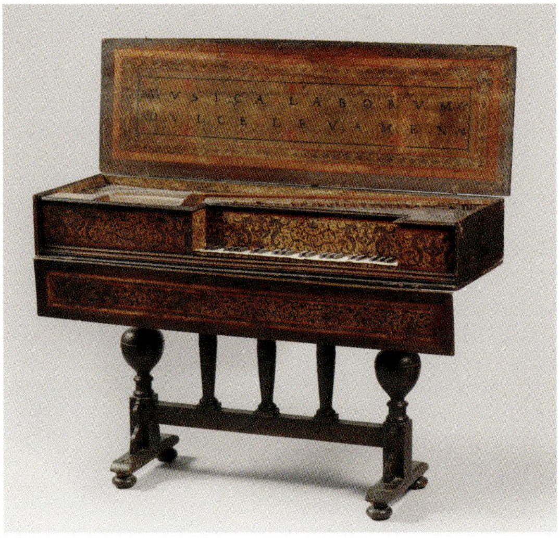

Johannes Ruckers, **Virginal**, 1640
Amsterdam, Rijksmuseum

Die Musikstunde, um 1662–1664
Öl auf Leinwand, 74 x 64,5 cm
London, Royal Collection, Her Majesty Queen Elizabeth II

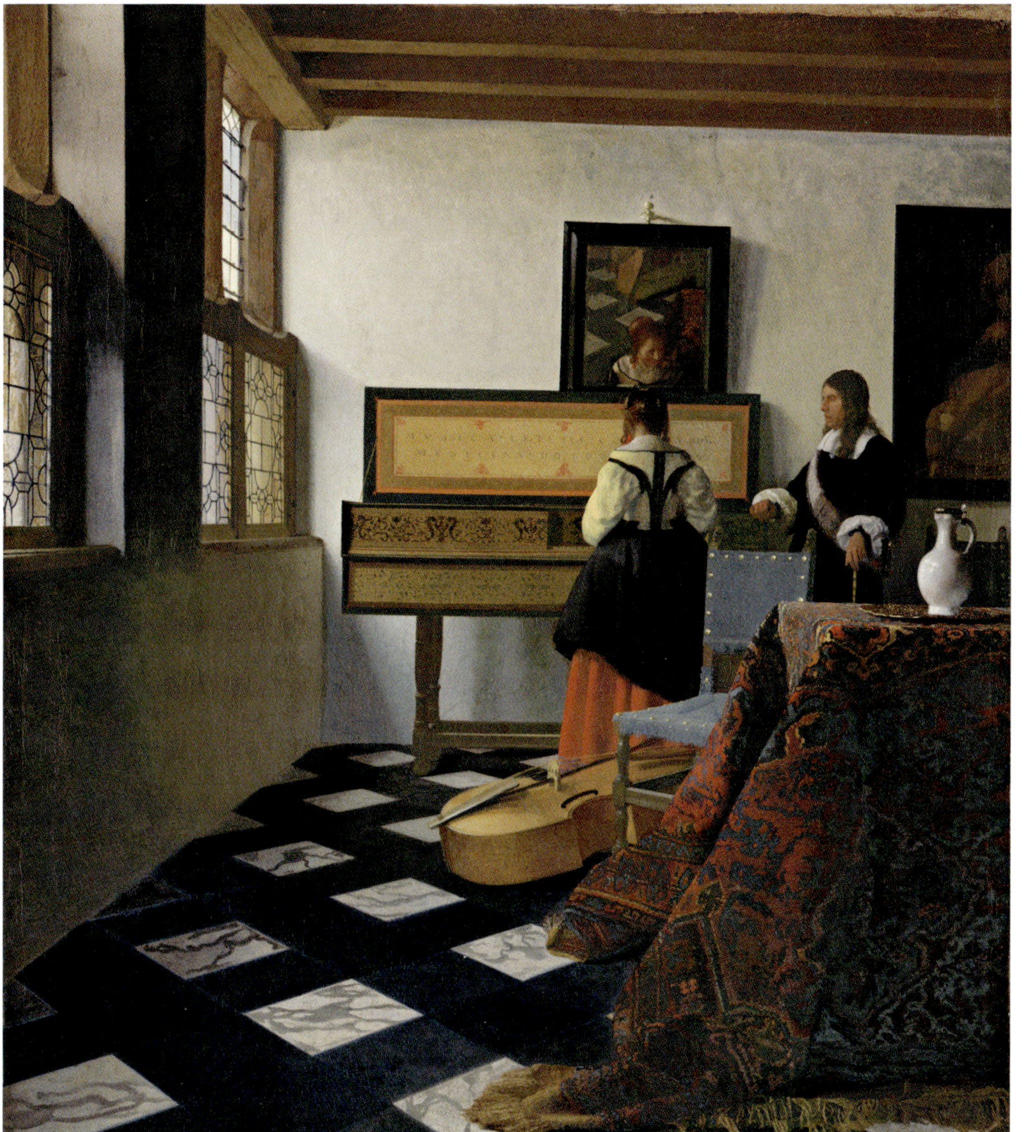

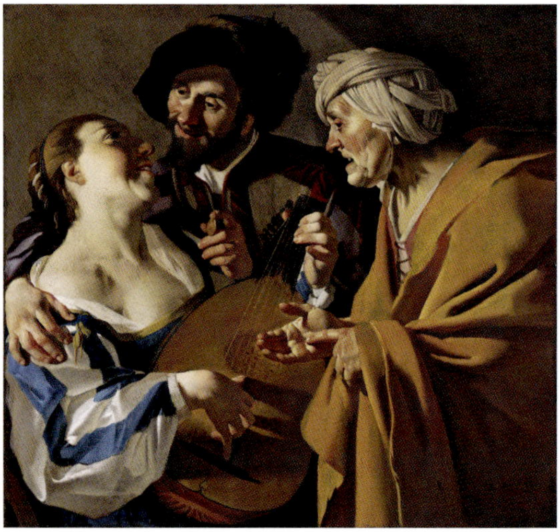

Dirck van Baburen, **Die Kupplerin**, 1622
Öl auf Leinwand, 101 x 107 cm
Boston, Massachusetts, Museum of Fine Arts, M. Theresa B. Hopkins Fund

Das Konzert, um 1663–1666
Öl auf Leinwand, 72,5 x 64,7 cm
Boston, Massachusetts, Isabella Stewart Gardner Museum, Inv. P21w27
(derzeitiger Aufbewahrungsort unbekannt)

Seite 184/185
Junge Frau mit Wasserkrug (Detail), um 1662–1664
(siehe Abb. S. 187)

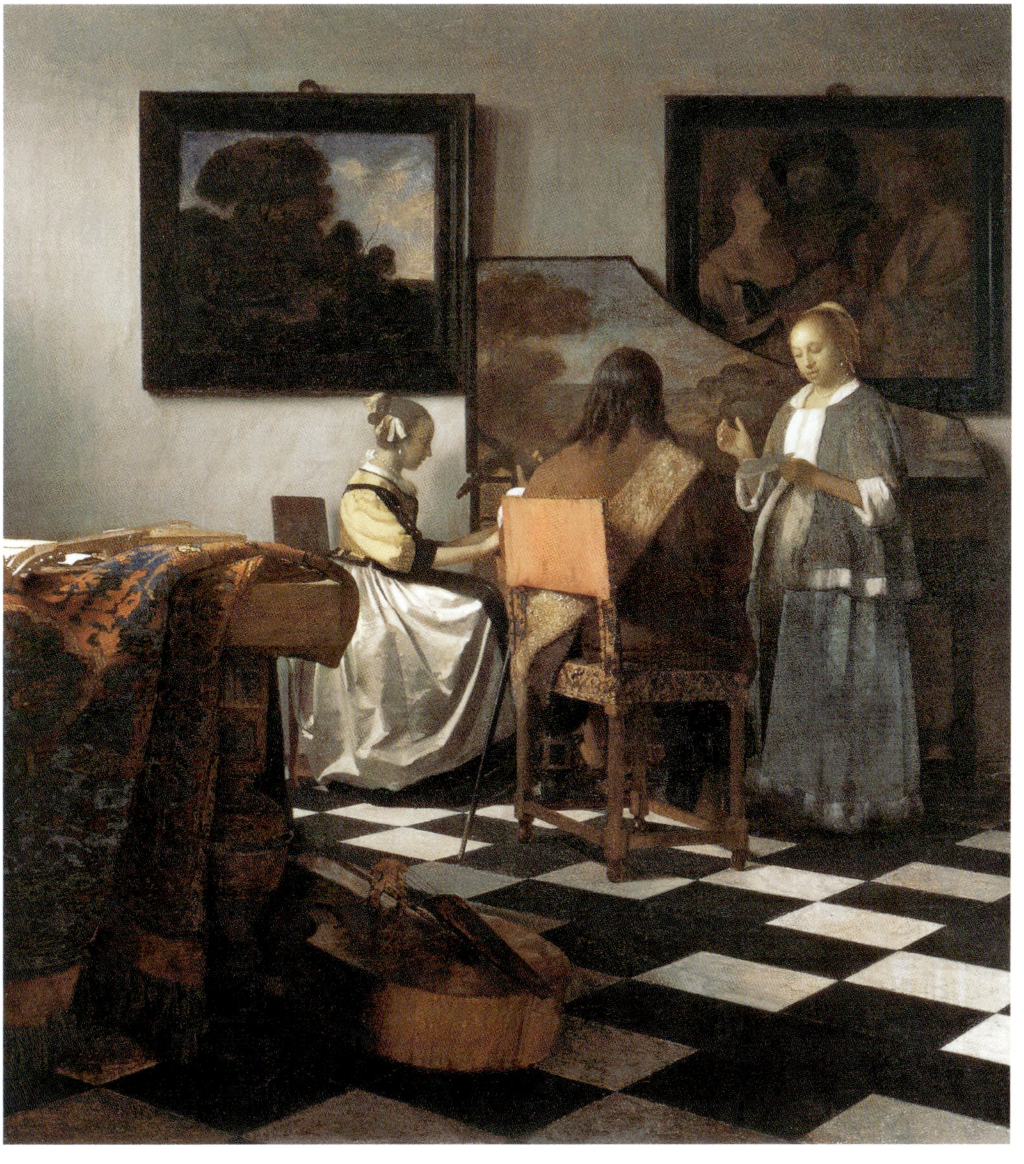

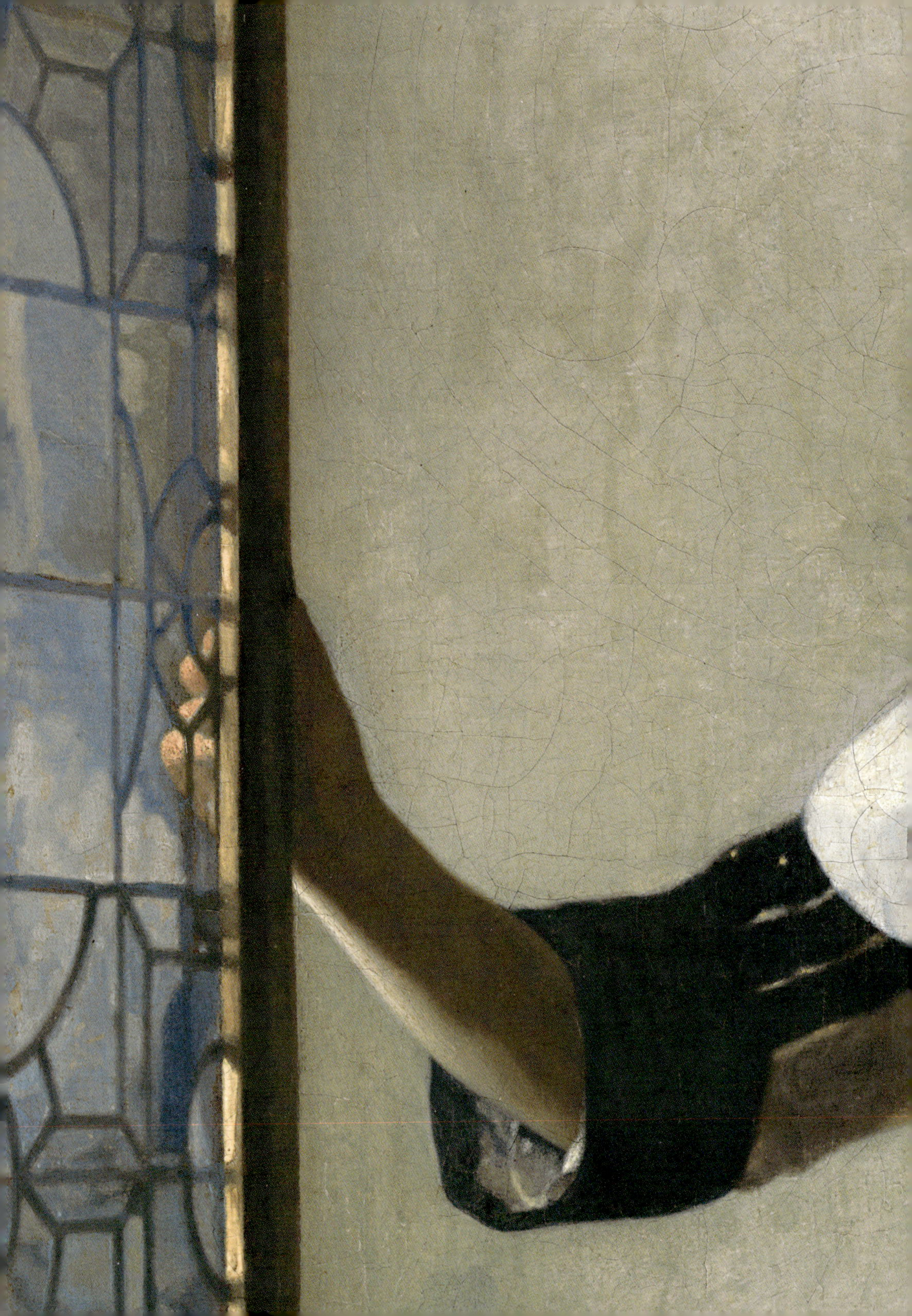

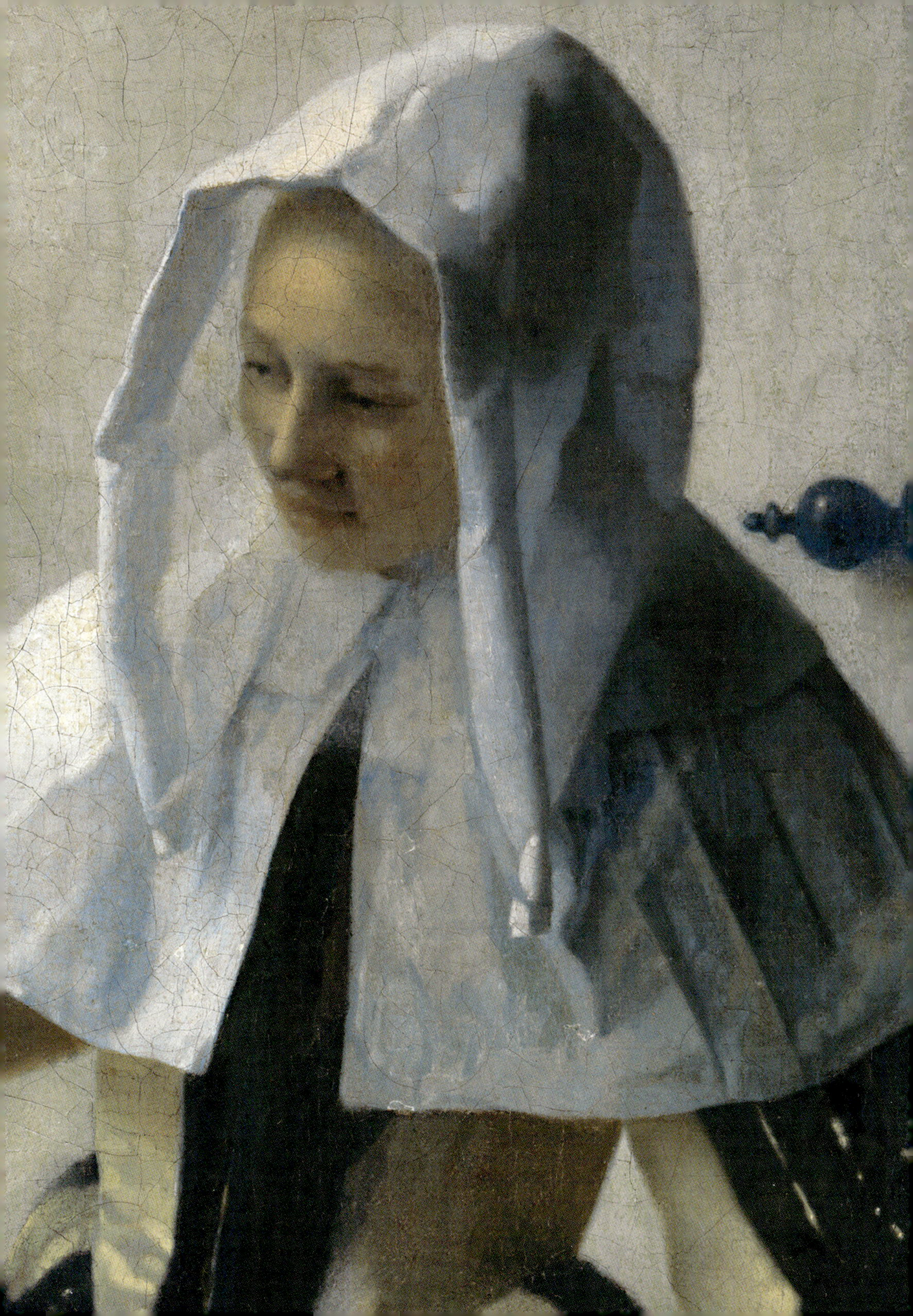

Junge Frau mit Wasserkrug, um 1662–1664
Öl auf Leinwand, 45,7 x 40,6 cm
New York, The Metropolitan Museum of Art
Gift of Henry G. Marquand, 1889

Seite 188/189
Frau mit Laute (Detail), um 1662–1664
(siehe Abb. S. 191)

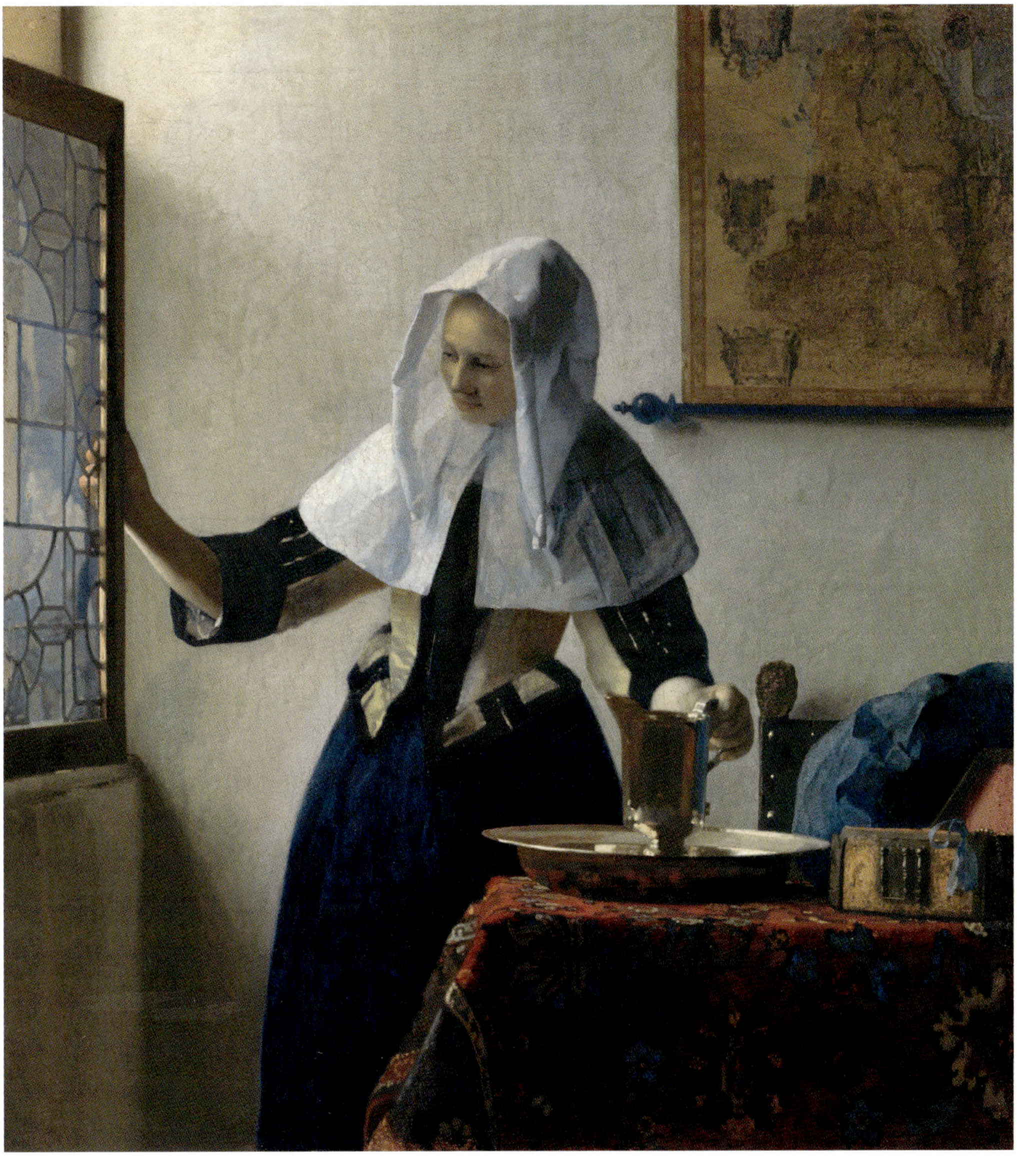

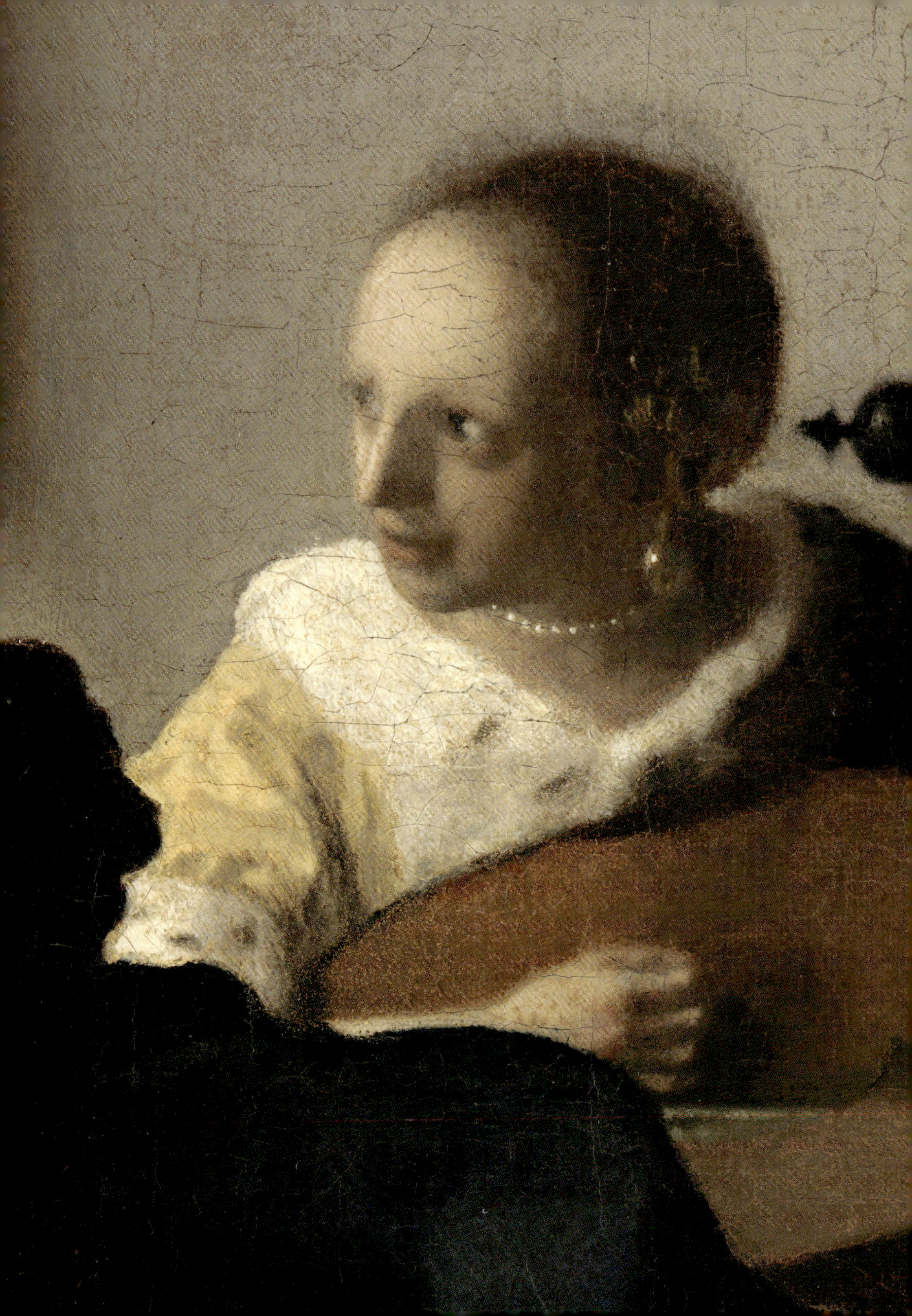

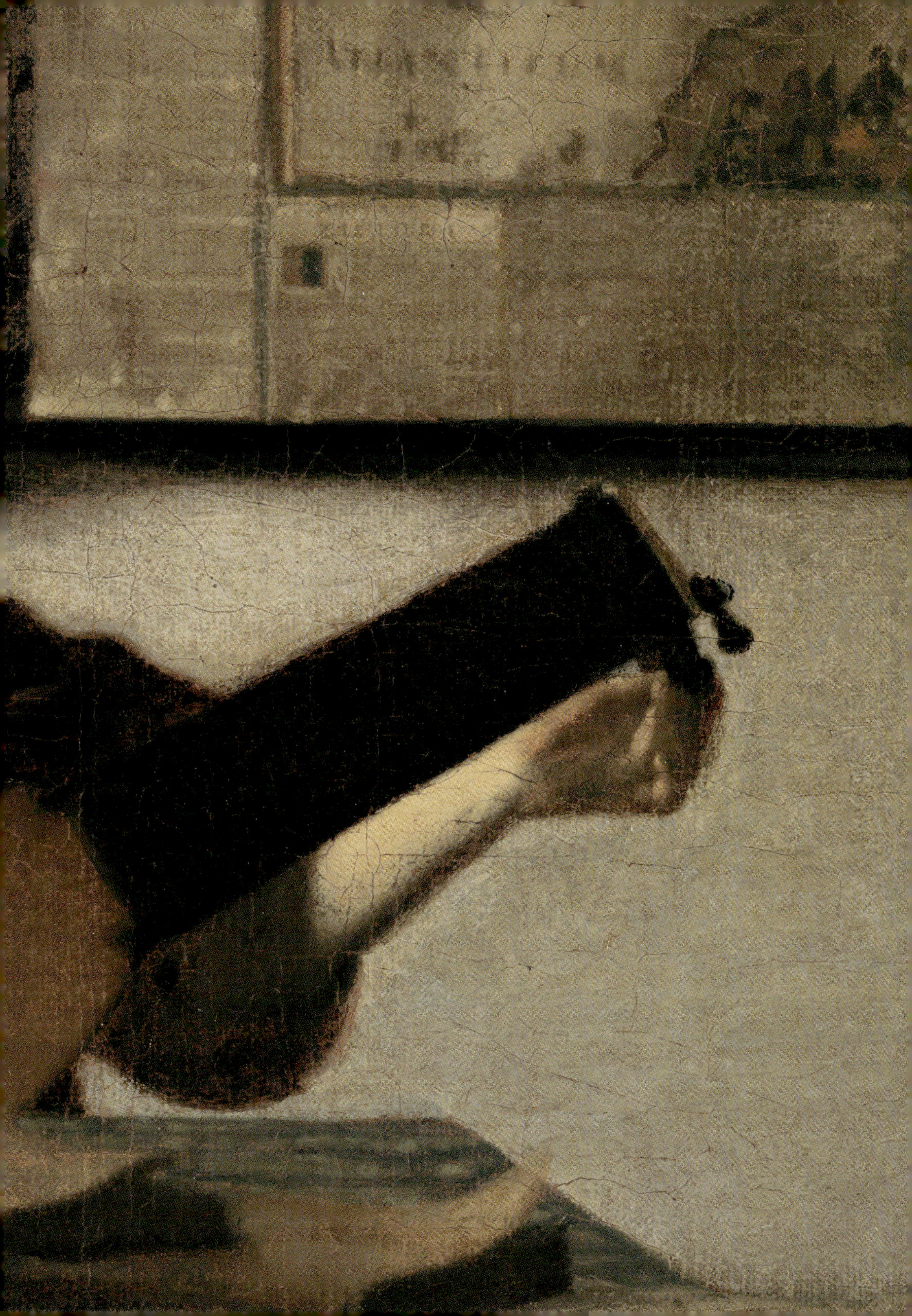

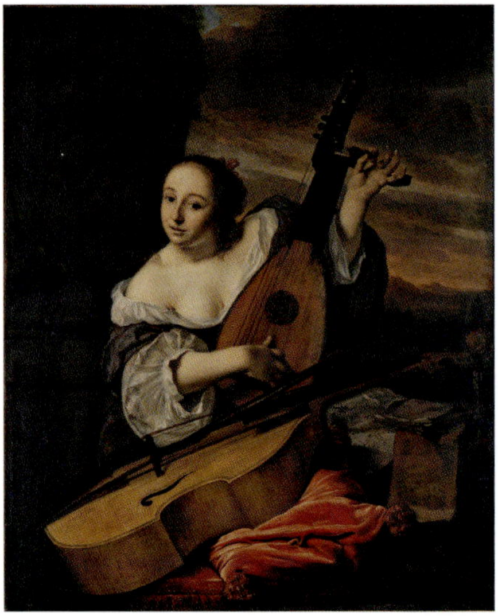

Bartholomäus van der Helst
Musikerin, 1662
Öl auf Leinwand, 138,4 x 111,1 cm
New York, The Metropolitan Museum of Art

Frau mit Laute, um 1662–1664
Öl auf Leinwand, 51,4 x 45,7 cm
New York, The Metropolitan Museum of Art
Bequest of Collis P. Huntington, 1900

Seite 192/193
Briefleserin in Blau (Detail), um 1663/64
(siehe Abb. S. 195)

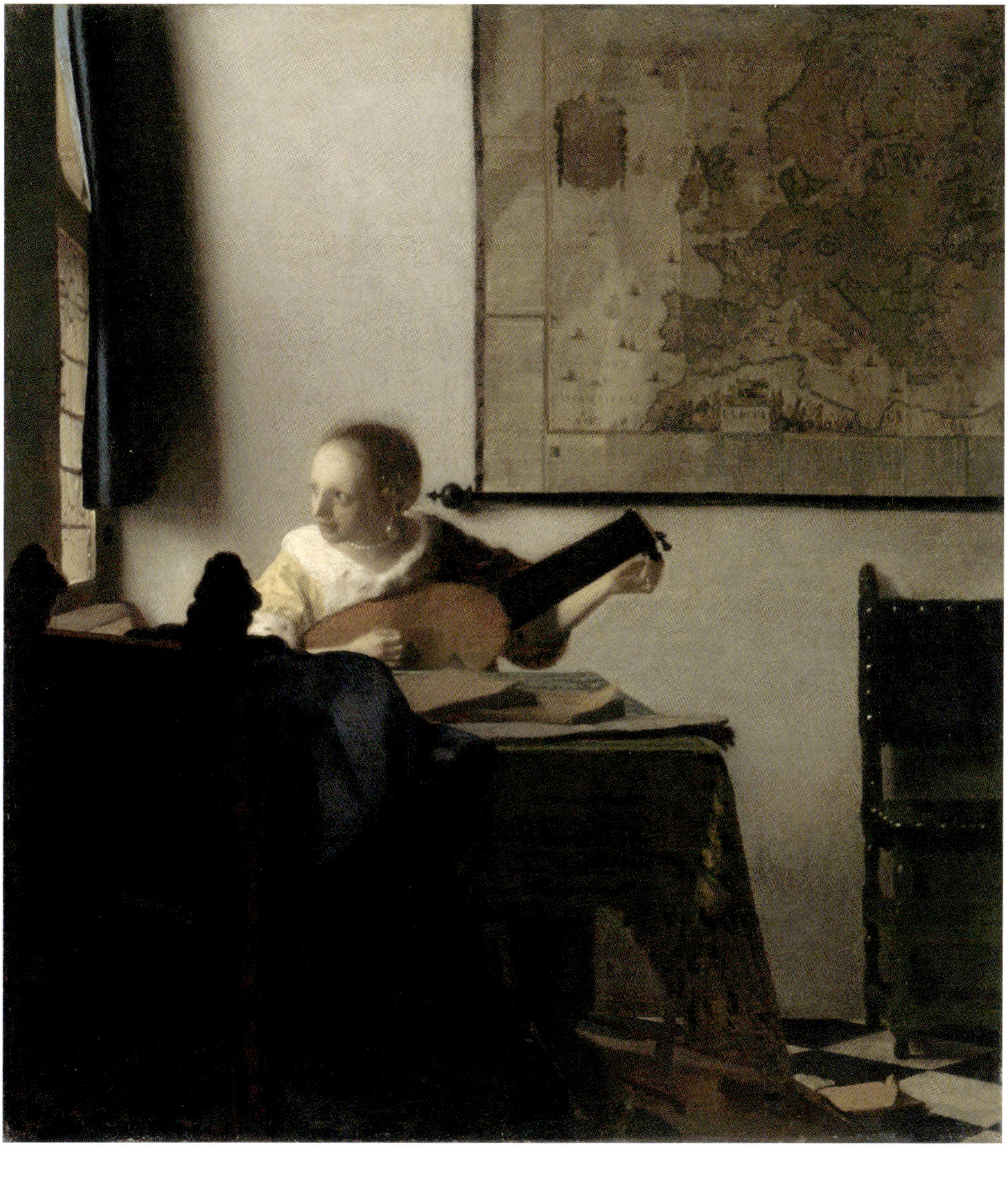

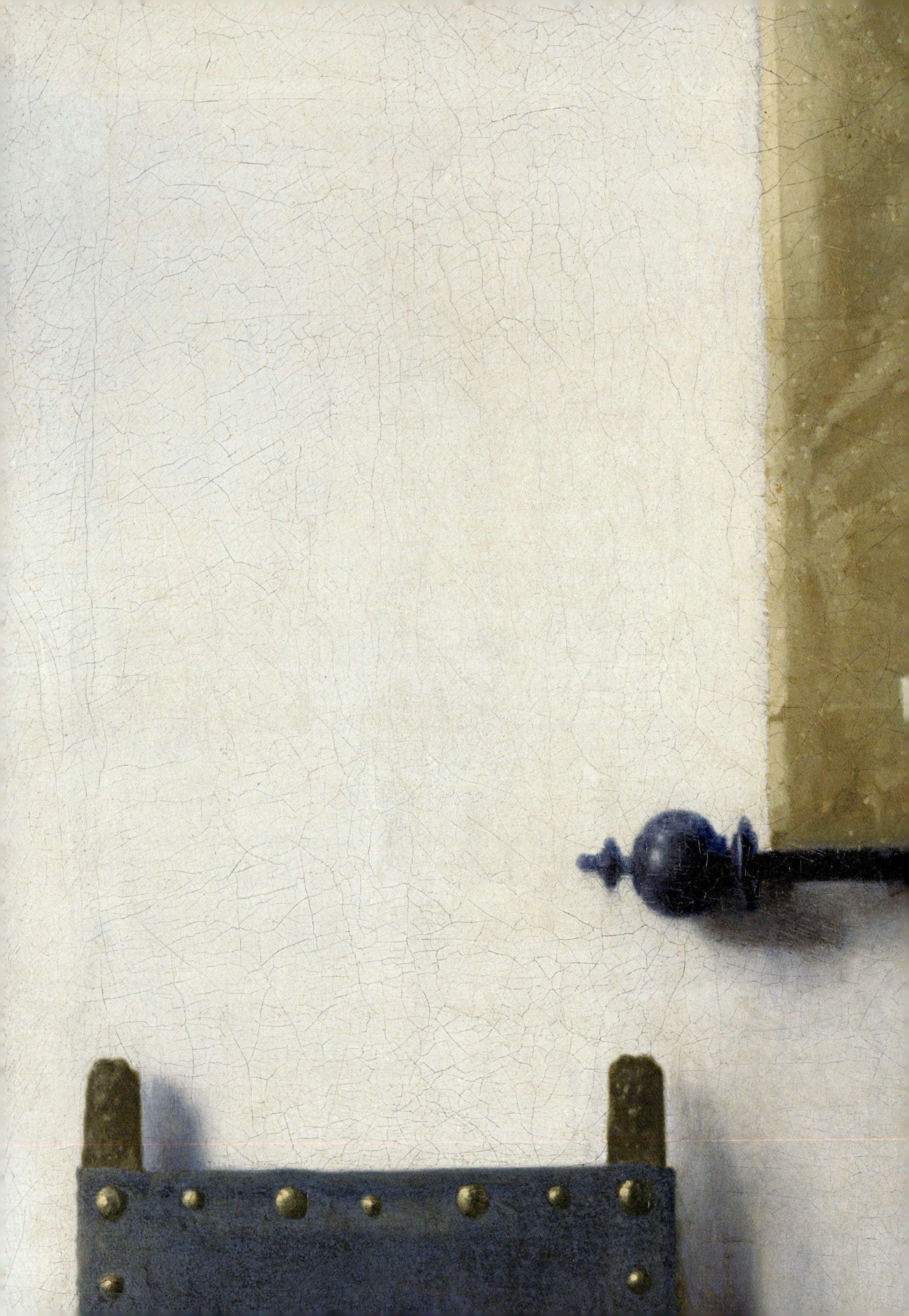

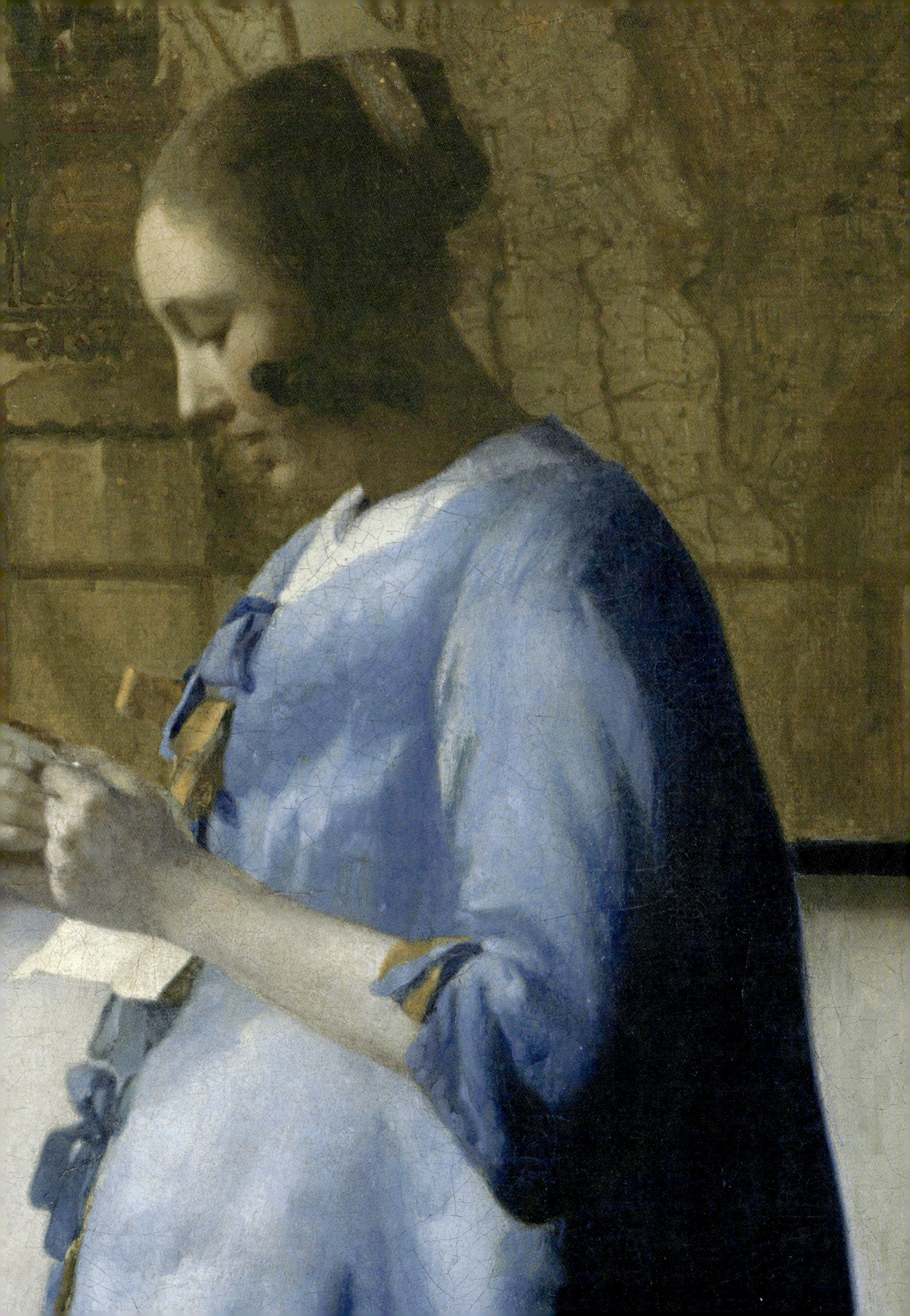

Briefleserin in Blau, um 1663/64
Öl auf Leinwand, 46,6 x 39,1 cm
Amsterdam, Rijksmuseum

Seite 196/197
Briefschreiberin (Detail), um 1665–1667
(siehe Abb. S. 199)

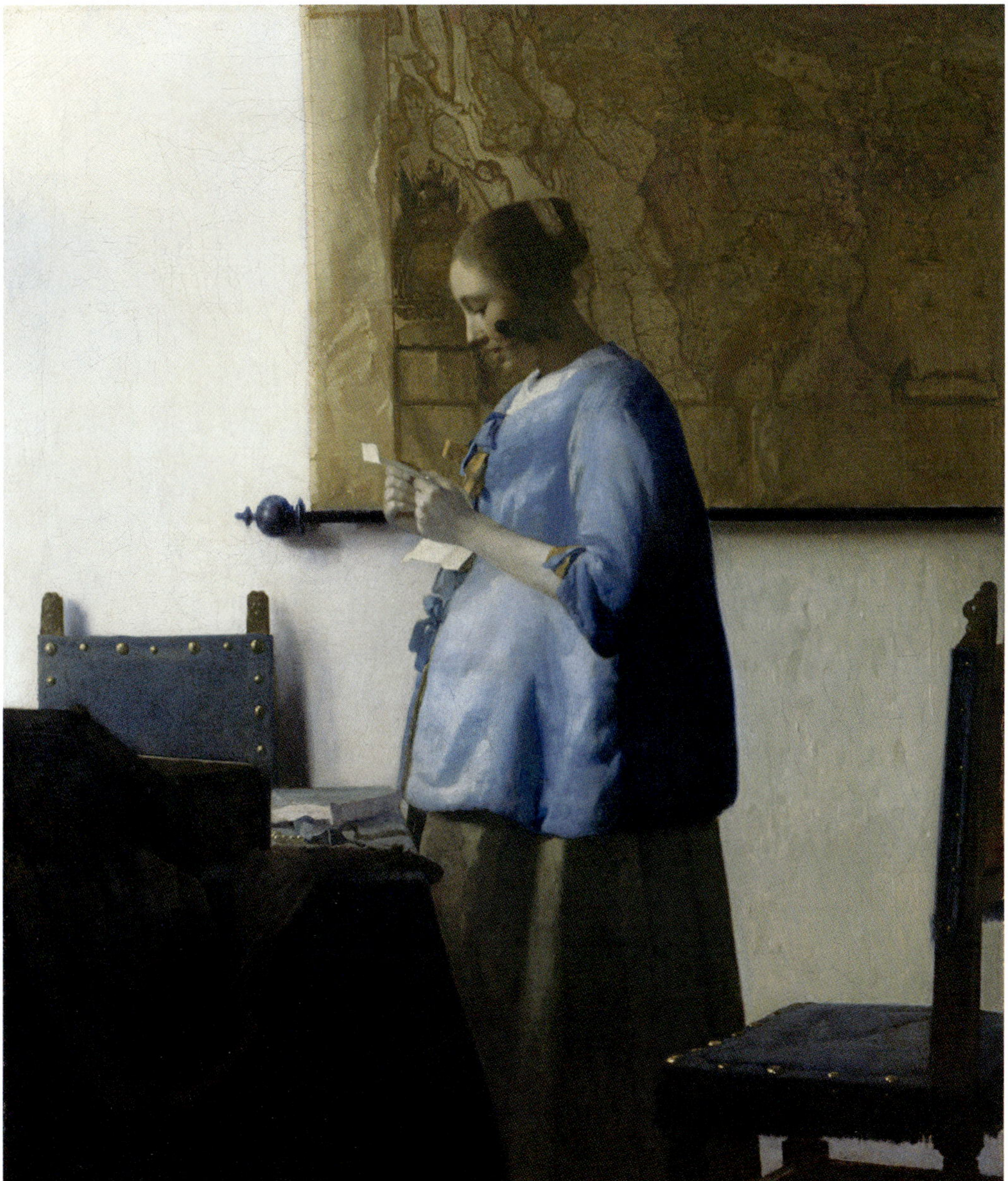

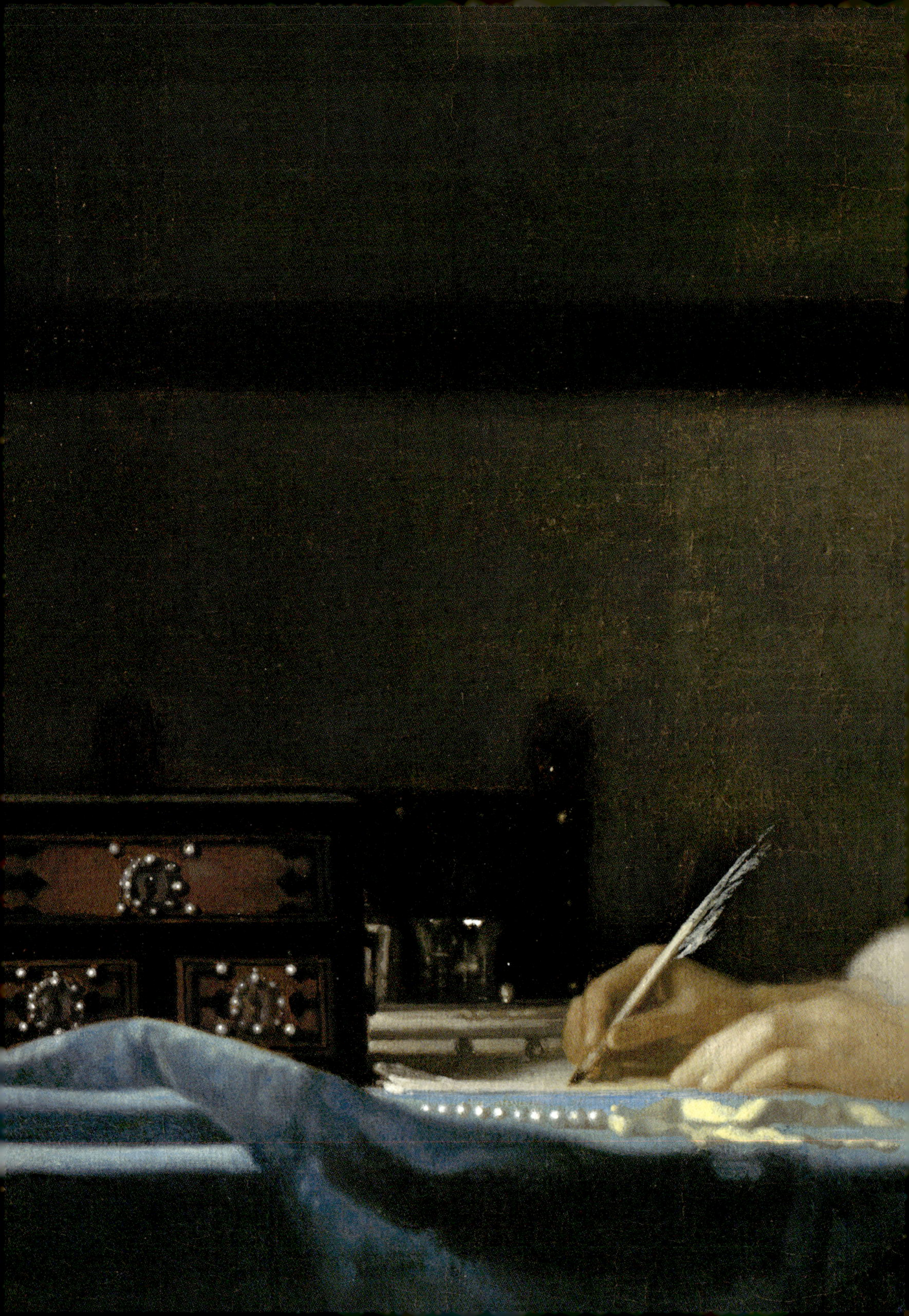

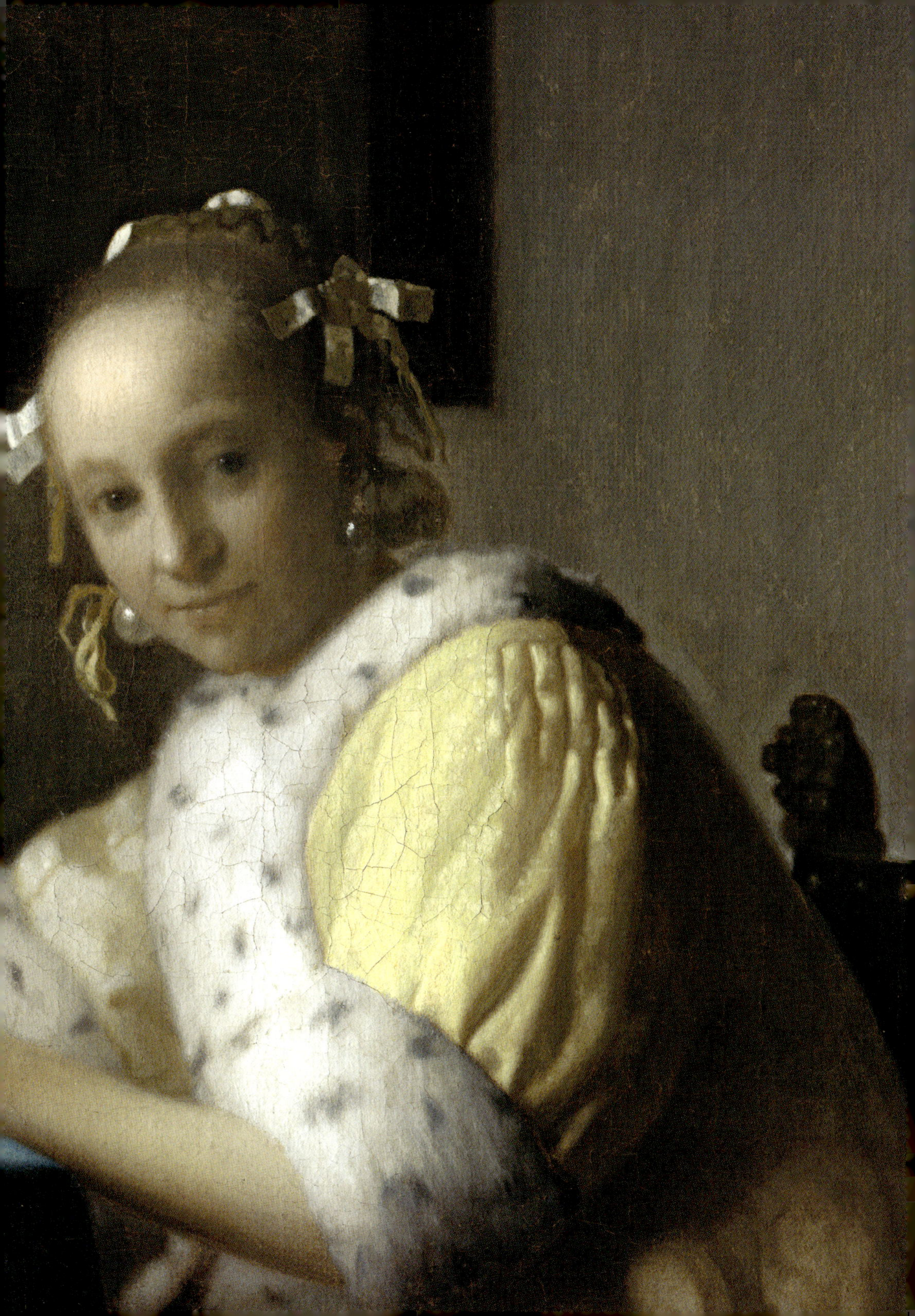

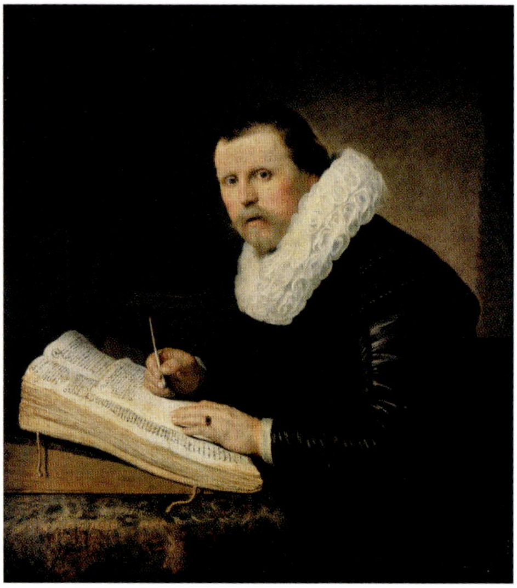

Rembrandt Harmensz. van Rijn
Bildnis eines Gelehrten mit Buch, 1631
Öl auf Leinwand, 104 x 92 cm
St. Petersburg, Eremitage

Briefschreiberin, um 1665–1667
Öl auf Leinwand, 45 x 39,9 cm
Washington, DC, National Gallery of Art
Gift of Harry Waldron Havemeyer and Horace Havemeyer Jr.,
in memory of their father, Horace Havemeyer

Seite 200–202
Frau mit Waage (Detail), um 1663/64
(siehe Abb. S. 205)

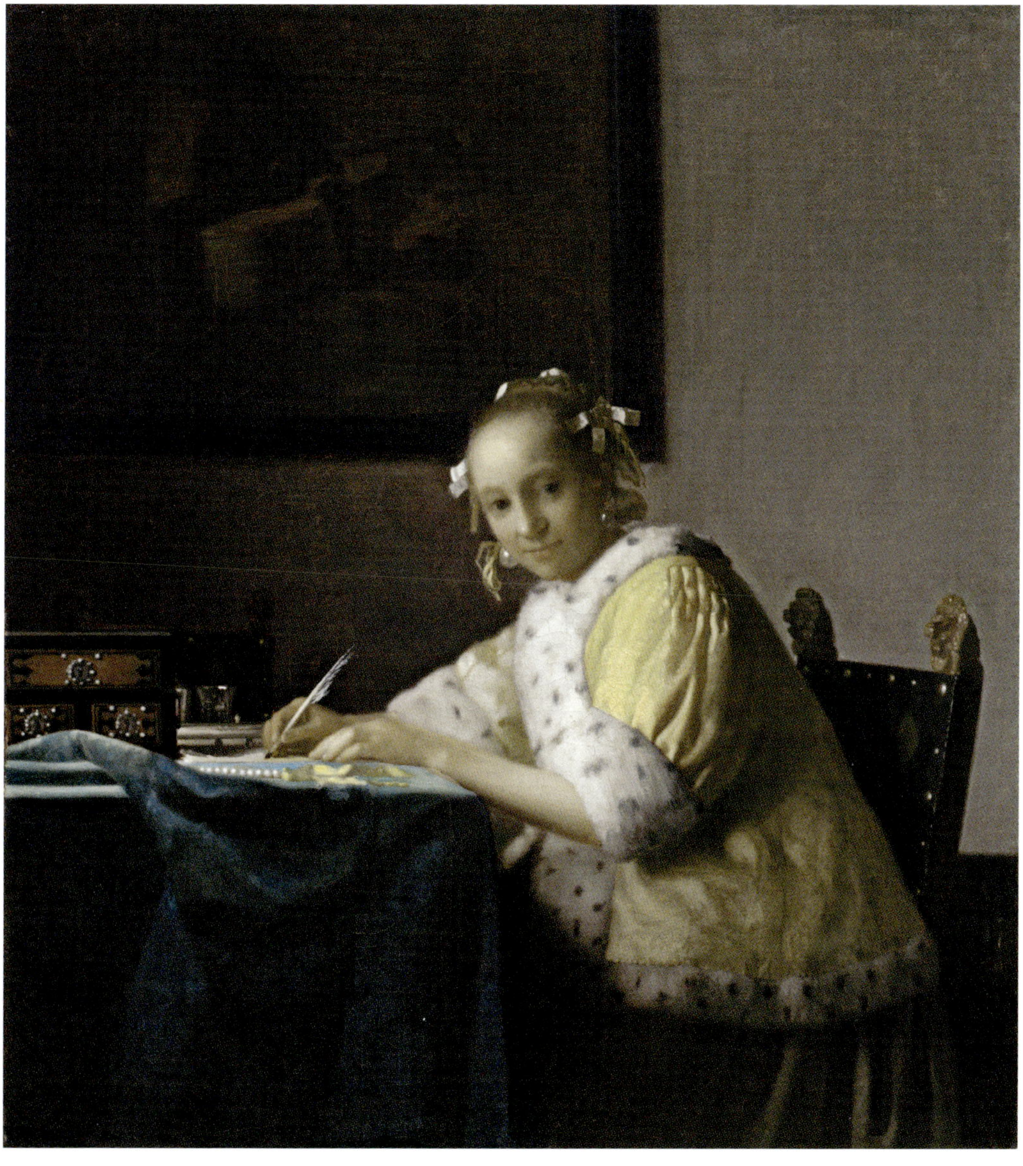

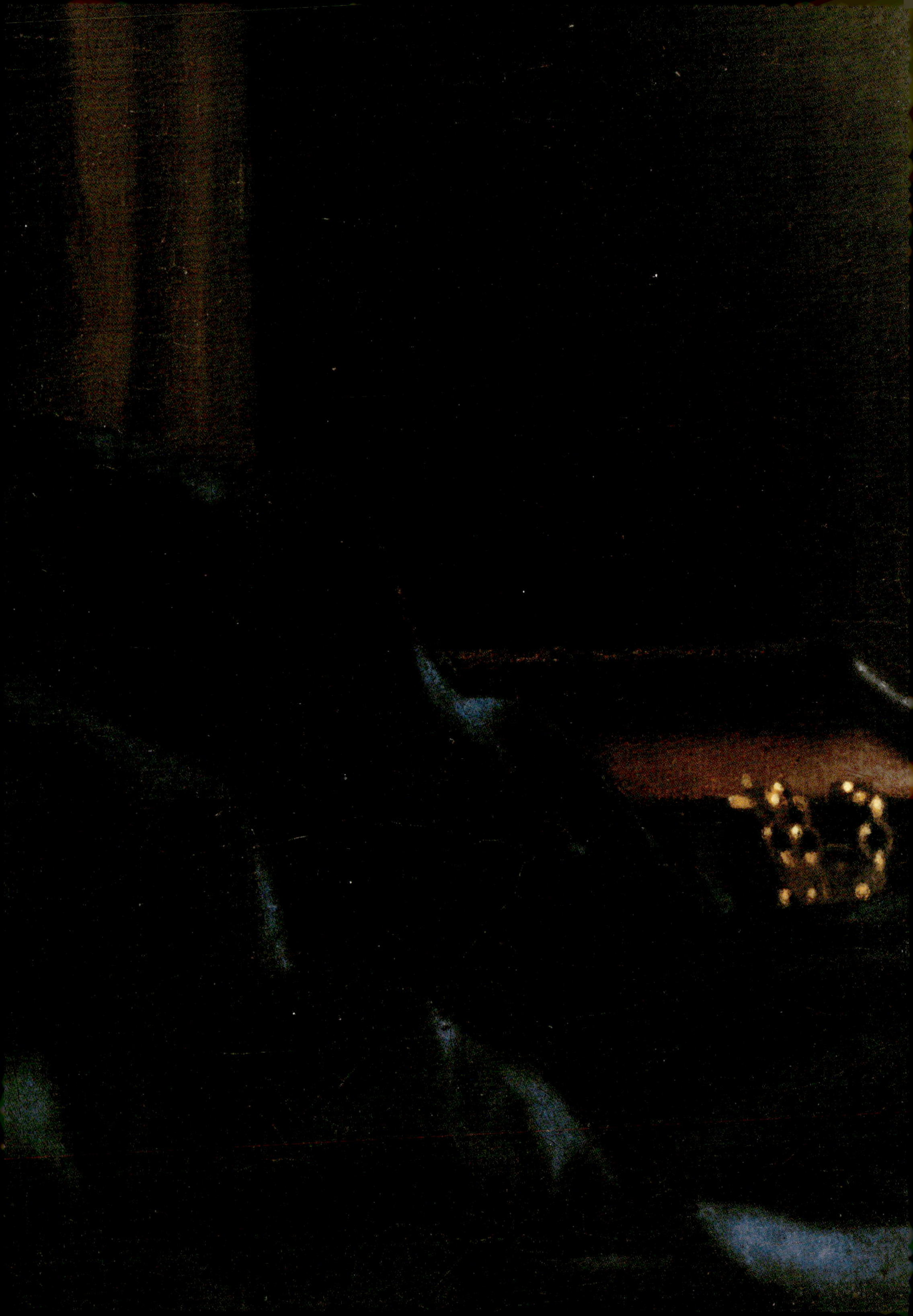

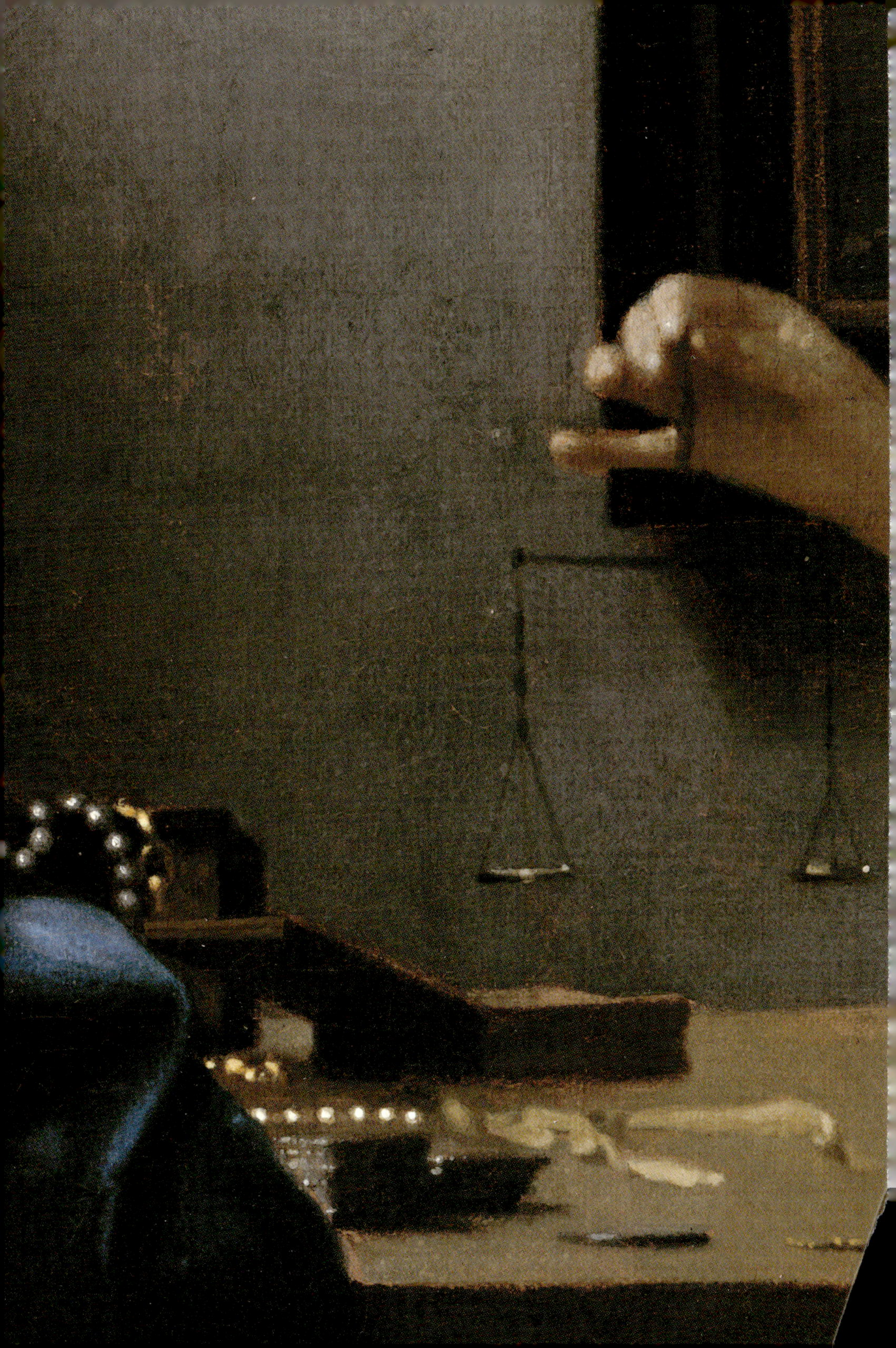

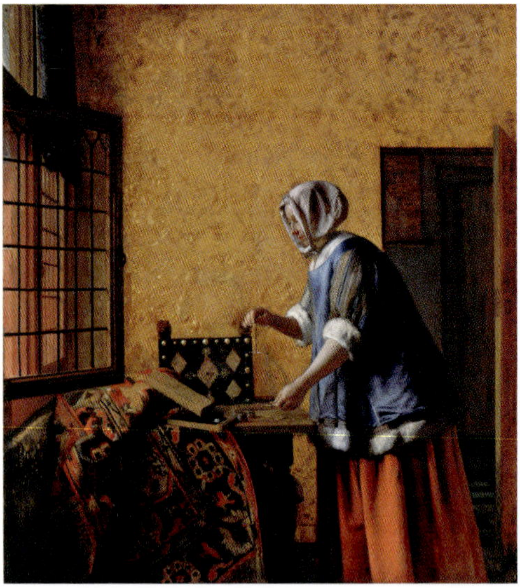

Pieter de Hooch, **Die Goldwägerin**, um 1664
Öl auf Leinwand, 61 x 53 cm
Staatliche Museen zu Berlin, Gemäldegalerie

Frau mit Waage, um 1663/64
Öl auf Leinwand, 40,3 x 35,6 cm
Washington, DC, National Gallery of Art, Widener Collection

Seite 206–209
Junge Dame mit Perlenhalsband (Details),
um 1663/64 (siehe Abb. S. 211)

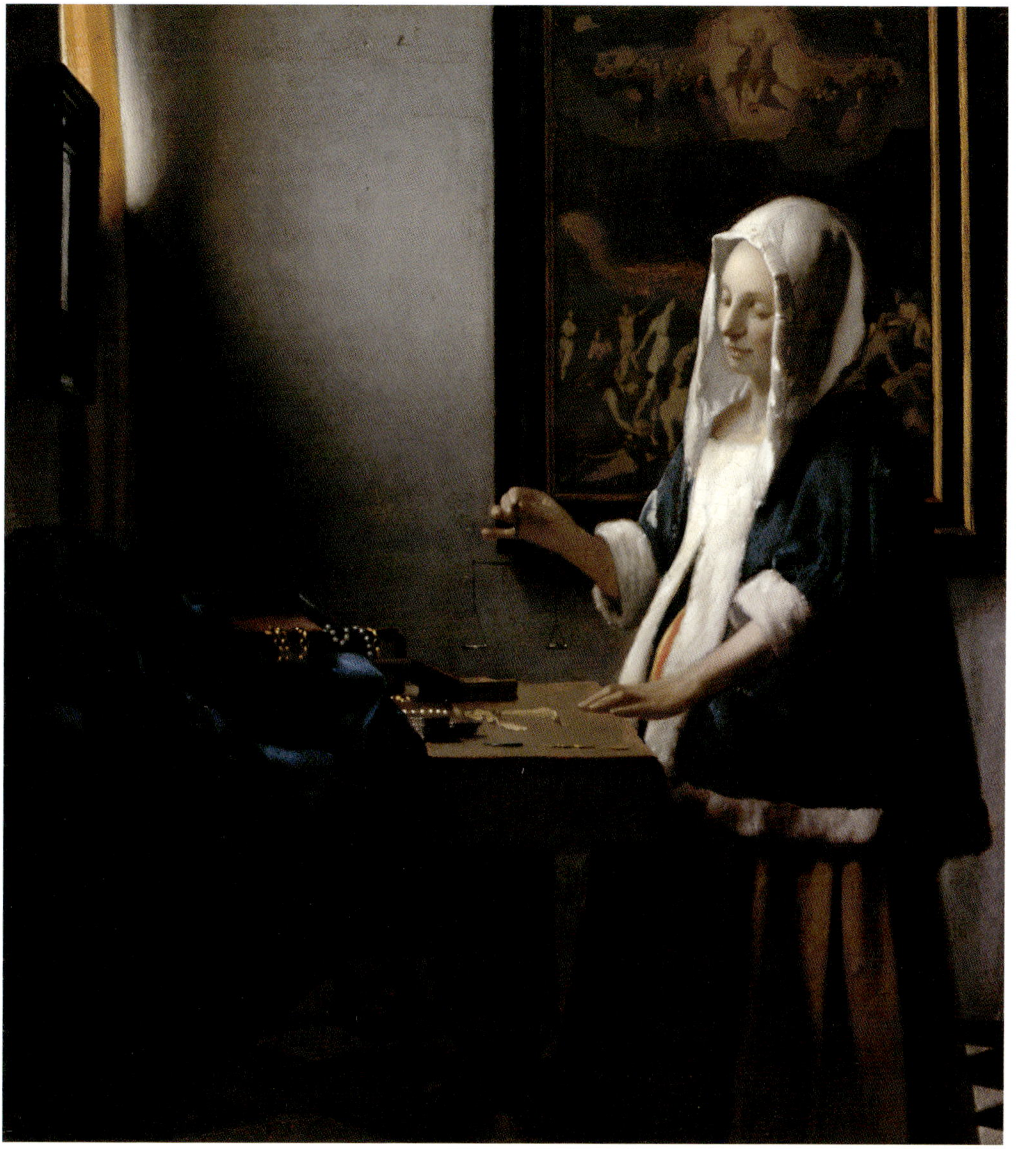

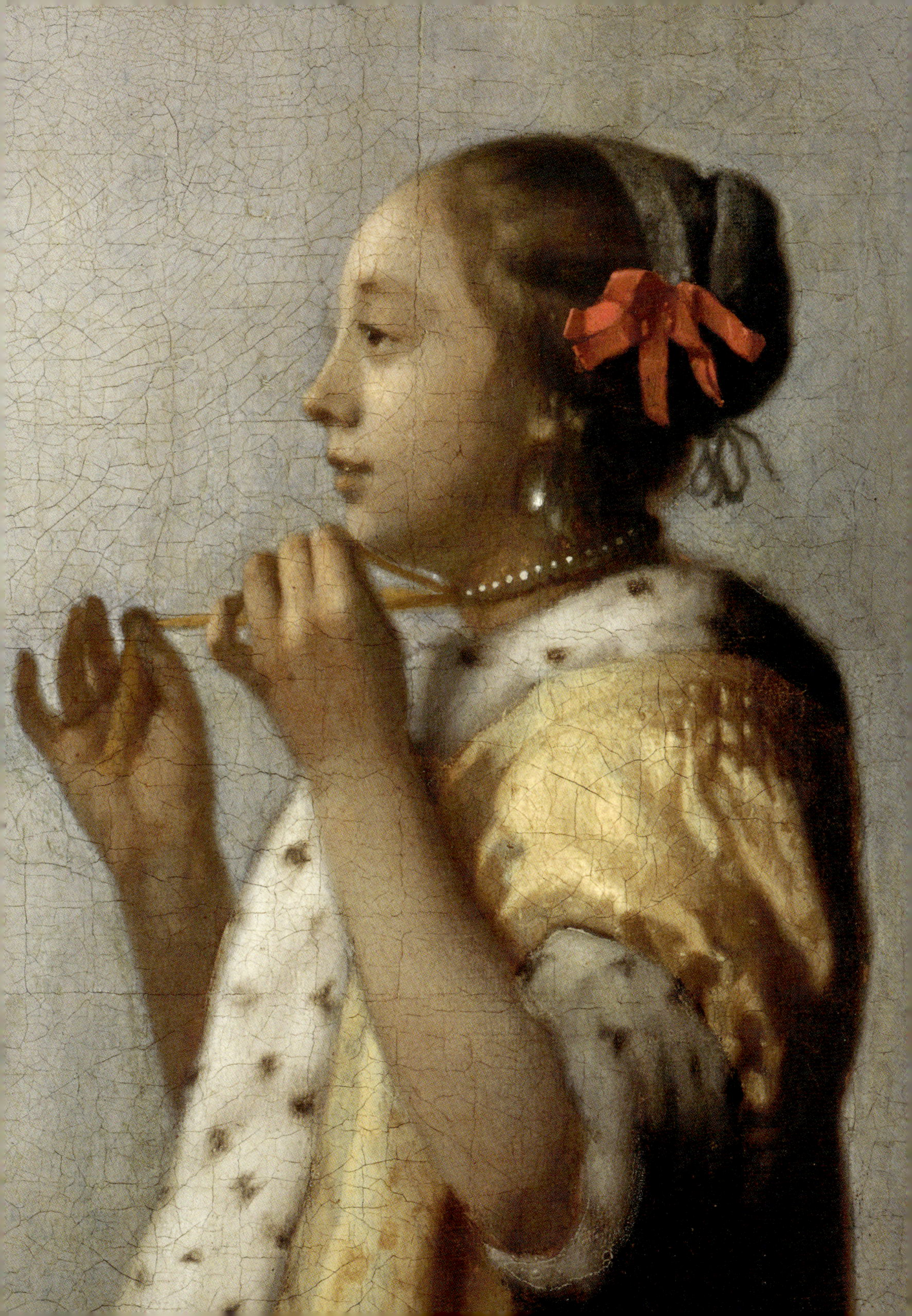

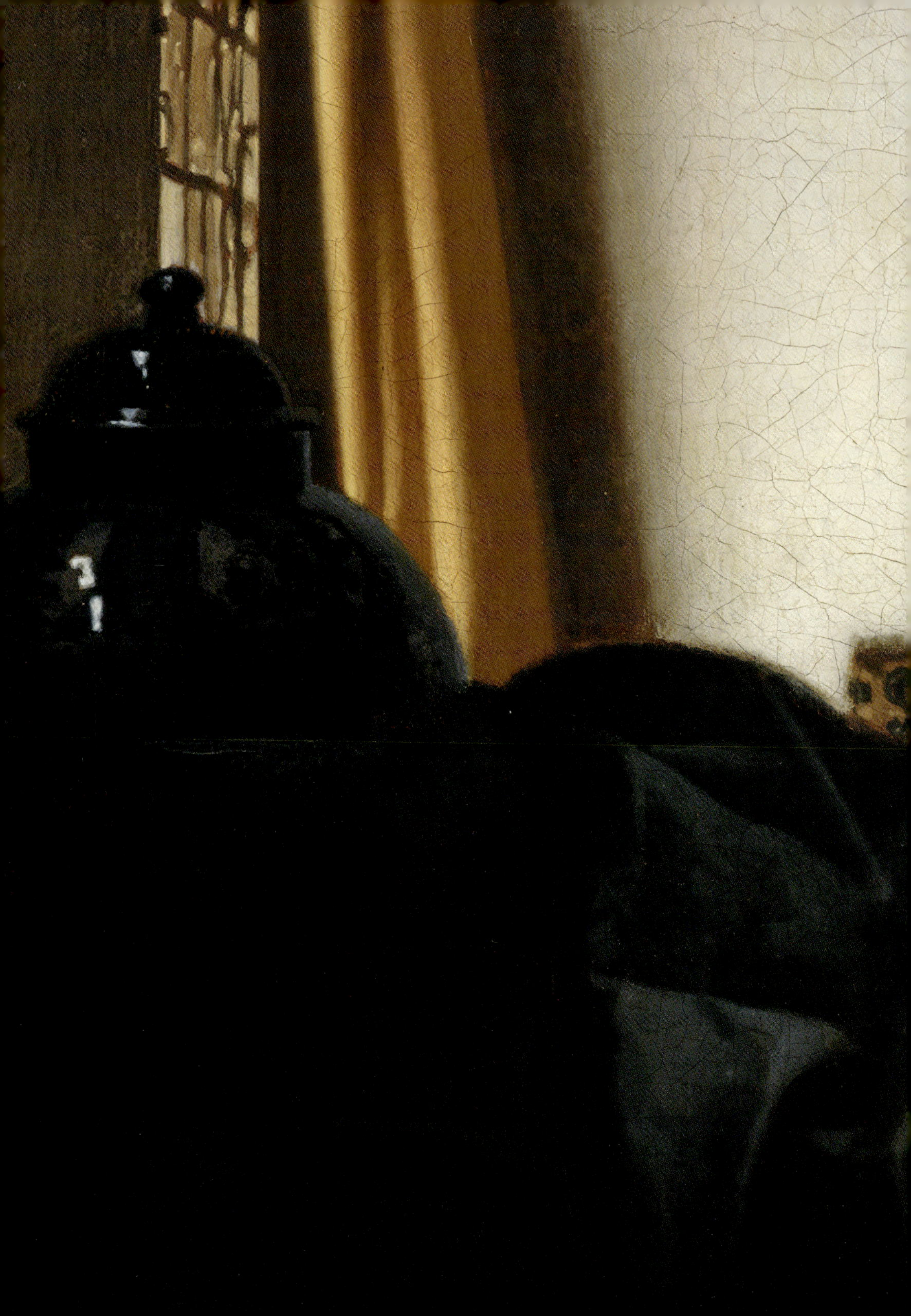

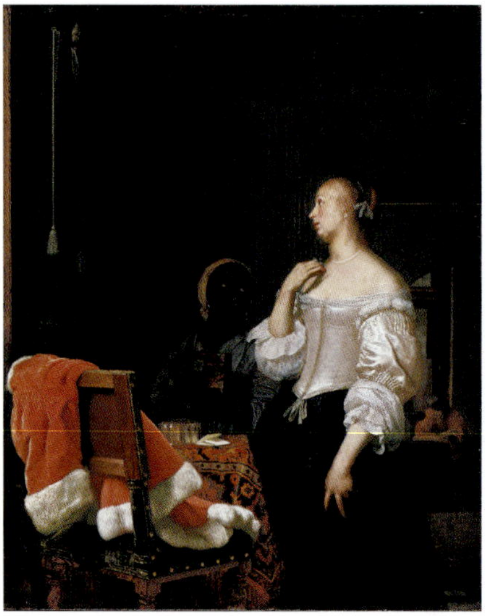

Frans van Mieris d. Ä.
Junge Dame vor dem Spiegel, um 1662
Öl auf Holz, 30 x 23 cm
Staatliche Museen zu Berlin, Gemäldegalerie

Junge Dame mit Perlenhalsband, um 1663/64
Öl auf Leinwand, 51,2 x 45,1 cm
Staatliche Museen zu Berlin, Gemäldegalerie

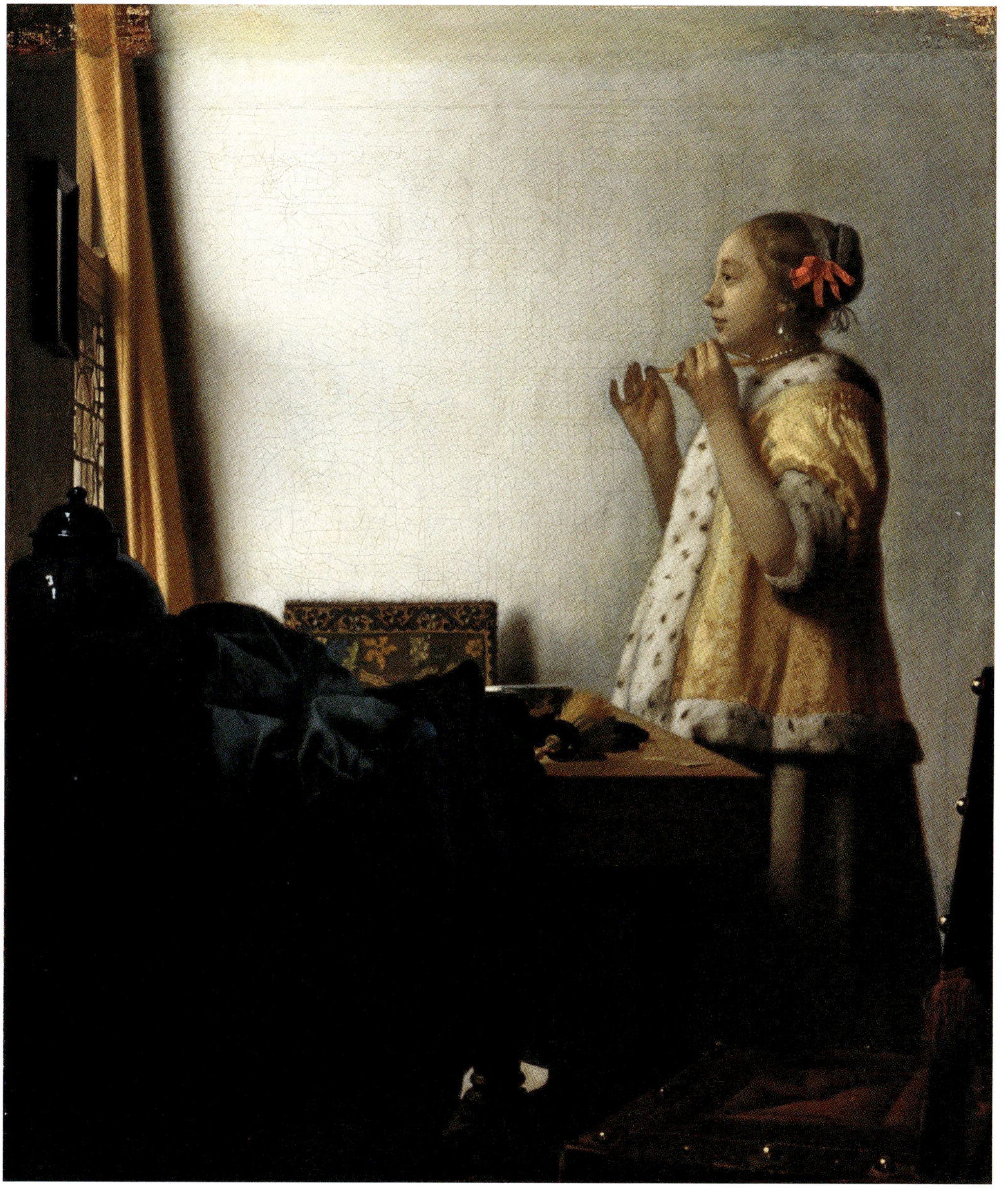

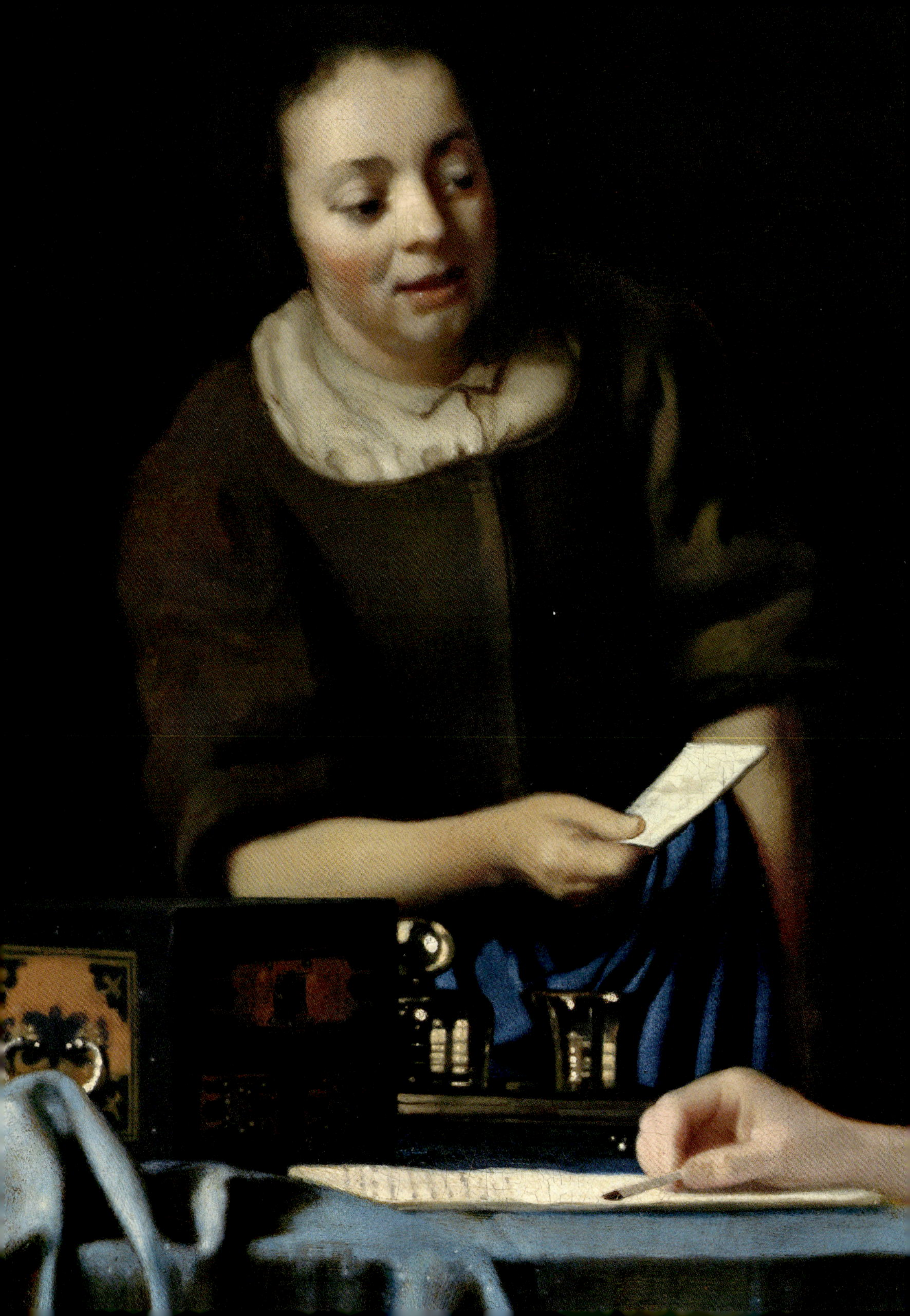

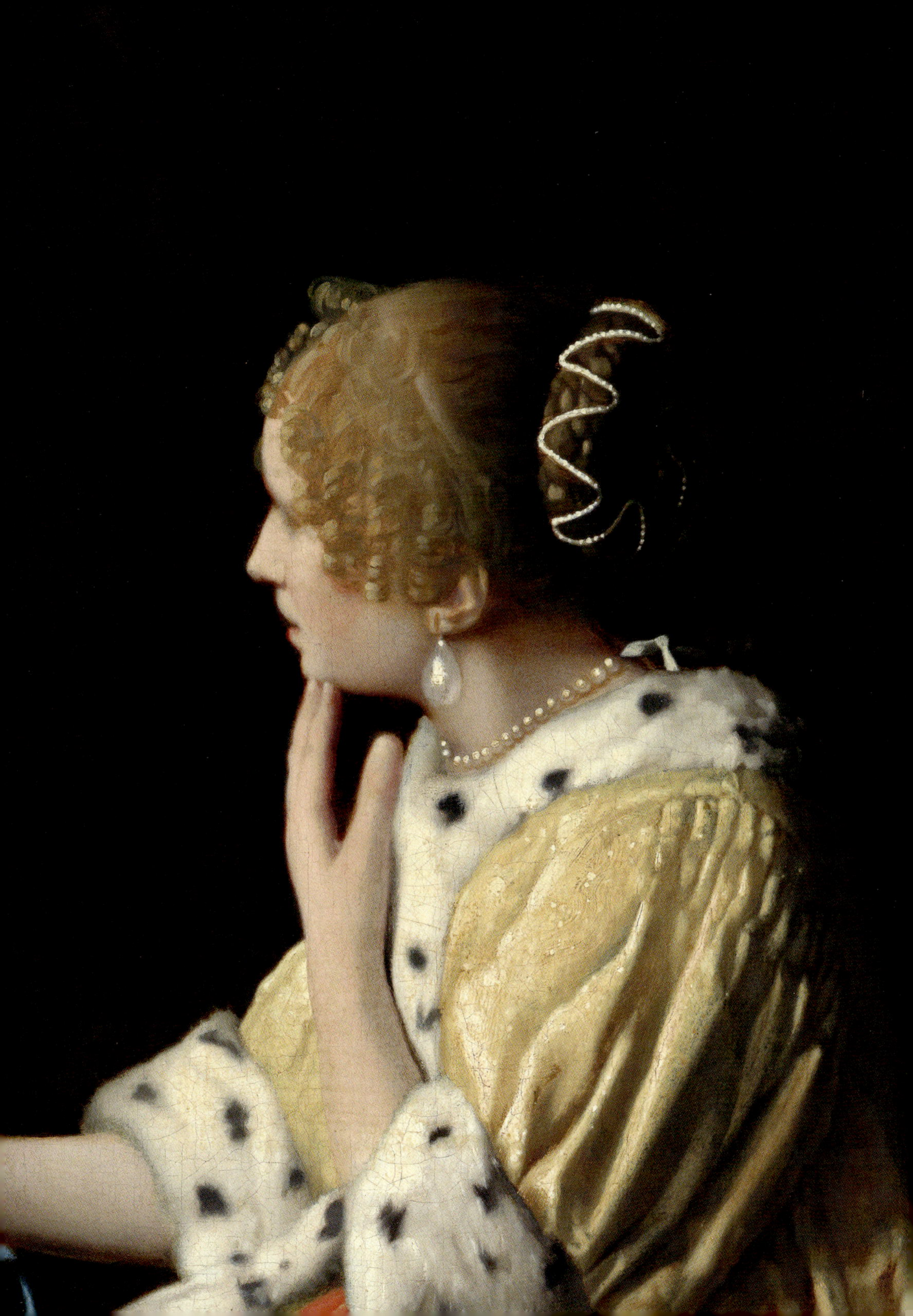

Briefschreiberin und Dienstmagd, um 1666/67
Öl auf Leinwand, 90,2 x 78,7 cm
New York, The Frick Collection

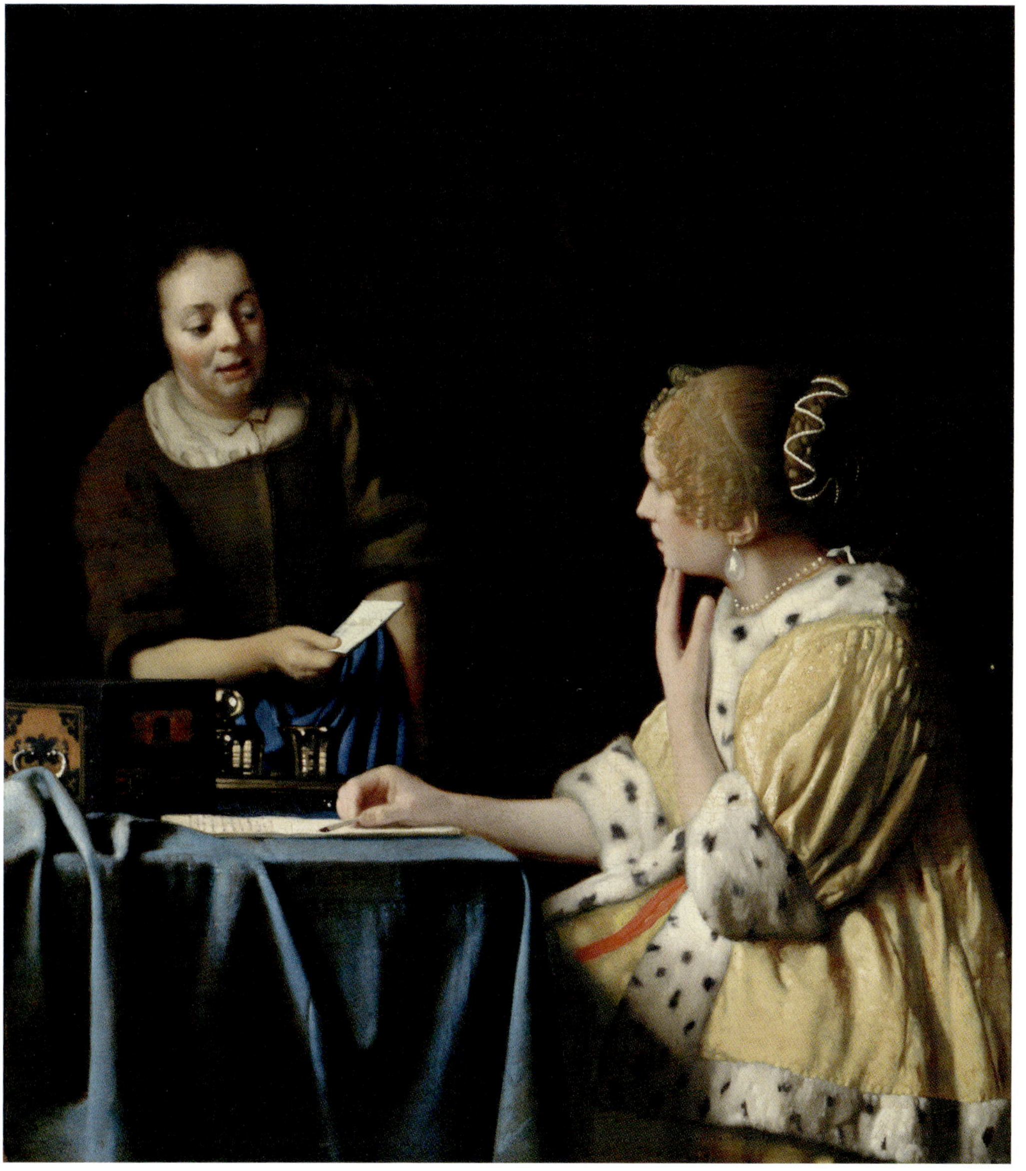

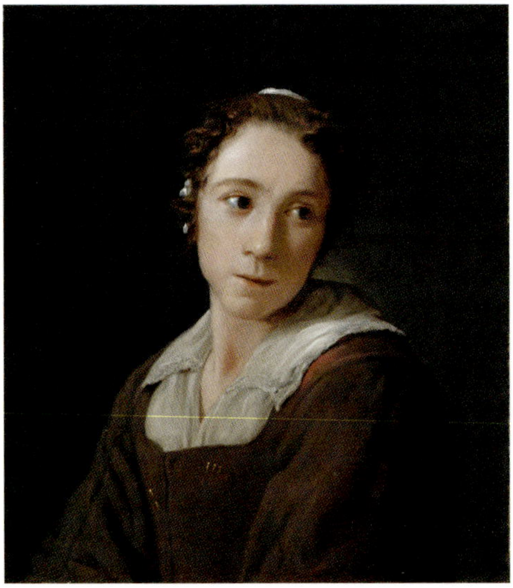

Michiel Sweerts, **Junges Mädchen**, um 1660/61
Öl auf Leinwand, 61 x 53,5 cm
The Kremer Collection

Das Mädchen mit dem Perlenohrring, um 1665–1667
Öl auf Leinwand, 44,5 x 39 cm
Den Haag, Koninklijk Kabinet van Schilderijen Mauritshuis

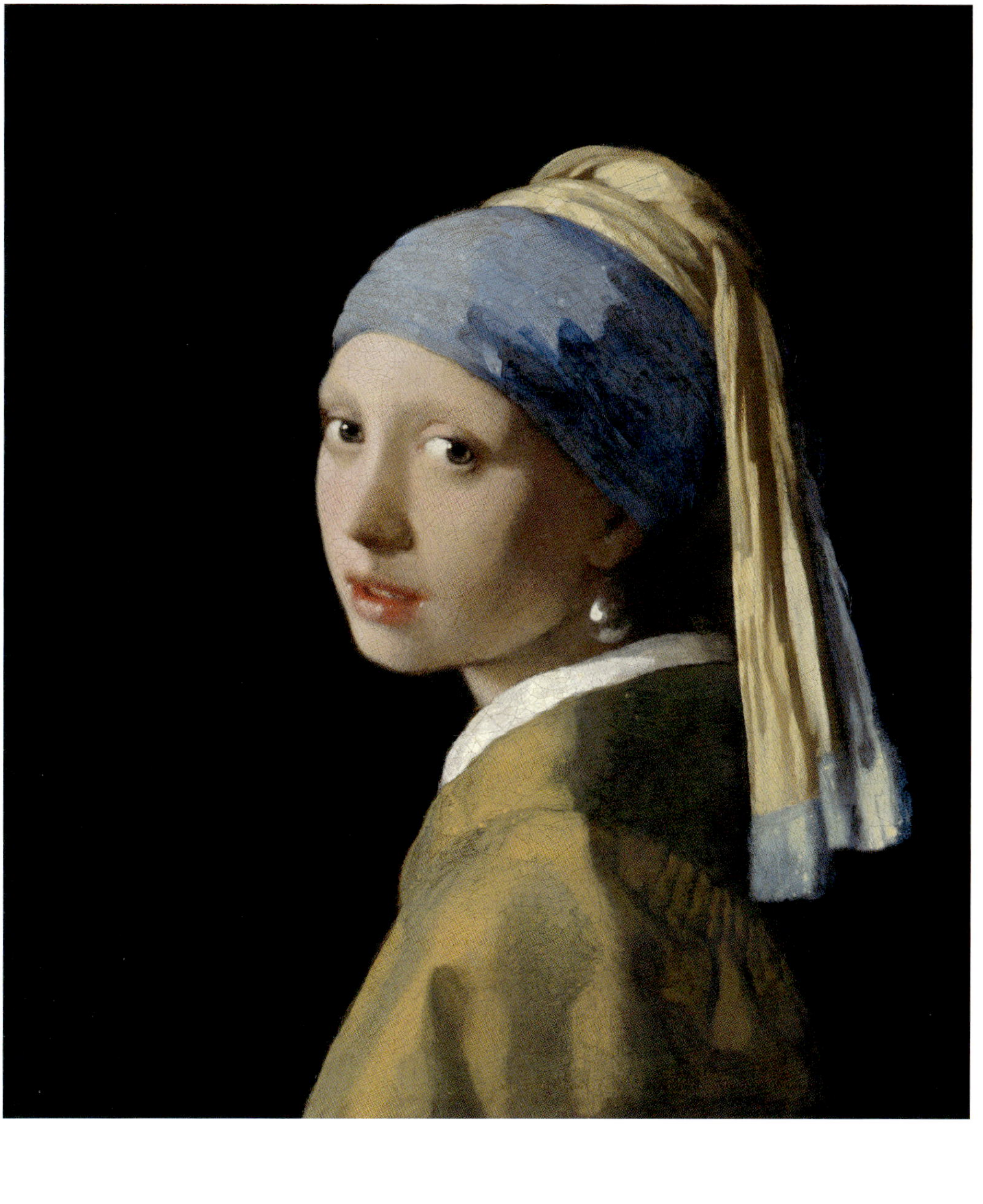

Studienkopf einer jungen Frau, um 1665–1667
Öl auf Leinwand, 44,5 x 40 cm
New York, The Metropolitan Museum of Art
Gift of Mr. and Mrs. Charles Wrightsman, in memory of Theodore Rousseau Jr.

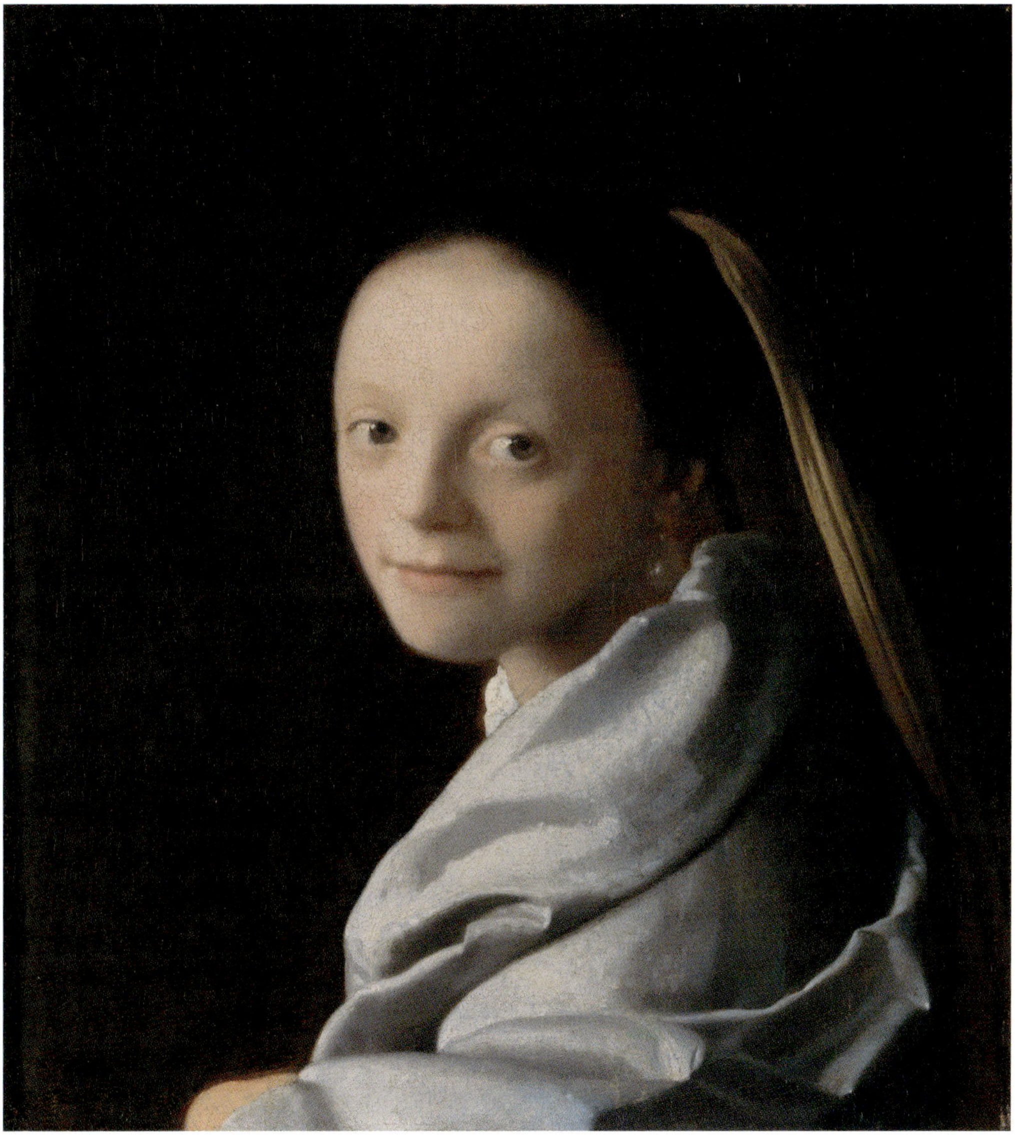

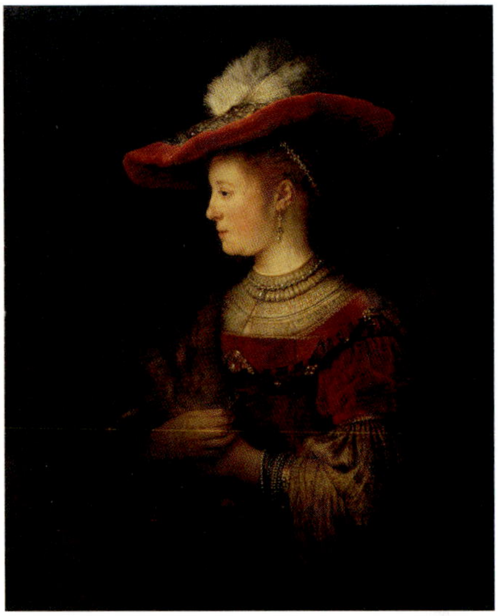

Rembrandt Harmensz. van Rijn
Porträt der Saskia van Uylenburgh im Kostüm des 16. Jahrhunderts, 1633/34–1642
Öl auf Holz, 99,5 x 78,8 cm
Museumslandschaft Hessen Kassel, Gemäldegalerie Alte Meister

Mädchen mit rotem Hut, um 1665–1667
Öl auf Holz, 22,8 x 18 cm
Washington, DC, National Gallery of Art, Andrew W. Mellon Collection

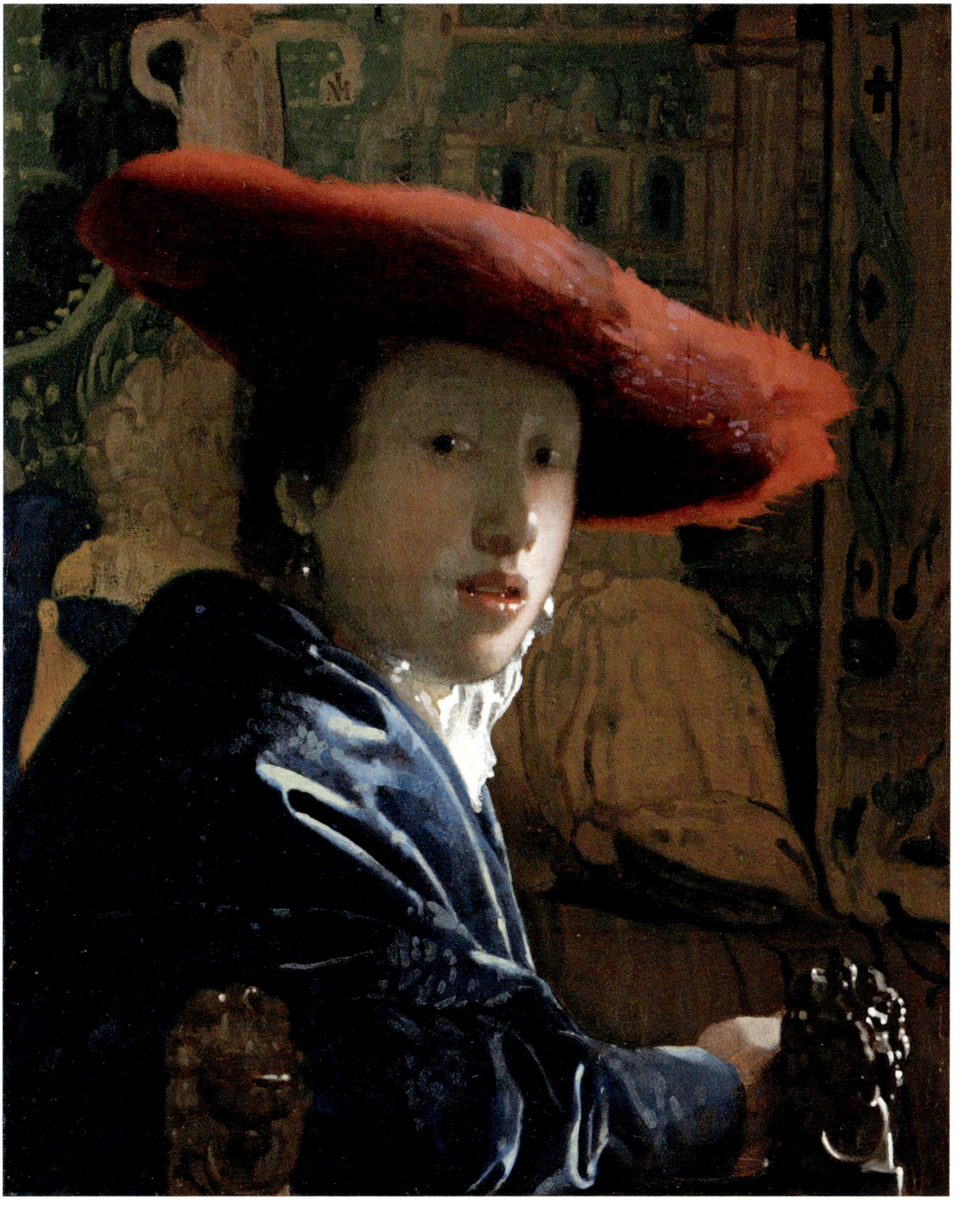

Johannes Vermeer und unbekannter Vermeer-Nachfolger
Mädchen mit Flöte, um 1665–1670
Öl auf Holz, 20 x 17,8 cm
Washington, DC, National Gallery of Art, Widener Collection

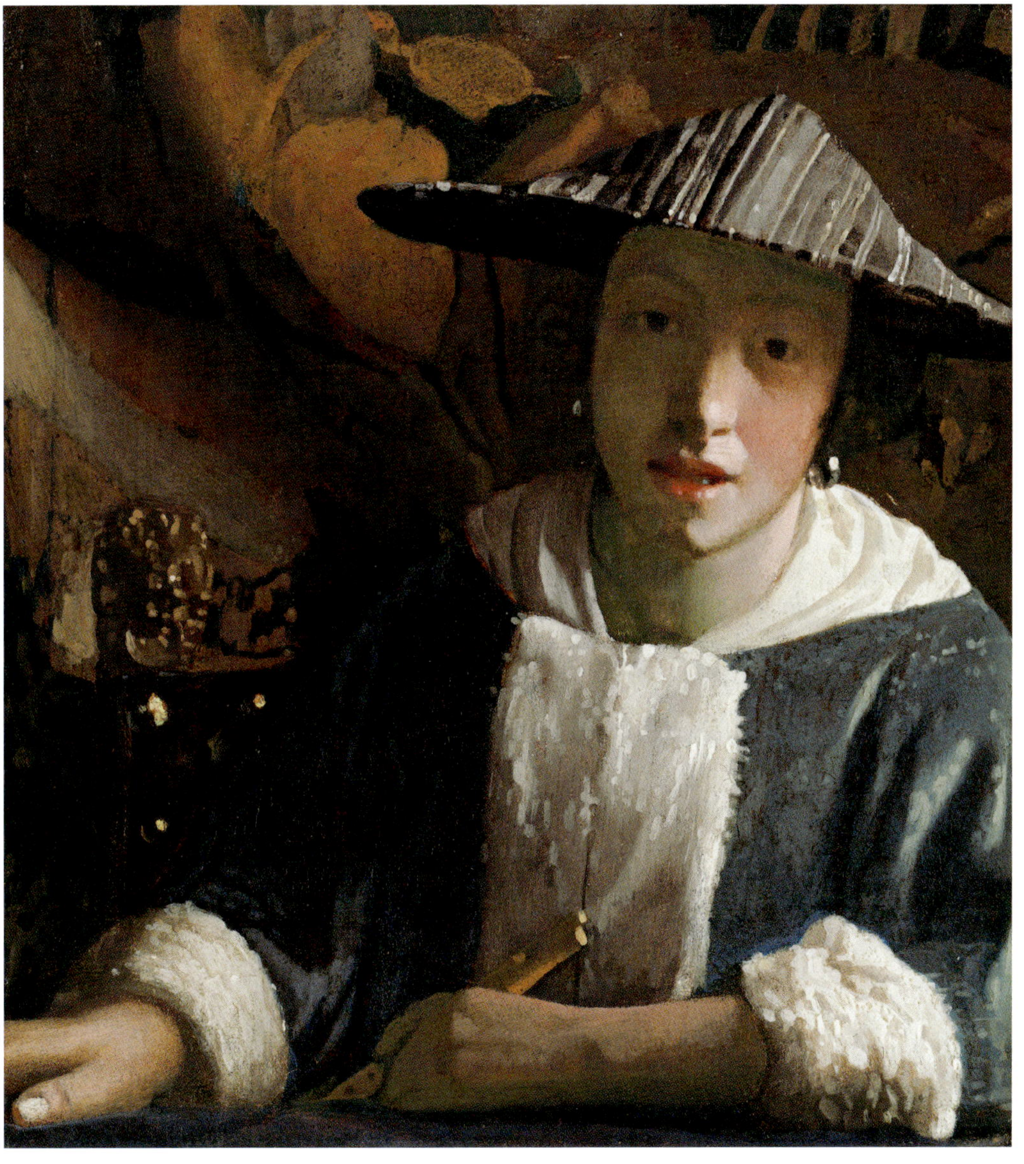

IV.

Die letzten zehn Jahre

1666–1675

„Was uns Vermeer van Delft, Meister der Intimität und innigen Stille, in seinen Bildnissen und Interieurs enthüllt, lässt diese Stille fühlbar werden, ohne Einsatz eines großflächigen Clair-Obscur, durch Verwendung zarter Pinselstriche, dank Milderung des Eindrucks von Einsamkeit durch eine vertraute Interieurstimmung."

EMIL M. CIORAN, 1937

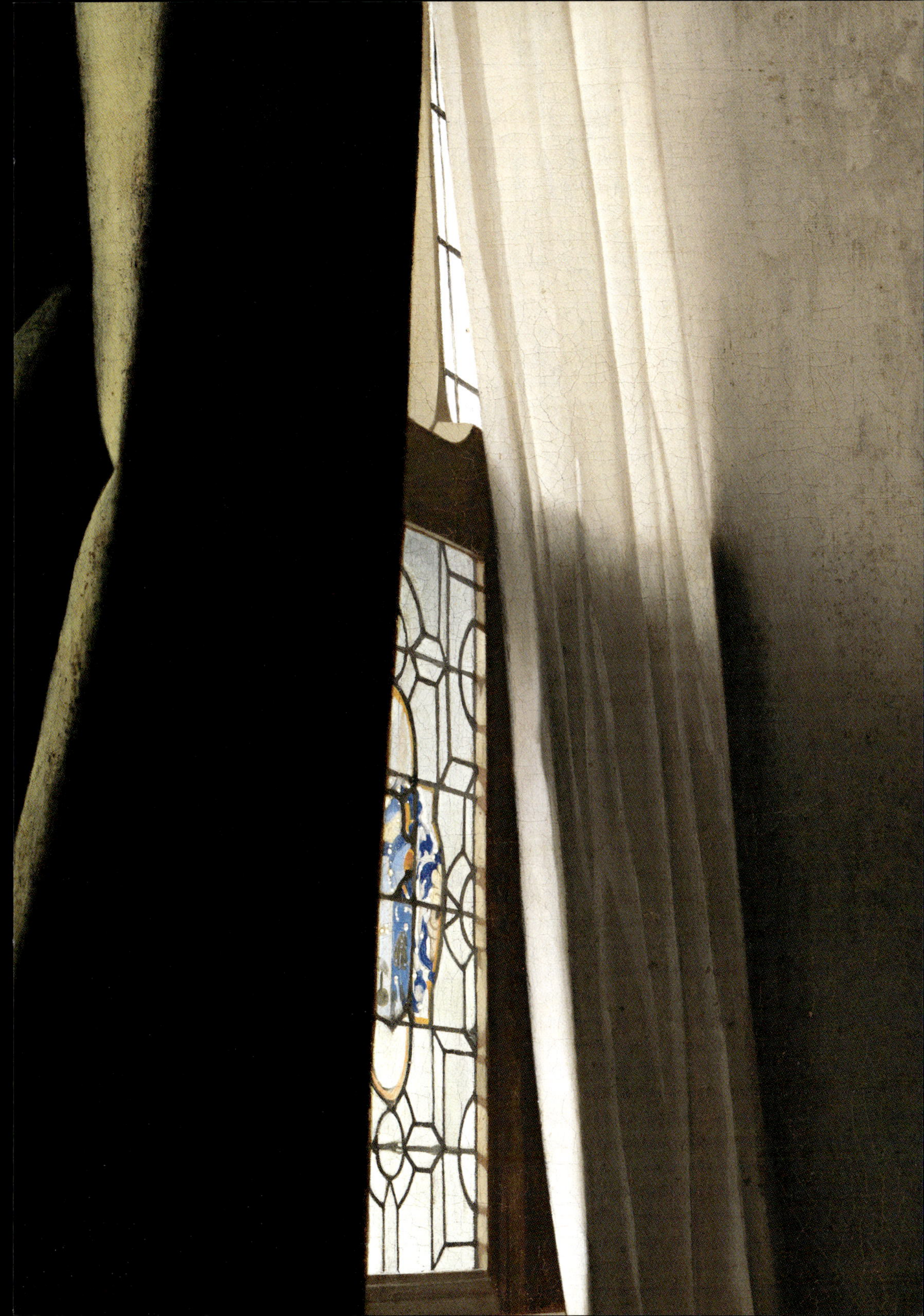

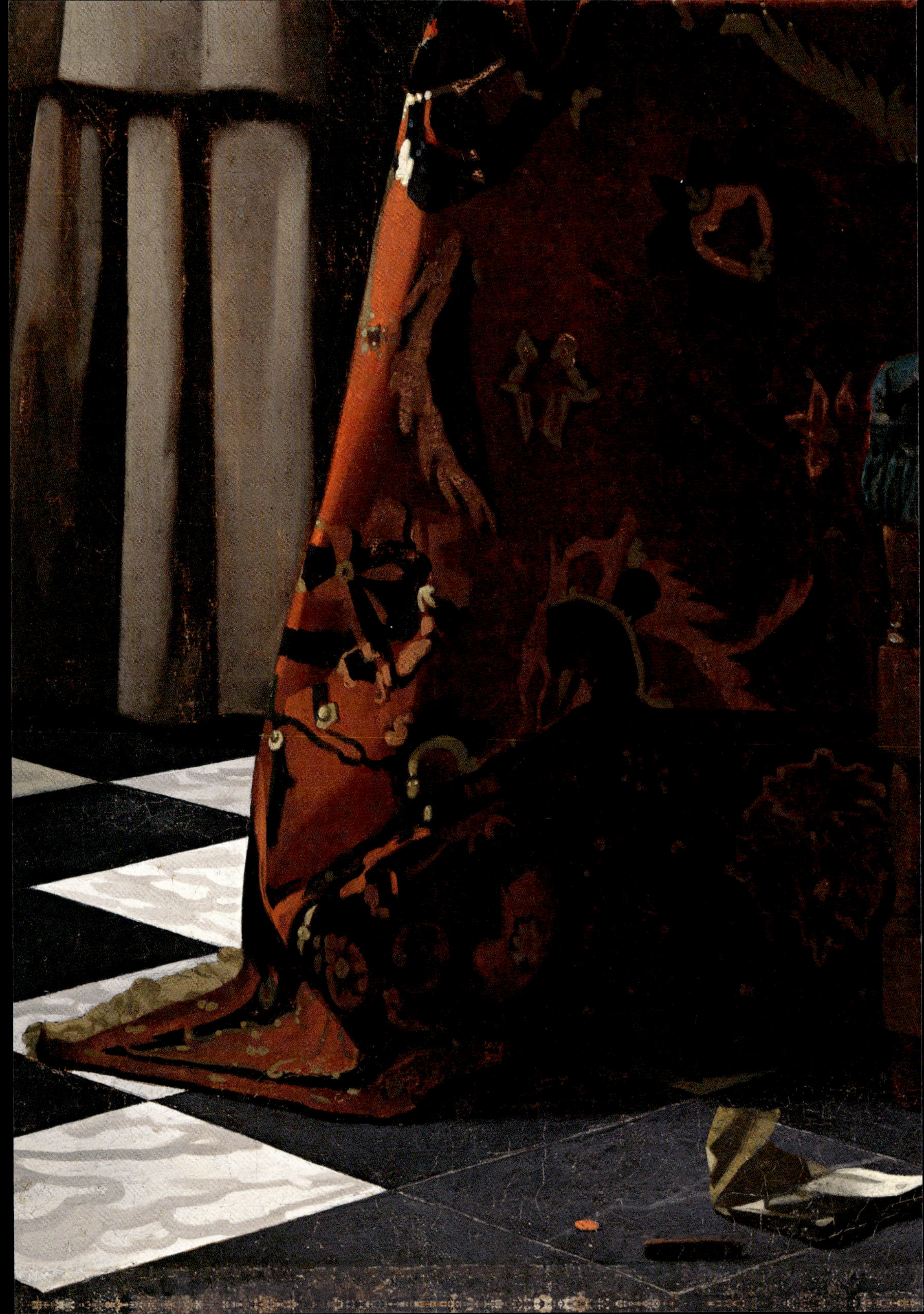

Seit seiner Heirat mit Catharina Bolnes hatte Vermeer offensichtlich keinen Kontakt zu seiner Mutter Digna Baltens und seiner älteren Schwester Gertruy. Er war 1654 bei der Taufe der Tochter seiner Schwester nicht anwesend, als Taufpate fungierte die Großmutter Digna.[201] Im Zusammenhang mit dem erfolglosen Versuch von Digna Baltens, das Gasthaus „Mechelen" Anfang Januar 1669 versteigern zu lassen, wird Johannes Vermeer ebenfalls nicht erwähnt.[202] Einige Wochen später vermietete Digna Baltens das Gasthaus, das sich in gutem Bauzustand („glass ende vloerdicht") befand, für drei Jahre für 190 fl. jährlich.[203] Erst als im folgenden Jahr, am 10. oder 11. Februar 1670, Vermeers Mutter mit etwa 75 Jahren starb und als Folge seine Schwester zusammen mit ihrem Mann ihr Testament machte, trat Vermeer in Erscheinung, einmal als Begünstigter, zum anderen indirekt, indem sein Mäzen Pieter van Ruijven dabei als Zeuge fungierte.[204] Montias hebt die außergewöhnlichen Umstände der Testamentserstellung hervor.[205] An einem Winterabend, dem 11. Februar 1670 um neun Uhr abends – Digna Baltens war soeben verstorben – wurden der Notar Geraerd van Assendelft und die beiden Zeugen ins Haus von Anthony van der Wiel und Gertruy Vermeer gerufen. Die kinderlosen Eheleute (ihre einzige, 1654 getaufte Tochter war wohl bereits im Kindesalter gestorben) setzten sich gegenseitig zu Universalerben ein, jedoch sollte die Verwandtschaft des früher ablebenden Ehepartners vom jeweils überlebenden gewisse Erbteile erhalten. Gertruy war damals wahrscheinlich bereits krank und dem Tode nahe, sie starb wenige Wochen später, Anfang Mai 1670. Bei der Auflösung des Nachlasses von Digna Baltens und ihrer Tochter 1671 erhielt Vermeer 148 fl. von seinem Schwager Anthony van der Wiel und wurde alleiniger Eigentümer des Gasthauses „Mechelen",[206] das seit 1669 an Leendert van Ackerdyck vermietet war. Nach Ablauf der dreijährigen Mietdauer vermietete Vermeer mit Beginn des Jahres 1673 das Haus erneut, diesmal an seinen Namensvetter, den Apotheker Johannes van der Meer, für sechs Jahre. Von der Jahresmiete von 180 fl. blieben nach Abzug der Zinsen, die für die beiden seit mehr als dreißig Jahren laufenden Hypotheken zu bezahlen waren, lediglich 55 fl. als jährlicher Ertrag.

1672 wird Johannes Vermeer in Dokumenten im Rahmen seiner professionellen Tätigkeit als Gutachter von Gemälden genannt.[207] Der bekannte Amsterdamer Kunsthändler Gerrit Uylenburgh (um 1625–1679) bot dem Großen Kurfürsten Friedrich Wilhelm von Brandenburg (1620–1688) zwölf Gemälde und einige Skulpturen für 30 000 Gulden zum Kauf an. Als der Maler und Kunstagent des Kurfürsten, Hendrick de Fromantiou (1633–nach 1693), Zweifel an der Echtheit und dem Wert der angebotenen

Seite 225 und 226
Briefschreiberin und Dienstmagd (Details), um 1670/71
(siehe Abb. S. 291)

Gemälde äußerte, wurden die Bilder retourniert, Uylenburgh weigerte sich aber, sie zurückzunehmen. Fromantiou gab eine Reihe von Gutachten in Auftrag, die die Bilder, angeblich Werke von Holbein (1497/98–1543) und Michelangelo (1475–1564) sowie der Venezianer Giorgione (1478–1510), Jacopo Palma (um 1480–1528), Tizian (um 1488/90–1576) und Tintoretto (1518–1594), überwiegend zu Kopien und Nachahmungen erklärten. Als die Bilder in der Malergilde von Den Haag ausgestellt waren, wurde Johannes Vermeer mit seinem Kollegen Hans Jordaens (1555–1630) eingeladen, die Bilder zu begutachten. Sie erklärten vor einem Notar in Den Haag, dass „die Bilder nicht nur keine außerordentlichen italienischen Werke, sondern im Gegenteil einige große Fetzen und schlechte Bilder sind, die bei Weitem nicht einmal ein Zehntel der angegebenen Preise wert seien". Die Stellungnahme Vermeers in diesem Streit der Gutachter wurde immer wieder als Beweis dafür genannt, dass Vermeer den Kunsthandel seines Vaters zeit seines Lebens neben der Malerei weiterbetrieben habe und im Gegensatz zu anderen holländischen Malern ein hervorragender Kenner italienischer Malerei gewesen sei, eine Kenntnis, die er sich vor allem während seiner angeblichen Ausbildung in Utrecht im Kreis der holländischen Caravaggisten angeeignet habe (siehe dazu S. 39). Diesen Schluss kann man aber nur dann ziehen, wenn man das Gutachten Vermeers isoliert betrachtet. Im größeren Zusammenhang des gesamten Ablaufs der Affäre sind diese Annahmen unhaltbar. Vermeer war nicht nur einer von vielen Gutachtern unter den holländischen Malern, sondern es scheint, dass er weniger als Händler, sondern als amtierender Vorstand der Delfter Malergilde um ein Urteil über die Werke gebeten wurde.

Die Malkunst

Etwa zur gleichen Zeit, als Arnold Bon sein Lobgedicht auf Carel Fabritius verfasste, in dem er auch Vermeer pries (siehe dazu S. 36), malte dieser ein außerordentliches Bild, das vielleicht sein Hauptwerk darstellt, die *Malkunst* (S. 265, Kat. 26). Es bildet in mehrfacher Hinsicht eine Ausnahme im Werk Vermeers: Es ist das größte seiner Interieurbilder und stellt keine aus dem Alltag der holländischen Gesellschaft gegriffene Genreszene dar, sondern eine Allegorie und gehört also zur Kategorie des mit einem höheren künstlerischen Anspruch verbundenen Historienbildes.[208] Die Allegorie verkörpert die Malkunst, wie sich aus dem wohl von Vermeer selbst gewählten Titel *De Schilderkonst* ergibt, unter dem das Bild im Nachlass des Künstlers erscheint (siehe dazu S. 257). Wir wissen nicht, ob das Bild unverkauft blieb oder ob Vermeer es in seinem Atelier ausstellte, um es als Beispiel seiner Arbeit und Beweis seiner Kunstfertigkeit Besuchern vorführen zu können, was einer allgemein üblichen Praxis entsprach.[209] Es gibt jedenfalls keinen Hinweis, dass es für die Delfter Lukasgilde gemalt und in den Räumen der Gilde gezeigt wurde, wie man früher wegen des thematischen Bezugs vermutete. Vermeers Witwe bemühte

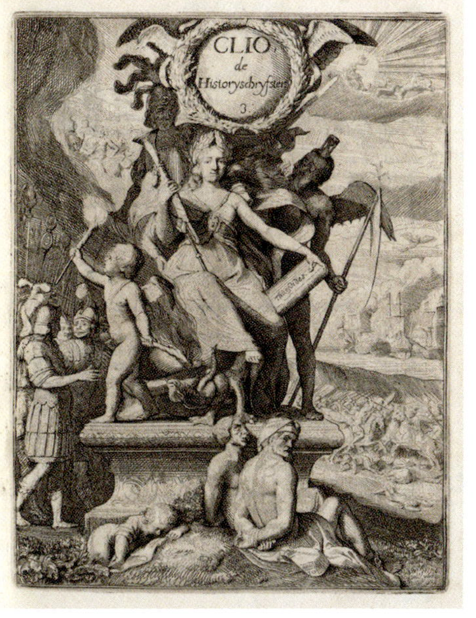

sich nach Kräften, das Bild im Besitz der Familie zu halten. Um es vor dem Zugriff der Gläubiger zu retten, übertrug sie es zwei Monate nach Vermeers Tod an ihre Mutter Maria Thins.[210]

Was ist auf dem Bild zu sehen und wie ist es zu deuten? Eine seitlich zurückgeschlagene Tapisserie gibt den Blick in einen lichtdurchfluteten Raum mit schwarz-weißem Marmorboden, dunkler Balkendecke und strahlend weißer Rückwand mit einer großen Landkarte der Niederlande frei. Das Licht strömt von links durch die Fenster, die von dem schweren Vorhang verdeckt sind. Unser Blick wird vor allem von den beiden Figuren angezogen. Der Maler wendet uns den Rücken zu, er sitzt auf einem Hocker vor der Staffelei und arbeitet an einem angefangenen Bild. Seine Gestalt hebt sich als fast schwarze Silhouette vom Hintergrund ab. Im Zentrum der Aufmerksamkeit steht das dem Betrachter zugewandte Modell, eine junge blonde Frau, in eine weite hellblaue Draperie gehüllt. Sie posiert, geschmückt mit einem Lorbeerkranz, mit einer Trompete in der Rechten und einem großen Buch in der Linken. Unter dem übergeworfenen blauen Stoff wird ihre Alltagskleidung, ein bodenlanger, in weiten Falten fallender gelber Rock, sichtbar. Zwischen dem knapp vor der Rückwand stehenden Modell und dem Vordergrund erstreckt sich in starker perspektivischer Verkürzung ein langer Tisch mit schwerer Tischplatte, auf dem verschiedene Gegenstände liegen: ein großes Tuch in Gelb und Blau, ein Buch und vor allem ein männlicher Kopf, entweder eine Maske oder der Abguss einer Skulptur, daneben ein Heft mit Zeichnungen. Dem Betrachter am nächsten steht ganz im Vordergrund ein Stuhl, dessen Lehne teilweise von dem zurückgeschlagenen Teppichvorhang verdeckt wird, ein weiterer Stuhl wird hinter der Staffelei an der Wand sichtbar. Die Wand wird zum größten Teil von einer großen Landkarte eingenommen. Der Vordergrund mit Stuhl und Teppich liegt im Dunklen, umso stärker hebt sich unmittelbar neben dem Vorhang ein Stück der hell beleuchteten Wand ab, das sich keilförmig nach oben verjüngt.

Samuel van Hoogstraten, **Clio**
in: *Inleyding tot de hooge schoole der schilderkonst,* Rotterdam 1678
Wien, Österreichische Nationalbibliothek, Sammlung von Handschriften und alten Drucken

Vermeer gibt mit Licht und Farbe den natürlichen Seheindruck des Raums getreu wieder und verzichtet auf jegliche Allegorisierung, etwa durch übernatürliche Lichteffekte. Zur Darstellung des abstrakten Gehalts einer Allegorie wählt der Künstler ausschließlich den Raum und die Gegenstände der alltäglichen Umgebung. Das Bild zeigt eine Atelierszene, und wir sehen keine Allegorie, sondern vielmehr, wie ein Bild mit der Allegorie der Geschichte, verkörpert durch Clio, die Muse der Geschichte, auf der Leinwand entsteht. Fertiggestellt würde das Bild den Allegorien, wie wir sie von den sog. holländischen Klassizisten kennen, ähnlich sein, eine Halbfigur mit ihren Attributen vor einem neutralen Hintergrund. Erst durch die bedeutungsvollen Bezüge zahlreicher Bildelemente wird die gesamte Darstellung zu einer Allegorie der Malkunst. Wie Arasse feststellte, „entrealisierte“ Vermeer den Maler und sein Atelier, indem er sie allegorisierte, und „entallegorisierte“ zugleich die allegorische Figur, indem er sie in Gestalt eines realen Modells darstellte.[211]

Was auf den ersten Blick wie eine gewöhnliche Atelierszene aussieht, bildet eine doppelte Allegorie. Wir sehen in einer Art Rahmenhandlung, die eine Verherrlichung der Malerei darstellt, wie eine Allegorie der Geschichte entsteht. Dieses gedankenvolle Bild, bei dem jedes Detail von Bedeutung erfüllt ist, konnte erst in den letzten Jahrzehnten Schritt für Schritt enträtselt werden. Die *Malkunst* hat wie wenig andere Kunstwerke die kunsthistorische Forschung beschäftigt, sie gehört zu jener Handvoll großer Kunstwerke, die eine Fülle von Deutungen angeregt und eine Unzahl an Publikationen hervorgebracht hat. Vor gut fünfzig Jahren prallten in den gegensätzlichen Deutungen des Bildes von Hans Sedlmayr und Kurt Badt zwei Betrachtungsweisen aufeinander, die sich, von der Analyse der *Malkunst* ausgehend, zu einem Prinzipienstreit kunsthistorischer Methoden auswuchsen.[212] Während Sedlmayr strukturalistisch in einer Stufenfolge der Interpretation der Allegorie an die *Malkunst* herangeht, nähert sich Badt, ausgehend von der Philosophie Heideggers, dem Bild phänomenologisch, das er, strikt nur dem Gesehenen folgend, als *Maler und Modell* bezeichnet.

Hultén hat als erster Kunsthistoriker unserer Zeit auf Grund der Attribute in dem Modell Clio erkannt (S. 229).[213] Für einen gebildeten Betrachter aus der Zeit Vermeers lag dieser Schluss wohl auf der Hand, denn die Aufmachung der jungen Frau entspricht genau den Angaben, die Cesare Ripa in seiner *Iconologia* für die Personifikation der Geschichte gemacht hatte. Vermeer war diese mit Illustrationen versehene und von Malern immer wieder als Vorlage herangezogene italienische Sammlung von Personifikationen und Allegorien aus dem 16. Jahrhundert zweifellos in der niederländischen Übersetzung, die 1644 in Amsterdam erschienen war, bekannt. Es heißt hier: „Wy sullen Clio een Maeghdeken met een Lauwerkrans afmaelen, die in de rechter hand een Trompet houd, en mette slincker een boeck, alwaer boven op sal geschreven zijn THUCYDIDES“ (wir sollen Clio als Mädchen mit einem Lorbeerkranz malen, die in der rechten Hand eine Trompete hält und in der Linken ein Buch, auf dem soll oben geschrieben sein THUCYDIDES). Die Muse der Geschichtsschreibung tritt mit einem Werk jenes Autors auf, der mit seiner *Geschichte des Peloponnesischen Krieges* als größter Geschichtsschreiber der antiken Welt gilt. Weiter heißt es über den Lorbeerkranz: „De Lauwerkrans druckt uyt, dat gelijck de Lauwer altijd groen is en lange tijd wordt onderhouden, dat oock alsoo, door de Historie, de verledene, als mede de tegenwoordige dingen, eeuwigh leven“ (der Lorbeerkranz drückt aus, dass durch die Geschichtsschreibung die vergangenen wie die gegenwärtigen Dinge ewig leben, so wie der Lorbeer allzeit grünt). Der Lorbeer, nach traditioneller, bis in die Antike zurückreichender Überlieferung ein Symbol für Ruhm und Ehre, mit dem siegreiche Feldherren ebenso wie Dichter gekrönt wurden, steht hier auch für den Nachruhm, den die Historie vermittelt: „Die Muse der Geschichte inspiriert die Malerei“.[214] Der Geschichtsschreibung wird damit eine Eigenschaft zugeschrieben, die auch von der Malerei in Anspruch genommen wird, nämlich das Vergängliche für die Nachwelt festzuhalten. So hatte etwa schon Albrecht Dürer in einer prägnanten Formulierung als Aufgabe der Malerei bestimmt, dass das Bildnis „die Gestalt der Menschen nach ihrem Ableben“ behalten solle.

Der Maler hat die auf der Staffelei stehende Leinwand mit einer hellen Unterzeichnung der Konturen versehen, die locker mit dem Pinsel auf einer neutralen farbigen Grundierung aufgetragen ist. Das entspricht weitgehend der tatsächlichen Malpraxis der Zeit, die auch Vermeer befolgte.[215] Der Malgrund bestand aus Bleiweiß, dem Kreide, Ocker, Umbra oder Pflanzenschwarz hinzugefügt wurde, um einen neutral gefärbten Mittelton zu erreichen, dessen Tönung von einem warmen Hellbraun bis zu einem kühlen Blaugrau reichen konnte. Die Grundierung spielt bei Vermeer auch im fertigen Bild eine wichtige Rolle. Mehr als andere Maler seiner Zeit bediente er sich einer besonders ökonomischen Malweise, die er im Lauf seiner Tätigkeit immer weiter verfeinerte (siehe dazu S. 122 f.). Teilweise deckt er den Grund nur dünn lasierend, sodass er durchscheint und die endgültige Farbwirkung mitbestimmt, in anderen Fällen bleibt er zwischen Farbflächen, die sich nicht überdecken, als eigener Farbakzent stehen. Der Maler im Bild beginnt seine Malerei mit dem Lorbeerkranz. Das wirkt auf den ersten Blick ungewöhnlich, entspricht jedoch der traditionellen Technik der Ölmalerei, mit einer jeweils neu gemischten Palette Partie für Partie ein Bild fertigzustellen und dabei am oberen Bildrand zu beginnen. Es scheint, dass Vermeer selbst in seinen Bildern anders vorging und an mehreren Partien eines Bildes gleichzeitig und nicht Stück für Stück malte.[216] Vermeer stellte in der Malkunst also nicht seine eigene, sondern vielmehr die herkömmliche Methode, ein Bild zu malen, dar.

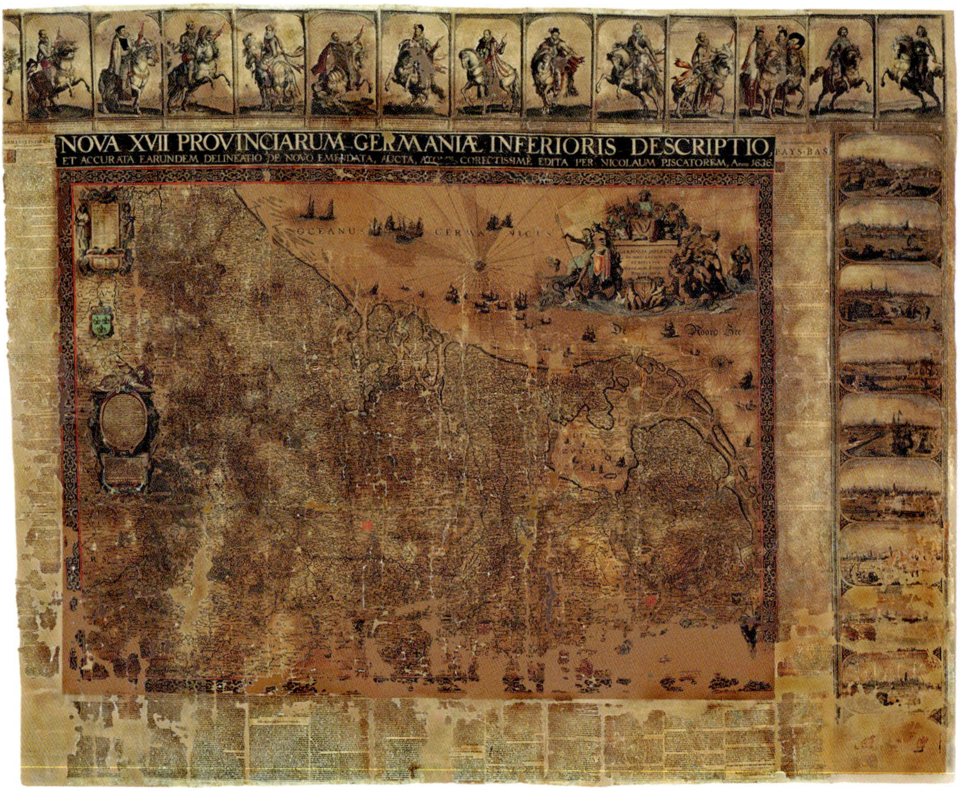

Claes Jansz. Visscher, **Wandkarte der siebzehn Provinzen**, 1636
Kupferstiche, koloriert, auf Leinwand aufgezogen. Håbo, Schloss Skokloster

Vor allem aber betont der Künstler so die zentrale Bedeutung des Lorbeerkranzes für das Verständnis der Allegorie.[217] Ohne Kenntnis dieses Zusammenhangs könnte man die Hervorhebung des Lorbeers auch als ironisches Detail verstehen. Die Bedeutung der Historie für die Malerei, auf die das Werk anspielt, entspricht der herausragenden Rolle, die der Historienmalerei in der gesamten neuzeitlichen Kunsttheorie beigemessen wurde, zu Vermeers Zeit etwa durch Karel van Mander (*Malerbuch*) oder in seiner Nachfolge durch Samuel van Hoogstraten: „den hoogsten en voornaemsten trap in de Schilderkonst, die alles onder zich heeft, geport en gedreven, welk is het uitbeelden der gedenkwaerdichste Historien" (die höchste und vornehmste Stufe der Malkunst, die alles hinter sich lässt, ist die Darstellung der denkwürdigsten Geschichten).[218] Darin schwingt der Wunsch mit, dass der Maler durch seine Kunst ewigen Ruhm erhalten möge. Die Malerei triumphiert über die Zeit, während in der späteren skeptischen

Auffassung von William Hogarth (1697–1764) Saturn durch Verfall und Zerstörung die Kunst besiegt.

Die Szene des posierenden Modells entspricht nicht ganz der gelebten Praxis. So brauchte das Modell kein schweres Buch zu halten, wenn der Lorbeerkranz gemalt wurde.[219] Der Maler wendet dem Betrachter den Rücken zu, er bleibt anonym und erhält zeitlose und allgemeingültige Bedeutung. Es gibt keinen Anhaltspunkt, dass sich Vermeer selbst in dieser Figur dargestellt hätte oder dass der als Atelier genutzte Raum das Abbild seiner eigenen Werkstatt wäre. Die Forschung hat versucht, das weibliche Modell zu identifizieren, und vermutet, es handele sich um Vermeers älteste, 1654 geborene Tochter Maria, die später eine Malerlehre in der Werkstatt des Vaters absolvierte. Bei Vollendung des Bildes war sie allerdings höchstens vierzehn Jahre alt.

Zu sehen ist nicht Vermeer, sondern eine Figur, die die Kunst der Malerei verkörpert. Dazu passt die auffällige Kleidung, die zugleich auf den Anspruch der Historienmalerei verweist. Der dargestellte Künstler trägt ein kurzes, eng anliegendes schwarzes Wams, das am Rücken und an den Ärmeln mit schmalen Schlitzen versehen ist, sodass das darunter getragene weiße Hemd sichtbar wird (S. 317). Hinzu kommen eine weite, bis zu den Knien reichende Hose, rote Seidenstrümpfe und weiße Überstrümpfe sowie Schnallenschuhe und ein Barett. Da eine geschlitzte Kleidung vor allem im 15. und frühen 16. Jahrhundert üblich war, hieß es in der älteren Literatur, Vermeer habe bewusst ein antiquiertes Kostüm gewählt. Diese auch als „burgundisch" bezeichnete Kleidung wurde zusammen mit der Landkarte, welche die gesamten ungeteilten Niederlande darstellt, als Verweis auf den in der Vergangenheit des 15. Jahrhunderts wurzelnden Ruhm der niederländischen Malerei gedeutet. Tatsächlich handelt es sich um ein modisches Kleid des 17. Jahrhunderts.[220] Geschlitzte Wämser waren in den 1620er und 1630er Jahren modern, wie Werke aus dem Kreis der niederländischen Caravaggisten zeigen, und erlebten um 1660 erneut eine Renaissance, wie auch literarische Quellen bezeugen. In Prunkgewändern zu malen, entspricht einem Topos, der sich bis in die antike Kunstliteratur zurückverfolgen lässt und den hohen Anspruch der Kunst zum Ausdruck bringen soll.

Maler und Modell befinden sich in einem illusionistisch dargestellten Raum, dessen kostbare Ausstattung mit einer Reihe ähnlicher Räume in früheren Bildern Vermeers vergleichbar ist, wie dem *Glas Wein* (S. 166/167, Kat. 7) oder der *Musikstunde* (S. 181, Kat. 13). Er unterscheidet sich deutlich vom tatsächlichen Atelier des Künstlers, das im Obergeschoss des von Vermeer und seiner Familie bewohnten Hauses in der *voorkamer* lag. Aus der detaillierten Beschreibung des Inventars wissen wir, dass der schlichte Arbeitsraum zwei spanische Stühle und einen Stab mit elfenbeinernem Knopf enthielt, den der Inventarverfasser offenbar nicht als Malstock erkannte.[221] Dieser ist mit einem Knauf aus rotem Leder in der *Malkunst* deutlich zu sehen. Des Weiteren befanden sich in Vermeers Atelier zwei Staffeleien, drei Paletten, sechs Bildtafeln („paneelen") und zehn Leinwände („schilderdoucken"), einige Druckgrafiken, ein Lesepult sowie „darüber hinaus hie und da verschiedenes Gerümpel (‚rommeling'), das nicht wert ist, einzeln verzeichnet zu werden" (siehe dazu S. 257 f.).

Ebenso wie Vermeer den Maler vornehm gewandet und nicht in Arbeitskleidung darstellt, verlegt er die Szene nicht in ein tatsächliches Maleratelier, sondern in einen repräsentativ ausgestatteten Salon. Unter den Einrichtungsgegenständen haben die Wandkarte, die Tapisserie, der Luster und der Tisch mit den verschiedenen Objekten besondere Bedeutung und verdienen genauere Erörterung.[222] Landkarte, Tapisserie und Messingluster sind besonders wertvolle Gegenstände, die sich nur in den reichsten Haushalten fanden. Im Nachlassinventar Vermeers werden sie nicht erwähnt, er muss sie, ebenso wie das in anderen Bildern mehrfach abgebildete Virginal (S. 180; Kat. 13, 33 und 35) oder das Cembalo (Kat. 19), bei wohlhabenden Gönnern und Auftraggebern gesehen haben, die es ihm ermöglichten, sie zu studieren, zu zeichnen und in seine Kompositionen zu integrieren.

Die Landkarte stellt die siebzehn Provinzen der nördlichen und südlichen Niederlande dar, auf den beiden seitlichen Streifen sind je zehn Kartuschen mit Ansichten der bedeutendsten niederländischen Städte übereinander angeordnet. Ebenso genau gibt Vermeer den lateinischen Titel der Karte am oberen Rand wieder, er lautet: NOVA XVII PROVINCIARUM [GERMANIAE INF]ERIORIS DESCRIPTIO (der eingeklammerte Teil des Titels ist auf dem Bild durch den Luster verdeckt), also „Neue Beschreibung der 17 Provinzen der Niederlande". Links sind die Städte Brüssel, Luxemburg, Gent, Berghen im Hennegau (heute Mons), Amsterdam, Namen (heute Namur), Leeuwarden, Utrecht, Zutphen angeordnet, rechts Limburg, Nijmegen, Atrecht (heute Arras), Dordrecht, Middelburg, Antwerpen, Mecheln, Deventer, Groningen. Ganz unten stehen sich die beiden Residenzen in Den Haag (t'Hof van Hollandt) und in Brüssel (t'Hof van Brabandt) gegenüber. Diese Karte stammt von dem bekannten Amsterdamer Kartografen Claes Jansz. Visscher (1586/87–1652), wie man dem lateinischen Titel entnimmt. Visscher selbst hatte sich für den Druck der aus neun Einzelblättern zusammengesetzten Landkarte älterer Kupferplatten des seit 1587 in Haarlem tätigen Landkartenstechers und Verlegers Johannes van Doetecum (gest. 1605) bedient, die er aus dem Nachlass von dessen Sohn 1630 erworben und in der Folge stark überarbeitet hatte. Visscher publizierte diese Wandkarte, der er einen neuen Titel, die Stadtansichten und einen erläuternden Text hinzufügte, zum ersten Mal 1636 und ein zweites Mal 1642. Von dieser zweiten Auflage ist vor einigen Jahren ein vollständiges, allerdings sehr schlecht erhaltenes Exemplar von Günther Schilder in Schloss Skokloster (Schweden) entdeckt worden (S. 232). Ein zweites, aus nicht aufkaschierten Einzelblättern bestehendes Exemplar einer späteren, nach dem

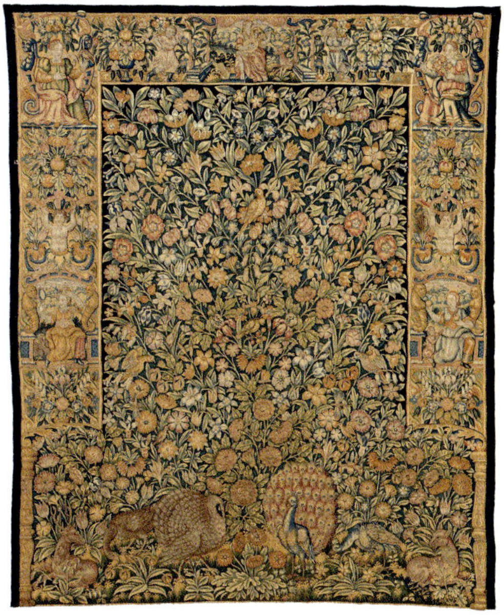

Tod Claes Jansz. Visschers gedruckten Auflage ist in Paris in der Bibliothèque nationale de France erhalten. Insgesamt existieren also nur noch zwei Exemplare dieser über einen Zeitraum einiger Jahrzehnte in mehreren Auflagen gedruckten Wandkarten.[223] Die großen, auf Leinwand aufkaschierten Karten fielen besonders leicht der Vernichtung anheim, nicht montierte Blätter blieben nur in Ausnahmefällen erhalten.

Durch die gemalte Fassung Vermeers ist diese Wandkarte bis heute berühmt, sie wird dadurch zu einem wichtigen Dokument der an vielen herausragenden Leistungen reichen Geschichte der niederländischen Kartografie des 17. Jahrhunderts. Viel wichtiger für uns ist jedoch die offensichtliche Bedeutung, die sie in Vermeers Bild einnimmt und die allein schon durch die prominente Positionierung deutlich wird. Seit jeher hat man der Tatsache, dass die Landkarte eine historische, zur Zeit der Entstehung des Bildes nicht mehr aktuelle politische Situation wiedergibt, besondere Bedeutung zugemessen. Das könnte bedeuten, dass Vermeer und seine Zeitgenossen die Niederlande noch als Einheit verstanden und die politisch vollzogene Teilung nicht akzeptieren wollten. Der Künstler hätte sich ganz bewusst auf eine nicht mehr bestehende politische Situation bezogen, auf ein vielleicht besseres oder zumindest in der Erinnerung verklärtes Zeitalter, wie dies vor allem unter den Anhängern des Hauses Oranien verbreitet war. Dieser Gedanke war in den Niederlanden geläufig und fand in zahlreichen Landkarten der Niederlande mit Umrissen, die einem Löwen gleichen und die Inschrift LEO BELGICUS tragen, deutlichen Ausdruck. Auf diese Weise wird ein direkter Bezug zur Geschichte der Niederlande hergestellt. Das legt auch die Anordnung der Landkarte hinter der Muse der Geschichtsschreibung nahe: Seit jeher hat die Malkunst den Niederlanden Ruhm gebracht, und Clio inspiriert den Maler, nach diesem Ruhm zu streben, den sie sodann als Fama mit der Trompete verkünden und im Buch der Geschichte für alle Zeiten verewigen wird. Zugleich ist die Landkarte mit ihrer differenziert gestalteten Oberfläche

Verdüre mit Pfau, Truthahn und Hirsch, um 1600–1630
Tapisserie. Amsterdam, Rijksmuseum

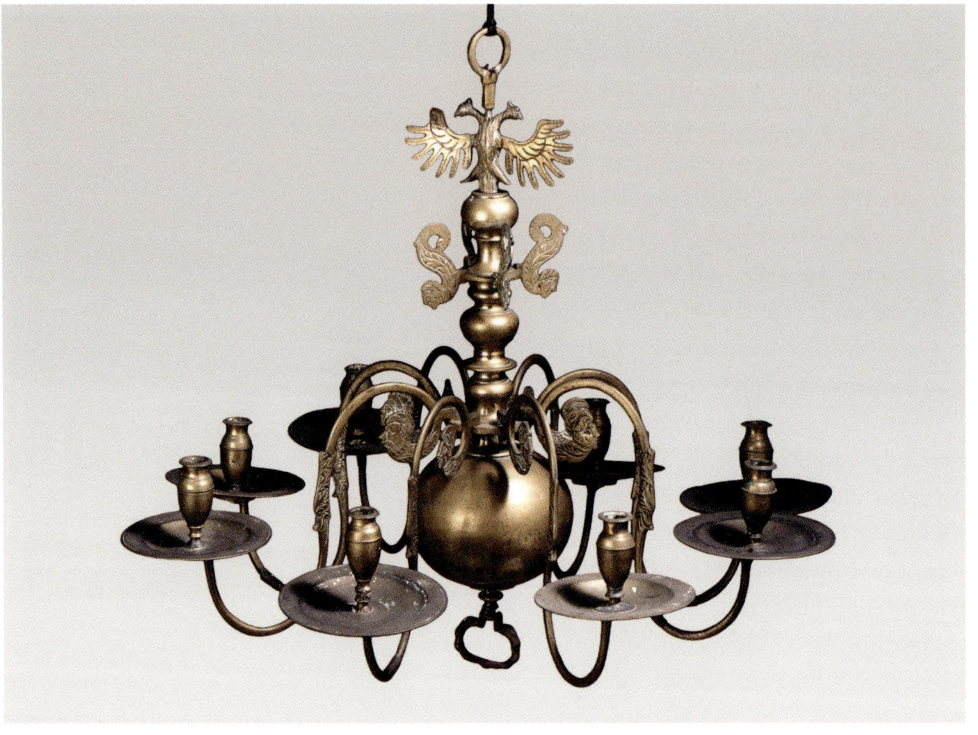

Kronleuchter mit sechs Armen, um 1625–1650
Messing, Höhe 65 cm, ø 73 cm. Mecheln, Stedelijke Musea

ein Bravourstück malerischer Gestaltung. Vom links einfallenden Licht beleuchtet, entfaltet sie sich mit ihren großen wellenförmigen Falten und vielen kleinen Knicken nicht als Fläche, sondern als räumliches Gebilde von unmittelbarer und starker Bildwirkung. Die sichtbaren Altersspuren verweisen den Betrachter darauf, dass es sich um eine alte Landkarte handelt, die einen früheren politischen Zustand wiedergibt.

Eine ähnliche Meisterleistung ist die Wiedergabe des Messinglusters und der Tapisserie im Vordergrund. Der Luster scheint minutiös in allen Details wiedergegeben zu sein (S. 236). Aus nächster Nähe oder in starker Vergrößerung zeigt sich, wie virtuos Vermeer das Spiel der Illusion beherrschte. Die zeichnerisch scheinbar klare Wiedergabe des Lusters löst sich in eine Folge hell- und dunkelbrauner Flecken mit hellgelben Glanzlichtern auf, die aus pastos aufgetragenen Punkten und Streifen bestehen (S. 239). Durch die prominente Platzierung, seine ausladende Form, seinen Glanz und sein Leuchten zieht er den Blick auf sich und erweist sich als bedeutungsvoller Teil der Bildkomposition. Derartige kostspielige Messingleuchter fanden sich kaum in Privathäusern, eher in den repräsentativen Versammlungsräumen der städtischen Gilden, in größerer Ausführung mit mehreren Etagen auch in den Kirchen. Da der Leuchter im oberen Teil einen deutlich sichtbaren Doppeladler trägt, der dem Reichsadler ähnelt, wurde er mit der habsburgischen Herrschaft über die Niederlande in Verbindung gebracht – allerdings sind Vermeers Adler nicht wie die habsburgischen gekrönt. Die Aussage wäre vergleichbar mit der Landkarte, die die Einheit der siebzehn Provinzen vor ihrer Teilung darstellt. Der Typus des Leuchters konnte nach Mecheln lokalisiert werden. Damit wäre auch der ungekrönte Doppeladler erklärt, der dem Stadtwappen von Mecheln entspricht. Biemond vermutet, dass der aus Mecheln, dem Sitz des Primas Belgii, des Oberhaupts des führenden Erzbistums der Niederlande, stammende Luster die religiöse Einheit der Niederlande in einer intakten katholischen Hierarchie symbolisiere, ebenso wie die Landkarte die alte politische Einheit beschwört.[224] Nach einer anderen, eher unwahrscheinlichen Hypothese zeigt der Luster Vermeers keinen Doppeladler, sondern vielmehr einen Phönix, der als Anspielung auf das Lobgedicht Arnold Bons zu verstehen sei (vgl. dazu S. 36).[225]

Der linke Teil des Bildes wird von der teilweise beiseitegezogenen Tapisserie eingenommen. Es handelt sich um eine niederländische Verdüre (S. 235), von der ein Teil des Bildfelds und ein Streifen der rahmenden Bordüre sichtbar sind.[226] Solche Wandteppiche mit Blattwerkmuster waren seit dem Spätmittelalter üblich und erlebten in den südlichen Niederlanden um die Mitte des 16. Jahrhunderts eine besondere Blüte. Die Aufhängung der Tapisserie an der Balkendecke und die Art der Raffung auf halber Höhe kann der Betrachter nicht erkennen. Sie bildet einen Teil des Bildraums und erfüllt eine ähnliche formale Funktion wie der außerhalb des Bildraums befindliche Vorhang im *Brieflesenden Mädchen am offenen Fenster* (S. 95, Kat. 5). Der Vorhang schafft als Repoussoirmotiv zusammen mit dem Stuhl Tiefenräumlichkeit, ein Eindruck, der durch die Lichtführung verstärkt wird. Jeder Kunstkenner zur Zeit Vermeers verband mit dem halb beiseitegezogenen Teppich eine wohlbekannte Künstleranekdote, den von Plinius beschriebenen Wettbewerb zwischen Zeuxis und Parrhasios (siehe dazu S. 73).

Der Eindruck der Nähe der Tapisserie zum Betrachter entsteht durch die unscharfe Wiedergabe des Teppichmusters. Gleichzeitig wird dadurch die weiche und zugleich raue Oberfläche des wolligen Materials charakterisiert, das durch die aufgesetzten Farbpunkte plastisch hervortritt (S. 315). Vertreter der Camera-obscura-Theorie (siehe dazu S. 108–110) sehen in der Unschärfe ein weiteres Argument für ihre These. Von Bedeutung ist, dass sich der Teppich nicht im Zentrum des Blickfelds befindet. Indem Vermeer die Wahrnehmung des menschlichen Auges nachahmt, sind die im Zentrum des Bildfelds liegenden Objekte, der Maler und sein Modell sowie die Landkarte, scharf wiedergegeben, die Dinge an den seitlichen Rändern des Blickfelds sowie im Vordergrund weniger detailliert und teilweise unscharf.

Unter den Gegenständen auf dem Tisch fällt als Erstes der überlebensgroße plastische Kopf auf, der zumeist als Maske gedeutet wurde, jedoch eher ein Abguss nach einem nicht feststellbaren, wahrscheinlich antiken Vorbild sein dürfte, der als Maler- oder Bildhauermodell Verwendung fand.[227] Über seine Bedeutung als Atelierrequisit hinaus wurde er als Symbol der Skulptur im alten Wettstreit zwischen Malerei und Bildhauerei gedeutet, oder aber mit dem daneben liegenden Skizzenbuch als Symbol für *imitatio* und *disegno*, für Nachahmung und Zeichnung verstanden, während das große Buch dahinter für die Regelhaftigkeit der Kunst steht.[228] Pénot weist auf das helle Licht hin, das auf den Kopf fällt, und bezeichnet den Kopf als Apollo, den Gott des Lichts und der Künste, den Führer der Musen. Er verkörpere damit die Verbindung oder den Wettstreit zwischen Dichtkunst und Malerei und symbolisiere zugleich den Anspruch Vermeers, die Malerei in den Kreis der freien Künste aufzunehmen.[229]

Geografie und Astronomie

Erd- und Himmelskunde sind verwandte Wissenschaften und werden von Vermeer in einem Bildpaar behandelt. Er betritt mit diesen beiden Bildern einen völlig neuen Themenbereich, den er allerdings mit vertrauten Kompositionsformen und Motiven bewältigt. Dass der *Astronom* (S. 269, Kat. 27) und der *Geograph* (S. 273, Kat. 28) von Vermeer als Gegenstücke gemalt wurden, kann als gesichert gelten, obwohl die beiden Bilder nach ihrer Datierung in den aufeinander folgenden Jahren 1668 und 1669 entstanden und kompositionell nicht unmittelbar aufeinander bezogen sind. Der später entstandene *Geograph* sollte die linke Seite des Pendants bilden, dafür sprechen die räumliche Anlage und die perspektivische Ausrichtung der beiden Bilder.[230] Das große Fenster und der offene Raum in der rechten Bildhälfte lenken den Blick auf das rechts befindliche Gegenstück. Technische Untersuchungen haben die Zusammengehörigkeit bestätigt. Beide Bilder sind entgegen früheren Angaben gleich groß, ihre Signaturen sind original, auch die für Vermeer ungewöhnliche zweifache und auffallende Signierung des *Geographen* (S. 318).[231] Seit ihrer ersten Erwähnung im Jahr 1713 und bis 1797 bildeten die beiden Gemälde ein Paar und wechselten immer paarweise den Besitzer.

Über die formalen Übereinstimmungen hinaus bestehen zahlreiche inhaltliche, symbolische und allegorische Bezüge. Astronomie und Geografie bilden zwei verschiedene Formen der Welterkundung. Beide Gelehrte sind auf ihre Arbeit konzentriert. Der Geograf ist mit einem Zirkel in der Hand auf den Tisch gestützt und blickt sinnend über seine Karten hinweg in die Ferne (S. 270/271). Seine Haltung entspricht Rembrandts

Die Malkunst (Detail), um 1666–1668
(siehe Abb. S. 265)

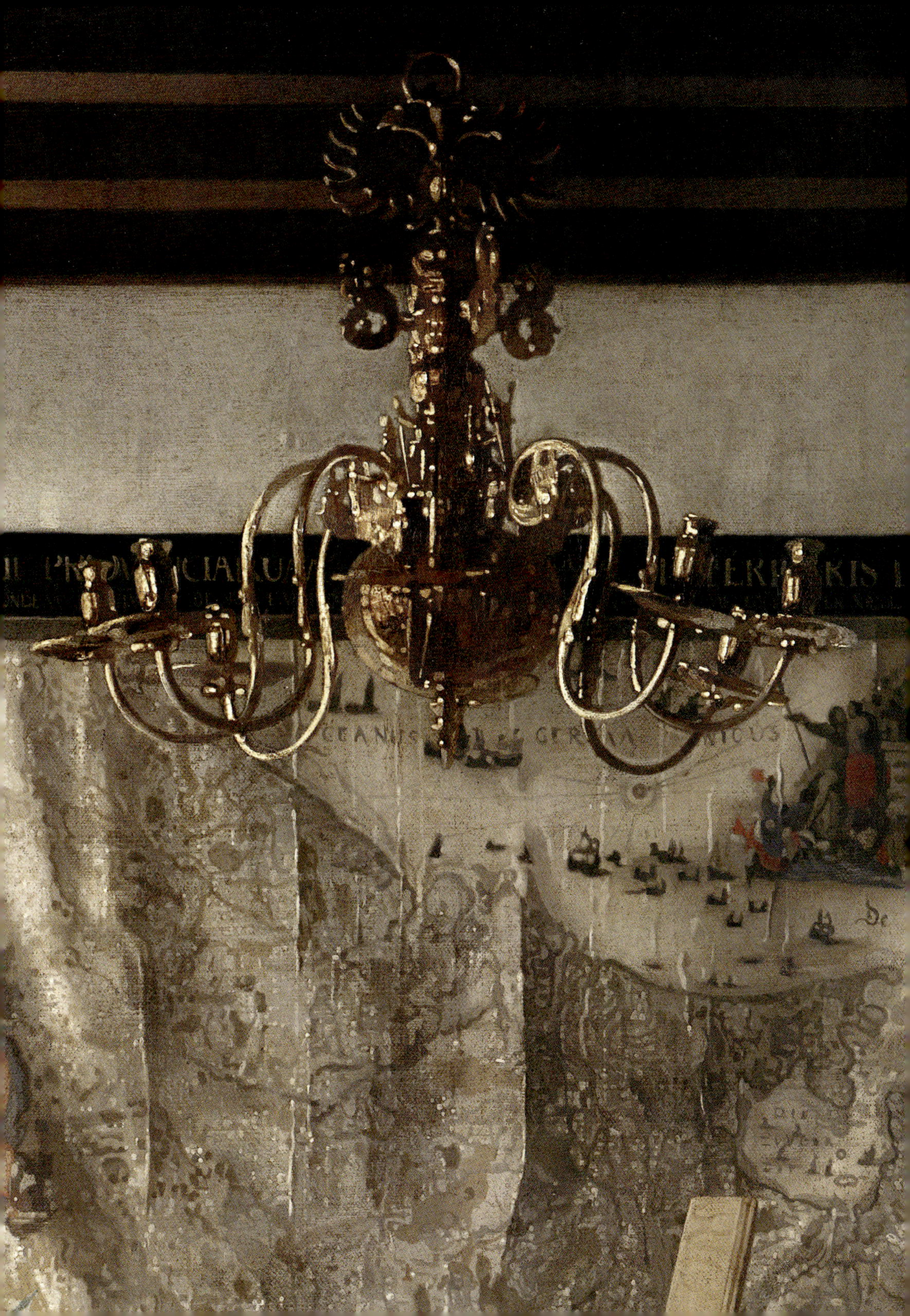

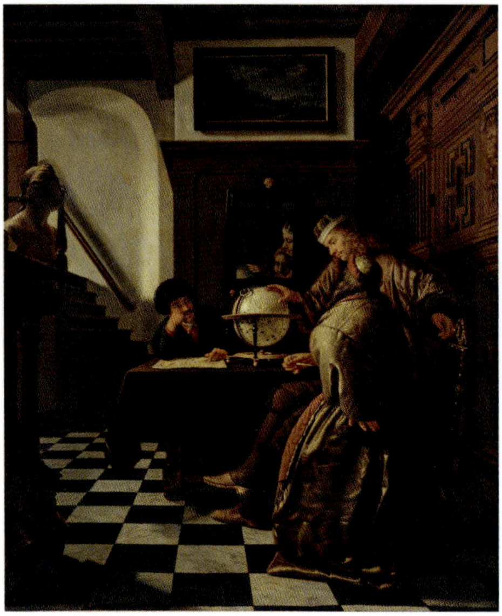

Radierung *Dr. Faustus* aus der Zeit um 1652 (S. 245), wie schon Thoré-Bürger beobachtete.[232] Der Astronom betrachtet die Sternbilder auf einem Himmelsglobus, den er dabei mit der rechten Hand berührt (S. 266/267). Dieses Motiv wiederholt sich in einem etwa gleichzeitig entstandenen Bild von Cornelis de Man, das Geografen bei der Arbeit darstellt (S. 240). Die beiden zeitgenössischen Gelehrten verbinden Kontemplation und Empirie, sie stützen sich auf alte überlieferte Naturlehren und damals moderne Erfahrungswissenschaft.

In beiden Bildern scheint ein und dasselbe Modell dargestellt zu sein, weshalb in ihm das Porträt des unbekannten Auftraggebers vermutet wurde. Wheelock nimmt an, dass es sich um Antoni van Leeuwenhoek (1632–1723), den späteren Nachlassverwalter Vermeers, handelt.[233] Er geht davon aus, dass die beiden einander gut kannten, nicht nur, weil Vermeers Vater als Seidenweber tätig und Leeuwenhoek als Seidenhändler ausgebildet war, sondern auch, weil sie ihr Interesse für optische Phänomene verband. Allerdings wurde Leeuwenhoek als Beamter der Stadt Delft und nicht als Freund Vermeers zum Nachlassverwalter eingesetzt, seine nebenbei ausgeübte naturwissenschaftliche Forschungstätigkeit steht damit in keinerlei Zusammenhang, sodass kein Grund besteht, ihn für den Porträtierten zu halten.[234] Liedtke vermutet, dass Adriaen Paets I. (1631–1686), Direktor der Ostindischen Kompanie (VOC) in Rotterdam und Remonstrant wie Pieter van Ruijven, dem er freundschaftlich verbunden war, die Bilder in Auftrag gab.[235] Es besteht Grund zur Annahme, dass die beiden Bilder, als sie 1713 versteigert wurden, aus der Sammlung von Adriaen Paets II. (1657–1712) kamen.

Der historische Hintergrund der beiden Darstellungen liegt in der Blüte der Naturwissenschaften im Holland des 17. Jahrhunderts. Nicht nur optische Geräte wurden hier erfunden und hergestellt, auch die Kartografie erlebte einen Höhepunkt, die Amsterdamer Verlage Hondius, Blaeu und Visscher waren die führenden Produzenten von Landkarten und Globen in ganz Europa. Welu betont, dass Erdgloben und

Cornelis de Man, **Geographen**, um 1670
Öl auf Leinwand, 81 x 68 cm. Hamburger Kunsthalle

Himmelsgloben meist paarweise publiziert wurden.[236] Der 1618 entstandene Erdglobus von Jodocus Hondius (1563–1612), der im Bild des *Geographen* auf dem Schrank steht, bildet das Gegenstück zum Himmelsglobus des Astronomen. Zu sehen ist auf dem Globus nicht die Seite mit einer dekorativen Kartusche, sondern der Indische Ozean. Der Globus wird damit nicht als dekoratives Objekt behandelt, sondern er soll den wissenschaftlichen Charakter des Porträtierten und seiner Umgebung unterstreichen.[237] Derselbe Globus, allerdings ohne Gestell, wird von Vermeer in der *Allegorie des Glaubens* (S. 297, Kat. 34) dargestellt. Die gerahmte Landkarte konnte aufgrund der präzisen Wiedergabe ebenfalls identifiziert werden.[238] Es handelt sich um die *Pascaarte van alle zee-custen van Europa*, eine Seekarte mit den Küsten Europas, die von Willem Jansz. Blaeu erstmals 1600 publiziert wurde.[239] Am Fenster hängt ein Jakobsstab, ein einfaches, seit dem 14. Jahrhundert bekanntes Gerät aus verschiebbaren Holzstäben, mit dem sowohl Entfernungen wie auch Sonnen- und Gestirnhöhen gemessen werden konnten.[240]

Bei dem aufgeschlagenen Buch auf dem Tisch des *Astronomen* handelt es sich um ein Handbuch von Adriaen Metius (1571–1635) zum praktischen Gebrauch der Astronomie und Geografie, *Institutiones Astronomicae & Geographicae, fondamentale en grondelijcke Onderwysinghe van de sterrekonst ende Beschryvinghe der Aerden door het Ghebruyck van de Hemelsche ende Aerdtsche Globen* (Amsterdam 1621; Astronomische und geografische Unterweisungen, fundamentale und gründliche Unterweisung in der Sternenkunst und Erdbeschreibung durch den Gebrauch von Himmels- und Erdgloben), das unter anderem „kurze und klare Anleitungen zur Kunst der Navigation“ bieten wollte.[241] Aufgeschlagen sind die beiden ersten Seiten des dritten Kapitels über die Erforschung und Beobachtung der Sterne mit einer Abbildung des von Metius erfundenen „Wagenrad-Astrolabiums“. Wie zur Illustration liegt ein Astrolabium, an den Globus gelehnt, auf dem Tisch. In dem aufgeschlagenen Text zitiert Metius den antiken Autor Flavius Josephus (37/38–nach 100) mit der Angabe, dass die Nachkommen des Seth die Kenntnis des Himmels und die Wissenschaft von den Sternen erfanden.[242] Insofern besteht auch ein Zusammenhang mit dem Bild an der Wand, das die Auffindung des Mosesknaben zeigt, denn von Moses heißt es in der Bibel, er sei „in aller Weisheit der Ägypter“ ausgebildet gewesen. Dasselbe Bild in viel größerem Maßstab findet sich in anderem Bedeutungszusammenhang im Hintergrund der *Briefschreiberin und Dienstmagd* (S. 291, Kat. 31).

Frauenbilder um 1670

In einer Reihe von Bildern, die wahrscheinlich zwischen 1669 und 1672 entstanden, kehrt Vermeer zu seinen bewährten Bildinhalten zurück. Er stellt junge Frauen bei ihren häuslichen Beschäftigungen dar, bei der Arbeit wie in dem Werk *Die Spitzenklöpplerin* (S. 275, Kat. 29), beim Empfangen und Beantworten von Briefen wie im sog. *Liebesbrief*

(S. 279, Kat. 30) und der *Briefschreiberin und Dienstmagd* (S. 291, Kat. 31) sowie beim Musizieren wie in der *Gitarrespielerin* (S. 281, Kat. 32) und der *Stehenden Virginalspielerin* (S. 283, Kat. 33). Von ihrer Gestaltung her gehören diese Bilder unterschiedlichen Bildtypen an. Die *Spitzenklöpplerin* erinnert an die früher entstandenen kleinen Studienköpfe (Kat. 23 und 25), die beiden Briefbilder führen die Entwicklung der weiträumigen Interieurs weiter, die mit dem *Glas Wein* (Kat. 7) beginnt, sich mit der *Musikstunde* (Kat. 13) und dem *Konzert* (Kat. 19) fortsetzt und schließlich in der *Malkunst* (Kat. 26) einen Höhepunkt erreicht. Die *Gitarrespielerin* und die *Stehende Virginalspielerin* verfolgen den Typus der einfigurigen Frauenbilder aus den sechziger Jahren (Kat. 14–18) weiter.

Die *Spitzenklöpplerin* wirkt wie ein nahsichtiger enger Ausschnitt aus einem Interieur. Die betonte Nahsicht simuliert den unmittelbaren Seheindruck einer scharf fokussierten Ebene mit unscharfen Feldern davor und dahinter. Besonders eindrucksvoll erscheinen hier im Vordergrund die abstrakten Formen aus bunten Farbflecken, die aus dem Nähkissen quellende weiße und rote Fäden auf einem Tischteppich bilden. Erst durch nähere Kenntnis des Dargestellten entwirrt sich dieses Farb- und Formgefüge.

Die Erzeugung von Klöppelspitzen war seit Langem in den Niederlanden heimisch, sie verkörpert in der holländischen literarischen und bildnerischen Tradition in hohem Maße eine häusliche Tugend und wurde – wie andere Handarbeiten – häufig in der Genremalerei dargestellt (S. 37). Beim Spitzenklöppeln benötigt man für die Arbeit mit den Klöppeln und Stecknadeln ein Polster oder eine mit einem gepolsterten Deckel versehene Kassette, die zugleich zur Aufbewahrung der Klöppel diente (vgl. etwa Nicolaes Maes, S. 251). Vermeer stellt als Auflage für die Kassette mit dem Polster einen kleinen Tisch dar, der aus einem Fuß mit gedrechseltem Knopf und einer abgeschrägten Arbeitsplatte mit Ablage besteht. Regelmäßig angeordnete Löcher erlauben es, die Platte in der Höhe zu verstellen.[243] Kein solches Möbel aus dem 17. Jahrhundert blieb erhalten, noch finden sich Darstellungen solcher Tische in anderen Bildern. Es existieren jedoch Illustrationen aus Musterbüchern, z. B. aus Nicolas Bassées 1568 in Frankfurt am Main erschienenem *New Modelbuch von Allerhandt Art Nehens und Stickens*.[244]

Hier liegt auf der Tischplatte eine kleine hölzerne Kassette mit einem relativ flachen Kissen, das von einem leichten blauen Stoff bedeckt ist. Der rosafarbene darüber gelegte Streifen stellt einen Klöppelbrief (*patroon* oder *kantbrief*) mit dem gezeichneten oder meist gedruckten Muster dar, in den die Nadeln gesteckt werden, welche die auf die Klöppel aufgewickelten Zwirnfäden halten und damit das Muster der Spitze erzeugen.

Ein zweiter Tisch vorne links ist mit einer schweren Tapisserie bedeckt. Darauf liegt ein sog. Nähkissen (*naaikussen*), ein dunkelblauer Behälter in Kissenform mit einem Muster aus weißen Streifen, der an den Ecken Quasten trägt und aus dem weiße und rote Fäden oder schmale Bänder hängen, die trotz der detaillierten Genauigkeit der

Darstellung einen hohen Abstraktionsgrad zeigen.[245] Daneben liegt ein kleines, mit Bändern verschnürtes Buch, entweder ein Musterbuch für Spitzen,[246] ein Gebetbuch oder eine kleine Bibel als Ausdruck häuslicher Tugend und Frömmigkeit.[247]

Etwa gleichzeitig mit der *Spitzenklöpplerin*, um 1669/70, dürfte der *Liebesbrief* (S. 279, Kat. 30) entstanden sein, der einen völlig anderen Bildtypus verkörpert. Wir blicken aus einem dunklen Vorraum durch eine geöffnete Tür in das angrenzende Zimmer, in dem sich die eigentliche Szene abspielt. Die eben herangetretene Hausmagd hat die elegant gekleidete Hausfrau in ihrer Lautenmusik unterbrochen und ihr einen Brief überreicht, den die junge Dame zögernd mit fragendem Blick annimmt. Vermeer hat eine ähnliche Szene etwas früher in der *Briefschreiberin und Dienstmagd* (S. 215, Kat. 24) dargestellt. Dort stehen die Figuren nahe zum Betrachter, und der Raum wird nicht gezeigt, wodurch der Schwerpunkt auf die Psychologie der Handlung gelegt wird, die sich in Physiognomie und Haltung der Figuren ausdrückt. Hier hingegen ist die Geschichte in eine detailreich wiedergegebene Umgebung eingebettet, und Vermeer beschreibt im Gegensatz zu der sonst gewohnten Zurückhaltung den Ablauf des Geschehens mit aller Deutlichkeit und ein wenig theatralisch. Der Ausdruck unsicherer Überraschung der Hausfrau kontrastiert dabei mit der Bestimmtheit der sich ihr zuwendenden Magd, die offenbar auf eine eindeutige Anweisung wartet (S. 276/277).

Die Magd hat beim Betreten des Raums ihre Arbeitsschuhe abgestreift, die im Vordergrund zu sehen sind, und ihren Besen beiseitegestellt. Das sind erzählerische Motive, aber auch Gegenstände von symbolischer Bedeutung. So ist der Besen im buchstäblichen wie im übertragenen Sinn Symbol innerer wie äußerer Sauberkeit.[248] Die Dame hat ihre häusliche Arbeit beiseitegelegt, wir sehen einen Wäschekorb und am Fußboden daneben ein Nähkissen (vgl. Kat. 29), um sich der Musik und schließlich dem eben eingetroffenen Brief zuzuwenden. Auffallend ist der Gegensatz zwischen dem unordentlichem Vorraum und dem sich anschließenden eleganten Interieur. Im Halbdunkel ist an der fleckigen Wand eine Landkarte von Seeland und Westfriesland zu erkennen, die auch im frühen Bild *Kavalier und junges Mädchen* (S. 91, Kat. 6) dargestellt ist, rechts ein Stuhl, darauf ein zerfleddertes Liederbuch. Von den Bildern erkennt man ein Seestück und eine an Jacob van Ruisdael erinnernde Landschaft,[249] die jedoch teilweise von der Tapisserie verdeckt wird. Ein ähnliches Motiv finden wir bei Gabriel Metsus *Der Liebesbrief* (S. 252). Auch dort bringt eine Hausmagd einen Brief, gleichzeitig enthüllt sie teilweise ein mit einem Vorhang verdecktes Seestück, das die Wechselhaftigkeit von Liebesbeziehungen symbolisieren soll.

Vermeer ist in diesem Bild den Genremalern seiner Zeit näher als in jedem anderen seiner Werke. Vor allem mit einem Bild Pieter de Hoochs, dem *Jungen Paar mit Papagei* (S. 278), bestehen zahlreiche formale und motivische Übereinstimmungen, insbesondere beim Durchblick aus einem unordentlichen dunklen Vorraum in ein elegantes Interieur. Nicht nur die Silhouette des seitlich gerafften Vorhangs ist ganz ähnlich, auch die perspektivische Konstruktion stimmt in beiden Bildern überein.[250] Das *Junge Paar* de Hoochs ist 1668 datiert und wäre damit früher als Vermeers Bild entstanden. Sutton schlägt allerdings trotz der Datierung aufgrund des stilistischen Erscheinungsbildes und der Kostüme mit guten Gründen vor, die Entstehung des Bildes von de Hooch später, nämlich um 1675–1677 anzusetzen.[251]

Durchblicke von einem Raum durch eine geöffnete Tür in den Nebenraum finden sich in der holländischen Interieurmalerei des dritten Jahrhundertviertels häufig, in zeitgenössischen Inventaren und Beschreibungen werden sie als *doorkijkje* bezeichnet. Vermeer selbst hat in seinem frühen *Schlafenden Mädchen* (S. 87, Kat. 4) einen Durchblick verwendet. Dort findet jedoch die Hauptszene im vorderen Raum und nicht im hinteren Zimmer statt. Ein weiteres, heute verlorenes „Durchblickbild" Vermeers befand sich 1696 in der Versteigerung der Sammlung Dissius und wird als „ein Herr, der seine Hände wäscht, in einem Zimmer mit Durchblick, mit Figuren, kunstvoll und selten", beschrieben.[252] Neben Pieter de Hooch, der Durchblicke nutzte, um effektvolle Beleuchtungsakzente zu erreichen und lebendige Erzählsituationen zu schaffen, in die sehr oft Kinder einbezogen sind, setzte vor allem Samuel van Hoogstraten Durchblicke ein und erzielte damit illusionistische Wirkungen. Das Bild *Die Pantoffel* (S. 86) das durch eine offen stehende Tür einen schmalen Einblick in ein holländisches Wohnhaus gewährt, ist das bekannteste Beispiel der ganzen Bildgattung. In anderen Bildern, etwa dem *Blick durch einen Korridor* (Dyrham Park, Gloucestershire), geht es Hoogstraten vor allem um den Trompe-l'Œil-Effekt: Es sollte, die gesamte Wand am Abschluss eines Korridors bedeckend, dem Betrachter vortäuschen, dass sich der Gang weiter fortsetzt. Als Pieter Teding van Berckhout 1669 das Atelier Vermeers besuchte (siehe dazu S. 107),[253] hob er besonders die Darstellung der Perspektive in den Bildern hervor. Es wäre denkbar, dass er dabei ein Bild vergleichbar mit dem *Liebesbrief* sah.

Vermeer hat insgesamt sechsmal das Thema des Briefs in seinen Bildern behandelt. Die drei letzten Bilder stellen jeweils eine Dame in Begleitung ihrer Dienstmagd dar. Etwa drei Jahre nach der um 1666/67 gemalten halbfigurigen, bühnenhaften Komposition in der Frick Collection (Kat. 24) entstanden um 1669–1671 der eben besprochene, im Werk Vermeers außergewöhnliche *Liebesbrief* (Kat. 30) und die *Briefschreiberin und Dienstmagd* (S. 291, Kat. 31), ein Werk, mit dem Vermeer den Bildtyp des weiträumigen Interieurs wieder aufgreift. Gegenüber den früheren Bildern macht sich ein Stilwandel bemerkbar, der sowohl in der Anlage der Komposition wie auch in der Detailgestaltung sichtbar wird und als Formvereinfachung gekennzeichnet werden kann. Die Komposition wird von langen Konturen und geraden Linien, die große Formen bilden, beherrscht: dem

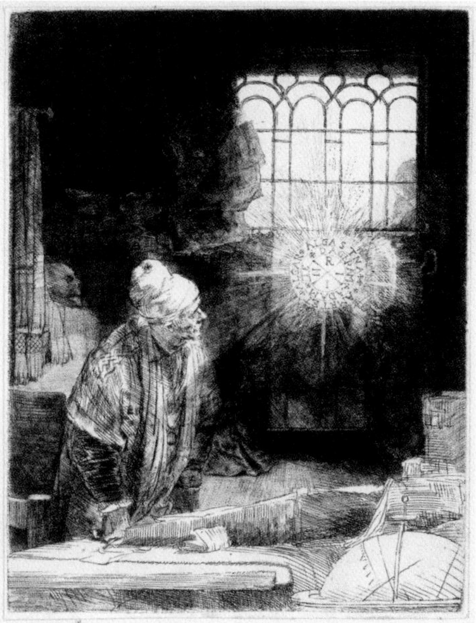

schweren, glatt fallenden grünen Vorhang im Dunkeln, den parallelen Falten des weißen Fenstervorhangs, dem schmalen Wandstreifen daneben und dem breiten schwarzen Bilderrahmen. Der von einem Teppich bedeckte Tisch erscheint als massiger Block, die ruhig stehende Dienerin in einem durch großzügige Falten einfach gegliederten Kleid wirkt wie eine säulenhafte Statue und bildet zugleich das Zentrum des Bildes. Das Formprinzip wird auch im Detail sichtbar, das weiße Hemd und das Kopftuch der Schreibenden wirken hart und knittrig und sind aus vielen kleinen weiß und hellgrau schattierten Flächen zusammengesetzt (S. 280–282). Gleichzeitig betont Vermeer stärker als in früheren Werken und möglicherweise unter dem Einfluss Rembrandts und gegenreformatorischer Altarbilder die Kontraste zwischen Licht und Schatten.[254]

Vermeer erzählt eine Geschichte, indem er die Szene auf das Wesentliche reduziert und sich nicht in anekdotischen Details verliert. Anders als bei einem Historienbild kennen wir aber die Geschichte nicht. Die Briefschreiberin wirkt in ihrem Schreiben entschlossen und nicht zögernd und nachdenklich wie in den früher entstandenen Werken, in denen es eher um die Andeutung von Stimmungen und Gefühlen als um eine Handlung ging. Offenbar ist ein Brief angekommen, er liegt gefaltet vorne auf dem Boden, zusammen mit einem roten Wachssiegel. Er wird sofort beantwortet, die Magd wartet, in Gedanken abwesend, darauf, die Antwort befördern zu können. Der leere Stuhl im Vordergrund dient primär als formales Motiv, könnte aber Teil der Narration sein. Dann hätte die Briefschreiberin zuerst hier gesessen und den Platz gewechselt, um bei besserem Licht den Brief zu beantworten.

Das große Bild, das die Wand im Hintergrund ausfüllt, hat die *Auffindung des Moses* (Ex 2,1-10) zum Thema. Dasselbe Bild erscheint in kleinerem Format und seitlich beschnitten im Hintergrund des *Astronomen* (S. 269, Kat. 27). Bei dieser nicht erhaltenen Komposition könnte es sich um ein Frühwerk von Sir Peter Lely (1618–1680) handeln,

Rembrandt Harmensz. van Rijn, **Dr. Faustus**, um 1652
Radierung und Kaltnadel, 21 x 16 cm. Wien, Albertina

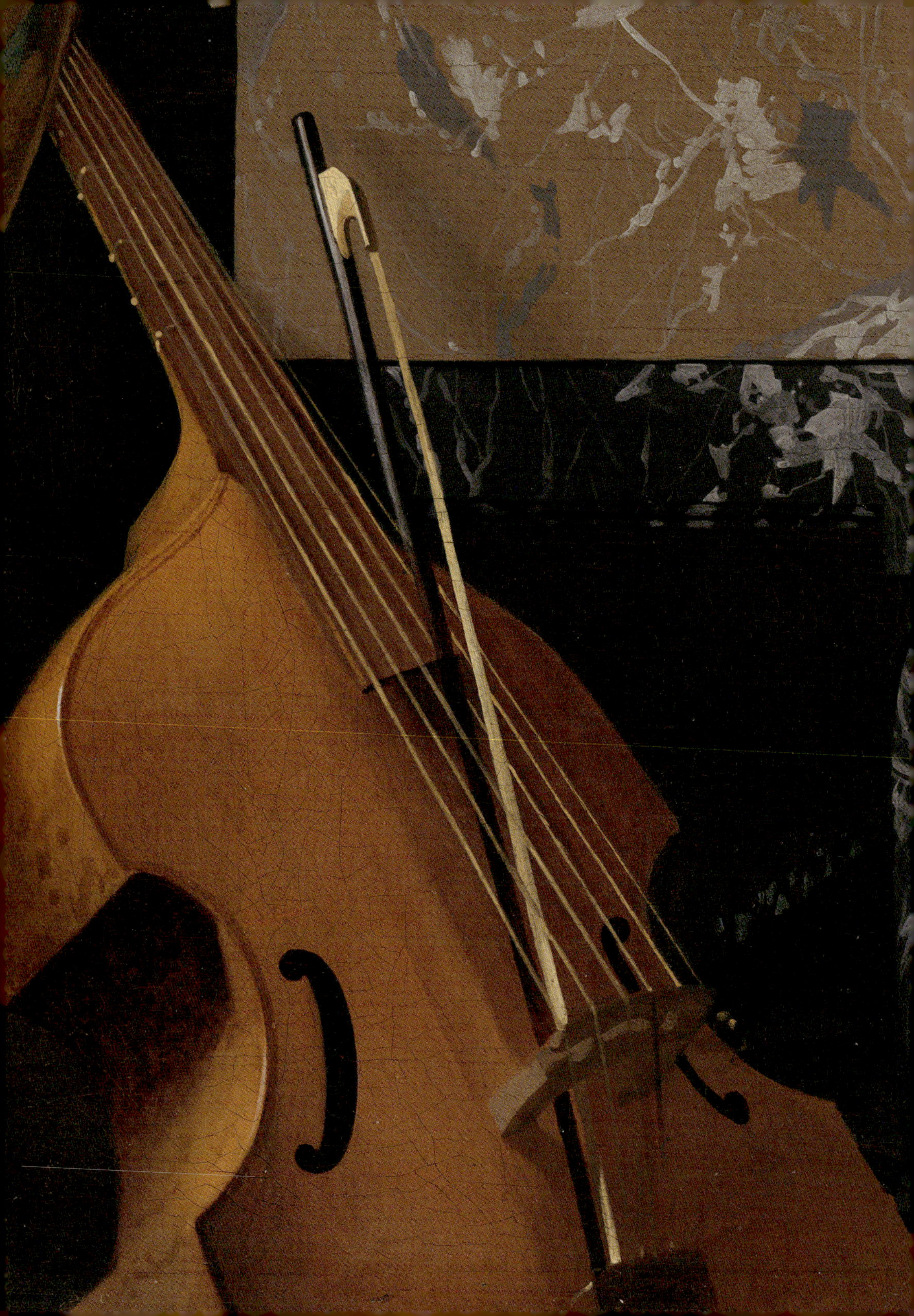

der in Haarlem ausgebildet wurde, bevor er nach 1640 nach England ging.[255] Eine ähnliche Komposition von Pieter Fransz. de Grebber (um 1600–1652/53) befindet sich in Dresden (Staatliche Kunstsammlungen, Gemäldegalerie Alte Meister).[256] Auf dem Bild ist der Moment dargestellt, in dem die Tochter des Pharao das im Nil ausgesetzte Kind auffindet und an sich nimmt. Nachdem der Pharao befohlen hatte, alle männlichen Neugeborenen der Juden zu töten, hatte seine Mutter das Kind in einem Binsenkästchen im Schilf am Nilufer ausgesetzt. Die Tochter des Pharao nannte das Kind Mose und wählte die Mutter des Knaben als Amme. Das in der holländischen Malerei verbreitete Thema galt als Beweis für die göttliche Vorsehung, die beherzte Tochter des Pharao aber auch als Symbol weiblicher Klugheit und Umsicht. Es war aber auch in den Niederlanden des 17. Jahrhunderts üblich, dass Mütter ihre unehelich geborenen Kinder angesichts drohender Strafe und öffentlicher Ächtung aussetzten, auch darauf könnte Vermeer anspielen.[257] Das Bild ist über seine Größe hinaus mit den beiden Figuren in Vermeers Werk formal so stark verbunden, dass gewiss ein Zusammenhang zwischen der Briefschreiberin und der symbolischen Bedeutung des Bildes besteht bzw. dass das Bild den Schlüssel für die Darstellung liefert.[258] Jeder Lösungsvorschlag bleibt jedoch Spekulation, da wir den Inhalt des Briefes nicht kennen.

Die *Gitarrespielerin* (S. 281, Kat. 32) wurde in der Vermeer-Literatur sehr unterschiedlich beurteilt. Einerseits wurden die Schwächen des Bildes in kompositioneller Hinsicht hervorgehoben und die Eigenhändigkeit infrage gestellt. Andererseits wurde die brillante Malweise einiger Partien des Bildes betont. Blankert erkennt das Bild als eigenhändig an, weist aber ausdrücklich auf die unausgeglichene Komposition mit der exzentrischen Position der Figur und deren unnatürliche Haltung hin, die er als stärkste Ausprägung von Vermeers Spätstil negativ charakterisiert und als „Manierismus“ bezeichnet.[259] Wheelock sieht in dem Bild das schönste Beispiel von Vermeers spätem Stil und beurteilt den Stilwandel somit positiv.[260]

Schematisch gemalte und impressionistisch erscheinende Passagen stehen in der *Gitarrespielerin* nebeneinander. Vermeer greift gegenüber früheren Bildern zu abgekürzten Versionen seines optischen Illusionismus, der an Details wie etwa dem vergoldeten Muster der Schallöffnung der Gitarre oder dem Goldrahmen des Bildes im Hintergrund, die aus einzelnen Farbflecken bestehen, sichtbar wird. Das hell beleuchtete, weißglänzende Satinkleid der jungen Dame bildet ein bemerkenswert abstraktes Muster von Licht und Schatten, und doch wird gleichzeitig die vollkommene Oberflächenillusion von Seide erzeugt. Man gewinnt den Eindruck größerer Schnelligkeit in der Ausführung

Sitzende Virginalspielerin (Junge Frau an einem Virginal sitzend) (Detail), um 1672–1675 (siehe Abb. S. 285)

als Hauptunterschied zu früheren Bildern, ob es sich um das halb im Schatten liegende Gesicht und die Hände der jungen Frau handelt oder um ihr Kleid und den Hintergrund des Bildes.

Der Typus des halbfigurig dargestellten Musikers findet sich häufig in der holländischen Malerei, sowohl im Werk der niederländischen Caravaggisten, wie etwa bei Gerard van Honthorsts *Gitarrespielerin* (1624; S. 280) oder auch bei Frans Hals' *Lautenspieler* (um 1623; Paris, Musée du Louvre). Vermeer greift diesen in der ersten Hälfte des Jahrhunderts entstandenen Typus auf. Vielleicht hatte er ein Gegenstück vorgesehen – wie es etwa bei der *Gitarrespielerin* von Honthorst ursprünglich existierte –, das könnte die exzentrische Figurenanordnung und den für Vermeer ungewöhnlichen Lichteinfall von rechts erklären.

Die Landschaft im Hintergrund basiert auf einem Bild des Delfter Landschaftsmalers Pieter van Asch.[261] Es diente auch als Vorbild für den Deckel des Virginals bei der später entstandenen *Sitzenden Virginalspielerin* (S. 285, Kat. 35). Goodman setzt die idealisierte Landschaft in Beziehung zur Schäferdichtung der Zeit, die weibliche Schönheit als Triumph der Natur verherrlicht.[262] Die drei Bücher auf dem Tisch stellen eine Beziehung zur Gelehrsamkeit her. Die Verbindung eleganter junger Frauen mit diesem Thema findet sich auch in anderen holländischen Bildern dieser Zeit, etwa bei Eglon van der Neer.[263]

Beinahe gleichzeitig, um 1670–1672, entstand eine weitere Darstellung einer musizierenden jungen Dame, die *Stehende Virginalspielerin* (S. 283, Kat. 33). Vermeer greift mit diesem Bild noch einmal auf das von ihm mehrfach zwischen etwa 1660 und 1665 variierte Kompositionsschema zurück (vgl. Kat. 8 und 14–18). Der Raumausschnitt zeigt ein Stück des mit weiß-schwarzen Steinplatten verlegten Fußbodens, den unteren Wandstreifen aus figural und dekorativ verzierten Delfter Wandkacheln sowie einen schmalen Streifen der Fensterwand. Die perspektivische Anlage des Bildes entspricht am ehesten dem *Milchmädchen* (Kat. 8) und damit dem frühesten der genannten Bilder. Jedoch haben sich in den etwa zehn oder zwölf Jahren der Stil und die Malweise Vermeers, die man unter dem Begriff der Formvereinfachung zusammenfassen kann, weiterentwickelt. Das Licht scheint schärfer, dadurch wirken die Begrenzungen härter und linearer. Der Grad der Illusion bleibt jedoch derselbe, wie man bei der *Virginalspielerin* an der Kleidung der jungen Dame erkennen kann. In ihrem Seidenkleid, dessen gerade fallende Falten im Licht schimmern, den voluminös gebauschten Ärmeln und dem blauen Kragen mit den roten Bändern gehört sie zu den schönsten Frauengestalten des Künstlers. Sie blickt auf den Betrachter, der sie mehr zu beschäftigen scheint als ihr Spiel auf dem Musikinstrument, das sie nur leicht berührt.

Die *Stehende Virginalspielerin* wurde immer wieder im Zusammenhang mit der später entstandenen *Sitzenden Virginalspielerin* (S. 285, Kat. 35) gesehen, manchmal werden die Bilder trotz der Unterschiede in der Komposition, im Malstil und trotz des zeitlichen

Abstands von vielleicht zwei bis fünf Jahren vor allem wegen des ähnlichen Themas und der übereinstimmenden Größe als Gegenstücke betrachtet. Liedtke sieht sie als „optionale Gegenstücke", die sich ergänzen, aber auch für sich allein stehen können. Für ihn ist die unterschiedliche Anlage der beiden Bilder vor allem Ausdruck der beiden ganz anders gearteten Frauentypen, die hier charakterisiert werden sollen.[264]

In der *Stehenden Virginalspielerin* wird die junge Frau von drei Bildern im Hintergrund begleitet. Im Zentrum, genau hinter ihr, befindet sich der große Cupido im klassizistischen Stil von Caesar van Everdingen, den wir schon aus anderen Bildern Vermeers kennen (Kat. 5 und Kat. 11, zur emblematischen Deutung siehe S. 74), links daneben im Goldrahmen und rechts auf dem Deckel des Musikinstruments je eine italienisierende Landschaft. Diese beiden Darstellungen gehen auf ein und dasselbe Bild des Delfter Malers Pieter Groenewegen (um 1600–1658) von etwa 1640 zurück,[265] dessen Komposition Vermeer einmal als Hochformat und einmal als Breitformat adaptiert hat.

Beide Vorlagen befanden sich möglicherweise im Besitz Vermeers. Unter den im Nachlassinventar von 1676 genannten Werken kann die Landschaft nicht näher identifiziert werden, eine dort genannte Darstellung von Cupido ist wahrscheinlich mit der hier wiedergegebenen identisch.[266]

Die beiden letzten Bilder

Wenn die zeitliche Abfolge und die Datierungen der Bilder Vermeers, auf die sich die kunsthistorische Forschung im Lauf der Jahre mit einer eher geringen Abweichung geeinigt hat, richtig ist, dann hat Vermeer ab 1670 deutlich weniger gemalt als in den Jahren zuvor. In seinen drei letzten Lebensjahren entstanden so gut wie gar keine Bilder, es sei denn, dass gerade aus dieser Zeit mehr Werke verloren gingen als aus früheren Jahren. Vermutlich hängt dies mit der veränderten politischen und wirtschaftlichen Lage zusammen, durch die Vermeer keine Aufträge mehr erhielt. Dass er keine Bilder auf Vorrat herstellte, hatte schon einige Jahre zuvor ein zufälliger Besucher seines Ateliers enttäuscht feststellen müssen (siehe dazu S. 105 f.).

Nach vielen Jahren des Friedens und eines unvergleichlichen wirtschaftlichen Erfolgs und wachsenden Reichtums der niederländischen Republik und ihrer Bewohner trat ein katastrophaler Rückschlag ein. Der französische König Ludwig XIV. (1638–1715) eröffnete 1672 den Krieg gegen die Niederlande, französische Truppen besetzten die östlichen Provinzen und rückten bis nahe an Amsterdam heran. Wilhelm von Oranien konnte als Generalstatthalter und militärischer Oberbefehlshaber nur die westlichsten Teile des Landes an der Küste der Nordsee durch Fluten der Deiche vor einer Besetzung retten. Gleichzeitig nutzte England die Schwäche der Holländer und attackierte die niederländische Handelsflotte.

Das *rampjaar* (Katastrophenjahr) 1672 brachte Johannes Vermeer und seine Familie in große finanzielle Schwierigkeiten, wie seine Witwe nach seinem Tod 1676 in einer Bittschrift an den Gerichtshof von Holland ausführte: „weil ihr verstorbener Ehemann während des jüngsten Krieges mit dem König von Frankreich vor einigen Jahren nur sehr wenig oder so gut wie gar nichts verdienen konnte und darüber hinaus die Bilder, die er gekauft hatte, um mit ihnen zu handeln, mit großem Verlust verkaufen musste, um seine Kinder ernähren zu können, sodass die Schulden sich … vermehrten …“.[267] 1674 starb außerdem Pieter van Ruijven, Vermeers wichtigster Auftraggeber und Hauptabnehmer seiner Bilder, sodass auch diese permanente Einnahmequelle für den Künstler wegfiel. Auch Maria Thins, Vermeers Schwiegermutter, erlitt große Verluste, weil durch die Öffnung der Deiche große Landstriche überschwemmt und verwüstet wurden, die Ländereien bei Schoonhoven daher keinen Ertrag brachten und damit die jährlich fälligen Pachtzinse, die Grundlage ihres Einkommens, nicht entrichtet werden konnten.

Aus den letzten drei oder vier Lebensjahren Vermeers sind vermutlich nur zwei Bilder erhalten geblieben, die durch eine deutliche Weiterentwicklung seines Stils gekennzeichnet sind, nämlich die *Allegorie des Glaubens*, wahrscheinlich zwischen 1671 und 1674 gemalt (S. 297, Kat. 34) und die *Sitzende Virginalspielerin* (S. 285, Kat. 35), die als letztes Bild um 1672–1675 entstanden sein könnte. Vielleicht hat Vermeer in den letzten drei Jahren seines Lebens aber auch gar nicht mehr gemalt.[268]

Die *Allegorie des Glaubens* nimmt im Werk Vermeers eine Sonderstellung ein. Dieses Bild und die *Malkunst* sind die einzigen Allegorien des Künstlers. Während die *Malkunst* wie ein Genrebild wirkt und der allegorische Charakter lange Zeit gar nicht erkannt wurde, ist er bei der *Allegorie des Glaubens* unübersehbar. Diese markanteste Eigenschaft des Bildes löst bei vielen Betrachtern Unbehagen aus, weil sie einerseits den an ein Bild Vermeers gerichteten Erwartungen nicht entspricht und weil andererseits die Diskrepanz zwischen der von Vermeer vertrauten illusionistischen Darstellungsform und den symbolischen Elementen der Allegorie verstörend wirkt. Eine von einem Stein zerschmetterte blutige Schlange passt nun einmal nicht auf den Fliesenboden eines großbürgerlichen holländischen Interieurs. Vermeer war sich über dieses Dilemma wohl im Klaren, und man wird dem Bild daher nur gerecht, wenn man es aus seinem historischen Kontext und den Vorstellungen und Intentionen des unbekannten Auftraggebers heraus zu verstehen versucht.

Eine zur Seite gezogene Tapisserie gibt den Blick auf einen Innenraum mit Fliesenboden und Balkendecke frei. Vermeer übernimmt nicht nur dieses Motiv, sondern die gesamte perspektivische Konstruktion von der etwa fünf Jahre früher entstandenen *Malkunst* (S. 265, Kat. 26). Die *Allegorie des Glaubens* wird durch eine junge Frau in einem weißblauen Seidenkleid verkörpert, die auf einer erhöhten, mit einem Teppich bedeckten

Plattform sitzt, die Rechte beteuernd an ihre Brust legt und zu einer von der Decke hängenden Glaskugel aufblickt. Das Figurenmotiv übernahm Vermeer von italienischen Vorbildern, vielleicht von einer Darstellung der *Büßenden Maria Magdalena* von Guido Reni, die er in holländischen Sammlungen gesehen haben könnte.[269] Vermeer hält sich genau an die Angaben in Cesare Ripas *Iconologia* und kombiniert Attribute des „Glaubens“ und des „katholischen Glaubens“. Die junge Frau stützt ihren rechten Fuß auf einen Erdglobus, zu ihren Füßen liegen ein angebissener Apfel als Symbol des Sündenfalls und eine von einem Stein zerschmetterte, sich aufbäumende und Blut speiende Schlange, die den Teufel verkörpert, der von Christus als Eckstein der Kirche besiegt wird. Vermeer platziert den Kelch, den die Allegorie nach Ripa in der Hand hält, und das Buch, auf das sie ihm zufolge die andere Hand legt, auf einen Tisch, der wie ein Altar wirkt, und fügt eine Dornenkrone und ein Ebenholzkruzifix hinzu. Der goldene Kelch und das Kruzifix heben sich deutlich von der goldgeprägten Tapete und dem dunklen Grund des schwarzen Bilderrahmens ab und betonen damit den eucharistischen Aspekt der Allegorie stärker, als es bei Ripa der Fall ist. Der Globus ist eine wörtliche Interpretation der Beschreibung Ripas, wonach die Figur des Glaubens die Welt zu ihren Füßen habe. Vermeer hat einen Globus von Jodocus Hondius abgebildet, von dem ein Exemplar im Germanischen Nationalmuseum Nürnberg erhalten ist (siehe S. 240 f.). Das Buch wurde als Bibel gedeutet, es könnte aber auch ein Missale gemeint sein, was dem altarähnlichen Arrangement eher entsprechen würde. Besonders auffallend ist die an einem blauen Band von der Balkendecke hängende Glaskugel. Sie basiert auf einem Emblem des Jesuiten Guilielmus Hesius (1601–1690), „Capit Quod Non Capit“ (S. 296), das einen geflügelten Putto, der die menschliche Seele symbolisiert, mit einer Glaskugel zeigt, in der sich das Kreuz wie auch die Sonne spiegeln.[270] Das zugehörige Epigramm vergleicht die Spiegelung des ganzen Universums in der Glaskugel mit der Fähigkeit der Seele, an Gott zu glauben. Darüber hinaus ist die gemalte Glaskugel ein brillanter Beweis für die illusionistischen Möglichkeiten der Malerei (S. 297).

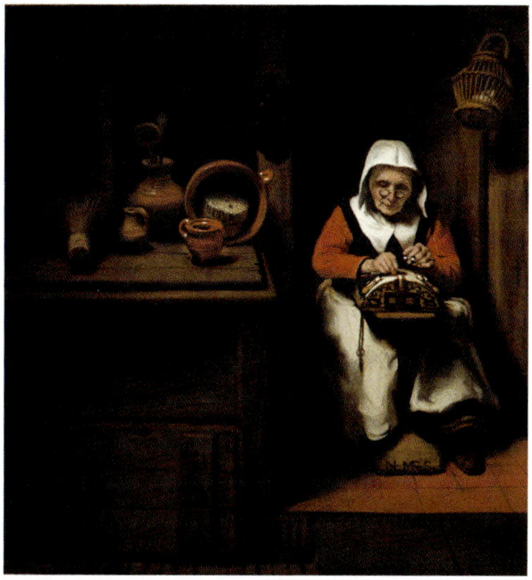

Nicolaes Maes, **Alte Spitzenklöpperin**, um 1655
Öl auf Holz, 37,5 x 35 cm. Den Haag, Koninklijk Kabinet van Schilderijen Mauritshuis

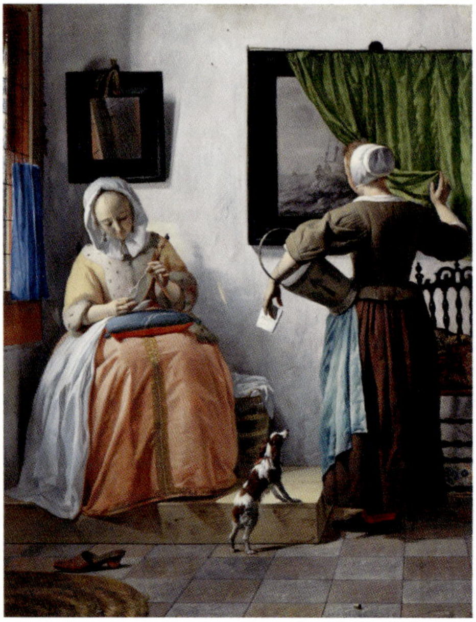

Während Ripa in seiner Erläuterung auf Abraham und Isaak als Symbole des triumphierenden Glaubens hinweist, ersetzt Vermeer die Präfiguration aus dem Alten Testament unmittelbar durch die Kreuzigung selbst. Als Vorbild für das Bild an der Wand diente eine Komposition von Jacob Jordaens (S. 257), die in einer einzigen bekannten Fassung überliefert ist (Privatsammlung). Die Tapisserie wird für ein Erzeugnis einer Manufaktur in Oudenaarde aus der zweiten Hälfte des 16. Jahrhunderts gehalten[271] oder für ein Werk von François Spiering, der aus Antwerpen emigrierte und 1593 in Delft eine von der Stadt geförderte Manufaktur einrichtete. Es könnte die Geschichte von der Brautwerbung um Rebekka am Brunnen (Gen 24) dargestellt sein, und so wurde die Ehe von Isaak und Rebekka als Präfiguration der Hauptszene, der Verbindung zwischen der Kirche bzw. zwischen der menschlichen Seele und Christus, gedeutet.[272]

Die dichten theologischen Bezüge haben zu der Vermutung Anlass gegeben, dass Vermeer das Bild unter geistlicher Anleitung, möglicherweise als Auftrag der Delfter Jesuiten geschaffen habe.[273] Dafür gibt es keinen Beweis, wenn auch das verhältnismäßig große Format des Bildes und seine betont didaktische Gestaltung auf einen größeren Betrachterkreis zugeschnitten scheinen. Das Gegenargument von Montias, die Jesuiten hätten ein konventionelleres Thema als eine Allegorie des Glaubens gewählt,[274] kann nicht völlig überzeugen. Mehr Gewicht hat sein Hinweis, dass bei einem institutionellen Auftrag nicht so schnell nach der Entstehung des Bildes ein Besitzwechsel stattgefunden hätte. Der erste dokumentierte Besitzer des Bildes, ein Amsterdamer Protestant, starb 1698, was eher für einen privaten Auftraggeber spricht. Liedtke denkt dabei an Michiel van der Dussen (1600–1681), einen wohlhabenden Angehörigen der Delfter katholischen Gemeinde.[275] Sowohl die *Allegorie des Glaubens* wie die *Sitzende Virginalspielerin* zeigen die letzte Phase des klassizierenden Figurenstils, der durch harte Konturen, wie gläsern erscheinende Modellierung und große Formen gekennzeichnet ist. Tendenzen in diese Richtung lassen

Gabriel Metsu, **Der Liebesbrief**, um 1662–1665
Öl auf Holz, 52,5 x 40,2 cm. Dublin, National Gallery of Ireland

sich bereits bei den um 1670 entstandenen Bildern feststellen (vgl. Kat. 31–33), hier sind sie voll ausgebildet. Die Bedeutung der Oberflächenillusion in der Wiedergabe verschiedener Materialien, die in Vermeers früheren Werken eine so entscheidende Rolle spielt und für seinen persönlichen Stil konstituierend wirkt, tritt völlig zurück. Die Stilwende fand allerdings durch den plötzlichen Tod des Künstlers keine Fortsetzung.

Vermeer greift in der *Sitzenden Virginalspielerin* (S. 285, Kat. 35) auf Motive früherer Bilder zurück. Die aus dem Bild auf den Betrachter blickende Dame erinnert an die *Briefschreiberin* (Kat. 20), die große Viola da Gamba an die *Musikstunde* (Kat. 13) und das *Konzert* (Kat. 19). Die meisten Übereinstimmungen bestehen mit einem etwa zehn Jahre früher entstandenen Bild von Gerard Dou, *Dame am Clavichord* (S. 284). Unter Vermeers eigenen Werken steht die *Stehende Virginalspielerin* (Kat. 33) stilistisch am nächsten (siehe dazu S. 182). Die Unterschiede zwischen den beiden sind vom Künstler bewusst eingesetzt, um verschiedene Frauenfiguren zu charakterisieren. Die junge Dame hier kokettiert mit dem Betrachter, sie lädt ihn mit ihren Blicken in ihr dämmriges Boudoir. Dazu passen die Bilder im Bild: die *Kupplerin* von Baburen und die arkadische Landschaft auf dem Deckel des Virginals, die mit veränderten Proportionen und stark in die Breite gestreckt auf ein Werk des Delfter Malers Pieter van Asch zurückgeht.[276] Eine Version von Baburens *Kupplerin* von 1622 (S. 182), die auch im Hintergrund des *Konzerts* zu sehen ist (S. 183), befand sich im Besitz von Vermeers Schwiegermutter Maria Thins.

Aber auch eine andere Deutung ist möglich: Die Laute auf dem Bild mit der *Kupplerin* steht für profane, das Virginal ebenso wie die Viola da Gamba für ideale, verfeinerte Liebe, sodass hier die Wahl zwischen diesen beiden Möglichkeiten thematisiert ist. Das Bild der *Kupplerin* hat damit eine ähnliche Bedeutung wie im *Konzert*. Auch dort verkörpert es die Musik, die mit unerlaubter Liebe verbunden ist, und kontrastiert damit zur Musik der dargestellten Gesellschaft, die mit Mäßigung und Harmonie assoziiert wird. Die Lichtführung verstärkt diese Assoziation: Starkes Licht fällt auf die junge Frau und hebt sie vom Hintergrund ab. Das Licht kommt aus einer verborgenen Lichtquelle hinter dem Vorhang und beleuchtet auch den vorderen Teil des Virginals und die Viola da Gamba.

Tod und Nachlass

Die letzten Jahre von Vermeers Leben waren durch wirtschaftliche Schwierigkeiten und Schulden gekennzeichnet. Er bemühte sich, neben der Malerei und dem Kunsthandel weitere Geldquellen zu nutzen, wozu er die Hilfe von Maria Thins in Anspruch nehmen musste. Sie hatte ihm 1668 die Erträge aus der Erbschaft ihrer Tante Diewertje van Hensbeeck aus Gouda mit 400 fl. jährlich überlassen.[277] Im Juni 1673 erschien Vermeer vor dem Magistrat von Gouda. Er teilte mit, dass ihm Maria Thins die Hälfte des an die Waisenkammer von Gouda gebundenen Kapitals als Anteil ihrer Tochter übertragen habe, und erbat die jährlichen Einkünfte aus dem Kapital.[278] Wenige Wochen später verkaufte er in Amsterdam zwei Anleihen im Wert von 800 fl.[279] Im Zusammenhang mit der Transaktion in Gouda steht wahrscheinlich eine weitere Reise Vermeers nach Amsterdam, die er im Juli 1675 unternahm, um bei dem Kaufmann Jacob Rombouts einen Kredit von 1000 Gulden aufzunehmen.[280] Vermeer verpfändete dafür, offenbar unrechtmäßig, jedenfalls ohne Wissen und Zustimmung seiner Schwiegermutter das Kapital der Erbschaft aus Gouda, das er 1673 erhalten hatte.[281] Seine Handlung erscheint nur aus seiner verzweifelten Lage, die ihm aussichtslos vorkommen musste, erklärbar.

Johannes Vermeer starb am 13. oder 14. Dezember 1675. Am 15. Dezember wurde sein Leichnam in die Oude Kerk von Delft gebracht, wo sich das Familiengrab befand, das Maria Thins 1661 gekauft hatte. In dem Grab waren bereits drei Kinder Vermeers bestattet, die 1667, 1669 und 1673 gestorben waren.[282] Am 16. Dezember wurde Vermeer begraben: „Jan Vermeer, Kunstmaler am Oude Langendijck, in der Kirche, 8 unmündige Kinder" lautet die Eintragung im Begräbnisregister der Kirche; der Sarg des zuletzt verstorbenen Kinds wurde auf seinen Sarg gelegt.[283] Am selben Tag wurde im „Beste Opperste Kleed Boek" der Camer van Charitate von Delft vermerkt: „Johannes Vermeer Kunstmaler am Oude Lange Dijck – nichts zu holen".[284] Die öffentliche Wohlfahrtseinrichtung schickte einen Koffer ins Haus Verstorbener in der Erwartung, dass die besten Kleider des Verstorbenen oder eine entsprechende Gabe für die Armen gespendet wurden. Montias erwägt, ob in diesem Fall nicht die Armut der Familie, sondern religiöse Gründe für das Ausbleiben der Spende ausschlaggebend waren: Maria Thins und ihre Tochter Catharina Bolnes, die Witwe Vermeers, hätten als gläubige Katholiken der von Calvinisten geführten Einrichtung vielleicht nichts spenden wollen.[285] Einige Jahre später beim Tod von Maria Thins wurde allerdings sehr wohl gespendet, sodass der Grund eher in der akuten Finanznot von Catharina Bolnes gelegen haben dürfte.

In einem eineinhalb Jahre später, am 27. Juli 1677, an die Staaten von Holland und Westfriesland, die oberste Behörde Hollands, gerichteten Gesuch schilderte Catharina Bolnes die näheren Umstände von Vermeers Tod: „Es war ihm während des langen und verderblichen Kriegs mit Frankreich nicht nur unmöglich, seine eigenen Bilder zu verkaufen, sondern er blieb zu seinem großen Schaden auch auf den Bildern anderer Maler sitzen, mit denen er handelte. Daher verfügte er, belastet durch die große Zahl seiner Kinder, über keinerlei eigene Mittel und verfiel in solche Verzweiflung, die er sich so zu Herzen nahm, dass er wie in Raserei verfiel und innerhalb eines oder eineinhalb Tage von völliger Gesundheit zu Tode kam."[286] Das heißt, dass Vermeer, ohne sichtlich krank zu

Gitarrespielerin (Detail), um 1669–1672
(siehe Abb. S. 281)

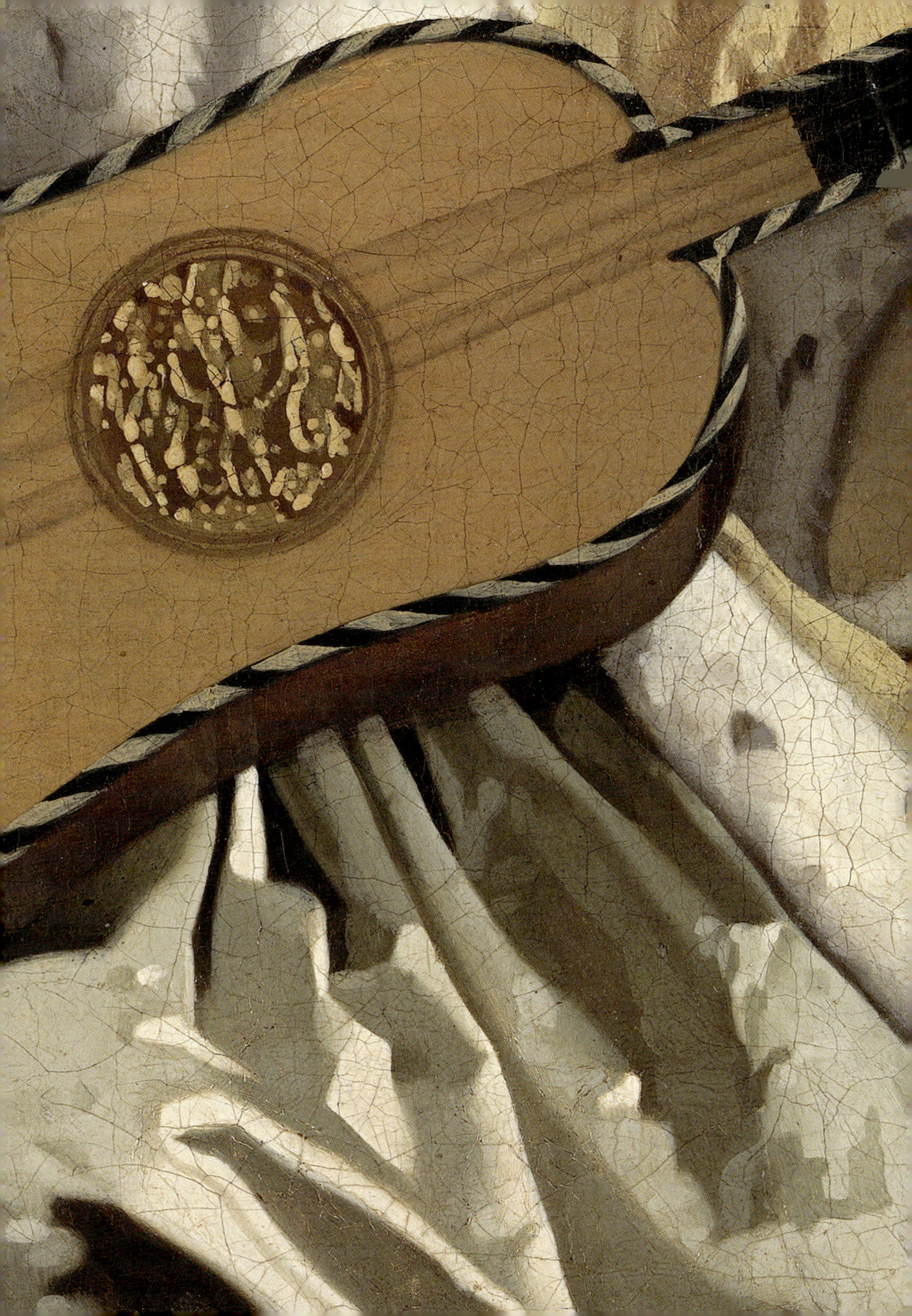

sein, plötzlich und unerwartet starb. Montias vermutet, dass er einem Schlaganfall erlag oder aus lauter Aufregung über seine verzweifelte Situation einen Herzinfarkt erlitt.[287]

In einem Gesuch der Witwe Vermeers vom April 1676 an den Hohen Rat von Holland und Seeland und in dem oben zitierten vom Juli 1677 werden ihre vielen Kinder als hauptsächlicher Grund für ihre Zahlungsunfähigkeit genannt.[288] Allerdings sind die Angaben über die Zahl der Kinder widersprüchlich. Im Begräbnisprotokoll ist von acht unmündigen Kindern die Rede, während Catharina Bolnes 1676 von elf Kindern, im darauffolgenden Jahr von zehn Kindern spricht. Letzteres lässt sich damit erklären, dass Maria Vermeer, die älteste Tochter, bereits im Juni 1674 geheiratet und damit ihre Volljährigkeit erreicht hatte. In einem weiteren Dokument aus dem Jahr 1678, zweidreiviertel Jahre nach Vermeers Tod, finden sich nähere Angaben über seine Kinder. Es heißt hier, dass er zehn nicht volljährige Kinder hinterlasse, von denen das älteste nunmehr einundzwanzig, das jüngste vier Jahre alt seien. Zwei davon seien krank, ein drittes bei einer Pulverexplosion auf einem Schiff bei Mecheln ernsthaft verletzt worden.[289] Wir können daher mit Sicherheit davon ausgehen, dass von den Kindern Vermeers bei seinem Tod elf am Leben waren, von denen die älteste Tochter das Elternhaus bereits verlassen hatte. Vier weitere Kinder waren bald nach der Geburt oder in kindlichem Alter bis 1675 gestorben, von neun Kindern sind die Namen bekannt.[290]

Im Zusammenhang mit den wirtschaftlichen Schwierigkeiten Vermeers ist wohl das Abkommen zu verstehen, das Catharina Bolnes wenige Wochen nach dem Tod Vermeers Ende Januar 1676 mit dem Bäcker Hendrick van Buyten traf (siehe dazu S. 104). Sie verkaufte ihm zwei Bilder Vermeers, um damit ihre Schulden für unbezahlte Rechnungen für Brot in Höhe von 617 fl. zu begleichen, behielt sich aber die Möglichkeit vor, die Schulden in Jahresraten zu 50 fl. abzutragen.[291] Van Buyten kam ihr mit dieser Regelung, die unter anderem sein Recht auf Weiterverkauf der Bilder einschränkte, sehr entgegen, sie konnte sie aber nie realisieren. Montias unterzog sich der Mühe, aufgrund der holländischen Brotpreise des 17. Jahrhunderts die Brotmenge zu errechnen, und kam dabei auf etwas mehr als 3500 kg des teureren Weißbrots, eine Menge, die eine vielköpfige Schar von Halbwüchsigen als Hauptnahrungsmittel in zwei bis drei Jahren verbrauchen konnte.[292] Nach dieser spekulativen Vermutung wäre Vermeers Familie etwa ab 1672, mit Beginn des Krieges mit Frankreich, die Rechnungen für Brot schuldig geblieben.

Catharina Bolnes bemühte sich in den darauffolgenden Wochen und Monaten, ihre finanziellen Probleme zu regeln. Nach der Begleichung ihrer Schulden bei Hendrick van Buyten verkaufte sie im Februar 1676 in Amsterdam sechsundzwanzig Bilder für 500 fl. an den Haarlemer Kunsthändler Jan Coelenbier auf Rechnung und im Namen von Jannetje Stevens, die in Delft mit Kleidern und Stoffen handelte. Sie wollte damit ihre Schulden bei Jannetje Stevens abtragen.[293] Es wird angenommen, dass es sich bei den Bildern, die mit durchschnittlich etwa 20 fl. bewertet wurden, nicht um eigene Werke Vermeers, sondern vielmehr um seine Handelsware handelte. Ein Jahr später wurde dieser Verkauf auf Betreiben des inzwischen eingesetzten Nachlassverwalters Antoni van Leeuwenhoek rückgängig gemacht.[294]

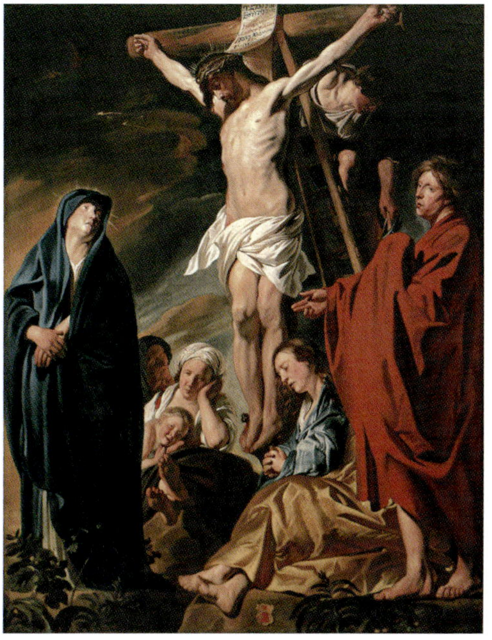

Ebenfalls im Februar 1676 traf Catharina Bolnes mit ihrer Mutter eine notariell beglaubigte Übereinkunft, in der sie ihrer Mutter ein Bild von Vermeer, *De Schilderkonst* (Kat. 26), sowie eine Reihe von Einkünften aus Grundstücken ins Eigentum übertrug, um damit ihre Schulden abzudecken.[295] Hauptgrund für diese Aktion dürfte gewesen sein, das Bild aus dem Nachlass Vermeers herauszulösen, um es damit vor dem Zugriff der Gläubiger zu retten. Im Zusammenhang mit dieser Schenkung dürfte auch die Trennung der beweglichen Güter im Haus von Maria Thins in solche, die Vermeer hinterlassen hatte und Catharina Bolnes und ihren Kindern allein gehörten, und solche, die sie gemeinsam mit ihrer Mutter besaß, zu sehen sein, die in einem Inventar vom 29. Februar 1676 festgehalten wurde. Dieses immer wieder zitierte Inventar, das Raum für Raum alle Gegenstände in zwei Spalten aufzählt,[296] stellt in mehrerlei Hinsicht eine besonders wichtige Quelle dar. Nicht nur, dass wir Einblick erhalten, welche Räume in einem bürgerlichen holländischen Haus vorhanden waren, wie sie genutzt wurden und wie sie ausgestattet waren, wir lesen auch, welche Dinge Vermeer besaß, die er für seine Arbeit benötigte oder in seinen Genrebildern darstellte. Von besonderem Interesse sind die Bilder anderer Maler, die sich im Haus befanden, zum Teil aus dem Besitz Vermeers, zum Teil aus dem Bestand seiner Schwiegermutter. Im größten Raum des Hauses, dem *groote zael* (großen Saal), befanden sich Familienporträts, neben den Bildnissen der Eltern Vermeers zehn Porträts von Vorfahren von Maria Thins, darüber hinaus zwei *tronien* von Carel Fabritius und drei weitere Bilder aus dem Nachlass von Vermeer sowie zwei religiöse Bilder, eine Madonna und die „Drei Könige“, wahrscheinlich eine

Jacob Jordaens, **Kreuzigung**, um 1620
Öl auf Leinwand, 160 x 121,5 cm. Privatsammlung

Anbetung, aus dem Besitz von Maria Thins. Im großen Saal standen mehrere Möbel, unter anderem ein Bett, ein Schrank mit Einlegearbeit, ein großer Tisch und neun mit rotem Leder bezogene „spanische Stühle", vermutlich die in vielen Bildern Vermeers abgebildeten Stühle mit den Löwenköpfen. Darüber hinaus werden eine Reihe von Kleidungsstücken aufgezählt, darunter ein „türkischer Mantel" Vermeers und ein *innocente*, eine modische geschlitzte Jacke, wie sie der Maler in der *Malkunst* (Kat. 26) trägt, und eine gelbe, mit Pelz besetzte Satinjacke Catharinas, die in mehreren Bildern vorkommt. Neben dem großen Saal war das straßenseitig gelegene *voorhuis* ein repräsentativer Raum. Hier befanden sich neben einigen Möbelstücken, einem Schrank, vier Stühlen und einem Spiegel elf Bilder, sieben davon gehörten Maria Thins, darunter ein großes Bild mit Mars und Apollo. Die restlichen Werke, ein Früchtestück, eine Landschaft, ein kleines Seestück und ein Bild von Fabritius, hatte Vermeer besessen. In dem großen Haus befanden sich vier Küchen, die aber teilweise als Wohn- und Schlafräume benutzt wurden. So befanden sich in der *binnenkeucken*, der sog. „inneren Küche", eine vergoldete Ledertapete, ein Bett, eine Truhe, Stühle und zehn Bilder an den Wänden, darunter zwei *tronien* von Hoogstraten, zwei weitere *tronien* in türkischer Kleidung, eine große Kreuzigung Christi, eine *Vera icon*, zwei Stillleben, eines mit „Frauenzeug" („vrouwentuych"), das andere ein Vanitasbild mit einer Bassgeige und einem Totenkopf, ein Seestück und ein Bild über dem Kamin. Auch in der eigentlichen Küche, in der gekocht wurde, der *koockeucken*, stand ein Bett. Daneben gab es eine kleine Waschküche (*waskeukentgen*) und eine kleine Küche im Hintertrakt. Zwei große Räume befanden sich im Obergeschoss, im *voorhuis* wohl Vermeers Werkstatt (zur Ausstattung vgl. S. 233 f.). Vermutlich zählt das Inventar bei weitem nicht alle Gegenstände auf, über die der Haushalt verfügte, entweder weil man sie beiseitegeschafft hatte[297] oder weil sie alleiniges Eigentum von Maria Thins waren. Im Hinblick auf die in Vermeers Bildern dargestellten Gegenstände ist bemerkenswert, dass keine Musikinstrumente, weder ein Virginal noch eine Laute oder Gambe, in dem Inventar genannt werden, außerdem keine türkischen Teppiche, kein chinesisches Porzellan, keine Silberkannen oder Schüsseln, auch keine Marmorfußböden, und vor allem, worauf Liedtke hinweist,[298] keine Camera obscura.

Der nächste Schritt, den Catharina Bolnes unternahm, um ihrer Schulden Herr zu werden, war eine Petition, die sie am 24. April 1676 an den Gerichtshof von Holland und Seeland richtete (siehe dazu S. 256) und in dem sie ein Moratorium ihrer Schulden erbat,[299] weil sie die Forderungen der Gläubiger, die nicht bereit seien, weitere Zugeständnisse zu machen, nicht erfüllen könne. Ihrer Bitte wurde stattgegeben, Catharina Bolnes war damit insolvent, sie verzichtete auf ihr Erbe und trat den Nachlass von Johannes Vermeer an ihre Gläubiger ab.

Im September 1676 wird Antoni van Leeuwenhoek vom Delfter Magistrat zum Nachlassverwalter bestellt. Diese zufällige Verbindung der beiden größten Geister, die

Delft hervorbrachte (wie es Montias treffend ausdrückt)[300], des großen Naturforschers und des Ausnahmekünstlers, hat seit jeher die Fantasie aller, die sich mit dem Leben und der Kunst Vermeers beschäftigt haben, beflügelt. Im selben Jahr geboren, erscheinen sie als kongeniale Partner, hier der Tuchhändler und spätere städtische Beamte, der sich ohne die übliche humanistische und philologische Bildung als empirischer Naturwissenschaftler betätigte, zuerst durch die Verwendung von Linsen mit besonders kurzer Brennweite die Funktionalität des Mikroskops entscheidend verbesserte und dann als führender Mikroskopiker seiner Zeit von den Bakterien bis zu den Blutkörperchen bahnbrechende Entdeckungen machte, dort der Maler, der sich wie kein anderer mit optischen Phänomenen, mit der Darstellung von flüchtigen Lichteindrücken, von Illusion und damit dem Sehen an sich auseinandersetzte und diese Phänomene in Malerei festhielt. Die beiden müssen sich in der Stadt begegnet sein und ihre Anschauungen und Ideen ausgetauscht haben. Vor allem das Bildpaar *Der Astronom* (Kat. 27) und *Der Geograph* (Kat. 28) wurde in Verbindung mit Leeuwenhoek gebracht, der nicht nur als Auftraggeber beider Bilder, sondern auch als Dargestellter vermutet wurde, was nach neueren Forschungen allerdings eher unwahrscheinlich ist (siehe dazu S. 240).

Antoni van Leeuwenhoek wurde ausschließlich aufgrund seines öffentlichen Amtes als Kämmerer des Stadtrates von Delft, zu dessen Aufgaben unter anderem der eines Gerichtsvollziehers gehörte, zum Nachlassverwalter Vermeers bestellt.[301] Seine Tätigkeit in den folgenden Monaten diente allein den Interessen der Gläubiger und lässt keinerlei freundschaftliche Bevorzugung von Vermeers Witwe und ihrer Familie erkennen. Er unternahm vielmehr alles, um die Vermögensverhältnisse der Witwe und ihrer Mutter völlig aufzuklären, er sandte einen Anwalt nach Den Haag, wo Maria Thins vorübergehend bei Verwandten wohnte, um sie über den Nachlass ihres 1676 verstorbenen Sohns Willem Bolnes befragen zu lassen, er ließ sie einen Eid schwören, dass sie keine Vermögenswerte ihrer Tochter und ihres Schwiegersohns *in fraudem creditorum*, um die Gläubiger zu betrügen, verschwiegen habe. Die damals über achtzigjährige Maria Thins sicherte mit großer Umsicht und Bestimmtheit den Fortbestand ihres ererbten Vermögens, indem sie in immer wieder umformulierten und mit neuen Bestimmungen versehenen Testamenten (im Januar 1677 wurde eine fünfte Fassung notariell beglaubigt)[302] den unmittelbaren Zugriff ihrer Erben auf das Familienvermögen zu verhindern suchte. Sie setzte die Kinder ihrer Tochter zu ihren Universalerben ein, der Grundbesitz durfte aber bis zur Volljährigkeit des jüngsten Enkels nicht verteilt werden. Ihre Tochter selbst erhielt hingegen nur den Pflichtteil, nämlich ein Sechstel des Erbes, von dem deren Schulden sowie die laufenden Ausgaben für den Unterhalt der Kinder abgezogen wurden. Damit wollte sie verhindern, dass Teile ihres Vermögens an die Gläubiger ihres verstorbenen Schwiegersohns fielen.

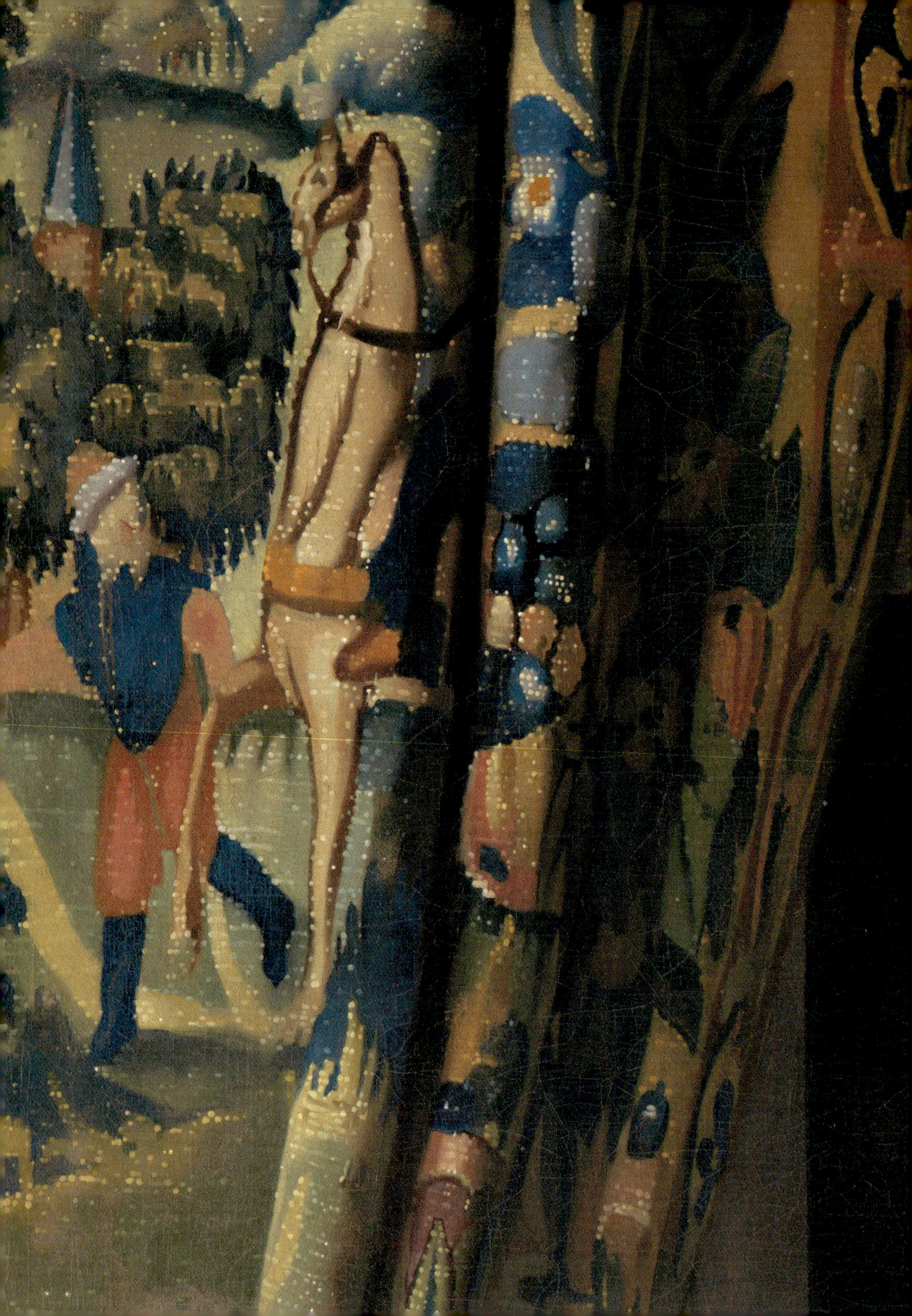

Antoni van Leeuwenhoek seinerseits erklärte die 1676 erfolgte Übergabe von sechsundzwanzig Gemälden an den Haarlemer Kunsthändler Coelenbier, um damit Schulden bei Jannetje Stevens zu begleichen, für unrechtmäßig, verlangte die Rückgabe der Bilder und einigte sich mit Jannetje Stevens auf eine Zahlung von 342 fl. für eine Schuld von 442 fl. Er setzte eine öffentliche Auktion der Gemälde in der Delfter St. Lukasgilde für den 15. März 1677 fest. Daraufhin deponierte Maria Thins in einer *insinuatie*[303] ihren Protest gegen die Versteigerung der *Malkunst*, weil ihre Tochter ihr dieses Bild zur Begleichung ihrer Schulden übertragen habe, und behielt sich rechtliche Schritte vor, falls das Bild versteigert werden sollte. Aus dem Text der *insinuatie*, die sich eindeutig auf die *Malkunst* bezieht, wird nicht völlig klar, wie dieses Bild zu den sechsundzwanzig anderen an Coelenbier übergebenen Bildern gelangte.[304] Es scheint jedenfalls, dass die *Malkunst* zusammen mit den anderen Bildern am 15. März 1677 versteigert wurde. Dass sie dann in die Sammlung Dissius kam und mit den übrigen dort vorhandenen Bildern Vermeers 1696 als „'t Portrait van Vermeer in een Kamer met verscheyde bywerk ongemeen fraai van hem geschildert“ (ein Porträt Vermeers in einem Interieur mit verschiedenem Beiwerk, ungemein schön von ihm gemalt) versteigert wurde, wie verschiedentlich vermutet wurde, ist so gut wie auszuschließen. Über den Ablauf und die Ergebnisse der Auktion von 1677 ist leider nichts überliefert. Die Tätigkeit Leeuwenhoeks als Nachlassverwalter war damit noch nicht völlig abgeschlossen, er behielt seine Aufgabe noch einige Jahre. So ließ er 1678 ein Haus in Gouda und weiteren Grundbesitz, den Catharina Bolnes von ihrem verstorbenen Bruder Willem geerbt hatte, zugunsten der Gläubiger Vermeers versteigern, sein Versuch, andere Teile des Erbes zu beschlagnahmen, scheiterte am entschiedenen Widerstand von Maria Thins, die sich auch beharrlich weigerte, das Darlehen von 1000 fl., das sich Johannes Vermeer kurz vor seinem Tod geliehen hatte,[305] an die Witwe des Gläubigers zurückzuzahlen oder dafür Zinsen zu bezahlen.

1680 verfasste Maria Thins, inzwischen siebenundachtzigjährig, ihr sechstes und letztes Testament, in dem sie bestimmte, dass ihr ererbtes Vermögen unangetastet zu bleiben habe, bis ihr jüngster Enkel sechzehn Jahre alt sei. Sie starb Ende Dezember dieses Jahres. Ihre Tochter Catharina, die Witwe Vermeers, die in der Zwischenzeit in die überwiegend katholische Stadt Breda übersiedelt war, lebte weiter in schwierigen finanziellen Verhältnissen und musste mehrfach Darlehen aufnehmen. Gegen Ende des Jahres 1687 machte sie, bereits schwer krank, während eines Besuchs bei ihrer ältesten Tochter Maria in Delft ihr Testament und starb um die Jahreswende 1687/88. Sie hatte damals, dreizehn Jahre nach dem Tod von Johannes Vermeer, für fünf noch nicht volljährige Kinder zu sorgen.

Allegorie des Glaubens (Detail), um 1671–1674
(siehe Abb. S. 297)

Die Malkunst (Detail), um 1666–1668
(siehe Abb. S. 265)

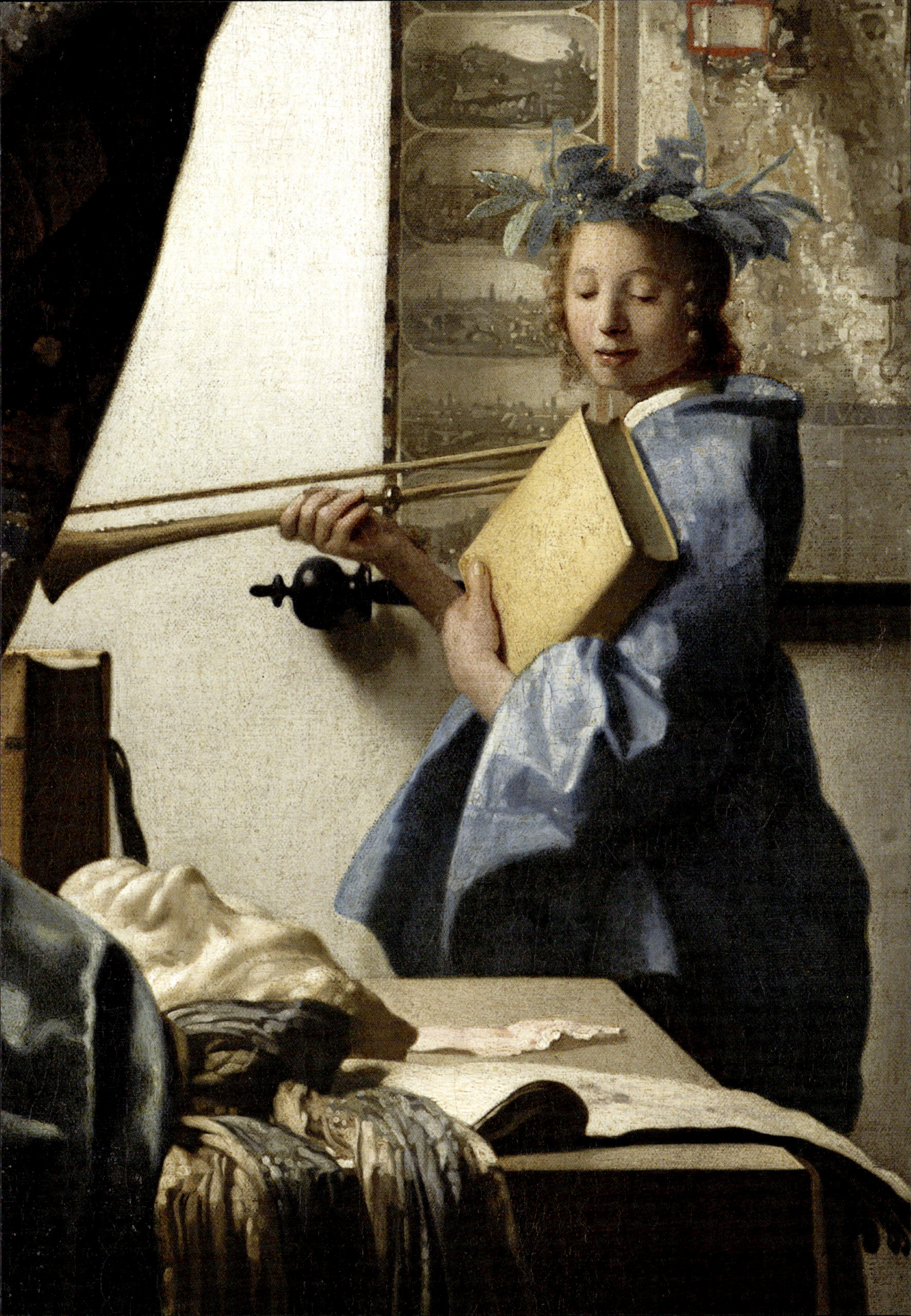

Die Malkunst, um 1666–1668
Öl auf Leinwand, 120 x 100 cm
Wien, Kunsthistorisches Museum, Gemäldegalerie

Seite 266/267
Der Astronom (Detail), 1668
(siehe Abb. S. 269)

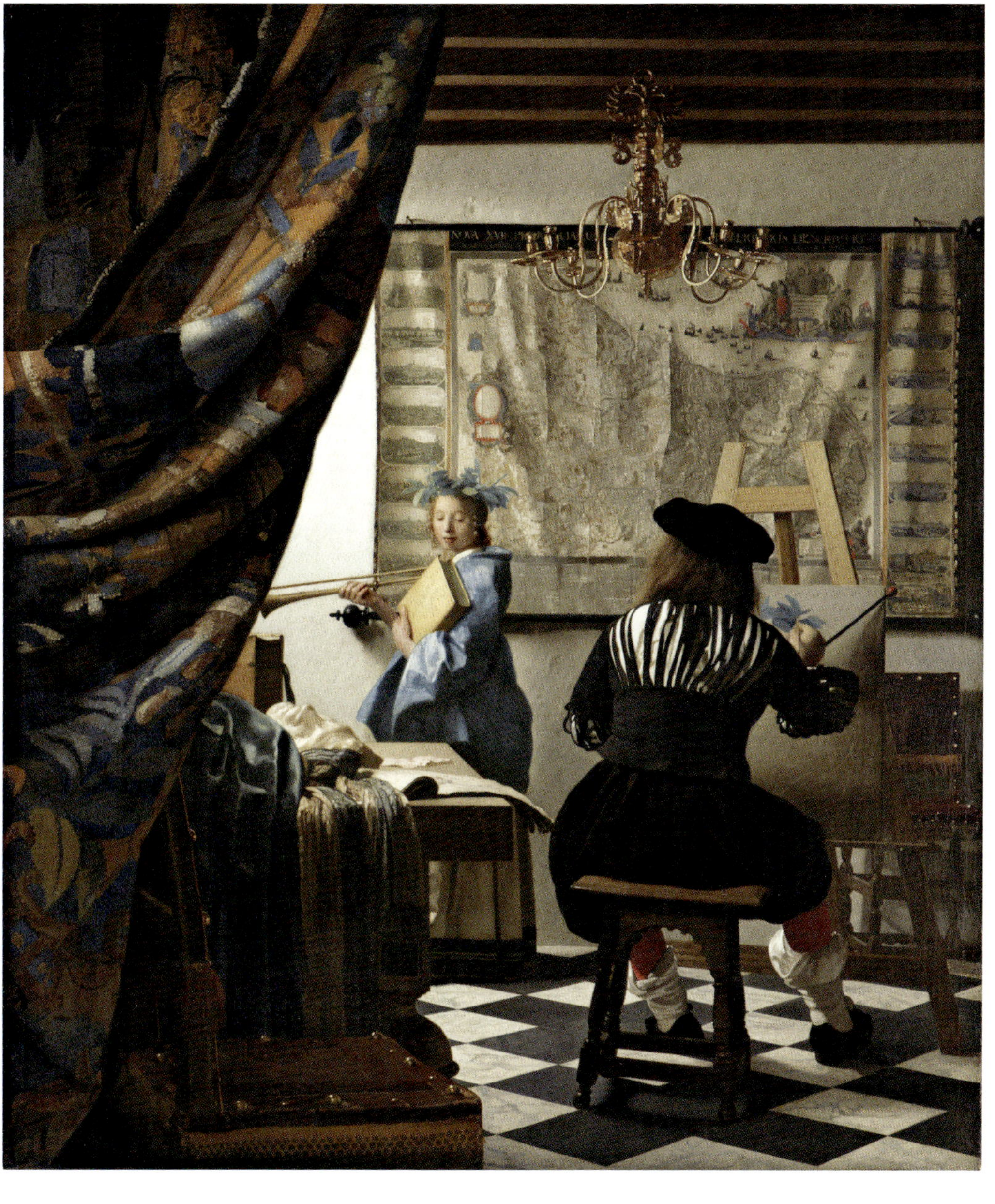

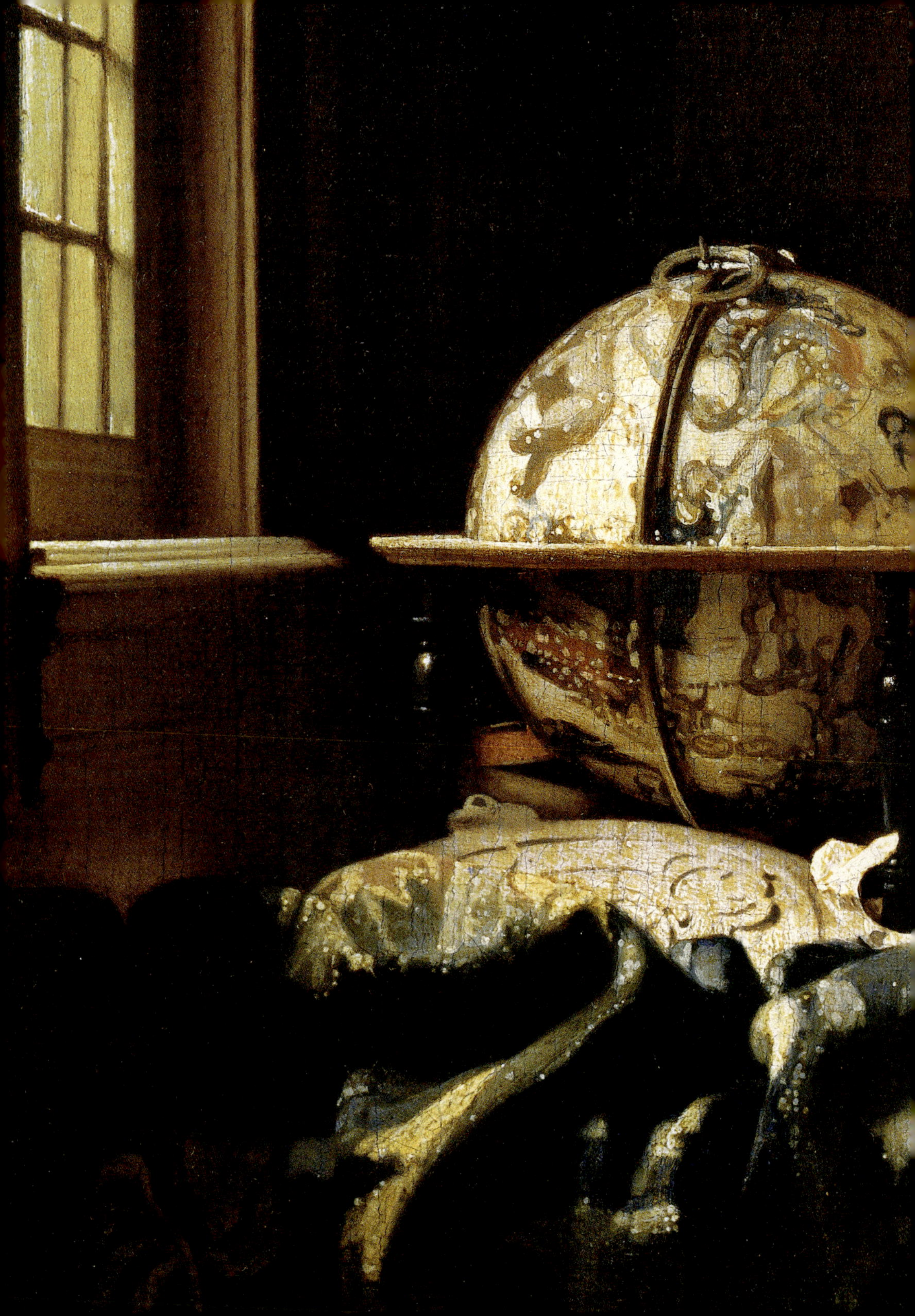

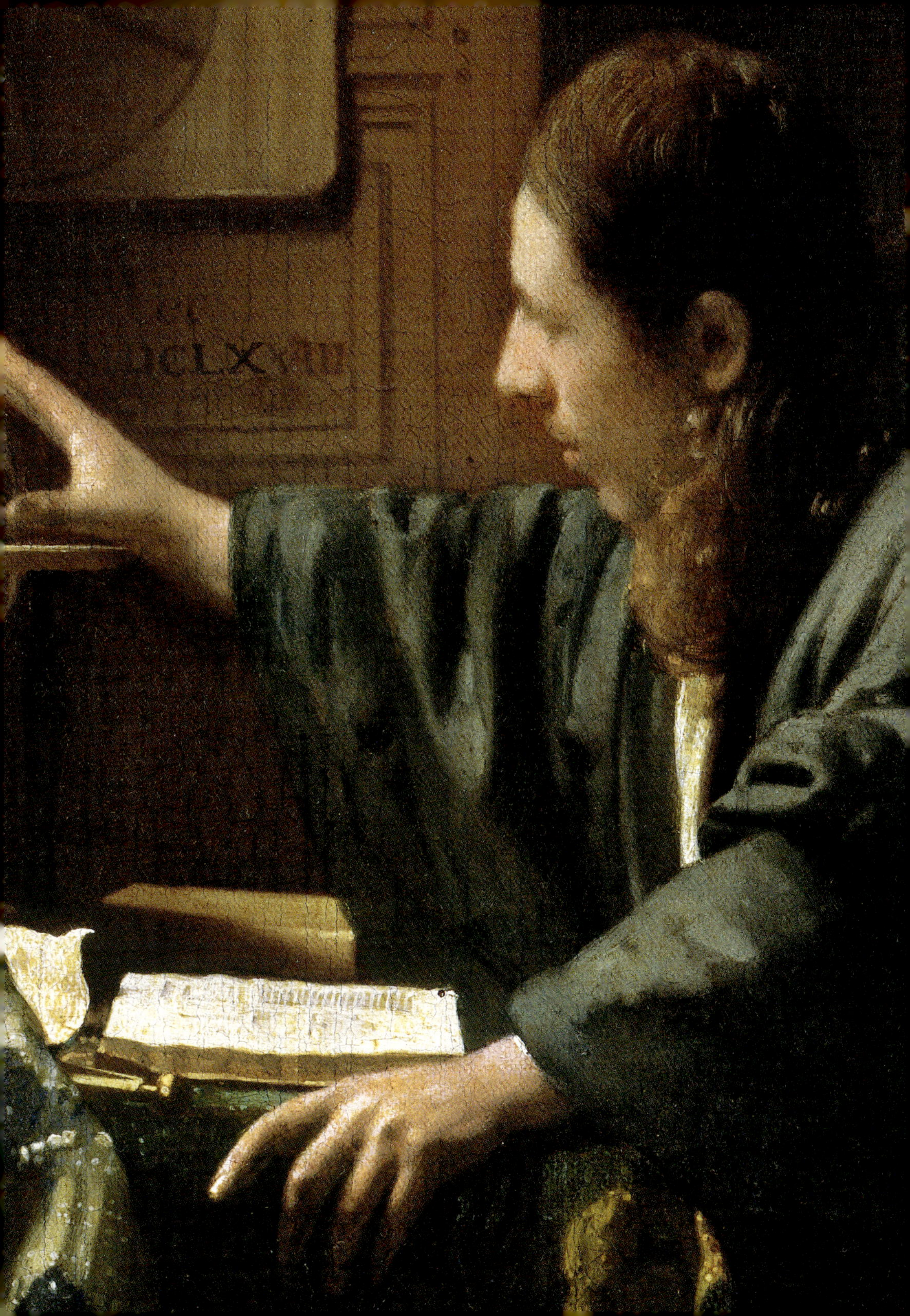

Der Astronom, 1668
Öl auf Leinwand, 51,5 x 45,5 cm
Paris, Musée du Louvre

Seite 270/271
Der Geograph (Detail), 1669
(siehe Abb. S. 273)

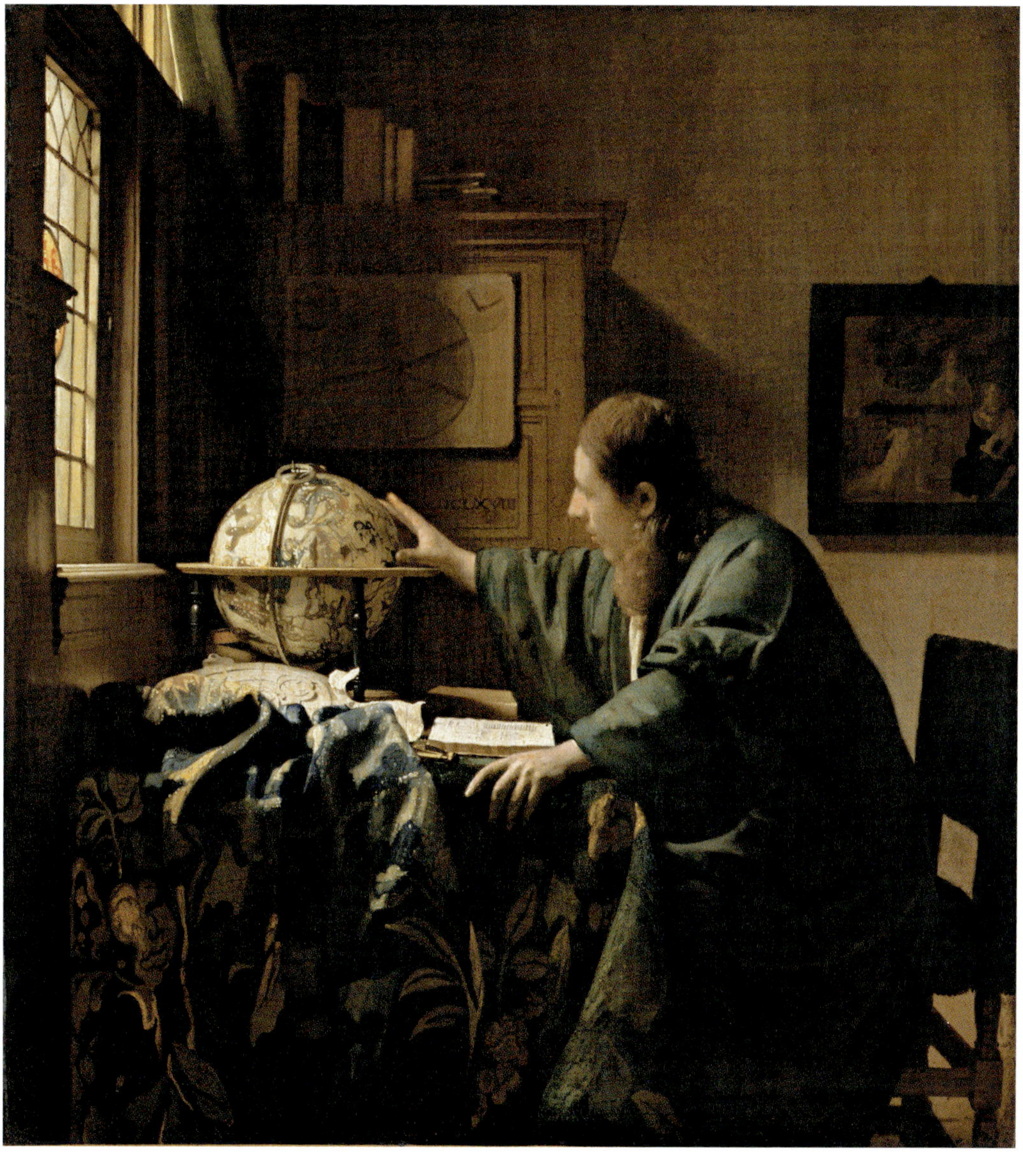

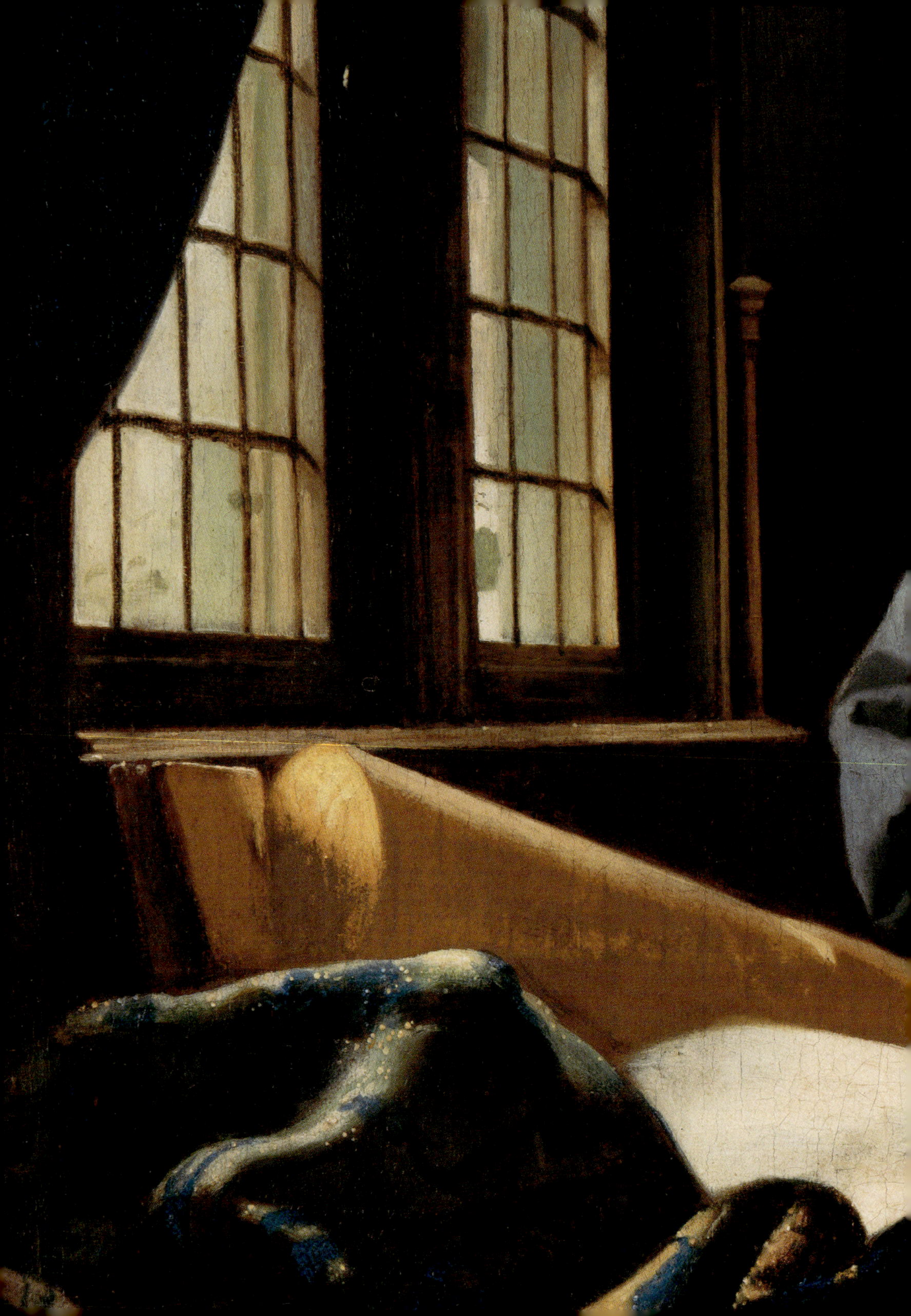

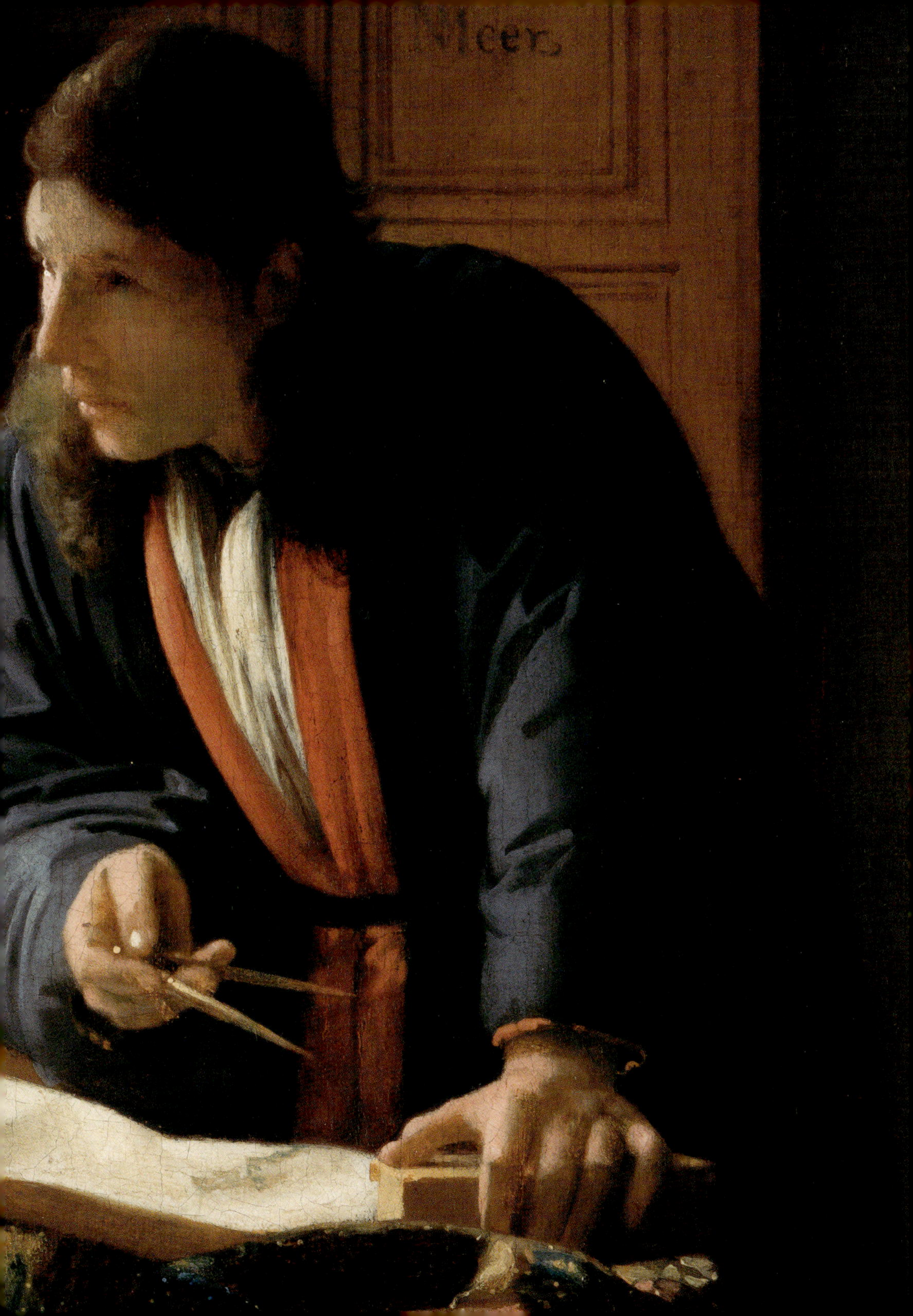

Der Geograph, 1669
Öl auf Leinwand, 51,6 x 45,4 cm
Frankfurt am Main, Städel Museum

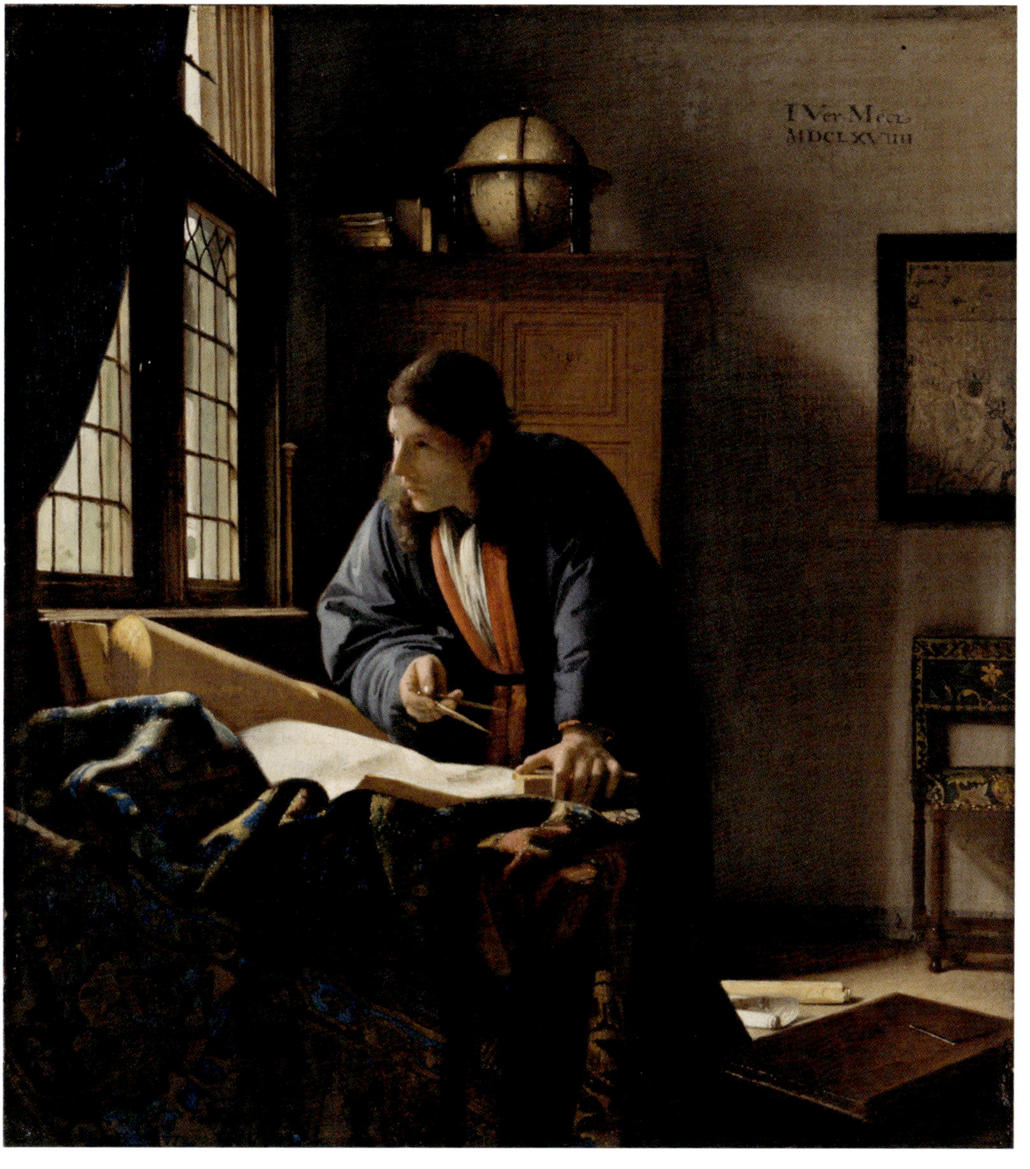

Die Spitzenklöpplerin, um 1669/70
Öl auf Leinwand, auf eine Holztafel geklebt, 23,9 x 20,5 cm
Paris, Musée du Louvre

Seite 276/277
Der Liebesbrief (Detail), um 1669/70
(siehe Abb. S. 279)

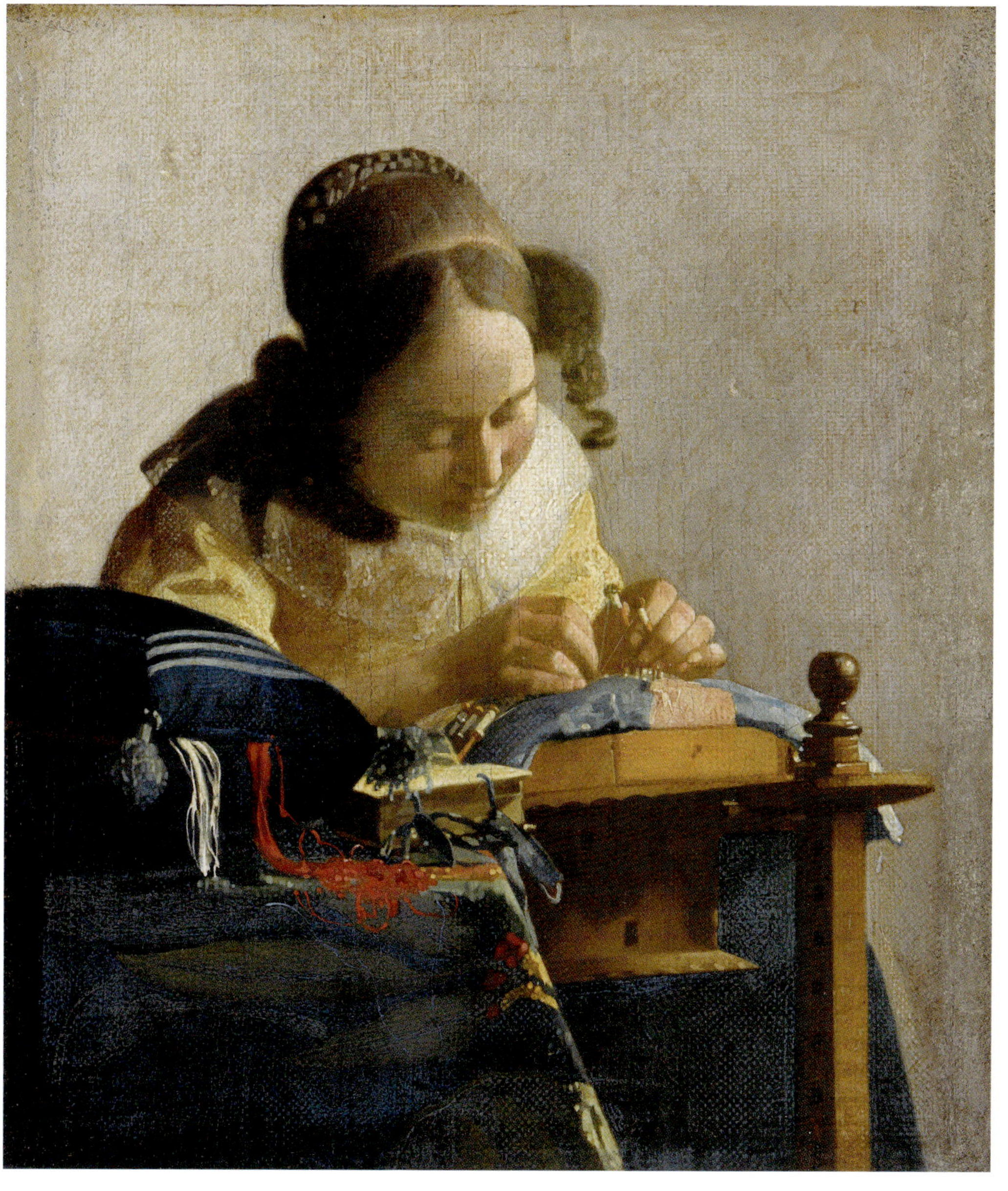

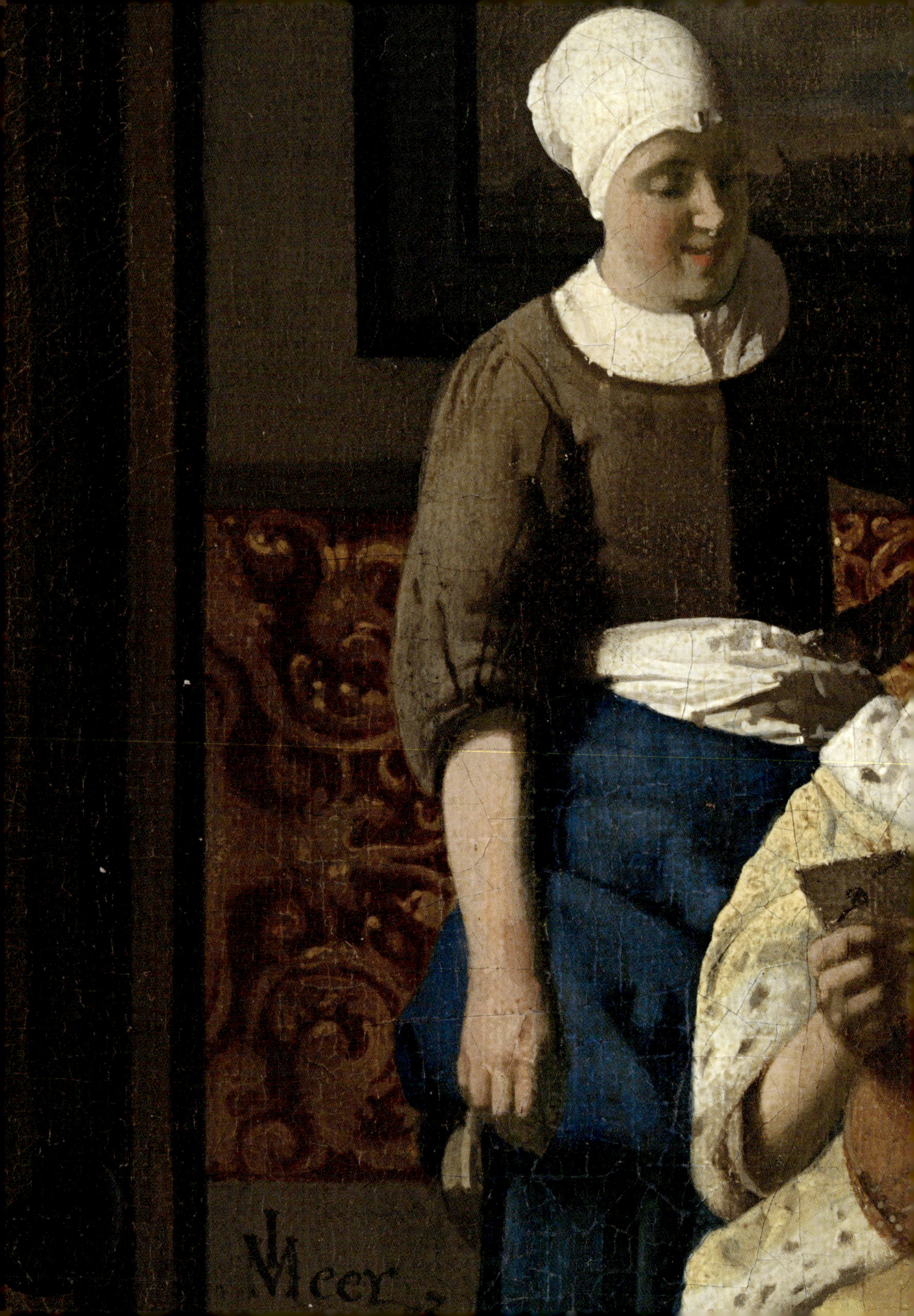

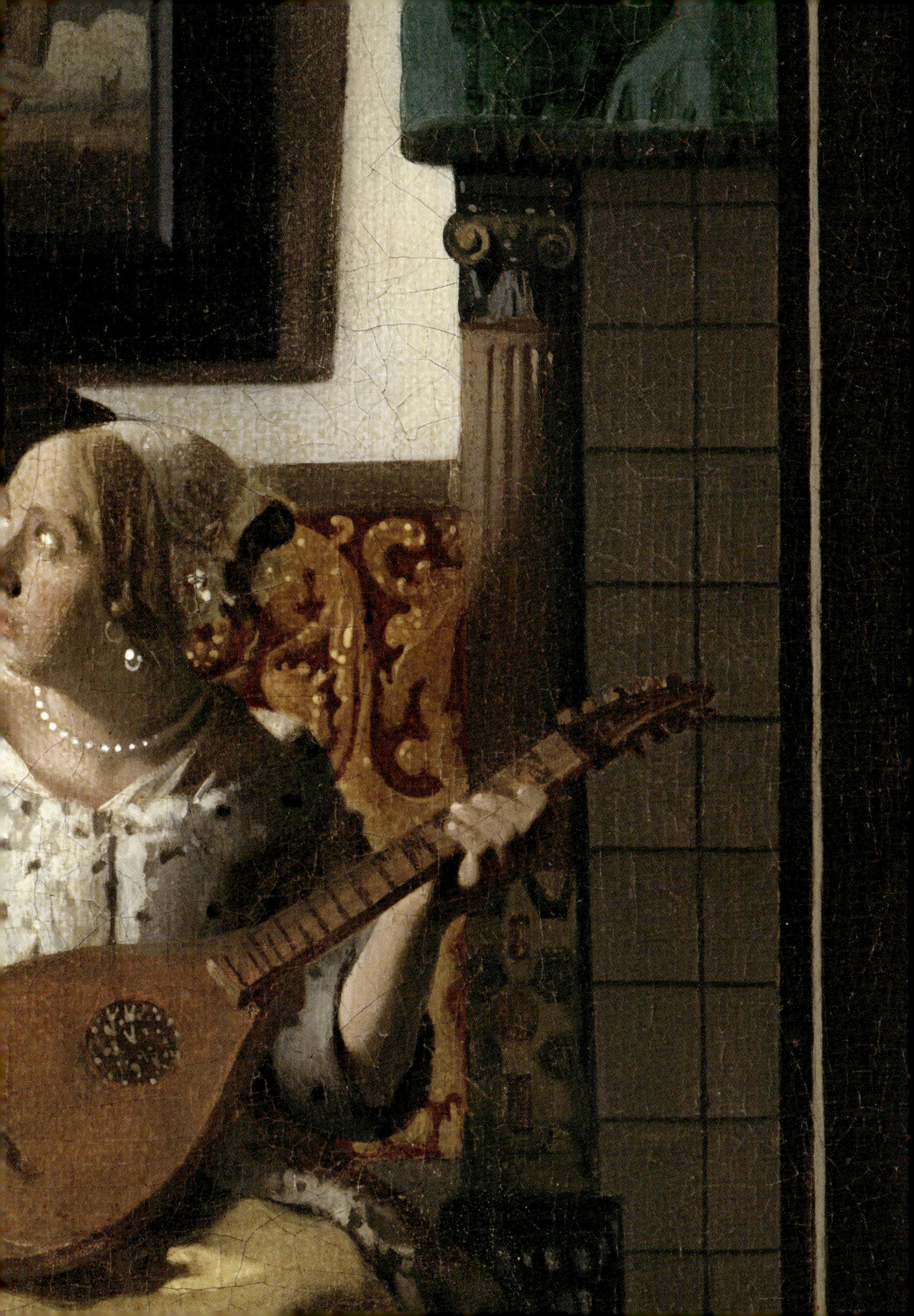

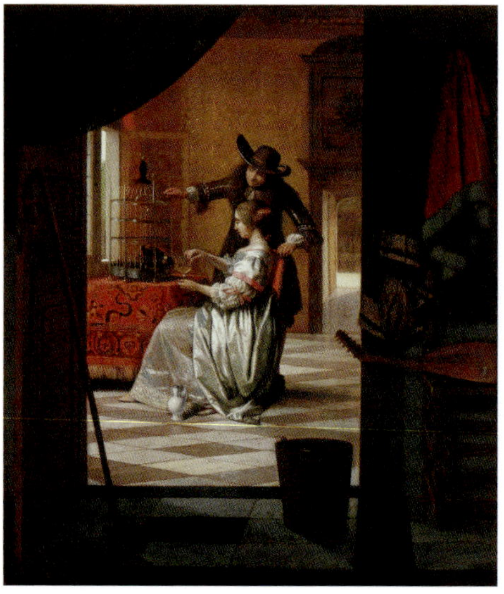

Pieter de Hooch
Junges Paar mit Papagei, um 1675–1677
Öl auf Leinwand, 73 x 62 cm
Köln, Wallraf Richartz Museum & Fondation Corboud

Der Liebesbrief, um 1669/70
Öl auf Leinwand, 44 x 38 cm
Amsterdam, Rijksmuseum

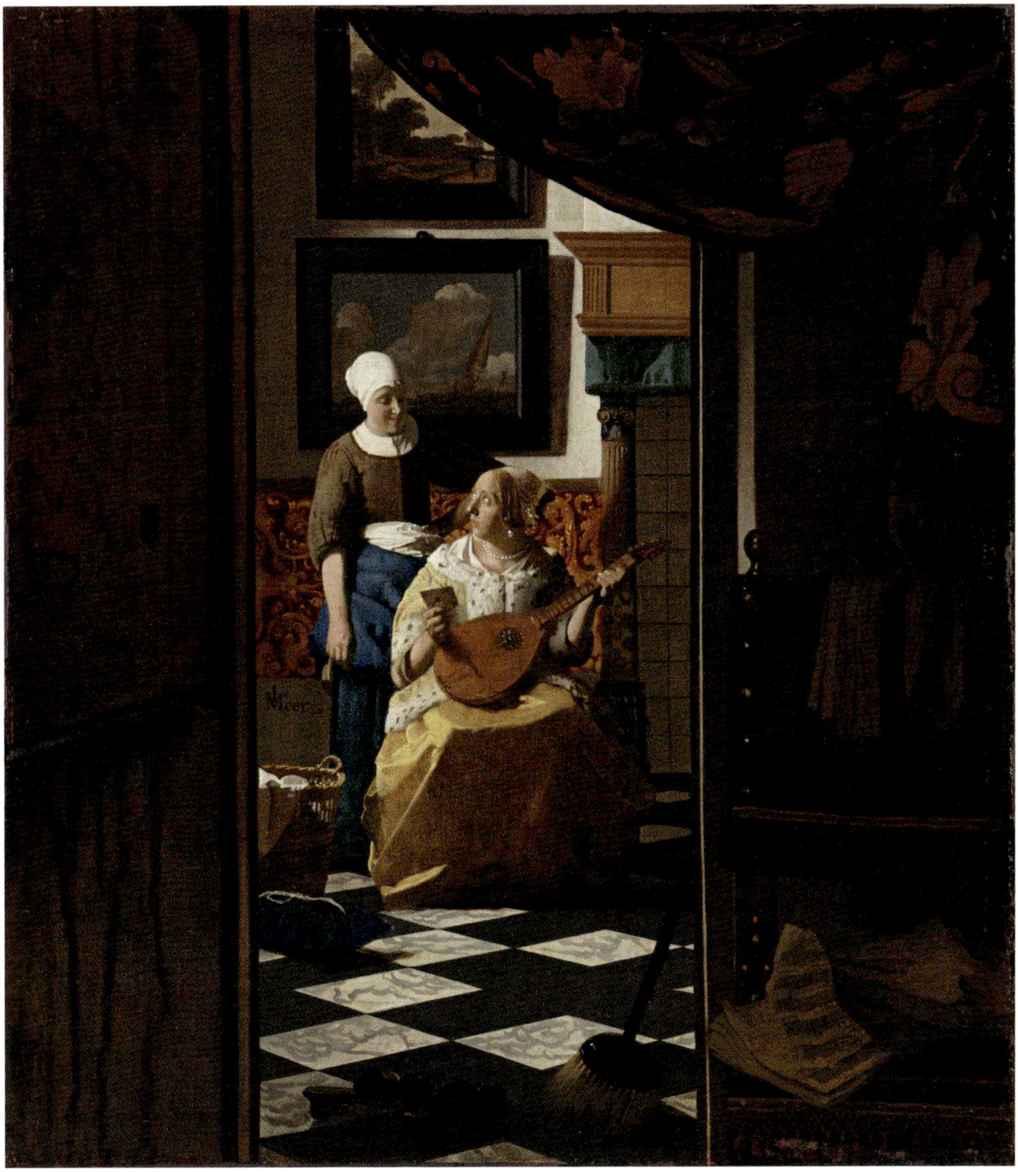

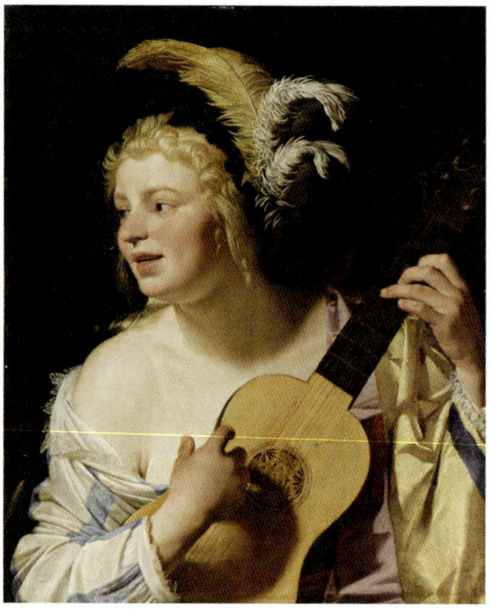

Gerard van Honthorst, **Gitarrespielerin**, 1624
Öl auf Leinwand, 82 x 68 cm
Paris, Musée du Louvre

Gitarrespielerin, um 1669–1672
Öl auf Leinwand, 51,4 x 45 cm
London, Kenwood House, The Iveagh Bequest

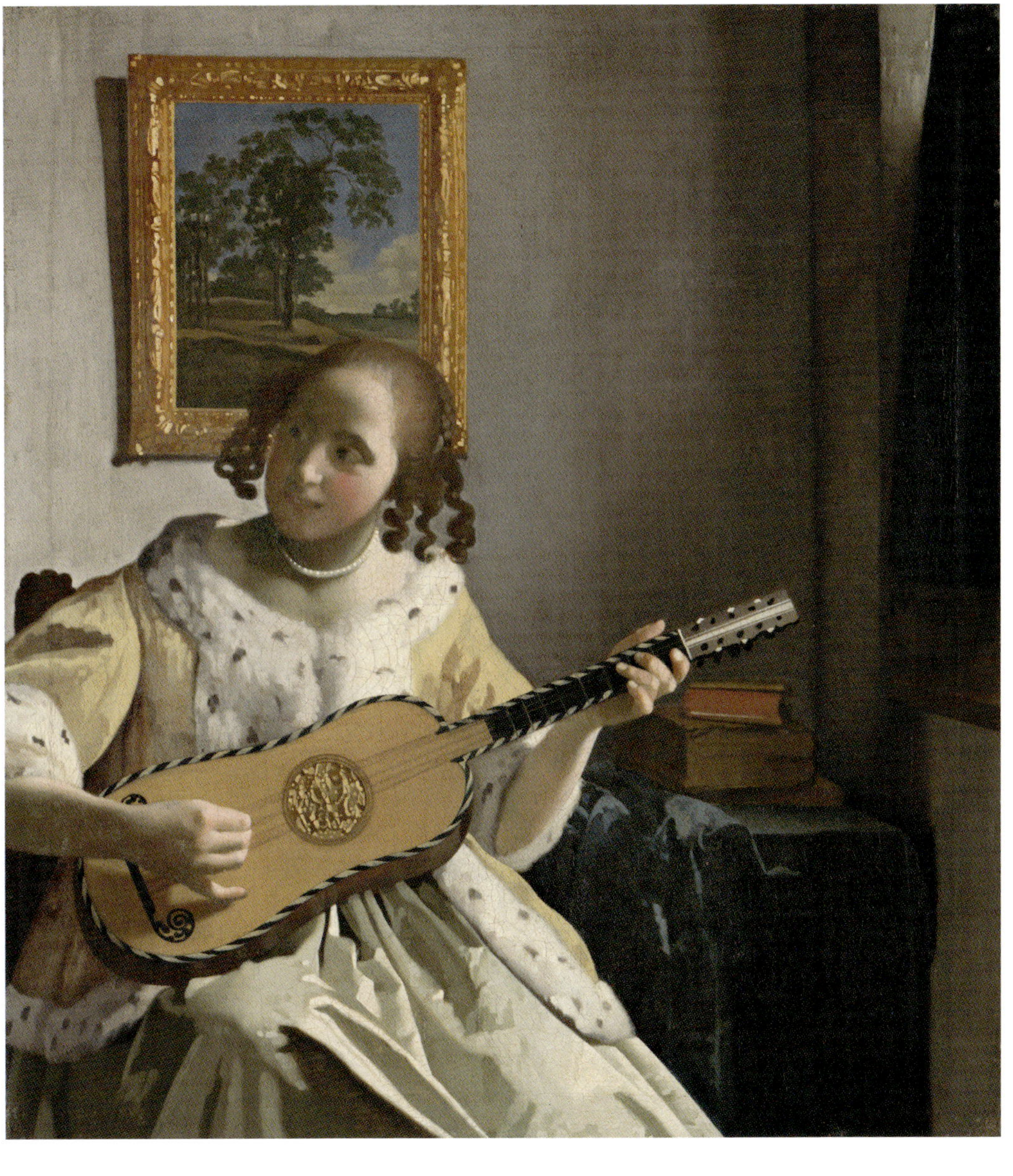

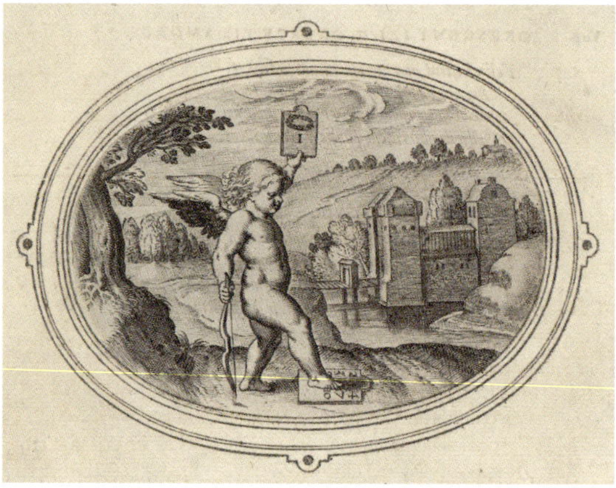

Otto van Veen, **Emblem „Perfectus amor non est nisi ad unum“**
in: *Amorum Emblemata*, Antwerpen 1608

Stehende Virginalspielerin
(Junge Frau an einem Virginal stehend), um 1670–1672
Öl auf Leinwand, 51,8 x 45,2 cm
London, The National Gallery

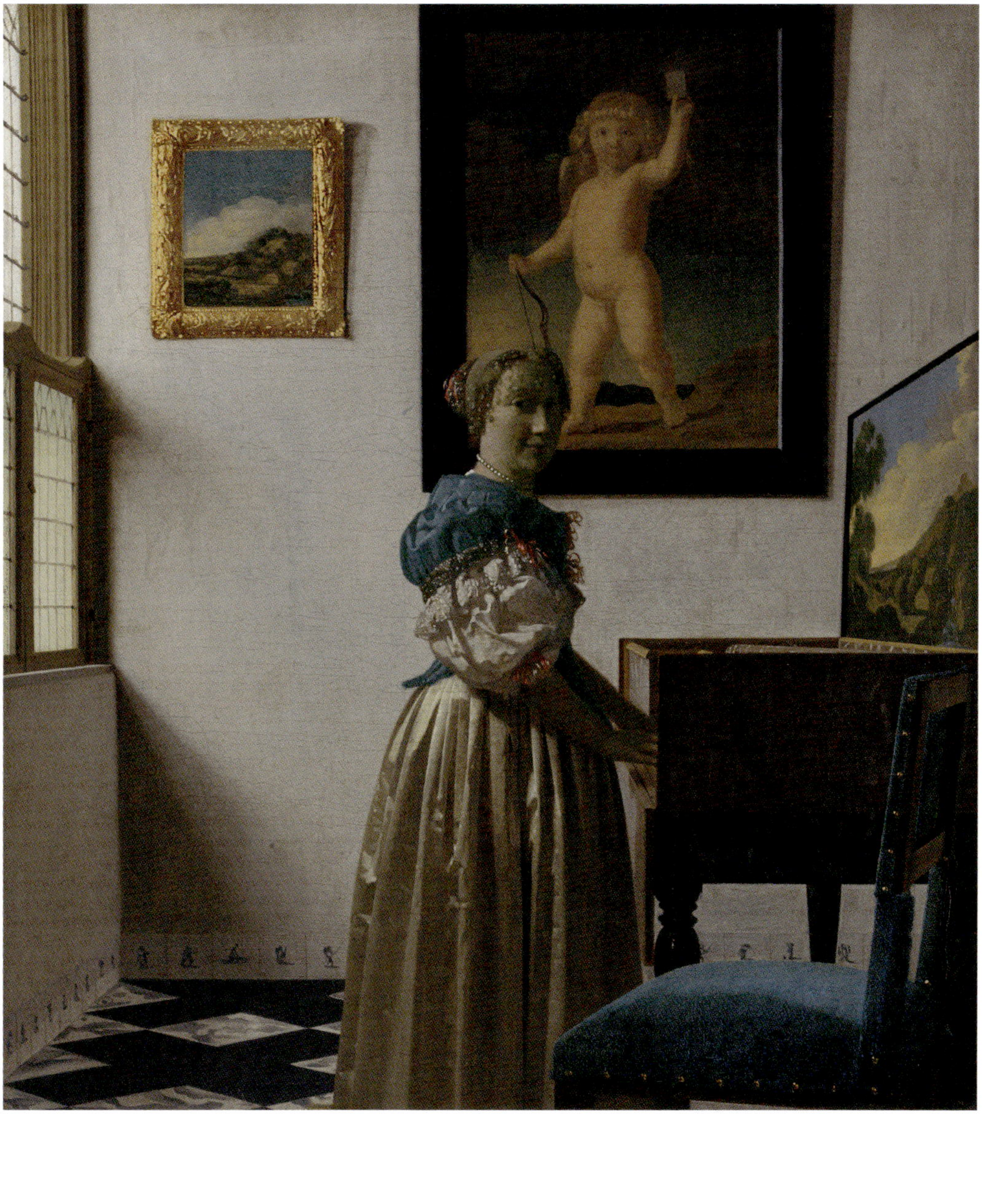

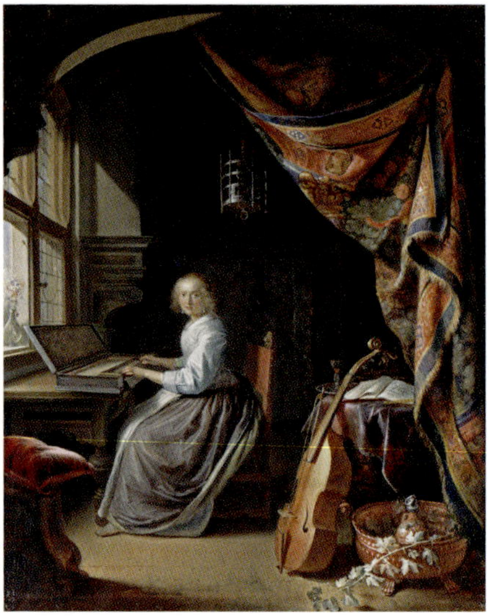

Gerard Dou, **Dame am Clavichord**, um 1665
Öl auf Holz, 37,7 x 29,8 cm
London, Dulwich Picture Gallery

Sitzende Virginalspielerin
(Junge Frau an einem Virginal sitzend), um 1672–1675
Öl auf Leinwand, 51,5 x 45,6 cm
London, The National Gallery, Salting Bequest, 1910

Seite 287–289
Briefschreiberin und Dienstmagd (Detail), um 1670/71
(siehe Abb. S. 291)

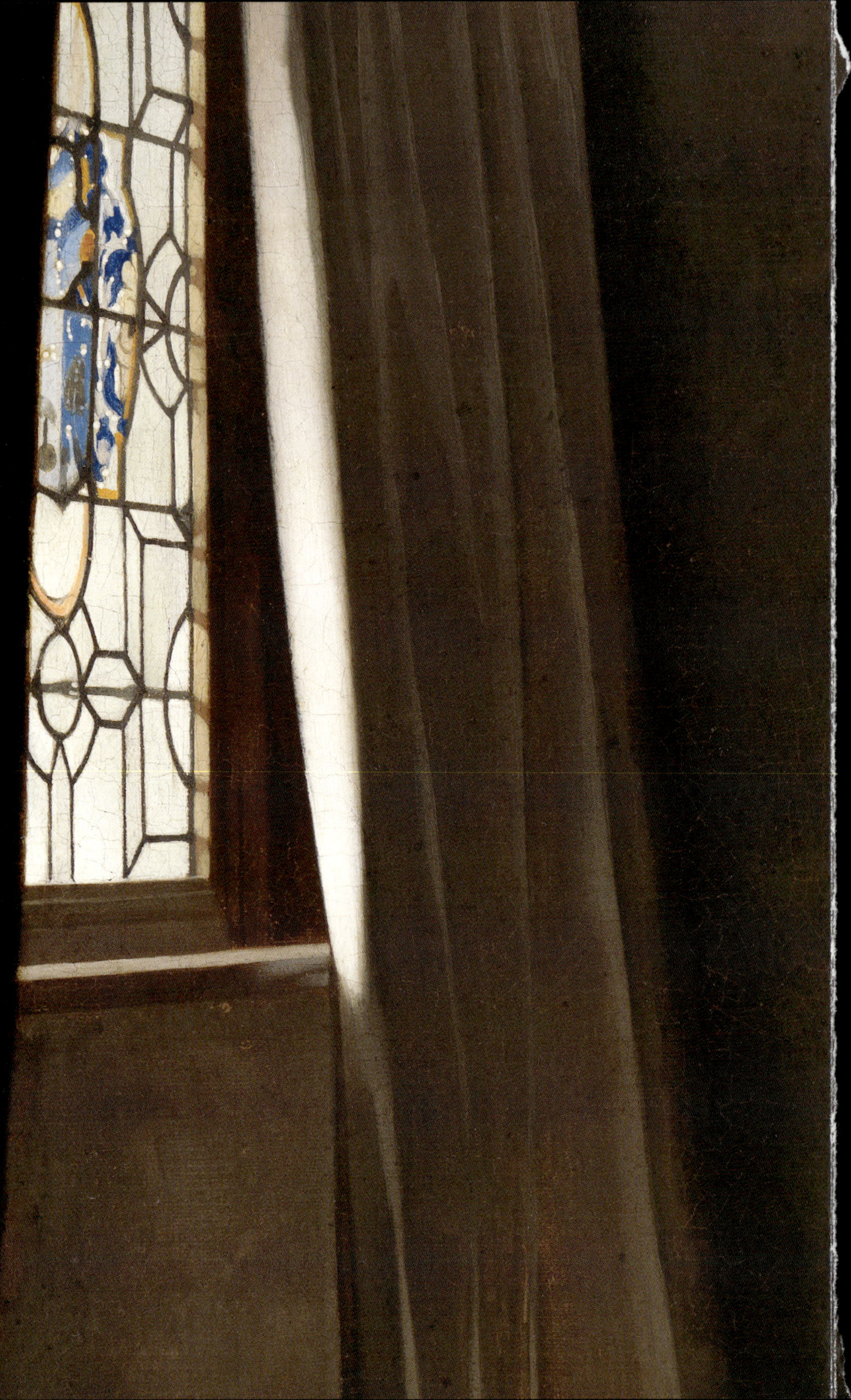

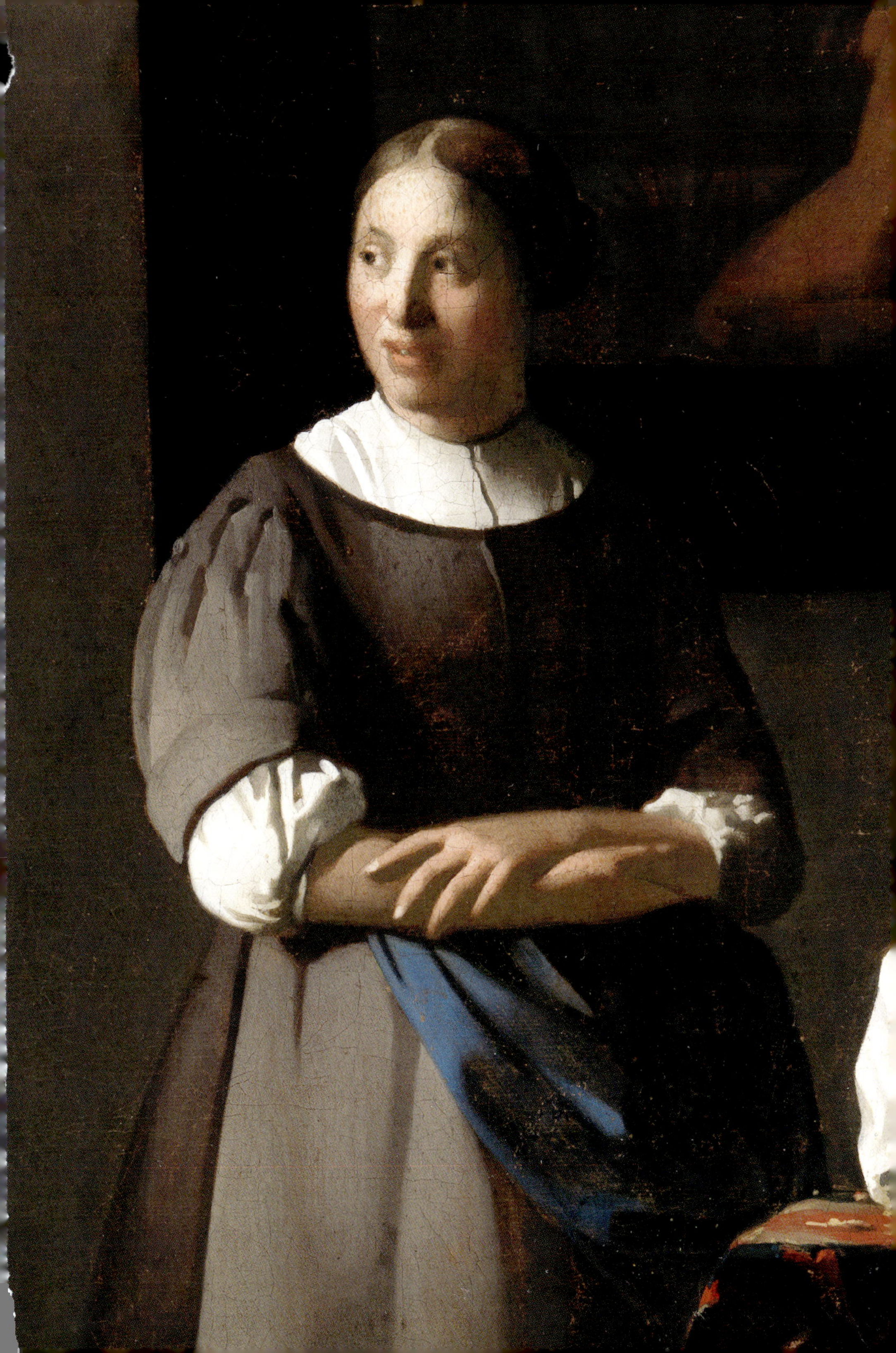

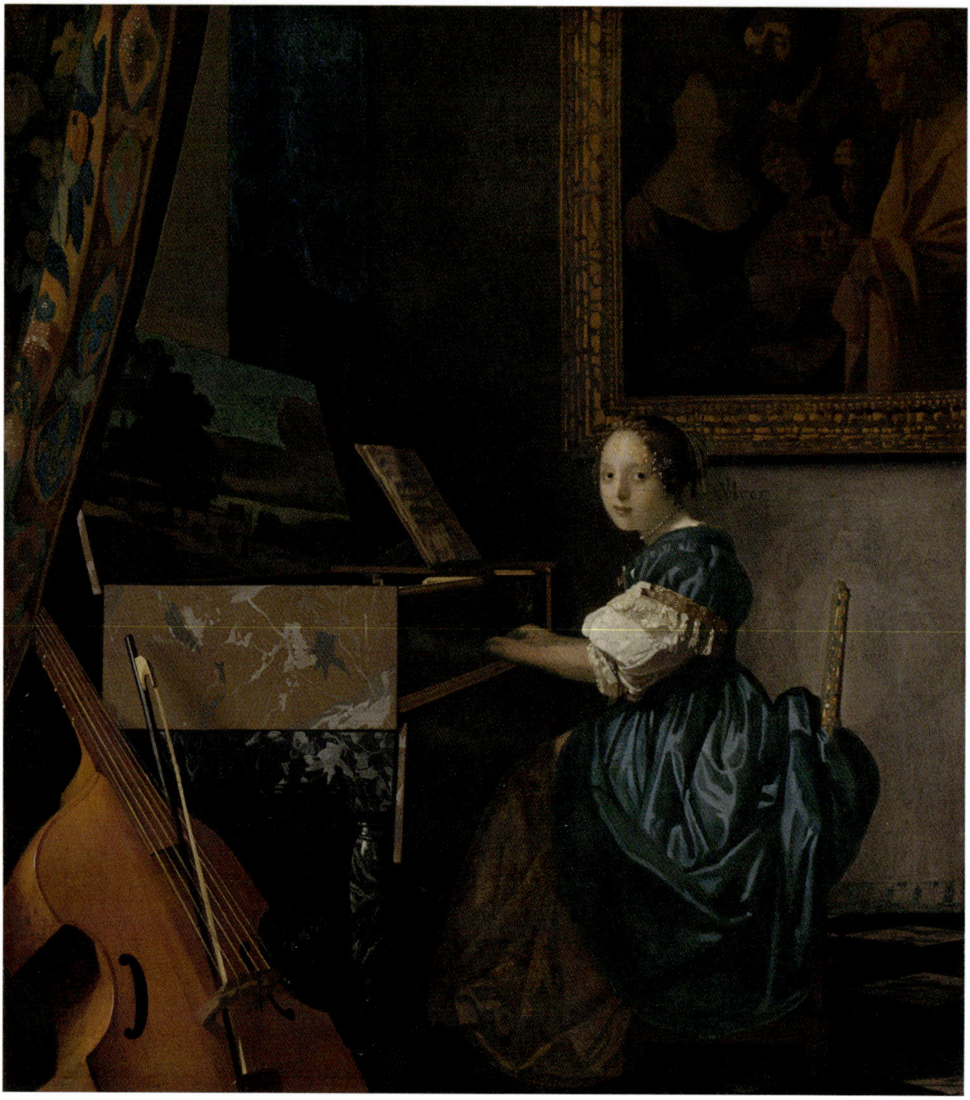

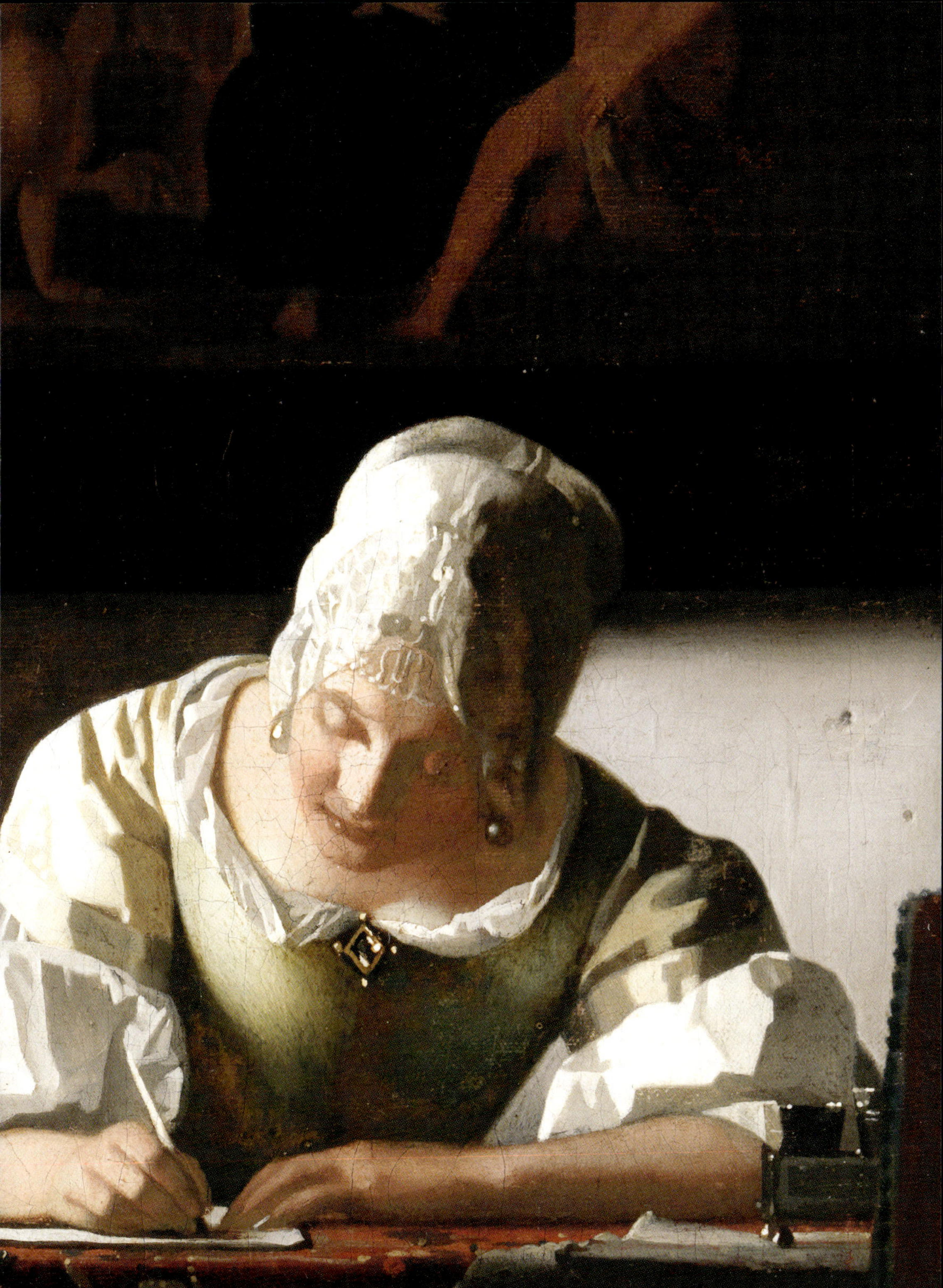

Briefschreiberin und Dienstmagd, um 1670/71
Öl auf Leinwand, 72,2 x 59,7 cm
Dublin, National Gallery of Ireland

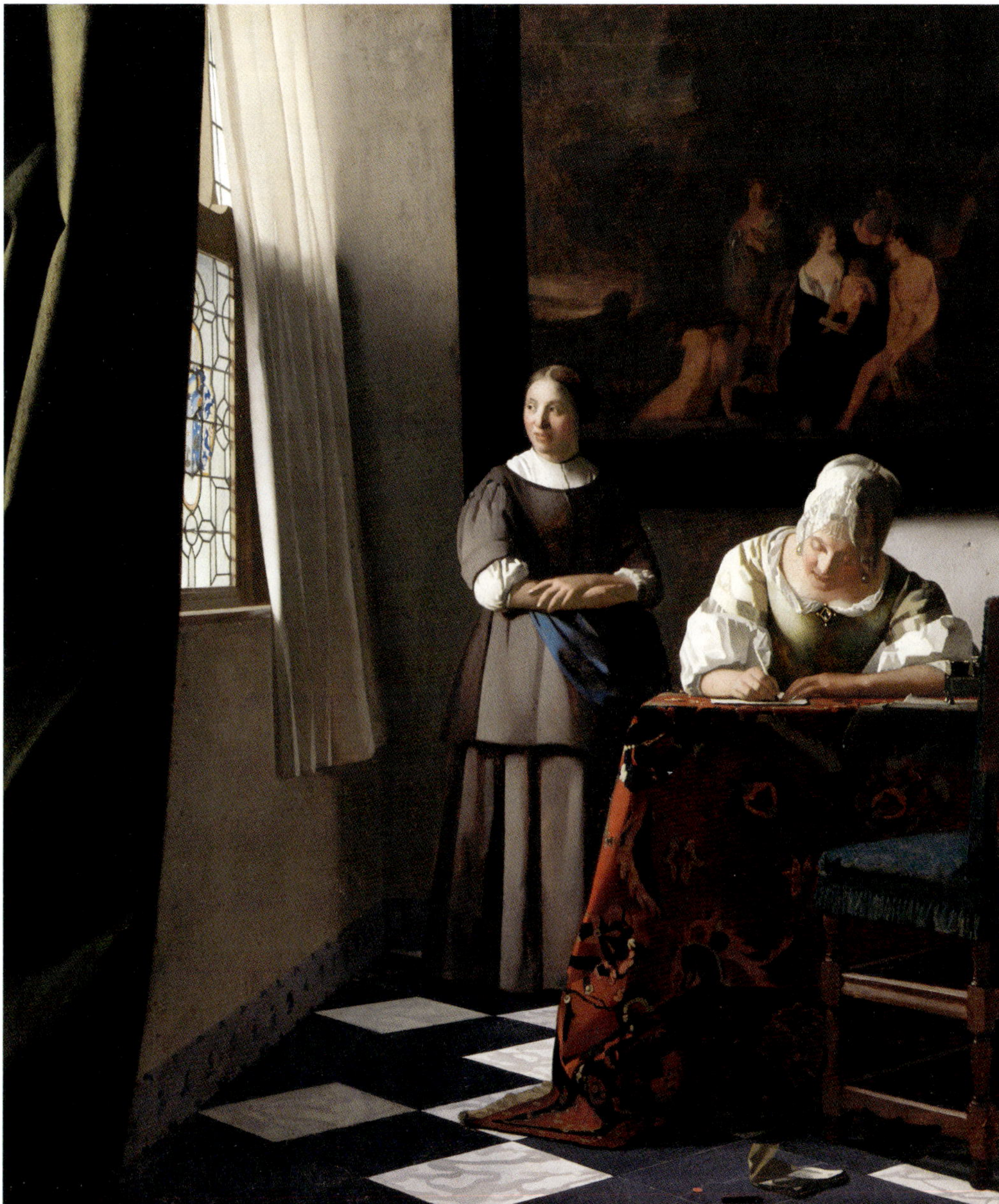

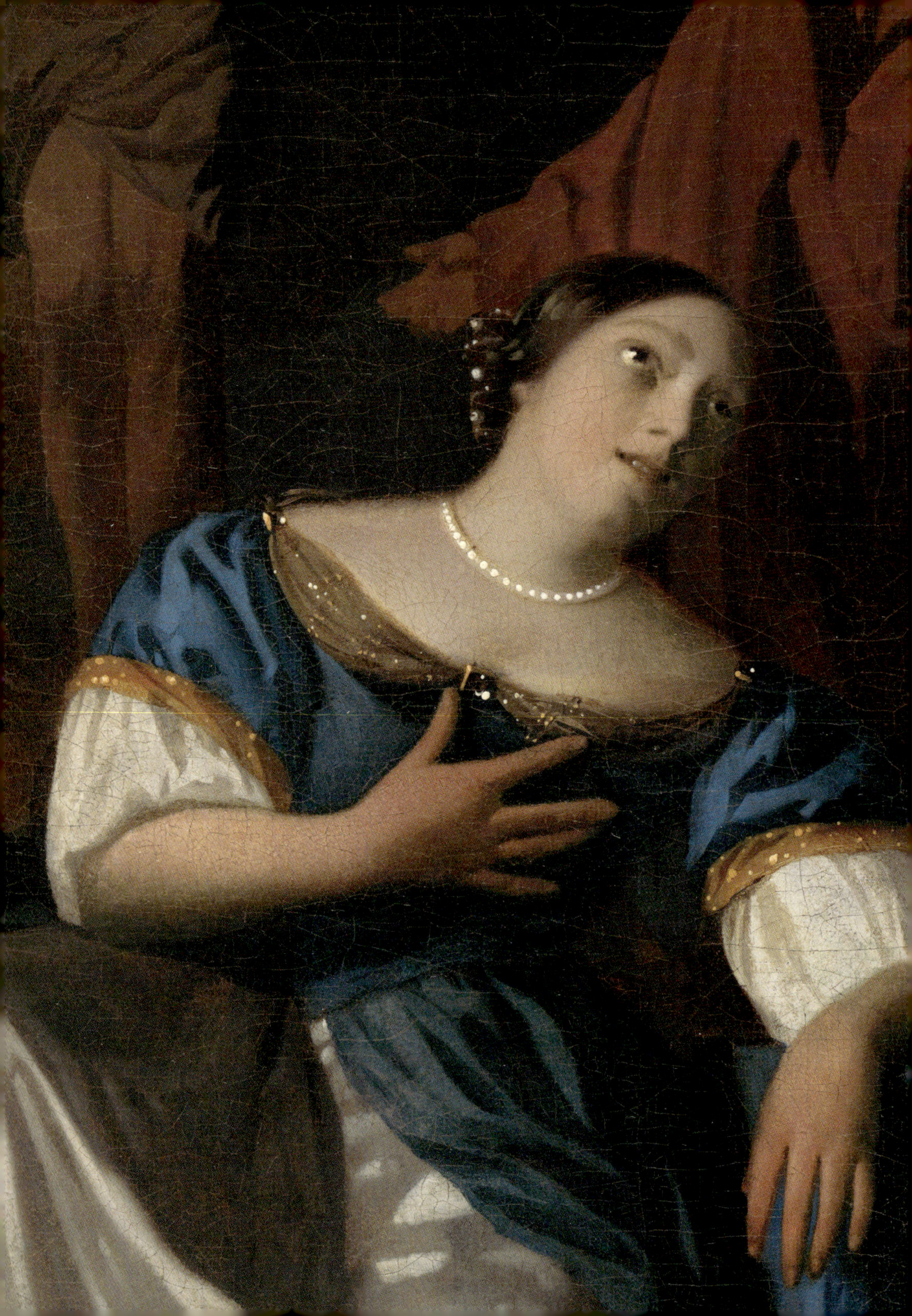

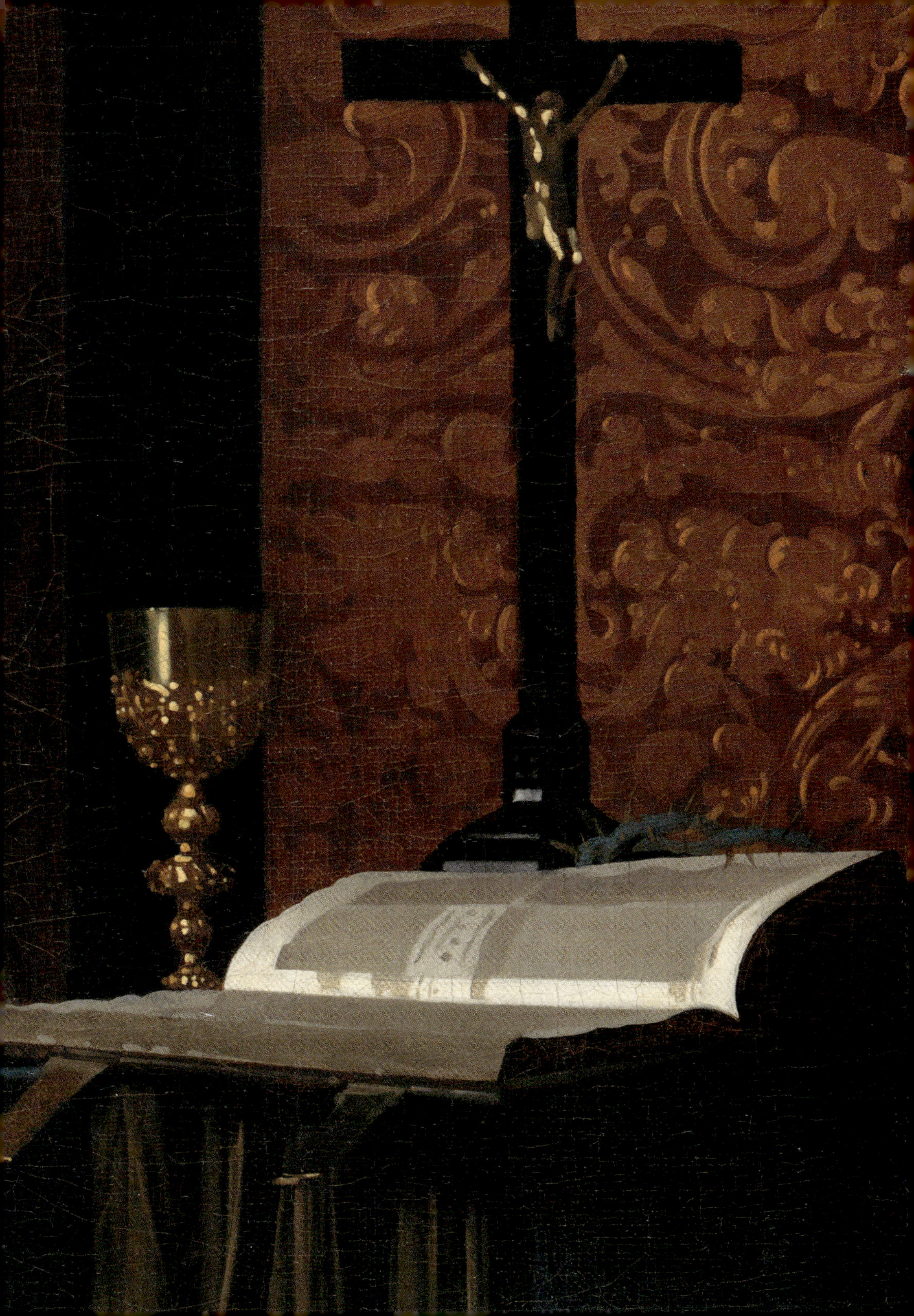

Seite 292/293 und 295
Allegorie des Glaubens (Details), um 1671–1674
(siehe Abb. S. 297)

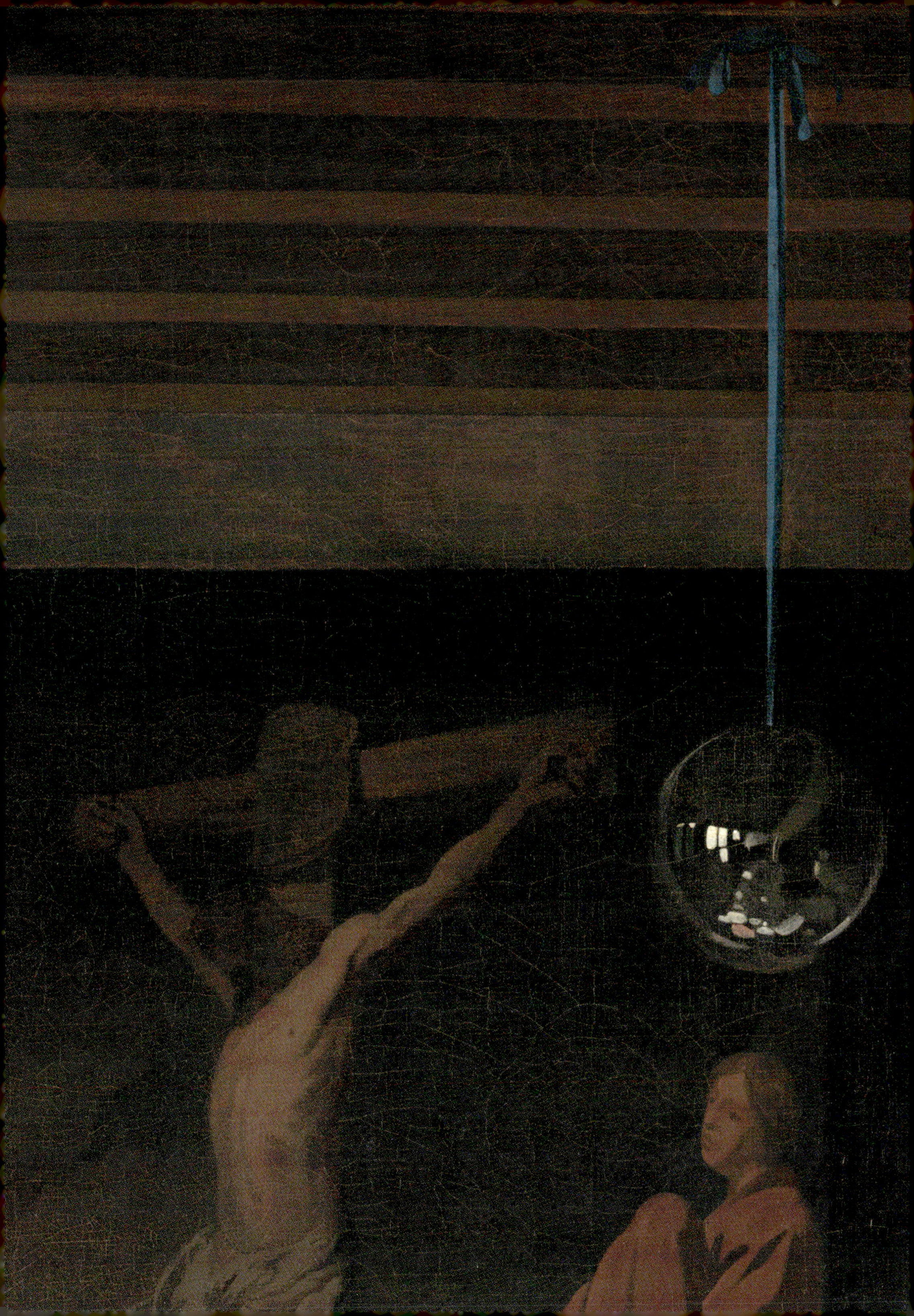

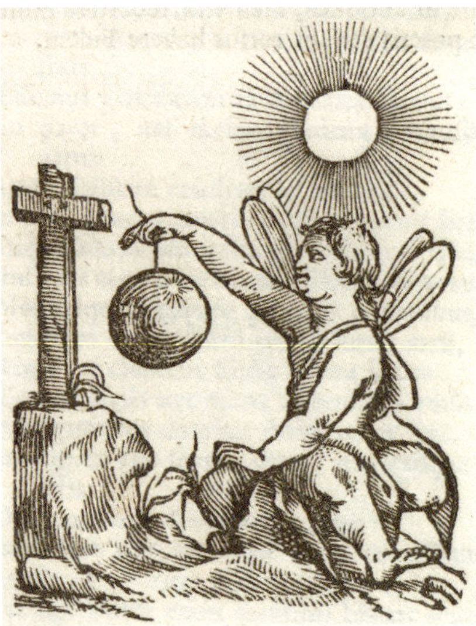

J. C. Jegher, **Emblem „Capit Quod Non Capit“**
in: Guilielmus Hesius, *Emblemata sacra de fide, spe, charitate*, Antwerpen 1636

Allegorie des Glaubens, um 1671–1674
Öl auf Leinwand, 114,3 x 88,9 cm
New York, The Metropolitan Museum of Art, The Friedsam Collection,
Bequest of Michael Friedsam, 1931

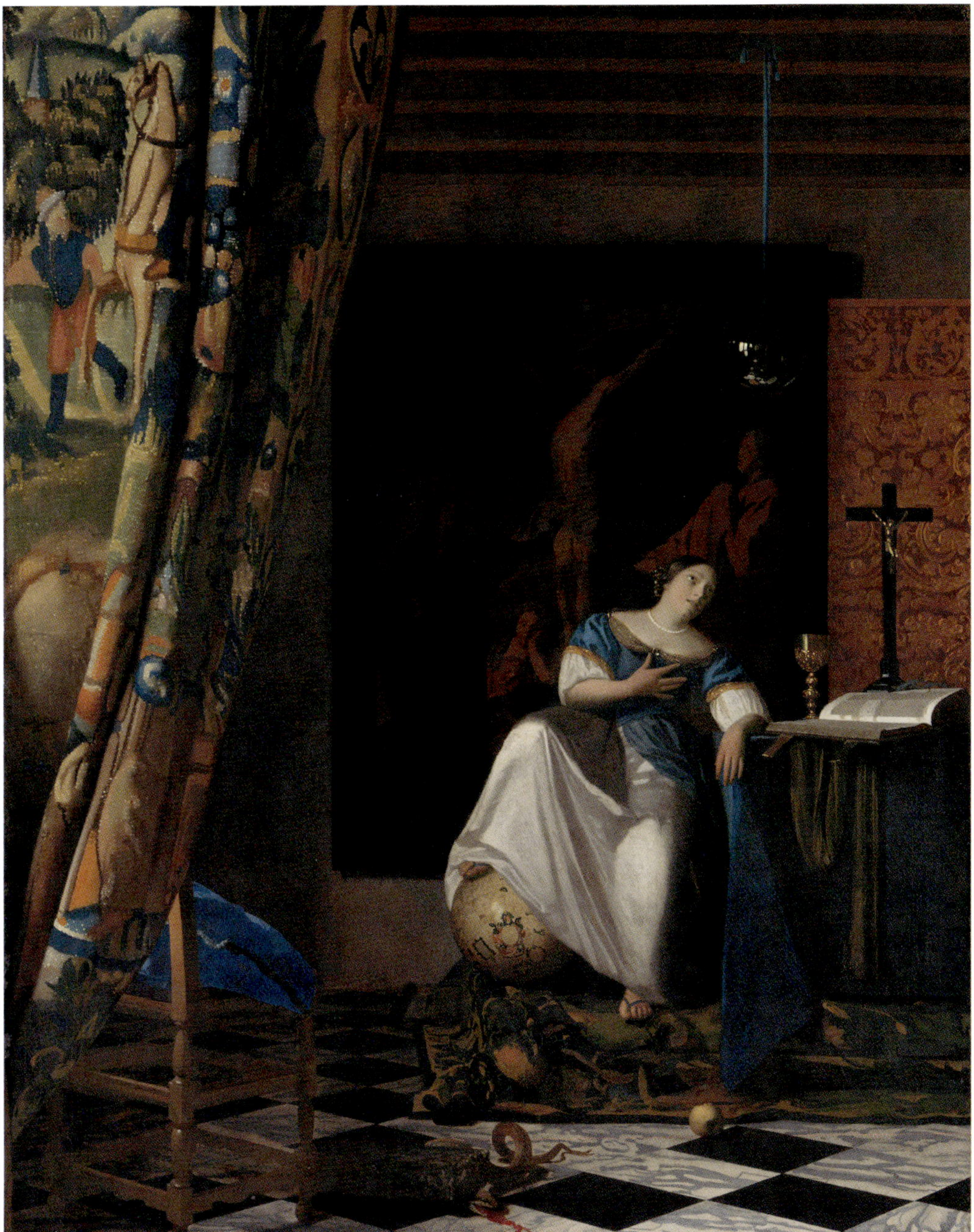

Epilog: Vermeers Wiederentdeckung und später Ruhm

„Vermeer war … der holländischste der Holländer und wahrlich das edelste und größte, das klassische Beispiel der Übereinstimmung Hollands mit sich selbst."

WILHELM HAUSENSTEIN, 1924

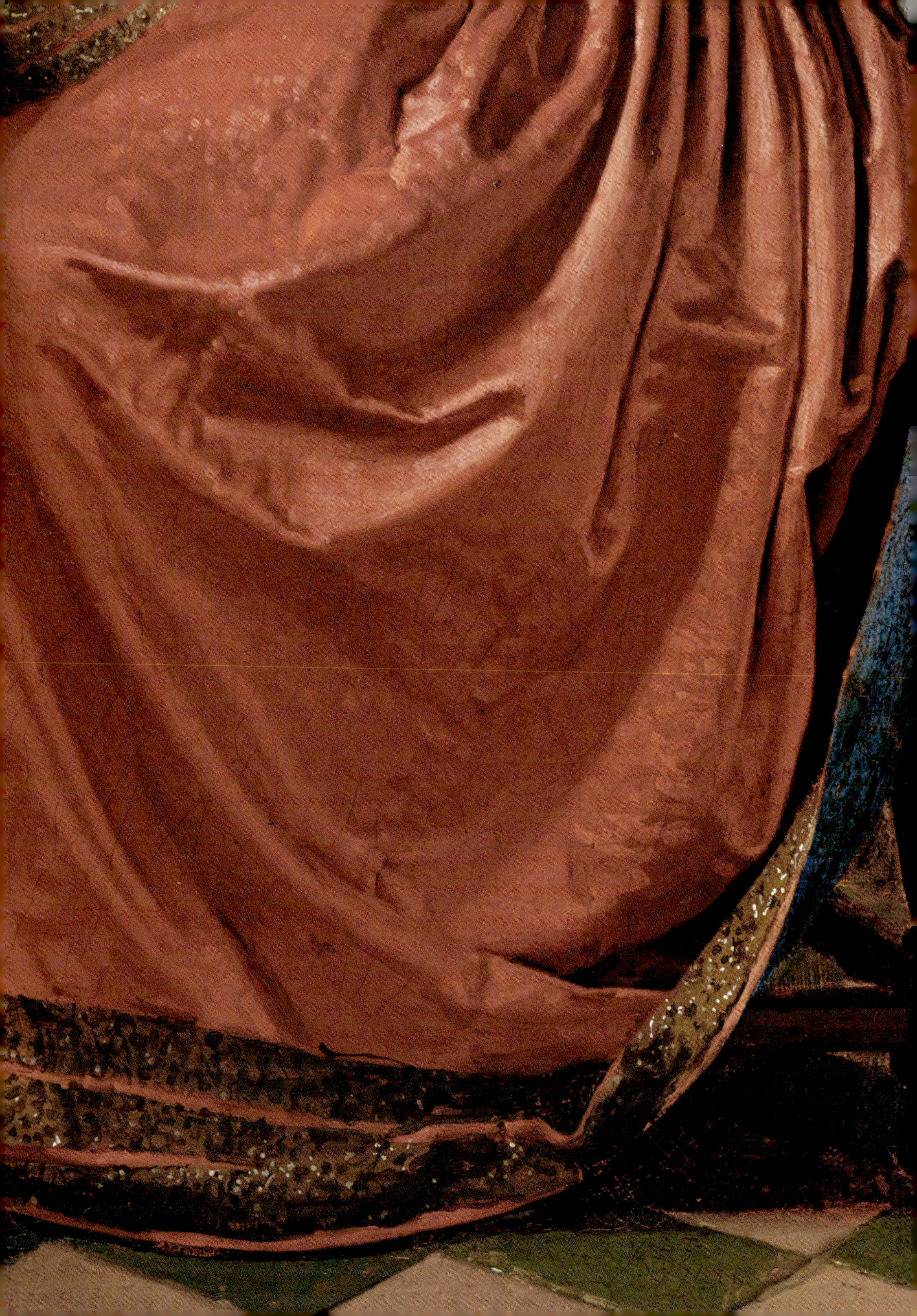

Die Vorstellungen von Vermeers Leben und seiner Malerei sind wie die vieler anderer großer Künstler von Klischees geprägt. Einem im 19. Jahrhundert wurzelnden romantischen Künstlerideal folgend, hielt man den Maler für ein verkanntes Genie, der sein Leben in bitterer Armut fristete und dessen Werk nach seinem Tod in Vergessenheit geriet, bis sich endlich jemand fand, ihn dieser Vergessenheit zu entreißen, der selbst geniale Züge tragen musste. Der französische Kunstkritiker Étienne-Joseph Théophile Thoré gestaltete sich selbst nach diesem Bild für die Nachwelt als Wiederentdecker Vermeers.

Die Quellenforschungen von Montias haben hingegen gezeigt, dass Vermeer zu Lebzeiten weder unbekannt noch verkannt war. Niederländische Kunsthistoriker haben darauf hingewiesen, dass Vermeer in seiner Heimat auch im 18. und frühen 19. Jahrhundert kein völlig Unbekannter war, wie vor allem an Erwähnungen von Bildern mit dem richtigen Namen in Versteigerungskatalogen und den dabei erzielten Preisen zu erkennen ist, aber auch an Nachahmungen wie den um 1800 entstandenen Werken des Derk Jan van der Laan (1759–1829).[306] In einigen wenigen Einzelfällen haben Kunstkenner Vermeer erwähnt, wie der französische Kunsthändler Jean-Baptiste Pierre Lebrun (1748–1813), der in seinem 1792 erschienenen Stichwerk *Galerie des peintres flamands, hollandais et allemands* (Galerie flämischer, holländischer und deutscher Maler) schrieb: „Dieser Vermeer, den die Historiker nicht erwähnen, verdient besondere Aufmerksamkeit. Er ist ein sehr großer Maler in der Art Metsus. Seine Gemälde sind seltsam, und sie sind in Holland bekannter und werden hier mehr geschätzt als irgendwo anders".[307]

Einige Bilder, wie *Das Milchmädchen* (Kat. 8) oder die *Briefleserin in Blau* (Kat. 16), zwei Bilder, die in ihrer Sammlungsgeschichte nie die Niederlande verlassen haben und sich heute im Amsterdamer Rijksmuseum befinden, galten im Verlauf des gesamten 18. und 19. Jahrhunderts immer als Werke Vermeers. 1719, mehr als vierzig Jahre nach dem Tod des Künstlers, wird das *Milchmädchen* im Inventar eines Amsterdamer Sammlers als *het vermaerde Melkmeysje, door Vermeer van Delft, konstig* (das berühmte Milchmädchen von Vermeer van Delft, kunstvoll)[308] bezeichnet, etwa hundert Jahre später, 1813, erwarb die Amsterdamer Sammlerin Lucretia Johanna van Winter (1785–1845), die später Hendrik Six van Hillegom heiraten sollte, das Bild für den hohen Preis von 2125 fl.

Etwas mehr als ein Drittel der heute bekannten Bilder Vermeers wird in holländischen Sammlungsinventaren oder Versteigerungskatalogen aus der Zeit zwischen etwa

Seite 299
Briefschreiberin und Dienstmagd (Detail), um 1666/67
(siehe Abb. S. 215)

Das Glas Wein (Detail), um 1658–1660
(siehe Abb. S. 166/167)

1700 und 1850 mit seinem Namen genannt. Das ist eine erstaunlich große Zahl, auch wenn die meisten Bilder nur ein einziges Mal unter ihrem richtigen Autor erwähnt werden und die richtige Zuschreibung wieder in Vergessenheit geriet. So ist das *Brieflesende Mädchen am offenen Fenster* (Kat. 5) vielleicht identisch mit „Een leezent Vrouwtje in een kamer, door vander Meer van Delft" (eine lesende Frau in einem Zimmer, von vander Meer von Delft) in einer Versteigerung von 1712, während es 1742 beim Verkauf an Kurfürst Friedrich August II. von Sachsen (König August III. von Polen, 1696–1763) als Werk Rembrandts galt.

Die Bilder Vermeers, die schon im 18. Jahrhundert in fürstliche Sammlungen kamen, waren die ersten, die über die Grenzen Hollands hinausgelangten, dabei allerdings unter den Namen anderer Künstler liefen. Bereits am Anfang des 18. Jahrhunderts erwarb Herzog Anton Ulrich von Braunschweig-Wolfenbüttel *Das Mädchen mit dem Weinglas* (Kat. 10). Im ersten, 1710 von dem Maler Tobias Querfurt (um 1670–1730) verfassten Katalog seiner Sammlung wird das Bild zum ersten Mal erwähnt, wobei der Autor, der zugleich als Kunstagent des Herzogs fungierte und vermutlich den Kauf des Bildes arrangiert hatte, die Eintragung im Katalog der Versteigerung der Sammlung Dissius von 1696 zitierte. 1741 erwarb Kurfürst Friedrich August II. von Sachsen die *Kupplerin* (Kat. 3), die sich vorher in der Sammlung der Grafen von Waldstein in Böhmen als Gerard van Honthorst befunden hatte, im Jahr darauf das *Brieflesende Mädchen am offenen Fenster* als Rembrandt; dieses Werk erkannte der Dresdner Galerieinspektor Johann Anton Riedel in seinem Galeriekatalog von 1806 zum ersten Mal als „Van der Meer aus Delft".[309] *Die Musikstunde* (Kat. 13) wurde 1762 an den britischen König Georg III. (1738–1820) als Frans van Mieris verkauft und später Eglon van der Neer zugeschrieben; schließlich gelangte die mit einer falschen Signatur Pieter de Hoochs versehene *Malkunst* (Kat. 26) 1805 aus der Wiener Sammlung Gottfried van Swietens in die ebenfalls Wiener Sammlung der Grafen Czernin.

Eine erste Wende in der Bekanntheit Vermeers, zumindest in seiner Heimat, ergab sich mit der aufsehenerregenden Erwerbung der *Ansicht von Delft* (Kat. 12) durch das Mauritshuis in Den Haag im Jahr 1822. Das Bild befand sich vorher in Privatbesitz, war aber durch Kopien bekannt. So war 1814 eine Kopie von Pieter Ernst Hendrik Praetorius (1791–1820) in Amsterdam ausgestellt, die als „Een Stadsgezicht, zijnde een kopij naar een beroemd Schilderij van den Delftschen Van der Meer"[310] beschrieben wurde (Eine Stadtansicht, die eine Kopie nach einem berühmten Bild vom Delfter Van der Meer ist). Durch dieses eine Bild wurde allerdings die Vorstellung von der Malerei Vermeers in eine falsche Richtung gelenkt, nämlich in die eines bedeutenden Landschaftsmalers.

Etwa gleichzeitig wurde das Bild *Bei der Kupplerin* zum ersten Mal als Werk Vermeers erkannt. Es war, wie aus der Signatur ersichtlich, in den Inventaren der Dresdner Galerie des frühen 19. Jahrhunderts als Johann van der Meer geführt, wobei offenbar der vor

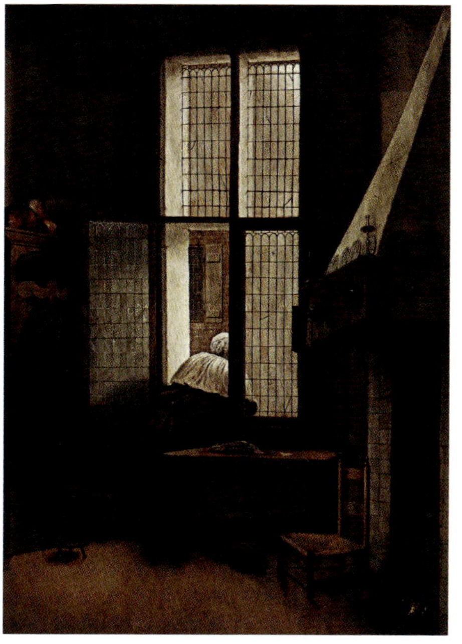

allem als Maler von Landschaften bekannte Johannes oder Jan van der Meer van Haarlem d. J. gemeint war. Die Kataloge der Galerie ab 1826 bezeichnen das Bild als Werk des „Jacob van der Meer van Utrecht", womit wohl der zweite zeitgleiche Namensvetter Johannes Vermeers, Johan van der Meer van Utrecht, gemeint war.[311] Der englische Kunsthändler, Connaisseur und Autor John Smith (1781–1855) erkannte bei einem Besuch um 1830 als Erster Johannes Vermeer van Delft als den wahren Autor des Bildes und notierte ihn in seinem Handexemplar des Dresdner Galeriekatalogs.[312] Da er seine Entdeckung aber nicht publizierte, gilt Thoré-Bürger als der Erste, der 1859 die Dresdner *Kupplerin* als Werk Vermeers erkannte. Er beschreibt, wie die Bezeichnung Vermeer van Utrecht im Dresdner Galeriekatalog seine Aufmerksamkeit auf das in der Dresdner Galerie hoch an der Wand hängende Bild zog, das er mit Kennerblick als Werk Vermeer van Delfts erkannt habe.[313] Er erhielt die Erlaubnis, auf eine Leiter zu steigen, um das Bild aus der Nähe zu betrachten. Dabei entdeckte er die Signatur in der rechten unteren Bildecke und gewann aus ihrer Übereinstimmung mit bereits bekannten Signaturen sowie aus der Datierung 1656 die Gewissheit, ein Jugendwerk von Johannes Vermeer vor sich zu haben.

Es ist die außergewöhnliche Leistung Thorés, den Zusammenhang der *Ansicht von Delft* mit den Genrebildern Vermeers erkannt zu haben. Um 1842 sah er zum ersten Mal das Bild im Mauritshuis und war fasziniert vom Realismus und der Naturtreue der Darstellung. Er verglich den ihm bis dahin unbekannten Vermeer mit den größten holländischen Malern, mit Rembrandt oder Frans Hals, und erkannte in ihm einen ebenso großen Künstler. Bei späteren Reisen nach Holland sah er in der Sammlung Six in Amsterdam das *Milchmädchen* (Kat. 8) und die *Kleine Straße* (Kat. 9) als Werke Vermeers und beobachtete dieselbe Wirklichkeitsnähe, die er an seinen Zeitgenossen, etwa an Gustave Courbet (1819–1877), so sehr schätzte und bewunderte. Thoré war gegenüber

Jacobus Vrel, **Frau am Fenster**, 1654
Öl auf Holz, 66,5 x 47,4 cm
Wien, Kunsthistorisches Museum, Gemäldegalerie

den neuen Strömungen in der zeitgenössischen französischen Malerei besonders aufgeschlossen, er verehrte Eugène Delacroix (1798–1863) und die Schule von Barbizon, während er die beim Publikum in den jährlichen Salons erfolgreiche Historienmalerei vehement ablehnte. Später begrüßte er den Impressionismus und gehörte zu den ersten Verteidigern des von Kritik und Publikum angegriffenen Édouard Manet (1832–1883). In der Revolution von 1848 war Thoré Anhänger von Pierre Leroux (1797–1871) und der radikalen Partei, er musste Frankreich verlassen und verbrachte die nächsten Jahre im Exil auf Reisen in England, den Niederlanden und Deutschland und publizierte unter dem Pseudonym William Bürger.

Im ersten Band seiner 1858 erschienenen *Musées de la Hollande* nannte Thoré-Bürger neben der *Ansicht von Delft* die beiden Bilder aus der Sammlung Six als Werke Vermeers, 1859 kam im Katalog der Sammlung Arenberg in Brüssel der *Studienkopf einer jungen Frau* (Kat. 22) aus dieser Sammlung hinzu. Zur gleichen Zeit war auch Gustav Friedrich Waagen (1794–1868), Direktor der Berliner Gemäldegalerie und Professor für Kunstgeschichte an der Berliner Universität, auf Vermeer aufmerksam geworden und entdeckte *Die Malkunst* in der Sammlung Czernin in Wien als Werk Vermeers. Das Bild wurde auch von Thoré als Vermeer vermutet, er hatte es jedoch nicht im Original gesehen. Im zweiten Band der *Musées de la Hollande* von 1860 konnte Thoré-Bürger ein mehr als doppelt so großes Œuvre Vermeers präsentieren, und als er seine Forschungen zu dem Künstler mit dem großen Aufsatz in der *Gazette des Beaux-Arts* (1866) abschloss, umfasste das Œuvreverzeichnis mehr als siebzig Bilder, mehr als die Hälfte davon jedoch unrichtige Zuschreibungen.

Im selben Jahr fand als Annex des Pariser Salons eine *Exposition rétrospective* mit Bildern des 15. bis 19. Jahrhunderts aus mehreren Privatsammlungen statt, in der elf Bilder als Werke Vermeers ausgestellt waren, vier Genrebilder, nämlich *Kavalier und junges Mädchen* (Kat. 6) aus der Sammlung Léopold Double, der *Geograph* (Kat. 28) aus der Sammlung Isaac Péreire sowie zwei Bilder aus Thorés eigener Sammlung, die *Junge Dame mit Perlenhalsband* (Kat. 17) und die *Stehende Virginalspielerin* (Kat. 33). Nur diese vier Bilder stammen tatsächlich von Vermeer selbst, während es sich bei den übrigen sieben um Werke anderer Maler handelte. Zwei der drei Landschaften kamen aus der Sammlung Suermondt in Aachen, darunter die von Thoré-Bürger besonders geschätzte *Cottage rustique* (S. 311), vier Straßenszenen steuerte Thoré aus seiner eigenen Sammlung bei – sie sind bis auf ein Bild, das von Jacobus Vrel stammt (Los Angeles, J. Paul Getty Museum), heute verschollen.[314] Vom Publikum und von der Kritik wurde die Vielfalt der Themen des neu entdeckten Künstlers besonders bewundert; die vielen falschen Zuschreibungen, insbesondere die Vermengung mit Bildern von Jacobus Vrel (tätig um 1654–1662; S. 303)[315], verunklarten allerdings das künstlerische Profil Vermeers.

Thoré-Bürger stand als treibende Kraft hinter der *Exposition rétrospective*, er war nicht nur der Organisator, der seine Verbindungen zu Privatsammlern nutzte, um Leihgaben zu akquirieren, sondern stellte eben auch aus seiner eigenen Sammlung Bilder zur Verfügung. Mit seinen Publikationen, seinen Kontakten zu anderen Kritikern und zu Sammlern war er die unbestrittene Autorität zu Vermeer, deren Hilfe auch von Museen in Anspruch genommen wurde. So beriet er 1864 Sir Charles Eastlake, den Direktor der National Gallery in London, beim geplanten Erwerb eines Bildes von Vermeer für die Galerie, wofür drei Werke zur Auswahl standen, neben der *Briefschreiberin und Dienstmagd* (Kat. 24), die ein halbes Jahrhundert später von Henry Clay Frick (1849–1919) gekauft wurde, zwei Bilder aus Thorés eigener Sammlung, die *Junge Dame mit dem Perlenhalsband*, die schließlich von Barthold Suermondt erworben wurde und mit seiner Sammlung nach Berlin gelangte, und die *Stehende Virginalspielerin*. Eastlake war mit keinem der drei Bilder zufrieden, sodass kein Kauf zustande kam. Die *Stehende Virginalspielerin* kam erst nach der Versteigerung von Thorés Sammlung 1892 in die National Gallery. Eifersüchtig wachte Thoré-Bürger über seine Priorität als Entdecker und reagierte sofort mit Protest, als Waagen für sich in Anspruch nahm, die *Malkunst* als eigenhändiges Bild Vermeers erkannt zu haben.

Die überragende und bis heute gültige Leistung Thoré-Bürgers besteht darin, von drei Bildern ausgehend etwa die Hälfte des bekannten Vermeer-Werks wiedergefunden und publiziert zu haben. Dass er eine Reihe von falschen Zuschreibungen in seinen Katalog aufnahm, verblasst demgegenüber an Bedeutung. Thoré-Bürger starb bereits 1869 und konnte daher nicht mehr erleben, wie der Ruhm des von ihm wiederentdeckten Künstlers bis zum Ende des Jahrhunderts mehr und mehr zunahm, einhergehend mit einem Anstieg der Preise, die für die wenigen Werke, die nach und nach aus bis dahin verborgenen Privatsammlungen auftauchten, im Kunsthandel erzielt wurden.

Thoré-Bürger hatte dazu beigetragen, dass in den Niederlanden das Interesse an den Künstlern des eigenen Landes zunahm. Der junge holländische Kunstgelehrte Abraham Bredius wandte sich auf Anraten des Kurators der Berliner Museen, Wilhelm von Bode (1845–1929), nicht dem Studium der italienischen Renaissancemalerei, sondern der holländischen Malerei des Goldenen Zeitalters zu. Mit seiner Entdeckung, dass es sich bei einem von Thoré-Bürger Vermeer zugeschriebenen Landschaftsbild aus der Sammlung Barthold Suermondt, das er *Cottage rustique* nannte, in Wirklichkeit um ein Bild aus dem frühen 19. Jahrhundert von Derk Jan van der Laan handelt (S. 311; heute Berlin, Gemäldegalerie)[316], machte er sich einen Namen als Spezialist für Vermeer.[317] Neben seiner lebenslangen Beschäftigung mit dem Werk Rembrandts blieben die Entdeckung bisher unbekannter Bilder Vermeers sowie die systematische Durchsicht der niederländischen Archive nach relevanten Dokumenten seine zentralen Anliegen. Ergebnis dieser Forschungen waren die monumentalen *Künstler-Inventare* in sieben Bänden.[318]

An der Entdeckung der beiden Frühwerke Vermeers (Kat. 1 und 2) und damit der Klärung seiner künstlerischen Anfänge war Bredius mit seiner kennerschaftlichen Autorität entscheidend beteiligt. Während die Erkenntnis, dass es sich bei der *Kupplerin* um ein Werk Vermeers handelt, mit dem Dresdner Galeriekatalog 1862 rasch zur allgemein anerkannten Gewissheit wurde und in der Folge widerspruchslos blieb, verlief der Vorgang bei dem noch früheren Bild *Diana und ihre Nymphen* (Kat. 1) nicht zuletzt aufgrund des für Vermeer ungewöhnlichen mythologischen Sujets langwierig, und die richtige Lösung zu finden erwies sich als mühsam.[319] Bei diesem 1876 bei der Versteigerung einer niederländischen Privatsammlung als Werk von Nicolaes Maes für das Mauritshuis erworbenen Bild erwies sich wiederum die Untersuchung und Interpretation der schlecht leserlichen Signatur als ausschlaggebend. Obwohl bereits 1885 unter der auf Nicolaes Maes verfälschten Signatur das Originalmonogramm zu lesen war, das im aktuellen Sammlungskatalog von Victor de Stuers zutreffend Johannes Vermeer van Delft zugeordnet wurde, behielt Abraham Bredius, seit 1889 Direktor des Mauritshuis, starke und – wie sich später zeigen sollte – unberechtigte Zweifel an dieser Zuschreibung. Zur Vorbereitung eines neuen kritischen Katalogs der Sammlung wurden einige Signaturen untersucht und dabei entdeckt, dass „die falsche Signatur N. M. aus den Resten des ursprünglichen Monogramms Jv.Meer verfertigt war" („de valsche handteekening N. M. vervaardigd [was] uit de overblijfselen van Jv. Meer")[320]. Bredius dachte aber nicht an Johannes Vermeer, sondern hielt aufgrund des großen stilistischen Unterschieds zu dessen anderen Werken im Mauritshuis, der *Ansicht von Delft* und dem *Mädchen mit dem Perlenohrring*, sowie des deutlichen italienischen Einflusses *Diana und ihre Nymphen* für ein Werk des Utrechter Malers Johan van der Meer[321]. Erst Jan Veth und Cornelis Gerardus 't Hooft begründeten 1895 mit stilistischen Argumenten die Zuschreibung an Johannes Vermeer van Delft.[322] Als dann 1901 *Christus bei Maria und Martha* (Kat. 2) im Londoner Kunsthandel auftauchte, konnte kein Zweifel mehr bestehen, dass beide Bilder von einem Künstler, nämlich von Johannes Vermeer stammten.

Das neu entdeckte Bild wurde aufgrund der Signatur und im Vergleich mit der *Kupplerin* als Frühwerk Vermeers bestimmt.[323] In den Niederlanden galt die Entdeckung des bis dahin unbekannten Werks als Sensation, nicht zuletzt des biblischen Themas wegen, das einen neuen und überraschenden Aspekt im Werk des Künstlers zutage förderte. Erst eine Reise nach London und der persönliche Augenschein brachten für Bredius Gewissheit, dass *Christus bei Maria und Martha* und *Diana und ihre Nymphen* von ein und demselben Künstler stammen mussten. Angesichts der virtuosen Beherrschung der malerischen Mittel

Das Mädchen mit dem Weinglas (Detail), um 1659/60
(siehe Abb. S. 161)

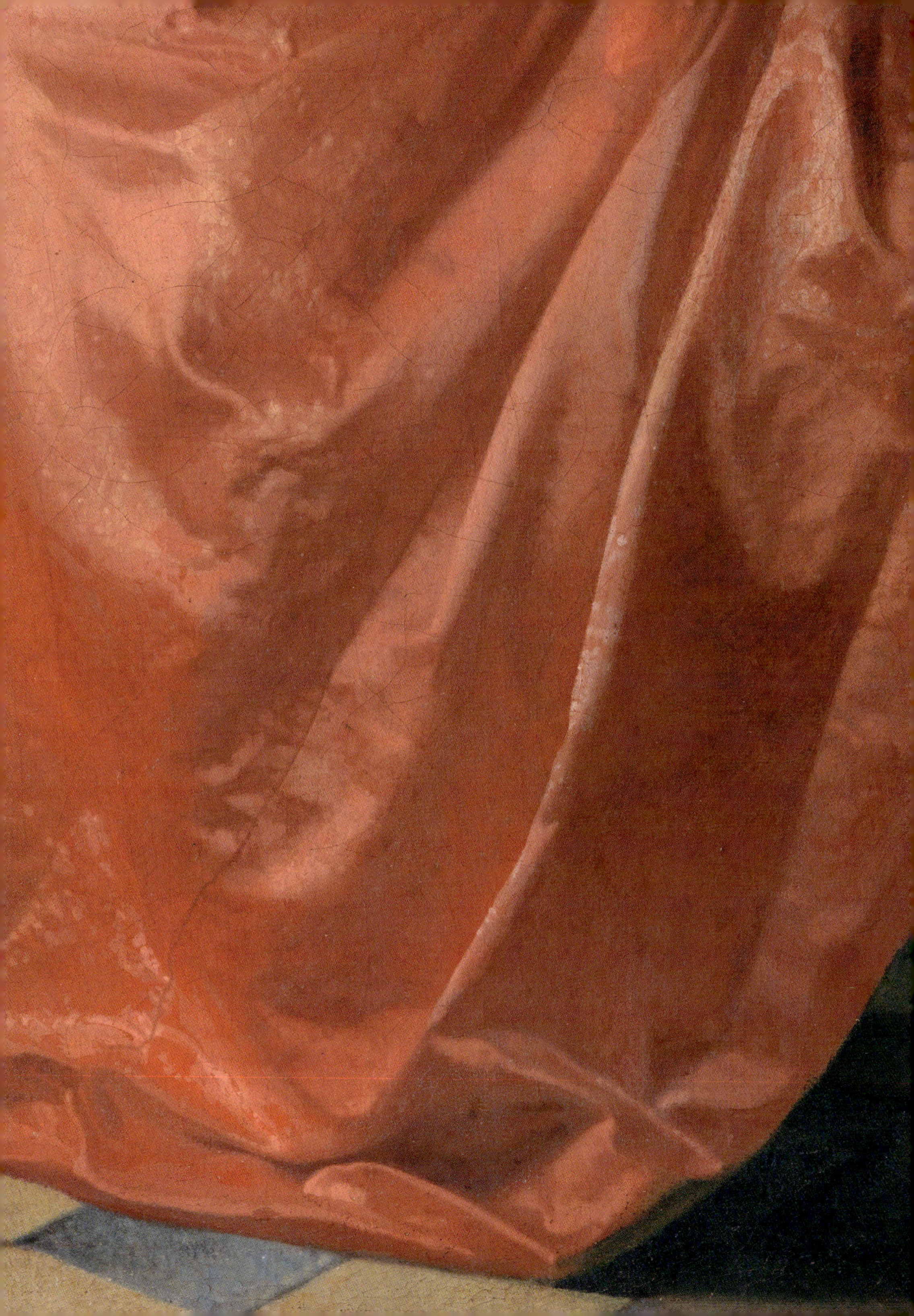

schien ihm das Londoner Bild aber nicht von einem Anfänger in der Malerei zu stammen. Für Bredius blieb die Frage offen, ob der Maler dieser beiden Bilder mit Johannes Vermeer identisch sei. Sie müssten dann aus einer Zeit stammen, in der Vermeer völlig abweichend von seinem übrigen Werk gemalt und unter dem Einfluss der italienischen Malerei gestanden habe.[324] Der stellvertretende Direktor des Mauritshuis, Wilhelm Martin, der das Bild zur selben Zeit in London sah, argumentierte unter anderem wegen des ähnlichen Tischteppichs auf dem Londoner und dem Dresdner Bild dafür, dass *Christus bei Maria und Martha*, *Diana und ihre Nymphen* aus dem Mauritshuis und die *Kupplerin* in Dresden von ein und demselben Maler, nämlich von Johannes Vermeer van Delft stammten.

Vor allem US-amerikanische Sammler wurden um 1900 und in den Jahren danach auf Vermeer aufmerksam und erwarben seine Bilder zu Rekordpreisen. So befinden sich heute lediglich noch sieben Bilder Vermeers in den Niederlanden, hingegen dreizehn in amerikanischen Museen, fünf im Metropolitan Museum of Art in New York, vier in der National Gallery of Art in Washington, DC, drei in der Frick Collection in New York und ein Werk im Isabella Stewart Gardner Museum in Boston (heute verschollen). Etwa ein Viertel aller von Vermeer gemalten Bilder sind heute in New York. Das erste Bild, das in eine amerikanische Sammlung kam, war die *Junge Frau mit Wasserkrug* (Kat. 14): Es wurde von dem New Yorker Bankier und Schatzmeister des Metropolitan Museum, Henry G. Marquand (1819–1902), 1887 in Paris gekauft. Eine Ausstellung seiner Sammlung im Metropolitan Museum 1888 war so erfolgreich, dass er sich entschloss, die gezeigten 35 Bilder, darunter den Vermeer, dem Museum zu schenken. Als 1892 die Sammlung Thorés in Paris zur Auktion kam, ließ Isabella Stewart Gardner (1840–1924) *Das Konzert* (Kat. 19) für ihre Kunstsammlung ersteigern, für die später ein eigenes Museum in Boston erbaut wurde. Ebenfalls noch vor 1900 kam als drittes Bild die *Frau mit Laute* (Kat. 15) in die USA, ein Werk, das Collis P. Huntington (1821–1900) auf dem Pariser Kunstmarkt kaufte und das 1900 dem Metropolitan Museum als sein Vermächtnis zufiel. Huntington machte sein Vermögen mit dem Bau der ersten transkontinentalen Eisenbahnlinie und war später einer der großen Unterstützer des Metropolitan Museum. Im darauf folgenden Jahr kaufte der Kohle- und Stahlindustrielle Henry Clay Frick (1849–1919) *Die unterbrochene Musikstunde* (Kat. 11) als sein erstes Vermeer-Bild, dem noch zwei weitere folgen sollten, 1911 *Kavalier und junges Mädchen* (Kat. 6) und schließlich 1919, in seinem Todesjahr, *Briefschreiberin und Dienstmagd* (Kat. 24). Alle drei Bilder wurden von der New Yorker Kunsthandlung Knoedler an Frick verkauft und fanden ihren Platz im 1913/14 errichteten Haus des Sammlers, das seit 1935 als Frick Collection öffentlich zugänglich ist. Alle großen amerikanischen Sammler um 1900 mit bekannten Namen erwarben Bilder von Vermeer, neben Isabella Stewart Gardner, Collis P. Huntington und Henry Clay Frick vor allem der Bankier John Pierpont Morgan sr. (1837–1913), der 1907 die *Briefschreiberin* (Kat. 20) kaufte. Der New Yorker Kunsthändler G. S. Hellman präsentierte das Bild Morgan, dem der Name Vermeer bis dahin offenbar unbekannt war, der aber ohne zu zögern 100 000 Dollar dafür bezahlte. Morgan stellte das Bild dem Metropolitan Museum als Leihgabe zur Verfügung, sein Sohn verkaufte das Bild, als Geschenk der Erben des Sammlers Horace Havemeyer (1886–1956) kam es schließlich 1962 an die National Gallery of Art.

Der Ausverkauf der Bilder Vermeers an amerikanische Sammler erregte in den Niederlanden großes Aufsehen. Als nach dem Tod von Pieter Hendrik Six 1905 39 Gemälde als Teil der öffentlich zugänglichen Sammlung Six von der Rembrandt-Gesellschaft für das Rijksmuseum gekauft werden sollten, die Gesellschaft aber nur 200 000 fl. aufbringen konnte und der restliche Betrag von 550 000 fl. aus öffentlichen Mitteln bezahlt werden sollte, polemisierte der junge Kunsthistoriker und Kunsthändler Frits Lugt in einem Pamphlet gegen den Erwerb der Sammlung durch den Staat, während Abraham Bredius, der hinter der Aktion einen geplanten Verkauf des *Milchmädchens* an Morgan vermutete, die niederländische Regierung von einem Ankauf zu überzeugen versuchte und damit die öffentliche Meinung hinter sich hatte. Das niederländische Parlament entschied sich schließlich in einer Abstimmung für den Ankauf.[325]

In den Jahren vor dem Ersten Weltkrieg gelangten zwei weitere Bilder Vermeers in die Vereinigten Staaten. 1908 wurde das *Schlafende Mädchen* (Kat. 4) von Benjamin Altman (1840–1913), dem Gründer eines der ersten New Yorker Kaufhäuser, erworben. Wie bei den meisten anderen Bildern seiner Sammlung wurde der Verkauf von der Galerie Duveen in London abgewickelt. 1913 kam das Bild mit der gesamten Sammlung des kinderlosen Altman als Vermächtnis an das Metropolitan Museum of Art. 1911 wurde die *Frau mit Waage* (Kat. 18) von den Kunsthandlungen Colnaghi und Knoedler an Peter A. B. Widener (1834–1915) aus Philadelphia verkauft, einen der reichsten Amerikaner, der den Grundstock zu seinem Vermögen mit Kriegslieferungen im Bürgerkrieg gelegt hatte. Sein Sohn Joseph E. Widener (1872–1943) vermachte dieses Bild 1942 mit der gesamten Widener Collection der National Gallery of Art in Washington, DC, ebenso wie das 1923 erworbene *Mädchen mit Flöte* (Kat. 25), das Abraham Bredius entdeckt hatte.

Das *Mädchen mit rotem Hut* (Kat. 23) wurde in einer Pariser Privatsammlung entdeckt und 1925 zum ersten Mal publiziert. Im selben Jahr wurde es von der Kunsthandlung Knoedler an den Bankier, Finanzminister und Kunstsammler Andrew W. Mellon (1855–1937) für 290 000 Dollar verkauft. Mellon schlug 1927 vor, eine amerikanische Nationalgalerie zu gründen, deren Kernbestand seine Sammlung bilden sollte. Der Plan wurde verwirklicht, 1941 konnte die National Gallery of Art in Washington, DC, eröffnet werden. Die *Allegorie des Glaubens* (Kat. 34), die 1899 von Abraham Bredius als Werk Vermeers erkannt und für seine eigene Sammlung erworben worden war, kaufte 1928 der New Yorker Kaufhausbesitzer Michael Friedsam (1858–1931), und das Werk kam als sein

Vermächtnis 1931 an das Metropolitan Museum of Art. Das letzte Bild, das in die USA gelangte, war der *Studienkopf einer jungen Frau* (Kat. 22). Es gehörte zu den ersten sechs Bildern, die Thoré-Bürger 1859 als Werke Vermeers erkannt hatte. Aus der Sammlung Arenberg, in der es sich damals befand, wurde es 1955 von Charles Wrightsman (1895–1986) gekauft. Als wichtigster Förderer des Metropolitan Museum der letzten Jahrzehnte widmete er 1979 dieses Bild dem Museum.

Bredius' lange, fast sechzigjährige Tätigkeit als Vermeer-Kenner endete mit einem Misston. Im Herbst 1937 wurde ihm ein angeblich aus altem niederländischem Privatbesitz stammendes Bild mit einer religiösen Szene, die *Jünger in Emmaus* (S. 312), gezeigt, das er nach kurzem Zögern als Werk von Johannes Vermeer bestätigte und in der führenden englischen Kunstzeitschrift *The Burlington Magazine* als Neuentdeckung publizierte.[326] Tatsächlich handelte es sich aber um eine Fälschung von Han (Henricus Antonius) van Meegeren.[327] Der Direktor des Museum Boijmans in Rotterdam, Dirk Hannema, den Bredius als Ersten über die Neuentdeckung informiert hatte, bemühte sich sofort, das Bild für sein Museum zu erwerben. Als das bedeutendste niederländische Kunstmuseum nach dem Amsterdamer Rijksmuseum und dem Mauritshuis in Den Haag besaß es bis dahin keinen Vermeer. Bredius und Hannema, aber auch andere niederländische Kunstexperten waren fest davon überzeugt, dass das Werk als Kulturgut von überragender nationaler Bedeutung in den Niederlanden bleiben müsse. Auch das Rijksmuseum versuchte nach anfänglichem Zögern seines Direktors Frederik Schmidt-Degener, der von der Qualität des Bildes nicht völlig überzeugt war, das Gemälde zu kaufen. Doch Hannema war in der Finanzierung des Ankaufs schneller. In der Korrespondenz, die Schmidt-Degener mit Abraham Bredius führte, schrieb Letzterer bezeichnende Worte über das Bild: „Es ist furchtbar, dass Vermeer, der Mann, der die *Emmausjünger* machen konnte, kleine Bildchen à la Dou und Mieris malen musste, um seinen Haushalt (er hatte elf Kinder) unterhalten zu können. Das waren zwar Wunder aus Licht und Farbe, doch wo blieb die erhabene Konzeption und das tiefe Sentiment."[328] Bredius war nicht nur völlig überzeugt, ein eigenhändiges Bild von Vermeer vor sich zu haben, er hielt es ganz offensichtlich auch für künstlerisch bedeutender als die typischen Genreszenen des Künstlers. Das zeigt unter anderem, dass der große Vermeerkenner noch tief in den Vorstellungen der traditionellen Kunsttheorie von der Rangordnung der klassischen Kunstgattungen befangen war, die die Historienmalerei höher bewertete als alle anderen Gattungen. Das Bild wurde schließlich von der Rembrandt-Gesellschaft mithilfe privater Geldgeber, unter anderem des Reeders Willem van der Vorm, für 520 000 hfl. für das Museum Boijmans in Rotterdam gekauft und nach einer Restaurierung, bei der das Bild doubliert und der Firnis regeneriert wurde, als sensationelle Neuerwerbung im Rahmen einer Ausstellung von Meisterwerken aus niederländischen Privatsammlungen präsentiert.

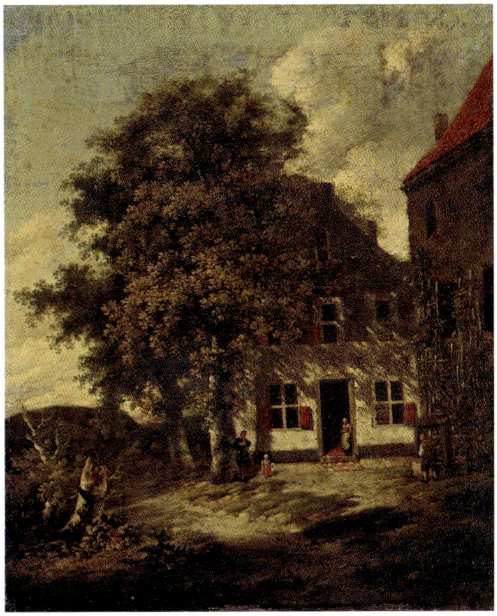

In den folgenden Jahren tauchten in den Niederlanden weitere Vermeer-Fälschungen van Meegerens auf, die über Mittelsmänner Kunsthändlern und Museen angeboten wurden.[329] Im Januar 1941 bezahlte der Amsterdamer Händler Hoogendijk, der schon in den Verkauf der *Jünger in Emmaus* involviert gewesen war, für einen angeblich von Vermeer gemalten *Christuskopf* (heute Rotterdam, Museum Boijmans Van Beuningen), der für den Rotterdamer Sammler Daniel George van Beuningen (1877–1955) bestimmt war, 400 000 Gulden. Einige Monate später wurde Hoogendijk vom selben Mittelsmann ein fast zweieinhalb Meter breites vermeintliches Bild Vermeers mit dem *Letzten Abendmahl* (heute niederländischer Privatbesitz) angeboten, das wiederum der Sammler van Beuningen kaufte, nicht zuletzt, um damit einem Verkauf des Bildes an den führenden NS-Politiker Hermann Göring zuvorzukommen. Er bezahlte dafür eineinhalb Millionen Gulden. Um diese Summe aufzubringen, verkaufte er neunzehn Bilder aus seiner Sammlung nach Deutschland und gab den kurz zuvor erworbenen *Christuskopf* in Zahlung.

1942 tauchte eine Vermeer-Fälschung mit dem *Segen Jakobs* auf (heute Rotterdam, Museum Boijmans Van Beuningen), 1943 eine Darstellung mit *Maria, die Christus die Füße wäscht* (heute Amsterdam, Rijksmuseum). Dieses Bild wurde der Kunsthandlung de Boer angeboten, es war beschädigt, hatte weder Rahmen noch Keilrahmen, sondern war mit Reißnägeln auf eine Sperrholzplatte fixiert. De Boer zeigte das Bild Erhard Göpel, dem niederländischen Einkäufer für Hitlers geplantes Führermuseum in Linz, doch dessen Chef Hermann Voss, Direktor der Dresdner Gemäldegalerie und Sonderbeauftragter für das Linzer Museum, hielt das Bild für eine Fälschung und lehnte eine Erwerbung ab. Auch J. Q. van Regteren Altena bezeichnete das Bild als rezente Fälschung, während andere bekannte Kunstexperten, wie J. G. van Gelder, Vitale Bloch und Max Friedländer von der

Derk Jan van der Laan
Cottage rustique, um 1800
Staatliche Museen zu Berlin, Gemäldegalerie

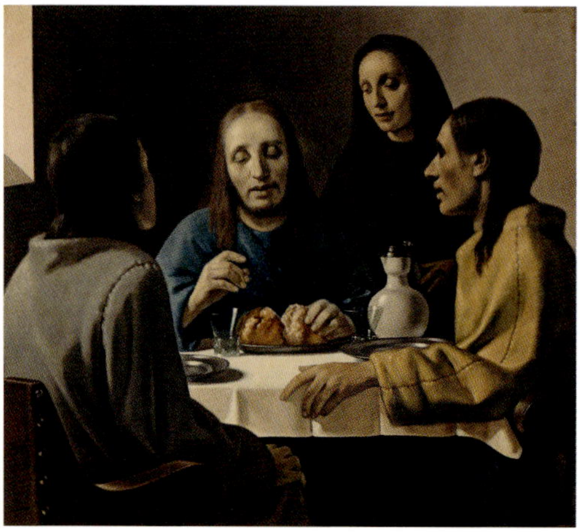

Autorschaft Vermeers überzeugt waren. Eduard Plietzsch, der wenige Jahre zuvor die lange Zeit wichtigste deutschsprachige Vermeer-Biografie verfasst hatte,[330] pries das Bild als Meisterwerk Vermeers und hob seine Ähnlichkeit mit expressionistischer Malerei des 20. Jahrhunderts hervor. Es erstaunt, dass trotz dieser Beobachtungen und trotz aller Zweifel die innerhalb weniger Jahre so zahlreich neu entdeckten Bilder nicht als Fälschungen erkannt wurden. Auch *Maria, die Christus die Füße wäscht* wurde von der niederländischen Regierung für über eine Million Gulden für das Rijksmuseum erworben, nicht zuletzt, um das Werk als vermeintliches nationales Kulturgut für die Niederlande zu retten. Wie in allen anderen Fällen ab 1940 wurde auch dieser Kauf nicht öffentlich gemacht, sondern geheim gehalten.

Das plötzliche Auftauchen so vieler vermeintlicher Bilder Vermeers wurde erst 1945 als riesige Kunstfälschung aufgeklärt. Han van Meegeren wurde bereits Ende Mai 1945, ganz kurz nach dem Ende des Zweiten Weltkriegs, in den Niederlanden als Kollaborateur verhaftet, als man entdeckte, dass er ein angeblich von Vermeer stammendes Bild mit einer Darstellung von *Christus mit der Ehebrecherin* (heute Rijksdienst voor het Cultureel Erfgoed, Niederlande) an den deutschen Bankier und Kunsthändler Alois Miedl, der die Amsterdamer Galerie Goudstikker führte, verkauft hatte, der es seinerseits 1942 an Hermann Göring weiterverkaufte. Göring hatte das Bild auf seinen Landsitz Carinhall bringen lassen, und im weiteren Verlauf des Weltkriegs wurde seine gesamte Kunstsammlung in das Salzbergwerk im österreichischen Bad Aussee gebracht und dort von der amerikanischen Armee im Mai 1945 aufgefunden. Der Verkauf von niederländischem Kulturgut von hoher nationaler Bedeutung an die deutschen Besatzer galt als Fall von Kollaboration und war mit hoher Strafe bedroht. In dieser Situation gestand Han van Meegeren, dass es sich bei dem an Hermann Göring verkauften Bild nicht um ein Original Vermeers, sondern um eine von ihm geschaffene Fälschung handelte und dass er darüber hinaus alle fünf seit 1937 in den Niederlanden neu aufgetauchten

Han van Meegeren, **Die Jünger in Emmaus**, vor 1937
Öl auf Leinwand, 118 x 130,5 cm
Rotterdam, Museum Boijmans Van Beuningen

angeblichen Bilder Vermeers gefälscht hatte; hinzu kamen zwei weitere Fälschungen im Stil Pieter de Hoochs. Als Beweis fertigte er in der Untersuchungshaft eine weitere Vermeerfälschung, *Der zwölfjährige Jesus unter den Schriftgelehrten*. Die Anklage auf Kollaboration wurde daraufhin fallen gelassen, und van Meegeren kam Anfang 1946 aus der Untersuchungshaft frei. Er wurde nunmehr wegen Betrugs und Kunstfälschung angeklagt, sein Prozess fand im Oktober 1947 in Amsterdam statt. Eine Kommission unter der Leitung von Paul Coremans, Leiter des naturwissenschaftlichen Labors der Königlichen Museen in Brüssel, untersuchte acht Fälschungen van Meegerens – zwei im Stil von Pieter de Hooch, sechs in der Art von Vermeer – und fand dabei chemische und maltechnische Beweise, dass es sich tatsächlich um Bilder aus dem 20. Jahrhundert handelte, unter anderem durch den Nachweis von Bakelit. Van Meegeren wurde zu einem Jahr Haft verurteilt, er starb Ende 1947 an einem Herzanfall, noch bevor er seine Gefängnisstrafe angetreten hatte.

Als er unter Anklage stand, hatte van Meegeren versucht, sich als Patriot darzustellen, der die deutschen Besatzer mit Fälschungen holländischer Kunst, die sie für Meisterwerke hielten, betrog. In der öffentlichen Meinung in den Niederlanden war er populär, weil er nicht nur die Besatzer, sondern auch die Kunstexperten getäuscht hatte. Tatsächlich war er seit den frühen 1920er Jahren als Kunstfälscher tätig. Van Meegeren war künstlerisch überaus begabt und begeisterte sich schon als Schüler für die Malerei der alten Holländer. Sein Vater verbot ihm ein Kunststudium und drängte ihn, Architektur zu studieren. 1913 brach van Meegeren dieses Studium ab und schrieb sich an der Kunstakademie in Den Haag für Malerei ein. Für ein Interieur der Laurenskirche in Rotterdam erhielt er einen Preis, 1914 schloss er sein Kunststudium ab, 1917 fand seine erste Ausstellung im renommierten Kunstzaal Pictura in Den Haag statt. Der junge Künstler schien auf dem besten Weg, eine erfolgreiche Karriere einzuschlagen, er fand vor allem als Porträtmaler Anklang. Seine Bilder waren von der Kunst der alten Meister inspiriert, unter anderem malte er Kopfstudien in der Art von Frans Hals. Als er in den 1920er Jahren von Kunstkritikern als retrospektiv und uninspiriert bezeichnet wurde, sah er seine Karriere gefährdet. Mehr und mehr wurden seine Kopien nach alten Meistern zu Fälschungen, da er alte Materialien verwendete und seinen Werken das Aussehen alter Bilder verlieh, wobei ihn Theo van Wijngaarden, der als Restaurator und Fälscher aktiv war, unterstützte. 1923 bestätigte Cornelis Hofstede de Groot (1863–1930) einen *Lachenden Kavalier* als Werk von Frans Hals. Wenig später wurde das Bild als Fälschung entlarvt, es war nicht mit Öl-, sondern mit Leimfarben gemalt. Schon damals wurde vermutet, dass Han van Meegeren der Fälscher sei, doch die Frage der Urheberschaft konnte nie geklärt werden, ebenso wenig wie bei der 1932 von Abraham Bredius zum Original-Vermeer erklärten *Dame am Spinett mit einem Kavalier* (heute Rijksdienst voor het Cultureel Erfgoed, Niederlande): Man hielt das Bild später ebenfalls für ein Werk van Meegerens, ohne dass dies je bewiesen werden konnte.

1932 übersiedelte van Meegeren mit seiner zweiten Frau und deren Tochter nach Südfrankreich. Hier perfektionierte er seine Methoden und ging nach sechsjähriger Vorbereitung daran, sein Meisterwerk als Fälscher, die *Jünger in Emmaus*, zu malen (S. 312). Er besorgte sich alte Leinwände aus dem 17. Jahrhundert und in der damaligen Zeit bekannte Pigmente, als Bindemittel benutzte er den Kunststoff Bakelit, der nach der Härtung wie alte Ölfarbe wirkt. Die fertigen Bilder wurden gebacken, um den Alterungsprozess zu beschleunigen, und eingerollt, um Craquelés zu erzeugen. Van Meegeren kannte die Frühwerke Vermeers und wusste daher, dass man von einem Historienbild italienischen Einfluss erwarten konnte. Aus diesem Grund lehnte er die Komposition des Bildes an Caravaggios Fassung des Themas (Mailand, Pinacoteca di Brera) an.

Heutigen Betrachtern dieses Bildes und anderer Fälschungen van Meegerens scheint es undenkbar, dass man diese nicht sofort als zeitgenössische Werke erkannte, so sehr tragen sie Züge des Zeitstils der 1930er Jahre, sind geprägt von stilistischen Tendenzen der Neuen Sachlichkeit, aber auch faschistischer Malerei. So sehr die Kunstwelt auch durch die Aufdeckung der Machenschaften van Meegerens erschüttert war (was sich etwa in neuen Ansätzen zu kritischen Biografien des Künstlers äußerte),[331] so blieb doch das fest etablierte Bild des Künstlers Johannes Vermeer als einer der großen Meister der holländischen Malerei und zugleich größten Genies der Weltkunst davon unberührt.

Bei der Kupplerin (Detail), 1656
(siehe Abb. S. 85)

Seite 317
Die Malkunst (Detail), um 1666–1668
(siehe Abb. S. 265)

Seite 318
Der Geograph (Detail), 1669
(siehe Abb. S. 273)

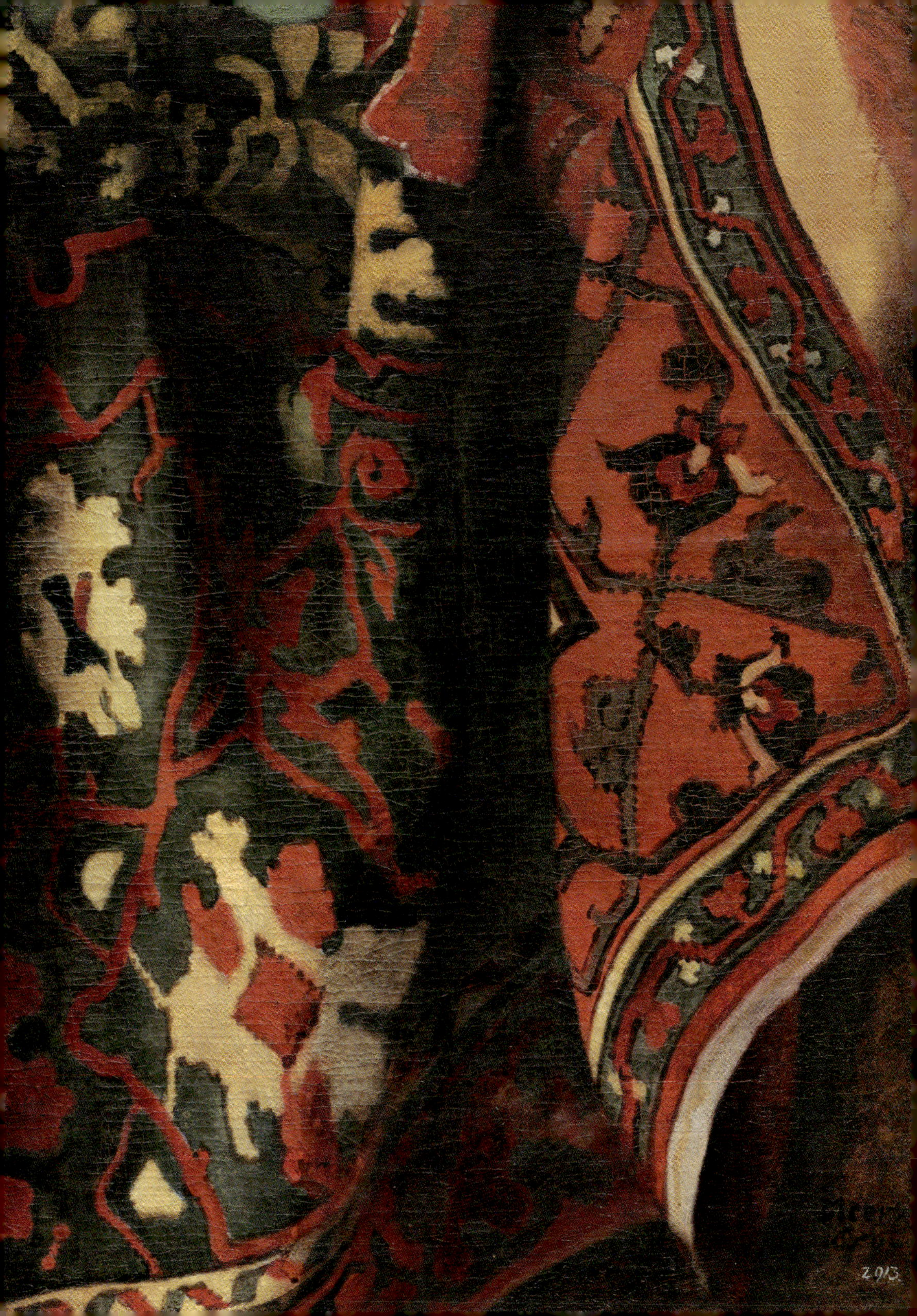
2013.

Katalog der Werke

„Endlich stand er vor dem Vermeer, den er strahlender in Erinnerung hatte, noch verschiedener von allem, was er sonst kannte ...“

MARCEL PROUST, 1923

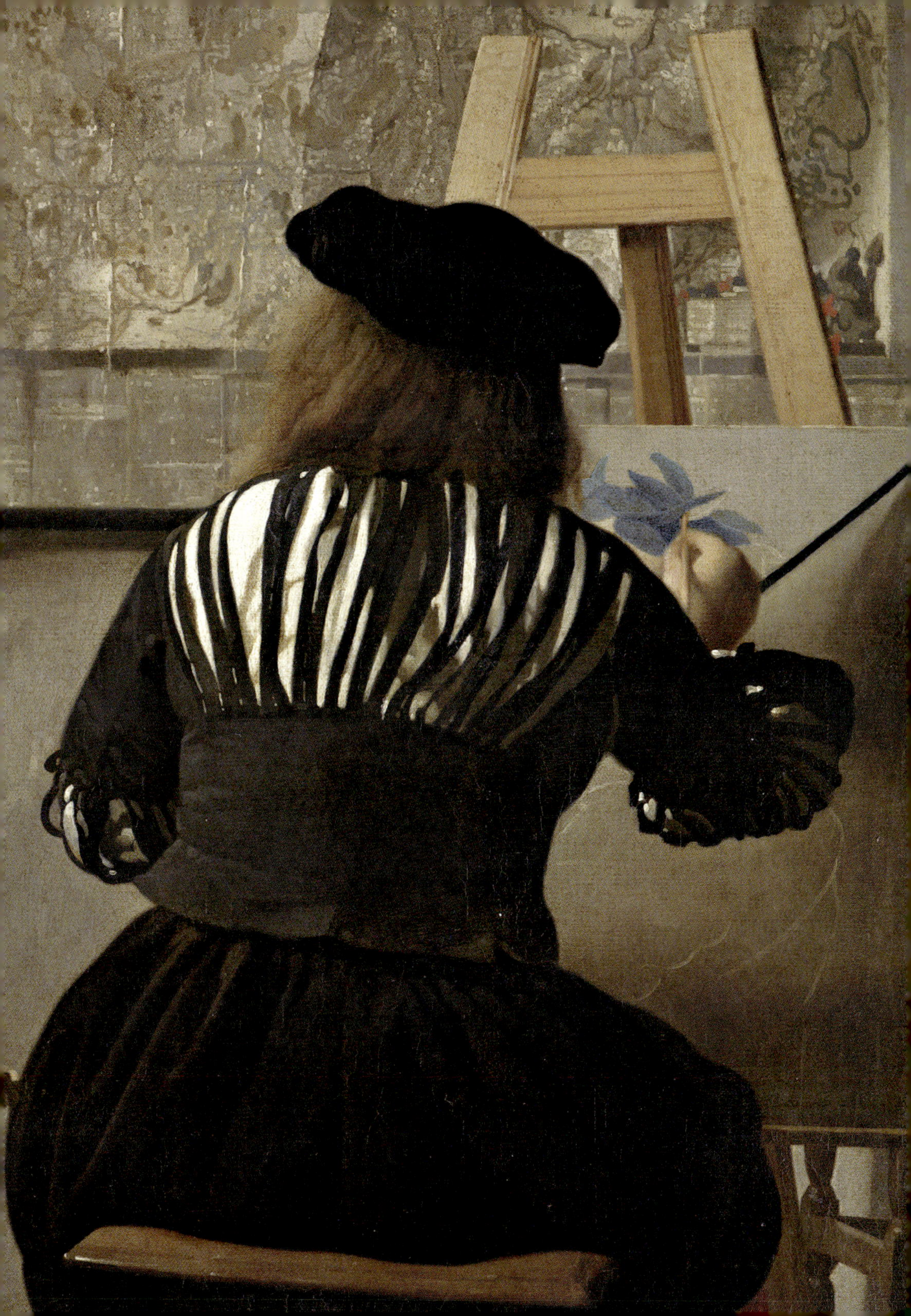

I.Ver-Meer
MDCLXVIIII

Vorbemerkung

In den Katalog sind alle 35 allgemein als eigenhändig anerkannten Gemälde von Johannes Vermeer aufgenommen. Alle Werke befinden sich im Besitz von öffentlich zugänglichen Museen. Im Anhang „Zweifelhafte Zuschreibungen“ sind zwei Bilder genannt, die in den letzten Jahrzehnten neu aufgetaucht sind und dem Künstler zugeschrieben wurden. Da sie in der jüngsten monografischen Ausstellung über Vermeer (Rom 2012/13) als eigenhändige Werke gezeigt wurden, sind sie hier im Anhang aufgenommen, obwohl nach Meinung des Autors beide Zuschreibungen nicht überzeugend sind.

Alle weiteren älteren, heute als unzutreffend angesehenen Zuschreibungen sind nicht erwähnt. Die umfangreichste Zusammenstellung von 42 eigenhändigen und zugeschriebenen Bildern sowie 16 nur aus Quellen bekannten Werken und weiteren 11 zweifelhaften Zuschreibungen findet sich bei Bianconi 1967; zur Kritik an weiteren fälschlich zugeschriebenen Frühwerken siehe Blankert 1975 (und alle folgenden Ausgaben, ab 1986 als Blankert/Montias/Aillaud, bis 2007), S. 112, Anm. 5 und Broos 1998.

Die Texte zu den Katalognummern sind gleichartig aufgebaut, sie bringen Informationen zur Herkunft der Bilder, Angaben über Zuschreibung und Datierung sowie kurze Informationen zur Ikonografie und zu dargestellten Objekten. Formale wie inhaltliche Fragen werden ausführlicher im Hauptteil behandelt, auf den jeweils verwiesen wird.

Vollständige Provenienzangaben in Listenform enthalten die Werkmonografie von Walter Liedtke 2008 sowie der Ausstellungskatalog Washington/Den Haag 1995/96. In diesem Katalog finden sich auch ausführliche Erörterungen der Provenienzen im Rahmen der Katalognotizen der damals ausgestellten Bilder von Ben Broos. Die vollständigste Sammlung der Dokumente bietet Montias 1989, Auszüge sind in den verschiedenen Auflagen der Monografie von Albert Blankert von 1975 bis 2007 wiedergegeben (hier im niederländischen Originaltext zitiert als Blankert 1992 nach der zweiten Auflage der niederländischen Ausgabe von Blankert/Montias/Aillaud von 1992; vgl. Quellen zu Leben u. Werk S. 403–414).

Aus der unübersehbaren Fülle an Publikationen zu Johannes Vermeer bringen die Literaturangaben nur eine Auswahl. Dabei wurde der Schwerpunkt auf die Standard-Werkmonografien der letzten vier Jahrzehnte, die relevante spezielle Literatur zu den einzelnen Werken sowie die Ausstellungskataloge der letzten Jahre gelegt.

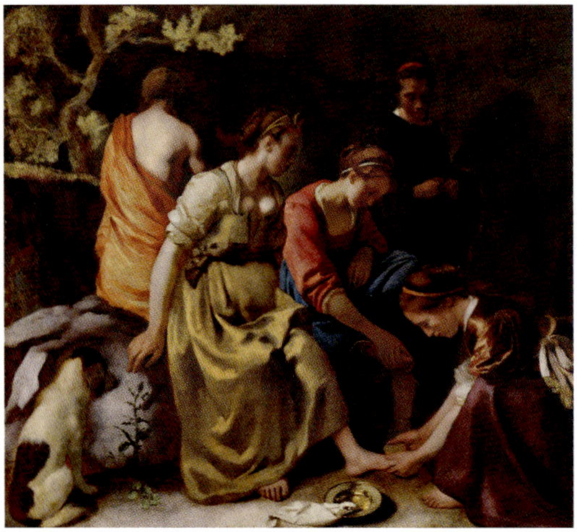

I

I

Diana und ihre Nymphen, um 1654
Öl auf Leinwand, 97,8 x 104,6 cm,
signiert l. u. am Felsen: JVMeer
(VM ligiert, kaum leserlich)
Den Haag, Koninklijk Kabinet van
Schilderijen Mauritshuis, Inv. 406

Herkunft und frühe Geschichte des Bildes sind unbekannt. Es wurde kurz vor 1866 von dem Kunstsammler Neville Davidson Goldsmid (1814–1875) in der Haager Kunsthandlung Dirksen gekauft und nach seinem Tod 1876 als Werk von Nicolaes Maes (1634–1693) in Paris versteigert. Victor de Stuers (1843–1916), Kunstreferendar im niederländischen Innenministerium, ersteigerte das Bild für 10 000 Francs für das Mauritshuis in Den Haag.
1885 wurde das Bild aufgrund einer neuen Interpretation der bisher „N. M." gelesenen Signatur zum ersten Mal Johannes Vermeer van Delft zugeschrieben. Der große stilistische Unterschied zwischen der *Diana* und der im Mauritshuis im selben Raum ausgestellten *Ansicht von Delft* (Kat. 12) ließen es jedoch unglaubwürdig erscheinen, dass beide Bilder von ein und demselben Maler stammen. 1892 ließ der Direktor des Mauritshuis, Abraham Bredius (1855–1946), die Signatur neuerlich untersuchen. Dabei stellte sich heraus, dass das Monogramm „N. M." zu einem späteren Zeitpunkt aus den Resten einer schlecht erhaltenen Signatur „JVMeer" gebildet worden war. Es wurde daher damals entfernt. Bredius hielt das Bild allerdings aufgrund des italienischen Einflusses für ein Werk des wenig bekannten Utrechter Malers Jan van der Meer (1630–1695/97; zu diesem Broersma 2010). Erst Jan Veth und Cornelis Gerardus 't Hooft lehnten 1895 mit stilistischen Argumenten die Zuschreibung an Jan van der Meer ab und begründeten mit dem Hinweis auf Kolorit und Malweise die Zuschreibung an Johannes Vermeer van Delft (Buijsen 2010b, S. 41). Erst 1901, als *Christus bei Maria und Martha* (Kat. 2) im Londoner Kunsthandel auftauchte, konnte kein Zweifel mehr daran

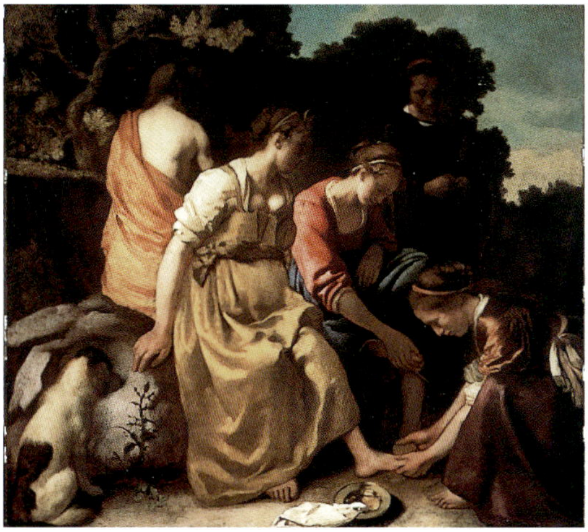
Zustand vor der Restaurierung 1999/2000

bestehen, dass beide Bilder von einem Künstler, nämlich von Johannes Vermeer stammten.
Diana und ihre Nymphen wird von den meisten Autoren für das früheste Werk Vermeers gehalten, das unmittelbar nach seiner Aufnahme als Freimeister in die Delfter St. Lukasgilde entstand und damit frühestens 1654 vollendet sein konnte. Liedtke (2008, S. 22 u. 56) und ihm folgend Buijsen (2010a, S. 15) und Neidhardt (in: Neidhardt/Kettner 2010, S. 130, Kat. 1) datieren um 1653/54, Blankert (zuletzt 2010, S. 34) und Wheelock (in: Wheelock/Broos 1995, Kat. 3: um 1655/56) datieren hingegen um ein bis zwei Jahre später und halten *Christus bei Maria und Martha* für das früher entstandene Bild.
Dargestellt ist Diana im Kreis von vier ihrer Begleiterinnen. Vermeer zeigt die Mond- und Jagdgöttin und ihre Nymphen nicht der üblichen Ikonografie folgend nackt, sondern völlig bekleidet. Das Bild wurde zu einem unbekannten Zeitpunkt rechts um ca. 12 cm beschnitten. Der ursprünglich dunkle Hintergrund im Bereich des oberen und rechten Randes erhielt (Mitte des 19. Jahrhunderts?) einen hellen Wolkenhimmel. Anlässlich der Restaurierung 1999/2000 wurde festgestellt, dass die Pigmente des Wolkenhimmels Preußischblau (seit 1704 in Verwendung) und Chromgrün (seit etwa 1840 bekannt) enthalten und dass unter dem Wolkenhimmel Reste des ursprünglich dunklen Hintergrunds erhalten sind. Es wurde entschieden, den Wolkenhimmel mit einer dünnen dunkelbraunen Farbe, die sich an den Rest des originalen Hintergrunds anschließt, zu überdecken (Kolfin/Pottasch/Hoppe 2002). Die Wiederherstellung des dunklen Hintergrunds verlieh der Komposition einen neuen Charakter.
Siehe auch S. 50–54, *80/81*.
LITERATUR: Gowing 1952 (1970), S. 24, 79, 91–97; de Vries 1954, S. 40–42; van Gelder 1956, S. 245–248; Slatkes 1981, S. 18 f.; Wheelock 1981 (1988), S. 68; Blankert/Montias/Aillaud 1986 (1987, 1992, 2007), S. 71–73, 171, Kat. 2; Broos 1993, S. 306–314, Kat. 37; Schneider 1993 (2010), S. 22 f.; Wheelock

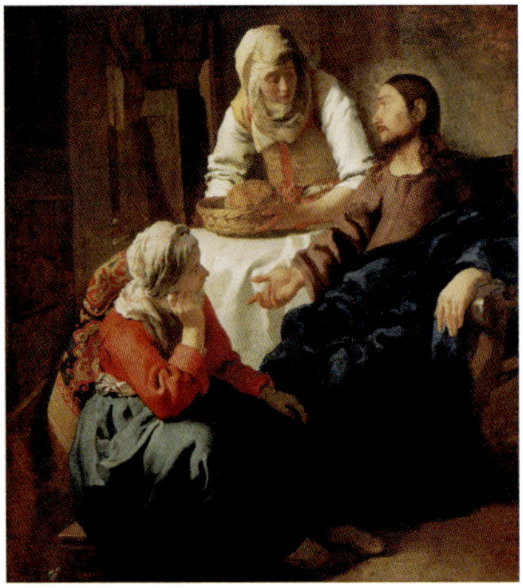

2

1995b, S. 29–37, 163 f.; Wheelock/Broos 1995, S. 96–101, Kat. 3; Rotterdam/Frankfurt 1999/2000, S. 312–315, Kat. 62; Liedtke 2000, S. 191–194; Liedtke 2001f, S. 359–363, Kat. 64; Kolfin/Pottasch/Hoppe 2002, S. 99–103; Liedtke 2008, S. 22–24, 56–59, Kat. 1; Blankert 2010; S. 34 f., Buijsen 2010a, S. 15 ff.; Buijsen 2010b, S. 40 f.; Büttner 2010, S. 25–28; Kettner 2010, S. 58; Neidhardt/Kettner 2010, S. 130, Kat. 1; Blanc 2014, S. 194–200.

2
Christus bei Maria und Martha, um 1655
Öl auf Leinwand, 160 x 142 cm,
signiert l. u.: IVMeer (IVM ligiert)
Edinburgh, National Galleries of Scotland, Inv. 1670

Der Auftraggeber und die frühe Geschichte des Bildes sind unbekannt. Vielleicht ist es identisch mit einem 1829 in der Sammlung John Hugh Smyth Pigott, Brockley Hall, Somerset, erwähnten, damals Raffael (1483–1520) zugeschriebenen Bild mit Christus bei Maria und Martha; um 1880 fand es sich in der Sammlung Abbot, Bristol; Sammlung Arthur Leslie Colley, London; 1901 Kunsthandel Forbes & Paterson, London; erworben von dem schottischen Zwirnfabrikanten William Allan Coats (1853–1926), Skelmorlie Castle, Dalskairth (Dumfries and Galloway, Schottland); von den Erben Thomas H. Coats und J. A. Coats 1927 der National Gallery of Scotland, Edinburgh, geschenkt.
1901, als sich das Bild bei der Kunsthandlung Forbes & Paterson in London befand, wurde bei der Reinigung die Signatur Vermeers entdeckt und sofort in ihrer Bedeutung erkannt und publiziert (MacColl 1901). Mit dem biblischen Thema, der Komposition mit lebensgroßen Figuren, der starken und leuchtenden Farbigkeit sowie der mit breiten Pinselstrichen pastos aufgetragenen Malerei unterschied sich das Bild von den späteren Werken des Künstlers und förderte einen völlig neuen und überraschenden Aspekt zutage (zur Ent-

deckungsgeschichte Buijsen 2010b, S. 40 f.). Das Bild wird nach einhelliger Meinung als eines der Frühwerke Vermeers angesehen und von den meisten Autoren um 1654/55 (Liedtke 2008, S. 60; Schneider 2010, S. 20) bzw. um 1655 (Wheelock, in: Wheelock/Broos 1995, S. 90) datiert. Über das zeitliche Verhältnis zu *Diana und ihre Nymphen* (Kat. 1) divergieren die Meinungen. Blankert (zuletzt 2010, S. 34) hält *Christus bei Maria und Martha* für früher, weil es bei genauer Betrachtung das weniger reife der beiden Bilder sei und *Diana mit ihren Nymphen* im Vergleich dazu eine Zunahme der künstlerischen Fähigkeiten Vermeers erkennen lasse. Ihm folgen u. a. Wheelock (in: Wheelock/Broos 1995, S. 90, Kat. 2) und Schneider (2010, S. 20), während etwa Liedtke (zuletzt 2008, S. 60) und Buijsen (2010a, S. 17) *Christus bei Maria und Martha* für das später entstandene Bild halten. Thema des Werks ist der Besuch Christi im Haus der Schwestern Maria und Martha (Lk 10, 38-42), die eine gegensätzliche Haltung zeigen: Die eine bedient ihn, während die andere still zu seinen Füßen sitzt. Auffallend sind jedenfalls der souveräne Umgang mit der malerischen Technik, dem raschen und flüssigen Farbauftrag mit kräftigem Impasto, der keinerlei anfängerhaftes Zögern erkennen lässt, sowie die selbstständige und äußert individuelle Verarbeitung unterschiedlicher stilistischer Vorbilder. Der mit wenigen Zügen, einer Abfolge hellerer und dunkler Streifen, angedeutete Raum im Hintergrund ist nur aus dünnen braunen Lasuren über dem roten Grund gebildet. Hier ist bereits eine spätere Charakteristik der Raumdarstellung Vermeers ausgebildet, die sich als ein von Horizontalen und Vertikalen gegliedertes Flächenmuster mit hohem Abstraktionsgrad darstellt.

Siehe auch S. 54–59, *83*.

LITERATUR: MacColl 1901; Gowing 1952 (1970), S. 79–84, Nr. 1; Wheelock 1981 (1988), S. 64; Blankert/Montias/Aillaud 1986 (1987, 1992, 2007), S. 40, 51, 72, 74–77, 79, 98, 171, Kat. 1; Buijs 1989; Schneider 1993 (2010),

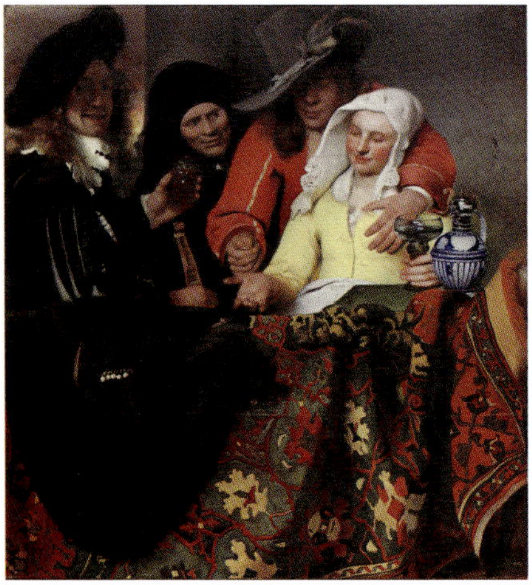

3

S. 21; Wheelock/Broos 1995, S. 90–95, Kat. 2; Liedtke 2000, S. 194–198; New York/London 2001, S. 363–365, Kat. 65; Liedtke 2008, S. 60f., Kat. 2; Blankert 2010, S. 33; Buijsen 2010a, S. 17f.; Buijsen 2010b, S. 41ff.; Büttner 2010, S. 23–25; Neidhardt/Kettner 2010, S. 131, Kat. 2; Blanc 2014, S. 130, 288–292, 317.

3
Bei der Kupplerin, 1656
Öl auf Leinwand, 143 x 130 cm, signiert und datiert u. r.: ivMeer / 1656 (ivM ligiert)
Dresden, Staatliche Kunstsammlungen, Gemäldegalerie Alte Meister, Gal.-Nr. 1335

Vielleicht ist das Werk identisch mit dem Bild „Hondhorst, De Vyf Sinnen", das am 12. Mai 1724 aus der Sammlung Willem Six in Amsterdam für 26 fl. versteigert wurde (Mayer-Meintschel 2004, S. 31). In der Sammlung der Grafen von Waldstein in Dux in Böhmen (heute Duchcov bei Teplice, Tschechische Republik) ist es zum ersten Mal im gedruckten Verzeichnis von 1737 als „Ein Stuck mit Vier Persohnen in Lebens-Grösse von Hondhorst" genannt. 1741 hat es Kurfürst Friedrich August II. von Sachsen (1696–1763) aus der Sammlung Waldstein als Gerard van Honthorst (1592–1656) erworben.

In den Dresdner Galerie-Inventaren des 18. und frühen 19. Jahrhunderts wurde das Bild aufgrund des Monogramms als Werk des Johann (Jean, Giovanni) oder Jacob van der Meer geführt, ohne allerdings vom wahren Urheber einen Begriff zu haben. Diesen erkannte in den dreißiger Jahren des 19. Jahrhunderts als Erster John Smith (1781–1855), ohne dies jedoch bekannt zu machen. Der französische Kunstkritiker Étienne-Joseph Théophile Thoré (1807–1869), der als William Bürger publizierte, nahm die Entdeckung des Bildes für sich in Anspruch und publizierte 1859 das Gemälde als Werk des Johannes Vermeer van Delft.

Von den drei datierten Bildern Vermeers ist dieses das früheste. Mit seinem Datum 1656 bildet es einen Fixpunkt für die zeitliche Ein-

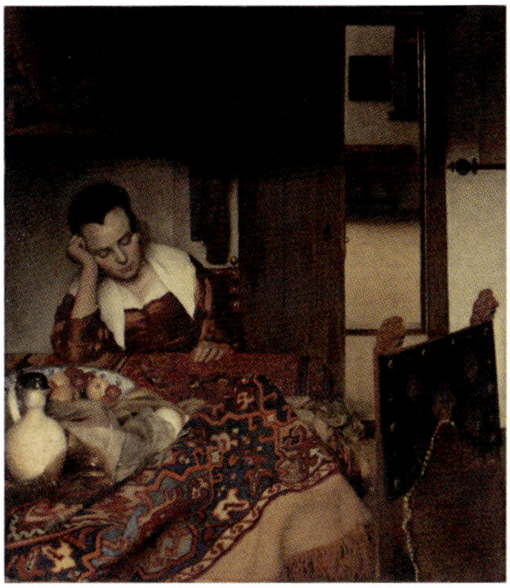

4

ordnung der übrigen Frühwerke. Zu sehen sind vier Halbfiguren, eine Kurtisane und ihr Liebhaber, dahinter eine Kupplerin und links ein Musikant als Beobachter, der auf den Betrachter blickt. Diese vermittelnde „fiktive Erzählfigur" (M. Dekiert) ist schwarz gekleidet und am Bildrand weitgehend im Schatten, aber näher beim Betrachter als die übrigen Figuren. Bei dem Teppich, der fast die gesamte untere Hälfte des Bildes einnimmt, handelt es sich um einen detailgetreu wiedergegebenen Medaillon-Ushak-Teppich, der im Gebiet von Ushak in Westanatolien um 1600 entstanden ist (S. 84). Vermeer stellt nur zwei kleine Teile des Teppichs dar, die Ecke mit der roten Bordüre und einem seitlichen, von der Bordüre halbierten Sekundärmedaillon mit roten Ranken und weißen Blüten auf blauem Grund sowie ein kleines Stück des angrenzenden dunkelblauen Grundes mit gelben Ornamenten (Klose 2004).
Das Bild wurde bis 2004 einer grundlegenden Restaurierung und Reinigung der Oberfläche unterzogen (Dresden 2004/05). Seither erscheint es wesentlicher heller und durchsichtiger, die Farben wirken leuchtender.
Siehe auch S. 59–66, *85*.
LITERATUR: Gowing 1952 (1970), S. 84–88; Wheelock 1981 (1988), S. 15, 70–73; Blankert/Montias/Aillaud 1986 (1987, 1992, 2007), S. 71 f., 171, Kat. 3; Mayer-Meintschel 1986; Schneider 1993 (2010), S. 23–27; Liedtke 2000, S. 188, 197–202; Liedtke 2001f, S. 365–368, Kat. 66; Klose 2004; Dresden 2004/05; Liedtke 2008, S. 27, 62–64, Kat. 3; Blankert 2010, S. 34; Buijsen 2010a, S. 19–23; Büttner 2010, S. 28–30; Neidhardt 2010a; Neidhardt/Kettner 2010, S. 131, Kat. 3; Blanc 2014, S. 144–148, 301.

4
Schlafendes Mädchen, um 1656/57
Öl auf Leinwand, 87,6 x 76,5 cm,
signiert l. an der Wand über der Figur:
I.VMeer (VM ligiert)
New York, The Metropolitan Museum of Art,
Bequest of Benjamin Altman, 1913,
Inv. 14.40.611

Das Bild stammt aus der Sammlung von Pieter Claesz. van Ruijven (1624–1674) und wurde in der Nachlassversteigerung seines Schwiegersohns Jacob Abrahamsz. Dissius (1653–1695) 1696 als Nr. 8, „Een dronke slapende Meyd aen een Tafel“ (siehe Quellen, Nr. 30; Eine betrunkene schlafende Magd an einem Tisch) angeboten; Auktion V. Postumus, Amsterdam 1737, Nr. 37, „Een slapent Vrouwtje, van de Delfse van der Meer“ (zitiert nach Blankert 1992, S. 172; Eine schlafende junge Frau vom Delfter van der Meer). Das Bild war 1811 bei einer Versteigerung in Paris und fand sich 1881 bei dem Pariser Kunsthändler Charles Sedelmeyer wieder. Über den Sammler Rodolphe Kann (1881 bis zu dessen Tod 1905) und den Londoner Kunsthändler Joseph Duveen (1907/08) gelangte es in die Sammlung Benjamin Altman, New York (1908 bis zu dessen Tod 1913) und als dessen Vermächtnis 1913 in das Metropolitan Museum of Art, New York.

Das *Schlafende Mädchen* wird allgemein um 1656/57 datiert, kurz nach der *Kupplerin* (Kat. 3) und vor dem um 1657 entstandenen *Brieflesenden Mädchen am offenen Fenster* (Kat. 5). Es ist damit das früheste Genrebild des Künstlers, das eine Szene aus dem alltäglichen Leben der Gegenwart schildert. Formal wie inhaltlich fand Vermeer Vorbilder in den Interieurs von Nicolaes Maes und Gerard ter Borch (um 1617–1681). Vor allem Nicolaes Maes hat in einer Reihe von häuslichen Szenen aus den fünfziger Jahren des 17. Jahrhunderts ähnliche, durch eine Struktur von Orthogonalen gegliederte Räume geschaffen, wie das *Mädchen am Fenster* von 1654 (Amsterdam, Rijksmuseum).

Bei Vermeer ist eine junge Frau an einem Tisch infolge ihrer Trunkenheit eingeschlafen, worauf der irdene Weinkrug und die beiden Weingläser hindeuten. Sie stützt ihren Kopf auf die rechte Hand, ein Motiv sowohl der Melancholie wie der Trägheit.

Siehe auch S. 66–72, *87*.

Literatur: Gowing 1952 (1970), S. 88–92; Kahr 1972; Wheelock 1981 (1988), S. 74; Ains-

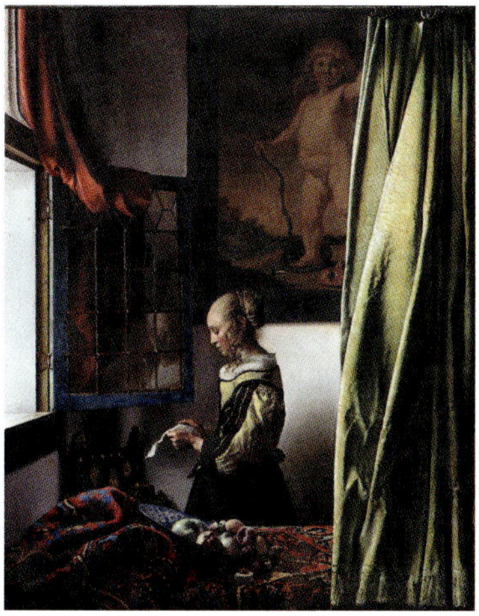
5

worth u. a. 1982, S. 18–26; Blankert/Montias/Aillaud 1986 (1987, 1992, 2007), S. 90 ff., 172, Kat. 4; Schneider 1993 (2010), S. 26–28; Arasse 1994, S. 29–31; Wheelock 1995, S. 39–47; Liedtke 2000, S. 202–205; Liedtke 2001f, S. 369 f., Kat. 67; Liedtke 2007, S. 868–877; Liedtke 2008, S. 29 f., S. 66–69, Kat. 4; Büttner 2010, S. 67 f.; Blanc 2014, S. 152–158, 223.

5
Brieflesendes Mädchen am offenen Fenster, um 1657
Öl auf Leinwand, 83 x 64,5 cm, signiert r. M.: J Meer (fragmentarisch)
Dresden, Staatliche Kunstsammlungen, Gemäldegalerie Alte Meister, Gal.-Nr. 1336

Das Werk ist vielleicht identisch mit dem Bild „Een leezent Vrouwtje in een kamer, door vander Meer van Delft" (zitiert nach Blankert 1992, S. 182; Eine lesende Frau in einem Zimmer von vander Meer von Delft), das in der Versteigerung der Sammlung Pieter van der Lip 1712, Nr. 22, aufgeführt war. Als Kurfürst Friedrich August II. von Sachsen 1742 aus der Pariser Sammlung des Prinzen Carignan 30 Gemälde vor allem italienischer Künstler für die Dresdner Galerie für 130 000 Livres erwarb, wurde ihm die Briefleserin, die damals Rembrandt zugeschrieben wurde, von dem französischen Händler zusätzlich geschickt, wie der mit dem Handel befasste sächsische Gesandtschaftssekretär Samuel de Brais im Juli 1742 an Heinrich Graf von Brühl (1700–1763) berichtete: „Dans le nombre des tableaux que Votre Excellence recevra il y en a un de Rembrant representant une jeune fille qui lit vis à vis d'une fenêtre, il m'a été donné par dessus de marché" (zitiert nach Spenlé 2006, S. 112, Nr. 9; Unter den Gemälden, die Ihre Exzellenz bekommen wird, befindet sich eines von Rembrandt, das ein lesendes Mädchen am Fenster darstellt. Es wurde mir außerhalb des Handels gegeben; Übersetzung zitiert nach Neidhardt 2010b, S. 68).

Das Bild wurde bis zur Zuschreibung an Johannes Vermeer für ein Werk Pieter de Hoochs (1629–1684) gehalten. 1806 nannte Galerie-Inspektor Johann Anton Riedel (1736–1816) in dem von ihm verfassten Katalog der Dresdner Gemäldegalerie wohl aufgrund der Signatur den Künstler „Van der Meer aus Delft". Die Zuschreibung an den damals unbekannten Maler konnte sich gegenüber dem wesentlich bekannteren Pieter de Hooch nicht durchsetzen und verschwand bald wieder aus den Katalogen, nur der Kunsthändler und Kenner John Smith korrigierte 1826 in seinem Exemplar des Dresdner Katalogs die Zuschreibung an Pieter de Hooch handschriftlich in „Delfts van der Meer". Erst 1858 mit Gustav Friedrich Waagen (1794–1868) und vor allem durch die Autorität von Thoré-Bürger 1859 setzte sich die richtige Zuschreibung durch.

Es handelt sich um das erste von insgesamt sechs Gemälden (vgl. Kat. 16, 20, 24, 30, 31), in denen Vermeer das Thema des Brieflesens bzw. -schreibens darstellt. Die Komposition des Bildes entwickelt die räumliche Anordnung der *Kupplerin* (Kat. 3) und des ebenfalls zuvor entstandenen *Schlafenden Mädchens* (Kat. 4) weiter, bei denen wie hier ein teppichbedeckter Tisch bzw. eine Balustrade das beherrschende räumliche Motiv im Vordergrund bildet. Bei dem Teppich handelt es sich wieder um einen anatolischen rotgrundigen Medaillon-Ushak (vgl. Kat. 3).

Siehe auch S. 72–75, *95*.

Literatur: Gowing 1952 (1970), S. 97–103; Mayer-Meintschel 1978/79; Wheelock 1981 (1988), S. 76–78; Blankert/Montias/Aillaud 1986 (1987, 1992, 2007), S. 94 f., 173, Kat. 6; Arasse 1994, S. 66 f.; Liedtke 2000, S. 177 f., 201 f., 205–210; Madrid 2003, S. 165 f., Kat. 32; Liedtke 2008, S. 32, 70 f., Kat. 5; Neidhardt/Kettner 2010, S. 131 f., Kat. 4; Blanc 2014, S. 116–120; Dresden 2021, S. 14–29, 36, 133, 166–195, 203–224, Kat. 3.

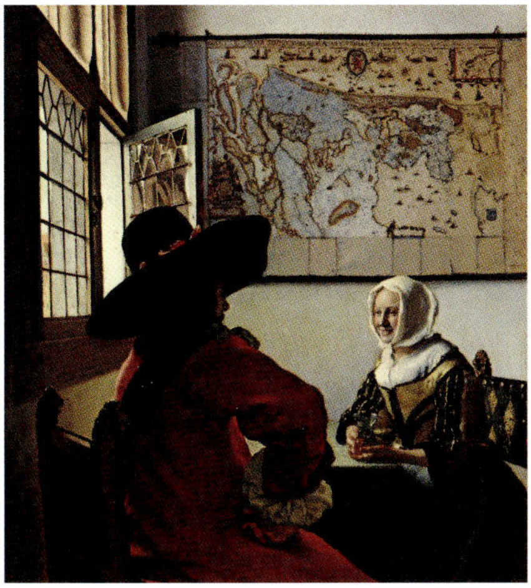

6

6

Kavalier und junges Mädchen,
um 1657–1659
Öl auf Leinwand, 50,5 x 46 cm
New York, The Frick Collection,
Inv. 1911.1.127

Aus der Sammlung von Pieter Claesz. van Ruijven wurde das Bild in der Nachlassversteigerung seines Schwiegersohns Jacob Abrahamsz. Dissius 1696 unter der Nr. 11 als „Een Soldaet met een laggent Meysje, zeer fraei" (siehe Quellen, Nr. 30; Ein Soldat mit einem lachenden Mädchen, sehr schön) angeboten. Das Bild tauchte erst 1861 bei der Versteigerung der Sammlung Charles Scarisbrick, London, als Pieter de Hooch wieder auf, befand sich dann in den Sammlungen Lee Mainwaring und Léopold Double, Paris; 1881 in Paris versteigert, Sammlung Prinz Demidoff di San Donato, Villa di Pratolino bei Florenz; Sammlung Samuel S. Joseph, London (1891); verkauft von Kunsthandlung Knoedler, New York 1911, an Henry Clay Frick (1849–1919). Die Zuschreibung an Vermeer stammt von Thoré-Bürger, der das Bild in Paris in der Sammlung Double sah. Die Datierung um 1657–1659 wird mit dem Einfluss von Pieter de Hooch auf Vermeer im Allgemeinen und auf diese Komposition im Besonderen in Verbindung gebracht. De Hooch wurde 1655 Mitglied der Delfter Malergilde; die frühesten datierten Bilder aus dieser Zeit, die erhalten blieben, stammen aus dem Jahr 1658 (vgl. London/Hartford 1998/99, S. 15). Liedtke (2008, S. 72), der den Einfluss de Hoochs nicht so gewichtig einschätzt, datiert geringfügig früher, um 1657. Wie bei allen Bildern Vermeers, die eine junge Dame in Begleitung eines Kavaliers darstellen, ist die erotische Komponente nur angedeutet, aber unverkennbar. Die Beziehung der Figuren zueinander bleibt offen; es gibt auf sie etliche Hinweise, die aber unterschiedliche Deutungen zulassen. Für die perspektivische Konstruktion hat Vermeer einen geringen Abstand von Flucht- und Distanzpunkten

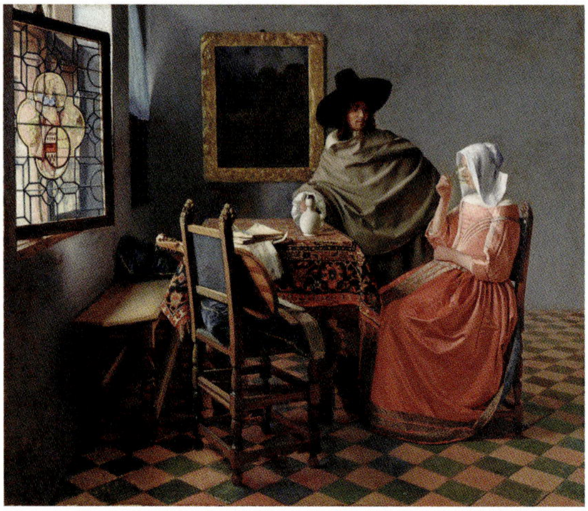

7

gewählt, wodurch sich eine starke Verkürzung ergibt (vgl. die Konstruktionszeichnung bei Wadum 1995, S. 70). Das bedingt den ungewöhnlichen Größenunterschied der beiden Figuren, der durch die Beleuchtungssituation, die Haltung und vor allem durch den großen Hut der Rückenfigur noch gesteigert wird.
Siehe auch S. 75–77, *91*.
LITERATUR: Gowing 1952 (1970), S. 104–109; Davidson 1968, S. 286–291; Slatkes 1981, S. 28; Wheelock 1981 (1988), S. 82–84; Blankert/Montias/Aillaud 1986 (1987, 1992, 2007), S. 94ff., 173, Kat. 5; Nash 1991, S. 63ff.; Schneider 1993 (2010), S. 31; Arasse 1994, S. 49f., 79; Wheelock 1995b, S. 55–61; Liedtke 2000, S. 22, 145, 177f., 190f., 209f.; Liedtke 2008, S. 33, 72, Kat. 6; Büttner 2010, S. 88–91; Blanc 2014, S. 294–301.

7
Das Glas Wein, um 1658–1660
Öl auf Leinwand, 65 x 77 cm
Staatliche Museen zu Berlin, Gemäldegalerie, Inv. 912C

Das Bild befand sich in der Versteigerung von Jan van Loon, Delft, 1736, dann in der Sammlung John Hope, Amsterdam, bis 1784 und bei dessen Erben in England bis 1794; in der Sammlung Henry Thomas Hope, Deepdene, Surrey, bis 1862, bei seiner Tochter Henrietta Adela bis 1884 und bei ihrem Sohn Henry Francis Pelham-Clinton-Hope, London, bis 1898; die Sammlung ging komplett an die Londoner Kunsthändler P. & D. Colnaghi und Asher Wertheimer; von Wilhelm von Bode (1845–1929) 1901 für die Berliner Gemäldegalerie erworben.
Während Vermeer in seinen ersten, zwischen 1656 und 1659 entstandenen Interieurs Raumtiefe suggeriert, indem er den ungehinderten Blick des Betrachters durch verschiedene Motive hemmt, einen Tisch, wie bei dem *Schlafenden Mädchen* (Kat. 4) und dem *Brieflesenden Mädchen* (Kat. 5), oder ein großes Repoussoirmotiv wie die Rückenfigur in dem Werk *Kavalier und junges Mädchen* (Kat. 6), sehen wir hier einen viel größeren Raum-

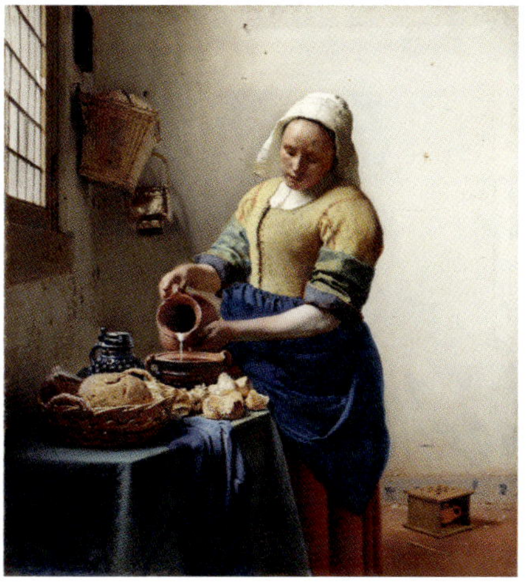

8

ausschnitt. Die Figuren und die Einrichtung befinden sich in weiterer Entfernung vom Betrachter und nehmen den Mittelgrund des tiefer gewordenen Raums ein. Zumeist wird angenommen (so bereits Plietzsch 1911), dass die kurz zuvor bzw. beinahe gleichzeitig entstandenen, 1658 datierten Interieurdarstellungen Pieter de Hoochs, die ganz von der Architektur des Innenraums her gestaltet sind, dazu den Anstoß gaben. Das *Glas Wein* wird dementsprechend überwiegend zwischen 1658 und 1660 datiert (Philadelphia/Berlin/London 1984, Kat. 116: um 1660/61; Wheelock 1995b, S. 173: um 1658–1660; Liedtke 2008, S. 80: um 1658/59). Vermeer lässt mit diesem Bild die Phase der Frühwerke hinter sich und erreicht seinen reifen Stil.

Thematisch schließt das Bild an das unmittelbar vorher entstandene Werk *Kavalier und junges Mädchen* an. Das Verhältnis der beiden Figuren wird hier jedoch differenzierter und vielschichtiger geschildert – ein Fortschritt in der psychologischen Durchdringung des Themas, der seine Entsprechung in der gereiften Darstellung des Raums findet.

Siehe auch S. 111–114, *166/167*.

LITERATUR: Neurdenburg 1942; Gowing 1952 (1970), S. 112–119; Philadelphia/Berlin/London 1984, S. 320–322, Kat. 116; Wheelock 1981 (1988), S. 90 f.; Blankert/Montias/Aillaud 1986 (1987, 1992, 2007), S. 101, 176 f., Kat. 8; Nash 1991, S. 66, 68 ff.; Schneider 1993 (2010), S. 36 f.; Liedtke 2000, S. 150, 215 ff.; Goodman 2001, S. 75 f.; Liedtke 2001e, S. 156–158, Liedtke 2001f, S. 376–379, Kat. 70; Liedtke 2008, S. 40 ff., 80 ff., Kat. 8; Büttner 2010, S. 69; Blanc 2014, S. 106, 229.

8

Das Milchmädchen
(Dienstmagd mit Milchkrug), um 1658–1661
Öl auf Leinwand, 45,5 x 41 cm
Amsterdam, Rijksmuseum, Inv. A-2344

Wahrscheinlich aus der Sammlung von Pieter Claesz. van Ruijven stammend, wurde das

Gemälde in der Nachlassversteigerung seines Schwiegersohns Jacob Abrahamsz. Dissius 1696 als Nr. 2 „Een Meyd die Melk uytgiet, uytnemende goet" (siehe Quellen, Nr. 30; Eine Magd, Milch ausgießend, außergewöhnlich gut) genannt.

Es handelt sich um eines der wenigen Bilder, deren weitere Provenienz fast lückenlos verfolgt werden kann, und zugleich um ein Bild, das stets als bekanntes Werk Vermeers hohes Ansehen genoss. Es findet sich in der Sammlung Isaac Rooleeuw, Amsterdam, 1696–1701; Sammlung Jacob van Hoek, Amsterdam, 1701–1719; in dessen Inventar 1719 als „Het vermaerde Melkmeysje, door Vermeer van Delft, konstig" (zitiert nach Wheelock/Broos 1995, S. 112, Anm. 10; Das berühmte Milchmädchen von Vermeer van Delft, kunstvoll); dann in verschiedenen Amsterdamer Sammlungen; bei Jan Jacob de Bruyn sah der englische Maler Sir Joshua Reynolds (1723–1792) 1781 das Bild und hob seine besondere Qualität hervor. 1813 wurde das Bild für die Sammlerin Lucretia van Winter (1785–1845), ab 1822 verheiratet mit Hendrik Six van Hillegom, für die hohe Summe von 2125 fl. erworben. Von da an befand es sich in der Familiensammlung Six, bis es 1908 zusammen mit 38 weiteren Bildern mit Unterstützung der Rembrandt-Gesellschaft vom niederländischen Staat nach einem Parlamentsbeschluss für das Rijksmuseum in Amsterdam gekauft wurde. Vorausgegangen war eine heftige Diskussion in der niederländischen Öffentlichkeit und Presse im Zusammenhang mit einem Angebot des amerikanischen Sammlers J. Pierpont Morgan sr. (1837–1913).

Über die Datierung des Bildes in die Zeit zwischen 1657 und 1661, also in die erste Phase der Reifezeit Vermeers, herrscht allgemeine Übereinstimmung, über die zeitliche Abfolge der einzelnen Bilder dieser Periode gehen die Meinungen auseinander. Während Wheelock (in: Wheelock/Broos 1995, S. 108, Kat. 5) das *Milchmädchen* um 1658–1660 datiert, nach der *Kleinen Straße* (Kat. 9) und gleichzeitig mit

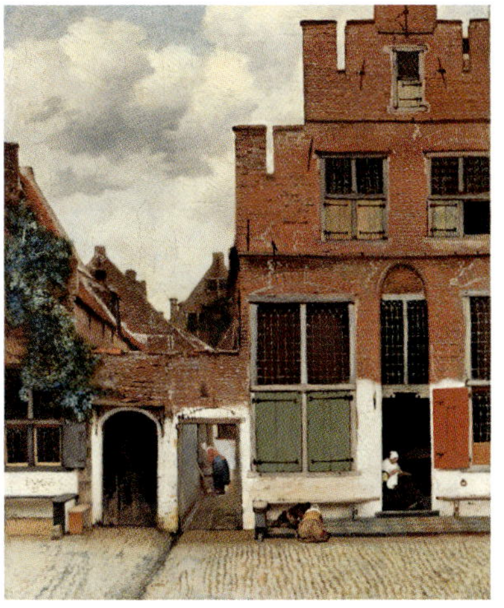
9

dem *Glas Wein* (Kat. 7), hält Liedtke (2008) das *Milchmädchen*, das er um 1657/58 datiert, für das früheste, gefolgt vom *Glas Wein* und der *Kleinen Straße*. Da jedes dieser drei Bilder innerhalb des Œuvres von Vermeer einen anderen Bildtyp verkörpert und eine lineare stilistische Entwicklung nicht vorausgesetzt werden kann, erscheint eine genaue Festlegung ohnehin problematisch.

Das *Milchmädchen* ist das einzige Bild Vermeers, in dem eine Hausmagd in ihrer Umgebung zur Hauptperson einer Genredarstellung wird. Liedtke (2008, S. 76) verweist auf die niederländische Bildtradition, Hausmägde als leicht zugängliche Opfer männlicher Verführung zu zeigen. Tatsächlich weist Vermeer mit zwei Details in der rechten Ecke des Bildes, die er erst während der Arbeit an dem Werk hinzufügte, in diese Richtung: In der Reihe der Delfter Kacheln, die den unteren Abschluss der Wand zum Fußboden bilden, ist Cupido zu erkennen, und davor steht ein kleiner, mit glühenden Kohlen gefüllter Wärmeofen, der in Bildern und Texten des 17. Jahrhunderts gern als Symbol weiblicher Lüsternheit dargestellt wird (siehe dazu auch Büttner 2010, S. 50).

Siehe auch S. 121–124, *173*.

LITERATUR: Gowing 1952 (1970), S. 109–112; Slatkes 1981, S. 32–35; Wheelock 1981 (1988), S. 86–89; Blankert/Montias/Aillaud 1986 (1987, 1992, 2007), S. 100f., 174, Kat. 7; Nash 1991, S. 94–96; Schneider 1993 (2010), S. 61; Wheelock 1995, S. 63–71; Wheelock/Broos 1995, S. 108–113, Kat. 5; Liedtke 2000, S. 207–213; Liedtke 2001f, S. 372–374, Kat. 68; Liedtke 2008, S. 35, 43, 76–79, Kat. 7; Büttner 2010, S. 31–38; Blanc 2014, S. 102–106.

9

Die kleine Straße („Het Straatje"), um 1658–1661

Öl auf Leinwand, 53,5 x 43,5 cm, signiert unter dem Fenster am linken Bildrand: i VMeer (VM ligiert)

Amsterdam, Rijksmuseum, Inv. A-2860

Wahrscheinlich aus der Sammlung von Pieter Claesz. van Ruijven stammend, ist das Bild in der Nachlassversteigerung seines Schwiegersohns Jacob Abrahamsz. Dissius 1696 unter Nr. 32 oder 33 aufgeführt: „Een Gesicht van een Huys staende in Delft, door denzelven" (siehe Quellen, Nr. 30; Eine Ansicht eines Hauses in Delft, von demselben) bzw. „Een Gesicht van eenige Huysen van dito" (ibid.; Eine Ansicht von einigen Häusern, von demselben).
Das Bild befindet sich ein Jahrhundert später in der Sammlung Gerrit Willem van Oosten de Bruyn, Haarlem, der auch das *Bildnis des Willem van Heythausen* (München, Alte Pinakothek) von Frans Hals (1580/85–1666) besaß. Bei der Versteigerung der Sammlung im Jahr 1800 erzielte das Porträt von Hals 51 fl., während die *Kleine Straße*, im Versteigerungskatalog als „wonder natuurlyk and fraai geschildert" (wunderbar natürlich und schön gemalt) beschrieben, für 1040 fl. den Zuschlag erhielt (Broos, in: Wheelock/Broos 1995, S. 105). Das Bild wurde von dem Amsterdamer Sammler Pieter van Winter erworben, der es seiner Tochter Lucretia van Winter vererbte, die auch das *Milchmädchen* (Kat. 8) kaufte. Durch ihre Heirat mit Hendrik Six van Hillegom 1822 kam das Bild in die Familiensammlung Six. 1921, nach dem Tod von Willem Six, musste sein Bruder Jan das Bild versteigern, um die Erbschaftssteuer für das übrige Erbe bezahlen zu können. Jan Six hoffte vergeblich, dass der niederländische Staat das Bild für eine Million Gulden erwerben würde. Doch schließlich kaufte Sir Henri Deterding (1866–1939), Gründer, Hauptaktionär und Direktor von Shell, die *Kleine Straße* für 625 000 Gulden und schenkte sie 1921 dem Rijksmuseum.
Vermeer weicht mit diesem Gemälde zum ersten Mal völlig von seinen üblichen Bildthemen ab. Man hat vermutet, dass sein wichtigster Mäzen und Auftraggeber Pieter van Ruijven die Anregung zu der unerwarteten Themenwahl gab. In seiner Sammlung befanden sich drei Architekturbilder von Vermeer,

die *Ansicht von Delft* (Kat. 12) und neben dem vorliegenden Bild eine zweite Ansicht von Häusern (Versteigerung 1696, Nr. 32 und 33). Das heißt, dass zumindest ein Architekturbild von Vermeer verloren ging. Über die Datierung in die Zeit zwischen 1657 und 1661, also in die erste künstlerische Reifezeit, herrscht allgemeine Übereinstimmung, nicht jedoch über die zeitliche Abfolge im Einzelnen. Während Wheelock (zuletzt in: Rom 2012/13, Kat. 46) das Bild um 1658 datiert und damit ganz an den Anfang der in diesen Jahren entstandenen Werke setzt (Kat. 7–11), nennt Liedtke (2008, S. 89) um 1659–1661 und rückt das Bild ans Ende der Gruppe unmittelbar vor die *Ansicht von Delft*.

Vermeer stellt die Fassaden zweier aus dem 16. Jahrhundert stammender Häuser dar, die durch eine Mauer mit zwei in die Hintertrakte führende Türen miteinander verbunden sind. Die beiden Häuser sind an der linken und rechten Seite jeweils vom Bildrand überschnitten, sodass von den bildparallel angeordneten Fassaden nur verschieden große Teile zu sehen sind. Dies betont den zufälligen Charakter des Bildausschnitts: Es ist nicht ein bestimmtes Haus oder eine bestimmte Straße in Delft dargestellt, wahrscheinlich sind aus kompositorischen Gründen nicht einmal wirklich nebeneinander gelegene Häuser abgebildet, sondern Vermeer hat sein Bild vermutlich aus verschiedenen Naturstudien zusammengesetzt.

Siehe auch S. 124–127, *175*.

LITERATUR: Gowing 1952 (1970), S. 109–112; Wheelock 1981 (1988), S. 80; Blankert/Montias/Aillaud 1986 (1987, 1992, 2007), S. 102 ff., 177, Kat. 9; Nash 1991, S. 6, 12 f., 26, 29; Lindenburg 1992, S. 680–690; Schneider 1993 (2010), S. 16; Wheelock 1995, S. 48–53; Wheelock/Broos 1995, S. 102–107, Kat. 4; Kaldenbach 2000, S. 238–249; Liedtke 2000, S. 37, 179, 184 f., 195, 213, 220 f., 254; Liedtke 2001f, S. 374–378, Kat. 69; Weve 2006; Liedtke 2008, S. 89–91, Kat. 11; Büttner 2010, S. 58 f.; Rom 2012/13, S. 206, Kat. 46; Blanc 2014, S. 268–274.

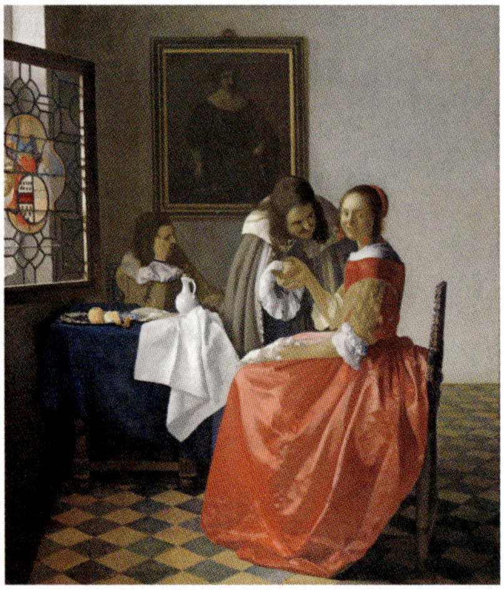

10

10

Das Mädchen mit dem Weinglas,
um 1659/60
Öl auf Leinwand, 77,5 x 66,7 cm, signiert in der rechten unteren Ecke des Fensters: IVMeer (VM ligiert)
Braunschweig, Herzog Anton Ulrich-Museum, Inv. GG 316

Wahrscheinlich aus der Sammlung von Pieter Claesz. van Ruijven stammend, wurde das Bild in die Nachlassversteigerung seines Schwiegersohns Jacob Abrahamsz. Dissius 1696 als Nr. 9 aufgenommen: „Een vrolyk geselschap in een Kamer, kragtig en goet" (siehe Quellen, Nr. 30; Eine fröhliche Gesellschaft in einem Zimmer, kräftig und gut). Nach einer Vermutung von Liedtke (2008, S. 108, 195) könnte sich die Beschreibung im Versteigerungskatalog unter Nr. 9 aber auf das *Konzert* (Kat. 19) beziehen.
Erworben vor 1710 durch Herzog Anton Ulrich von Braunschweig-Wolfenbüttel (1633–1714), gelangte das Bild über die herzoglich-braunschweigische Galerie Salzdahlum in das Herzog Anton Ulrich-Museum, Braunschweig.
Zusammen mit dem *Glas Wein* (Kat. 7) und der *Unterbrochenen Musikstunde* (Kat. 11) bildet das Mädchen mit dem Weinglas eine Gruppe ähnlich gestalteter galanter Szenen. Alle drei Bilder sind ähnlich komponiert, ein stehender Kavalier und eine unmittelbar daneben sitzende junge Dame im Profil sind von gleichartigen Motiven umgeben, einem Fenster links, einem Tisch, einem Bild an der Wand. Das vorliegende Bild stimmt vor allem mit dem *Glas Wein* in vielen Details überein. So zeigt das halb geöffnete, allerdings anders beleuchtete Fenster die gleiche Wappenscheibe, und das Muster des Fußbodens ist identisch. Es weicht allerdings in einigen Punkten entscheidend von dem Berliner Bild ab, vor allem ist die Komposition ein Hochformat, die Figurengruppe ist viel näher am Betrachter, und der Tisch ist an die Wand

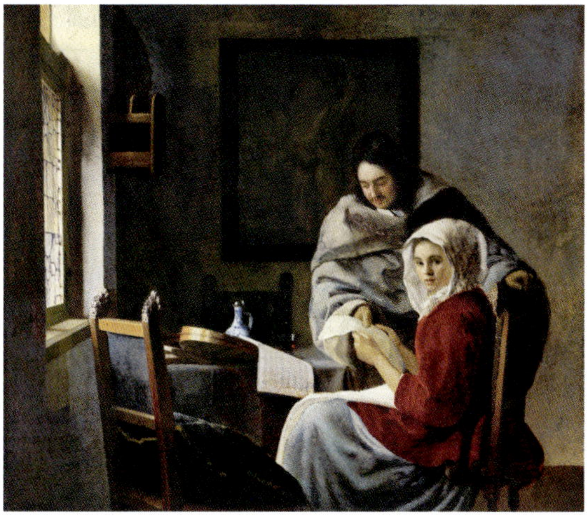

11

gerückt. Hinter ihm döst scheinbar teilnahmslos ein zweiter Kavalier, den Kopf in die Rechte gestützt. Die räumlichen Verhältnisse sind damit viel unklarer als im *Glas Wein*, das allgemein für das frühere Werk gehalten wird. Die meisten Autoren stimmen mit einer Datierung des vorliegenden Bildes um 1659/60 überein (Blankert 1986, Kat. 11: 1662).

Das Bild erreicht weder das formale Gleichgewicht, wie wir es im *Glas Wein* (Kat. 7) vorfinden, noch erscheint es in der Charakterisierung der Figuren vergleichbar tiefgründig. Die junge Frau, deren prachtvolles rotes Seidenkleid den Blick des Betrachters als Erstes auf sich zieht und sie zugleich als leichtes Mädchen kennzeichnet, scheint den Verführungskünsten ihres Kavaliers leichter zu erliegen als die spröde Dame des Berliner Bildes. Siehe auch S. 114–118, *161*.

LITERATUR: Gowing 1952 (1970), S. 113–117, 130–131; Braunschweig 1978, Kat. 39; Slatkes 1981, S. 49; Wheelock 1981 (1988), S. 92; Blankert/Montias/Aillaud 1986 (1987, 1992, 2007), S. 109, 179, Kat. 11; Nash 1991, S. 66; Schneider 1993 (2010), S. 36; Wheelock/Broos 1995, S. 114–119, Kat. 6; Hertel 1996, S. 56–66; Salomon 1998, S. 319–322; Liedtke 2000, S. 217–220; Madrid 2003, S. 168, Kat. 33; Liedtke 2008, S. 41, 86–88, Kat. 10; Büttner 2010, S. 69–71; Rom 2012/13, S. 210–212, Kat. 47; Blanc 2014, S. 224–231.

11

Die unterbrochene Musikstunde,
um 1659–1661
Öl auf Leinwand, 39,3 x 44,4 cm
New York, The Frick Collection,
Inv. 1901.1.125

Das Bild ist erst seit dem frühen 19. Jahrhundert nachweisbar. Es wurde aus der Sammlung Pieter de Smeth van Alphen, Amsterdam, 1810 für 620 fl. versteigert, erneut 1811; Sammlung Cornelis Sebille Roos 1811–1820; versteigert Amsterdam 1820; versteigert London 1853; Sammlung Francis Gibson, Saffron

Walden (gest. 1858), vererbt an seine Tochter, Mrs. Lewis Fry, Clifton bei Bristol, dort bis 1901; verkauft von Knoedler, New York, 1901 an den Sammler Henry Clay Frick, New York. Das Bild gehört mit dem *Glas Wein* (Kat. 7) und dem *Mädchen mit dem Weinglas* (Kat. 10) zu einer Gruppe von Vermeers Werken, die um 1660 entstanden sind und sowohl formal wie inhaltlich eng zusammenhängen. *Die unterbrochene Musikstunde* ist nicht nur deutlich kleiner als die beiden anderen Bilder, auch der Ausschnitt des Interieurs ist enger gefasst. In der räumlichen Anordnung, der Stellung von Tisch und Stühlen, wirkt das Bild aus der Frick Collection wie eine verkleinerte und zugleich nahsichtige Variante des Berliner Bildes, bei der die Raumzone im Vordergrund weggelassen wurde und damit die sitzende junge Dame als Halbfigur erscheint. Auch in der Breitenausdehnung wurde der Bildraum reduziert und seitlich zusammengeschoben, sodass der Abstand von Tisch und Fenster kleiner erscheint als in dem Berliner Bild. Zumeist wird *Die unterbrochene Musikstunde* im Gefolge von Gowing (1970, S. 113 f.) später als die beiden anderen datiert, alternativ wäre nach Liedtke (2008, S. 84) denkbar, dass *Das Glas Wein*, mit dem eine neue Form der Interieurdarstellung beginnt, später als das vorliegende Bild begonnen wurde, zumal es in der nahsichtigen Anordnung dem früher entstandenen *Kavalier mit jungem Mädchen* (Kat. 6) ähnelt. Liedtke datiert es daher ebenso wie *Das Glas Wein* um 1658/59, Wheelock (1995b) 1660/61.

Eine gerechte Beurteilung des Bildes wird allerdings durch seinen prekären Erhaltungszustand beträchtlich erschwert. Die Bildoberfläche hat in der Vergangenheit u. a. durch Reinigung mit zu scharfen Lösungsmitteln gelitten (Davidson 1968, S. 292). Verluste in der Farbschicht sind vor allem in den größeren Farbflächen wie dem Kleid der jungen Frau, dem Mantel des Kavaliers, der Tischdecke und den Wandflächen sichtbar. Darüber hinaus wurden in der Vergangenheit Veränderungen durch Übermalungen vorgenommen. Die Beschreibungen des Gemäldes in den Versteigerungskatalogen von 1810 und 1811 nennen anstelle des Bildes im Hintergrund eine an der Wand hängende Violine. In seiner ausführlichen Bestandsaufnahme des Bildes beklagt Hofstede de Groot (1863–1930) 1899 den schlechten Erhaltungszustand und nennt insbesondere die Violine und den am Fensterpfeiler hängenden Vogelkäfig als später hinzugemalt. Bei einer 1907 durchgeführten Restaurierung wurde die Violine entfernt und das darunter befindliche übermalte Bild mit Cupido freigelegt, der Vogelkäfig aber belassen. Das Bild wurde 1949 erneut von William Suhr restauriert, der den Vogelkäfig ebenfalls nicht für original hielt, ihn aber nicht entfernte; ähnliche, aber einfachere Käfige finden sich bei Gerard Dou (1613–1675). Aufgrund des Erhaltungszustands wurde das Bild von einigen Autoren für eine Kopie gehalten, nach Blankert (in: Blankert/Montias/Aillaud 1992, S. 204) lässt sich nicht entscheiden, ob es sich um ein stark verputztes Original oder um eine Kopie handelt; es zeigt jedoch in den am besten erhaltenen Teilen alle künstlerischen Qualitäten Vermeers.

Die Bildkomposition variiert ein Thema, das zwischen galanter Unterhaltung und versuchter Verführung oszilliert. Der stehende Kavalier hält der sitzenden jungen Dame ein Notenblatt vor, auf dem Noten und ein Text erkennbar, aber nicht entzifferbar sind. Vermutlich handelt es sich um ein der jungen Dame zugeeignetes Liebeslied. Eine auf dem Tisch liegende Laute und weitere Notenblätter weisen darauf hin, dass zusammen musiziert wurde. Aber auch ein Glas mit Rotwein und der von anderen Bildern bekannte weiße Weinkrug sind zu sehen. Der traditionelle Titel des Bildes, *Die unterbrochene Musikstunde*, gibt daher die dargestellte Szene etwas eindimensional wieder.

Siehe auch S. 118–120, *168/169*.

LITERATUR: Hofstede de Groot 1899; Gowing 1952 (1970), S. 113–116; de Jongh 1967, S. 49 f.;

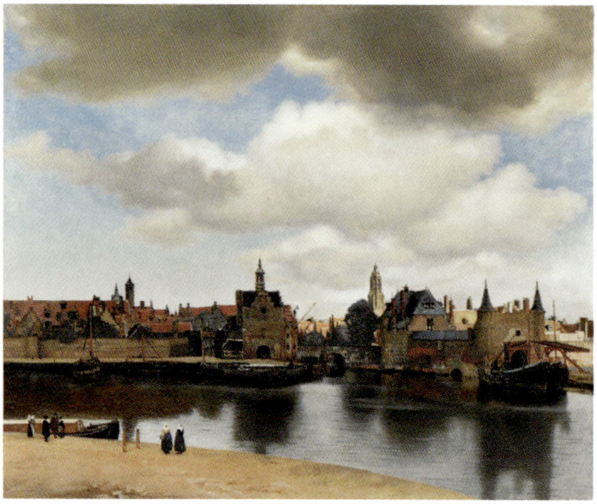

12

Davidson 1968, S. 292–295; Slatkes 1981, S. 45; Wheelock 1981 (1988), S. 98; Blankert/Montias/Aillaud 1986 (1987, 1992, 2007), S. 204, Kat. b2; Nash 1991, S. 71; Schneider 1993 (2010), S. 37 f.; Liedtke 2000, S. 217; Liedtke 2008, S. 41, 84 f., Kat. 9; Büttner 2010, S. 77; Blanc 2014, S. 120–126.

12

Ansicht von Delft, um 1660–1663
Öl auf Leinwand, 96,5 x 115,7 cm,
signiert am Boot l. u.: IVM (ligiert)
Den Haag, Koninklijk Kabinet van Schilderijen Mauritshuis, Inv. 92

Wahrscheinlich aus der Sammlung von Pieter Claesz. van Ruijven stammend, wurde das Bild in der Nachlassversteigerung seines Schwiegersohns Jacob Abrahamsz. Dissius 1696 unter Nr. 31 als „De Stad Delft in perspectief, te sien van de Zuyd-zy door J. vander Meer van Delft" (siehe Quellen, Nr. 30; Die Stadt Delft in Perspektive, gesehen von Süden, von J. vander Meer van Delft) für den besonders hohen Preis von 200fl. veräußert. In welchen Sammlungen sich das Bild von 1696 bis ins frühe 19. Jahrhundert befand, ist unbekannt, es war aber mehreren Künstlern zugänglich, die Kopien in Wasserfarben anfertigten (Wheelock/Broos 1995, S. 126, Anm. 17). Nachgewiesen ist es dann in der Sammlung Willem Philip Kops in Bloemendaal bei Haarlem. Es blieb nach seinem Tod (gest. 1805) im Besitz seiner Frau (gest. 1820) und seiner Tochter Anna Johanna Kops, verehelichte Teding van Berkhout, Haarlem; versteigert in Amsterdam 1822 und für das Mauritshuis erworben von König Wilhelm I. der Niederlande (1772–1843) für den außerordentlich hohen Betrag von 2900 fl. als „een zeldzaam voorkomend stuk van den zoogenaamden Delfschen van der Meer … mede een zeer beroemd meester onder die der Hollandsche school (zitiert nach Wheelock/Broos 1995, S. 126, Anm. 32; selten vorkommendes Stück vom sogenannten Delfschen van der Meer … einem berühmten Meister der holländischen Schule).

Seit der Wiederentdeckung im frühen 19. Jahrhundert und der Erwerbung für das Mauritshuis als Hauptwerk von Johannes Vermeer bekannt, bildete dieses Werk den Ausgangspunkt für die schrittweise Rekonstruktion des Œuvres durch Thoré-Bürger ab 1859. Die zeitliche Einordnung des Bildes in das Werk Vermeers und insgesamt in die holländische Malerei des dritten Viertels des 17. Jahrhunderts ist aufgrund der Einmaligkeit und letztlich Unvergleichbarkeit nicht einfach. Allgemein wird das Bild in die frühen sechziger Jahre datiert (Blankert 1986: 1661; Wheelock, in: Wheelock/Broos 1995: um 1660/61; Liedtke 2008: um 1661–1663), jedenfalls später als die *Kleine Straße* (Kat. 9), die hier um 1658–1661 datiert wird. Während Wheelock (zuletzt in: Rom 2012/13, Kat. 46) die *Kleine Straße* um 1658 datiert und damit einen Abstand von mindestens zwei oder drei Jahren zwischen den beiden Werken annimmt, datiert Liedtke die *Kleine Straße* um 1659–1661 und damit beide Bilder insgesamt später.

Nach einer Vermutung Liedtkes (2000, S. 224) hat Vermeers Mäzen Pieter van Ruijven das Bild nicht nur gekauft, sondern auch in Auftrag gegeben und das Sujet vorgeschlagen. Argumente dafür sind der im Vergleich zu anderen Bildern hohe Aufwand an investierter Arbeit an diesem Bild sowie das Interesse Ruijvens an Architekturbildern. Er besaß neben der *Kleinen Straße* ein zweites ähnliches Vermeer-Bild, das heute verloren ist, sowie drei Architekturbilder von Emanuel de Witte (um 1610–1691/92), die alle 1696 versteigert wurden.

Vermeer stellt Delft von Süden aus dar, mit dem Hafen im Vordergrund und der Stadt dahinter, von der vor allem die Befestigung zu sehen ist, mit dem kleinen Kethel-Tor und daneben dem großen Schiedamer Tor, das einen Glockenturm trägt, in der Bildmitte sowie dem doppeltürmigen Rotterdamer Tor am rechten Bildrand. Während die Stadtbefestigung mit den Toren und den unmittelbar dahinterliegenden Häusern sich im Schatten

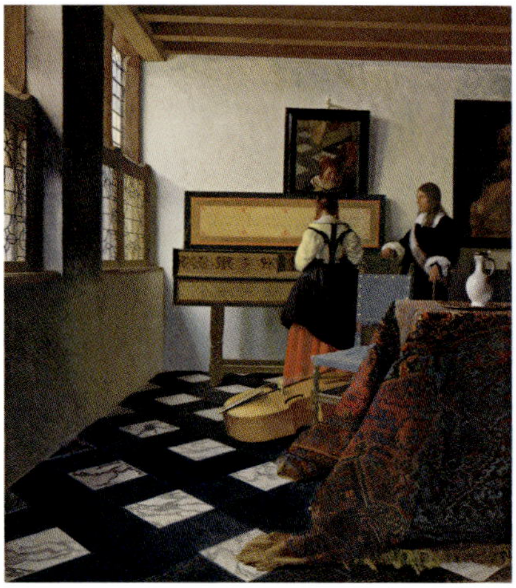

13

der dunklen Wolke, die den oberen Bildrand abschließt, befindet, liegt der weiter entfernte Teil der Stadt im hellen morgendlichen Sonnenlicht, das vor allem den die Häuser weit überragenden Turm der Nieuwe Kerk heraushebt. Auf anderen Darstellungen mit Schiffen belebt, ist der Hafen bei Vermeer bis auf wenige angelegte Kähne leer. Insgesamt sind 15 Figuren zu sehen, wobei die sechs im Vordergrund durch ihre Kostüme sozial differenziert sind.
Siehe auch S. 127–132, *176/177*.
LITERATUR: Gowing 1952 (1970), S. 128 f.; Slatkes 1981, S. 40–43; Wheelock 1981 (1988), S. 94–96; Wheelock/Kaldenbach 1982; Blankert/Montias/Aillaud 1986 (1987, 1992, 2007), S. 102–108, 178, Kat. 10; Nash 1991, S. 6–14; Schneider 1993 (2010), S. 15 f.; Wheelock 1995, S. 73–83; Wheelock/Broos 1995, S. 120–127, Kat. 7; Liedtke 2000, S. 221–226; Liedtke 2008, S. 92–97, Kat. 12; Büttner 2010, S. 57 f.; Blanc 2014, S. 130, 259–268.

13
Die Musikstunde, um 1662–1664
Öl auf Leinwand, 74 x 64,5 cm, signiert r. am Bilderrahmen: IVMeer (IVM ligiert).
Inschrift auf der Innenseite des Deckels des Virginal: MVSICA LETITIAE CO[ME?]S / MEDICINA DOLOR[VM?]
London, Royal Collection, Her Majesty Queen Elizabeth II, Inv. 405346

Das Bild wurde, wahrscheinlich aus der Sammlung von Pieter Claesz. van Ruijven stammend, in der Nachlassversteigerung seines Schwiegersohns Jacob Abrahamsz. Dissius 1696 unter Nr. 6 als „Een speelende Juffrouw op de Clavecimbael in een Kamer, met een toeluisterend Monsieur“ (siehe Quellen, Nr. 30; Eine spielende Dame auf dem Clavicembalo [richtig müsste es heißen: Virginal] in einem Zimmer, mit einem zuhörenden Herrn) für 80 fl. angeboten. Es befand sich in der Sammlung des Malers Giovanni Antonio Pellegrini (1675–1741), der sich 1716 in Amsterdam und Den Haag aufhielt, bis 1741 in Venedig; von seiner Witwe Angela Carriera 1742 an Konsul Joseph Smith verkauft, war es in Venedig und Mogliano, bis es 1762 in den Besitz von König Georg III. von Großbritannien und Irland (1738–1820) überging.

Das Bild wurde beim Verkauf an König Georg III. von Joseph Smith aufgrund der falsch als FvM aufgelösten Signatur Frans van Mieris (1635–1681) zugeschrieben: „Frans van Mieris ... A Woman playing on a Spinnet in presence of a Man seems to be her father" (zitiert nach Wheelock/Broos 1995, S. 132; Frans van Mieris ... Eine Frau beim Spielen eines Spinetts in Gegenwart eines Mannes, der ihr Vater zu sein scheint). 1819 wurden erstmals Zweifel an dieser Zuschreibung geäußert, stattdessen wurde Willem van Mieris (1662–1747) in Erwägung gezogen. 1869 war das Bild Eglon van der Neer (1635/36–1703) zugeschrieben, gleichzeitig wurde zum ersten Mal Vermeer genannt, doch erst 1876 setzte sich die richtige Benennung durch.

Das Bild gehört zu der Gruppe von weiträumigen Interieurs aus der Zeit um 1660, die mit dem *Glas Wein* (Kat. 7) beginnt und sich mit dem *Mädchen mit dem Weinglas* (Kat. 10) fortsetzt. Allgemein wird die *Musikstunde* einige Jahre später, um 1662–1664, datiert. Blankert (1986) geht davon aus, dass die *Musikstunde* nach den „Vrouwtjes" (siehe hier Kat. 14–18) 1664 entstanden ist; Wheelock (in: Wheelock/Broos 1995): um 1662–1665; Liedtke (2008): um 1662/63.

Der herkömmliche Titel des Bildes, *Musikstunde*, ist konventionell gewählt und erfasst nicht die erotische Spannung der Darstellung, die wie immer bei Vermeer unterschwellig vorhanden ist und seit Langem gesehen wird. Die Beziehung der beiden Personen wird durch Musik hergestellt, durch das gemeinsame Musizieren, aber auch durch eine emotionale Verbindung, die in der lateinischen Inschrift am Virginaldeckel anklingt: Musik ist die Begleiterin der Freude, Heilmittel der Schmerzen. Der große, repräsen-

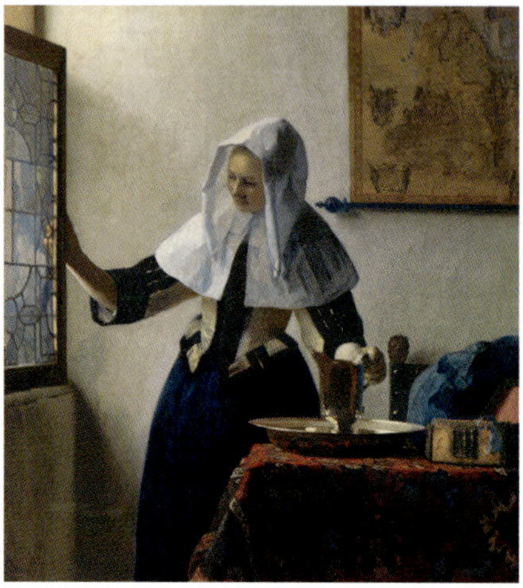

14

tative Raum mit großen Fenstern, aufwendigem schwarz-weißem Steinboden und wenigen, jedoch kostbaren Einrichtungsgegenständen sowie die distanzierte Haltung der elegant gekleideten Figuren erzeugen eine distinguierte Atmosphäre von diskreter Zurückhaltung.

Siehe auch S. 132–135, *181*.

LITERATUR: Gowing 1952 (1970), S. 37–40, 119–127; Slatkes 1981, S. 63 f., 66; Wheelock 1981 (1988), S. 100–102, Kat. 19; Philadelphia/Berlin/London 1984, S. 328 ff., Kat. 119; White 1982, S. 143–145, Kat. 230; Blankert/Montias/Aillaud 1986 (1987, 1992, 2007), S. 120 ff., 186, Kat. 16; Nash 1991, S. 74, 78; Schneider 1993 (2010), S. 38; Wheelock 1995, S. 85–95; Wheelock/Broos 1995, S. 128–133, Kat. 8; Liedtke 2000, S. 111, 228–232, 245 f.; Liedtke 2008, S. 104–107, Kat. 15; Büttner 2010, S. 81–84; Cambridge 2011/12, S. 204, Kat. 26; Blanc 2014, S. 64, 246–254, 320–326.

14
Junge Frau mit Wasserkrug, um 1662–1664
Öl auf Leinwand, 45,7 x 40,6 cm
New York, The Metropolitan Museum of Art, Gift of Henry G. Marquand, 1889, Inv. 89.15.21

Die Provenienz dieses Bildes lässt sich nicht weiter als bis in das frühe 19. Jahrhundert zurückverfolgen; es befand sich in der Sammlung Robert Vernon, Hatley Park, Cambridgeshire und London, (ab 1801? bis zu Vernons Tod 1849), und wurde mit der Sammlung Vernon, London, 1877 versteigert; beschrieben ist es unter Nr. 97 als von Gabriel Metsu (1629–1667) gemaltes „Interior, with a lady at a table covered with a carpet, on which is an ewer and dish, opening a window“ (zitiert nach Liedtke 2008, S. 195; Interieur mit einer Dame an einem teppichbedeckten Tisch, auf dem sich ein Krug und eine Schüssel befinden, die ein Fenster öffnet); 1878 verkauft als Metsu an Mervyn Wingfield, 7th Viscount Powerscourt, Powerscourt bei Enniskerry, County Wicklow, Irland (1878–1887?). 1887 wurde das Bild als Johannes Vermeer an Henry G. Marquand, New York, verkauft und gelangte mit der Sammlung Marquand 1889 als Geschenk an das Metropolitan Museum New York.

Während Blankert (1986, S. 181, Kat. 12) und Liedtke (2008, S. 98) das Bild um 1662 datieren und damit etwa gleichzeitig mit der *Ansicht von Delft* (Kat. 12) und gleichzeitig mit oder vielleicht auch vor der *Musikstunde* (Kat. 13) ansetzen, datiert Wheelock (in: Wheelock/Broos 1995, S. 146) das Bild um 1664/65 und hält es damit nicht nur für später als die *Musikstunde*, sondern auch für später als die *Briefleserin in Blau* (Kat. 16) und die *Frau mit Waage* (Kat. 18). Diese spätere Datierung trägt einer offensichtlichen stilistischen Weiterentwicklung Rechnung, die sich in einer helleren, aus Primärfarben aufgebauten Farbigkeit und einer Formbildung aus geschlossenen, verschieden großen Farbflächen äußert. Das lässt einen größeren ökonomischen Einsatz der malerischen Mittel erkennen als frühere Bilder.

Dargestellt ist keine Handlung, sondern die bloße Präsenz einer idealisierten Frauenfigur. Die junge Frau trägt Kopfbedeckung und Schulterkragen während der Toilette, wozu die Waschgarnitur mit Schüssel und Wasserkrug ebenso passt wie die Perlenkette an einem blauen Band, die über die geöffnete Schmuckschatulle gelegt ist. Eventuell wird aber auch auf folgenden Symbolcharakter hingewiesen: Wasserbecken und Krug sind Symbole der Reinheit sowie Attribute der Tugend der Mäßigung (Schneider 2010); die Personifikation der Temperantia gießt Wasser aus einem Krug. Die Schmuckschatulle und die Landkarte an der Wand hingegen sind Motive der Vanitas und verweisen damit ganz allgemein auf die Vergänglichkeit des Weltlichen, nach dem Vorbild der biblischen Figur der reuigen Maria Magdalena, die während ihrer Toilette Schmuck trägt.

Siehe auch S. 137, 139–140, *187*.

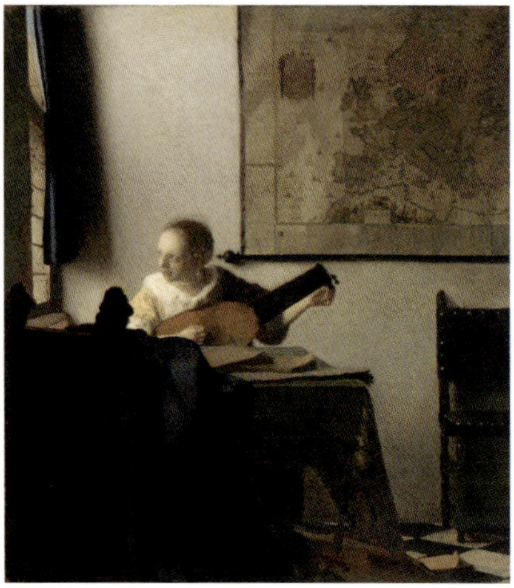

15

Literatur: Gowing 1952 (1970), S. 130 f.; Welu 1975, S. 534 f.; Slatkes 1981, S. 50; Wheelock 1981 (1988), S. 114–117; Blankert/Montias/Aillaud 1986 (1987, 1992, 2007), S. 109, 181, Kat. 12; Nash 1991, S. 96–98; Schneider 1993 (2010), S. 62; Wheelock 1995, S. 105–111; Wheelock/Broos 1995, S. 146–151, Kat. 11; Liedtke 2000, S. 213, 226–228; Liedtke 2001f, S. 379 ff., Kat. 71; Madrid 2003, S. 170, Kat. 34; Liedtke 2007, S. 877–883; Liedtke 2008, S. 98–100, Kat. 13; Büttner 2010, S. 31; Blanc 2014, S. 130–136, 250.

15
Frau mit Laute, um 1662–1664
Öl auf Leinwand, 51,4 x 45,7 cm
New York, The Metropolitan Museum of Art, Bequest of Collis P. Huntington, 1900, Inv. 25.110.24

Die Provenienz dieses Bildes lässt sich nicht weiter als bis in das frühe 19. Jahrhundert zurückverfolgen. Es wurde 1817 in der Versteigerung der Sammlung Philippus van der Schley und Daniel du Pré, Amsterdam, als Nr. 62 aufgeführt: „Delftsche van der Meer, In een gemeubileerd Binnenvertrek zit eene vrouw in Hollandsche Kleeding, op de guitar te spelen. Frappant van licht en fraai gepenceeld“ (zitiert nach Blankert 1986, S. 204; Delfter van der Meer, in einem möblierten Zimmer sitzt eine holländisch gekleidete Frau, die auf der Gitarre spielt, überraschend licht und schön gemalt). Dieser Eintrag bezieht sich nach Blankert wahrscheinlich auf das vorliegende Bild und nicht auf die Londoner *Gitarrespielerin* (Kat. 32). Das Bild tauchte vor 1900 wieder im Pariser Kunsthandel auf und wurde von Collis P. Huntington (gest. 1900), New York, erworben, der es als Legat dem Metropolitan Museum of Art, New York, überließ.

Aufgrund von Ähnlichkeiten im Entwurf und in der Ausführung mit der *Jungen Frau mit Wasserkrug* (Kat. 14) ist eine Entstehung in unmittelbarer zeitlicher Nähe zu diesem Bild anzunehmen. Liedtke (2008, S. 101) datiert nur ein wenig später als jenes Bild, um 1662/63, während Wheelock (zuletzt in: Osaka 2000, S. 20) ein späteres Datum, um 1665, bevorzugt. Blankert datiert 1662–1665 (1986, S. 203, Kat. b1), hält das Bild aber aufgrund des schlechten Erhaltungszustandes für eine zweifelhafte Zuschreibung. Liedtke (2008) meint, damit werde die Bedeutung des Erhaltungszustands überbewertet, weil die besten Partien des Bildes außer Acht gelassen würden.

Die gedämpfte Farbigkeit des Bildes sowie die starken Hell-Dunkel-Kontraste zeigen die Zugehörigkeit zu einer Gruppe einfiguriger Frauenbilder, die um 1663/64 entstanden und denen Gowing (1952/1970) die Bezeichnung „Perlenbilder" (Kat. 16–18) gab. Charakteristisch für die *Frau mit Laute* ist der große dunkle Vordergrund mit dem Stuhl, dessen in Löwenköpfe auslaufende Lehne als lebhafte Silhouette in den hellen Bereich des Bildes ragt. Damit nimmt Vermeer ein Motiv aus seinem Frühwerk auf, wie es sich in dem Werk *Kavalier und junges Mädchen* (Kat. 6) zeigt. Es wurde beobachtet, dass die *Frau mit Laute* in der Bilderfindung wie in der malerischen Ausführung konventioneller, stärker dem üblichen Zeitgeschmack angepasst ist als andere Werke des Künstlers. Den Grund hat man darin gesehen, dass es sich um eines der Bilder handelt, die nicht für Vermeers hauptsächlichen Auftraggeber Pieter van Ruijven, sondern für den freien Markt bestimmt waren. Eine junge Frau sitzt an einem Tisch, stimmt ihre Laute und blickt dabei aus dem Fenster. Auf dem Tisch vor ihr liegen Notenhefte, auf dem Boden neben dem Tisch wird eine Bassgeige sichtbar.

Siehe auch S. 142–144, *191*.

Literatur: Gowing 1952 (1970), S. 132–134; Mirimonde 1961, S. 37 ff.; Slatkes 1981, S. 60; Wheelock 1981 (1988), S. 112; Philadelphia/Berlin/London 1984, S. 322 f., Kat. 117; Blankert/Montias/Aillaud 1986 (1987, 1992, 2007), S. 203, Kat. b1; Schneider 1993 (2010), S. 44 ff.; Liedtke 2000, S. 232 f.; Osaka 2000,

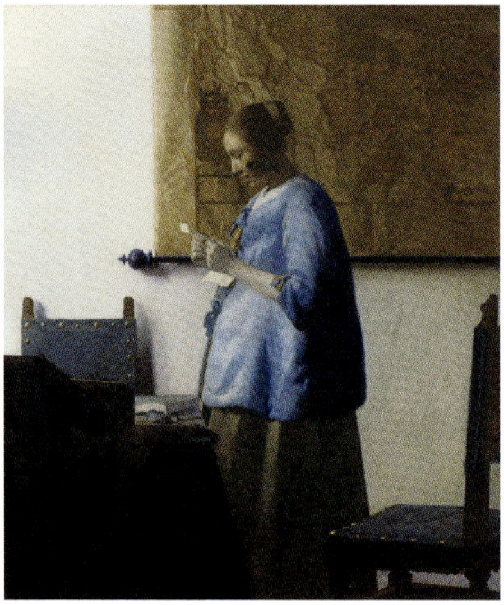

16

S. 20, Kat. 32; Liedtke 2001f, S. 381 f., Kat. 72; Liedtke 2007, S. 328, 884–887; Liedtke 2008, S. 101 f., Kat. 14; Rom 2012/13, S. 214, Kat. 48; Blanc 2014, S. 190–194.

16

Briefleserin in Blau, um 1663/64
Öl auf Leinwand, 46,6 x 39,1 cm
Amsterdam, Rijksmuseum, Inv. C-251

Das Bild tauchte wahrscheinlich zum ersten Mal in der Versteigerung der Sammlung Pieter van der Lip in Amsterdam 1712, als Nr. 22, auf: „Een leezent Vrouwtje, in een kamer, door vander Meer van Delft" (zitiert nach Blankert 1992, S. 182; Eine lesende Frau, in einem Zimmer, von vander Meer van Delft) und ist im Lauf des späten 18. Jahrhunderts und zu Beginn des 19. Jahrhunderts in mehreren Amsterdamer Versteigerungen (1772, 1791, 1793, 1801), immer zweifelsfrei als Werk Vermeers bezeichnet, zu finden, dazu ausführlich Blankert 1986 (1987, 1992, 2007), S. 182, Kat. 14; versteigert in Paris 1809 („Van der Meer de Delft") und 1825; nach 1833 bis 1839 bei dem Londoner Kunsthändler John Smith, der es 1839 an Adriaan van der Hoop (1778–1854) verkaufte. Van der Hoop, seit 1811 Miteigentümer des Bankhauses Hope & Co. und einer der reichsten Amsterdamer, besaß eine der größten holländischen Gemäldesammlungen seiner Zeit, die er 1847 testamentarisch der Stadt Amsterdam vermachte. Adriaan van der Hoop hielt die Umstände des Kaufs im Inventar seiner Sammlung (Lijst van de schilderijen van Adriaan van der Hoop te Amsterdam, Archiv des Rijksmuseum Amsterdam) fest: „te Londen met J. Smith & Sons eene ruil gedaan, hebbende van hem gekocht ... een goed schildery van den Delftschen van der Meer, vorstellende eene lezende vrouw, in het blaauw gekleed" (zitiert nach Wheelock/Broos 1995, S. 139, Anm. 10; In London mit J. Smith & Sons einen Tauschhandel abgeschlossen und von ihm ein gutes Bild vom Delfter van der Meer gekauft, das eine blau gekleidete lesende Frau darstellt). Als Adriaan van der Hoop 1854 starb, fielen die 225 Gemälde seiner Sammlung an die Stadt Amsterdam. Die Stadt musste finanzielle Unterstützung durch die Sammler Carel Joseph Fodor und Jacob de Vos in Anspruch nehmen, um die Erbschaftssteuer von 50 000 fl. bezahlen zu können. 1885 kam das Bild als Leihgabe der Stadt Amsterdam an das Rijksmuseum.

Das Bild galt im ganzen 18. und 19. Jahrhundert als Werk Vermeers. Zusammen mit der *Ansicht von Delft* (Kat. 12) beweist es damit, dass der Name Vermeers zumindest in seiner Heimat niemals völlig in Vergessenheit geraten war.

Die Briefleserin in Blau wird zumeist um 1663/64 datiert (Wheelock, in: Wheelock/Broos 1995, Kat. 9; Liedtke 2008, S. 112, Kat. 17; Blankert 1986, Kat. 14: 1662–1665). Gowing (1952/1970, S. 42) hat dieses Bild zusammen mit Kat. 15, 17 und 18 zur Gruppe der „Perlenbilder“ zusammengefasst. In vielerlei Hinsicht, u. a. wegen der einfachen und dabei auf das Wesentliche konzentrierten Komposition, der souveränen malerischen Realisierung und der inhaltlichen Klarheit, können diese Bilder – und insbesondere das vorliegende – als die Quintessenz der künstlerischen Tätigkeit Vermeers, als klassischer Höhepunkt seines Werks gelten.

Vermeer knüpft mit der Komposition seines Bildes an das etwa sechs bis sieben Jahre früher entstandene *Brieflesende Mädchen am offenen Fenster* (Kat. 5) an. Die Haltung der jungen Frau in strengem Profil, den Blick auf den Brief gesenkt, den sie fest mit beiden Händen hält, ist hier wie dort nahezu völlig übereinstimmend. Mehrere im Röntgenbild sichtbare Veränderungen zeigen, wie genau Vermeer im Lauf der Entstehung des Bildes die Flächenverteilung kalkulierte. Indem er etwa die Landkarte um einige Zentimeter nach links verbreiterte, erreichte er die gleiche Breite der Wandstreifen links oben und rechts unten. Weitere Änderungen betrafen den Umriss der blauen Jacke, deren unterer

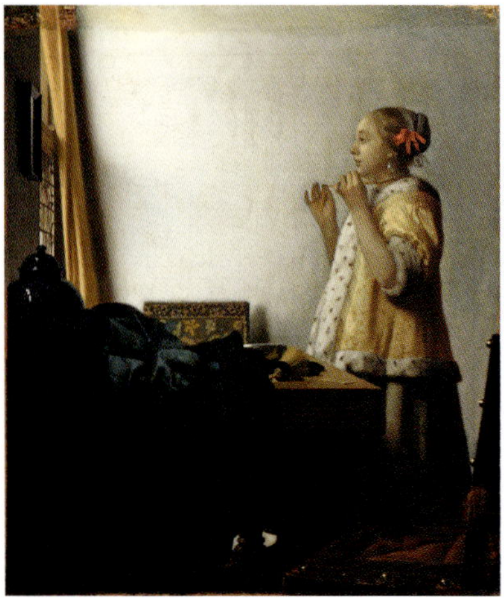

17

Rand ursprünglich breiter ausschwang und die überdies ursprünglich mit einem Pelzbesatz versehen war. Vermeer verstärkte so die statuarische Wirkung der Figur.
Siehe auch S. 141–142, *195*.
LITERATUR: Gowing 1952 (1970), S. 44 f.; Welu 1975, S. 532 f.; Slatkes 1981, S. 59; Wheelock 1981 (1988), S. 104; Blankert/Montias/Aillaud 1986 (1987, 1992, 2007), S. 114 ff., 182 ff., Kat. 14; Nash 1991, S. 90–92; Schneider 1993 (2010), S. 49; Wheelock 1995, S. 6–15; Wheelock/Broos 1995, S. 134–139, Kat. 9; Liedtke 2000, S. 238 f.; Wheelock 2001 S. 41–48; Vergara 2003, S. 52 f.; Liedtke 2008, S. 112–114, Kat. 17; Büttner 2010, S. 42–48; Blanc 2014, S. 81–84.

17
Junge Dame mit Perlenhalsband,
um 1663/64
Öl auf Leinwand, 51,2 x 45,1 cm, signiert an der Tischplatte: IVMeer (IVM ligiert)
Staatliche Museen zu Berlin,
Gemäldegalerie, Inv. 912B

Wahrscheinlich aus der Sammlung von Pieter Claesz. van Ruijven stammend, war das Bild in der Nachlassversteigerung seines Schwiegersohns Jacob Abrahamsz. Dissius 1696 unter Nr. 36 erfasst: „Een Paleerende dito [i. e. Juffrouw], seer fraey van dito [Vermeer]" (siehe Quellen, Nr. 30; Eine Dame, die sich mit Perlen schmückt, sehr schön von demselben [Vermeer]).
Das Bild tauchte erst im frühen 19. Jahrhundert bei der Versteigerung der Sammlung Johannes Caudri, Amsterdam, 1809, Nr. 42, wieder auf, damals bereits mit der richtigen Zuschreibung an Johannes Vermeer, die das Bild bei allen folgenden Erwähnungen behielt: „De Delfsche van der Meer … eene bevallige jonge Dame voor een Tafel, waar boven een Spiegel geplaatst is, zij is gekleed in een geel Satijn Jakje met Bont gevoerd, en schijnt zig te Paleeren … alleruitvoerigst gepenceelden van deze beroemde Meester" (zitiert nach Blankert 1992, S. 182, dort auch vollständiger Wortlaut; Delfter van der Meer

… eine hübsche junge Dame an einem Tisch, über dem ein Spiegel hängt, sie ist in eine gelbe Seidenjacke mit Pelzbesatz gekleidet und scheint sich mit Perlen zu schmücken … sehr genau von diesem berühmten Meister gemalt). Erneut in Amsterdamer Versteigerungen 1811 und 1856 als „De Delftsche van der Meer", befand es sich vor 1860 in der Sammlung des Pariser Lithografen Henri Grevedon (1776–1860). Nach dessen Tod wurde es von Thoré-Bürger erworben und von ihm 1868 in Brüssel versteigert. Es ging an den Aachener Sammler Barthold Suermondt und gelangte 1874 zusammen mit der Sammlung Suermondt an das Kaiser Friedrich Museum in Berlin.

Das Bild gehört zur Gruppe der einfigurigen Frauenbilder (vgl. Kat. 14–18), die Gowing (1952/1970) als „Perlenbilder" bezeichnete und die um 1662–1664 entstanden sind. Eine genaue chronologische Abfolge innerhalb dieser Gruppe ist schwierig herzustellen, die *Junge Dame mit Perlenhalsband* wird übereinstimmend um 1663/64 datiert (Blankert 1986, S. 181 f.: 1662–1665; Wheelock, in: Wheelock/Broos 1995, S. 152: um 1664; Liedtke 2008, S. 115: um 1663/64). Sie steht der Amsterdamer *Briefleserin in Blau* (Kat. 16) am nächsten und dürfte wohl nach der *Jungen Frau mit Wasserkrug* (Kat. 14) und der *Frau mit Laute* (Kat. 15) entstanden sein.

Eine junge Dame vollendet ihre Toilette, indem sie eine Perlenkette, die sie an den Bändern hält, um den Hals legt und sich dabei im Spiegel betrachtet. Das eigentliche Bildmotiv ist ihr direkter und aufmerksamer, in den Spiegel gerichteter Blick, der den Raum und damit die ganze Breite des Bildes durchquert und durch nichts behindert wird. Auch der Betrachter des Bildes wird durch kein anderes Motiv abgelenkt, die Mitte des Bildes nimmt die große leere Fläche der weißen Wand ein. Vermeer hat im Lauf der Bildentstehung Veränderungen vorgenommen, um diesen konzentrierten Eindruck zu erzeugen. So war ursprünglich an der Wand eine Landkarte

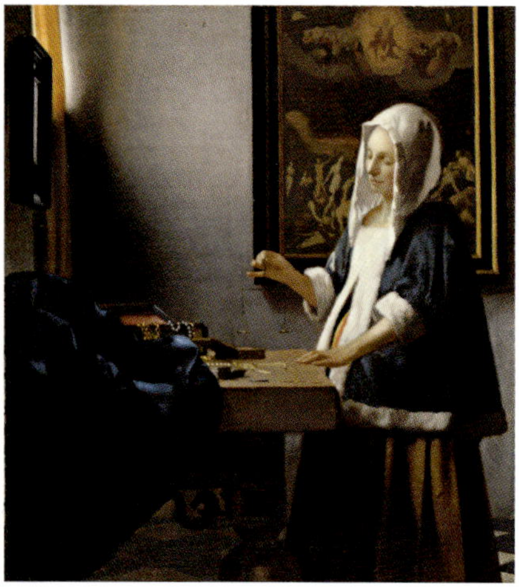

18

geplant, auf dem Stuhl im Vordergrund lag ursprünglich ein Musikinstrument, und das große dunkelblaue Tuch im Vordergrund war kleiner angelegt.
Siehe auch S. 141–142, *211*.
Literatur: Slatkes 1981, S. 53; Wheelock 1981 (1988), S. 110; Blankert/Montias/Aillaud 1986 (1987, 1992, 2007), S. 114 ff., 181 f., Kat. 13; Nash 1991, S. 101 f., Schneider 1993 (2010), S. 56; Wheelock/Broos 1995, S. 152–155, Kat. 12; Liedtke 2000, S. 236–238; Madrid 2003, S. 174, Kat. 36; Liedtke 2008, S. 115–117, Kat. 18; Büttner 2010, S. 64 f.; Blanc 2014, S. 234–239.

18
Frau mit Waage, um 1663/64
Öl auf Leinwand, 40,3 x 35,6 cm
Washington, DC, National Gallery of Art, Widener Collection, Inv. 1942.9.97

Das Bild kann in ununterbrochener Folge bis in das 17. Jahrhundert zum vermutlichen Besteller Pieter Claesz. van Ruijven zurückverfolgt werden. In der Nachlassversteigerung seines Schwiegersohns Jacob Abrahamsz. Dissius 1696 war es als Nr. 1 erfasst: „Een Juffrouw die goud weegt, in een kasje van J. vander Meer van Delft, extraordinaer konstig en kragtig geschildert" (siehe Quellen, Nr. 30; Eine Dame, Gold wägend, in einer Kassette von J. vander Meer von Delft, außerordentlich kunstvoll und kräftig gemalt). Dieses Bild und das *Milchmädchen* (Kat. 8) kamen in die Sammlung Isaac Rooleeuw, Amsterdam, und wurden 1701 erneut versteigert, als „Een Goudweegstertje van Vermeer van Delft" (zitiert nach Blankert 1992, S. 185; Eine Goldwägerin von Vermeer van Delft). Das Bild wurde von dem Amsterdamer Sammler Paulo van Uchelen ersteigert und blieb mehr als sechzig Jahre im Besitz von drei Generationen der Familie, bis es in Amsterdamer Versteigerungen 1767 und wieder 1777 als Nr. 116 auftauchte: „De Delftsche van der Meer … een vrouwtje bezig is, goud te wegen …" (zitiert nach Blankert 1992,

S. 185; Der Delfter van der Meer … eine Frau ist beschäftigt, Gold zu wägen).
König Maximilian I. Joseph von Bayern (1756–1825) erwarb das Bild vor 1825 bei dem Wiener Kunsthändler Adamovich für seine private Gemäldesammlung; es galt damals als Werk von Gabriel Metsu (München 2011, S. 132). Nach dem Tod Maximilian I. Josephs wurde 1826 ein Teil seiner Sammlung versteigert. Damals wurde das noch sichtbare Monogramm als „van der Meer" aufgelöst: „Gabriël Metzu, et selon d'autres van der Meer. Ce tableau est marqué du monogramme GM" (zitiert nach Blankert 1992, S. 185; Gabriël Metzu, und anderen zufolge van der Meer. Dieses Bild ist mit dem Monogramm GM bezeichnet). Der nächste Eigentümer, Louis-Charles Victor de Riquet, Herzog von Caraman (1762–1839), seit 1816 als französischer Botschafter in Wien, vermerkte als großer Kunstkenner im Katalog der Versteigerung seiner Sammlung (Paris 11. 5. 1830, Nr. 68) die Bedeutung Vermeers: „Les productions de VanderMeer de Delft sont si rares, que nous ne pouvons nous dispenser de signaler celle-ci d'une manière toute particulière aux amateurs" (zitiert nach Blankert 1992, S. 185; Die Erzeugnisse von VanderMeer aus Delft sind so rar, dass wir nicht darauf verzichten können, sie als ganz eigentümliche Art den Amateuren anzukündigen).
Anschließend befand sich das Bild in der Sammlung der Familie Périer, wo Thoré-Bürger es 1866 auf seiner Suche nach Werken des von ihm wiederentdeckten Künstlers sah. Das Bild war zuletzt im Eigentum der Comtesse Ségur-Périer und wurde dort im Dezember 1910 von Hofstede de Groot wiederentdeckt und publiziert, nachdem es seit der Versteigerung von 1848 nicht mehr öffentlich zu sehen gewesen war. Es wurde 1911 verkauft und von dem amerikanischen Sammler Peter A. B. Widener (1834–1915) erworben. Dieser bestimmte in seinem Testament, dass sein Sohn und Erbe Joseph E. Widener (1872–1943) das Bild mit der gesamten Kunstsamm-

lung der National Gallery Washington, DC, zu überlassen habe.

In den Amsterdamer Versteigerungskatalogen des 18. Jahrhunderts als Werk von Johannes Vermeer geführt, galt das Bild im Kunsthandel außerhalb der Niederlande als Arbeit des damals wesentlich bekannteren Gabriel Metsu. 1825 wurde eine Zuschreibung an Vermeer in Erwägung gezogen, wobei aber unklar bleibt, ob damit Johannes Vermeer aus Delft gemeint war. 1830 wies der nächste Eigentümer ausdrücklich auf die Seltenheit der Bilder des „Vander Meer de Delft" hin, die Zuschreibung wurde von Thoré-Bürger 1866 bestätigt.

Das Bild gehört zusammen mit Kat. 14, 15, 16 und 17 zur Gruppe der einfigurigen Frauenbilder, die Gowing (1952/1970) als „Perlenbilder" bezeichnete und die um 1662–1664 entstanden sind. Über die schwierig zu entscheidende zeitliche Abfolge dieser Bilder im Einzelnen herrscht Uneinigkeit: Während Wheelock (in: Wheelock/Broos 1995, S. 140) das Bild um 1664 datiert, etwas später als die *Briefleserin in Blau* (um 1663/64, Kat. 16), gleichzeitig mit der *Dame mit Perlenhalsband* (um 1664, Kat. 17) und vielleicht früher als die *Junge Frau mit Wasserkrug* (um 1664/65, Kat. 14), denkt Liedtke (2008, S. 118) an eine Entstehung um 1663/64, gleichzeitig mit Kat. 16 und 17 und etwas später als Kat. 14 und 15.

In den ersten Versteigerungskatalogen von 1696 und 1701 ist das Motiv als Frau, die Gold wägt, bezeichnet, wohl aufgrund der auf dem Tisch liegenden Goldmünzen. Seit Thoré-Bürger trägt das Bild die populär gewordene, aber unzutreffende Bezeichnung „Die Perlenwägerin". Die Waagschalen sind nämlich leer. Gezeigt ist wahrscheinlich die Prüfung der Waage mit leeren Waagschalen, deren Auspendeln die junge Frau beobachtet. Ein Thema des Bildes ist damit die Balance bzw. die Herstellung des Gleichgewichts.

Siehe auch S. 145–147, *205*.

LITERATUR: Gowing 1952 (1970), S. 53, 135 f.; Slatkes 1981, S. 55 f.; Wheelock 1981 (1988), S. 106–108; Philadelphia/Berlin/London

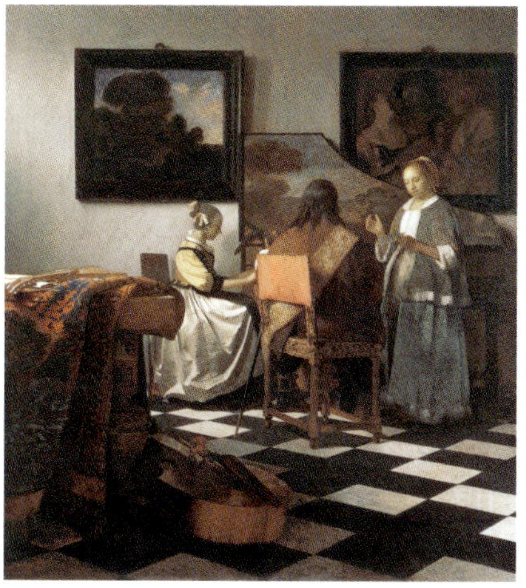

19

1984, S. 326 f., Kat. 118; Blankert/Montias/Aillaud 1986 (1987, 1992, 2007), S. 114–118, 184, Kat. 15; Nash 1991, S. 98–101; Schneider 1993 (2010), S. 56; Wheelock 1995a, S. 371–377; Wheelock 1995b, S. 97–103; Wheelock/Broos 1995, S. 140–145, Kat. 10; de Jongh 1998; Schlenke 1998, S. 55 ff.; Liedtke 2000, S. 233–237; Liedtke 2001f, S. 383–386, Kat. 73; Madrid 2003, S. 172, Kat. 35; Liedtke 2008, S. 118–120, Kat. 19; Büttner 2010, S. 65 f.; München 2011, S. 48–51, Kat. 1; Blanc 2014, S. 76–82.

19

Das Konzert, um 1663–1666
Öl auf Leinwand, 72,5 x 64,7 cm,
signiert in der Mitte am Bilderrahmen:
IVMeer (IVM ligiert)
Boston, Massachusetts, Isabella Stewart Gardner Museum, Inv. P21w27
(derzeitiger Aufbewahrungsort unbekannt, im März 1990 zusammen mit 11 weiteren Kunstwerken aus dem Museum geraubt und seither nicht wieder aufgetaucht)

Möglicherweise, wie Liedtke (2008, S. 108) vermutet, aus der Sammlung von Pieter Claesz. van Ruijven stammend, wurde das Bild in der Nachlassversteigerung seines Schwiegersohns Jacob Abrahamsz. Dissius 1696 unter Nr. 9 beschrieben: „Een vrolyk geselschap in een Kamer, kragtig en goet“ (siehe Quellen, Nr. 30; Eine fröhliche Gesellschaft in einem Zimmer, kräftig und gut). Zumeist wird mit dieser Eintragung aber das *Mädchen mit dem Weinglas* (Kat. 10) identifiziert.
Sicher nachweisbar ist das Bild erst in einer Versteigerung 1780; es wurde erneut 1804 versteigert als „Jean van der Meer de Delft“ (siehe Blankert 1986, S. 187), sodann 1834 und 1860. Bei einer weiteren Versteigerung wurde es 1869 von Thoré-Bürger erworben, bei der Versteigerung seiner Sammlung 1892 dann im Auftrag von Isabella Stewart Gardner, Boston, gekauft. Gowing (1952/1970, S. 119–127) hat als Erster vermutet, dass das *Konzert* ursprünglich als Gegenstück zur *Musikstunde* (Kat. 13) gedacht gewesen sei. Die annähernd gleiche Größe,

die ähnliche Komposition wie auch der vergleichbare Bildinhalt scheinen dafür zu sprechen. Die meisten Autoren (Wheelock 1995b, Liedtke 2008) lehnen heute diese Annahme ab und gehen davon aus, dass die Bilder als unabhängige Werke geschaffen wurden. Diese Auffassung wird dadurch gestützt, dass ihre Herkunft offenbar unterschiedlich ist, sofern man der entsprechenden Identifikation der Bilder nach den Eintragungen im Versteigerungskatalog von 1696 folgt (zur Textinterpretation vgl. Liedtke 2008, S. 108). Tatsächlich ist die der Anlage des Innenraums zugrunde liegende perspektivische Konstruktion bei den beiden Bildern unterschiedlich, wie am Muster und der Verkürzung des aus schwarzen und weißen Steinplatten gebildeten Fußbodens am leichtesten zu erkennen ist. Zwar befindet sich der Horizont in gleicher Höhe, aber der Abstand zwischen den Distanzpunkten ist unterschiedlich, mit der Folge, dass sich der Maßstab der Verkürzung unterscheidet und die Personen hier näher beim Betrachter erscheinen. Es wäre allenfalls denkbar, dass Vermeer das zweite Bild zu einem späteren Zeitpunkt als Ergänzung zu dem bereits bestehenden malte. Das *Konzert* wird allgemein einige Jahre später als die *Musikstunde* datiert (Wheelock 1995b: um 1665/66; Liedtke 2008: um 1663–1666). Blankert hält das *Konzert* und die *Musikstunde* für gleichzeitig, 1664, entstanden, auf jeden Fall später als Kat. 16, 17 und 18 (Blankert 1986, S. 186 f.).

Zwei Damen und ein Kavalier musizieren zusammen, ein Bildvorwurf, der in zeitgenössischen Inventaren als „fröhliche Gesellschaft“ bezeichnet wird. Die Dame rechts begleitet ihren Gesang mit erhobener Rechter, es ist nicht eindeutig, ob es sich um einen Ausdruck der durch die Musik hervorgerufenen Emphase handelt oder ob sie damit den Takt angibt. Der Kavalier, der uns den Rücken zuwendet, spielt auf einer Laute, von der nur die Wirbel zu sehen sind, die Dame links begleitet ihn auf dem Cembalo.

Siehe auch S. 135, *183*.

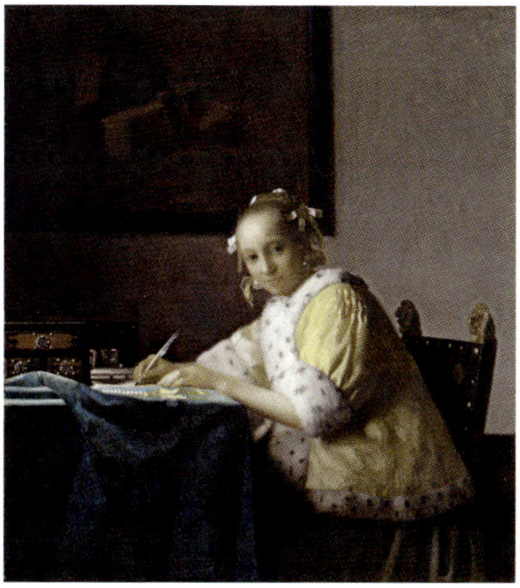

20

Literatur: Gowing 1952 (1970), S. 37ff., 119–127; Slatkes 1981, S. 66; Wheelock 1981 (1988), S. 120–122; Blankert/Montias/Aillaud 1986 (1987, 1992, 2007), S. 120ff., 187, Kat. 17; Nash 1991, S. 123; Schneider 1993 (2010), S. 38f.; Wheelock 1995b, S. 113–119; Liedtke 2000, S. 245–247; Goodman 2001, S. 85–88; Liedtke 2008, S. 108–111, Kat. 16; Büttner 2010, S. 81; Blanc 2014, S. 87f., 94, 254.

20

Briefschreiberin, um 1665–1667
Öl auf Leinwand, 45 x 39,9 cm, signiert am Bilderrahmen im Hintergrund:
IVMeer (IVM ligiert)
Washington, DC, National Gallery of Art, Gift of Harry Waldron Havemeyer and Horace Havemeyer Jr., in memory of their father, Horace Havemeyer, Inv. 1962.10.1

Das Bild gelangte wahrscheinlich aus der Sammlung von Pieter Claesz. van Ruijven in die Nachlassversteigerung seines Schwiegersohns Jacob Abrahamsz. Dissius 1696, als Nr. 35 „Een Schryvende Juffrouw heel goet van denzelven [J.vander Meer]" (siehe Quellen, Nr. 30; Eine schreibende Dame, sehr gut von demselben [J.vander Meer]).

Das Bild tauchte erst nach einem Jahrhundert wieder auf, als die Sammlung J. van Buren 1808 in Den Haag versteigert wurde, als Nr. 22: „Een bevallig vrouwtje in 't geel satyn met bond gekleed … uitmuntend fraai, uitvoerig en meesterlyk gepenseeld door de Delfsche van der Meer … zeer raar" (zitiert nach Blankert 1992, S. 190; Eine reizende junge Frau in gelbem Satin mit Besatz gekleidet … außergewöhnlich hübsch, ausführlich und meisterlich gemalt von van der Meer aus Delft … sehr eigenartig). Dann wurde es 1816 mit der Sammlung Cornelis Jan Luchtmans, im Weiteren 1825 in Rotterdam als Teil der Sammlung E. Kamermans und schließlich 1827 in Amsterdam versteigert. Von da gelangte es in die Sammlung François-Xavier Comte de Robiano, Brüssel (1778–1836) und blieb im Besitz seiner Familie bis 1906. 1907 in New York von J. Pierpont Morgan (1837–1913) erworben und bis 1913 im Metropolitan Museum of Art als Leihgabe ausgestellt; von J. Pierpont Morgan jr. (1867–1943), seinem Sohn, 1940 verkauft; bis 1946 im Besitz von Sir Harry Oakes (1874–1943) und seiner Witwe in Nassau, Bahamas; dann in der Sammlung Horace Havemeyer (1866–1956), New York; 1962 von seinen Söhnen als Geschenk an die National Gallery of Art Washington, DC.

Das Bild gehört zu jenen Werken Vermeers, bei denen die Autorschaft des Künstlers schon im frühen 19. Jahrhundert erkannt wurde (vgl. Kat. 16–18). Es ist wahrscheinlich um 1665–1667 gemalt (Blankert 1986: 1666; Wheelock, in: Wheelock/Broos 1995: um 1665; Liedtke 2008: um 1665–1667) und entstand zeitlich im Anschluss an die Gruppe der einfigurigen Damenbilder aus der ersten Hälfte der sechziger Jahre (vgl. Kat. 14–18). In der halbdunklen Beleuchtungssituation ähnelt es am ehesten der *Frau mit Waage* (Kat. 18), dem wahrscheinlich spätesten Werk der genannten Bildergruppe. Auch das Stillleben auf dem Tisch mit der Kassette und ihren Glanzlichtern, den Perlen und dem blauen Tuch ist sowohl durch die gewählten Gegenstände wie auch die Lichtführung in beiden Fällen sehr ähnlich.

Vermeer hat neben den beiden *Briefleserinnen* (Kat. 5 und Kat. 16) mehrfach Damen, die Briefe schreiben, in seinen Bildern dargestellt. In zwei Bildern ist die schreibende Dame von einer Magd begleitet, die entweder einen Brief überreicht (Kat. 24) oder wartet, bis ein Brief fertig geschrieben ist, um ihn zu überbringen (Kat. 31). Durch den Blick der Briefschreiberin aus dem Bild verschwimmen bei diesem Werk die Grenzen zwischen Porträt und Genre. Nicht zuletzt aus diesem Grund wurde vermutet, es könnte sich hier um ein Porträt handeln, etwa von Vermeers eigener Frau. Die pelzbesetzte gelbe Satinjacke kommt mehrfach in Vermeers Damenbildern vor, etwa in der *Frau mit Laute* (Kat. 15), der *Jungen Dame*

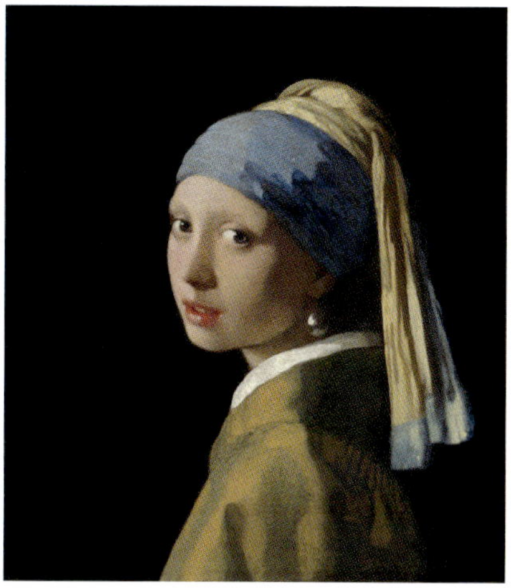

21

mit Perlenhalsband (Kat. 17) oder der *Briefschreiberin und Dienstmagd* (Kat. 24).
Siehe auch S. 147–148, *199*.
LITERATUR: Gowing 1952 (1970), S. 134; Slatkes 1981, S. 70; Wheelock 1981 (1988), S. 124–126; Blankert/Montias/Aillaud 1986 (1987, 1992, 2007), S. 189, Kat. 20; Den Haag/San Francisco 1990/91, S. 456–462, Kat. 67; Schneider 1993 (2010), S. 50; Frankfurt 1993/94, S. 314–316, Kat. 85; Wheelock 1995a, S. 377–382; Wheelock/Broos 1995, S. 156–159, Kat. 13; Liedtke 2000, S. 239–242; Vergara 2003, S. 54 f.; Dublin/Greenwich 2003/04, Kat. 38; Liedtke 2008, S. 122–124, Kat. 20; Büttner 2010, S. 62; Blanc 2014, S. 90.

21
Das Mädchen mit dem Perlenohrring, um 1665–1667
Öl auf Leinwand, 44,5 x 39 cm, signiert in der oberen linken Ecke: IVMeer (IVM ligiert)
Den Haag, Koninklijk Kabinet van Schilderijen Mauritshuis, Inv. 670

Es wurde eine Identifizierung mit zwei Bildern in Vermeers Nachlassinventar vorgeschlagen: „Twee tronyen geschildert op sijn Turx" (siehe Quellen, Nr. 24; zwei Kopfstudien, gemalt auf türkische Art). Alternativ wurde vermutet (Liedtke 2008, S. 196), es könnte sich um eine der drei Kopfstudien aus der Sammlung von Pieter Claesz. van Ruijven handeln, die in der Versteigerung des Nachlasses seines Schwiegersohns Jacob Abrahamsz. Dissius 1696 genannt sind: Nr. 38, „Een Tronie in Antique Klederen, ongemeen konstig" (siehe Quellen, Nr. 30; Eine Kopfstudie mit antiken Kleidern, ungemein kunstvoll), oder die Nr. 39 oder 40, was von Wheelock/Broos 1995 (S. 168, Anm. 9) für wenig wahrscheinlich gehalten wird.
Die erste sichere Erwähnung des Bildes stammt von 1881, als es von dem holländischen Sammler Arnoldus Andries des Tombe (1818–1902) in der Versteigerung Braams, Den Haag 1881, für den geringen Betrag von zwei Gulden erworben wurde, obwohl Victor

de Stuers das Bild bereits damals als Vermeer erkannt haben soll. Des Tombe und de Stuers hätten jedoch vereinbart, nicht gegeneinander zu bieten, wie später berichtet wurde. Die Sammlung des Tombe in Den Haag, in der sich das Bild von 1881 bis zum Tod des Sammlers 1902 befand, war öffentlich zugänglich.

Abraham Bredius pries 1885 als Erster das „meisjeskopje" als Meisterwerk Vermeers, das dann 1890 in einer Ausstellung der Künstlergenossenschaft „Pulchri" in Den Haag und 1900 für einige Zeit im Mauritshuis ausgestellt war. 1903 gelangte es mit elf weiteren Bildern als Legat des Tombe ins Mauritshuis. Zeitungen berichteten damals über die Umstände der Versteigerung von 1881 und bezifferten den aktuellen Wert des bereits berühmten Werks mit 40 000 Gulden (Wheelock/Broos 1995, S. 168). Als „holländische Mona Lisa" wurde das kleine Bild zum berühmtesten Werk Vermeers, durch den Roman der amerikanischen Autorin Tracy Chevalier, Girl with a Pearl Earring, und dessen mehrfach preisgekrönte Verfilmung (Regie Peter Webber, USA/Großbritannien/Luxemburg 2003) erlangte es in den letzten Jahren breiteste Popularität.

Wie die verwandten Kopfstudien Vermeers wird das Bild von den meisten Autoren um 1665–1667 datiert (Blankert 1986: 1665; Wheelock, in: Wheelock/Broos 1995: um 1665/66, Liedtke 2008: um 1665–1667). Eine Datierung aufgrund stilistischer Eigenschaften ist schwierig, weil sich das Bild von den Genreszenen Vermeers unterscheidet und sich auch keine Anhaltspunkte bei der zeitgenössischen Mode finden lassen.

Wenig überzeugen kann der Versuch einer Identifizierung des Modells mit Vermeers ältester Tochter Maria, die 1654 geboren wurde. Sie wäre 1667 erst dreizehn Jahre alt gewesen (ein späteres Datum des Bildes erscheint aus stilistischen Gründen eher unwahrscheinlich). Den einzigen Anhaltspunkt für die Datierung bildet die Maltechnik, z. B. die dünnen Lasuren im Inkarnatton über einer transparent modellierenden Untermalung, um damit weich verlaufende Fleischtöne erreichen zu können. Vermeer entwickelte diese Technik etwa um 1662–1664 in Bildern wie der *Jungen Frau mit Wasserkrug* (Kat. 14) oder der *Frau mit Waage* (Kat. 18). Hier verstärken zusätzliche Glanzlichter in den Augen, auf den Lippen des leicht geöffneten Mundes und auf den Zähnen den Eindruck schmelzender Weichheit, eine Wirkung, die sich besonders in der Nahsicht entfaltet.

Das Mädchen mit dem Perlenohrring ist eine Kopfstudie, ein Bildtypus, der seit ersten Beispielen aus dem 16. Jahrhundert in der flämischen wie der holländischen Malerei des 17. Jahrhunderts weit verbreitet ist und als tronie (vom alten französischen Ausdruck trogne für Charakterkopf) bezeichnet wird. Eine Kopfstudie beruht wie ein Porträt auf einem individuellen Modell, bleibt jedoch im Unterschied zum Porträt anonym. Das völlige Fehlen von inhaltlichen Bezügen ist hier wohl eine Ursache für die Unmittelbarkeit des Ausdrucks und die damit verbundene starke Wirkung auf den Betrachter. Verstärkt wird dieser Eindruck durch den einheitlichen schwarzen Hintergrund, aus dem der Mädchenkopf isoliert von jeglicher Umgebung unvermittelt hervortritt.

Siehe auch S. 150–152, *217*.

LITERATUR: Gowing 1952 (1970), S. 137–139; Slatkes 1981, S. 69; Wheelock 1981 (1988), S. 118; Blankert/Montias/Aillaud 1986 (1987, 1992, 2007), S. 122, 188, Kat. 18; Nash 1991, S. 19, 31–34; Schneider 1993 (2010), S. 69–72; Wheelock/Broos 1995, S. 166–169, Kat. 15; Groen 1998, S. 169–183; Liedtke 2000, S. 243–245; Broos/van Suchtelen 2004, Kat. 59; Liedtke 2008, S. 130–133, Kat. 22; Büttner 2010, S. 39–42; Blanc 2014, S. 180–194, 239–241, 255.

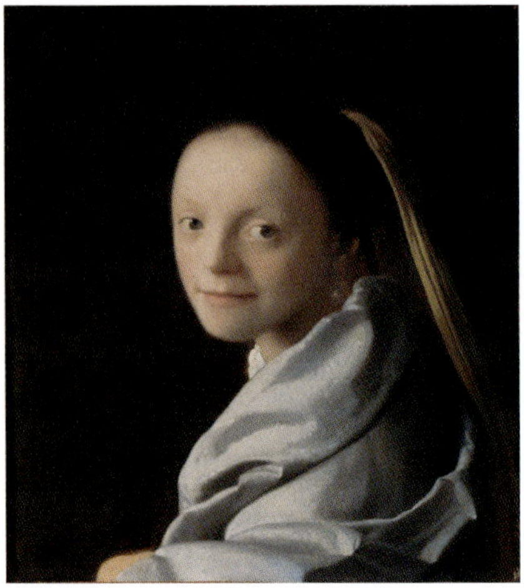

22

22

Studienkopf einer jungen Frau,
um 1665–1667
Öl auf Leinwand, 44,5 x 40 cm
signiert l. o.: IVMeer (IVM ligiert)
New York, The Metropolitan Museum of Art, Gift of Mr. and Mrs. Charles Wrightsman, in memory of Theodore Rousseau Jr., Inv. 1979.396.1

Das Bild ist vielleicht identisch mit einer der drei Kopfstudien in antiker Kleidung, die in der Versteigerung der Sammlung Dissius 1696 genannt werden, Nr. 38: „Een Tronie in Antique Klederen, ongemeen konstig", Nr. 39: „Nog en dito Vermeer", Nr. 40 „Een weerga van denzelven" (siehe Quellen, Nr. 30; Eine Kopfstudie in antiken Kleidern, ungemein kunstvoll. Noch eine ebensolche von Vermeer. Ein Gegenstück von demselben). Damit wäre eine Bestellung des Bildes bzw. ein Ankauf durch Pieter van Ruijven, den wichtigsten Auftraggeber Vermeers, wahrscheinlich. Ebenfalls hypothetisch bleibt die Identifizierung mit einem Bild in der Versteigerung der Sammlung Jan Luchtmans, Rotterdam 20.4.1816, Nr. 92: „J. van der Meer de Delft, Le portrait d'une jeune personne" (zitiert nach Blankert 1992, S. 201; J. van der Meer aus Delft, Das Porträt einer jungen Person). Sicher nachweisbar ist das Bild erst in der Sammlung der Herzöge von Arenberg in Brüssel, wo es 1829 im Katalog der Sammlung als Nr. 53 publiziert wird: „Jean van der Meer de Delft, Portrait d'une femme affublé d'un manteau bleu" (zitiert nach Blankert 1992, S. 201; Johannes van der Meer aus Delft, Porträt einer Frau, ausstaffiert mit einem blauen Mantel). 1859 wird es von Thoré-Bürger als eines der sechs ihm damals bekannten Werke von Vermeer in seiner Publikation der Sammlung Arenberg beschrieben. Bei Ausbruch des Ersten Weltkriegs wurde das Bild von der Familie Arenberg aus Brüssel nach Deutschland in die Familienresidenz Meppen gebracht. Sein Aufenthaltsort blieb unbekannt, bis es 1955 von

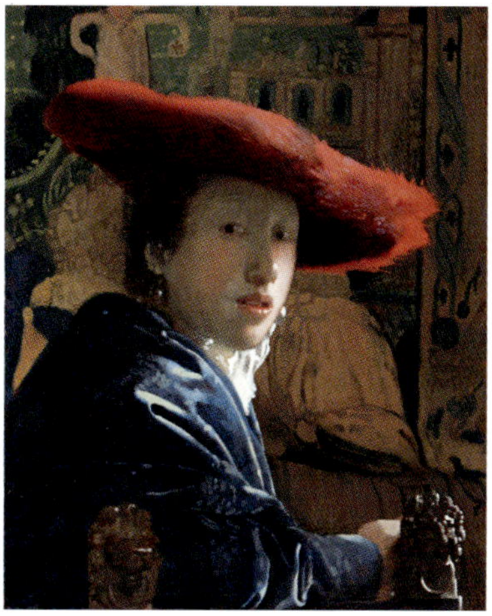

23

Charles Wrightsman über den Kunsthandel erworben wurde. 1979 wurde es von Mr. und Mrs. Charles Wrightsman dem Metropolitan Museum in New York zum Gedächtnis an Theodore Rousseau jr. geschenkt.

Das Bild entstand wahrscheinlich etwa gleichzeitig mit dem *Mädchen mit dem Perlenohrring* (Kat. 21) um 1665–1667, mit dem es im Format und dem schwarzen, räumlich nicht differenzierten Hintergrund übereinstimmt; Blankert (1986) hält das Bild davon abweichend für ein um 1672–1674 entstandenes Spätwerk, Wheelock/Broos 1995 (S. 75, Abb. 13): 1666/67, Liedtke 2008: um 1665–1667. In Inventaren aus der Entstehungszeit des Bildes werden Kopfstudien sowohl in orientalischer oder „türkischer" Aufmachung wie in antiker Kleidung genannt. Es ist vorstellbar, dass ein Bild wie das *Mädchen mit dem Perlenohrring* vor allem wegen des Turbans als „türkisch" bezeichnet wurde, ebenso wie das vorliegende Bild als „antik" gelten könnte. Das liegt in erster Linie an der Kleidung, die nur aus einem in Falten drapierten weißen glänzenden Seidenstoff besteht, der in seinen Formen nicht weiter differenziert ist. Der Perlenohrring, die rasierten Augenbrauen und der hohe Haaransatz entsprechen hingegen ganz der zeitgenössischen Mode.

Siehe auch S. 151–152, *219*.

LITERATUR: Gowing 1952 (1970), S. 138; Slatkes 1981, S. 104, Wheelock 1981 (1988), S. 132; Blankert/Montias/Aillaud 1986 (1987, 1988, 1992, 2007), S. 148, 201, Kat. 30; Schneider 1993 (2010), S. 72; Liedtke 2000, S. 243 f.; New York/London 2001, S. 389–393, Kat. 75; Fahy 2005, S. 131–135; Liedtke 2007, S. 888–893; Liedtke 2008, S. 134 f., Kat. 23; Büttner 2010, S. 39.

23

Mädchen mit rotem Hut, um 1665–1667
Öl auf Holz, 22,8 x 18 cm,
signiert o. l. Mitte: IVM (ligiert)
Washington, DC, National Gallery of Art, Andrew W. Mellon Collection, Inv. 1937.1.53

Vielleicht für Pieter Claesz. van Ruijven gemalt, ist dieses Bild möglicherweise identisch mit einer der Kopfstudien, die in der Nachlassversteigerung von Jacob Abrahamsz. Dissius 1696 als Nr. 38, 39 oder 40 genannt sind (vgl. Kat. 22). Sicher nachweisbar ist es zum ersten Mal in der Versteigerung der Sammlung des Kunsthändlers La Fontaine, Paris, 10.12.1822, Nr. 28; 1823 erworben von Louis Marie Baron Atthalin, General und Landschaftsmaler, Colmar, und im Besitz seiner Nachkommen bis 1925; über den Kunsthandel erworben von Andrew Mellon, Washington, DC, 1925–1932; The A.W. Mellon Educational and Charitable Trust, Pittsburgh, 1932–1937; seit 1937 in der National Gallery of Art, Washington, DC.

Thoré-Bürger (1866, S. 567, Nr. 47: „A rechercher, à vérifier, à étudier") kannte das Bild nur aus dem Versteigerungskatalog von 1822. Erst 1925 wurde das bis dahin völlig unbekannte Bild von Pierre Lavallée, Kurator an der Pariser École Nationale des Beaux-Arts, zum ersten Mal in der Wohnung der Witwe von Gaston Laurent-Atthalin in Paris gesehen und als sensationelle Neuentdeckung eines bis dahin unbekannten Werks von Vermeer publiziert. Aufgrund des Formats und der für Vermeer unüblichen Wahl einer Holztafel als Malgrund sowie der Besonderheiten der Maltechnik wurde die Zuschreibung an Vermeer allerdings mehrfach bezweifelt (Wheelock/Broos 1995, S. 165, Anm. 3), u.a. von Swillens (1950) und Blankert (1986, S. 205, Kat. b3).

Das Bild wird um die Mitte der sechziger Jahre datiert, etwa in dieselbe Zeit wie die beiden größeren Kopfstudien Vermeers, *Das Mädchen mit dem Perlenohrring* (Kat. 21) und der *Studienkopf einer jungen Frau* (Kat. 22). Wheelock (in: Wheelock/Broos 1995, S. 160, Kat. 14) datiert um 1665; das Bild könnte damit auch ein wenig früher als das von ihm um 1665/66 datierte *Mädchen mit dem Perlenohrring* entstanden sein. Liedtke (2008, S. 136) datiert alle drei Bilder um 1665–1667.

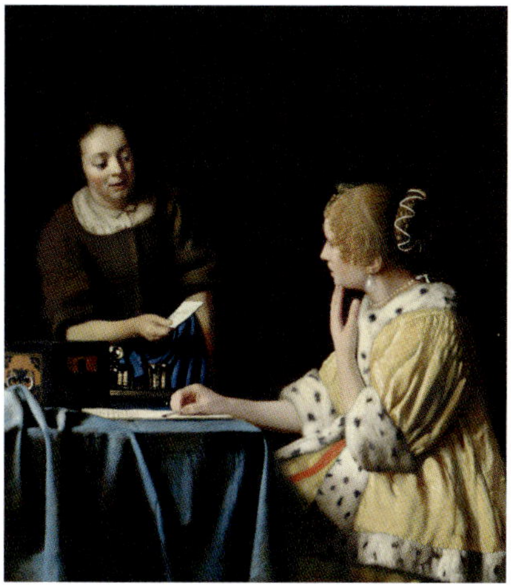

24

Das *Mädchen mit rotem Hut* unterscheidet sich von den beiden größeren Kopfstudien durch die abweichende Komposition mit engem Bildausschnitt, der auch die räumliche Umgebung darstellt, und großem Figurenmaßstab. Die Abstände der vor und hinter der Figur sichtbaren Gegenstände sind so stark verringert, dass ein Blick wie durch ein Fernglas auf die Szene simuliert ist. Diese besondere Optik in Verbindung mit der malerisch offenen, fleckigen Malweise wurde immer wieder als Argument dafür herangezogen, dass Vermeer eine Camera obscura benutzt bzw. ihre Wirkung nachgeahmt habe (vgl. dazu Wheelock/Broos 1995, S. 162; Liedtke 2008, S. 179); zur Besonderheit der Malweise im Vergleich zu anderen Bildern Vermeers siehe vor allem Wheelock/Broos 1995, S. 160. Die ausgeprägt individuellen Gesichtszüge sprechen dafür, dass Vermeer ein lebendes Modell festhielt, vielleicht dasjenige, das auch für das *Mädchen mit Flöte* (Kat. 25) diente.
Siehe auch S. 152–155, *221*.

LITERATUR: Gowing 1952 (1970), S. 146 f.; Slatkes 1981, S. 97; Wheelock 1981 (1988), S. 130; Blankert/Montias/Aillaud 1986 (1987, 1992, 2007), S. 205, Kat. b3; Schneider 1993 (2010), S. 72; Wheelock 1995a, S. 382–387; Wheelock 1995b, S. 121–127; Wheelock/Broos 1995, S. 160–165, Kat. 14; Liedtke 2000, S. 242–245; Liedtke 2001f, S. 386–389, Kat. 74; Madrid 2003, S. 176, Kat. 37; Liedtke 2008, S. 136–139, Kat. 24; Büttner 2010, S. 41; Rom 2012/13, S. 216, Kat. 49; Blanc 2014, S. 240–246.

24
Briefschreiberin und Dienstmagd,
um 1666/67
Öl auf Leinwand, 90,2 x 78,7 cm
New York, The Frick Collection,
Inv. 1919.1.126

Das Bild stammt vermutlich aus dem Besitz von Pieter Claesz. van Ruijven, Delft, wenn es mit dem in der Nachlassversteigerung von

Jacob Abrahamsz. Dissius 1696 in Amsterdam als Nr. 7 genannten Bild identisch ist: „Een Juffrouw die door een Meyd een brief gebragt word“ (siehe Quellen, Nr. 30; Eine Dame, der durch eine Magd ein Brief gebracht wird). Die Frage, ob sich diese Eintragung auf das vorliegende Bild bezieht, wird unterschiedlich beantwortet: ablehnend von Montias (1989, S. 184, 217, 260), zustimmend von Broos (in: Wheelock/Broos 1995, S. 184, Anm. 14) und in der Folge von Liedtke (2008, S. 129); als Alternative kommt Kat. 30 infrage. Das Bild ist in einer Versteigerung in Amsterdam 1738 als „een schryvent Juffertje in haar Binnekamer die een Brief ontfangt, door de delfse van der Meer“ nachweisbar (zitiert nach Blankert 1992, S. 191; Eine schreibende Jungfer in ihrem Zimmer, die einen Brief empfängt, vom Delfter van der Meer), dann zwischen 1802 („Van der Meer de Delft“) und 1818 und schließlich 1837 in mehreren Auktionen in Paris. Zwischen 1889 und 1905 befindet es sich in einer Sammlung in St. Petersburg; 1906, spätestens 1914 in einer Berliner Sammlung, wo das Bild 1919 von Henry Clay Frick über den New Yorker Kunsthändler Knoedler als dritter Vermeer (vgl. Kat. 6 und 11) seiner Sammlung erworben wird.

Die *Briefschreiberin* aus der Frick Collection bildet durch das große Format und den großen Figurenmaßstab eine Ausnahme im Werk Vermeers. Die Figuren haben etwa drei Viertel Lebensgröße und übertreffen damit sämtliche Bilder Vermeers mit Ausnahme der vor 1656 entstandenen Frühwerke. Vor allem aber unterscheidet sich die Darstellung von anderen Genrebildern des Künstlers durch den dunklen Hintergrund, der außer der Andeutung von Falten eines Vorhangs nichts vom umgebenden Raum erkennen lässt. Das erinnert an die etwa gleichzeitig entstandenen Kopfstudien (Kat. 21 und 22). Da auch die breite Maltechnik diesen Bildern ähnelt, dürfte die *Briefschreiberin* zwischen 1665 und 1670, wahrscheinlich am ehesten um 1666/67 entstanden sein (Blankert 1986: 1666/67;

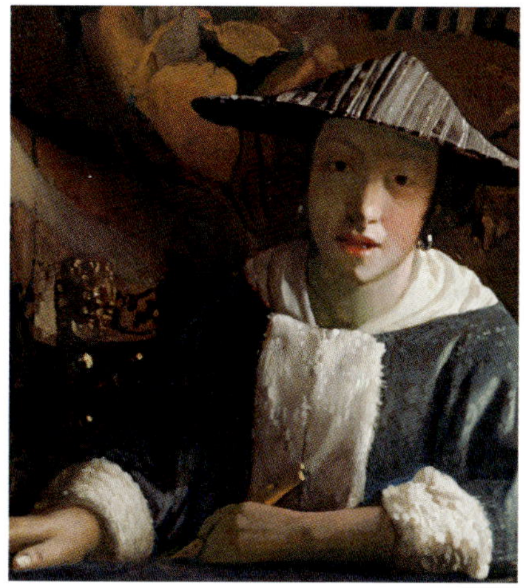

25

Wheelock 1995b: um 1667/68; Liedtke 2008: um 1666/67). Blankert vermutet (1986, S. 140), dass Vermeer seinen Versuch, dem Genrethema monumentale Form zu verleihen, als nicht gelungen ansah und daher das Bild unvollendet ließ. Maltechnik und Ausführung lassen diesen Schluss nicht zu, wie Wheelock (1995b) ausführlich begründen konnte.
Vermeer hat das Thema des Briefeschreibens und -empfangens mehrfach in seinen Bildern thematisiert (siehe Kat. 5, 16, 20). Das vorliegende Bild ist das erste, in dem die Briefschreiberin von einer Magd begleitet wird. In seinem Spätwerk hat er dieses Sujet noch zweimal und ausschließlich in dieser Form dargestellt (Kat. 30 und 31).
Siehe auch S. 147–148, *215*.
Literatur: Gowing 1952 (1970), S. 146 f.; Davidson 1968, S. 296–299; Slatkes 1981, S. 81; Wheelock 1981 (1988), S. 134; Blankert/Montias/Aillaud 1986 (1987, 1992, 2007), S. 140, 190 f., Kat. 21; Nash 1991, S. 22, 82, 94; Schneider 1993 (2010), S. 51; Wheelock 1995, S. 141–147; Liedtke 2000, S. 241 f.; Vergara 2003, S. 55 f.; Liedtke 2008, S. 126–129, Kat. 21; Büttner 2010, S. 62; Blanc 2014, S. 304–310, 339.

25
Johannes Vermeer
und unbekannter Vermeer-Nachfolger
Mädchen mit Flöte, um 1665–1670
Öl auf Holz, 20 x 17,8 cm
Washington, DC, National Gallery of Art, Widener Collection, Inv. 1942.9.98

Die frühe Provenienz des Bildes ist ungeklärt, und über seine Herkunft wurden verschiedene Vermutungen angestellt. Der Haarlemer Landschaftsmaler Jan Coelenbier (um 1610–1677) erwarb 1676 aus dem Nachlass Vermeers einige Bilder (siehe Quellen, Nr. 22). Das *Mädchen mit Flöte* könnte in unvollendetem Zustand unter diesen Bildern gewesen und von Coelenbier zum weiteren Verkauf fertiggestellt worden sein. Es könnte aber auch aus der Sammlung Peter van Ruijvens stammen und wäre damit vielleicht mit einer der drei Kopfstudien in der Versteigerung der Sammlung Dissius von 1696, Nr. 38, 39 oder 40, identisch (vgl. Kat. 22; siehe Quellen, Nr. 30). Beide Vermutungen sind höchst spekulativ und in keiner Weise belegbar.

Das Bild ist erst im späteren 19. Jahrhundert in der Sammlung van Son in ’s-Hertogenbosch, anschließend bei Jan Mahie van Boxtel en Liempde und seiner Frau Geertruida, geb. van Son nachweisbar; aus ihrem Nachlass 1876 von ihrer Tochter Jaqueline Gertrude Marie de Grez van Boxtel en Liempde, Brüssel, für 32 fl. erworben. Das Bild wurde von Abraham Bredius 1906 in der Sammlung Grez als Vermeer entdeckt (Bredius 1906/07, S. 385 f.). Das Bild war ab 1907 als Leihgabe im Mauritshuis ausgestellt, nach 1910 wurde es für 25 000 hfl. verkauft; es befand sich in der Sammlung August Janssen, Amsterdam, und wurde nach dessen Tod 1918 von Jacques Goudstikker, Amsterdam, für 325 000 hfl. angeboten. Es wurde schließlich an Joseph E. Widener, Lynnewood Hall, Elkins Park, Philadelphia, verkauft, der es 1942 der National Gallery of Art Washington, DC, übergab.

Die Zuschreibung des Bildes an Vermeer wurde mehrfach bezweifelt, zuerst von Swillens (1950) und vor allem von Blankert (1975, wiederholt in Blankert/Montias/Aillaud 1986, S. 206, Kat. b4); Brentjes (1985) hielt das Bild, ebenso wie Kat. 23, aus kostümhistorischen Gründen für ein Werk des 18. Jahrhunderts. Dendrochronologische und technische Untersuchungen haben jedoch bestätigt, dass die Holztafel um die Mitte des 17. Jahrhunderts angefertigt wurde und dass die Farben und die Maltechnik dieser Zeit entsprechen (Wheelock/Broos 1995, S. 206).

In Komposition und Malweise entspricht das Bild am ehesten dem *Mädchen mit rotem Hut* (Kat. 23). Es handelt sich in beiden Bildern vielleicht um dasselbe Modell (Liedtke 2008, S. 142), und in beiden Fällen tragen die Frauen extravagante oder exotische Kleidungsstücke.

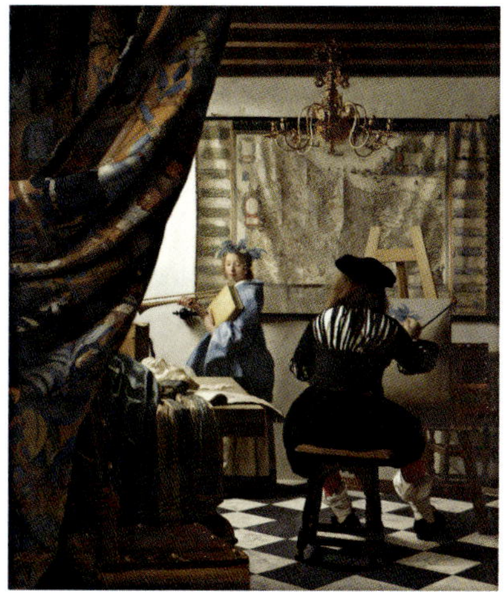

26

Die Angabe des umgebenden Raums ist bei beiden Studien sparsam und zeigt nur einen kleinen Ausschnitt, der jedoch Einrichtungsstücke wie die Stühle mit den Löwenköpfen oder die Tapisserie im Hintergrund erkennen lässt, die uns auch in anderen Interieurs Vermeers begegnen. Dennoch unterscheiden sich die beiden Bilder ganz wesentlich, vor allem durch ihren Zustand, der bei dem *Mädchen mit Flöte* durch starke spätere Veränderungen gekennzeichnet ist. Die meisten Autoren nehmen heute an, dass Vermeer das Bild begonnen und unvollendet zurückgelassen habe (stellvertretend Wheelock, in: Wheelock/Broos 1995, S. 204–208 und Liedtke 2008, S. 141 f.). Es erlitt offenbar heftige, bis in die Untermalung reichende Beschädigungen und wurde von einem unbekannten Maler verändert und fertiggestellt. Im weiteren Verlauf seiner Geschichte wurde die Bildoberfläche durch Abreibung und restauratorische Eingriffe wie Reinigung und Retuschen reduziert und verändert.
Siehe auch S. 152–155, *223*.

LITERATUR: Gowing 1952 (1970), S. 146; Wheelock 1978, S. 242, 251–256; Slatkes 1981, S. 98; Wheelock 1981 (1988), S. 45, 156; Blankert/Montias/Aillaud 1986 (1987, 1992, 2007), S. 206, Kat. b4; Schneider 1993 (2010), S. 72; Wheelock 1995a, S. 387–393; Wheelock/Broos 1995, S. 204–208, Kat. 23; Liedtke 2000, S. 244 f.; Liedtke 2008, S. 140–142, Kat. 25; Büttner 2010, S. 41; Blanc 2014, S. 220, 252.

26

Die Malkunst, um 1666–1668
Öl auf Leinwand, 120 x 100 cm,
signiert auf dem unteren Einfassungsstreifen der Landkarte: I Ver-Meer;
übermalte Datierung MDCLXVI (II?)
Wien, Kunsthistorisches Museum, Gemäldegalerie, Inv. GG_9128

Bis zum Tod des Künstlers war das Bild in seinem eigenen Besitz. Seine Witwe Catharina Bolnes übergab es am 24. 2. 1676 ihrer Mutter Maria Thins (um 1593–1680), um es vor dem

Zugriff der Gläubiger zu retten (siehe Quellen, Nr. 23). Es wurde am 15.3.1677 in einer Auktion in Delft versteigert (siehe Quellen, Nr. 26). Das Bild tauchte im Nachlass Gottfried van Swietens (1733–1803), österreichischer Diplomat und Präfekt der kaiserlichen Hofbibliothek in Wien, Sohn des aus Leiden stammenden Gerard van Swieten (1700–1772), Leibarzt Kaiserin Maria Theresias (1717–1780), wieder auf. Ob bereits Gerard van Swieten das Bild besaß und aus seiner niederländischen Heimat mitbrachte, wie mehrfach vermutet wurde, ist unbekannt. Bei der Versteigerung des Nachlasses van Swietens 1804 wurde es als Pieter de Hooch von Graf Johann Rudolph Czernin von Chudenitz (1757–1845) für 50 fl. erworben (Juffinger/Brandhuber 2010, S. 67); bis 1940 in der öffentlich zugänglichen Galerie Czernin in Wien, im Oktober 1940 von Adolf Hitler für 1650000 RM gekauft (Hehenberger/Löscher 2013, S. 105–164) und für das geplante „Führermuseum" in Linz bestimmt (Schwarz 2004, S. 107, 226); 1945 im Central Collecting Point Munich, am 28.11.1945 von den United States Forces in Austria der österreichischen Bundesregierung übergeben und in der Folge im Kunsthistorischen Museum Wien aufbewahrt und ausgestellt. Dem vom früheren Haupteigentümer Jaromir Czernin angestrengten Rückstellungsverfahren wurde vom Verwaltungsgerichtshof 1960 nicht entsprochen. Aufgrund des Kunstrückgabegesetzes von 1998 regten die Rechtsnachfolger von Jaromir Czernin eine neuerliche Behandlung des Falles an; nach umfangreichen Recherchen (Hehenberger/Löscher 2013) sprach sich der Restitutionsbeirat 2011 gegen eine Restitution des Bildes aus.

Das Bild galt bis 1860 als Werk Pieter de Hoochs, die Autorschaft Johannes Vermeers wurde sowohl von Gustav Friedrich Waagen (1862, 2, S. 110) wie von Thoré-Bürger (1859) etwa gleichzeitig und unabhängig voneinander erkannt. Das Bild trägt am Hocker des Malers noch immer eine später angebrachte Signatur auf Pieter de Hooch. Bei der jüngsten Untersuchung des Bildes mit Infrarot-Reflektografie (2009) wurde neben der originalen, später übermalten und zu einem unbekannten Zeitpunkt wieder freigelegten Signatur am unteren Einfassungsstreifen der Landkarte eine übermalte Datierung entdeckt, die 1666 oder 1667/68 zu lesen ist. Der Abstand zwischen den Ziffern und das Ausmaß der Übermalung sprechen am ehesten für 1668 (Wald 2010, S. 196). Dies entspricht der stilistischen Evidenz und der in der Literatur allgemein verbreiteten Datierung (z. B. Liedtke 2008, S. 144: um 1666–1668).

Dieses Bild stellt keine aus dem Alltag der holländischen Gesellschaft gegriffene Genreszene dar, obwohl es auf den ersten Blick so aussieht, sondern eine Allegorie (vgl. auch die *Allegorie des Glaubens,* Kat. 34), die den höheren künstlerischen Anspruch eines Historienbildes vertritt (dazu Wheelock 2010, S. 24). Allegorisiert ist die Malkunst, wie sich aus dem vermutlich von Vermeer selbst gewählten Titel „Schilderkonst" ergibt, unter dem das Bild im Nachlass des Künstlers aufscheint. Es besteht kein Anhaltspunkt dafür, dass Vermeer sich hier selbst dargestellt hätte, wie immer wieder angenommen wurde, ebenso wenig wie der Raum das tatsächliche Atelier des Künstlers abbildet. Dadurch, dass der Maler dem Betrachter den Rücken zuwendet, wird er anonym und erhält zeitlose und allgemeingültige Bedeutung. Das weibliche Modell posiert als Clio, die Muse der Geschichte, wie Hultén (1949) als Erster erkannte. Ihre Attribute entsprechen den Angaben, die Cesare Ripa (1555–1622) in seiner *Iconologia* zur Personifikation der Geschichte gemacht hatte, sodass man annehmen kann, Vermeer habe sich genau an diese Vorlage gehalten. Der linke Teil des Bildes wird von der teilweise beiseitegezogenen Tapisserie eingenommen. Sie befindet sich so nahe am Betrachter, dass die Art ihrer Aufhängung an der Balkendecke ebenso wenig zu sehen ist wie die Art der Raffung auf halber Höhe.

Siehe auch S. 228–238, *265*.

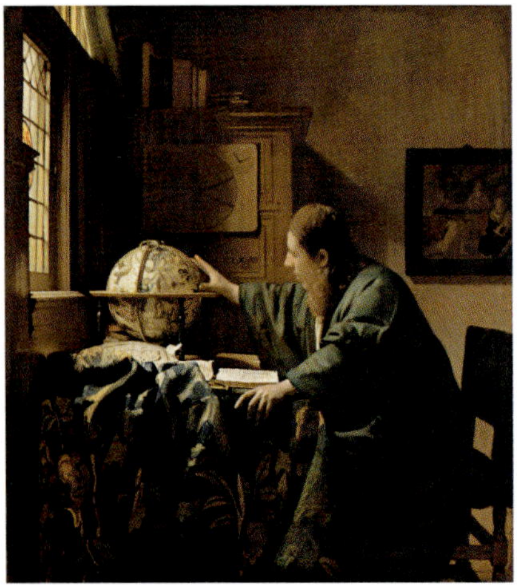

27

LITERATUR: Hultén 1949, S. 90–98; van Gelder 1951, S. 44 f.; Sedlmayr 1951, S. 169–177; Gowing 1952 (1970), S. 139–144; Tolnay 1953, S. 265–272; van Gelder 1958; Badt 1961; Sedlmayr 1962, S. 34–65; Slatkes 1981, S. 77 f.; Wheelock 1981 (1988), S. 128; Blankert/Montias/Aillaud 1986 (1987, 1992, 2007), S. 124–126, 188 f., Kat. 19; Asemissen 1988; Nash 1991, S. 119–126; Schneider 1993 (2010), S. 81–84; Wheelock 1995b, S. 129–139; Hertel 1996, S. 167–170, 176–186, 200–204; Miedema 1998; Sluijter 1998; Schlenke 1998, S. 61–75; Washington 1999; Liedtke 2000, S. 247–251; New York/London 2001, S. 394–398, Kat. 76; Madrid 2003, S. 178 f., Kat. 38; Liedtke 2008, S. 144–147, Kat. 26; Büttner 2010, S. 99–108; Wien 2010; Hehenberger/Löscher 2013; Blanc 2014, S. 25–30, 166–171, 209–211, 312 f.

27
Der Astronom, 1668
Öl auf Leinwand, 51,5 x 45,5 cm,
signiert unddatiert an der Schranktür:
IVMeer / MDCLXVIII (IVM ligiert)
Paris, Musée du Louvre, Inv. RF 1983–28

Der *Astronom* und der *Geograph* (Kat. 28) wurden von Vermeer offensichtlich als Gegenstücke für einen unbekannten Auftraggeber gemalt. Für die Annahme, dass es sich um Pendants handelt, sprechen weniger die kompositorische Anlage als vielmehr neben der übereinstimmenden Größe (Frankfurt 1997, S. 11) die Tatsache, dass beide Bilder das ganze 18. Jahrhundert hindurch als Paar behandelt wurden, und ihr Thema: Gezeigt werden Vertreter zweier verwandter Naturwissenschaften, die in den Niederlanden besonders gepflegt wurden. Technische Untersuchungen haben die Zusammengehörigkeit bestätigt (Waldeis 1997, S. 39–46).
Für eine Auftragsarbeit spricht das unvermittelte Auftreten eines in der Malerei Vermeers

völlig neuen Themas. Als Auftraggeber wurde der berühmte Delfter Naturforscher Antoni van Leeuwenhoek (1632–1723) vermutet, der nach dem Tod Vermeers als Testamentsvollstrecker bestellt wurde (Wheelock, in: Wheelock/Broos 1995, S. 172 und Wheelock 1997, S. 19 f.). Diese naheliegende Vermutung wurde u. a. von van Berkel (1997) in Zweifel gezogen. Liedtke (2008, S. 152) vermutet aufgrund der frühen Provenienz der Bilder Adriaen Paets I. (1631–1686), Direktor der Ostindischen Kompanie in Rotterdam und wie Pieter van Ruijven Remonstrant, als Auftraggeber. Seine Kunstsammlung ging an seinen Sohn Adriaen Paets II. (1657–1712) und wurde nach dessen Tod versteigert.

In einer anonymen Versteigerung vom 27. 4. 1713 in Rotterdam – nach einer Vermutung von van Gelder handelte es sich dabei um den Restbestand der Versteigerung der Sammlung von Adriaen Paets vom Vortag – werden die beiden Bilder als Nr. 10 und 11, „Een stuk verbeeldende een Mathematis Konstenaar, door vander Meer" und „Een dito door denzelven" (zitiert nach Wheelock/Broos 1995, S. 175, Anm. 18; Ein Werk, einen Künstler der Mathematik darstellend, von vander Meer … Ein ebensolcher, vom selben Künstler) für die hohe Summe von 300 fl. verkauft.

In der Folge wanderten beide Bilder immer als Paar durch mehrere niederländische Sammlungen (zur Provenienz im Detail siehe Maek-Gérard 1997, S. 50–52), u. a. befanden sie sich bis 1778 in der Sammlung Jacob Crammer Simonsz., Amsterdam, der zwei weitere Werke von Vermeer besaß, die *Spitzenklöpplerin* (Kat. 29) und ein unbekanntes Werk mit einer Wein eingießenden Frau. Später waren die Bilder in der Sammlung Jan Danser Nijman (1735–1796), dem insgesamt vier Bilder Vermeers gehörten, neben dem Astronomen, dem Geographen und der Spitzenklöpplerin auch die *Stehende Virginalspielerin* (Kat. 33). In der Auktion 1797 wurde das Paar schließlich getrennt.

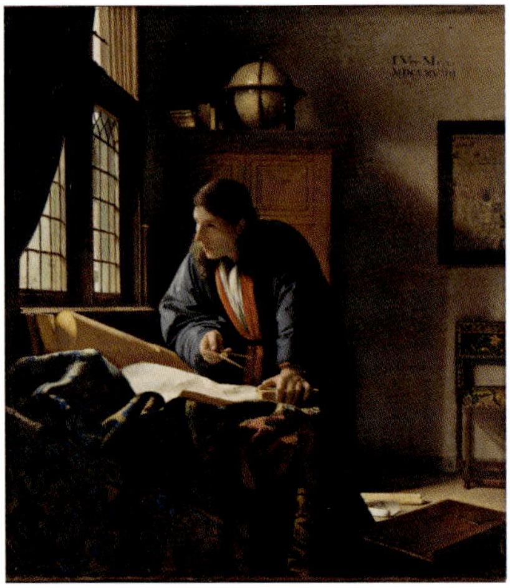

28

Die weitere Provenienz des Astronomen ist lückenlos bekannt. Im Laufe des 19. Jahrhunderts befand sich das Bild in mehreren englischen Sammlungen und gelangte zwischen 1881 und 1888 in die Sammlung Alphonse de Rothschild (1827–1905), Paris. Von November 1940 bis 1945 beschlagnahmt für das geplante „Führermuseum" in Linz, gelangte das Bild nach dem Tod von Guy de Rothschild 1982 an den Louvre.

Kompositorisch schließen beide Bilder an die einfigurigen Frauendarstellungen Vermeers aus der ersten Hälfte der sechziger Jahre an (vgl. Kat. 14–18). Inhaltlich treten die beiden Gegenstücke als Allegorien von Himmel und Erde in Wechselwirkung. Vor dem historischen Hintergrund der Pflege der Naturwissenschaften in den Niederlanden im 17. Jahrhundert bilden Astronomie und Geografie zwei Formen der Kosmografie. Der dargestellte Gelehrte ist in beiden Fällen derselbe, Physiognomie, Frisur und Gelehrtentracht stimmen überein. Aus diesem Grund wurde vermutet, der Auftraggeber habe sich selbst porträtieren lassen (angedeutet von Wheelock, in: Wheelock/Broos 1995, S. 172). Der Astronom erhebt sich leicht von seinem Stuhl, um nach einem Himmelsglobus zu greifen. Ein großes Astrolabium liegt, an den Globus gelehnt, auf dem Tisch, am Schrank hängt eine Wandkarte mit einer Planisphäre des Himmels (Welu 1986, S. 266). Das Bild an der Wand stellt die Auffindung des Mosesknaben dar.

Siehe auch S. 238–241, *269*.

LITERATUR: Gowing 1952 (1970), S. 147–151; Slatkes 1981, S. 82 f.; Wheelock 1981 (1988), S. 13, 136–138; Blankert/Montias/Aillaud 1986 (1987, 1992, 2007), S. 140 ff., 193 f., Kat. 23; Welu 1986; Nash 1991, S. 104, 106; Schneider 1993 (2010), S. 75–77; Frankfurt 1997; Liedtke 2000, S. 262 f.; van Berkel 2001; Liedtke 2008, S. 148–152, Kat. 28; Büttner 2010, S. 92–98; Blanc 2014, S. 158–160, 274–283, 337.

28

Der Geograph, 1669
Öl auf Leinwand, 51,6 x 45,4 cm,
signiert und datiert an der Schranktür: Meer; an der Wand: I. Ver Meer / MDCLXVIIII
Frankfurt am Main, Städel Museum, Inv. 1149

Der *Geograph* ist das Gegenstück zum *Astronomen* (Kat. 27). Zur Frage des Auftraggebers, der ursprünglichen Zusammengehörigkeit sowie zur gemeinsamen Provenienz der beiden Bilder bis 1797 vgl. Kat. 27. Nach der Trennung der Pendants befand sich das Bild bis 1803 in der Sammlung Arnoud de Lange, Amsterdam, danach bis 1833 in der Sammlung Pieter Hendrick Goll van Franckenstein, Amsterdam; bis 1860 in der Sammlung Alexandre Dumont, Cambrai, dort von Paul Mantz als Vermeer erkannt und publiziert. Zwischen 1860 und 1866 von Thoré-Bürger für den Bankier Isaac Péreire erworben (bis 1872); 1872–1875 in der Sammlung Max Kann, Paris, dann bis 1880 in der Sammlung Prinz Demidoff, Palazzo San Donato bei Florenz; Sammlung Adolf Josef Bösch, Wien (bis 1885); 1885 bei Plach in Wien versteigert und für den Frankfurter Kunstverein im Auftrag des Städel für 9000 Kronen erworben.

Im Gegensatz zum *Astronomen* hält der *Geograph* plötzlich in seiner Bewegung inne. Leicht vornüber gebeugt blickt er, einen Zirkel zum Messen von Entfernungen in der Hand, von der Landkarte auf und richtet den Blick nachdenklich in die Ferne. Aus den dargestellten Gegenständen ergeben sich zahlreiche Querverbindungen zum Gegenstück. Die Einrichtung des Raums ist in beiden Fällen übereinstimmend; der unter dem Fenster stehende, von Karten, Papieren und Büchern bedeckte Tisch mit einem beiseitegeschobenen Teppich und der große Schrank im Hintergrund fallen besonders in Auge. Auf dem Schrank steht ein Erdglobus von Jodocus Hondius d. Ä. (1563–1612) von 1618, der das Gegenstück zu dem Himmelsglobus im Astronomen bildet (Maek-Gérard 1997, Kat. 2), an der Wand

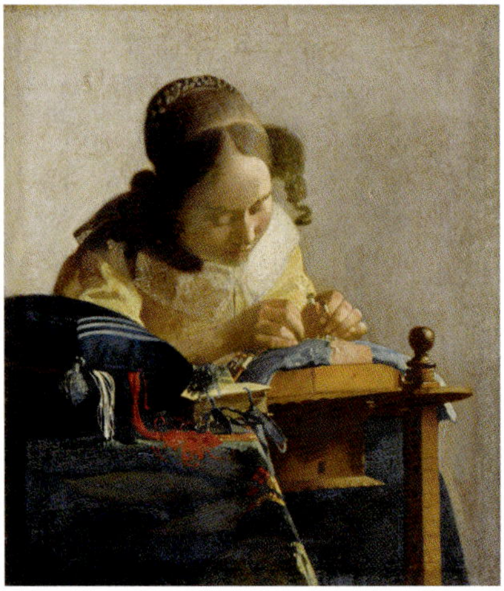

29

hängt eine gerahmte Landkarte. Die weitere Ausstattung des Studierzimmers des Geographen besteht aus zusammengerollten Landkarten auf dem Tisch und dem Boden, Büchern, einem Winkelmaß aus Messing, das auf dem Hocker liegt, dem Zirkel sowie einem am Fenster hängenden Jakobsstab (Maek-Gérard 1997, Kat. 3). Eine alte Kopie des *Geographen* wurde zuletzt 1937 dokumentiert und ist heute verschollen (Frankfurt 1997, S. 12).
Siehe auch S. 238–241, *273*.
Literatur: Gowing 1952 (1970), S. 147–151; Welu 1975, S. 544–547; Slatkes 1981, S. 84 f.; Wheelock 1981 (1988), S. 13, 36, 47, 136–138; Blankert/Montias/Aillaud 1986 (1987, 1992, 2007), S. 136, 140, 194, Kat. 24; Welu 1986, S. 263–267; Schneider 1993 (2010), S. 75–77; Wheelock 1995, S. 114, 192; Wheelock/Broos 1995, S. 170–175, Kat. 16; Frankfurt 1997; Liedtke 2000, S. 262 f.; van Berkel 2001, S. 138 f.; Kassel 2003; Liedtke 2008, S. 148–152, Kat. 27; Büttner 2010, S. 92–98; Blanc 2014, S. 274–283, 337.

29
Die Spitzenklöpplerin, um 1669/70
Öl auf Leinwand, auf eine Holztafel geklebt, 23,9 x 20,5 cm,
signiert o. r.: IVMeer (IVM ligiert)
Paris, Musée du Louvre, Inv. M.I.1448

Das Bild wurde vermutlich für Pieter Claesz. van Ruijven gemalt und gelangte in die Nachlassversteigerung von Jacob Abrahamsz. Dissius 1696, als Nr. 12: „Een Juffertje dat speldewerkt, van den zelven [Vermeer]" (siehe Quellen, Nr. 30; Eine junge Frau, die Spitzen klöppelt, von demselben [Vermeer]).
Das Bild tauchte achtzig Jahre später in der Sammlung Jacob Crammer Simonsz., Amsterdam, wieder auf, in der sich auch der *Geograph* und der *Astronom* (Kat. 27 und 28) befanden. Es wurde 1778 versteigert als „Jvan der Meer, bygenaamt de Delfsche … een bevallige Dame, verbeeldende een Speldewerkster" (zitiert nach Blankert 1992, S. 197; Jvan der Meer, genannt der Delfter … eine hübsche

Dame, die eine Spitzenklöpplerin darstellt). Alle drei Bilder waren anschließend in der Sammlung Jan Danser Nijman, wo sich auch die *Stehende Virginalspielerin* (Kat. 33) befand. 1792 wurde das Bild erneut als Vermeer versteigert und befand sich anschließend in der Sammlung von Hendrik Muilman, Herr von Heemstede (1743–1812), der neben dem damals Rembrandt (1606–1659) zugeschriebenen Porträt der Elisabeth Bas auch Vermeers *Milchmädchen* (Kat. 8, heute beide Amsterdam, Rijksmuseum) besaß. 1817 wurde das Bild in Paris versteigert als „Vander Meer de Delft … les tableaux de cet artiste sont extrêmement rares et recherchés" (zitiert nach Blankert 1992, S. 187 f.; Vander Meer von Delft … die Bilder dieses Künstlers sind äußerst selten und gesucht). In der ersten Hälfte des 19. Jahrhunderts befand sich die *Spitzenklöpplerin* in der Sammlung Anne Willem Carel, Baron van Nagell van Ampsen (1756–1851), Diplomat und bis 1824 niederländischer Außenminister; 1870 wurde das Bild vom Louvre erworben.

Die *Spitzenklöpplerin* gehört zu den kleinsten Bildern Vermeers und entspricht im Format etwa den beiden kleinen Kopfstudien (Kat. 23 und 25). Das Bild galt bei den Sammlern und im Kunsthandel des späten 18. und frühen 19. Jahrhunderts immer als Werk Vermeers. Es dürfte nur wenig später als die beiden Kopfstudien entstanden sein und wird allgemein um 1669/70 datiert (Wheelock, in: Wheelock/Broos 1995, S. 176, Kat. 17; Liedtke 2008, S. 153, Kat. 29; Cambridge 2011/12, S. 210, Kat. 29: um 1670). Slatkes (1981) schlug eine etwas spätere Datierung, um 1671/72, vor, basierend auf dem Vergleich mit der *Gitarrespielerin* (Kat. 32); allerdings ist der Grad der Abstraktion dort wesentlich größer. Vom Bildtyp her ist die *Spitzenklöpplerin* keine Kopfstudie, sondern schließt an die einfigurigen Genredarstellungen der sechziger Jahre an (vgl. Kat. 8, 14–18, 20). Dafür spricht auch die reduzierte Angabe des Raums, die sich auf die weiße Wand des Hintergrunds beschränkt.

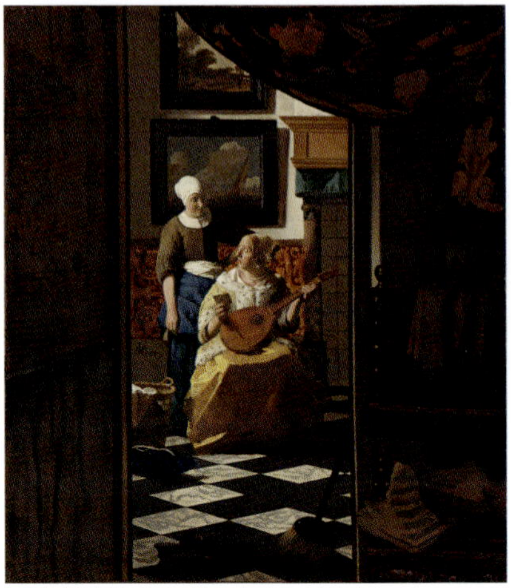

30

Die konzentriert arbeitende Frau ist nah an den Betrachter gerückt. Dadurch erscheinen die Motive im Vordergrund, der mit einem Teppich bedeckte Tisch und das Nähkissen, übermäßig groß und teilweise unscharf, wie z. B. die weißen und roten Fäden, die aus dem Nähkissen hängen. Diese partiellen Unschärfen, die eine Illusion unterschiedlicher Bildtiefen erzeugen und den Blick des Betrachters auf das Hauptmotiv im Mittelgrund lenken sollen, finden sich ebenso bei den Kopfstudien (Kat. 23 und 25). Das Leinwandbild wurde bereits vor 1778 auf Holz geklebt (siehe Versteigerungskatalog von 1778 „op paneel"; Blankert 1992, S. 197). Dabei oder bei einer früheren Doublierung wurde so großer Druck auf die Leinwand ausgeübt, dass sich die Knoten der Webe in die Malschicht gepresst haben und ein Muster auf der Bildoberfläche erzeugten, das v. a. in den dunklen Partien deutlich sichtbar ist.

Siehe auch S. 241–243, *275*.

LITERATUR: Gowing 1952 (1970), S. 144 f.; Slatkes 1981, S. 94; Wheelock 1981 (1988), S. 144; Blankert/Montias/Aillaud 1986 (1987, 1992, 2007), S. 142, 197, Kat. 26; Nash 1991, S. 110–113; Schneider 1993 (2010), S. 62; Wheelock/Broos 1995, S. 176–179, Kat. 17; Liedtke 2000, S. 256 f.; Liedtke 2008, S. 153–155, Kat. 29; Büttner 2010, S. 38; Cambridge 2011/12, S. 210, Kat. 29; Blanc 2014, S. 127 f., 240.

30

Der Liebesbrief, um 1669/70

Öl auf Leinwand, 44 x 38 cm, signiert an der Wand über dem Korb: IVMeer

Amsterdam, Rijksmuseum, Inv. A-1595

Die Herkunft dieses Bildes ist erst ab dem frühen 19. Jahrhundert zu verfolgen. Es ist zuerst in der Amsterdamer Sammlung Pieter van Lennep nachzuweisen und blieb bis in das späte 19. Jahrhundert im Besitz der Familien van Lennep und Messchert van Vollenhoven. Über die Vereniging Rembrandt, die das Bild 1892 für 41 000 fl. ersteigert hatte, wurde es 1893 durch das Rijksmuseum erworben (Provenienzangaben im Detail bei Wheelock/Broos 1995, S. 180).

Das Bild wird um 1669/70 datiert (Wheelock, in: Wheelock/Broos 1995 und Liedtke 2008), Blankert (1975, 1986) datiert es davon abweichend mit 1667 etwas früher. Es ist das einzige erhaltene Bild Vermeers, in dem er das in der südholländischen Malerei der Jahrhundertmitte beliebte Kompositionsschema des Raumdurchblicks (*doorkijkje*) verwendet. Ein ähnliches, heute verlorenes Bild Vermeers befand sich in der Dissius-Versteigerung von 1696, beschrieben unter Nr. 5: „Daer een Seigneur zyn handen wast, in een doorsiende Kamer, met beelden, konstig en raer van dito [Vermeer]“ (siehe Quellen, Nr. 30; Da ein Herr seine Hände wäscht, in einem Zimmer mit Durchblick, mit Figuren, kunstvoll und selten, vom selben [Vermeer]). Bereits bei dem frühen Werk *Schlafendes Mädchen* (Kat. 4) hatte Vermeer einen Raumdurchblick verwendet, dort allerdings als Nebenmotiv im Hintergrund. Hier ist das Hauptmotiv in den hinteren Raum verlegt, während vorne im Dunkeln nur Repoussoirmotive wie Tür, Vorhang, Stuhl etc. dargestellt sind.

Der *Liebesbrief* wird in der Literatur überwiegend kritisch beurteilt und als jenes Bild bezeichnet, in dem Vermeer am stärksten herkömmlichen Darstellungskonventionen folgte, ohne die für ihn sonst so charakteristische Sensibilität in der Charakterisierung der Figuren und ihrer Beziehungen zueinander zu zeigen (so bereits Bredius 1892, der das Bild als „dit mindere stuk“ abqualifizierte; Gowing 1970, S. 56 charakterisiert es als „a sidelong advance along a forbidden road“, ihm folgt Liedtke 2008, S. 156).

Da der *Liebesbrief* nicht in der Versteigerung der Sammlung Dissius von 1696 auftaucht, wurde vermutet, dass Vermeer dieses Bild mit geringerem künstlerischem Anspruch für den Kunstmarkt und nicht für seinen Hauptauftraggeber Pieter van Ruijven geschaffen habe. Die dargestellte Handlung ähnelt der auf einem früheren Bild Vermeers, der *Briefschrei-*

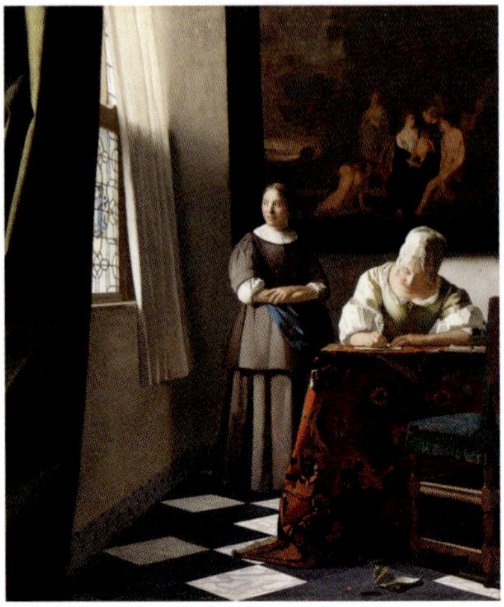

31

berin und Dienstmagd in der Frick Collection (Kat. 24): Die Magd hat einen Brief gebracht, den die Herrin zögernd und fragend entgegennimmt. Hier ist die Szene mit geringerer psychologischer Subtilität dargestellt und stärker auf äußerliche Effekte ausgerichtet: Durch die Blickverbindung zwischen Herrin und Magd und das Emporhalten des Briefes erscheint die Handlung auch auf die Entfernung verständlich.

Siehe auch S. 243–244, *279*.

LITERATUR: Gowing 1952 (1970), S. 56–60, 152; Amsterdam 1976, S. 269 ff., Kat. 71; Slatkes 1981, S. 72–75, 101, 122; Wheelock 1981 (1988), S. 140 ff.; Blankert/Montias/Aillaud 1986 (1987, 1992, 2007), S. 192 f., Kat. 22; Nash 1991, S. 82; Schneider 1993 (2010), S. 55; Wheelock 1995b, S. 58, 162, 184; Wheelock/Broos 1995, S. 180–185, Kat. 18; Liedtke 2000, S. 162 f., 252 ff.; Goodman 2001, S. 76 ff.; Madrid 2003, S. 182, Kat. 39; Dublin/Greenwich 2003/04, Kat. 38bis; Liedtke 2008, S. 156–158, Kat. 30; Büttner 2010, S. 49; Blanc 2014, S. 110–116.

31
Briefschreiberin und Dienstmagd,
um 1670/71
Öl auf Leinwand, 72,2 x 59,7 cm,
signiert auf dem Papier, das über den Tisch hängt: IVMeer (IVM ligiert)
Dublin, National Gallery of Ireland, Inv. 4535

Dieses Bild blieb zu Lebzeiten Vermeers unverkauft und befand sich bis zum Tod des Künstlers in seinem Besitz. Seine Witwe übergab es zusammen mit einem zweiten Bild (vgl. Kat. 32) dem Delfter Bäcker Hendrick van Buyten als Sicherstellung für unbeglichene Rechnungen in Höhe von 617 fl. Im entsprechenden Notariatsakt vom 27. 1. 1676 wird das Bild wie folgt beschrieben: „D'eene vertonende twee personagien waeroff d'een een brieff sit te schrijven“ (siehe Quellen, Nr. 21; Das eine stellt zwei Personen dar, von denen eine sitzt und einen Brief schreibt). Van Buyten behielt die Bilder bis zu seinem Tod 1701; in seinem Nachlass werden drei Bilder von Vermeer, ein großes – vermutlich das vorliegende – und zwei kleine, genannt (Montias 1989, S. 365, Dok. 442). Als Nächstes wird das Bild im Nachlass des Rotterdamer Kaufmanns Josua van Belle (1637–1710) erwähnt, der 1730 versteigert wurde: „Een Juffrouw zittende een Brief te Schryven daer de Meid nae staet te wagten, door Vander Meer" (zitiert nach Wheelock/Broos 1995, S. 189, Anm. 9; Eine junge Dame sitzt, um einen Brief zu schreiben, neben ihr steht eine wartende Magd, von Vander Meer). Bis zum Ende des 18. Jahrhunderts befand sich das Bild dann im Besitz der Familie Slingelandt in Den Haag.

Es tauchte erst 1881 wieder auf, als es der österreichische Kunstsammler Viktor Miller zu Aichholz (1845–1910) an einen Pariser Kunsthändler verkaufte. Von dort gelangte es über die Sammlung Secrétan in die Sammlung von Alfred Beit (1853–1906), einem gebürtigen Hamburger, der in Südafrika mit Diamanten und Goldschürfung reich geworden war; die Sammlung gelangte über seinen Bruder Otto an dessen Sohn, der ebenfalls Alfred Beit (1903–1994) hieß und seit 1952 in Russborough bei Dublin residierte. 1974 überfielen Mitglieder der IRA das Anwesen und stahlen zwölf Bilder der Sammlung, darunter den Vermeer. Die Beute konnte rasch sichergestellt werden, doch bereits 1986 wurde der Vermeer zusammen mit 17 anderen Bildern erneut gestohlen. Erst 1993 wurde das Bild nach jahrelangen Verhandlungen zurückgegeben und von Alfred Beit der National Gallery of Ireland überlassen. Die Tatsache, dass sich das Bild beim Tod des Künstlers noch in seinem Atelier befand, spricht für eine späte Entstehung in den siebziger Jahren. Tatsächlich weisen einige stilistische Merkmale darauf hin, wie eine generelle, auch hier zu beobachtende Tendenz zur Formvereinfachung. Es handelt sich jedoch nicht um ein Werk aus der allerletzten Schaffensphase (vgl. Kat. 34 und 35), sondern entstand vermutlich um 1670/71 (Blankert 1986: 1671; Wheelock, in: Wheelock/Broos 1995: um 1670; Liedtke 2008: um 1670/71).

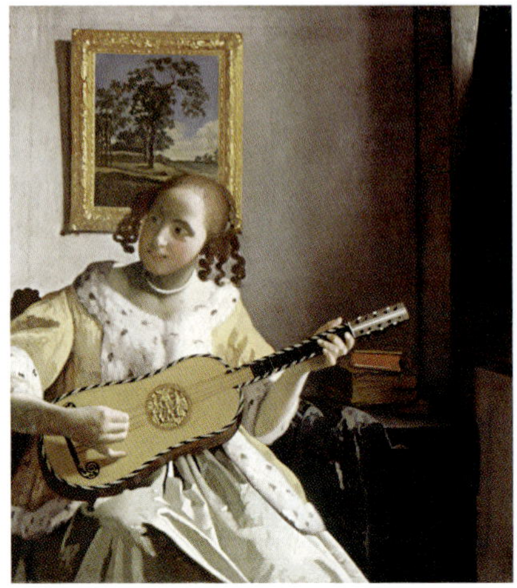

32

Die Komposition wird von großen Formen und geraden Linien, von dominanten Horizontalen und Vertikalen bestimmt. Der schwere grüne Vorhang vorne links erfüllt eine ähnliche Funktion wie der Teppich in der früher entstandenen *Malkunst* (Kat. 26) oder der vermutlich späteren *Allegorie des Glaubens* (Kat. 34). Ähnlich großflächig erscheinen der gerade fallende weiße Fenstervorhang, der breite schwarze Rahmen des Bildes an der Wand, die einfache Kleidung der wartenden Magd, der skizzenhaft gemalte Tischteppich. Die summarische Malweise zeigt sich etwa auch in der weißen Kleidung der schreibenden Dame. Vermeer fügt mit dieser Komposition dem von ihm mehrfach gestalteten Thema der Briefschreiberin eine weitere Variante hinzu, die einen stärkeren erzählerischen Gehalt aufweist als die früheren Bilder gleichen oder verwandten Inhalts (Kat. 20 und 24).

Siehe auch S. 244–247, *291*.

LITERATUR: Gowing 1952 (1970), S. 153 f.; Slatkes 1981, S. 101; Wheelock 1981 (1988), S. 146; Blankert/Montias/Aillaud 1986 (1987, 1992, 2007), S. 142, 198 f., Kat. 27; Nash 1991, S. 84, 86; Schneider 1993 (2010), S. 53 f.; Wheelock 1995 b, S. 157–162, 184; Wheelock/Broos 1995, S. 186–189, Kat. 19; Vergara 1998; Liedtke 2000, S. 254 ff.; Vergara 2003, S. 57 f.; Dublin/Greenwich 2003/04, Kat. 39; Liedtke 2008, S. 160 f., Kat. 31; Büttner 2010, S. 45; Blanc 2014, S. 205–207, 250, 278.

32
Gitarrespielerin, um 1669–1672
Öl auf Leinwand, 51,4 x 45 cm
London, Kenwood House,
The Iveagh Bequest, Inv. 88028841

Es ist fraglich, ob es sich um eines der zwei Bilder handelt, die Vermeers Witwe nach seinem Tod dem Delfter Bäcker Hendrick van Buyten als Sicherstellung für unbezahlte Rechnungen überließ (vgl. dazu Kat. 31). Im entsprechenden Notariatsakt vom 27. 1. 1676 wird eines der Bilder beschrieben: „Een personagie spelende op een cyter" (siehe Quellen, Nr. 21; Eine Person, auf einer Laute spielend). Das würde bedeuten, dass es unverkauft in seinem Atelier geblieben wäre. Wahrscheinlicher, nicht zuletzt aufgrund der genaueren Bezeichnung des Musikinstruments, ist jedoch, dass das Bild aus der Sammlung Pieter van Ruijvens stammt und mit Nr. 4 der Versteigerung der Bilder seines Schwiegersohns Jacob Abrahamsz. Dissius von 1696 identisch ist: „Een speelende Juffrouw op een Guiteer, heel goet van den zelve [Vermeer]" (siehe Quellen, Nr. 30; Eine Dame, Gitarre spielend, sehr gut von demselben). Damit würde es sich um eines der letzten Bilder handeln, die Vermeer an Pieter van Ruijven vor dessen Tod 1674 verkaufte.

Ebenso wenig ist gesichert, ob sich das Bild im späten 18. Jahrhundert in der Sammlung Jan Danser Nijman, Amsterdam, befand, der vier Bilder von Vermeer besaß (Kat. 27–29, 33). Seit 1794 befand sich das Werk in England, zuerst in der Sammlung Henry Temple, 2nd Viscount Palmerston, London, dessen Nachkommen es 1888 verkauften. Aus dem Besitz von Edward Cecil Guinness, Earl of Iveagh gelangte es 1927 nach Kenwood House.

Die *Gitarrespielerin*, von Liedtke (2008, S. 172, Kat. 35) ebenso wie die beiden *Virginalspielerinnen* (Kat. 33 und 35) um 1670–1672 datiert, aber als das wahrscheinlich früheste dieser drei Bilder bezeichnet, leitet die Gruppe der vier Spätwerke Vermeers ein, die sich von den früher entstandenen Werken durch einen Stilwandel und einen markanten Wechsel in der Wahl der malerischen Mittel unterscheiden (ausführlich beschrieben von Wheelock 1995b, S. 149–155). Generell kann von einer Tendenz zur Abstraktion ausgegangen werden, wie sie sich auch in den Werken der gleichzeitig tätigen sogenannten holländischen Klassizisten wie Caesar van Everdingen (um 1616–1678) oder Karel Dujardin (um 1622–1678) beobachten lässt. Dieser Stilwandel war ein Grund für die Zweifel an der Eigenhändigkeit dieses Bildes in der Ver-

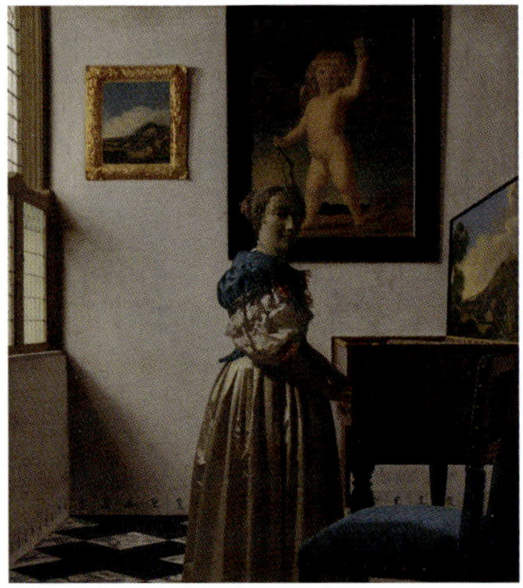

33

gangenheit. Blankert (1986, S. 146) betonte die exzentrische, unbalancierte Komposition und die unnatürlich steife Haltung der Figur. Liedtke (2008, S. 172) spricht von einem bemerkenswerten Gleichgewicht zwischen schematisch und impressionistisch gestalteten Passagen in dem Bild. In der Tat gehört etwa die Oberflächenwirkung des glänzenden, etwas steifen weißen Seidenstoffes des Kleides zu den herausragenden Leistungen von Vermeers Illusionismus. Eine Kopie des Bildes befindet sich in der Johnson Collection, Philadelphia Museum of Art.

Siehe auch S. 247–248, *281*.

LITERATUR: Gowing 1952 (1970), S. 55 f., 154 f.; Slatkes 1981, S. 102; Wheelock 1981 (1988), S. 150; Blankert/Montias/Aillaud 1986 (1987, 1992, 2007), S. 146, 199, Kat. 28; Schneider 1993 (2010), S. 46; Weber 1994, S. 98–106; Wheelock 1995b, S. 149–155; Weber 1998, S. 295–297; Goodman 2001, S. 79–82; Liedtke 2008, S. 172–174, Kat. 35; Büttner 2010, S. 80; Blanc 2014, S. 90, 177.

33

Stehende Virginalspielerin (Junge Frau an einem Virginal stehend), um 1670–1672
Öl auf Leinwand, 51,8 x 45,2 cm, signiert an der Seite des Virginals: IVMeer (IVM ligiert)
London, The National Gallery, Inv. 1383

Die frühe Provenienz des Bildes ist ungeklärt, vielleicht befand es sich in der Sammlung von Diego Duarte, Antwerpen. Im Inventar von 1682 wird ein entsprechendes Bild von Vermeer genannt, Nr. 182: „Een stuckxken met een juoffrou op de clavecingel spelende met bywerck van Vermeer" (zitiert nach Wheelock/Broos 1995, S. 203, Anm. 13; Ein Stückchen mit einer jungen Frau, die auf dem Clavicembalo [richtig müsste es heißen: Virginal] spielt mit Beiwerk von Vermeer). Als Duarte 1691 einen Teil seiner Sammlung verkaufte, könnte das Bild von Abraham Jacobsz. oder Jacob Abrahamsz. Dissius ihrer bereits bestehenden Sammlung von Bildern Vermeers hinzugefügt worden sein, wie die Aufnahme in den Versteigerungskatalog von 1696 als Nr. 37 vermuten lässt: „Een Speelende Juffrouw op de Clavecimbael van dito", nämlich „J. vander Meer van Delft" (siehe Quellen, Nr. 30; Eine Dame auf dem Clavicembalo [richtig müsste es heißen: Virginal] spielend von demselben). Diese beiden Eintragungen könnten sich aber auch auf die *Sitzende Virginalspielerin* (Kat. 35) beziehen.

Das Bild gelangte entweder damals oder vielleicht bereits unmittelbar nach seiner Entstehung in die Sammlung Nicolaes van Assendelft und wird imNachlassverzeichnis 1711 erwähnt: „Een juffr. spelende opde Clavecimbael door Vermeer" (zitiert nach Wheelock/Broos 1995, S. 199, Anm. 9; Eine junge Frau, die auf dem Clavicembalo [richtig müsste es heißen: Virginal] spielt, von Vermeer). Ende des 18. Jahrhunderts befand sich das Bild in der Sammlung Jan Danser Nijman, Amsterdam, der vier Bilder von Vermeer besaß (außerdem Kat. 27–29). Es wird im Versteigerungskatalog seiner Sammlung 1797 genannt: „Een Juffrouw, staande voor een Clavecimbaal te speelen; aan de Wand hangen schilderyen; zeer fraai van penceelbehandeling" (Wheelock/Broos 1995, S. 199, Anm. 11; Eine junge Frau, an einem Clavicembalo [richtig müsste es heißen: Virginal] stehend, an der Wand hängen Bilder, sehr schön in der Pinselbehandlung). Im 19. Jahrhundert befand sich das Bild in der Sammlung von Edward Solly (1776–1844), einem in Berlin lebenden englischen Händler, und gelangte dann in die Sammlung von Thoré-Bürger. Bei der Versteigerung seiner Sammlung 1892 erzielte das Bild 29 000 Francs, kurz darauf wurde es über den Kunsthandel für 50 000 Francs an die National Gallery London verkauft.

Vermeer greift in diesem Bild mit einer jungen Frau, die vor einem Virginal steht, auf seine früheren Werke aus der Zeit um 1660–1665 zurück, in denen er Frauen in ihrer privaten Umgebung darstellt, wie z. B. *Junge Frau mit Wasserkrug* (Kat. 14) oder *Briefleserin in Blau* (Kat. 16). Das vorliegende Bild unterscheidet sich von den früheren in der Beleuchtung durch ein hartes Licht, das die Formen klar und scharf begrenzt hervortreten lässt. Damit verbunden ist eine Vereinfachung der Maltechnik. Diese Stilentwicklung um 1670 findet Parallelen bei anderen Malern und lässt sich etwa in den Darstellungen moralisierender Themen bei Cornelis de Man (1621–1706) feststellen, der 1670/71 zusammen mit Vermeer der Delfter Malergilde vorstand. Die *Stehende Virginalspielerin* wurde meist im Zusammenhang mit der *Sitzenden Virginalspielerin* (Kat. 35) gesehen, auch wenn sich beide Bilder stilistisch unterscheiden. Blankert (1986, Kat. 25) datiert die *Stehende Virginalspielerin* 1670, die *Sitzende Virginalspielerin* 1674/75, Wheelock (in: Wheelock/Broos 1995, S. 196) datiert das erste Bild um 1672/73, das zweite Bild um 1675. Im Unterschied dazu datiert Liedtke (2008, S. 166 f.) beide Bilder um 1670–1672 und hält sie für „optionale Gegenstücke", also für Bilder, die einander ergänzen, aber auch für sich allein stehen können. Als Argument führt er die übereinstimmende Größe und die komplementären Bildinhalte an. Die formalen Unterschiede seien von Vermeer mit Absicht gewählt, um den unterschiedlichen Charakter der Dargestellten zu betonen. Zumeist wird aber die *Sitzende Virginalspielerin* einige Jahre später datiert.

Das Virginal, auf dem die Dame spielt – tatsächlich scheint es so, als würde sie nicht wirklich spielen, sondern nur die Tasten berühren –, galt in den Niederlanden als Symbol wahrer Liebe. Bedeutungsvoll ist daher das große Bild an der Wand unmittelbar hinter der Virginalspielerin mit einem nackten Cupido im klassizistischen Stil von Caesar van Everdingen, wie zuerst Delbanco (1928) beobachtete. Das gleiche Bild erscheint, allerdings undeutlich, im Hintergrund der *Unterbrochenen Musikstunde* (Kat. 11) und ist seit der Restaurierung 2021 wieder im *Brieflesenden Mädchen* (Kat. 5) zu sehen.

Siehe auch S. 248–249, *283*.

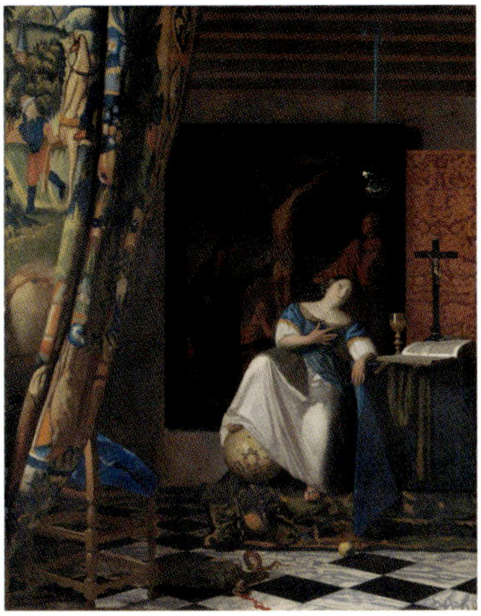

34

Literatur: Gowing 1952 (1970), S. 155 ff.; Slatkes 1981, S. 88; Wheelock 1981 (1988), S. 152; Blankert/Montias/Aillaud 1986 (1987, 1992, 2007), S. 134, 196, Kat. 25; MacLaren/Brown 1991, S. 466–468; Nash 1991, S. 114–118; Schneider 1993 (2010), S. 44; Wheelock/Broos 1995, S. 196–199, Kat. 21; Weber 1998, S. 295–297; Liedtke 2000, S. 257–260, 294; Liedtke 2001f, S. 402–406, Kat. 78; Madrid 2003, S. 184, Kat. 40; Liedtke 2008, S. 166–171, Kat. 33; Büttner 2010, S. 78; Rom 2012/13, S. 224, Kat. 52; Blanc 2014, S. 120–122, 211–216, 223.

34
Allegorie des Glaubens, um 1671–1674
Öl auf Leinwand, 114,3 x 88,9 cm
New York, The Metropolitan Museum of Art, The Friedsam Collection, Bequest of Michael Friedsam, 1931, Inv. 32.100.18

Der erste dokumentierte Besitzer des Bildes war Herman Stoffelsz. van Swoll, Postmeister in Amsterdam und Protestant. In der Versteigerung seines Nachlasses (1699) wird neben italienischen Bildern der Vermeer genannt: „Een zittende Vrouw met meer beteekenisse, verbeeldende het Nieuwe Testament … kragtig en gloejent geschildert“ (zitiert nach Wheelock/Broos 1995, S. 195, Anm. 23; Eine sitzende Frau, bedeutungsvoll, das Neue Testament darstellend … kräftig und glühend gemalt). Das Bild tauchte erneut 1718, 1735 und 1749 in holländischen Versteigerungen auf. In der ersten Hälfte des 19. Jahrhunderts befand sich das Bild (oder eine sonst nicht nachweisbare Kopie?) vielleicht in einer österreichischen Sammlung. Dies legt die Darstellung im Hintergrund des Porträts eines unbekannten Paares, *Kartograf mit seiner Frau* (1824) von Ferdinand Georg Waldmüller (1793–1865) nahe (Münster, Westfälisches Landesmuseum; Wheelock/Broos 1995, S. 194, Abb. 4).
1899 befand sich das Bild in der Sammlung Dmitri Schtschukin, Moskau. Im selben

Jahr wurde es von Abraham Bredius als Eglon van der Neer für nur 700 Mark aus dem deutschen Kunsthandel erworben – ein Coup, den die niederländische Presse als Triumph der überlegenen Bredius'schen Kennerschaft feierte; 1899–1924 als Leihgabe im Mauritshuis; 1924–1928 als Leihgabe im Museum Boymans, Rotterdam, ausgestellt. 1928 wurde es über den Pariser Kunsthandel für 300 000 US-Dollar an Colonel Michael Friedsam, New York, verkauft, der es 1931 dem Metropolitan Museum of Art, New York, schenkte.

Die *Allegorie des Glaubens* wurde erst spät als Werk Vermeers erkannt. Das Bild galt bis 1899 als Werk des holländischen Genremalers Eglon van der Neer. Die seither allgemein anerkannte Zuschreibung an Vermeer stammt von Abraham Bredius, der das Bild selbst besaß und als „einen großen, aber höchst unbehaglichen Vermeer" (een groote maar hoogst onbehagelijke Vermeer; zitiert nach Wheelock/Broos 1995, S. 195, Anm. 35) bezeichnete. Dieses Unbehagen ist in erster Linie dem Inhalt des Bildes geschuldet, das als religiöse Allegorie im Werk des Künstlers eine Sonderstellung einnimmt. Die *Malkunst* (Kat. 26) und dieses Bild sind die einzigen Allegorien Vermeers. Während die *Malkunst* aber als Genrebild, als eine aus dem Leben gegriffene Szene im Maleratelier daherkommt, liegt hier durch die Gestaltung der Umgebung und durch die Attribute der Figur der allegorische Charakter unverhüllt zutage. Physiognomie und Faltenstil der *Allegorie des Glaubens* gleichen der *Sitzenden Virginalspielerin* (Kat. 35) und legen damit eine Entstehung des Bildes in der letzten Tätigkeitsphase des Künstlers, um 1671–1674, nahe. Diese Datierung folgt dem Vorschlag von Blankert (1986, S. 200: 1672–1674) und Wheelock (in: Wheelock/Broos 1995, S. 190: um 1671–1674), während Liedtke (2008, S. 163) eine geringfügig frühere Datierung um 1670–1672 vorschlägt. Vermeer folgt in der Gestaltung der Figur genau den Angaben Cesare Ripas in der niederländischen Ausgabe der *Iconologia* von 1644, wie bereits Barnouw 1914 feststellte. Von den insgesamt vier Allegorien des Glaubens, die bei Ripa vorkommen, kombiniert Vermeer Elemente des „Glaubens" und des „katholischen Glaubens", etwa in der Kleidung der allegorischen Figur. Nach den Regeln Ripas wäre sie einmal als Symbol für Licht und Reinheit weiß und im andern Fall als Symbol des Himmels blau gekleidet. Bei Vermeer trägt sie ein weißes Unterkleid und darüber ein blaues Kleid. Weitere bei Ripa genannte Bestandteile der Allegorie, die im Vermeer-Gemälde auftauchen, sind die Schlange als Symbol des Teufels, die von Christus als Eckstein der Kirche zerschmettert wird, und der angebissene Apfel des Sündenfalls. Ripa beschreibt weiter, dass die Figur des Glaubens einen Kelch hält und ihre Hand auf ein Buch legt.

Vermeer platziert diese beiden Gegenstände, denen er eine Dornenkrone hinzufügt, neben der Figur auf einem Tisch. Andere Gegenstände auf dem Vermeer-Bild sind bei Ripa nicht erwähnt, wie der Globus, auf den sich die *Allegorie des Glaubens* stützt, das Kruzifix, das Gemälde mit der Kreuzigung im Hintergrund sowie die von der Decke hängende Glaskugel.

Siehe auch S. 250–253, *297*.

LITERATUR: Barnouw 1914; Gowing 1952 (1970), S. 154; de Jongh 1975/76, S. 69–75; Slatkes 1981, S. 106–109; Wheelock 1981 (1988), S. 148; Blankert/Montias/Aillaud 1986 (1987, 1992, 2007), S. 146, 200, Kat. 29; Schneider 1993 (2010), S. 79–81; Arasse 1994, S. 17–25, 83–86; Wheelock/Broos 1995, S. 190–195, Kat. 20; Hertel 1996, S. 205–229; Schlenke 1998, S. 75–101; Liedtke 2000, S. 260–262; Liedtke 2001f, S. 399–402, Kat. 77; Liedtke 2007, S. 893–902; Liedtke 2008, S. 163–165, Kat. 32; Büttner 2010, S. 108–112; Rom 2012/13, S. 218, Kat. 50; Blanc 2014, S. 314, 326–333.

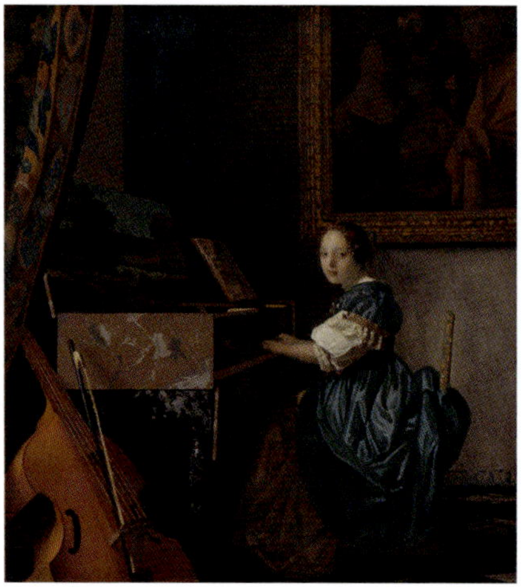

35

35

Sitzende Virginalspielerin (Junge Frau an einem Virginal sitzend), um 1672–1675
Öl auf Leinwand, 51,5 x 45,6 cm, signiert an der Wand rechts vom Kopf der jungen Frau: IVMeer (IVM ligiert)
London, The National Gallery,
Salting Bequest, 1910, Inv. 2568

Es wurde vermutet, dass dieses Bild aus dem Besitz des Antwerpener Sammlers Diego Duarte stammen könnte und von dort, als Duarte 1691 einen Teil seiner Sammlung verkaufte, in die Sammlung Dissius gelangt sei. Mit dem im Inventar der Sammlung Duarte 1682 unter Nr. 182 genannten Bild und der Nr. 37 der Versteigerung der Sammlung Dissius von 1696 könnte aber auch die *Stehende Virginalspielerin* (vgl. dazu Kat. 33) gemeint sein. Der Wortlaut der Eintragungen ließe beides zu.

Mit Sicherheit nachweisbar ist das Bild erst in der Galerie in Schloss Weißenstein in Pommersfelden, die Lothar Franz Graf Schönborn, Kurfürst von Mainz und Erzbischof von Bamberg (1655–1729), zusammengetragen hatte. Es soll im heute verlorenen Sammlungskatalog von 1746 genannt gewesen sein. Thoré-Bürger sah das Bild 1866 in Pommersfelden, damals „Jacob van der Meer" zugeschrieben. 1867 konnte er es bei einer Versteigerung eines Teils der Sammlung Schönborn erwerben. Die Sammlung Thoré-Bürger wurde von seinen Erben 1892 versteigert, und über den Pariser Kunsthandel erwarb der englische Sammler George Salting (1835–1909) die *Sitzende Virginalspielerin.* Nach seinem Tod gelangte das Bild zusammen mit vielen anderen Gemälden seiner Sammlung an die National Gallery London (ausführliche Provenienzangaben in Wheelock/Broos 1995, S. 200 und bei Liedtke 2008, S. 198).

Nach allgemeiner Überzeugung gehört die *Sitzende Virginalspielerin* zu den spätesten Werken des Künstlers (Blankert 1986, S. 202: 1674/75; Wheelock, in: Wheelock/Broos

1995, S. 200: um 1675; Liedtke 2008, S. 167: um 1670–1672; Cambridge 2011/12, S. 206: um 1670). Stilistisch und vor allem thematisch steht ihr die *Stehende Virginalspielerin* (Kat. 33) am nächsten und wurde nicht zuletzt aufgrund der fast übereinstimmenden Größe mehrfach für ein Pendant gehalten (Liedtke 2008, S. 170). Unterschiede in der Maltechnik sprechen allerdings für einen zeitlichen Abstand zwischen den beiden Bildern. Die generelle Vereinfachung der Formen deutet auf einen neuen stilistischen Ansatz hin: So bilden etwa die Falten des Kleides ein flaches Muster und vermitteln weniger als bei den früher entstandenen Werken Vermeers die Illusion des Materials. Es handelt sich somit um das letzte, frühestens 1672, wahrscheinlich aber eher gegen 1675 zu datierende Werk, das der Maler vollendet hat.

Vermeer greift bei einigen Motiven auf eigene, früher entstandene Werke zurück. Das Bild an der Wand, Dirck van Baburens (um 1595–1624) *Kupplerin* von 1622 (S. 182), das eine Anregung zu Vermeers *Kupplerin* (Kat. 3) gab, ist auch im Hintergrund des *Konzerts* (Kat. 19) zu sehen. Hier wie dort steht das Bild an der Wand in einem bedeutungsvollen Kontrast zur dargestellten Szene. Ausschweifung und Laster mit entsprechender, von der Laute begleiteter Unterhaltungsmusik sind der Mäßigung und Eintracht der idealen, verfeinerten Liebe gegenübergestellt, für die Virginal und Gambe stehen.

Siehe auch S. 253, *285*.

LITERATUR: Boström 1949, S. 24; Gowing 1952 (1970), S. 155 ff.; Slatkes 1981, S. 91 f.; Wheelock 1981 (1988), S. 154; Blankert/Montias/Aillaud 1986 (1987, 1992, 2007), S. 148, 202, Kat. 31; MacLaren/Brown 1991, S. 468 f.; Nash 1991, S. 114 ff.; Schneider 1993 (2010), S. 44; Wheelock/Broos 1995, S. 200–203, Kat. 22; Weber 1998, S. 295 ff.; Liedtke 2000, S. 257–260, 294; Liedtke 2001f, S. 402–406, Kat. 79; Liedtke 2008, S. 167–171, Kat. 34; Büttner 2010, S. 79; Cambridge 2011/12, S. 206, Kat. 27; Blanc 2014, S. 211–220, 223.

Zweifelhafte Zuschreibungen

36

Heilige Praxedis, 1655

Öl auf Leinwand, 101,6 x 82,6 cm, signiert u. l.: Meer 1655; u. r.: Meer N R […] o [.] o

Privatbesitz

Das Bild befand sich 1943–1969 in der Sammlung Erna und Jacob Reder, New York, und 1969–1987 im Kunsthandel bei Spencer Samuels & Co, New York, 1987–2014 The Barbara Piasecka Johnson Collection; versteigert bei Christie's London, 8. Juli 2014.

Es handelt sich um eine getreue Kopie nach einem vermutlich um 1640–1650 entstandenen Bild des Florentiner Malers Felice Ficherelli, genannt Il Riposo (1605–1660), heute in italienischem Privatbesitz (Rom 2012/13, S. 204, Kat. 45b). Der einzige signifikante Unterschied zwischen dem Original und der Kopie besteht darin, dass die Heilige bei Vermeer ein Kruzifix in Händen hält, während sie den Schwamm mit dem Blut der Märtyrer ausdrückt.

Das Bild wurde 1969 im Rahmen einer Ausstellung Florentiner Barockmalerei aus amerikanischen Sammlungen im Metropolitan Museum New York zum ersten Mal öffentlich gezeigt. Kitson brachte damals aufgrund der Signatur als möglichen Schöpfer Johannes Vermeer ins Spiel. 1972 urteilte Hermann Kühn (Dörner Institut, München) im Rahmen einer Untersuchung der von Vermeer verwendeten Pigmente, dass „das Bild mit großer Wahrscheinlichkeit in den Niederlanden entstanden ist".

Von Blankert (1975 und 1987) wurde es aufgrund der unregelmäßigen Form der Signatur und der groben Ausführung als Werk Vermeers zurückgewiesen. Die zweite Signatur wurde von Egbert Haverkamp-Begemann als „Meer naar Riposo" gelesen. Wheelock schlug 1986 nach genauer Analyse der Maltechnik und aufgrund von Übereinstimmungen, die er mit späteren Werken des Künstlers sah, eine Zuschreibung an Johannes Vermeer vor und brachte das Bild aufgrund seiner aus-

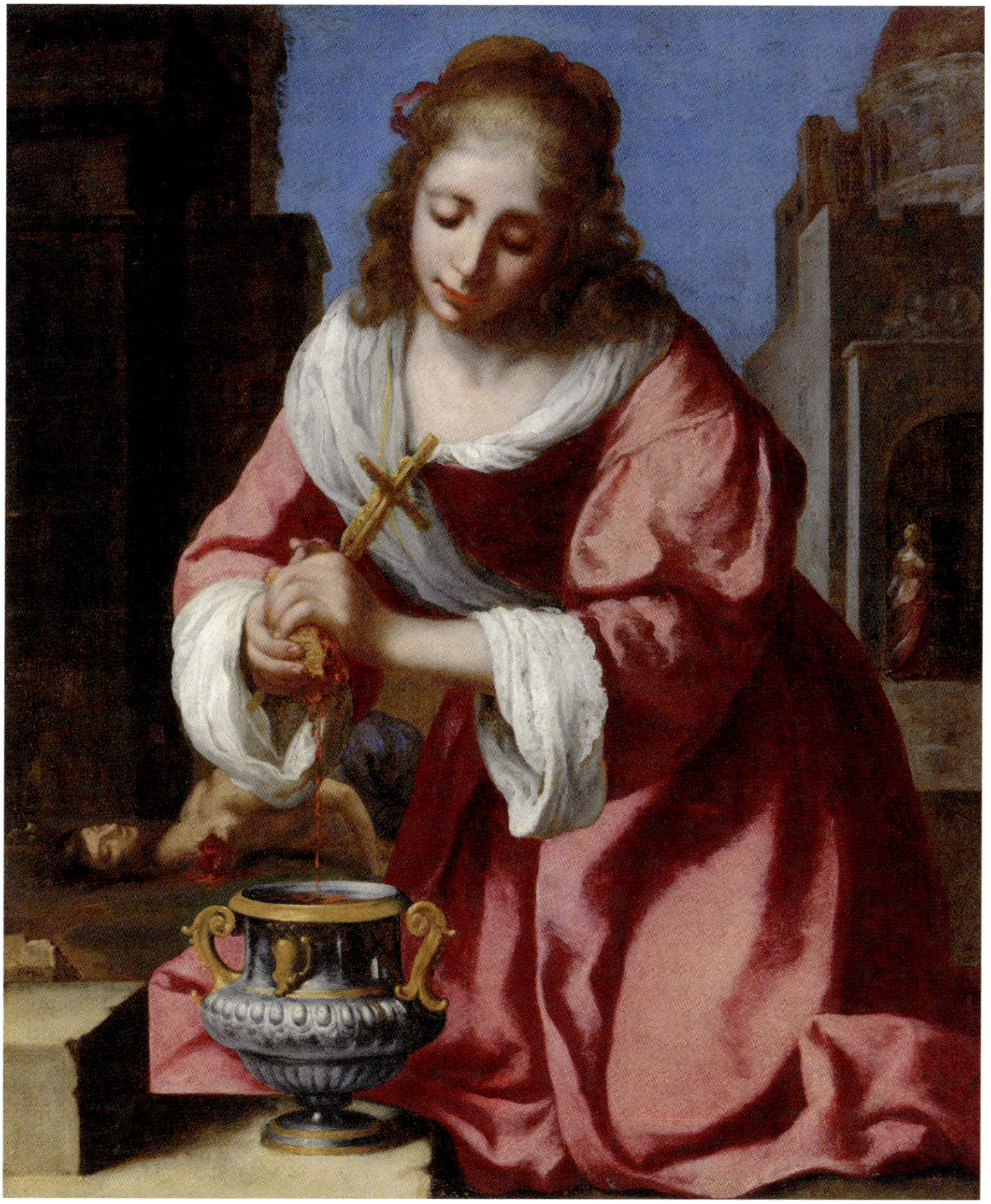

gesprochen katholischen Thematik mit der Konversion des Künstlers anlässlich seiner Hochzeit in Verbindung.

Es ist völlig ungeklärt, wo Vermeer das Original von Ficherelli gesehen haben könnte. Wheelock vermutet, dass sich dieses Bild oder eine Kopie in den Niederlanden befunden haben könnte, zieht aber auch eine allerdings völlig hypothetische Italienreise Vermeers in den frühen fünfziger Jahren in Erwägung. Weber (1993, S. 300) hält das Bild für ein Werk des Utrechter Malers Johan van der Meer, der sich um die Mitte der fünfziger Jahre des 17. Jahrhunderts nachweislich in Rom aufhielt.

Das Bild wurde in der Vermeer-Ausstellung in Washington, DC, und Den Haag 1995/96 sowie zuletzt 2012/13 in Rom zusammen mit der Vorlage von Ficherelli als Werk Vermeers ausgestellt.

LITERATUR: Kitson 1969, S. 410; Blankert 1975, S. 112, Anm. 5; Blankert/Montias/Aillaud 1986 (1987, 1992, 2007), S. 163, Anm. 5; Wheelock 1986, S. 71–89; Weber 1993, S. 300; Wheelock 1995b, S. 21–27; Wheelock/Broos 1995, S. 86–89, Kat. 1; Rom 2012/13, S. 200–202, Kat. 45a; Blanc 2014, S. 314–326.

37
Junge Frau an einem Virginal sitzend, um 1670–1672
Öl auf Leinwand, 24,7 x 19,3 cm
Privatsammlung

Es wurde versucht, das Bild mit der Sammlung von Pieter Claesz. van Ruijven und der Nachlassversteigerung seines Schwiegersohns Jacob Abrahamsz. Dissius 1696 als Nr. 37 in Verbindung zu bringen: „Een Speelende Juffrouw op de Clavecimbael van dito", nämlich „J. vander Meer van Delft" (siehe Quellen, Nr. 30; Eine Dame auf dem Clavicembalo [richtig müsste es heißen: Virginal] spielend von demselben). Diese Eintragung kann sich aber auch auf Kat. 33 oder 35 beziehen.

Bis 1814 befand sich das Bild in der Sammlung Wessel Ryers, Amsterdam; seit vermutlich 1890/1900 in der Sammlung Alfred Beit sr., London, und bei den Erben bis 1960; bis 2004 in der Sammlung Baron Frédéric Rolin, Brüssel, und der Erben; versteigert bei Sotheby's London 7. 7. 2004, Nr. 8; Sammlung Steve Wynn, Las Vegas, Nevada; 2004 wurde es vom aktuellen Eigentümer erworben.

In der Komposition und in den einzelnen Motiven der Darstellung ist das Bild mit den Spätwerken Vermeers mit musizierenden Damen vergleichbar (Kat. 32, 33 und 35). Das Bild wurde zum ersten Mal von Hofstede de Groot (1907–1927) und in der Folge von Gowing (in der zweiten Auflage 1970), Goldscheider (1967, S. 133) und schließlich Liedtke (2008 und 2012) für ein eigenhändiges Werk von Vermeer gehalten. Von Liedtke wird das Bild um 1670–1672 datiert. De Vries hielt das Bild zuerst für eigenhändig, bezeichnete es 1948 aber als Nachahmung aus der Zeit um 1800. Bei Blankert (1975–2007) ist das Bild nicht erwähnt, Wheelock (1981) hält es für ein Werk aus dem zeitgenössischen Umkreis Vermeers, Broos (1998) lehnt die Zuschreibung ab.

Der gelbe Umhang ist eine Übermalung von späterer Hand. Darunter ist im Röntgenbild ein detailliert ausgearbeitetes Kleid zu erkennen. Bei einer genauen technischen Analyse (Sheldon/Costaras 2006; Liedtke 2012) wurde u. a. festgestellt, dass die Leinwand des Bildes vom gleichen Stück wie die Leinwand der *Spitzenklöpplerin* in Paris (Kat. 29) stammt. Da sich beim Tod des Künstlers zehn Leinwände, vermutlich bereits grundiert und zum Malen vorbereitet, in seinem Atelier befanden (Montias 1989, S. 341, Dok. 364, Nr. 11), ist das kein ausreichendes Argument für die Eigenhändigkeit des Bildes.

Das Bild wurde in der Ausstellung *Vermeer and the Delft School* in New York und London 2001 zum ersten Mal seit 1907 öffentlich gezeigt, jedoch nicht in den Katalog aufgenommen und war erneut 2012/13 in der Ausstellung *Vermeer, Il secolo d'oro dell'arte olandese* in Rom als eigenhändiges Werk Vermeers zu sehen.

LITERATUR: Hofstede de Groot 1907–1927, 1 (1907), S. 592 f., Nr. 24; Gowing 1970, S. 157; Wheelock 1981, S. 45; Liedtke 2000, S. 294, Anm. 252; New York/London 2001, S. 403 und Anm. 11; Sheldon/Costaras 2006, S. 89–97; Liedtke 2008, S. 175 ff., Kat. 36; Liedtke 2012; Rom 2012/13, S. 220, Kat. 51; Blanc 2014, S. 160, 205.

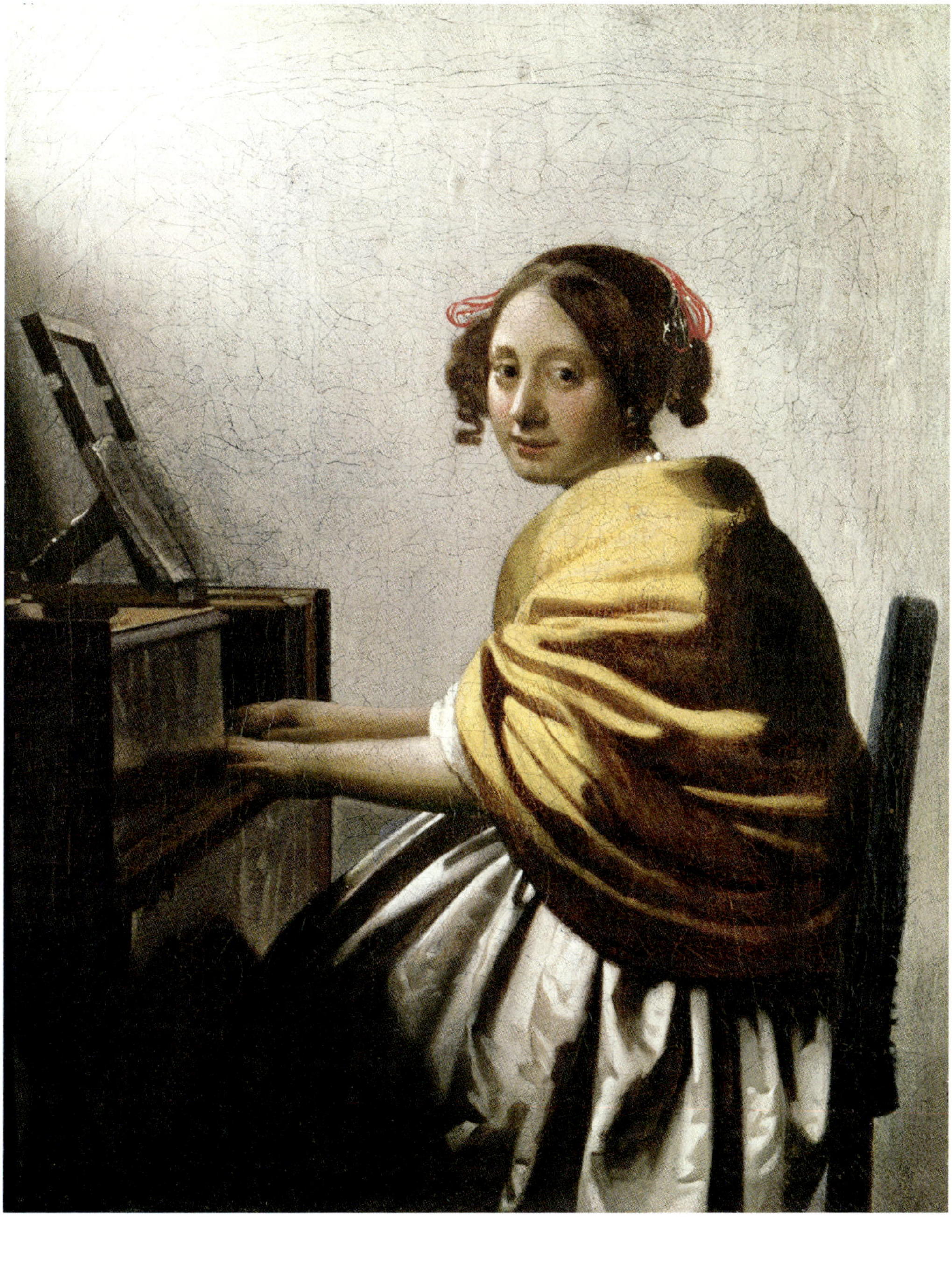

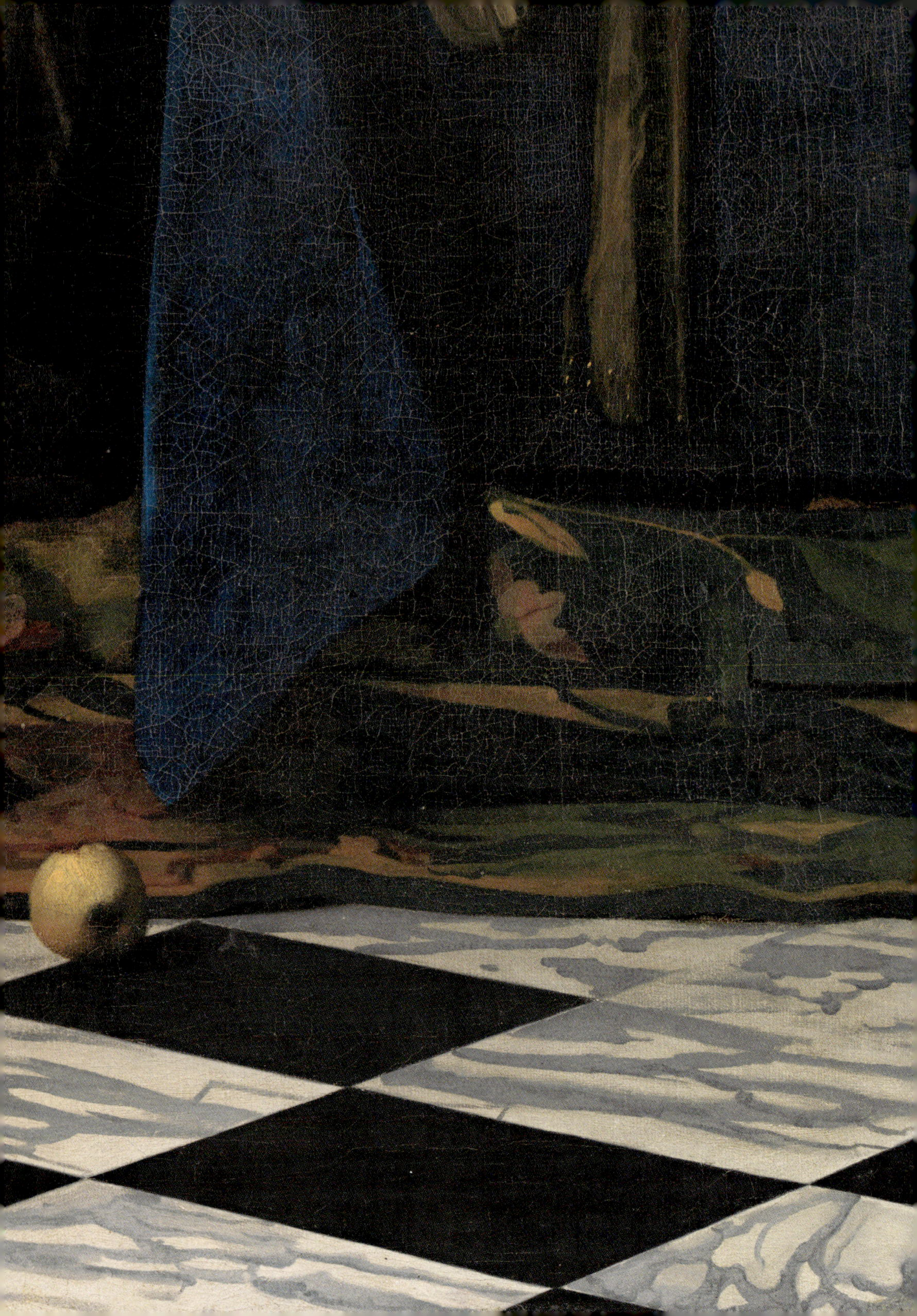

Anmerkungen zu den Kapiteln

1 Proust, *Correspondance*, Bd. XX, S. 226.
2 Bd. 5, 1925, postum veröffentlicht.
3 Princeton 1989.
4 Quellen, Nr. 1.
5 Montias 1989, S. 8–16.
6 Montias 1989, S. 17–34.
7 Montias 1989, S. 55f. und S. 279f., Dok. 94.
8 Montias 1989, S. 55–84.
9 Montias 1989, S. 60 und S. 284, Dok. 118.
10 Montias 1989, S. 284, Dok. 124.
11 Montias 1989, S. 284, Dok. 122.
12 Delft 2002, S. 62, 157, Nr. 12.
13 Montias 1989, S. 63 und S. 285, Dok. 133.
14 Montias 1989, S. 290, Dok. 156.
15 Montias 1989, S. 290, Dok. 157.
16 Quellen, Nr. 2.
17 Montias 1989, S. 305, Dok. 240.
18 Quellen, Nr. 3.
19 Montias 1989, S. 329, Dok. 324.
20 Montias 1989, S. 332, Dok. 330.
21 Montias 1989, S. 332, Dok. 331.
22 Montias 1989, S. 332, Dok. 336.
23 Quellen, Nr. 16.
24 Montias 1989, S. 333, Dok. 340.
25 *Het Schilder-boeck*, 1604, fol. 191r.
26 Rotterdam/Frankfurt 1999/2000.
27 New York/London 2001.
28 Quellen, Nr. 6.
29 Ibid.
30 Zuletzt 2012 im Zusammenhang mit der Diskussion eines fraglichen Jugendwerkes, vgl. Kat. 36.
31 Thoré-Bürger 1866, S. 312.
32 MacColl 1901, S. 9–11.
33 Blankert/Montias/Aillaud 1992, S. 211.
34 Ibid.
35 Broos 1998, S. 19.
36 Quellen, Nr. 24.
37 Quellen, Nr. 4.
38 Quellen, Nr. 5.
39 Montias 1989, S. 103.
40 Montias 1989, S. 106f.
41 Begheyn 2008, S. 42–44.
42 Liedtke 2008, S. 16.
43 Montias 1989, S. 105 und S. 308f., Dok. 249–252; vgl. Quellen, Nr. 4 und 5.
44 Montias 1989, S. 108–128.
45 Montias 1989, S. 154–170.
46 Quellen, Nr. 4.
47 Montias 1989, S. 129f.
48 Montias 1989, S. 129.
49 Buijsen 2010a, S. 14f.
50 Buijsen 2010a, S. 15.
51 Montias 1989, S. 139f. und S. 312, Dok. 269.
52 Montias 1991, S. 46, Nr. 7.
53 Wheelock, in: Wheelock/Broos 1995, S. 90.
54 Blankert, in: Rotterdam/Frankfurt 1999/2000, S. 15ff.
55 Zitiert nach Blankert, in: Rotterdam/Frankfurt 1999/2000, S. 26.
56 Ovid, *Metamorphosen* II, 453–462.
57 Liedtke 2000, S. 193.
58 Liedtke 2008, S. 57.
59 Blankert 2010, S. 31ff.
60 Liedtke 2008, S. 27.
61 Liedtke 2008, S. 60.
62 Blankert 2010, S. 33f.
63 Renger 1970.
64 Montias 1989, S. 122 und S. 292, Dok. 167; Blankert/Montias/Aillaud 1992, S. 208.
65 Bok 2001, S. 205–209.
66 Neidhardt 2004/05.
67 Slatkes 1998, S. 82; Neidhardt 2010a, S. 51.
68 Dekiert 2003, S. 265.
69 De Winkel 1998, S. 334.
70 Liedtke 2001a, S. 10ff.
71 Liedtke 2000, S. 199, Abb. 260.
72 Neidhardt 2004/05, S. 19.
73 Blankert/Montias/Aillaud 1987, S. 90.
74 Gaehtgens 2002.
75 Blankert 1995, S. 31ff.; Gaehtgens 2002, S. 202–226.
76 *Groot Schilderboek*, Teil I, Buch III, Kap. I, zitiert nach der deutschen Ausgabe 1728 bei Gaehtgens 2002, S. 204.
77 Gaehtgens 2002, S. 212–217.
78 Blankert 1995, S. 31.
79 Blankert 1995, S. 32.
80 Ibid.
81 Quellen, Nr. 30, Nr. 8.
82 Liedtke 2008, S. 67.

[83] Wheelock 1995, S. 39–47; Schneider 1993 (2010), S. 27
[84] De Winkel 1998, S. 328.
[85] *Naturalis Historia* XXXV, 65.
[86] Mayer-Meintschel 1978/79.
[87] Dresden 2021, S. 203–224.
[88] Antwerpen 1608; Gaskell 2000.
[89] Liedtke 2000, S. 143 ff. und 2008, S. 33.
[90] Liedtke 2008, S. 72.
[91] Wheelock 1995b, S. 55 ff.
[92] Vgl. die Konstruktionszeichnung bei Wadum 1995a, S 70.
[93] New York/London 2001, S. 62, Abb. 65.
[94] Gowing 1952 (1970), S. 105 ff.
[95] Slatkes 1981, S. 28.
[96] Welu 1981, S. 107.
[97] Wheelock 1995b, S. 61.
[98] Liedtke 2008, S. 72 ff.
[99] Quellen, Nr. 8.
[100] Montias 1989, S. 311, Dok. 268.
[101] Montias 1989, S. 154–170.
[102] Montias 1989, S. 133 f.
[103] Montias 1989, S. 110 und S. 310, Dok. 258.
[104] Montias 1989, S. 85–97.
[105] Montias 1989, S. 310, Dok. 262.
[106] Quellen, Nr. 9.
[107] Montias 1989, S. 171.
[108] Quellen, Nr. 7.
[109] Montias 1987 und 1989, S. 246–262.
[110] Quellen, Nr. 30.
[111] Montias 1989, S. 322 ff., Dok. 301.
[112] Quellen, Nr. 11.
[113] Montias 1989, S. 251; Quellen, Nr. 13.
[114] Montias 1989, S. 251 f.
[115] Montias 1989, S. 253 f.; Quellen, Nr. 29.
[116] Quellen, Nr. 30.
[117] Montias 1989, S. 184 und S. 265 ff.
[118] Montias 1989, S. 312, Dok. 269: „Een graft besoeckende van der Meer 20 gulden“; siehe Bredius 1915–1921, Bd. 1, S. 233.
[119] Im Nachlassinventar: „Int Voorhuys / In den eersten een schilderye in een swarte lyst door Jan van der Meer“, zitiert nach Blankert/Montias/Aillaud 1992, S. 210.
[120] Montias 1989, S. 316, Dok. 284.
[121] Montias 1989, S. 318, Dok. 298.
[122] Quellen, Nr. 21.
[123] Montias 1989, S. 184 ff.
[124] Quellen, Nr. 22.
[125] Montias 1989, S. 185 f.
[126] Montias 1989, S. 347, Dok. 375.
[127] Montias 1989, S. 180 f.; Quellen, Nr. 10.
[128] Quellen, Nr. 12.
[129] Wheelock/Broos 1995, S. 162, Abb. 1, 2.
[130] Zusammenfassend zuletzt Liedtke 2008, S. 179–189.
[131] Delsaute 1998, S. 112.
[132] Ibid.
[133] Huygens 1971.
[134] Hoogstraten 1678.
[135] Mills 1998.
[136] Wadum 1995a, S. 67 f.
[137] Wadum 1995a, S. 69.
[138] Plietzsch 1939; Fleischer 1997; London/Hartford 1998/99, S. 38; am eingehendsten Liedtke 2008, S. 40 ff.
[139] Büttner 2010, S. 71.
[140] Zitiert nach ibid.
[141] Hoogstraten 1678, S. 90.
[142] Goodman 2001, S. 76.
[143] Neurdenberg 1942
[144] Arnheim 1611.
[145] Braunschweig 1978, S. 166.
[146] Weber 1998, S. 303.
[147] Liedtke 2008, S. 87.
[148] Gowing 1952 (1970), S. 114–118.
[149] Naumann 1981, Nr. 28.
[150] De Jongh 1967, S. 49 f.
[151] Übersetzt nach Wheelock 1995b, S. 67.
[152] Gutruf 1998, S. 66.
[153] Blankert/Montias/Aillaud 1992, S. 174.
[154] Wheelock 1995b, S. 63 f.
[155] Quellen, Nr. 24.
[156] Rand 1998.
[157] Quellen, Nr. 30.
[158] Swillens 1950, S. 93–96.
[159] Rom 2012/13, S. 206, Kat. 46.
[160] Kaldenbach 2000.
[161] Gutruf 2000, S. 16.
[162] Liedtke 2008, S. 92.
[163] „Dit kapitaalste en meestberoemde Schilderij van dezen Meester“, zitiert nach Wheelock/Broos 1995, S. 126, Anm. 30.
[164] Thoré-Bürger 1866, S. 297–330, 458–470, 543–575.

165 Proust, *Correspondance*, Bd. XX, S. 226.
166 Büttner 2010, S. 8.
167 Plomp, in: New York/London 2001, S. 429 ff.
168 Schneider 2010, S. 15.
169 Swillens 1950, S. 92.
170 Wheelock 1995b, S. 122 f.
171 Wadum 1995a, S. 69 und Anm. 10.
172 Liedtke 2008, S. 105.
173 Wheelock 1995c, S. 129 f.
174 Wheelock/Broos 1995, S. 130.
175 Gowing 1952 (1970), S. 124.
176 Goodman 2001, S. 87.
177 Montias 1989, S. 122.
178 Gowing 1952 (1970), S. 42.
179 Liedtke 2008, S. 99 f.
180 Wheelock 1995b, S. 108–110.
181 Blankert 1995, S. 39.
182 De Winkel 1998, S. 330 f.
183 Welu 1975, S. 532 f.
184 Mirimonde 1961.
185 Slatkes 1981; Philadelphia/Berlin/London 1984, S. 323, Abb. 1.
186 A. Poirters S. J., *Het Masker van de Wereldt afgetrocken*, Antwerpen 1659.
187 Büttner 2010, S. 65.
188 Rudolph 1938.
189 Quellen, Nr. 30.
190 Liedtke 2008, S. 123.
191 Boström 1951; dazu Wheelock/Broos 1995, S. 159, Anm. 2.
192 Quellen, Nr. 24.
193 Quellen, Nr. 24 und 30.
194 Ibid.
195 Liedtke 2008, S. 134.
196 Liedtke 2008, S. 136.
197 De Winkel 2006, S. 246–248.
198 Wheelock/Broos 1995, S. 165, Anm. 1.
199 Seymour 1964, S. 323–331, dazu Wheelock/Broos 1995, S. 162.
200 Wheelock/Broos 1995, S. 204 ff. und Wheelock 1995a, S. 387–393.
201 Montias 1989, S. 173 und S. 310, Dok. 260.
202 Montias 1989, S. 329, Dok. 324.
203 Montias 1989, S. 330, Dok. 325.
204 Quellen, Nr. 13.
205 Montias 1989, S. 204.
206 Quellen, Nr. 16.
207 Quellen, Nr. 17.
208 Wheelock 2010, S. 24.
209 Sluijter 1998, S. 265 f.
210 Quellen, Nr. 23.
211 Arasse 1993 (1996)
212 Sedlmayr 1951 und 1962; Badt 1961; Mengden 1984; Hertel 1996, S. 18–21.
213 Hultén 1949.
214 Gelder 1951, S. 44.
215 Wadum 1995a, S. 67; Wald 2010, S. 197.
216 Wadum 1995a, S. 67.
217 Sluijter 1998, S. 266 und Anm. 13.
218 Hoogstraten 1678.
219 Büttner 2010, S. 102.
220 De Winkel 1998.
221 Quellen, Nr. 24.
222 Pénot 2010.
223 Schilder 2010.
224 Biemond 2010, S. 167.
225 Eiche 1982, S. 203.
226 Schmitz von Ledebur 2010, S. 96.
227 Pénot 2010, S. 53.
228 Büttner 2010, S. 104.
229 Pénot 2010, S. 53.
230 Liedtke 2008, S. 150.
231 Waldeis 1997, S. 39–46.
232 Thoré-Bürger 1866, S. 559.
233 Wheelock/Broos 1995, S. 172.
234 Van Berkel 1997, S. 225 f.
235 Liedtke 2008, S. 152.
236 Welu 1975.
237 Welu 1975, S. 544.
238 Welu 1975, S. 543.
239 Frankfurt 1997, Kat. 4.
240 Frankfurt 1997, Kat. 3.
241 Welu 1986; Frankfurt 1997, Kat. 11.
242 Welu 1986, S. 266 f.
243 Nash 1991, S. 110–113.
244 Liedtke 2008, S. 153, Abb. 29b.
245 Vgl. München 2003/04, S. 90–93, Kat. 37.
246 Liedtke 2008, S. 153.
247 Wheelock/Broos 1995, S. 178.
248 Vgl. de Jongh 2000, S. 193 ff.
249 Stechow 1960.
250 Wheelock/Broos 1995, S. 180.
251 Sutton, in: London/Hartford 1998/99, Kat. 40.
252 Quellen, Nr. 30, Nr. 5.
253 Quellen, Nr. 12.
254 Liedtke 2008, S. 160.
255 Blankert/Montias/Aillaud 1992, S. 193.
256 Vgl. Wheelock/Broos 1995, S. 189, Anm. 2.
257 Schneider 1993/2010, S. 54.

[258] Vergara 1998, S. 235–255; vgl. Liedtke 2008, S. 160.
[259] Blankert/Montias/Aillaud 1992, S. 146.
[260] Wheelock 1981, S. 150; 1995b, S. 149–155.
[261] Weber 1998, S. 295–297.
[262] Goodman 2001, S. 80 f.
[263] Liedtke 2007, S. 513–516.
[264] Liedtke 2008, S. 166 f.
[265] Weber 1998, S. 295–297; New York/London 2001, S. 402, Abb. 293.
[266] Quellen, Nr. 24.
[267] Quellen, Nr. 25.
[268] Liedtke 2008, S. 163–177.
[269] Wheelock/Broos 1995, S. 192.
[270] De Jongh 1975/76, S. 69–75.
[271] Liedtke 2008, S. 165.
[272] Büttner 2010, S. 110.
[273] De Jongh 1975/76, S. 75.
[274] Montias 1989, S. 202.
[275] Liedtke 2008, S. 165.
[276] Weber 1998, S. 295–297.
[277] Montias 1989, S. 327, Dok. 318.
[278] Montias 1989, S. 209 und S. 334, Dok. 342.
[279] Montias 1989, S. 209 und S. 334, Dok. 344.
[280] Quellen, Nr. 18.
[281] Montias 1989, S. 211 f.
[282] Montias 1989, S. 213.
[283] Quellen, Nr. 19.
[284] Quellen, Nr. 20.
[285] Montias 1989, S. 216.
[286] Quellen, Nr. 27.
[287] Montias 1989, S. 212.
[288] Quellen, Nr. 25 und 27.
[289] Schütz, Dok 28.
[290] Montias 1989, S. 213 ff.
[291] Quellen, Nr. 21.
[292] Montias 1989, S. 216 ff.
[293] Quellen, Nr. 22.
[294] Montias 1989, S. 348, Dok. 377.
[295] Quellen, Nr. 23.
[296] Quellen, Nr. 24; Montias 1989, S. 220 ff.; Liedtke 2008, S. 17 ff.
[297] Montias 1989, S. 222.
[298] Liedtke 2008, S. 20.
[299] Quellen, Nr. 25; Montias 1989, S. 223.
[300] Montias 1989, S. 225
[301] Zu Leeuwenhoek siehe van Berkel 1997, S. 23 ff.
[302] Montias 1989, S. 227 und S. 437 f., Dok. 376.
[303] Montias 1989, S. 229; Quellen, Nr. 26.
[304] Vgl. dazu Montias 1989, S. 229 f.
[305] Quellen, Nr. 18.
[306] Bredius 1882; Broos 1995; Broos 1998, S. 22 f.
[307] Zitiert nach Dresden 2010, S. 10.
[308] Wheelock/Broos 1995, S. 111.
[309] Neidhardt 2010b, S. 67.
[310] Zitiert nach Wheelock/Broos 1995, S. 124.
[311] Weber 1993, S. 300.
[312] Neidhardt 2004, S. 7.
[313] Thoré-Bürger 1858–1860, Bd. 2, S. 79.
[314] Suzman Jowell 1998, S. 34 ff., Abb. 1–7.
[315] Zu diesem Mai 2003.
[316] Broos 1998, S. 22, Abb. 3.
[317] Bredius 1882.
[318] Bredius 1915–1921.
[319] Broos 1993, S. 306–314.
[320] Zitiert nach Broos 1993, S. 309.
[321] Zu diesem Broersma 2010.
[322] Buijsen 2010b, S. 41.
[323] MacColl 1901.
[324] Bredius 1901.
[325] Buijsen 1990.
[326] Bredius 1937.
[327] Zuletzt Lammertse 2011.
[328] Zitiert nach Blankert 2010, S. 30; siehe auch Blankert 2006.
[329] Lammertse 2011, S. 23–41.
[330] Plietzsch 1939.
[331] Z. B. Swillens 1950, Gowing 1952.

Quellen zu Leben und Werk

1.
31. Oktober 1632
Johannes Vermeer wird in der Nieuwe Kerk in Delft als „Joannis" getauft
Dito [1632 Oktober 31] *'t kint Joannis, vader Reynier Janssoon, moeder Dingnum Balthasars, getuijgen Pr. Brammer, Jan Heijndricxz., Maertge Jans.*
(Delft, G. A., Doopboek Nieuwe Kerk, Nr. 12)
Erstpubliziert in Obreen 4, 1881, S. 291; Ruurs, S. 208; M 136

2.
23. April 1641
Vermeers Vater Reynier Jansz. Vos kauft das Gasthaus „Mechelen" am Grote Markt in Delft
Willem Jansz. Sloting und *Pieter Willemsz. Van Vlijet* verkaufen an *Reijnier Vosch* Haus und Hof (*huys ende erve*) mit Namen *Mechelen* am Marktplatz für 2700 fl. Die lokale, von der Camer van Charitate erhobene Grundstücksumsatzsteuer (*deut op de gulden*) beträgt 16 fl., 17 Stüber und 8 Pfennig.
(Delft, G. A., Archief van de Camer van Charitate, Nr. 237, fol. 40r und v; das undatierte Dokument befindet sich unter den Aufzeichnungen über die in der ersten Jahreshälfte 1641 durchgeführten Transaktionen. Das genaue Datum findet sich im Notariatsakt über den versuchten Verkauf des Hauses am 2. Januar 1669 [M 324])
Erstpubliziert von Montias 1989, S. 291, Dok. 161; M 161

3.
12. Oktober 1652
Vermeers Vater Reynier Jansz. Vermeer alias Vos wird in der Nieuwe Kerk in Delft begraben
[1652 Oktober 12] *Reinier Jansz. Vermeer op 't Marctvelt* (Delft, G. A., Begraafboek Nieuwe Kerk)
Erstpubliziert von van Peer 1959, S. 240; Ruurs, S. 209; M 243
An das Opperste Kleed der Camer van Charitate wird aus diesem Anlass – anders als allgemein üblich – keine Kleiderspende geleistet.
(Delft, G. A., Camer van Charitate, Opperste Kleed Boek, Nr. 73)
Erstpubliziert von Montias 1989, S. 306, Dok. 243

4.
5. und 20. April 1653
Vermeers Heirat
Der Maler Leonaert Bramer und Hauptmann Melling bezeugen am 5. April 1653 vor dem Delfter Notar Johannes Ranck auf Ersuchen von Johannes Vermeer (*Jan Reijniersz.*) und Catharina Bolnes (*Trijntgen Reijniers*), der jüngsten Tochter von Maria Thins und Reynier Bolnes, dass Maria Thins, unterstützt durch ihre Schwester Cornelia, am Abend zuvor, dem 4. April 1653, sich geweigert habe, ihre formelle Zustimmung zur Heirat der beiden zu geben, sich jedoch mit der Bekanntmachung des Aufgebots einverstanden erklärt habe.
Op huijden den 5den april 1653 compareerde voor mij Johannes Ranck, openbaaer notaris, bij den Hove van Holland geadmitteert, binnen der stad Delft residerende, in presentie van den ondergeschreven getuijgen, Capiteyn Melling, out ontrent 59 jaeren, ende Leonart Bramer, schilder, out ontrent 58 jaeren, beyde burgers alhier, die verclaerden ende attesteerden ten versoucke van Jan Reijniersz. ende Trijntgen Reijniers waerachtich te weesen, dat sij getuijgen neffens mijn, notaris, gisteren avont, sijnde den 4den deser, sijn geweest ten huijse aen ende bij de persoon van Joffrouwe Maria Tints, woonende alhier, als wanneer bij den voornoemden notaris Ranck in onser presentie is versocht off de voorseyde joffwrouwe Tints (geadsisteert met Cornelia Tints, haer suster) gelieffde te teijckenen de acte van consent van het aenteyckenen van de huijwelijcks gebooden van haer joffrouw Maria Tints dochter, genaemt Trijntgen Reijniers, met Jan Reyniersz, mede woonende alhier, beyden voornoemt,

om deselve gebooden te doen vercondigen naer gebruijck deser stad; die wij alsdoen tot antwoort hebben hooren geven, niet van meninge was te teijckenen ende haer hant bekent te maken, maar wel mochte lijden dat de gebooden gingen ende hetselve soude aensien, ende tot verscheyde maelen seyde, dat sy die niet soude beletten off verhinderen.
(Delft, G. A., prot. not. J. Ranck, Nr. 2112)
Erstpubliziert in Obreen 4, 1881, S. 292; van Peer 1959; S. 242; Ruurs, S. 209 f.; M 249
Johannes Vermeer und Catharina Bolnes heiraten am 20. April 1653 in Schipluiden, einem kleinen Ort außerhalb von Delft.
Den 5den Apprill 1653: Johannes Reijniersz. Vermeer, jongeman op't Marctvelt. Catharina Bolenes jongedochter mede aldaer. Als Randnotiz: *Attestatie gegeven op Schipluij den 20en April 1653.*
(Delft, G. A., Legger van de persoonen, die haer begeven in den H. echten staat binnen de Stadt Delff, begonnen metten jare 1650 ende eyndigende den lesten December 1656)
Erstpubliziert in Obreen 4, 1881, S. 292; Goudappel 1977, S. 20–26; M 250

5.
22. April 1653
Johannes Vermeer und Gerard ter Borch fungieren als Zeugen
Johan van den Bosch, Hauptmann im Dienst der Generalstaaten, garantiert, dass er Dido van Treslong eine Summe von 1000 Gulden, die ihr aus dem Nachlass des verstorbenen Herrn van Treslong zusteht, auszahlen wird, sobald sich dies als notwendig erweist. Als Zeugen fungieren *Monsr Gerrit Terburch* und *Johan van der Meer.* Sie unterzeichnen als *Geraerdt Ter Borch* und *Johannis Vermeer.*
(Delft, G. A., prot. not. W. de Langue, Nr. 1695)
Erstpubliziert von Montias 1977, S. 280 f.; Ruurs, S. 210; M 251

6.
29. Dezember 1653
Johannes Vermeer wird als Meistermaler Mitglied der Delfter St. Lukasgilde
Schilder. Den 29 December 1653 Johannis Vermeer he[e]ft hem doen aanteijkenen als meester Schilder, sijnde burger en heeft op sijn meester geldt betaelt 1 gul. 10 stuyv. rest 4 gul. 10 st.
Am 24. Juli 1656 bezahlt Vermeer den Rest der Aufnahmegebühr.
(Delft, G. A., Archiv der Lukasgilde, Register van alle de nieuwe meesters en winckelhouders, [behoorende onder Ste Lucas gilde] Tsedert den Jare 1650)
Erstpubliziert in Obreen 1, 1877, S. 56; Ruurs, S. 210; M 256 und 265

7.
30. November 1657
Vermeer und seine Frau leihen sich 200 fl. von Pieter Claesz. van Ruijven
Johannis Reyniersz. Vermeer, schilder und *Catharina Reyniers Bolnes, [sijne huysvrou]* (im Original wieder gestrichen) bestätigen, dass sie *Pieter Claesz. van Ruyven* oder seinem Rechtsvertreter die Summe von 200 Gulden schulden, die sie heute erhalten haben. Sie versprechen, die Summe innerhalb eines Jahres zurückzuzahlen, zusätzlich der Zinsen von 4½% pro Jahr sowie weiterer Zinsen, die über ein Jahr hinaus fällig werden, bis die Schuld zur Gänze getilgt ist.
(Delft, G. A., prot. not. J. van Ophoven, Nr. 1952, fol. 99)
Erstpubliziert in Teilen von Bredius 1885, S. 218; Ruurs, S. 210; M 271

8.
27. Dezember 1660
Ein Kind Vermeers wird in der Oude Kerk in Delft begraben
Een kint van Johannes Vermeer aen den O. Langedijck.
Das Grab, in dem Vermeers weitere im Kindesalter verstorbene Kinder begraben wurden, kauft Maria Thins erst am 10. Dezember 1661 (M 289).
(Delft, G. A., Begraafboeken, Nr. 40, fol. 40, Oude Kerk)
Entdeckt von H. W. van Leeuwen, erstpubliziert von Montias 1980, S. 49; Ruurs, S. 210; M 279

9.
Zwischen dem 14. August und 31. Dezember 1662 sowie zwischen dem 12. November und 31. Dezember 1663
Vermeer fungiert 1662/63 als einer der beiden Vorsteher der Delfter Lukasgilde
Eine zwischen dem 14. August und dem Jahresende 1662 vorgenommene Eintragung im Register der neuen Meister und Ladenbesitzer der St. Lukasgilde nennt die amtsführenden Vorsitzenden der

Gilde für 1662: *Regerende Hooftmans deses Jaers waren Cornelis de Man, Arent van Sanen, Aelbrecht Keijser, Johannes Vermeer, Jan Dirckse van der Laen, Ghijsbrecht Kruijck.* Die Reihenfolge der Namen lässt erkennen, dass sich Cornelis de Man in seinem zweiten Amtsjahr und Johannes Vermeer in seinem ersten Amtsjahr befindet. Die anderen Genannten sind Glasmacher und Keramiker.
Die zwischen dem 12. November und dem Jahresende 1663 vorgenommene Eintragung nennt die amtsführenden Vorsitzenden für 1663: *De regerende Hooftluijden deses jaers waren Joannes Vermeer, Arent van Saenen, Gijsbrecht Cruick, Anthonij Pallemedes, Frans Jansz. van der Fijn, Jan Gerritse van der Houven.* Vermeer befindet sich also in seinem zweiten Amtsjahr, Anthonie Palamedesz. im ersten Amtsjahr.
(Delft, G. A., Archiv der Lukasgilde, Register van alle de nieuwe meesters en winckelhouders, [behoorende onder Ste Lucas gilde] Tsedert den Jahre 1650) Erstpubliziert in Obreen 1, 1877, S. 68; Ruurs, S. 211; M 291, 296

10.
11. August 1663
Balthasar de Monconys besucht Vermeers Atelier in Delft
Vermeer kann ihm keines seiner Bilder zeigen, er sieht ein Bild Vermeers bei einem Bäcker, der dafür sechshundert *livres* zahlte, obwohl es nur eine Figur darstellt, Monconys hätte dafür nur sechs *pistoles* [1 *pistole* ist eine Goldmünze im Wert von 10 *livres*] bezahlt.
A Delphes ie vis le Peintre Vermer qui n'avoit point de ses ouvrages, mais nous en vismes un chez un boulanger qu'on avait payé six cens livres, quoyqu'il n'y eust qu'une figure, que i'aurois creu trop payer de six pistoles.
Monconys 1666, 2, S. 149; Ruurs, S. 211; M 294

11.
19. Oktober 1665
Vermeer wird im Testament von Pieter van Ruijven und seiner Frau Maria de Knuijt mit einem Legat von 500 fl. bedacht
Das Testament besteht aus drei Dokumenten, einer gemeinsamen Verfügung des Ehepaares, das sich gegenseitig zu Universalerben einsetzt, einer Verfügung über die Vormundschaft überlebender Kinder und schließlich einem separaten Testament der Maria Knuijt, das nur für den Fall, dass sie ihren Ehemann überlebt, in Kraft treten soll. Zum Vormund der Kinder wird der Delfter Notar Gerrit van der Wel bestimmt, im Falle seines Todes soll der Vorstand der Delfter Waisenkammer einen anderen Vormund bestellen, der verwandte Jan Claesz. van Ruijven ausdrücklich ausgeschlossen. Der Vormund soll die Wertgegenstände im Nachlass bis zur Volljährigkeit der Kinder verwahren. Über die Gemäldesammlung (*de schilder konst*) werden in einer Beilage zum Testament, die nicht erhalten ist, besondere Verfügungen getroffen. Im Testament der Maria de Knuijt werden ihre Kinder zu Universalerben eingesetzt, für den Fall, dass keine Kinder am Leben sind, soll das Erbe in drei gleiche Teile geteilt werden, ein Drittel soll die Delfter Waisenkammer, ein Drittel soll die öffentliche Armenfürsorge (Camer van Charitate), und das letzte Drittel sollen die Prediger der Reformierten in Delft erhalten, damit es an die aus katholischen Ländern vertriebenen Prediger verteilt wird. Darüber hinaus werden mehrere Legate vereinbart, die vor der Dreiteilung des Erbes zu vergeben sind, je 6000 Gulden an die Kinder ihres verstorbenen Bruders und den Neffen ihres Mannes, 1000 Gulden an *Johannes Dircxz. de Geus* (es ist nicht bekannt, ob es sich dabei um einen Verwandten handelt) und schließlich 500 Gulden an *Johannes Vermeer*. Der ursprüngliche Zusatz, dass im Fall seines vor dem Erbfall eintretenden Todes das Legat weder an seine Kinder noch an deren Nachkommen fallen soll, ist gestrichen und ersetzt durch *sall 't voors. Legaet te niet zijn* (soll das erwähnte Legat nicht sein). Damit soll Catharina Bolnes von der Nachfolge ausgeschlossen werden. Das Legat an Vermeer ist die einzige Verfügung in diesem Testament, die ausschließlich ihn allein betrifft.
(Leiden, G. A., prot. not. N. Paets, Nr. 676, Akt Nr. 99); M 301

12.
14. Mai und 21. Juni 1669
Pieter Teding van Berckhout besucht Vermeers Atelier in Delft
Pieter Teding van Berckhout hält in seinem Tagebuch über seinen ersten Aufenthalt in Delft am 14. Mai 1669 fest, einen ausgezeichneten Maler namens Vermeer gesehen zu haben, der ihm einiges Bemerkenswerte von seiner Hand gezeigt habe (*un excellent peijntre nommé Vermeer, qui me monstra quelques curiosites de sa main*). Einige Wochen später schreibt er über einen zweiten Besuch von Delft

am 21. Juni 1669: *ie sortie ensuite et fus voijr un celebre Peijntre nommé Vermer, qui me monstra quelques eschantillons de son art dont la partie la plus extraordinaijre et la plus curieuse consiste dans la perspective.* (Den Haag, Koninklijke Bibliotheek, Inv. 129 D 16, Bd. 1)
Erstpubliziert von Montias 1991, S. 48; Montias 1993, S. 377, Dok. 325*bis; Washington/Den Haag 1995/96, S. 50, Abb. 4

13.
11. Februar 1670
Testament von Vermeers Schwester Gertruy und deren Ehemann Anthony van der Wiel
Johannes Vermeers ältere Schwester *Geertruyt Reijnersdr. Vermeer* und ihr Ehemann *Anthony van der Wiel* machen vor Notar G. van Assendelft sowie vor *Arent van Pynacker* und *Pieter Ruyven*, Herr von *Spaleand*, als Zeugen ihr gemeinsames Testament. Die Eheleute setzen sich gegenseitig als Universalerben ein. Falls Gertruy vor ihrem Ehemann sterben sollte, muss er innerhalb von sechs Jahren ihren Verwandten und Erben *ab intestato* (damit ist ausschließlich Johannes Vermeer, der einzige Bruder der kinderlosen Gertruy gemeint) all ihre Kleider und ihre persönlichen Gegenstände zusammen mit der Summe von 400 Gulden übergeben. Aus diesem Titel erhält Johannes Vermeer am 18. Juli 1671 148 Gulden (siehe Dok. 16). Der geringere Betrag ergibt sich wahrscheinlich, wie Montias vermutet, aus den Schulden, die Digna Baltens, die Mutter von Johannes und Gertruy Vermeer, hinterlässt und deren Höhe die offenen Forderungen übersteigt, so dass der Nachlass von Gertruy geringer ist als ursprünglich erwartet.
(Delft, G. A., prot. not. G. van Assendelft, Nr. 2128, fol. 311)
Erstpubliziert von Montias 1980, S. 56; Ruurs, S. 212; M 329

14.
13. Februar 1670
Begräbnis von Johannes Vermeers Mutter Digna Baltens, Witwe von Reynier Vermeer, in der Nieuwe Kerk in Delft
Begraven in de Nieuwe Kerk 13 Februarij 1670 Dyna Baltens weduwe van Reynier Vermeer in de Vlamingstraet (Delft, G. A., Begraafboek)
Erstpubliziert in Obreen 4, 1881, S. 291; M 330
Die Spende an die Camer van Charitate vom 26. August 1670 beträgt 6 Gulden und 6 Stüber. (Delft, G. A., Beste Opperste Kleed Boek, Nr. 74, Teil II, fol. 8)
Ruurs, S. 212; M 330, 333

15.
28. Oktober 1670 und 28. Oktober 1671
Vermeer fungiert 1670/71 zum zweiten Mal als einer der Vorsteher der Lukasgilde in Delft
Die Eintragung vom 28. Oktober 1670 nennt die Vorsteher der Gilde im Jahr 1670: *De Hooftmans waren Louijs Elsevier, Michiel van den Houck, Gijsbrecht Kruyck, Joannes Vermeer, Jasper Serrot, Jacob Kerton.* Elsevier ist Vorsteher der Maler im zweiten Amtsjahr, Vermeer im ersten Amtsjahr.
Die Eintragung vom 28. Oktober 1671 nennt die Vorsteher des Jahres 1671: *De regerende Hooftmans waren Joannes Vermeer, Jasper Serrot, Jacob Corton, Cornelis de Man, Cijbrant van der Laen, Claes Jansz. Metschert.* Vermeer ist Vorsteher der Maler im zweiten Amtsjahr, Cornelis de Man im ersten Amtsjahr. (Delft, G. A., Archiv der Lukasgilde, Register van alle de nieuwe meesters en winckelhouders, [behoorende onder Ste Lucas gilde]. Tsedert den Jahre 1650)
Erstpubliziert in Obreen 1, 1877, S. 77 f.; Ruurs, S. 212; M 334, 339

16.
18. Juli 1671
Vermeer erhält das Erbe seiner Schwester Gertruy
Vermeer, *konstschilder*, erklärt vor dem Notar G. van Assendelft, dass er von *Anthonj van der Wiell*, dem Witwer und Erben von *Geertruyt Vermeer*, seiner Schwester, sein ihm sowohl von seiner Schwester wie von seiner Mutter Digna Baltens zustehendes Erbteil erhalten und keine weiteren Forderungen habe, außer der Summe von 148 Gulden (*een hondert acht ende veertich*), die van der Wiel jederzeit bereit sei zu begleichen. Vgl. Dok. 13
Bredius (1885) und ihm folgend Blankert u. a. lasen 648 Gulden (*ses hondert acht ende veertich*). Nach Montias (1989, S. 332) lässt die erste Erwähnung der Summe im Dokument eine solche Lesung zu, nicht allerdings die zweite Erwähnung, die eindeutig als einhundertachtundvierzig zu lesen sei.
(Delft, G. A., prot. not. G. van Assendelft, Nr. 2131, fol. 368)
Erstpubliziert von Bredius 1885, S. 218; Ruurs, S. 212; M 337

17.
24. Mai 1672
Hans Jordaens und Johannes Vermeer geben ein Gutachten über Bilder in der Malergilde von Den Haag ab
Johannes Jordaen und *Johannes Vermeer*, ausgezeichnete Kunstmaler aus Delft, erscheinen vor Notar Pieter van Swieten in Den Haag und bestätigen, dass sie auf Verlangen von Herrn *Hendrick de Formanteau* in der Gildenhalle zwölf Bilder besichtigt und untersucht haben, die in folgender Liste oder Katalog als außergewöhnliche italienische Gemälde beschrieben und mit den angegebenen Werten geschätzt wurden.
Op huyden den 23 Mey 1672 compareerden voor mij Pieter van Swieten Openb. Notaris … d'Heeren Johannes Jordaen ende Johannes Vermeer uytmuntende Kunstschilders tot Delft en verclaerden sy deposanten te saemen ter instantie van Sr. Hendrick de Formanteau voor de oprechte waerheyt getuycht, verclaert en gedeposeert waer te syn dat sy deposanten op haere Confrery Camer alhier op data gesien en gevisiteert hebben 12 stucks Schilderien d'welcke op de lijste ofte cathalogus die de requirant hen deposanten heeft geexhibeert, gestelt ende genaemt staen voor uytmuntende Italiaense schilderien, mitsgaders getaxeert soodanigh als achter yeder stuck uytgetrocken Staet namentlych:

een Venus en Cupido, beelden grooter als het leven van	*Ryxdaelders*
Michiel Angelo Bonarotti, Hollants gelt	*350: 320*
een Conterfeytsel van Giorgion del Castelfrancko van Titiaen, naer het leven geschildert	*250: 240*
een harder ende harderinnetje van Titiaen	*160: 150*
Weergadingh van deselve groote van Titiaen	*120. 110*
een dans van naeckte Kindertjens levensgroote van Iacomo Palma	*250: 240*
een Venetiaense Dame van Paris Pordinon	*160: 150*
een Conterfeytsel van een Prelaet van Hans Holbeen	*120: 110*
een Ceres met overvloet, met veele naeckte Kindertjes van Giorgion del Castel Franco	*120. 110*
een out mans confeytsel van Raphael Urbin	*150: 140*
een St. Paulus, halfbeelt, levensgroote, van de Oude Jacomo Palma	*80: 70*
een Schoone Venetiaense vrouw van Titiaen	*200: 185*
een lantschap van Titiaen met een Satier die de nimphe Caresseert	*240: 230*

Die Bilder sind mit dem Siegel seiner kurfürstlichen Durchlaucht von Brandenburg versehen, sie seien nicht nur keine außerordentlichen italienischen Werke, sondern im Gegenteil einige große Fetzen und schlechte Bilder, die bei Weitem nicht einmal ein Zehntel der angegebenen Preise wert seien und von den Zeugen nicht geschätzt werden könnten, weil sie keinen Wert hätten.
sijnde de voorsz. Schilderien gecachetteert met het signet van syne Ceurvorstelycke Doorluchticheyt Van Brandenburch, welcke Schilderiën niet alleen niet en syn uytmuntende Italiaense Schilderiën, maer ter contrarie eenige groote vodden ende slechte schilderiën, die op verre nae te tiende part van de voorsz. uytgetrocke prysen niet weerdich en sijn, ende sy deposanten die niet en connen estimeren, dewijle deselve niet geacht en konnen werden.
Erstpubliziert von Bredius 1916a, S. 89–91; Ruurs, S. 212; M 341

18.
20. Juli 1675
Vermeer leiht sich 1000 fl. vom Amsterdamer Kaufmann Jacob Rombouts
Knapp drei Jahre später, am 2. April 1678, erklärt sich Maria Thins bereit, den Rest oder unbezahlten Teil (*restant ofte defect*) des Kredits an Johanna Kiest, Ehefrau des Jacob Rombouts, zu bezahlen, da Johanna Kiest aus dem Nachlass von Johannes Vermeer nichts erhalten wird, jedoch keinerlei frühere oder zukünftige Zinsen (M 389).
(Amsterdam, G. A., prot. not. Jacob Hellerus)
Dokument vom 2. April 1678 erstpubliziert von Bredius 1910, S. 64; Ruurs, S. 215 (zum Dokument vom 2. April 1678); M 356

19.
15. und 16. Dezember 1675
Tod und Begräbnis von Johannes Vermeer in der Oude Kerk in Delft
Im Verzeichnis der Verstorbenen, die in der Oude Kerk begraben sind, ist unter dem 15. Dezember 1675 eingetragen: *Jan Vermeer*, Kunstmaler am *Oude Langendijk*, in der Kirche, als Randnotiz: 8 minderjährige Kinder (*Jan Vermeer kunstschilder aen de Oude Langedijk in de kerk,* [in de marge:] *8 Me: J: kind*).
(Delft, G. A., Personen die binnen deser Stad Delft overleden ende in de Oude Kerck als oock daer buijten begraven sijn tsedert den 19 Julij 1671)

Erstpubliziert in Obreen 4, 1881, S. 294
Ein zweites Verzeichnis, das über die Grabstätten geführt wird, hält am 16. Dezember 1675 fest, dass *Johan Vermeer* in seinem Grab bestattet wurde und der Sarg eines am 27. Juni 1673 bestatteten Kindes (M 343) auf den seinen gelegt wurde. An dieser Stelle findet sich eine Auflistung aller Personen, die in dem von Maria Thins am 10. Dezember 1661 erworbenen Grab bestattet sind:
Am 10. Juli 1667 wurde ein neugeborenes Kind von *Johan Vermeer* in dieses Grab gelegt, abgesehen von diesem Kind ist das Grab leer
Den 16. Juli 1669 ein Kind von *Johan Vermeer*
Den 27. Juni 1673 ein Kind von *Johan Vermeer*
Den 16. Dezember 1675 wurde *Johan Vermeer* in dieses Grab gelegt und das obenstehende Kind auf den Sarg des genannten Vermeer gesetzt
Den 23. März 1676 wurde hier begraben *W[ille]m Bolnes* [Junggeselle]
Den 27. Dezember 1680 *Maria Thins*, Witwe von *Reijnier Bolnes*, und es ist nun voll.
10 julij 1667 is in dit graf geleijt een baerkint van Johan Vermeer, uijtgesondert dat baerkint is het graff ledigh
Den 16 julij 1669 een kint van Johan Vermeer
Den 27 junij 1673 een kint van Johan Vermeer
Den 16 dec. 1675 is in dit graf geleijt Johan Vermeer ende het bovenstaende baerkint op de kist van de voorn. Vermeer geset,
Den 23 maart 1676 is hier in geleijt Wm. Bolnes j. m.
Den 27 december 1680 Maria Thins wed. van Reijnier Bolnes, ende is nu vol.
Erstpubliziert von van Peer 1968, S. 223; Ruurs, S. 213; M 357

20.
16. Dezember 1675
Nach dem Tod Vermeers wird keine Spende an die Camer van Charitate geleistet
Der Eintrag im Spendenverzeichnis (Beste Opperste Kleed Boek) der öffentlichen Armenfürsorge (Camer van Charitate) lautet: *Johannes Vermeer* Kunstmaler am *Oude Lange Dijck* nichts zu holen (*Johannes Vermeer kunstschilder aan de Oude Lange dijck niet te halen*).
(Delft, G. A., Camer van Charitate, Beste Opperste Kleed Boek, Nr. 24, Teil II, fol. 50v)
Erstpubliziert von Montias 1980, S. 57; Ruurs, S. 213; M 358

21.
27. Januar 1676
Catharina Bolnes verkauft zwei Bilder Vermeers an den Bäcker Hendrick van Buyten
Catharina Bolnes erklärt vor dem Notar G. van Assendelft, dass sie an Hendrick van Buyten, Bäckermeister in Delft, zwei Bilder von Vermeer verkaufte, von denen eines zwei Personen, eine davon sitzend und einen Brief schreibend, und das andere eine Person, die eine Cister (cyther) spielt, zeigt. Catharina Bolnes erklärt, für die Bilder 617 Gulden und 6 Stüber erhalten zu haben, welchen Betrag sie van Buyten für geliefertes Brot schuldig war, der die Schulden damit als vollkommen beglichen betrachtet.
Catharina Bolnes, Wed. van za: Johannes Vermeer, in sijn leven kunstschilder binnen Delff, ende bekende aen Hendrick van Buyten, Mr. backer alhier vercoft ende getransporteert te hebben twee schilderijen bij den voorn: Vermeer geschildert, d'eene vertonende twee personagien waeroff d'een een brieff sit te schrijven, ende d'ander mede een personagie spelende op een cyter. En bekende daervoor voldaen te zijn met de somme van ses hondert seventien gulden en ses stuyvers die sij comparante aen gelevert broot aen den voorn. van Buyten schuldig was en welcke reeckening, door desen gehouden wert voor geannulleert ende vernieticht.
Catharina Bolnes sichert sich ein Rückkaufsrecht, das ihr van Buyten auf besonderes Drängen einräumt. Catharina Bolnes verpflichtet sich, beginnend mit dem 1. Mai 1677 jährlich 50 Gulden, jeweils fällig Anfang Mai, zu zahlen. Nach völliger Begleichung der 617 Gulden und 5 Stüber und weiterer 109 Gulden und 5 Stüber, die van Buyten für Brot geschuldet werden, wird er die beiden Bilder zurückerstatten. Falls aber die Mutter von Catharina Bolnes vor Rückzahlung der Gesamtsumme sterben sollte, muss der ausstehende Betrag in Jahresraten von 200 Gulden plus 4% jährliche Verzinsung erstattet werden. Bei unregelmäßiger Zahlung werden ebenfalls 4% Zinsen pro Jahr fällig.
(Delft, G. A., prot. not. G. van Assendelft, Nr. 2132)
Erstpubliziert von Bredius 1885, S. 219 f.; Ruurs, S. 213; M 361

22.

10. Februar 1676

Catharina Bolnes verkauft 26 Bilder aus dem Nachlass Vermeers an den Maler und Kunsthändler Jan Coelenbier in Haarlem

Sr. Jan Colombier erklärt am 30. November 1676 auf Bitte von *Jannetje Stevens*, dass er am 10. Februar 1676 der Witwe von *Johannes van der Meer* in der Apotheke „Zu den drei Limonen" in Amsterdam 26 Gemälde verschiedener Größe für 500 Gulden abkaufte, auf Rechnung und im Namen von Jannetje Stevens. Der Kaufpreis ist zur Bezahlung offener Rechnungen, welche die Witwe von Johannes Vermeer der genannten Jannetje Stevens für verschiedene Waren schuldet, reserviert (*voor rekeninge en in de name van de voorsz. requirante heeft gekocht 26 stucks, soo groot als cleyne Schilderyen te samen om en voor de somme van 500 guldens welke somme soude strekken tot betalinge op tgene de voorsz. Wed. Van Johannes van der Meer aen de voorn. requirante wegens winkelwaren schuldich was*). Die Bilder wurden von Catharina Bolnes auf der Stelle an Coelenbier übergeben, der sie nach Haarlem führte und in sein Haus brachte, wo sie sich nach wie vor befinden, weil er seinerseits offene Forderungen an Jannetje Stevens hat, die er mit Gütern oder Bargeld auszugleichen gedenkt (*hebbende hij deposant de 26 stuks schilderijen naer dese Stadt Haerlem laten vervoeren en tsijnen huyse brengen, alwaer deselve schilderijen gebleven sijn, omdat hij deposant tot laste van de requirante eenige praetensie had en t'resterende aen haer regte off met gelt off met waren soude voldoen*).

(Haarlem, G. A., prot. not. P. Baes)

Erstpubliziert von Bredius 1916b, S. 161; Ruurs, S. 214 (unter dem Datum 30. November 1676); M 362

23.

22. oder 24. Februar 1676

Catharina Bolnes überträgt die *Malkunst* von Vermeer ins Eigentum ihrer Mutter Maria Thins

[Das Datum im Originaldokument scheint 22. Februar zu lauten, die spätere *insinuatie* vom 12. März 1677 (Dok. 26) bezieht sich allerdings auf ein Dokument vom 24. Februar 1676] *Juffr. Catharina Bollenes*, Witwe des verstorbenen *Sr. Johan van der Meer* [*Ver* gestrichen], erscheint vor dem Notar und erklärt, dass sie zur teilweisen Begleichung ihrer Schulden (*in minderinge van 'tgeene sy schuldich is*) sowohl für sich selbst wie in ihrer Eigenschaft als Witwe, Nachlassverwalterin und Vormund ihrer gemeinsamen Kinder mit ihrem verstorbenen Ehemann Vermeer ihrer Mutter *Juffr. Maria Tins*, Witwe des verstorbenen *Reynier Bollenes*, ein Bild, gemalt von ihrem oben erwähnten verstorbenen Ehemann, darstellend die „Malkunst", ins volle und freie Eigentum übertragen habe (*haer moeder in vollen en vrijen eygendom over te geven een stuck schilderie, geschildert bij den voorn. haeren man za:waerin wert uytgebeelt „de Schilderconst"*) sowie auch ihre Rechte auf das Einkommen aus ihrem Landbesitz in *Bon Repas* bei *Schoonhoven*, den sie von *Cornelia Tin* geerbt habe und der Gegenstand eines *fideicommissum* [über das Cornelia Thins bestimmt hatte, dass es nach dem Tod ihrer Schwester Maria Thins an deren Tochter Catharina Bolnes fallen soll] ist, sowie weitere Ansprüche, die sie aus der Hälfte von etwas mehr als fünf Morgen Landbesitz in *Oud-Beyerland* habe, und andere Jahreseinkünfte aus der Erbschaft von Cornelia Thins, die sich zusammen auf 200 Pfund [d. h. Gulden] pro Jahr belaufen. Sie verzichtet auf alle diese Ansprüche, ohne davon etwas für sich selbst zu behalten, um damit die Schulden, die sie bei ihrer Mutter hat, zu reduzieren.

(Den Haag, G. A., prot. not. J. Vosch, Nr. 3561, fol. 28)

Erstpubliziert in Teilen von Bredius 1885, S. 220; Ruurs, S. 213; M 363

24.

29. Februar 1676

Inventar der beweglichen Güter im Nachlass von Johannes Vermeer

Die Gegenstände im Inventar der beweglichen Güter aus Vermeers Nachlass sind nach Räumen aufgezählt und in zwei Teile geteilt, wobei die Teilung im Originaldokument in einer linken und rechten Spalte vorgenommen ist. Hier folgen die beiden Teile nacheinander. Der erste Teil beinhaltet die Gegenstände, die Catharina Bolnes zufallen, der zweite Teile jene Dinge, die je zur Hälfte Maria Thins und Catharina Bolnes gehören.

Hier sind nur Kunstwerke und solche Gegenstände aufgeführt, die für Vermeers Malerei direkt von Interesse sind. Der niederländische Text folgt der Erstpublikation von A. J. J. M. van Peer.

1. Aufzählung der Güter, die *Catharina Bolnes*, Witwe des verstorbenen Herrn *Joannes Vermeer*, wohnhaft am *Ouden Langendijck* Ecke *Molepoort*, als Eigentum zukommen und sich im genannten Haus befinden (*Specificatie van alsulcken huysraet ende meubile goederen als Catharina Bolnes, wede wijlen Sr. Joannes Vermeer, wonende aenden ouden Langendijck op den hoeck van de Molepoort in eygendom sijn toecomende, ende inde opgemelte huisinge berustende*).
Im Vorhaus (*In 't Voorhuys*):
– ein Früchtestück (*Een freutschilderytje*)
– ein kleines Seestück (*Een zeetje*)
– eine Landschaft (*Een landschapie*)
– ein Bild von Fabritius (*Een stuckie schildery door Fabritius*)
Im großen Saal (*Inde groote zael*):
– ein Bild, eine Bauernscheune darstellend (*Een schildery uytbeeldende een boere schuyr*)
– ein weiteres Bild (*nog een schilderij*)
– zwei Kopfstudien von Fabritius (*Twee schilderyen Tronyen van Fabritius*)
– ein Bild mit drei Kürbissen und anderen Früchten (*Een daerinne drye pompoenen ende ander freut*)
– die Porträts von Herrn Vermeers verstorbenen Vater und Mutter (*Twee conterfeitsels van Sr. Vermeers zalr. vader ende moeder*)
– drei kleine Zeichnungen über dem Kamin mit schwarzen Rahmen (*Drye kleyne teekeningentiens voorde schoorsteen met swarte lijsten*)
– ein gezeichnetes Wappen des oben genannten Herrn Vermeer in einem Ebenholzrahmen (*Een getekent wapen vande voorn. Sr. Vermeer, met een ebbe lijst*)
– ein Harnisch und eine Sturmhaube (*Een yser harnis met de stormhoet*)
– Leinen und Wolle (*Linne en wolle*)
– ein türkischer Mantel des oben genannten verstorbenen Herrn Vermeer (*Een Turxse mantel vande voorn. Sr. Vermeer zal.*)
– ein ebensolcher *innocente* (*Een dito inocent*)
– ein gelber Satinmantel mit weißem Pelzbesatz *Een geele zatyne mantel met witte bonte kanten*)
– ein alter grüner Mantel mit weißem Pelzbesatz (*Een oude groene mantel met een witte bonte kant*)
Raum neben dem großen Saal (*Int Camertie aende voorz. groote zaal*):
– eine bemalte große Holztruhe mit Eisenbeschlägen (*Een groen geschilderde houte koffer met yser beslagen*)
In der inneren Küche (*Inde binnenkeucken*):
– ein großes Bild mit Christus am Kreuz (*Een groote schildery, uytbeeldende Christus aen 't cruys*)
– zwei Kopfstudien von Hoogstraten (*Twee trony schilderyen gedaen by Hoogstraten*)
– ein Bild mit allerlei Frauenzeug (*Een schildery daerinne allerley vrouwentuych*)
– ein Vera-Icon-Bild (*Een van Veronica*)
– zwei Kopfstudien, gemalt auf türkische Art (*Twee tronyen geschildert op sijn Turx*)
– ein Seestück (*Een zeetgen*)
– ein Bild über dem Kamin (*een schilderij hangende voorde schoorsteen*)
– ein Stillleben mit Bassgeige und Totenkopf (*Een waer in geschildert staet een bas met een dootshooft*)
– sieben Ellen vergoldete Ledertapete an der Wand (*omtrent seven ellen goutleer aende muyr*)
In der Kellerkammer (*Op de keldercamer*):
– ein Bild mit Christus am Kreuz (*een schildery uytbeeldende Christus aent Cruys*)
– ein Bild mit einer Frau mit Halskette (*een schildery vertonende een vrou met een ketting aen*)
Im Vorderzimmer (in diesem straßenseitig, vermutlich im Obergeschoss gelegenen Raum befand sich offenbar das Atelier Vermeers) (*Opde voorkamer*):
– zwei spanische Stühle (*twee spaense stoelen*)
– ein Stock mit Elfenbeinknopf (dabei handelt es sich um einen Malstock, den der Inventarverfasser nicht als solchen erkannte) (*een rotting met een yvooren knop daer op*)
– zwei Staffeleien (*twee schilders eesels*)
– drei Paletten (*drye paletten*)
– sechs unbemalte Tafeln (*6 paneelen*)
– zehn Leinwände (*tien schilderdoucken*)
– drei Bündel mit verschiedenen Drucken (*drye bondels alrehande slach van printen*)
– ein Lesepult (*een lessenaer*)
– hie und da verschiedenes Gerümpel, das nicht wert ist, einzeln verzeichnet zu werden (*voorts soo hier ende daer eenige rommeling niet waerdig om yder bysonder gestelt te worden*).
2. Aufzählung der Güter, die zur Hälfte *Maria Thins*, Witwe von *Reyner Bolnes* und zur Hälfte ihrer Tochter, *Catharina Bolnes*, Witwe von *Joannes Vermeer*, gehören und sich in deren Wohnhaus am Ouden Langendyck in Delft befinden (*Specificatie van alsulcken huysraet ende inboel als Juffr. Maria Thins wed.e wijlen Sr. Reynier Bolnes ende haer dogter Juffr. Catharina Bolnes wede van Joannes*

Vermeer elx voor de gerechte helfte in eygendom sijn toecomende, ende sijn berustende ter woonhuyse van de voorn. wed.e staende aenden ouden Langendyck alhier opden houck van de Molenpoort).
Im Vorhaus:
– ein Kabinettschrank mit Einlegearbeit (*een schrijnwercktkasie)*
– ein großes Bild mit Mars und Apollo in einem schlechten schwarzen Rahmen (*een groot stuk schilderij van mars ende apollo in een slechte swarte lijst*)
– 2 etwas kleinere Bilder (*twee schilderijen wat kleijnder*)
– noch vier Bilder mit schlechten Rahmen (*nog vier schilderijtgens met slechte lijsten*)
– ein Spiegel mit Ebenholzrahmen (*een spiegel met een ebbe lijst*)
Im großen Saal (*Inde groote Zaal*):
– ein Kabinettschrank mit Einlegearbeit in Ebenholz (*een schrijnwerckt kasie met ebbenhout ingeleyt*)
– neun Stühle mit rotem spanischem Leder (*negen roo spaensleere stoelen*)
– ein Kruzifix aus Ebenholz (*een ebbenhout cruys*)
– zehn Porträts der Vorfahren von Frau Tins, alle in schlechten schwarzen Rahmen (*tien conterfeytsels van de voorn. Juffr. Tins geslacht alle met slechte swarte lijsten*)
– eine Madonna in einem Eichenrahmen (*Een schilderey uytbeeldende de moeder Christi in een eyke lyst*)
– noch ein Bild mit den Heiligen Drei Königen (*nog een schildery vande drye koningen*)
Im kleinen Raum neben dem großen Saal (*Int camertgen aende voorsz. zaal*):
– zwei Bilder (*twee stuckiens schildery*)
In der Kellerkammer (*Op de kelderkamer*):
– ein Bild mit Goldrahmen (*een schildery met een vergulde lyst*)
– ein Bild mit Eichenrahmen (*een met een houte eycke lyst*)
In der Hängekammer (*Opt hangkamertgen*):
– fünf oder sechs alte Bücher (*5 a 6 oude boecken*)
– drei kleine Bilder in schwarzen Rahmen (*drye kleyne stuckiens schilderij in swarte lysten*)
Im oberen Hinterzimmer (*Boven opde agterkamer*):
– sechs Bilder (*ses schilderijen*)
Oben in der Dachkammer (*Boven op de solder*):
– eine Steinplatte zum Farbreiben mit dem Reibstein (*een steene tafel om verruwe te vrijven, met de steen daerby*)
(Delft, G.A., prot. not. J. van Veen, Nr. 2224)
Auszugsweise erstpubliziert von Bredius 1885, S. 219; komplett erstpubliziert von van Peer 1957, S. 98–103; Ruurs, S. 213 f.; Wien 2010, S. 133, Kat. 2, 3; M 364

25.
24. und 30. April 1676
Catharina Bolnes bittet den Hohen Rat von Holland um Übertragung ihrer Schulden
Catharina Bolnes erklärt, dass sie mit der Sorge um elf lebende Kinder [im Original unterstrichen] belastet ist, weil ihr verstorbener Gemahl während des jüngsten Krieges mit dem König von Frankreich vor einigen Jahren nur sehr wenig oder so gut wie gar nichts verdienen konnte und darüber hinaus die Bilder, die er gekauft hatte, um mit ihnen zu handeln, mit großem Verlust verkaufen musste, um seine Kinder ernähren zu können, sodass die Schulden sich so vermehrten, dass sie nicht in der Lage ist, ihre Gläubiger zu bezahlen (die nicht willens sind, im Hinblick auf die großen Verluste und das durch den Krieg verursachte Unglück irgendwelche Zugeständnisse zu machen), sondern verlangen, bezahlt zu werden, wozu sie nicht in der Lage ist (*hoe dat sy Suppliante belast synde met elff levende kinderen vermits de voorn. haere man geduerende desen oirlogh met den Coninck van Vranckrijck nu eenige jaren herwaarts seer weinich ofte bynae nietwes hebbende konnen winnen, oock die Kunst, die hy hadde ingekocht ende waermede hy was handelende, met seer groote schaede heeft moeten uijt sijn handen smijten tot alimentatie der voorsz. sijne kinderen daerdoor dan soo verre is geraeckt in verloop van schulden, dat sij Supplte. niet machtich is alle haere crediteuren [die geen regard willen nemen op het voorsz. haer groot verlies en quade fortuijn door den voorsz. oorloogh gecauseert]*). Als Bittstellerin ersucht sie die hohen und mächtigen Herren des Hohen Rates, Dokumente, die eine Übertragung ihrer Schulden (*cessie met committimus*) bewirken, zu erlassen. Catharina Bolnes erklärte damit ihre Zahlungsunfähigkeit, was die Bestellung eines Nachlassverwalters bewirkte.
Der Hohe Rat genehmigt das Gesuch und weist das Gericht in Delft an, die Dokumente zu erlassen (*fiat mandemant ende cessie met committimus op den gerecht van Delft*).
Als Gläubiger werden aufgezählt:
Maria Tins

N. Hoogenhouck, Brauer
N. Rombouts
N. Dirckx
N. Van Leeuwen
Heindrickie Dircks
Tanneken
Heindrick van Buijtenen
Emmerentia
[Der Schreiber, der die Liste der Namen aufschrieb, setzte ein „N" anstelle der ihm unbekannten Vornamen].
(Den Haag, Algemeen Rijksarchief, Hoge Raad van Holland en Zeeland, Nr. 80A)
Auszugsweise erstpubliziert von Bredius 1910, S. 62; Gläubigerliste erstpubliziert von van Peer 1957, S. 96; Ruurs, S. 214 (unter dem Datum 30. April 1676); M 367

26.
12. März 1677
Maria Thins protestiert gegen den Verkauf der *Malkunst*
Maria Thins setzt *Anthony Leeuwenhoek* in Kenntnis, dass Vermeers Bild *Die Malkunst* ihr im Februar 1676 von ihrer Tochter Catharina Bolnes ins Eigentum übertragen worden sei (Dok. 23), damit diese ihre Schulden reduziere. Maria Thins warnt Leeuwenhoek in seiner Eigenschaft als Verwalter des Nachlasses ihres verstorbenen Schwiegersohnes Vermeer vor einer geplanten Versteigerung des Bildes, die in einer für den 15. März öffentlich mit gedruckten Anzeigen angekündigten Auktion von Vermeers nachgelassenen Bilder in der Lukasgilde in Delft an den Höchstbieter erfolgen soll (*... mijne dochter Catarina Bolnes in mindering vant geene sij aen mij schuldich is ... in vollen en vrijen eygendom heeft overgegeven, opgedragen ende getransporteert seeker stuck schilderije, geschildert by den voorn. Vermeer, waerinnne wert uitgebeelt de Schilderkonst, van welcke voorsz. acte van overgifte ende opdracht Monsr Anthony Leeuwenhoek, ... als Curateur over den boedel ende goedere van voorn. Vermeer ende Catharina Bolnes, visie en copie is gegeven. Ende dat des niettegenstaende de voorn. Sr Leeuwenhoeck in de voorsz. qualiteyt by affixie van gedruckte billietten (waervan mij een is toegezonden) by publicque opveylinge aen den meest biedende op den 15 Meert toecomende 1677 op St Lucas Gildecamer binnen deser stadt Delft presenteert te vercoopen de voorsz. schilderije, aen mij opgedragen als voorschreven is.*). Sie beauftragt den Notar, Leeuwenhoek persönlich aufzusuchen und ihm dringend mitzuteilen, dass sie nicht wünsche, dass das ihr übertragene Bild verkauft werde, weil die Übertragung erfolgt sei, um die Schulden ihrer Tochter zu reduzieren. Sollte das Bild verkauft werden, soll der Notar die Bedingung stellen, dass sie das Bild beschlagnahmen kann und dass die Summe, für die das Bild verkauft wird, nicht von ihr getragen wird, sondern von den Schulden ihrer Tochter abgezogen wird (*Soo sal den eersten nots, hiertoe versocht, zich hebben te vervoegen aen den persoon, van den voorn. Sr. Leeuwenhoeck ende denselven uyt mijnen naem te insinueren ende aen te seggen, dat ick niet en verstae, dat de voorschreven aen mij opgedragen schilderije bij hem sal werden vercocht, als moetende coomen in minderingh van mijn achterwesen, off wel dat hij, de selve vercopende sal stipuleren dat bij mij genaest sal mogen werden ende dat de penningen daervoor de selve schilderije soude mogen werden vercocht byj mij niet en sullen werden uijtgekeert maer affslaech sullen strecken in minderinge van mijne voorn. dochter ende swagers boedel*). Für den Fall, dass Leeuwenhoek ihre Warnung negiert, wird er für alle eintretenden Kosten und entstehenden Schaden haftbar gemacht.
(Delft, G.A., prot. not. Oudendijck, Nr. 2211, fol. 23); In Auszügen publiziert von Bredius 1885, S. 221; Ruurs, S. 215; Wien 2010, S. 134, Kat. 4; M 379

27.
27. Juli 1677
Gesuch von Catharina Bolnes und Maria Thins an die Staaten von Holland und Westfriesland
Die Antragstellerinnen informieren die Staaten, dass Johannes Vermeer während des langen und verderblichen Kriegs mit Frankreich nicht nur seine eigenen Werke nicht mehr verkaufen konnte (*van sijne kunst niet was hebbende kunnen vercopen*), sondern dass er zu seinem großen Schaden auch auf den Bildern anderer Maler, mit denen er handelte (*van andere mrs. daermede hij was handelende*), sitzen blieb. Daher besaß er, belastet durch die große Zahl seiner Kinder, am Ende gar nichts mehr (*niets van sijn selve hebbende*) und verfiel in solche Verzweiflung, die er sich so zu Herzen nahm, dass er wie in Raserei verfiel und innerhalb eines oder eineinhalb Tage von völliger Gesundheit zu Tode kam

(*tot soodanigen verval ende decadentie was gekomen, 't welck hij soodanich ter harten hadde getrocken, dat hij gelijck als in frenesie vervallende in een dach of anderhalff was gesont ende doodt geweest*).
Sie halten weiter fest, dass die erste Antragstellerin [Catharina Bolnes] nunmehr jammervoll mit zehn unmündigen Kindern, das jüngste etwa zweijährig, dasitze (*met tien onmondige kinderen waervan het jongste omtrent de twee jaren out was*), sie habe sich nie mit anderem beschäftigt als mit ihrem Haushalt und ihren Kindern (*haer noyt verders ofte anders als met hare huyshouding ende kinderen hadt bemoeyt*) und wenig später vom schlechten Zustand des Nachlasses erfahren, und da sie mit hohen Schulden belastet war, habe sie bei der jammervollen Wohltat einer Abtretung (*miserabele benefitie van cessie*) Zuflucht nehmen müssen, wobei sie allen ihren Besitz zum Vorteil ihrer Gläubiger verlor. Da ihre zehn Kinder nichts hätten, von dem sie leben könnten, und keines davon seinen Lebensunterhalt selbst verdienen könne, habe sie Hilfe nicht nur von ihren Verwandten, sondern sogar von Fremden in Anspruch nehmen müssen, was ihr, die von ehrlichen Leuten abstamme, nicht leicht gefallen sei (*sulcx sy dan genootsaeckt soude wesen assistentie te versoecken niet alleenlijck bij hare vrunden, maer oock bij vreemden waertoe sy supplicante, als gekomen sijnde van eerlyke luyden, niet geerne en soude vervallen*).
Dem Testament von Dieuwertge Hensbeecq, der Großtante der ersten Antragstellerin, entsprechend, ist die Summe von 2900 Gulden in Form von zinsentragenden Verschreibungen bei der Waisenkammer in Gouda veranlagt, die an die Antragstellerin und ihre Kinder übergehen soll, während Maria Thins als *fideicommissum* lebenslang die Gewinne und Zinsen aus diesem Kapital beziehen kann. Da wichtige Gründe bestehen, dass die unmündigen Kinder der Antragstellerin mithilfe dieses Kapitals erzogen werden, bitten sie die Staaten von Holland und Westfriesland, die Bindung des Erbes als Fideikomiss aufzuheben, um damit über das Kapital von 2900 Gulden frei verfügen zu können.
Dem Antrag wird von den Staaten von Holland und Westfriesland stattgegeben, Catharina Bolnes wird ermächtigt, über die bei der Waisenkammer in Gouda veranlagten 2900 Gulden zu verfügen.
(Gouda, G. A., Waisenkammer, Weesboek 9, fol. 277); Auszugsweise erstpubliziert von Matthijs 1976, S. 43; M 383

28.
1. September 1678
Gesuch von Maria Thins und Catharina Bolnes an den Magistrat von Gouda
Maria Thins und Catharina Bolnes richten an die Herren Stadträte von Gouda folgendes Gesuch: Maria Thins verzichtet auf den ihr zustehenden lebenslangen Fruchtgenuss eines bei der Waisenkammer von Gouda veranlagten Kapitals von 1200 Gulden, das ihrer Tochter Catharina Bolnes gehört, zugunsten ihrer Tochter. Als Begründung wird angeführt, dass von den Kindern der Catharina Bolnes – das älteste ist 21 Jahre alt, das jüngste vier Jahre – zwei sehr krank seien und ein weiteres Kind bei einer Pulverexplosion (*dat daer buskruijt in waer, 't welck aengingh*) auf einem Schiff von Mecheln schwer verwundet worden sei und dass Catharina Bolnes nicht in der Lage sei, die Kinder, von denen keines für seinen eigenen Lebensunterhalt sorgen könne, weiter zu ernähren und die hohen Kosten für Medikamente und Ärzte zu bezahlen.
(Gouda, G. A., Waisenkammer, Weesboek 10, fol. 179); Auszugsweise erstpubliziert von Matthijs 1976, S. 43; M 393

29.
April 1683
Inventar der Güter von Jacob Abrahamsz. Dissius aus dem Nachlass seiner Frau Magdalena van Ruijven
Hier werden auszugsweise nur die Bilder Vermeers aufgezählt.
Inventar des Nachlasses und der Güter *Jacobus Abrahamsz. Dissius* zukommend, die ihm persönlich gehören aus der Erbschaft seiner Frau Magdalena van Ruijven, die am 16. Juni 1682 verstarb (*Inventoris van den boedel ende goederen toecomende Jacobus Abrahamsz. Dissius uijt syn eijgen hoofde aen hem aenbesturven door't overlyden van Juffr. Magdalena van Ruyven*).
Im Vorderzimmer (*op de voorkamer*):
– 8 Bilder von Vermeer (*Acht schilderijen van Vermeer*)
– 3 detto von demselben in [„mit" gestrichen] Kassetten (*Drie dito van denselven in kasies*)
Im Hinterzimmer (*Op de achterkamer*):
– 4 weitere Bilder von Vermeer (*Nogh vier schilderijen van Vermeer*)
In der Küche:
– ein Bild von Vermeer

In der Kellerkammer (*op de kelder kamer*):
– 2 Bilder von Vermeer.
Neben den oben genannten Gegenständen folgen außerdem:
– 2 Bilder von Vermeer
(Delft, G. A., prot. not. P. de Bries, Nr. 2325, fol. 31 ff.)
Auszugsweise erstpubliziert von Bredius 1885, S. 222; Neurdenburg 1951, S. 37 f.; Ruurs, S. 215 (unter 20. Juni 1682); M 417

30.
16. Mai 1696
Katalog der in Amsterdam versteigerten Bilder aus der Sammlung Dissius
Katalog von Bildern, verkauft am 16. Mai 1696 in Amsterdam (*Catalogus van schilderyen. Verkogt den 16. May 1696 in Amsterdam*)
1. Eine Dame, Gold wägend, in einer Kassette von *J. vander Meer von Delft*, außergewöhnlich kunstvoll und kräftig gemalt (*Een Juffrouw die goud weegt, in een kasje van J. vander Meer van Delft, extraordinaer konstig en kragtig geschildert*) 155–0
2. Eine Magd, Milch ausgießend, außergewöhnlich gut, vom selben (*Een Meyd die Melk uytgiet, uytnemende goet van dito*) 175–0
3. Das Bildnis Vermeers in einem Raum mit verschiedenem Beiwerk, ungewöhnlich schön von ihm gemalt (*'t Portrait van Vermeer in een Kamer met verscheyde bywerk ongemeen fraai van hem geschildert*) 45–0
4. Eine Dame, Gitarre spielend, sehr gut von demselben (*Een speelende Juffrouw op een Guiteer, heel goet van den zelve*) 70–0
5. Da ein Herr seine Hände wäscht, in einem Zimmer mit Durchblick, mit Figuren, kunstvoll und selten, vom selben (*Daer een Seigneur zyn handen wast, in een doorsiende Kamer, met beelden, konstig en raer van dito*) 95–0
6. Eine spielende Dame auf dem Clavicembalo [richtig müsste es heißen: Virginal] in einem Zimmer, mit einem zuhörenden Herrn von demselben (*Een speelende Juffrouw op de Clavecimbael in een Kamer, met een toeluisterend Monsieur door den zelven*) 80–0
7. Eine Dame, der durch eine Magd ein Brief gebracht wird, vom selben (*Een Juffrouw die door een Meyd een brief gebragt word, van dito*) 70–0
8. Eine betrunkene schlafende Magd an einem Tisch, von demselben (*Een dronke slapende Meyd aen een Tafel, van den zelven*) 62–0
9. Eine fröhliche Gesellschaft in einem Zimmer, kräftig und gut vom selben (*Een vrolyk geselschap in een Kamer, kragtig en goet van dito*) 73–0
10. Ein musizierender Herr und eine Dame in einem Zimmer, von demselben (*Een Musiceerende Monsr. en Juffr. in een Kamer, van den zelven*) 81–0
11. Ein Soldat mit einem lachenden Mädchen, sehr schön vom selben (*Een Soldaet met een laggent Meysje, zeer fraei van dito*) 44–10
12. Eine junge Frau, die Spitzen klöppelt, von demselben (*Een Juffertje dat speldewerkt, van den zelven*) 28–0
[die Nummern 13 bis 30 sind Bilder anderer Maler]
31. Die Stadt Delft in Perspektive, gesehen vom Süden, von *J. vander Meer von Delft* (*De Stad Delft in perspectief, te sien van de Zuyd-zy, door J. vander Meer van Delft*) 200–0
32. Eine Ansicht eines Hauses in Delft, von demselben (*Een Gesicht van een Huys staende in Delft, door denzelven*) 72–10
33. Eine Ansicht von einigen Häusern, von demselben (*Een Gesicht van eenige Huysen van dito*) 48–0
35. Eine schreibende Dame, sehr gut von demselben (*Een Schryvende Juffrouw heel goet van denzelven*) 63–0
36. Eine Dame, die sich mit Perlen schmückt, sehr schön von demselben (*Een Paleerende dito, seer fraey van dito*) 30–0
37. Eine Dame auf dem Clavicembalo [richtig müsste es heißen: Virginal] spielend von demselben (*Een Speelende Juffrouw op de Clavecimbael van dito*) 42–10
38. Eine Kopfstudie mit antiken Kleidern, ungemein kunstvoll (*Een Tronie in Antique Klederen, ongemeen konstig*) 36–0
39. Noch eine ebensolche Vermeer (*Nog een dito Vermeer*) 17–0
40. Ein Gegenstück von demselben (*Een weerga van denzelven*) 17–0
(Hoet 1, S. 34–36)
Ruurs, S. 216; M 439

Abkürzungen:

G. A.	Gemeente Archief
prot. not.	Notarsprotokoll
M	Sigle bezieht sich auf Appendix B, List of Documents, in: Montias 1989, S. 268–368

Literatur zum Quellenanhang

Bredius, Abraham, „Iets over Johannes Vermeer", in: *Oud Holland* 3, 1885, S. 217–222.

Bredius, Abraham, „Nieuwe bijdragen over Johannes Vermeer", in: *Oud Holland* 28, 1910, S. 61–64.

Bredius, Abraham, „Italiaansche schilderyen in 1672 door Haagsche en Delftsche schilders beordeeld", in: *Oud Holland* 34, 1916, S. 88–93 (Bredius 1916a).

Bredius, Ambraham, „Schilderyen uit den nalatenschap van den Delftschen Vermeer", in: *Oud Holland* 34, 1916, S. 160–161 (Bredius 1916b).

Goudappel, C. D., „Ondertrouw en huwelijk van Jan Vermeer", in: *Delftse historische sprokkelingen* 1977, S. 20–26.

Hoet, Gerard, *Catalogus of Naamlyst van Schilderyen met derselven pryzen zedert een langen reeks van Jaaren zoo in Holland als op andere Plaatzen in het openbaar verkogt,* Bd. 1, Den Haag 1752.

Matthijs, C. J., *De takken van de dorre boom: Genealogie van de Goudsefamilie Van Hensbeeck*, Gouda 1976

Monconys, Balthasar de, *Journal de voyage de Monsieur de Monconys,* 2 Bde., Lyon 1666.

Montias, John Michael, „New Documents on Vermeer and His Family", in: *Oud Holland* 91, 1977, S. 267–287

Montias, John Michael, „Vermeer and His Milieu: Conclusion of an Archival Study", in: *Oud Holland* 94, 1980, S. 44–62.

Montias, John Michael, *Vermeer and His Milieu: A Web of Social History*, Princeton 1989.

Montias, John Michael u. a., „A Postscript on Vermeer and His Milieu", in: *The Hoogsteder Mercury* 12, 1991, S. 42–51.

Montias, John Michael, *Vermeer en zijn milieu*, Baarn 1993 (ins Niederländ. übers. u. ergänzte Ausg. von Montias 1989).

Neurdenburg, Elisabeth, „Nog einige opmerkingen over Johannes Vermeer van Delft", in: *Oud Holland* 66, 1951, S. 31–44.

Obreen, F. D. O., *Archief voor Nederlandsche Kunstgeschiedenis,* 7 Teile, Rotterdam 1877–1890.

Peer, A. J. J. M. van, „Drie collecties schilderyen van Jan Vermeer", in: *Oud Holland* 72, 1957, S. 92–103.

Peer, A. J. J. M. van, „Rondom Jan Vermeer van Delft", in: *Oud Holland* 74, 1959, S. 240–245.

Peer, A. J. J. M. van, „Jan Vermeer van Delft: Drie archiefvondsten", in: *Oud Holland* 83, 1968, S. 220–224.

Ruurs, Rob, „Documenten", in: Blankert/Montias/Aillaud 1987, S. 207–216.

Literaturverzeichnis

Arasse, Daniel, *Vermeer's Ambition*, Dresden 1996 (frz. Erstausg.: *L'Ambition de Vermeer*, Paris 1993, engl. Ausg.: *Vermeer: Faith in Painting*, Princeton 1994).

Asemissen, Hermann Ulrich, *Jan Vermeer: Die Malkunst: Aspekte eines Berufsbildes*, Frankfurt am Main 1988.

Badt, Kurt, *„Modell und Maler" von Jan Vermeer, Probleme der Interpretation. Eine Streitschrift gegen Hans Sedlmayr*, Köln 1961 (2. Aufl. mit einem Nachwort v. Lorenz Dittmann, Köln 1997).

Bailey, Anthony, *Vermeer: A View of Delft Then and Now*, London 2001.

Bailey, Martin, *Vermeer*, London 1995.

Begheyn SJ, Paul, „Johannes Vermeer en de jezuïten te Delft", in: *Oud Holland* 121, 2008, S. 40–55.

Bianconi, Piero, *L'opera completa di Vermeer*, Mailand 1967 (engl. Ausg. New York 1967, dt. Buchklubausg. mit einer Einleitung v. István Schlégl Luzern/Zürich 1967).

Binstock, Benjamin, *Vermeer's Family Secrets: Genius, Discovery and the Unknown Apprentice*, London 2008.

Blanc, Jan, *Vermeer*, Paris 2014.

Blankert, Albert (mit Beiträgen v. Rob Ruurs u. Willem van de Wetering), *Johannes Vermeer van Delft 1632–1675*, Utrecht/Antwerpen 1975 (engl. Ausg. Oxford/New York 1978).

Blankert, Albert, John Michael Montias u. Gilles Aillaud, *Vermeer*, Paris 1986 (niederl. Ausg. Amsterdam 1987, 2. Aufl. 1992; engl. Ausg. New York/London 2007).

Blankert, Albert, „The Case of Han van Meegeren's Fake Vermeer *Supper at Emmaus* Reconsidered", in: *In His Milieu: Essays on Netherlandish Art in Memory of John Michael Montias*, hg. v. Amy Golahny, Mia M. Mochizuki und Lisa Vergara, Amsterdam 2006, S. 47–57.

Bleyswijck, Dirck Evertsz. van, *Beschryvinge der Stadt Delft*, 2 Bde., Delft 1667–1680.

Boström, Kjell, „Peep-show or case", in: *Kunsthistorische Mededelingen van het Rijksbureau voor Kunsthistorische Documentatie 's-Gravenhage* 4, 1949, S. 21–24.

Boström, Kjell, „Jan Vermeer van Delft en Cornelis van der Meulen", in: *Oud Holland* 66, 1951, S. 117–122.

Brandhof, Marijke van den, *Een vroege Vermeer uit 1937: Achtergronden van leven en werken van de schilder/vervalser Han van Meegeren*, Utrecht 1979.

Bredius, Abraham, „Iets over Johannes Vermeer", in: *Oud Holland* 3, 1885, S. 217–222.

Bredius, Abraham, *Künstler-Inventare: Urkunden zur Geschichte der Holländischen Kunst des XVIten, XVIIten und XVIIIten Jahrhunderts*, 7 Bde., Den Haag 1915–1921.

Bredius Abraham, „An Unpublished Vermeer", in: *The Burlington Magazine* 61, 1932, S. 144 f.

Bredius, Abraham, „A New Vermeer", in: *The Burlington Magazine* 71, 1937, S. 210 f.

Broersma, Geerte, „Vermeer, Vermeer en nog eens Vermeer", in: *De jonge Vermeer*, hg. v. Edwin Buijsen, Ausst.-Kat., Den Haag, Mauritshuis, und Edinburgh, National Galleries of Scotland, Den Haag/Zwolle 2010, S. 73–87.

Broos, Ben u. Ariane van Suchtelen, *Portraits in the Mauritshuis 1430–1790*, hg. v. Quentin Buvelot (mit Beiträgen v. Rudi Ekkart, Quentin Buvelot, Guus Sluiter, Petria Noble, Peter van der Ploeg, Hans Vlieghe u. Frederik Duparc), Den Haag/Zwolle 2004.

Büttner, Nils, *Vermeer*, München 2010.

Buijs, Hans, „Voorstellingen van Christus in het huis van Martha en Maria in het zestiende-eeuwse keukenstuk", in: *Nederlands Kunsthistorisch Jaarboek* 40, 1989, S. 93–128.

Buijsen, Edwin, „Music in the Age of Vermeer", in: *Dutch Society in the Age of Vermeer*, hg. v. Donald Haks u. Marie Christine van der Sman, Den Haag/Zwolle 1996, S. 106–123.

Cambridge 2011/12: *Vermeer's Women, Secrets and Silence*, hg. v. Majorie Wieseman mit H. Perry Chapman u.

Wayne E. Franits, Ausst.-Kat., Cambridge, Fitzwilliam Museum, Cambridge/New Haven/London 2011.

Davidson, Bernice, *The Frick Collection: An Illustrated Catalogue,* Bd. 1: *Paintings, American, British, Dutch, Flemish and German*, New York 1968.

Dekiert, Marcus, *Musikanten in der Malerei der niederländischen Caravaggio-Nachfolge: Vorstufen, Ikonographie und Bedeutungsgehalt der Musikszene in der niederländischen Bildkunst des 16. und 17. Jahrhunderts,* Dissertation Universität Bonn, Münster/Hamburg/London 2003.

Delft 1996: *Delft Masters, Vermeer's Contemporaries: Illusionism through the Conquest of Light and Space*, hg. v. Michiel C. C. Kersten u. Danielle H. A. Lokin in Zusammenarbeit mit Michiel C. Plomp, Ausst.-Kat., Delft, Stedelijk Museum Het Prinsenhof, Delft/London 1996.

Delft 2002: *Schatten in Delft: Burgers verzamelen 1600–1750,* hg. v. Ellinor Bergvelt, Michiel Jonker u. Agnes Wiechmann, Ausst.-Kat., Delft, Stedelijk Museum Het Prinsenhof, Delft/Zwolle 2002.

Den Haag 1996: *The Scholarly World of Vermeer*, hg. v. Ton Brandenbarg u. Rudi Ekkart, Ausst.-Kat., Den Haag, Museum Meermanno-Westreenianum, Den Haag/Zwolle 1996.

Den Haag/Washington 2008/09: *Dutch Cityscapes of the Golden Age*, hg. v. Ariane v. Suchtelen u. Arthur K. Wheelock jr., Ausst.-Kat., Den Haag, Mauritshuis, und Washington, DC, National Gallery of Art, Zwolle 2008.

Dresden 2004/05: *Johannes Vermeer: „Bei der Kupplerin“*, hg. v. Uta Neidhardt u. Marlies Giebe (mit Beiträgen v. Albert Blankert, Christine Klose, Annaliese Mayer-Meintschel, Uta Neidhardt), Ausst.-Kat., Dresden, Gemäldegalerie Alte Meister, Dresden 2004.

Dresden 2010: *Der frühe Vermeer*, hg. v. Uta Neidhardt (mit Beiträgen v. Albert Blankert, Edwin Buijsen, Michael Franses, Jasper Kettner, Uta Neidhardt, Christoph Schölzel u. a.), Ausst.-Kat., Dresden, Gemäldegalerie Alte Meister, Berlin/München 2010 (Buijsen 2010a / Buijsen 2010b / Neidhardt 2010a / Neidhardt 2010b).

Dresden 2021: Johannes Vermeer: *Vom Innehalten*, hg. v. Staatliche Kunstsammlungen Dresden; Stephan Koja, Uta Neidhardt, Arthur K. Wheelock Jr., Ausst.-Kat. Staatliche Kunstsammlungen Dresden, Dresden 2021.

Dublin/Greenwich 2003/04: *Love Letters: Dutch Genre Paintings in the Age of Vermeer*, hg. v. Peter C. Sutton, Lisa Vergara, Ann Jensen Adams u. a., Ausst.-Kat., Dublin, National Gallery of Ireland, und Greenwich (CT), Bruce Museum of Arts and Science, London 2003.

Düchting, Hajo, *Jan Vermeer und seine Zeit*, Stuttgart 2011.

Eiche, Sabine, „‚The Artist in His Studio‘ by Jan Vermeer: About a Chandelier“, in: *Gazette des Beaux-Arts* 99, 1982, S. 203 f.

Fahy, Everett (Hg.), *The Wrightsman Pictures*, New York/New Haven 2005.

Fink, Daniel A., „Vermeer's Use of the Camera Obscura: A Comparative Study“, in: *The Art Bulletin* 53, 1971, S. 493–505.

Fleischer, Roland E., „Ludolf de Jongh's *The Refused Glass* and its Effect on the Art of Vermeer and de Hooch“, in: Roland E. Fleischer u. Susan Clare Scott (Hg.), *Rembrandt, Rubens and the Art of their Time: Recent Perspectives* (Papers in Art History from The Pennsylvania State University 11), University Park (PA) 1997, S. 251–266.

Franits Wayne E. (Hg.), *The Cambridge Companion to Vermeer* (mit Beiträgen v. Klaas van Berkel, Wayne Franits, Marguerite Glass, Elise Goodman, Valerie Hedquist, Christiane Hertel, Walter Liedtke, H. Rodney Nevitt jr., Lisa Vergara, Arthur K. Wheelock jr.), Cambridge 2001.

Franits, Wayne, *Dutch Seventeenth-Century Genre Painting: Its Stylistic and Thematic Evolution*, New Haven/London 2004.

Frankfurt 1997: *Johannes Vermeer: Der Geograph und der Astronom nach 200 Jahren wieder vereint*, hg. v. Michael Maek-Gérard (mit Beiträgen von Klaas van Berkel, Michael Maek-Gérard, Jørgen Wadum, Peter Waldeis, Arthur K. Wheelock jr.), Ausst.-Kat., Frankfurt am Main, Städelsches Kunstinstitut und Städtische Galerie, Frankfurt am Main 1997.

Gaskell, Ivan u. Michiel Jonker (Hg.), *Vermeer Studies*, New Haven-London 1998 (mit Beiträgen v. Daniel Arasse, Marten Jan Bok, David Bomford, Ben Broos, Nicola Costaras, Jean-Luc Delsaute, Ivan Gaskell, E. Melanie Gifford, Karin Groen, Eddy de Jongh, Koos Levy-van Halm, Hessel Miedema, John Michael Montias, John Nash, Irene Netta, Nanette Salomon, Leonard J. Slatkes, Eric Jan Sluijter, Frances Suzman Jowell, Lisa Vergara, Jørgen Wadum, Gregor J. M. Weber, Marieke De Winkel).

Gaskell, Ivan, *Vermeer's Wager: Speculations on Art History, Theory and Art Museums*, London 2000.

Gelder, Jan Gerrit van, „Jan Vermeer's Clio", in: *Oud Holland* 66, 1951, S. 44–45.

Gelder, Jan Gerrit van, „Diana door Vermeer en C. de Vos", in: *Oud Holland* 71, 1956, S. 245–248.

Gelder, Jan Gerrit van, mit Kommentar v. Jan A. Emmens, *De Schilderkunst van Jan Vermeer*, Utrecht 1958.

Goldscheider, Ludwig, *Jan Vermeer: The Paintings*, London 1958 (2. Aufl. 1967).

Gowing, Lawrence, *Vermeer*, London 1952, (2. Aufl. London/New York 1970).

Greub, Thierry, *Vermeer oder die Inszenierung der Imagination*, Petersberg 2004.

Grimme, Ernst Günther, *Jan Vermeer van Delft*, Köln 1974.

Gutruf, Gerhard u. Hellmuth Stachel, „The Hidden Geometry in Vermeer's ‚The Art of Painting'", in: *Journal for Geometry and Graphics* 14, 2010, S. 187–201.

Hammer-Tugendhat, Daniela, *Das Sichtbare und das Unsichtbare. Zur holländischen Malerei des 17. Jahrhunderts*, Köln/Weimar/Wien 2009.

Hedinger, Bärbel, *Karten in Bildern: Zur Ikonographie der Wandkarte in holländischen Interieurgemälden des 17. Jahrhunderts*, Hildesheim/Zürich/New York 1986.

Hehenberger, Susanne u. Monika Löscher (Hg.), *Die verkaufte Malkunst: Jan Vermeers Gemälde im 20. Jahrhundert* (Schriftenreihe der Kommission für Provenienzforschung 4), Wien/Köln/Weimar 2013.

Hertel, Christiane, *Vermeer: Reception and Interpretation*, Cambridge/New York/Melbourne 1996.

Hoet, Gerard, *Catalogus of Naamlyst van Schilderyen met derselven pryzen zedert een langen reeks van Jaaren zoo in Holland als op andere Plaatzen in het openbaar verkogt*, Bd. 1, Den Haag 1752.

Hoogstraten, Samuel van, *Inleyding tot de hooge schoole der schilderkonst*, Rotterdam 1678.

Houbraken, Arnold, *De groote schouburgh der Nederlantsche konstschilders en schilderessen*, 3 Bde., Amsterdam 1718–1721.

Hubschmitt, William Evan, *The Art of Painting: An Iconographic Examination of De Schilderconst by Johannis Vermeer of Delft*, Binghamton (NY) 1986.

Hultén, Karl G., „Zu Vermeers Atelierbild", in: *Konsthistorisk Tidskrift* 18, 1949, S. 90–98.

Huygens, Constantijn, *De jeugd van Constantijn Huygens, door hemzelf beschreven*, nach latein. Original aus der Zeit um 1630 ins Niederländ. übersetzt u. hg. v. A. H. Kan, Rotterdam 1971.

Jongh, Eddy de, *Zinn- en Minnebeelden in de schilderkunst van de zeventiende eeuw*, Amsterdam 1967.

Jongh, Eddy de, „Pearls of Virtue and Pearls of Vice", in: *Simiolus* 8, 1975/76, S. 69–97.

Kahr, Madlyn Millner, „Vermeer's Girl Asleep: A Moral Emblem", in: *Metropolitan Museum Journal* 6, 1972, S. 115–132.

Kaldenbach, Kees, „Het Straatje van Johannes Vermeer: Nieuwe Langendijk 24–26?", in: *Bulletin van de Koninklijke Nederlandse Oudheidkundige Bond* 99, 2000.

Kassel 2003: *Johannes Vermeer – Der Geograph: Die Wissenschaft der Malerei*, bearb. v. Thorsten Smidt, Ausst.-Kat., Staatliche Museen Kassel, Gemäldegalerie Alte Meister, Kassel 2003.

Kitson, Michael, „Current and Forthcoming Exhibitions; Florentine Baroque Art in New York", in: *The Burlington Magazine* 111, 1969, S. 409–410.

Kleinert, Katja, *Atelierdarstellungen in der niederländischen Genremalerei des 17. Jahrhunderts: realistisches Abbild oder glaubwürdiger Schein?*, Petersberg 2006.

Kolfin, Elmer, Carol Pottasch u. Ruth Hoppe, „The Metamorphosis of Diana: Changing Perceptions of the Young Vermeer's Painting Technique", in: *Art Matters. Netherlandish Technical Studies of Art* 1, 2002, S. 99–103.

Lairesse, Gérard de, *Groot Schilderboek*, 3 Bde., 1707 (Neuausg. Haarlem 1740; dt. Übersetzung: *Des Herrn Gerhard de Lairesse Welt-belobten Kunst-Mahlers, Grosses Mahler-Buch* etc., Nürnberg 1728).

Lammertse, Friso, Nadja Garthoff, Michel van de Laar u. Arie Wallert, *Van Meegeren's Vermeers: The Connoisseur's Eye and the Forger's Art*, Rotterdam 2011.

Lefèvre, Wolfgang (Hg.), *Inside the Camera Obscura: Optics and Art under the Spell of the Projected Image*, Berlin 2007.

Leonhard, Karin, „Vermeer's Pregnant Women", in: *Art History* 25, 2002, S. 293–318.

Leonhard, Karin, *Das gemalte Zimmer: Zur Interieurmalerei Jan Vermeers*, München 2003.

Liedtke, Walter, *A View of Delft: Vermeer and his Contemporaries*, Zwolle 2000.

Liedtke, Walter, *Dutch Paintings in the Metropolitan Museum of Art*, 2 Bde., New Haven 2007.

Liedtke, Walter, *Vermeer: The Complete Paintings*, Gent/Amsterdam 2008.

Liedtke, Walter et al., „Canvas Matches in Vermeer: A Case Study in the Computer Analysis of Fabric Supports", in: *Metropolitan Museum Journal* 47, 2012.

Lindenburg, M. A., „Het ‚straatje' van Vermeer", in: *Delfia Batavorum Jaarboek* 1992, S. 680–690.

London 2013: *Vermeer and Music: The Art of Love and Leisure*, hg. v. Marjorie E. Wieseman, Ausst.-Kat., London, The National Gallery, London 2013.

London/Hartford 1998/99: Peter C. Sutton, *Pieter de Hooch, 1629–1684*, Ausst.-Kat., London, Dulwich Picture Gallery, und Hartford (CT), Wadsworth Atheneum, New Haven u. a. 1998.

Lopez, Jonathan, *The Man Who Made Vermeers: Unvarnishing the Legend of Master Forger Han van Meegeren*, San Diego 2008.

MacColl, Dugald Sutherland, *A Note on Vermeer of Delft and the Picture „Christ with Martha & Mary"*, London 1901.

MacLaren, Neil, neu bearb. v. Christopher Brown, *The Dutch School 1600–1900* (National Gallery Catalogues), London 1991.

Madrid 2003: *Vermeer y el interior holandés*, hg. v. Alejandro Vergara u. Mariët Westermann, Ausst.-Kat., Museo Nacional del Prado, Madrid 2003.

Mai, Ekkehard, „Wer war Jacobus Vrel?: Hypothesen zum sogenannten ‚Vermeer der Armen'", in: *Kölner Museums-Bulletin*, 2003, S. 42–71.

Mayer-Meintschel, Annaliese, „*Die Briefleserin* von Jan Vermeer van Delft: Zum Inhalt und zur Geschichte des Bildes", in: *Jahrbuch der Staatlichen Kunstsammlungen Dresden* 11, 1978/79, S. 91–99.

Mayer-Meintschel, Annaliese, „Vermeers ‚Kupplerin'", in: *Jahrbuch der Staatlichen Kunstsammlungen Dresden* 18, 1986, S. 7–18.

Mengden, Lida von, *Vermeers* De Schilderconst *in den Interpretationen von Kurt Badt und Hans Sedlmayr: Probleme der Interpretation*, Frankfurt am Main/Bern/New York 1984.

Mills, Allan A., „Vermeer and the Camera Obscura: Some Practical Considerations", in: *Leonardo* 31, 1998, S. 213–218.

Mirimonde, A. P. de, „Les Sujets musicaux chez Vermeer de Delft", in: *Gazette des Beaux-Arts* 6. Folge, 57, 1961, S. 29–52.

Monconys, Balthasar de, *Journal*

de voyage de Monsieur de Monconys, 2 Bde., Lyon 1666.
Montias, John Michael, „Vermeer's Clients and Patrons", in: *The Art Bulletin* 69, 1987, S. 68–76.
Montias, John Michael, *Vermeer and His Milieu: A Web of Social History*, Princeton 1989.
Montias, John Michael u. a., „A Postscript on Vermeer and His Milieu", in: *The Hoogsteder Mercury* 12, 1991, S. 42–51.
München 2011: *Vermeer in München: König Max I. Joseph von Bayern als Sammler Alter Meister,* bearb.v. Marcus Dekiert, Ausst.-Kat., München, Alte Pinakothek, München 2011.
Nash, John, *Vermeer*, London 1991.
Netta, Irene, *Das Phänomen „Zeit" bei Jan Vermeer van Delft: Eine Analyse der innerbildlichen Zeitstrukturen seiner ein- und mehrfigurigen Interieurbilder*, Hildesheim/Zürich/New York 1996.
Netta, Irene, *Vermeer van Delft: Ein Maler und seine Stadt*, München 2001.
Neurdenburg, Elisabeth, „Johannes Vermeer: Eenige opmerkingen naar aanleiding van de nieuwste studies over den Delftschen Schilder", in: *Oud Holland* 59, 1942, S. 65–73.
New York 2009: *The Milkmaid by Johannes Vermeer*, hg. v. Walter Liedtke, Ausst.-Kat., New York, The Metropolitan Museum of Art, New York 2009.
New York/London 2001: *Vermeer and the Delft School*, hg. v. Walter Liedtke mit Michiel C. Plomp u. Axel Rüger (mit Beiträgen v. Marten Jan Bok, Walter Liedtke, Michiel C. Plomp u. a.), Ausst.-Kat., New York, The Metropolitan Museum of Art, und London, The National Gallery, New Haven 2001 (Liedtke 2001a–2001g).
Osaka 2000: *The Public and the Private in the Age of Vermeer*, hg. v. Arthur K. Wheelock jr. u. a., Ausst.-Kat., Osaka/London 2000.
Philadelphia/Berlin/London 1984: *Von Frans Hals bis Vermeer: Meisterwerke holländischer Genremalerei*, hg. v. Peter C. Sutton u. a., Ausst.-Kat., Philadelphia, Philadelphia Museum of Art, Berlin, Gemäldegalerie SMPK, und London, Royal Academy of Arts, Berlin 1984.
Plietzsch, Eduard, *Vermeer van Delft*, München 1939.
Pops, Martin, *Vermeer: Consciousness and the Chamber of Being* (Studies in the Fine Arts, Criticism 16), Ann Arbor (MI) 1984.
Rambach, Christiane, *Vermeer und die Schärfung der Sinne*, Weimar 2007.
Rand, Harry, „Wat maakte de ‚Keukenmeid' van Vermeer?", in: *Bulletin van het Rijksmuseum* 46, 1998, S. 275–278, 349–351.
Raupp, Hans-Joachim, „Ansätze zu einer Theorie der Genremalerei in den Niederlanden im 17. Jahrhundert", in: *Zeitschrift für Kunstgeschichte* 46, 1983, S. 401–418.
Rom 2012/13: *Vermeer: Il secolo d'oro dell'arte olandese,* hg. v. Sandrina Bandera, Walter Liedtke u. Arthur K. Wheelock jr., Ausst.-Kat., Rom, Scuderie del Quirinale, Rom 2012.
Rudolph, H., „‚Vanitas': die Bedeutung mittelalterlicher und humanistischer Bildinhalte in der niederländischen Malerei des 17. Jahrhunderts", in: *Festschrift Wilhelm Pinder: Zum sechzigsten Geburtstage 25. Juni 1938 überreicht von Freunden und Schülern*, Leipzig 1938, S. 405–433.
Runia, Epco, *Vermeer in het Mauritshuis*, Zwolle 2005.
Schlenke, Hubertus, *Vermeer, mit Spinoza gesehen*, Berlin 1998.
Schneider, Norbert, *Jan Vermeer, 1632–1675: Verhüllung der Gefühle,* Köln 1993 (2. Aufl. 2010).
Schütz, Karl, *Das Interieur in der Malerei,* München 2009.
Schütz, Karl, „Von Pieter de Hooch zu Johannes Vermeer. Zur Beurteilung der *Malkunst* im 19. Jahrhundert", in: Hehenberger, Susanne u. Monika Löscher (Hg.), *Die verkaufte Malkunst: Jan Vermeers Gemälde im 20. Jahrhundert* (Schriftenreihe der Komission für Provenienzforschung, Bd. 4), Wien/Köln/Weimar 2013, S. 263–270.
Schwarz, Birgit, *Hitlers Museum: die Fotoalben „Gemäldegalerie*

Linz". Dokumente zum „Führermuseum", Wien/Köln/Weimar 2004.
Schwarz, Heinrich, „Vermeer and the Camera Obscura", in: *Pantheon* 24, 1966, S. 170–182.
Sedlmayr, Hans, „Der Ruhm der Malkunst: Jan Vermeer ‚De Schilderconst'", in: *Festschrift Hans Jantzen*, Berlin 1951, S. 169–177.
Sedlmayr, Hans, „Jan Vermeer ‚De Schilderkunst'", in: *Hefte des Kunsthistorischen Seminars der Universität München* 7–8, 1962, S. 34–65.
Seymour, Charles jr., „Dark Chamber and Light-filled Room: Vermeer and the Camera Obscura", in: *The Art Bulletin* 46, 1964, S. 323–331.
Sheldon, Libby u. Nicola Costaras, „Johannes Vermeer's ‚Young Woman Seated at a Virginal'", in: *The Burlington Magazine* 148, 2006, S. 89–97.
Slatkes, Leonard J., *Vermeer and His Contemporaries*, New York 1981.
Smith, David R., „Vermeer and Iconoclasm", in: *Zeitschrift für Kunstgeschichte* 74, 2011, S. 193–216.
Snow, Edward, *A Study of Vermeer* (überarb. u. erweit. Aufl.), Berkeley/ Oxford 1994.
Steadman, Philip, *Vermeer's Camera: Uncovering the Truth Behind the Masterpieces*, Oxford 2001.
Stechow, Wolfgang, „Landscape Paintings in Dutch Seventeenth Century Interiors", in: *Nederlands Kunsthistorisch Jaarboek* 11, 1960, S. 165–184.
Stoichita, Victor Ieronim, *Das selbstbewußte Bild: Vom Ursprung der Metamalerei*, München 1998.
Stone, Harriet, *Tables of Knowledge: Descartes in Vermeer's Studio*, Ithaca (NY) 2006.
Sutton, Peter C., *Pieter de Hooch: Complete Edition*, Oxford/New York 1980.
Swillens, Pieter T. A., *Johannes Vermeer Painter of Delft: 1632–1675*, Utrecht/Brüssel 1950.
Thoré, Étienne-Joseph Théophile (unter dem Namen William Bürger), *Galerie d'Arenberg à Bruxelles avec le catalogue complet de la collection*, Paris/Brüssel/Leipzig 1859.
Thoré, Étienne-Joseph Théophile (unter dem Namen William Bürger), *Musées de la Hollande*, Paris 1858–1860.
Thoré, Étienne-Joseph Théophile (unter dem Namen William Bürger), „Van der Meer de Delft", in: *Gazette des Beaux-Arts* 21, 1866, S. 297–330, 458–470, 542–575.
Thoré, Étienne-Joseph Théophile (unter dem Namen William Bürger), „Meisterwerke der Braunschweiger Galerie in Radierungen von William Unger, III. Das Mädchen mit dem Weinglase. Ölgemälde von Jan van der Meer", in: *Zeitschrift für bildende Kunst* 3, 1868, S. 262–263.
Tokyo 2008: *Vermeer and the Delft Style*, hg. v. Peter C. Sutton, Ausst.-Kat., Tokyo 2008.
Tolnay, Charles de, „L'Atelier de Vermeer", in: *Gazette des Beaux-Arts* 41, 1953, S. 265–272.
Vander Auwera, Joost, „Taking Local History Seriously: The Case of the Chandelier in *Saint Luke painting the Virgin* by Abraham Janssen van Nuyssen and in the *Art of Painting* by Johannes Vermeer van Delft", in: *Liber amicorum Raphaël de Smedt,* hg. v. J. Vander Auwera, Löwen 2001, S. 317–338.
Vries, Ary Bob de, *Jan Vermeer van Delft*, revidierte Ausg. London 1948 (frühere Ausg. Amsterdam 1939, Basel 1945).
Vries, Ary Bob de, „Vermeer's Diana", in: *Bulletin van het Rijksmuseum* 2, 1954, S. 40–42.
Wadum, Jørgen, „Johannes Vermeer (1632–1675) and his Use of Perspective", in: *Preprints Historical Painting Techniques, Materials, and Studio Practice,* hg. v. A. Wallert, Leiden 1995, S. 148–154 (Wadum 1995b).
Wagner, Jochen, *Der junge Vermeer in der Zeit der Entscheidung. Ein Beitrag zur Historienmalerei des Delfter Vermeer,* Alfter 1993.
Washington 1999: Arthur K. Wheelock jr., *Johannes Vermeer: The Art of Painting*, Ausst.-Kat., Washington, DC, National

Gallery of Art, Washington, DC 1999.

Washington/Den Haag 1995/96: *Johannes Vermeer*, hg. v. Arthur K. Wheelock jr. (mit Beiträgen v. Albert Blankert, Ben Broos, Jørgen Wadum, Arthur K. Wheelock jr.), Ausst.-Kat., Washington, DC, National Gallery of Art, und Den Haag, Mauritshuis, Zwolle 1995 (Wheelock 1995c / Wadum 1995a).

Weber, Gregor J. M., „Antoine Dézallier d'Argenville und fünf Künstler namens Jan van der Meer", in: *Oud Holland* 107, 1993, S. 298–304.

Weber, Gregor J. M., „Johannes Vermeer, Pieter Jansz. van Asch und das Problem der Abbildungstreue", in: *Oud Holland* 108, 1994, S. 98–106.

Welu, James A., „Vermeer: His Cartographic Sources", in: *The Art Bulletin* 57, 1975, S. 529–547.

Welu, James A., *Vermeer and Cartography*, Ann Arbor (MI) 1981.

Welu, James A., „Vermeer's *Astronomer*: Observations on an Open Book", in: *The Art Bulletin* 68, 1986, S. 263–267.

Westermann, Mariët, *Johannes Vermeer (1632–1675)* (Rijksmuseum Dossiers), Amsterdam 2004.

Weve, Wim, „Noogmals het ‚Straatje'", in: *Delf (Cultuurhistorisch Bulletin Delft)* 8, Nr. 1, 2006, unpaginiert.

Wheelock, Arthur K. jr., *Perspective, Optics and Delft Artists around 1650*, New York/London 1977.

Wheelock, Arthur K. jr., „Zur Technik zweier Bilder, die Vermeer zugeschrieben sind", in: *Maltechnik Restauro* 4, 1978, S. 242–257.

Wheelock, Arthur K. jr., *Jan Vermeer*, New York 1981 (2. Aufl. 1988).

Wheelock, Arthur K. jr. u. C. J. Kaldenbach, „Vermeer's View of Delft and His Vision of Reality", in: *Artibus et historiae, rivista internazionale di arti visive e cinema* 6, 1982, S. 9–35.

Wheelock, Arthur K. jr., „*Saint Praxedis*: New Light on the Early Career of Johannes Vermeer", in: *Artibus et historiae, rivista internazionale di arti visive e cinema* 14, 1986, S. 71–89.

Wheelock, Arthur K. jr., „Pentimenti in Vermeer's Paintings: Changes in Style and Meaning", in: *Holländische Genremalerei im 17. Jahrhundert: Symposium Berlin 1984*, hg. v. Henning Bock u. Thomas W. Gaehtgens, Berlin 1987, S. 385–412.

Wheelock, Arthur K. jr., *Dutch Paintings of the Seventeenth Century* (The Collection of the National Gallery of Art Systematic Catalogue), Washington, DC 1995 (Wheelock 1995a).

Wheelock, Arthur K. jr., *Vermeer and the Art of Painting*, New Haven/London 1995 (Wheelock 1995b).

White, Christopher, *The Dutch Pictures in the Collection of Her Majesty the Queen*, Cambridge 1982.

Wien 2010: *Vermeer, Die Malkunst: Spurensicherung an einem Meisterwerk*, hg. v. Sabine Haag, Elke Oberthaler u. Sabine Pénot (mit Beiträgen v. Christoph Brandhuber, Dirk Jan Biemond, Jaap. J. Boon, Roswitha Juffinger, Eva Mongi-Vollmer, Elke Oberthaler, Sabine Pénot, Günter Schilder, Katja Schmitz von Ledebur, Robert Wald, Arthur K. Wheelock jr.), Ausst.-Kat., Wien, Kunsthistorisches Museum, Wien 2010.

Wolf, Bryan Jay, *Vermeer and the Invention of Seeing*, Chicago 2001.

Wright, Christopher, *Vermeer*, London 1976.

Register

W/Z

Fotonachweis

Agenzia Fotografica Scala, Antella, Florenz: S. 182, 266–267, 269 372.; Archiv des Verlages, der Sammler oder der Autoren: S. 90, 126.; © ARTOTHEK: S. 20, 154.; bpk | Gemäldegalerie, SMB | Jörg P. Anders: S. 80, 204, 210, 311; bpk | Gemäldegalerie, SMB | Christoph Schmidt: S. 144; bpk | Gemäldegalerie, SMB | Volker Schneider: S. 158–163, 206–209, 211, 300, 330, 350.; bpk | Hamburger Kunsthalle | Elke Walford: S. 15, 240.; bpk | Staatliche Kunstsammlungen Dresden | Herbert Boswank: S. 49, 56, 85, 92–93, 95, 315, 324, 327; bpk | Staatliches Museum Schwerin | Elke Walford: S. 35; bpk | The Metropolitan Museum of Art, New York: S. 76, 87, 115, 148, 184–185, 187, 188–189, 190, 191, 219, 260, 292–293, 295, 297, 325, 344, 346, 362, 387, 398; Bridgeman Images: S. 25, 140, 160, 183, 355, 393, 397.; Collection Centraal Museum, Utrecht: S. 71.; © Dulwich Picture Gallery, London: S. 284.; © The Frick Collection, New York: S. 88–89, 91, 136, 143, 168–169, 212–213, 215, 299, 329, 337, 367; © GDKE – Landesmuseum Mainz (Ursula Rusischer): S. 59.; Grafische Sammlung Albertina, Wien: S. 245.; Herzog Anton Ulrich-Museum Braunschweig, Kunstmuseum des Landes Niedersachsen / Fotograf: Claus Cordes: S. 51, 64, 158–159, 161, 307, 336.; Koninklijke Bibliotheek van Nederland, Den Haag: S. 282, 296.; © Koninklijk Kabinet van Schilderijen Mauritshuis, Den Haag: S. 31, 80/81, 153, 217, 251, 303, 320, 340, 359; The Kremer Collection: S. 216.; Kunsthistorisches Museum, Wien: S. 16, 55, 60, 120, 147, 172, 232, 239, 263, 265, 315, 369.; © MAK, Wien: S. 84.; © Musée du Louvre, Dist. RMN-Grand Palais, Paris / Georges Poncet: S. 86.; Museum Boijmans Van Beuningen, Rotterdam / Photographer: Studio Tromp, Rotterdam: S. 37, 312.; Museum Prinsenhof Delft, the Netherlands: S. 19, 101, 130, 133, 139.; Museumslandschaft Hessen Kassel: S. 220.; © The National Gallery, London: S. 26, 246, 255, 281, 283, 285, 382, 384, 390; © The National Gallery, London/Scala, Florence: S. 43, 44, 47, 79.; © National Gallery of Art, Washington: S. 98, 106, 117, 157, 174, 200–202, 205, 196–197, 199, 221, 223, 352, 357, 363, 365; © National Gallery of Ireland, Dublin: Cover, S. 225, 226, 252, 286–288, 291, 380; © National Galleries of Scotland, Edinburgh: S. 69, 83, 322.; Österreichische Nationalbibliothek, Wien: S. 109, 229.; © Photo RMN-Grand Palais, Paris / Jacques Quecq d'Henripret: S. 63; Photo RMN-Grand Palais, Paris / René-Gabriel Ojéda: S. 82; Photo RMN-Grand Palais, Paris / Jean-Gilles Berizzi: S. 119; Photo RMN-Grand Palais, Paris / Gérard Blot: S. 275; Photo RMN-Grand Palais, Paris / Franck Raux: S. 280, 376; © Rheinisches Bildarchiv Köln: S. 257, 278.; Rijksmuseum, Amsterdam: S. 6, 13, 94, 105, 129, 170, 173, 175, 180, 192–193, 195, 235, 279, 331, 333, 348, 378.; The Royal Collection © 2009, Her Majesty Queen Elizabeth II, London: S. 110, 178–179, 181, 342.; © Royal Museums of Fine Arts of Belgium, Brüssel: S. 125.; Städel Museum – U. Edelmann, Frankfurt a. M./ARTOTHEK: S. 270–271, 273, 318, 375; © The State Hermitage Museum, St. Petersburg: S. 198.; Stedelijke Musea Mechelen: S. 236.; © Margareta Svensson, Amsterdam: Vor- und Nachsatzpapier, S. 1–5, 9, 176–177, 276–277.; © Wallace Collection, London, UK / Bridgeman Images: S. 40.; Worcester Art Museum, Massachusetts, USA / Bridgeman Images: S. 75.

Danksagung

Danksagung des Autors

Ohne die Vorarbeit und die Publikationen vieler Autoren über Jahre hinweg könnte ein das gesamte Werk Vermeers umfassender Text nicht geschrieben werden. Unter ihnen seien John Michael Montias, Albert Blankert, Arthur K. Wheelock sowie der 2015 unter tragischen Umständen ums Leben gekommene Walter Liedtke besonders hervorgehoben. Für Gespräche, Ratschläge, Hilfe bei der Literaturbeschaffung und die Beantwortung spezieller Fragen dankt der Autor Beatrix Kriller-Erdrich und der Bibliothek des Kunsthistorischen Museums Wien, Gerhard Gutruf, Rudolf Hopfner, Peter C. Sutton und Angela Völker. Für Ihren großen persönlichen Einsatz danke ich ganz besonders Frau Beier und den zuständigen Lektoren.

Danksagung des Verlages

Der Verlag dankt den in den Bildlegenden und im Fotonachweis genannten Museen, Bibliotheken, Archiven und Institutionen für die freundliche Unterstützung der Publikation. Zahlreiche Kuratoren und Sammler ebenso wie Fotografen und Fotoagenturen haben durch ihren persönlichen Einsatz entscheidend zum Gelingen des Projektes beigetragen, namentlich sei an dieser Stelle gedankt: Keith Christiansen (The Metropolitan Museum of Art, New York), Ryan Clee (Scottish National Gallery of Modern Art, Edinburgh), Faye Cliné (Koninklijk Kabinet van Schilderijen Mauritshuis, Den Haag), Claus Cordes (Herzog Anton Ulrich-Museum, Braunschweig), Penelope Currier (The Frick Collection, New York), Kenny Daragh (The National Gallery, London), Emilie Gordenker (Koninklijk Kabinet van Schilderijen Mauritshuis, Den Haag), Peter Huestis (National Gallery of Art, Washington), Ilse Jung (Kunsthisthorisches Museum, Wien), Jerzy J. Kierkuc-Bielinski (Kenwood House, London), Iris Labeur (Rijksmuseum, Amsterdam), Bernd Wolfgang Lindemann (Gemäldegalerie, Berlin), Louise Morgan (National Gallery of Ireland), Alan Newman (National Gallery of Art, Washington), Wim Pijbes (Rijksmuseum, Amsterdam), Steffi Reh (Staatliche Kunstsammlungen Dresden), Christoph Schmidt (Gemäldegalerie, Berlin), Volker Schneider (Gemäldegalerie, Berlin), Margareta Svensson (Amsterdam), Steffen Wedepohl (Bridgeman Images, Berlin), Angela Weihe (Herzog Anton Ulrich-Museum, Braunschweig), Arthur K. Wheelock (National Gallery of Art, Washington), Astrid Winde (bpk, Berlin) und Fabian Wolf (Städel Museum, Frankfurt a. M.). Wir danken den Lithografen Giuseppe Brisotto und Silverio Zanotto (Fotolito Brisotto, Tezze di Piave) für die hervorragende Zusammenarbeit.

Vor- und Nachsatzpapier:
Ansicht von Delft (Detail), um 1660–1663
Öl auf Leinwand, 96,5 x 115,7 cm
Den Haag, Koninklijk Kabinet van Schilderijen Mauritshuis

Seite 1–5:
Ansicht von Delft (Details), um 1660–1663
Öl auf Leinwand, 96,5 x 115,7 cm
Den Haag, Koninklijk Kabinet van Schilderijen Mauritshuis

Seite 398:
Allegorie des Glaubens (Detail), um 1671–1674
Öl auf Leinwand, 114,3 x 88,9 cm
New York, The Metropolitan Museum of Art, The Friedsam Collection, Bequest of Michael Friedsam, 1931

Seite 433:
Diana und ihre Nymphen (Detail), um 1654
Öl auf Leinwand, 97,8 x 104,6 cm
Den Haag, Koninklijk Kabinet van Schilderijen Mauritshuis

EIN BAUM FÜR JEDES BUCH VON TASCHEN!
Unseren jährlichen Ausstoß an Kohlenstoffdioxid kompensieren wir mit Emissionszertifikaten des Instituto Terra, einem Regenwaldaufforstungsprogramm im brasilianischen Minas Gerais, gegründet von Lélia und Sebastião Salgado. Mehr über diese ökologische Partnerschaft erfahren Sie unter: www.taschen.com/institutoterra.
Inspiration: grenzenlos. CO_2-Bilanz: (fast) null.

Lust auf mehr? Auf taschen.com finden Sie alle aktuellen Titel, können durch unser neuestes Magazin blättern und unseren Newsletter abonnieren.

Hohenzollernring 53, D–50672 Köln
www.taschen.com

Originalausgabe:

Projektleitung: Petra Lamers-Schütze, Köln

Printed in Bosnia-Herzegovina
ISBN 978-3-8365-8790-7